康熙皇帝

◉长篇历史小说

康乾盛世的伟大开拓者

陈文海◎著

中國華僑出版社

图书在版编目（CIP）数据

康熙皇帝/陈文海著．—北京：中国华侨出版社，2008. 12

ISBN 978 - 7 - 80222 - 515 - 2

Ⅰ. 康…　Ⅱ. 陈…　Ⅲ. 康熙帝（1654 ~ 1722）—传记　Ⅳ. K827 = 49

中国版本图书馆 CIP 数据核字（2007）第 186988 号

康熙皇帝

著　　者／陈文海

出 版 人／方　鸣

责任编辑／陈晓晖

装帧设计／武晓强

责任校对／秦　真

经　　销／新华书店

开　　本／787 × 1092 毫米　1/16 开　印张／34　字数／680 千字

印　　刷／中国农业出版社印刷厂

版　　次／2009 年 1 月第 1 版　2012 年 4 月第 3 次印刷

书　　号／ISBN 978 - 7 - 80222 - 515 - 2

定　　价／56. 00 元

中国华侨出版社　北京市安定路 20 号院 3 号楼 305 室　邮编：100029

法律顾问：陈鹰律师事务所

编辑部：（010）64443056　64443979

发行部：（010）64443051　传真：（010）64439708

网　址：www. oveaschin. com

e - mail：oveaschin@ sina. com

内容简介

擒鳌折桂若拂灰，
文治武功未可追。
不是此公开盛世，
唐裔汉种肯服谁？

——富察·鹤年先生作《清帝十二咏之四·圣祖康熙皇帝》

爱新觉罗·玄烨，生于清顺治十一年（公元1654年），是顺治皇帝的第三个儿子。

据正史记载，玄烨“天表英俊，岳立洪声”，是个小帅哥。他6岁那年，父皇问起几个儿子的愿望，二阿哥的回答循规蹈矩：“愿为贤王。”而身为老三的玄烨却不肯满足于只当个贤良恭顺的王爷，他大言不惭地宣布：“愿效法父皇！”真是语出惊人，他居然把当皇帝的野心就这样公诸于众了！

大概正是欣赏玄烨的这种性格，顺治皇帝在临终遗诏中明确了三阿哥皇统继承人的地位，年仅8岁的玄烨继他的父皇之后，成了大清第二位以“冲龄践祚”的少年天子，在团龙金椅上一坐就是61年！

当年那句“效法父皇”的话可不是说来玩玩的，除了没能成为大清入关第一帝这件事之外，被称为康熙大帝的玄烨，在许多方面都是青出于蓝而远胜于蓝的。

顺治登极之初，曾受制于摄政王多尔衮，不但政令皆由多尔衮说了算，甚至连自己的母亲也被多尔衮强娶为妻，顺治也只能瞪着俩眼干看着。而康熙则完全不同，虽然也是少年称帝，虽然也有一个权倾天下、功高震主的重臣左右朝政，但康熙却敢于反抗也善于反抗，居然领着一班童子军，把不可一世的鳌拜打翻在地，扳倒了压在头上的这座大山。

顺治倚重吴三桂等前明降将平定南明，因此养虎遗患，形成尾大不掉之势。而康熙却不甘于让吴三桂等人拥兵自重，果断地削平三藩，去了卧榻之侧的心腹大患。顺治挥军入主中原，对于整个中华民族而言，这只不过是兄弟间的争长夺霸之战。而康熙却把铁骑麾向了企图奴役中华民族的外国侵略者，雅克萨一役，打得沙皇老毛子心服口服，在尼布楚签订城下之盟，让中国人扬眉吐气！顺治被汉文化同化，但却沉溺于风花雪月之事，而康熙则推而广之，开辟了满汉乃至整个中华民族大融合的崭新局面，被誉为康乾盛世的伟大开拓者。

……

1722年，69岁却已当了61年皇帝的康熙大帝走完了他人生的道路，在风景宜人的京城西郊畅春园里驾鹤西游。翌年，他的接班人雍正皇帝为他上了尊谥："合天弘运文武睿哲恭俭宽裕孝敬诚信功德大成仁皇帝"，庙号"圣祖"，葬于景陵。

康熙大帝盖棺了，但却远没有论定。他的千秋功过仍在任后人评说。而我们这部小说，则试图用新的观念、新的方式去展现一个亘古难以再现的帝王的曲折人生……

目　录

顺治费力地说道："朕……已身患重病，自知不久于世。故向众爱卿口谕，如朕不起，着皇三子玄烨……继朕为帝……只是玄烨年岁尚幼，一时难以亲政，朕特为他挑选几位……辅政大臣……"

遏必隆一愣："鳌兄，你什么时候开始关心起大自然的诗情画意来了？"鳌拜大手一挥："什么狗屁诗情画意！我想的是，如果在苏克萨哈身上捅一刀，流出来的血，是否会比现在的晚霞更浓更艳？"

小康熙几乎用尽了全力，才勉强把体内的那股东西压住。可尽管如此，他的嘴里也立时就泛起了一种说不上是酸还是苦的怪异味道。小康熙便强压着这种怪异的味道问道："鳌大人，那……那尸体是谁？"

吉特氏稳稳地走了过来，抓起一枝如椽巨笔，蘸了蘸小康熙费力研成的墨，在一张硕大的宣纸上，笔走龙蛇般地写下了一个沉甸甸的"忍"字。写罢，她问小康熙道："孩子，你可认得这个字吗？"

鳌拜摆弄着沾满鲜血的双手，很是淡淡地言道："我现在问你最后一次，是谁派你出城的？"答尼尔情知在劫难逃，索性破口大骂道："鳌拜！你这个杀人不眨眼的禽兽！你今天杀了我，明天就会有人来杀你……"

鳌拜一脸肃然："皇上，臣是在为大清国的江山社稷着想，告退！"说完，只微微弯了一下腰，便扬长而去。若不是熊赐履、魏裔介紧紧地拽住小康熙的两只胳膊，小康熙说不定就会一个箭步冲上去与鳌拜拼命！

那男人将手中那团血乎乎的东西往小康熙的眼前一送道："这就是我们吃的，人肉！"小康熙身体一震一颤再一晃，慌得索额图和明珠赶紧把小康熙架住。小康熙哆哆嗦嗦地言道："你们……如何……吃这种肉？"

鳌拜把小皇帝驳得哑口无言，鞠了一个躬，就旁若无人地退出殿去。直到鳌拜不见了身影，小康熙才迸出一句话来："鳌拜！朕不杀你，誓不为人……"话还没说完，他身子一软，就一头栽在了地上，昏死过去了。

鳌拜左手只在巴比仑的大腿上一抓，就把巴比仑整个的身子撂进了澡盆里，口里还阴阳怪气地言道："你这个下贱的奴才，居然敢与我的女儿在暗中来这一手，告诉你，我鳌拜的女儿是要进宫当皇后的！"

赵盛脸上的表情既神秘兮兮又惶恐不安："鳌大人，宫内出了一件大事情……"鳌拜双眉一蹙："出了什么大事？"赵盛装模作样地四处瞅了瞅，然后凑到鳌拜的耳边道："鳌大人，你的千金突然失踪了……"

吉特氏轻叹一声道："皇后在宫内等你多时了……你喝成这副模样，她的心中又会有何想法？"康熙多少有些惭愧地道："皇祖母，事已至此，孩儿也无法挽回……皇祖母放心，明日孩儿会对

康熙的这道“圣旨”文字不多，但关键的一句话是：“凡主动停止与朝廷为敌者，往事一概不究。”当索额图朗读完“圣旨”后，刚才还与大清为敌的王辅臣连叩三个响头：“吾皇万岁、万岁、万万岁！”

刚刚从兵部郎中被提拔为宁东靖寇大将军的施琅突然跪倒。康熙不解地问道：“爱卿，你这是何意？”施琅叩了一个头，然后平静地言道：“皇上，如果不留下足够的兵力保卫皇宫，臣甘愿领抗旨不遵之罪，拒绝出征！”

吴世璠逃回昆明后做的第一件事，便是将原属于吴三桂的女人统统收归己有。他封方圆圆为大周国“皇后”。其他的女人，则统统封为“皇妃”。他不仅继承了吴三桂的“大周皇帝”之位，还继承了他所有的女人。

客厅的大门早已被关上，门内旁边，站着七八条壮汉，手中亮着明晃晃的刀剑。郑克壓望着刘氏兄弟问道：“你们，想告诉我什么重要的事情？”刘国轩面无表情地回道：“我们想告诉你，我们现在要杀掉你！”

施琅见姚启圣无精打采的模样，心中不忍。他轻轻言道：“姚大人不要灰心。待施某出征澎湖，葬身鱼腹之后，你便有机会去收取台湾了！”姚启圣连忙言道：“待钦差大人收取台湾之后，姚某定与大人不醉不休！”

莽将军哈啰死时的情形大概是这样的：哈啰一个鱼跃，用剑刺死了想要逃跑的郑兵，而另一个郑兵却把一支长剑刺进了哈啰的脊背。哈啰的双目不仅大开着，脸上还现出非常兴奋的表情，似乎他刺死的正是刘国轩！

亏得康熙的生活中并非只有女人这一个内容。在康熙的生活中，还有许多比女人更为重要的事情。至少，在阿露走后，康熙所面临的一个最棘手的问题，便是如何去对付侵扰大清东北的罗刹。

许许多多的费雅喀女人都背过脸去流下了悲痛的泪水。许许多多的费雅喀孩子都被沙俄侵略军的这种兽行吓得尖叫起来。然而，兽行仍在继续。梅利尼克一挥手，又有十几个沙俄士兵一边脱裤子一边扑向蒙达……

明珠道："松花黑龙两江相连，皇上北游时若罗刹兵船南入松花，如何是好？"索额图亦道："罗刹兵盘踞黑龙江，如车驾突遇大批罗刹兵，臣等恐难护驾！"康熙重重言道："尔等不敢北上自回京城，何必在此啰嗦絮叨？"

这真是一场痛快淋漓的砍杀。五百名清军骑兵，将一百多个沙俄侵略者紧紧地围住，手中的马刀，只管朝下劈砍。尽管也有少数沙俄士兵拼命反抗、放乱枪，但一百多个人，怎禁得五百把仇恨马刀的砍杀？

太子胤礽一点都没醉。如果他真的醉了，哪怕只是稍稍有点醉，他也不会将阿霖的衣衫扒个精光，然后用他手指和牙齿，肆无忌惮地在她洁白、纯净的胴体上，随心所欲地揉着、捻着、啃着、咬着……

吃人肉的梅利尼克这时绝望地对罗刹兵们说道："没有援兵，一切都完了……外城完了，我完了，你们也完了……"他的话音还未落，一个罗刹兵就跑来报告道："东边战壕里有数百清军正向这里杀过来……"

康熙微微叹息道："索爱卿，叛贼噶尔丹气焰日盛，若不尽快剿灭，后患无穷啊！因此，朕只能对罗刹人作出些许的让步。如若不然，大清与罗刹两国一时就不可能有和平。而朕现在最需要的，就是和平啊！"

康熙用炯炯有神的目光环视了一下众人，然后稳稳地站了起来，声如洪钟般地言道："噶尔丹叛匪两次大败清军，气焰无比嚣张！叛匪一日不灭，朕便一日不安！此次平叛，朕当亲征。任何人都不得劝阻！"

康熙皇帝看到佟国纲的遗体时，眼泪止不住地往下流，半晌，康熙才一边流泪一边自言自语地道："朕应该把他留在京城的……"可是，如果佟国纲和胤礽二人必死一个，叫康熙来选择，康熙会选择谁呢？

索额图和明珠都说是自己首先发现噶尔丹的尸体的，甚至还当着康熙的面，大吵大闹起来。康熙愕然问道："你们两个平日里情投意合、从不计较，为何今日，为了一个叛贼的首级争得不可开交啊？"

明珠咬牙切齿对胤禛言道："四阿哥，我已经作出决定，就在今天晚上……"胤禛真诚地道："预祝明大人马到成功！"转过脸来，胤禛就偷偷对索额图道："明珠今夜将派固里来刺杀索大人，望多加防范！"

前脚，大阿哥刚刚按照胤禛的建议请来喇嘛念咒，后脚，胤禛就将大阿哥胤禔在府中对太子实施诅咒的事情一五一十地报告了康熙。眉横目怒的康熙逼视着胤禛问道："所言可有半点虚妄？""一字不真，金瓜击顶！"

康熙将五位皇子都打入监牢，独独留下一个胤礽，胤礽自然有些得意。康熙对胤礽狠狠说道："你不要高兴得太早！朕未把你打入监牢，是因为朕还顾及你当朝太子的面子，如若不然，第一个囚入监牢的，就是你胤礽！"

康熙大怒道："索额图，你犯下大逆之罪，还敢巧言令色，朕决不轻饶！来人！将罪大恶极的索额图立即带到午门，斩首示众！"索额图挣扎了一下，对康熙言道："皇上，臣所有家人刚刚遣散，现在缉拿还来得及……"

五阿哥胤祺若有所思地道："这女人……我好像在哪儿见过……"七阿哥胤祐大着胆子对那具女尸认真地看了几眼："这不是阿霖姑娘吗？她……怎么会死在东宫后花园？"隆科多低低地道："难道是殿下所为？"

隆科多大惊失色地道："四阿哥，你没有听错吧？太子他们要在一个月之后占领京城、控制整个皇宫？"胤禛回道："我没有听错，绝对没有听错……我惟一担心的是，他们是不是故意在我的面前说这番假话……"

康熙略略皱起了眉："隆爱卿，你说得明白些，朕越听越糊涂了！"隆科多连忙道，"回皇上的话，微臣发现了一个天大的秘密！太子殿下他、他、他要在皇上万寿节那天发动兵变！"康熙只觉一个霹雳在耳旁炸响！

第一章
遭二竖董贵妃辞世 任四臣顺治帝托孤

顺治费力地说道："朕……已身患重病，自知不久于世。故向众爱卿口谕，如朕不起，着皇三子玄烨……继朕为帝……只是玄烨年岁尚幼，一时难以亲政，朕特为他挑选几位……辅政大臣……"

1661年春天到来的时候，在京城，有一个皇帝泪如雨下。

这个皇帝叫爱新觉罗·福临，也就是大清王朝的顺治皇帝。

顺治皇帝不仅泪如雨下，而且还双膝跪地。作为皇帝，上跪天，下跪地，中间跪父母。而顺治皇帝的父母早已死去，他缘何下跪？能让顺治一边跪地一边泣泪的，又是何人？

顺治皇帝面前的床上躺着一位女子。这女子十分年轻，也异常貌美。只是此刻，她脸色苍白，双目黯淡，纷乱的头发几乎摊满了一床。她，就是顺治皇帝平生最钟爱的妃子、中国历史上有名的大美人——董小宛。

她还没有死。但她的舌头已经僵硬，她的眼泪早已干涸，她只能一动不动地躺在床上，任双唇间的气息一点点地减弱，任柔软的躯体一点点地变硬。她的视线越来越模糊，似乎她心爱的皇上正离她越来越远……她实在没有力气了，上下眼皮只能不由自主地一点点地合拢。

顺治看出了变故，连忙大叫一声："爱妃……"

她好像听到了他的呼唤，双眼略略睁大了些许。他急忙跟着又大叫了一声："爱妃……"

仿佛心有灵犀，她的双眼竟然完全睁开了，而且双眸明亮异常。从她早已失去光泽的双唇中，居然迸出了一句话来："陛下……"

顺治一把将董小宛揽入怀中："爱妃，朕终于听到你的声音了……"

她断断续续地道："陛下，这么多天来，为了臣妾，您吃尽了苦头……臣妾心中，委实不安……"

顺治两颊流淌的泪水，"吧嗒、吧嗒"滴落在她苍白的脸上。也许，他的泪水太过炽热，她苍白如雪的两颊，渐渐地烧起了两抹红晕来。

"爱妃，只要你平安无事，就是受再多的苦，朕也心甘情愿……"

然而，顺治怀中的董小宛虽已醒来，且面色红润、双目溢彩，但这只是回光反照。至多半个时辰，她就将永别于人世了。

果然，不到半个时辰，董小宛脸上的红晕褪去了，眼中的光彩消失了，只有两片干巴巴的嘴唇在不停地嗫嚅着。

顺治慌了："爱妃，你怎么啦?"

董小宛吃力地言道："陛下，臣妾……真的不行了……"

顺治连连叫道："爱妃，你不能死，你不会死，你答应过朕，你要永远陪着朕……"

董小宛说出了她一生中的最后一句话："陛下，再见了……"

她说话的时候，似乎还想挤出一丝笑容，但没有时间了。她便带着这种遗憾，合上了双眼，离开了她曾经拥有过的灯红酒绿、纸醉金迷的世界。

董小宛走了。她走时，不仅带走了她自己的全部，同时也带走了顺治皇帝的灵魂。

不知何时，顺治的泪水终于流尽，也真的是流尽了。顺治的眼中，不再蓄有一滴泪水。他吁了一口气，爬起身，仔细地端详了一番董小宛的容颜，就踉踉跄跄地走出了储秀宫。

一直守候在宫外的大臣们不敢怠慢，簇拥在一起，不远不近地跟在顺治的后面。顺治站住脚，不冷不热地言道："你们为何跟在朕的身后?"

众大臣一起跪下同道："恭请陛下节哀，千万勿伤龙体……"

顺治本不想理会众大臣的话，但好像忽然想起了一件什么事，于是就轻声言道："索尼，你近前听话。"

从人群中爬出一位年迈的老者来。他便是三朝元老索尼。顺治吩咐索尼道："董妃娘娘的后事，由你去操办。"

索尼叩首道："老臣遵旨!"

顺治略略沉吟道："依皇后规格安葬!"

索尼再叩首："老臣这就去料理后事!"

顺治又向众大臣道："你们都各自散去。朕有些累，要去休息。"说罢，径直朝养心殿而去。

紫禁城内的宫殿甚多。一般的皇帝都住在乾清宫，而顺治却偏爱养心殿。说是"休息"，实际上，顺治只是那么直挺挺地躺在龙床上，双眼睁得大大的，好像连一点睡意都没有。

其实呢，顺治的身心早已是疲惫不堪。好在他的灵魂已经被董小宛带走，他也就变得无所思又无所想了。实际上，在储秀宫面对董小宛的尸体时，顺治就已经想好自己该怎么做了。只是，作为一个皇帝，作为一国之君，他还有一个心愿未了。正是这未了的心愿，支撑着他从储秀宫走到了养心殿，又支撑着他硬挺挺地躺在床上，顽强地呼吸着。

他不敢合眼。他竭力不去想他心爱的董妃。他要抓紧时间去想他应该想的事。

他想起一件事来了。那是两年前，在乾清宫，顺治坐着，他的左右，是皇次子福全和皇三子玄烨。

他问了两个皇子一个同样的问题：长大了想干什么？

皇次子回答："儿臣想做贤明的亲王，为父皇治国安邦！"

皇三子直了直身体，挺了挺胸脯，十分清脆而又响亮地回答道："父皇，儿臣长大之后，愿像父皇一样，做一个让四海臣服的贤明君主！"

顺治定定地看着皇三子，最后，在皇三子的头上温柔地抚摸了一下。

"……愿像父皇一样，做一个让四海臣服的贤明的君主！"

两年过去了，皇三子玄烨的这句话时刻在顺治的耳边回响。而此刻，顺治躺在养心殿里，皇三子的这句话，就显得异常地响亮。顺治不觉伸出手，似乎是想再摸摸皇三子的脑袋，可手伸出去了，却什么也没有摸到。

顺治又想起，董妃生病的那十几个日日夜夜里，除了御医们之外，进出储秀宫最多的，便是皇三子。董妃喝药，皇三子亲自奉上。顺治流泪，皇三子默默地为他拭去。今天下午，皇三子本也呆在储秀宫内，只是顺治眼见得董妃已奄奄一息，不忍心让皇三子看到那种生离死别的场面，这才强令皇三子离开储秀宫。

是的，是的，皇三子不仅有勃勃雄心，而且聪明宽厚，确具一副帝王之资。只是，皇三子太过年幼，而朝中大臣，又不乏阴险狡诈之辈，如果大权旁落他人之手，岂不是有愧于列祖列宗？

"不过，"顺治下意识地锁起了眉头，"朕即帝位时才六岁，而皇三子今已八岁，比朕当年尚长两岁。只要处理得当，料也不会出什么大事。"

想到此，顺治便从床上爬起。他要去慈宁宫一趟，把自己的意思向母亲说明白。他知道，只要有母亲在，大清王朝的权柄就不会发生什么意外。

顺治感到了一阵莫大的轻松。他明白，他现在真的是无牵无挂了。他完全可以按照自己的意愿行事了。这么想着，顺治便在心灵深处低低地唤了一声："董爱妃，朕就要来了……"

顺治带着几个太监，径向慈宁宫而去。顺治的母亲博尔济吉特氏，太宗皇太极的孝庄皇后，现在的皇太后，就住在慈宁宫内。

顺治只身走入慈宁宫的时候，迎面碰上了老太监赵盛。这赵盛自入宫之后，一直在慈宁宫内侍奉着博尔济吉特氏。顺治平日对他也比较尊重。见赵盛跪地给自己请安，顺治便忙言道："赵公公请起。烦赵公公入内禀报朕的母后，说朕有要事与她老人家商谈。"

赵盛应诺一声，躬身而退。顺治每次来慈宁宫，总是先叫人通报母亲，然后再入内相见。由此不难看出，顺治对他的母亲是十分尊敬的。

很快，一个少女打着灯笼迎住了顺治。这少女的声音就像裹着蜜糖似的那般甜润："皇上，请随奴婢来。皇太后正在佛堂等皇上。"

顺治知道这少女叫阿露，是去年才调至慈宁宫来的。由于她手脚麻利又诚实可靠，很快就博得了吉特氏的信任和欢喜。

因为顺治几乎每天都要到慈宁宫来给母亲请安，所以对慈宁宫内的一切非常地熟悉。他紧趋两步，抢在了阿露的身前，直向佛堂而去。慌得阿露，一手提着灯笼，一手提着衣服的下摆，跟在顺治的后面一溜小跑着，口中还连连呼道："皇帝，道路不大平，千万要小心脚步……"

吉特氏早已在佛堂门口相迎："皇上，已是深夜，何事这样紧急？"

顺治躬身下拜："母后，孩儿想立一个太子……"

虽然顺治以前曾在吉特氏的面前提起过立太子之事，但他的爱妃刚死，他便又提及此事，吉特氏就多多少少地感到了有些不寻常："孩子，你真想……现在就立一个太子？"

顺治肯定地道："是的，孩儿想立玄烨为太子，母后意下如何？"

吉特氏颔首道："在诸皇子之中，我最看中的也是玄烨。不过，你年岁尚轻，春秋正旺，过早地立下太子，恐会产生许多弊端……"

顺治意味不明地笑了一下："母后，天有不测风云，人有旦夕祸福。到了那个时候，孩儿连太子都没有立下，岂不是会产生更多更大的弊端？"

吉特氏不由得一怔："孩子，董妃去了，你可不要胡思乱想……"

顺治摇了摇头："孩儿请求母后答应一件事情，孩儿这里先行谢过！"说着话，顺治伏地，恭恭敬敬地给吉特氏叩了三个头，然后缓缓地爬起。

吉特氏的眼睛直直地盯着顺治："孩子，你究竟……有何事求我？"

顺治几乎是一个字一个字地言道："母后，孩儿的意思是，如果孩儿有了什么不测，希望母后能像当年扶持孩儿那样地扶持玄烨，以确保大清江山的安定与繁荣……"

吉特氏惊讶道："这个自然，只是，你如何说出这种话来？"

"母后，孩儿只是未雨绸缪而已，"说到这里，顺治暗暗地咬了一下牙齿，"母后，如果你没有什么别的吩咐，孩儿就不多打扰了……"

顺治离开了佛堂，离开了吉特氏。对吉特氏来说，顺治这一回是永远地离开了。

实际上，顺治离开她之后，一切看起来都还很正常。他很正常地回到了养心殿。甚至，他还很正常地喝了一杯浓浓的茶。只不过谁都不知道，他在那杯茶里，放了一样东西。这使他在喝过茶之后没多久，呼吸顿时困难起来。慌得那几个太监和宫女，忙着便要去宣御医。但被顺治制止了。

顺治斜倚龙床，呼吸虽然困难，面色却还从容。他吩咐执事太监道："把议政王各大臣、内阁各大臣……还有……六部各大臣，统统叫来……要快！"

清初，议政王大臣会议是最高的中枢机构。议政王大臣人数不多，全由满族的王公贵族充任。内阁大臣又称内阁大学士。雍正皇帝执政前，大学士的官阶不高，仅为五品，但却掌有很大的实权，地位当在"六部"之上。"六部"，指的是吏部、户部、礼部、兵部、刑部和工部。每部设有满员、汉员尚书各一人，满员、汉员侍郎各二人，还有郎中、员外郎、主事等属官。而实际上，无论“六部”中的哪一部，权力都掌握在满族人之手。

很快地，数十位大臣诚惶诚恐地来到了养心殿，好些大臣的官服都未来得及穿戴整齐。只不过，此时的顺治已不遑顾及那些大臣们的仪表了。他要抓紧有限的时间，他要利用有限的精力，来完成他生前的最后一件事。

顺治在龙床上吃力地欠起了身子：“众位爱卿，都……到齐了吗？”

执事太监慌忙回道：“禀圣上，议政王各位大臣、内阁各位大臣、还有六部各位大臣，已经全部到齐！”

顺治竭力平静了一下自己，然后慢悠悠道：“众位爱卿，朕……这么晚了把你们召来，是因为……有一件重要的事情，要向你们宣布……”

夜已深沉，皇帝召群臣宣布一件事，这事情当然至关重大。所以，所有的大臣不仅连眼皮都不敢眨，而且一个个都屏住了呼吸。

顺治费力地喘了一口气，然后继续说道：“朕……已身患重病，自知……当不久于世。所以，朕现在向众位爱卿……口谕，如朕不起，着皇三子玄烨……继朕为帝……”

众臣先是默然，忽又齐呼道：“吾皇万岁、万岁、万万岁……”

顺治继续艰难地言道：“……皇三子玄烨，年岁尚幼，一时……实难为政，所以，朕想为皇三子……挑选几位……辅政大臣……”

众臣更加默然，都在猜想，皇上会选中什么人来当辅政大臣呢？

顺治接着道：“朕……思虑再三，决定由下列四人……担任太子玄烨的辅政大臣……四人的地位排列，以朕宣布的先后为序……”

众大臣的耳朵几乎全都竖了起来。顺治竭力均匀了一下呼吸：“第一位辅政大臣……索尼……”

“老臣接旨！”三朝元老索尼，向前爬了两步，将头叩在地上。

“第二位……苏克萨哈……”

“臣叩谢皇恩！”一位身材十分魁梧的大臣，爬到了索尼的身侧。

顺治歇了歇气，然后言道：“第三位辅政大臣……遏必隆……”

“臣……在！”一位看似书生的大臣，急忙跪在了苏克萨哈的旁边。

“第四位……鳌拜……”

一位敦敦实实、异常粗壮的大臣，和遏必隆跪在了一起。他，便是后来让朝野上下谈之色变的鳌拜。跪下之后，鳌拜声如洪钟般地呼道：“吾皇万岁、万岁、万万岁！”

顺治挑选出的这四位辅政大臣，都有一番不平凡的来历。首先，从身份地位上看，索尼是正黄旗出身，遏必隆和鳌拜都属于镶黄旗，而苏克萨哈则来自正白旗。正黄、镶黄和正白这三旗，在“八旗”中称作“上三旗”。其次，这四位辅政大臣都有着显赫的过去。索尼、遏必隆和鳌拜都是清太宗皇太极的亲信旧臣，长期以来，为皇太极入主中原而驰驱沙场，立下了赫赫战功。鳌拜曾在万马军中救过皇太极的性命，他胸部至今还留有几道醒目的伤疤。而苏克萨哈，虽然不是来自皇太极的黄旗，却是多尔衮的得力干将，更主要的是，多尔衮刚一死，他便起来揭发多尔衮，站到了顺治的一边，因而大受顺治的器重和赏识。可以说，顺治挑选出的这四位辅政大臣，在满朝文武中堪称翘楚，不出意外的话，足以担当辅助幼主执掌朝政的重任。

顺治剧烈地咳嗽起来，好不容易才喘过一口气来。他那已经十分游离的目光，在索尼、苏克萨哈、遏必隆和鳌拜四人的身上缓缓地扫了一遍，然后轻声言道："你们……四个辅政大臣，在太子玄烨亲政之前，一定要尽心尽力地辅佐，以确保朕之大清江山永远繁荣和昌盛……你们，可听到朕的吩咐？"

索尼排在四位辅政大臣之首，所以他就率先表态："老臣已把圣上的口谕铭记在心。老臣决不会辜负圣上对老臣如此的重托和信任！"

苏克萨哈接着表态："陛下，为了辅佐太子，为了这大清江山，臣即使是肝脑涂地，也在所不辞！"

遏必隆弓了一下腰背，又慌忙伏下身去："陛下圣明！微臣愿把自己所有的一切，都献给太子，献给繁荣、昌盛的大清王朝！"

该轮到鳌拜表态了。但奇怪的是，鳌拜一时间竟默然不语，只将头颅紧紧地顶在地面上。似乎，他正在思考着一个十分重要的问题。

顺治感觉到了某种异样，问道："鳌拜，你……为何不言不语？"

鳌拜开口了："陛下，臣自知无德无能，实难堪任辅政大臣一职……承蒙陛下垂爱，如此信任于臣，臣则恭请陛下放心，只要鳌拜还有一口气在，鳌拜当竭尽全力地辅佐太子，决不敢懈怠半分！"

"好，好，"顺治断断续续地道，"你们四位辅政大臣的话，朕已……听得明白。有如此……赤胆忠心，朕……也就放心了。朕现在，给你们下最后一道……口谕，你们务必……听清。"

四位辅政大臣，还有其他人等，赶紧都屏息凝听。顺治十分微弱地道："遇有……重大事情，当与太后……商量，切不可……独断专行……"

四位辅政大臣齐道："陛下圣明，臣等一切当全凭皇太后裁断！"

顺治留下的最后一句话是："你们去吧，朕……也要去了……"

群臣山呼"万岁"之后，各自散去。有的走得快，有的走得慢，有的昂首挺胸，有的低头不语。索尼平日上朝是坐轿子的，今夜皇帝急召，不及备轿，慌慌忙忙就徒步赶来了。此刻，他一个人往家里走，埋头弯腰，显然是心事重重。辅政大臣之首的索尼，会有什么重重心事？

索尼没走多远，迎面来了一顶轿子在他面前停下。轿里钻出一个十来岁的男孩，一下子扑到索尼怀中："父亲，孩儿接您来了！"

他是索尼最疼爱的小儿子索额图。可别小看了这个索额图，他在以后的一段历史中，扮演了一个极其重要的角色。

索额图很孝顺，先扶索尼上轿坐好，然后才亲昵地傍在索尼的身边。

"父亲，皇上这么晚了召你入宫，到底是什么大事情？"

索尼将索额图的小脑袋搂入自己的怀中："皇上龙体欠安，召为父等人宫，是宣布立太子的事情……"

索额图急忙问道："哪位阿哥被立为太子？可是三阿哥？"

索尼一怔："图儿，你是如何知道三阿哥被立为太子？"

索额图笑眯眯地道："父亲，孩儿是胡乱猜的。不过啊，孩儿平日与三阿哥玩得最好，他不做太子，还有谁可以做？"

索尼忙道："图儿，这种话千万不可在外面乱说。要是被别的阿哥听见了，会对你不利。"

"孩儿明白。"索额图的小脑袋在索尼的怀中翘了起来："父亲，如果，皇上真的……驾崩了，三阿哥做了皇上，他才那么小，比我还小，怎么当皇上？"

索尼慢悠悠地把顺治皇帝确定四位辅政大臣的事说了一遍。索额图顿时兴奋起来："父亲，皇上真英明，选你做辅政大臣之首。以后，你在朝中说什么不就算什么了吗？"

索尼苦笑着摇了摇头："孩子，你可知道，为父虽然是辅政大臣之首，可实际上，只是徒有虚名啊！"

"父亲，辅政大臣之首是皇上钦封的，怎么会徒有虚名呢？"

索尼长叹了一口气："孩子，你还太小，有许多事情，你现在不可能明白。你看，我都这么大年纪了，哪有气力去同别人争权夺利？"

索额图似懂非懂地点了点头："父亲，你没有气力同别人争权夺利，那，谁有这个气力呢？"

索尼没再言语，只是爱怜地摸了一下索额图的小脸蛋。而实际上，索尼在心中已经回答了索额图。如果索额图再稍稍年长一些的话，他就会读出索尼心中的那个答案：鳌拜。

显然，索尼的心中已经在"牵挂"鳌拜了。不过，在那个寒冷的夜晚，"牵挂"鳌拜的不仅仅是索尼，还有位居辅政大臣第二的苏克萨哈。

出紫禁城前，苏克萨哈是一个人行走的。在快要走到自己的家门口时，有三个人匆匆地从后面赶上了苏克萨哈。他们是户部汉员尚书苏纳海、直隶总督朱昌祚和直隶巡抚王登联。这三人赶上苏克萨哈之后，一言不发地傍在了苏克萨哈的左右。

苏克萨哈情知这三人跟上来的意思。这三人是苏克萨哈的朋友和亲信。所以，苏克萨哈就淡淡地问了一句道："你们，是不是难以入睡？"

苏纳海回道："今日发生的事情，我们确实睡不着觉……"

"你们既然都睡不着，那我们就随便聊聊吧。"

苏纳海等跟着苏克萨哈走进他的府第，在客厅分宾主坐下。

苏克萨哈轻轻地道："各位，有什么话，但说无妨。"

苏纳海率先言道："大人，当今皇上……是不是真的会很快驾崩？"

苏克萨哈望着朱昌祚："总督大人，你以为呢？"

朱昌祚轻轻地摇了摇头："大人，下官斗胆直言，当今圣上……恐怕捱不了多久了……"

王登联在四人之中官职最低，所以也就最后一个发言。他直直地望着苏克萨哈言道："大人，如果当今皇上真的……驾崩了，对大人您来说，可是一个不太好的兆头啊！"

王登联的意思很明显，苏克萨哈在朝中一直受到顺治皇帝的重用，如果顺治驾崩了，苏克萨哈岂不是失去了最强有力的靠山？

然而，苏克萨哈似乎没有意识到这一点。他重重地对着其他三个人道："即使当今圣上真的不幸驾崩，我也还是第二辅政大臣，我在朝中的地位不会发生任何改变，别人也休想把我怎么样！"

苏纳海道："大人，您在朝中重权在握，无人敢动您分毫，可下官以为，您这全是倚仗的当今皇上。如果大人一旦失去了这个倚仗，有的人还不对大人您开始不恭不敬起来？"

"岂止是不恭不敬，"朱昌祚接上了话，"下官以为，如果大人您失去了当今皇上这个倚仗，有的人，恐怕是要置大人您于死地而后快啊！"

苏克萨哈愕然问道："你们这'有的人'，指的是谁？"

王登联不紧不慢地言道："大人真不明白我们指的是谁？"

王登联的话音刚落，苏克萨哈倒吸一口凉气："你们说的是鳌拜？"

"正是。"朱昌祚道，"大人，下官敢肯定，鳌拜今夜回到家中，一定是高兴得睡不着觉。"

"不会吧？"苏克萨哈犹犹豫豫地道，"鳌拜虽有勃勃野心，但在朝中也还算是循规蹈矩。再说，四辅政中，他位列最后，即使他想有所举动，恐也翻不起什么大浪。总督大人，你是不是太过多虑了？"

朱昌祚却道："大人，下官并没有多虑，也没有夸张。下官以为，如果太子三阿哥即了帝位，他鳌拜恐怕就没有这么规矩了！"

"朱兄弟说的在理。"苏纳海不高不低地说开了，"大人，下官觉得，如果当今圣上驾崩了，那么，这大清的天下就是他鳌拜的了！"

苏克萨哈一惊："苏纳海，你是不是有些危言耸听了？"

"大人，"苏纳海道，"容下官细细道来。先从四位辅政大臣说起。索尼大人虽然名列第一，但年事已高，明哲保身在朝中上下是出了名的，他既不会对鳌拜说三道四，更不可能对鳌拜构成任何威胁。大人您虽是第二辅政大臣，但势单力薄、孤掌难鸣，因为，大人您也清楚，遏必隆大人，不仅与鳌拜同是镶黄旗出身，更主要的，平日在朝中，遏必隆大人对鳌拜是言听计从。这样一来，尽管大人您与鳌拜势不两立，可鳌拜在辅政大臣中说话的分量，显然比大人你要重得多。故而，说是有四位辅政大臣，实际上，只有鳌拜一个人说了算。大人，下官如此分析，可有一定道理？"

苏克萨哈沉吟片刻，然后道："你此说倒也不无道理……"

“还有啊，”苏纳海接着道，“我们再来看看鳌拜周围的势力。大人也知道，朝中许多握有实权的大臣，都与鳌拜过从甚密。最主要的，还是鳌拜的弟弟和侄子。这两个人掌握着京城内及京城四周几乎所有兵马的调动大权。如果当今皇上不在了，他们胡作非为起来，谁人能制止得了？朝中上下，又有谁人敢与鳌拜争长论短？”

苏克萨哈默然。很长时间，他才开口言道：“……鳌拜的势力是很强，不过，如果我能与索尼联手，再加上太后的严加约束，我想，他鳌拜也就不太可能形成大的气候……”

朱昌祚言道：“大人，恕下官无礼，大人您也许是把事情想得太过简单了。下官以为，如果鳌拜真要想兴风作浪的话，太后恐怕也难约束啊！”

苏克萨哈突然笑了：“喂，你们几个，是不是太悲观了？他鳌拜再霸道，又能把我怎么样？又能把我们怎么样？”

苏纳海无言。朱昌祚也无语。只有王登联，自言自语地祈祷道：“但愿当今圣上能平安无事……否则，后果实难预料啊！”

苏克萨哈对苏纳海等三人道：“好了，都不要忧心忡忡的了，回去安歇吧，明天，也许会有很多事在等着你们呢！”

苏纳海等人走了，但苏克萨哈却没有动弹。他一个人坐在宽大的客厅里，多少显得有些冷清。实际上，别看他刚才对苏纳海等人说话的语调是那么地轻描淡写，但在他的心里，却垒起了一块沉甸甸的大石头。这大石头有一个名字：鳌拜。

第二章

登大宝玄烨继皇位 谋密室鳌拜起杀心

遏必隆一愣："鳌兄，你什么时候开始关心起大自然的诗情画意来了？"鳌拜大手一挥："什么狗屁诗情画意！我想的是，如果在苏克萨哈身上捅一刀，流出来的血，是否会比现在的晚霞更浓更艳？"

从顺治皇帝的养心殿里出来之后，鳌拜是在四个人的簇拥下往自己家里走的。簇拥鳌拜的四个人是：第三辅政大臣遏必隆，国史院大学士兼辅国公班布尔善，兵部尚书葛褚哈和户部满员尚书玛尔塞。

一路上，鳌拜作出一副很有城府的模样，只顾昂首挺胸地大踏步赶路，几乎没有吐出一句话甚至一个字。鳌拜如此，其他的人当然不敢轻易开口，一个个都像哑巴似的，紧紧地簇拥着鳌拜向前走。

也许有人会问：班布尔善、葛褚哈和玛尔塞就不说了，单说那个遏必隆，不仅和鳌拜同为辅政大臣，而且位次还排在鳌拜之先，怎么也成了鳌拜的一条走狗？

殊不知，遏必隆和鳌拜虽然都是清太宗皇太极的亲信旧臣，也都为大清王朝立下了赫赫战功，但二人却毕竟有所不同。简单点说，遏必隆是文官，鳌拜是武将，遏必隆几乎手无缚鸡之力，而鳌拜却曾当着满朝文武的面，一拳将一匹战马打得吐血而死。从性格上看，遏必隆柔弱犹豫，凡事没有什么主见，而鳌拜却霸气十足，常常有一种惟我独尊的架势。两人在一起共事多年，久而久之，遏必隆越来越顺从，鳌拜越来越霸道，到最后，自然而然的，遏必隆就只能惟鳌拜的马首是瞻了。

遏必隆既如此，那些势利的朝中大臣当然就更不敢违逆鳌拜的意愿了。长此以往，以鳌拜为中心，便形成了一个庞大的势力集团。当然，真正能称得上是鳌拜的亲信的人，并不太多。像班布尔善、葛褚哈及玛尔塞等人，便是其中幸运的几个。

不过，纵是鳌拜的亲信，也只能看鳌拜的脸色行事。像此刻，鳌拜闭口不语，其他的人就只得抿着大嘴巴。

鳌拜的府宅位于铁狮子胡同。推开两扇沉重的大铁门，是一座大花园，花园的尽头，是一排宽大的房屋。这排房屋是几间客厅及侍卫们的寝室。穿过这排屋子，是一座更大的花园，走过这座花园，便看见好几排参差错落的房屋，这才是鳌拜及家人的住处。不过，在第二座大花园的一个拐角处，有一间不算很大的房子，四周被各色花草树木掩映，显得很是隐秘。这房子，就是鳌拜和亲信们商议重大事情的密室。鳌拜为它起名叫“醒庐”。这个“醒庐”，不得到鳌拜的允许，任何人都不得擅自进入。

这一回，鳌拜领着遏必隆等四人，就是走进了这个“醒庐”。刚一跨进“醒庐”的大门，鳌拜的面貌就顿然大变。他不再是那么一副颇有城府、煞有介事的模样，而是张开双臂、鼓起大嘴吼道：“我鳌拜，终于有出人头地的一天了！从今往后，这天下便是我鳌拜的了！”

班布尔善说道：“鳌大人，属下以为，我们现在似乎还不能高兴得太早，因为，当今皇上，还在养心殿里呢！”

遏必隆跟着道：“是呀，鳌兄，只要当今皇上还在，我们就不可能真正地出人头地。”

鳌拜眨巴眨巴大眼，没有正面说话，而是转向葛褚哈和玛尔塞道：“两位尚书大人，依你们看来，当今皇上还能撑多久？”

见鳌拜问起，葛褚哈和玛尔塞忙互相看了看，却谁也拿不定主意该如何回答。鳌拜有些不高兴了，冲着葛褚哈和玛尔塞翻了一个白眼，口中冷冷地道：“两位尚书大人，莫非，你们的舌头都被狗吃了？”

见鳌拜生气了，葛褚哈和玛尔塞不敢再不开口。葛褚哈道：“大人，属下以为，当今皇上是不会撑很久的……”

“属下也是这么以为。”玛尔塞赶紧言道，“属下还以为，从今往后，这大清江山就是鳌大人的了！”

“哈哈哈……”鳌拜仰天一阵狂笑，然后看着班布尔善和遏必隆道：“你们都听见了吗？从今往后，这大清江山就是我鳌拜的了！”

鳌拜这么一笑，遏必隆和葛褚哈、玛尔塞也跟着大笑起来。刺耳的笑声，几乎要把“醒庐”的屋顶掀开。

鳌拜大嘴一张：“既然如此，我们何不在此庆祝一番？”

葛褚哈会意，从旮旯里拽出两坛酒来。玛尔塞找来几个大碗。几个人围着桌子大口大口地牛饮起来。

喝着、喝着，鳌拜突然将手中的酒碗朝地上一掷。鳌拜手中的力道该有多大？就听“咔”的一声，那酒碗当即四分五裂。

不难看出，鳌拜不仅是生气了，而且这气还非常地大。如此一来，班布尔善、葛褚哈和玛尔塞仨人就真的有些惶惶不可终日的感觉了。

遏必隆小心翼翼地开了口。在鳌拜生气的时候，敢开口说话的人当然不多，遏必隆便是一个，毕竟遏必隆要比其他走狗尊贵不少呢。

遏必隆说：“鳌兄，如何生这么大的气？当心气坏了身体……鳌兄要是气坏了身子，小弟等岂不是非常地难受？”

“就是，就是。”班布尔善、葛褚哈和玛尔塞也都低低地附合着，“请鳌大人务必要保重身体……”

“混账！”鳌拜大骂了一句。当然，他不是骂这些亲信走狗，他骂的是其他的人。“你们说，他为什么把我鳌拜排在辅政大臣的最后一位？”

遏必隆用一种讨好的语调对鳌拜道：“鳌兄，要不这样，把我们俩的位置调换一下，你做第三辅政大臣，小弟排最后，如何？”

“什么？”鳌拜的模样，似乎是想一口就将遏必隆给吞下肚去，“第三第四有什么区别？我鳌拜要么不做，要做就做第一！”

“那是，那是。”遏必隆头点得就像小鸡在啄米，“鳌兄如何能甘居人后？只不过，索尼排在辅政大臣之首，这是当今皇上钦定了的，鳌兄一时间恐怕也没有什么良策改变吧？”

鳌拜“哈哈”一笑：“遏必隆说得不错，皇上钦定的位置顺序，确实很难改变，我也不想强行改变，但是，只要我在辅政大臣中说一不二，那我鳌拜就是真正的第一辅政大臣。遏必隆，你相信我能做到这一点吗？”

“那是自然，”遏必隆忙着挤出一脸的笑容，“索尼那老家伙，怎敢与鳌兄为敌？”

“不过，”班布尔善的脸上是一副沉思状，“依属下看来，那个苏克萨哈，可不是一个听话的人啊！”

“就是，”葛褚哈接道，“那个苏克萨哈，倚仗着当今皇上，好像从来都没有把鳌大人放在眼里……”

“岂止是没有放在眼里，”玛尔塞作出一种义愤填膺的样子，“那个苏克萨哈，恨不能把我们的鳌大人一脚踩在地下，好让他一手遮天。对这种无耻小人，我们可不能不小心提防啊！”

鳌拜重重地点了点头：“诸位，实不相瞒，当今皇上在养心殿谕定我为第四辅政大臣的时候，我就在想着该如何对付索尼和苏克萨哈了。在我看来，索尼那老不死的根本不足为虑。只要他胆敢与我为敌，我就叫他死无葬身之地。至于苏克萨哈，倒多少有些棘手。他的身边，也多少聚拢了一批人物。所以，我们要么就暂且放过苏克萨哈，要么，就完全、彻底地将他们一网打尽！各位以为如何？”

“鳌大人，”班布尔善语气很重地道，“对待苏克萨哈那个家伙，只能消灭，不能放过！否则，这大清天下，就不能真正地属于鳌大人！”

“对！”葛褚哈道，“属下以为，那个苏克萨哈一日不消灭，我们的鳌大人就一日不得安宁！”

“属下完全同意消灭苏克萨哈！”玛尔塞似乎是在做总结，“只要消灭了苏克萨哈，天下就是我们鳌大人的了。也只有灭掉苏克萨哈，天下才能是我们鳌大人的！”

鳌拜笑问遏必隆道：“遏贤弟，你以为呢？”

遏必隆摇头晃脑地道：“鳌兄与苏克萨哈，一个是火，一个是水，水火怎能相容？不是火蒸干了水，就是水浇灭了火。属下以为，那个可恶的苏克萨哈，是断然不能放过的！”

“好，太好了！”鳌拜大笑道，“谁挡住我鳌拜的路，我就坚决把他消灭掉！苏克萨哈要是识相，乖乖地到这儿来向我叩头请罪，也许我会放他一马，否则，等待他的，就只有死路一条！”

鳌拜太兴奋了，抱起一只酒坛“咕嘟咕嘟”就往嘴里灌。一直将一坛酒都喝个净光，鳌拜才“砰”的一声把酒坛摔在地上，然后用手背一抹大嘴，醉汹汹地吼道：“各位，时候不早，你们都快点回去，等候着当今皇上驾崩的好消息吧！”

第二天，也就是公元1661年的农历二月五日，清晨，鳌拜刚刚跨出屋门，一个十八九岁的年轻人就神色惊慌地撞在了鳌拜的身上，鳌拜抬手就给了他一记耳光，骂道：“死了你爹娘也用不着这么惊慌！”

这年轻人名叫巴比仑，是鳌拜府中的侍卫。经鳌拜这么一打一骂，他猛然间清醒了过来：“鳌爷，是……当今皇上……”

“啊？”鳌拜的双手，一下子抓住了巴比仑的双肩，“是不是当今皇上已经驾崩了？”

鳌拜的手劲儿太大，巴比仑的双肩一阵火辣辣地痛：“当今皇上在养心殿驾崩……王公大臣都赶到那儿去了……”

巴比仑这么一说，鳌拜顿时就欣喜万分。他双手一推，竟然将巴比仑推得在地上一连翻了好几个滚。就见鳌拜一边大踏步地走一边高声叫道：“真是天助我也！我鳌拜终于等到了这一天！”

巴比仑多少有些沉重地爬了起来。这时，一个十来岁的小姑娘踩着晨曦，走到了巴比仑的跟前。她，便是鳌拜的小女儿，兰格格。

兰格格关切地问巴比仑道：“我父亲刚才又打你了吗？”

巴比仑慌忙道：“不，没有，鳌爷刚才没有打我……”

兰格格嘟起了小嘴：“你不用骗我，我在那边都看到了。”兰格格的一只纤细小手，自然而然地抚上了巴比仑的脸颊，“还疼吗？”

巴比仑慢慢地拿下她的手：“兰格格，我们不说这些了。叫鳌爷听到，我和你，都不会有好结果……对了，当今皇上在养心殿驾崩了……”

“啊？”兰格格脸上现出一丝惊恐，“皇上怎么会突然驾崩呢？”

不必说年幼的兰格格了，就是许许多多的朝中大臣，对顺治皇帝的突然驾崩也大为迷惑。而实际上，顺治皇帝的死因，已经成了一个历史之谜。

有人说，顺治皇帝是服药自尽，到阴间找他的爱妃董小宛去了。还有人说，顺治皇帝是因为太过思念董妃，得暴病而气绝身亡。更有一个美妙的传说，一直流传到现在，其大致内容如下：

顺治皇帝自爱妃董小宛死去之后，一时间看破红尘、大彻大悟，便在高僧的指点下，瞒过朝中大臣，偷偷地上了五台山当了和尚，把大清江山丢给了他的皇三子玄烨。玄烨长大之后，从祖母博尔济吉特氏那里听到了这件事，便只身一人微服去了五台山，寻找自己的生父顺治。可玄烨几乎踏遍了五台山，也未能如愿。就在玄烨带着满身的失望和疲惫准备离开五台山时，却在半山坡的一棵老槐树下发现了一个老和尚。这老和尚一袭袈裟，双目微合，盘腿坐于地面之上，一动也不动。叫玄烨感到有些奇怪的是，这老和尚没有穿鞋子，一双僧鞋倒置于身前。玄烨恭恭敬敬地上前，向老和尚打听顺治皇帝的事情，但这个老和尚始终一言不发，更没有看玄烨一眼。玄烨无奈，只得怏怏地回到了紫禁城，到慈宁宫把五台山上的见闻说与祖母听。谁知，博尔济吉特氏却大声地言道："玄烨，那槐树下的老和尚，就是你的父亲啊！"玄烨惊问其故。博尔济吉特氏言道："鞋子二字在南方是读成'孩子'之音的。那老和尚把鞋子倒放在面前，是在暗示你：他的孩子到了。玄烨，他正是你的父亲顺治啊！"玄烨这才如梦方醒，连忙又赶回五台山。可是，玄烨找遍了五台山的角角落落，也未能再发现那个老和尚的身影。这，便成了玄烨的一桩终身憾事。

民间传说本不足为凭，只供茶余饭后聊聊而已。不过，无论顺治皇帝是怎么样一个死因，似乎都与他的爱妃董小宛有关。为情而痴，又为情而死，从这个意义说，顺治皇帝也可称之为死得其所了。

有一点遗憾的是，顺治皇帝死得似乎太早了，苛刻一点说，死于二十四岁差不多可以算夭折了。

顺治既死，玄烨即位。博尔济吉特氏的身份，便由"皇太后"变成了"太皇太后"。在"太皇太后"的亲自操持下，挑选了一个皇道吉日，玄烨就在紫禁城的弘德殿里正式登基称帝了。当时，玄烨刚刚八岁。第二年，即公元1662年，改元康熙。玄烨就成了中国历史上的康熙皇帝。

博尔济吉特氏仿佛一下子苍老了许多。几乎是在一夜之间，她的头发就白了一多半。

博尔济吉特氏早就不过问政事了。可是现在不过问不行了。顺治在临走前把年幼的康熙托付给了她。她只得承担这个莫大的重任。她曾经让六岁的儿子牢牢地坐在皇帝的宝座上。现在她将从头再来，让自己八岁的孙子也牢牢地坐在皇帝的宝座上。

安葬了顺治之后，她做的第一件事情，就是把自己慈宁宫内的宫女阿露和老太监赵盛，调往乾清宫，专门服侍小康熙的饮食起居。

接着，她又找那四个辅政大臣好好地谈了谈。那是一个下午。四位辅政大臣在慈宁宫受到了太皇太后的召见，并且依次表示了要效忠大清朝、效忠幼主的态度。这正是吉特氏想要的结果。尽管她知道这种口头的表态并不十分可靠，但毕竟聊胜于无。更重要的是，她亲眼看到了四大臣之间的裂隙，她已经十分清醒地意识到，小康熙在通往亲政的道路上，必然要经历许许多多的坎坷，甚至血腥。

也许是吉特氏想得太投入、太认真了，送走四大臣之后，她突然感到一阵头晕。她连忙扶住门楹稳住身子，心中不由得思忖道：难道，我博尔济吉特氏，真的老了？

因为吉特氏是呆在慈宁宫内，所以她当时未能亲眼目睹到西天那极浓极艳的晚霞。那晚霞也真的极浓极艳，浓艳得就像是从人的身体中刚刚流淌出来的鲜血。春天的紫禁城内，能看到如此浓艳的晚霞，实属罕见，也实属怪异。

索尼可能是因为年纪大了，胆子也变小了，没敢看西天那如血的晚霞，只和苏克萨哈、遏必隆及鳌拜等人打了个招呼，就匆匆忙忙地离去。而且，他好像还极怕冷似的，将头死死地缩在衣领里，几乎没有一点精神气。

鳌拜倒像是特别喜欢西天那如血的残阳。他的目光死死地盯着西天观瞧，其神情就像是一个小孩，终于看到了他朝思暮想、梦寐以求的东西一样。以致于，他看得呆了，好半天都没舍得挪动一下脚步。

遏必隆有些急了。鳌拜不动身，他也不好先行，于是只得在鳌拜的身边低低地提醒道："鳌兄，时候不早了，该回府了……"

遏必隆连呼了好几声，鳌拜才恋恋不舍地收回了目光。一转身，发现苏克萨哈已经没有了身影，鳌拜便问遏必隆道："那个苏大人呢？"

遏必隆回道："他早就走了。莫非，鳌兄现在想念那位苏大人了？"

鳌拜"哈哈"一笑道："你说得没错，我现在是有点想念那位苏大人了。如果他还在，我就想问问他，他平生是否见过这么迷人的晚霞。"

遏必隆一愣："鳌兄什么时候开始关心起大自然的诗情画意来了？"

鳌拜大手一挥："什么狗屁诗情画意！我想问苏克萨哈的是，如果在他身上捅上一刀，从他身上流出来的血，是否会比现在的晚霞更浓更艳！"

走进铁狮子胡同，就要跨入鳌府的当口，鳌拜停住了脚步："遏必隆，你去把穆里玛和塞本得叫来，今晚我们要商量一些重要的事情。"

遏必隆小心地问道："鳌兄，要不要把贵公子也叫来？"

遏必隆说的是纳穆福，他不仅是鳌拜的儿子，也是先帝顺治的驸马，他的夫人就是康熙的姐姐。不过这个纳穆福跟鳌拜有些格格不入，鳌拜很不喜欢他。

鳌拜牛眼一瞪："遏必隆，你怎么这么多废话？我叫谁不叫谁，还要听你的吩咐吗？"

"是，是。"遏必隆连忙陪笑，"鳌兄请稍候，小弟就去叫他们。"

天就要黑了。鳌拜大步跨入府内。今天守门的侍卫正是那个年轻的巴比仑，见到鳌拜，巴比仑忙着上前迎接："鳌爷回来了？"

鳌拜就像没有看见巴比仑似的，"噔噔噔"地一直向前走去。遏必隆领着鳌拜的弟弟穆里玛和侄子塞本得相继跨进了大铁门。巴比仑赶紧凑上前去问安。还算不错，遏必隆这回倒是冲着巴比仑点了点头。

塞本得认识巴比仑，也就同巴比仑不冷不热地打了个招呼。穆里玛虽也熟悉巴比仑的脸庞，但他从不屑于跟巴比仑这种低等的侍卫有什么来往。所以，他一步就从巴比仑的身边跨了过去，贴到遏必隆的身边问道："遏大人，我哥哥真的没说找我们来有什么事？”

遏必隆“唉”了一声道：“穆将军，我何必要骗你呢？令兄为人你还不知道？所有的事情都在他的肚里装着呢。他不说，我也不知道啊！”

塞本得却道：“我以为，叔父叫我们，定是商量杀人的事。”

遏必隆虽与鳌拜相处甚久，但却几乎从未亲手杀过人。听到塞本得十分轻松地说出“杀人”二字，遏必隆的心中多少也是有点别样感觉的。

“好了，”遏必隆低声言道，“你们都不要乱猜了。见了鳌兄，一切不都清楚了吗？”

“醒庐”里，鳌拜正微合着双目，似乎是在静气养神。

遏必隆上前一步道：“鳌兄，令弟和令侄都已到来。”

鳌拜长长地吐了一口气，然后猛然睁大牛眼：“好，你们都坐下，待我们把重要的事情商量好了之后，再痛痛快快地喝他一顿不迟。”

穆里玛迫不及待地问道：“哥，究竟是什么重要的事情？”

塞本得紧接着道：“叔，是抓人还是杀人？”

鳌拜却懒洋洋地手指遏必隆道：“究竟是什么事情，你们问他吧！”

遏必隆急了：“天地良心……喂，我说鳌兄，你什么时候告诉我今晚要商谈何事？你如此冤枉小弟，令弟和令侄会对我有意见的……”

鳌拜“哈哈”一笑道：“遏老弟，你当真是越老越不中用了。我虽然没有告诉你今晚要商谈何事，但你下午难道没有亲眼得见吗？”

遏必隆越发觉得糊涂：“鳌兄，小弟下午……所见何事？”

鳌拜牛眼一翻：“遏必隆，下午在太皇太后那里，你没见到是谁在和我过不去吗？”

遏必隆这才恍然大悟，连忙做出笑容道：“鳌兄，你是在说那个苏克萨哈啊……”

“不错！”鳌拜几乎是咬牙切齿地道，“我们现在要谈的，就是如何对付苏克萨哈，尽早地拔掉这个眼中钉、肉中刺！你们都听明白了吗？”

塞本得当即言道：“叔，如果你同意，我马上就带人去把那个苏克萨哈抓来，让他向你叩头请罪！或者，我干脆一刀把他给宰了更省事……”

鳌拜不满地瞪了塞本得一眼，道：“你就知道抓人、杀人。人当然要抓，也当然要杀，可要看在什么地方、什么时候，去抓谁、去杀谁。不管怎么说，苏克萨哈也是先皇钦定的辅政大臣，我们就这么把他给抓了，把他给杀了，文武百官会怎么看？更何况，他的身边也有不少死党，他们又会对我们怎么样？这些你都用脑子想过吗？”

穆里玛望着鳌拜道：“哥，那我们如何对付他呢？”

鳌拜笑眯眯地对着遏必隆言道：“遏老弟，你比穆里玛和塞本得都要年长，你是应该知道我们该如何对付那个苏克萨哈的，对不对？”

“这个……”遏必隆的大脑飞快地转了几下之后，最终吞吞吐吐地道：“鳌兄，如何对付那个苏克萨哈，自然还是鳌兄你拿主意，小弟我岂能随便轻率地谈论？不过，小弟还是以为，既然我们现在不便直接对那个苏克萨哈下手，那我们何不先拿他的亲信同党开刀呢？把他的亲信同党一个个地收拾掉，到最后，苏克萨哈不就成了孤家寡人了吗？到那个时候，我们再来对付苏克萨哈，恐怕就只会是举手之劳了……”

遏必隆说完，神情很是复杂地望着鳌拜。而鳌拜，从座位上站了起来，在穆里玛和塞本得的注视下，一步步地走到了遏必隆的身边，最后，在遏必隆的面前停下了，且慢慢腾腾地问道：“遏老弟，你刚才的这个主意，真是你自己想出来的吗？”

遏必隆讪笑着：“鳌兄，小弟性愚，别无良策，只能想出这个不是办法的办法……让鳌兄见笑了……”

谁知，鳌拜却大叫了一声“好”，并重重地在遏必隆的肩头上拍了一巴掌，差点没把遏必隆的肩胛骨给拍折了。

“好！”鳌拜又大叫了一声，“遏老弟，你还是有些鬼主意的。你的想法与我的想法不谋而合。如果你也能称得上是英雄的话，那我们此刻便是英雄所见略同了！”

见鳌拜认可了自己的话，遏必隆总算是长长地舒了一口气：“鳌兄过奖了！小弟愚见，怎能与鳌兄相比？”

鳌拜“哈哈”一笑，然后冲着穆里玛和塞本得言道：“你们听好了，我已经郑重地作出决定，我们就先从苏克萨哈的亲信和同党开刀。现在，你们都好好地想一想，我们该先收拾哪个混蛋比较合适。”

想了一会儿，塞本得叫道：“叔，苏纳海、朱昌祚和王登联那三个小子，经常跟苏克萨哈在一起，我们就先把这三个小子给收拾了！”

鳌拜摇头道：“一下子收拾掉三个大臣，动静未免太大了些，况且一时间也不好找借口，还是一个一个地收拾比较妥当。”

穆里玛言道：“哥，工部尚书费扬古跟苏克萨哈的关系很是密切，我们就先拿他开刀如何？”

鳌拜沉吟道：“拿费扬古开刀……这主意不错。把费扬古收拾了，再安排一个我们的人去做工部尚书，岂不是一举两得？”

遏必隆接道：“鳌兄，若拿费扬古开刀，也不必直接对费扬古动手，我们可以从他的大儿子倭赫那儿想想办法。倭赫只是一个御前侍卫，脾气又倔犟，从他那儿找个借口应该比较容易，只要能治倭赫的罪，费扬古就自然脱离不了干系。不知鳌兄意下如何？”

鳌拜当即赞许道：“遏老弟，你越来越聪明了。好，就依你的，我们就从倭赫那儿下手。他不是什么御前侍卫吗？我就想法子在皇宫中治他一条罪状，然后再看看小皇上对此事持什么态度。最后，我再以小皇上的名义宣旨逮捕费扬古。这样一来，即使朝中有些大臣和苏克萨哈对我鳌拜有看法，恐怕也是哑巴吃黄连——有苦没处诉了！”

“妙！”遏必隆忙着言道，“鳌兄这一招当真是妙不可言。如果此招得手，一切顺利的话，鳌兄以后还不为所欲为、心想事成？”

穆里玛和塞本得也赶紧跟着遏必隆大加奉承。鳌拜最后大手一挥道：“今天是个特殊的日子，谁喝不尽兴，谁就别想离开！”

鳌拜令下，谁敢不从？遏必隆、穆里玛和塞本得三人，一个个就像竞赛似的，胡吃海喝起来。可问题是，鳌拜话中的“尽兴”二字，委实不好理解。结果，遏必隆喝得酩酊大醉，摔倒在地后，怎么也爬不起来。穆里玛和塞本得的状况稍稍好些，二人互相搀扶着，还能勉强站立。鳌拜很是不高兴。“你们这些脓包，只这点酒量，如何成就大事？”

确实，若论及酒量，遏必隆、穆里玛和塞本得三人加在一块儿，恐怕也不是鳌拜的对手。最后，鳌拜无奈，只得命人将他们三人分别送走。

就在这时，守门的侍卫巴比仑急匆匆地跑了过来，冲着鳌拜一施礼道：“鳌爷，门外有人求见……”

鳌拜抬头看了看夜空。一轮明月悬在当头，周围几颗星星十分黯淡。这个时候，虽还没到夜半三更，但距夜半三更也不远了。

鳌拜本不想在这个时候再见什么人的，但考虑到自己实在是闲得无聊，于是就问巴比仑道：“是哪个混蛋此时要见我？”

巴比仑哈了一下腰：“回鳌爷的话，是工部员外郎济世求见。”

鳌拜闻言心中一动：“去，叫那个济世在大厅候我！”

鳌拜之所以要见济世，是出于这样的考虑：济世每次来鳌府，总带着许多贵重的礼品，而今日夜深而来，所携礼品就肯定更加非同一般，说不定，还会给鳌拜一个意想不到的惊喜。

果然是意外的惊喜。济世的礼物是一个人。当然是一个女人，一个从杭州来的十分年轻又十分美貌的女人。这女人袅袅婷婷羞羞答答地对着鳌拜施礼道：“奴婢阿美，见过鳌大人……”

鳌拜一对牛眼顿时瞪得溜圆，惊喜的表情立刻显现出来。

鳌拜如此惊喜，当然不会仅仅是因为这女人长得十分年轻又十分美貌。凭鳌拜的身份地位，再年轻、再美貌的女人他也不稀罕。鳌拜之所以如此惊喜，原因只有一个，那就是，这个名叫阿美的女人，无论是身段相貌，甚至是穿着打扮，都与鳌拜死去的妻子年轻时几乎一模一样。那时他们是多么相亲相爱、情投意合啊！

问题是，这个叫济世的工部员外郎送给鳌拜的这个女人，如何会长得跟纳穆福的母亲一模一样？世上竟会有如此巧合的事？鳌拜不是笨蛋。他当然知道济世为寻找到这样的一个女人肯定花费了不少的心思。所以，鳌拜就对着济世认真地点了点头，然后又更加认真地言道：“济世，难得你有这么一份孝心。你这个礼物，我就算是正式收下了！”

济世赶紧躬身言道："大人慷慨笑纳，属下荣幸之至！"

鳌拜像是不经意地问道："投桃报李天经地义。你有什么要求？"

济世的心弦一下子就绷紧了。他苦苦期盼的时刻已经来临："大人，属下……属下只想能在工部做个郎中……不知大人意下如何？"

鳌拜"唉"了一声道："济世，你也太没有出息了。郎中之上有侍郎，侍郎之上还有尚书，郎中，哼，还不是他妈的一钱不值？"

济世心里话：鳌大人啊，谁不想做个更高更大的官？可你不点头帮忙，我就是想碎了心，也只能是白想啊！不过，济世的脸上却是一副非常诚恳的表情："大人，属下不才，若能做个郎中，便很知足，尽管属下的理想也很远大，但在大人面前，属下实在是不敢有更多的非分之想啊……"

鳌拜哼了一声道："济世，以前我还真没有看出来，你这小子不仅善解人意，而且还挺会说话。像你这样的人才，只做个工部员外郎，也实在是太委屈你了。我就让你做一回工部尚书如何？"

济世猛一听，以为是自己的耳朵出了毛病："大人，您……不是在拿属下玩笑取乐吧？"

"他妈的！"鳌拜似是有点不快，"济世，我什么时候跟你开过玩笑？你他妈的好像有点不相信我鳌拜，是吗？"

济世双膝一软，终于跪在了地上："大人息怒，小人该死……"

鳌拜瞟了瞟那个叫阿美的女人，然后对济世言道："三天之内，我包你当上工部尚书。现在，你快点爬起来滚回去！"

济世爬起来滚回去之后，一直默然不语的阿美开口了。她的声音又细又软又撩人："大人，在朝中，你想叫谁做什么官，都能如愿以偿吗？"

鳌拜"嘿嘿"一笑，大手一伸，便将她整个身体拽入自己怀内："你说得没错！在朝中，我想干什么就干什么，谁也阻拦不了我。如果你愿意，我也可以弄个官让你当当。"

阿美妩媚地一笑。她的笑容比她的声音更加撩人："大人在取笑奴婢了！奴婢哪有什么做官的福分。奴婢最大的愿望便是能在大人的身边，好好地伺候大人，给大人带来一点生活的快乐……"

鳌拜大声言道："说得好，说得非常好！实话告诉你，大人我现在就想得到一点生活的快乐！"

第三章

莫须有权臣毙侍卫 聊胜无幼主拥宫娥

小康熙几乎用尽了全力，才勉强把体内的那股东西压住。可尽管如此，他的嘴里也立时就泛起了一种说不上是酸还是苦的怪异味道。小康熙便强压着这种怪异的味道问道："鳌大人，那……那尸体是谁？"

在阿美那里饱享了"生活的快乐"之后的第二天清晨，鳌拜胡乱地吃了几口早饭，便带着弟弟穆里玛进宫去找小皇帝办事了。

鳌拜一般是不乘轿子的。路程比较近的地方，他大都是步行。路程实在远了，他才会骑马。他坚信这样能保持身体的强壮有力。他这样做不大要紧，大凡在他周围的那些亲信走卒，比如班布尔善和遏必隆等人，只要和鳌拜同行，也就都不敢擅自坐轿子。

鳌拜家中的侍卫多达数十人，但鳌拜入宫或外出玩耍，一般都是只身一人。一来，京城虽大，但有谁人敢擅自冒犯他鳌拜这个朝中重臣？二来，鳌拜的武艺也的确高强，寻常的武士，十个、八个的根本近不了他的身。从这个角度上说，鳌拜也的确是有恃无恐。

鳌拜今日带穆里玛一同入宫，不过是想让穆里玛亲眼见识一下他鳌拜在小皇帝面前的所作所为。就像演员在台上演戏，如果台下一个观众也没有，即使台上的表演精彩纷呈、热闹非常，也实在是没有什么意思。在鳌拜的心目中，他与小皇帝都是演员，而穆里玛则是忠实的观众。

进得宫来，鳌拜捉住一个太监，问清了小皇帝现在乾清宫，便带着穆里玛马不停蹄地直奔乾清宫而去。

一路上，经常有一些太监和御前侍卫殷勤地向鳌拜和穆里玛请安。鳌拜心中一动，自言自语地问穆里玛道："那个费扬古的大儿子倭赫，不就是这里的御前侍卫吗？"

"是的，哥，倭赫就在这里当差。你问他干什么？"

"兄弟，我们既然来了，何不顺便见识见识这个费扬古的大儿子，究竟是一个何等人物？"

穆里玛拦住一名御前侍卫，问了几句后回到鳌拜的身边道："哥，那个倭赫正在乾清宫外执勤。"

鳌拜点头道："很好！既然是在乾清宫外执勤，我们正好顺路！"

没有多久，鳌拜和穆里玛便来到了乾清宫外。在宫外执勤的一个约莫三十开外的侍卫，连忙迎上来，单腿点地，向鳌拜和穆里玛请安。

鳌拜乜斜了那侍卫一眼，漫不经心地问："敢问尊姓大名啊？"

那侍卫轻声应道："小人倭赫，参见两位大人……"

鳌拜"哦"了一声，很是意味深长地道："原来，你就是工部尚书费扬古费大人的大儿子倭赫啊！"

倭赫回道："正是小人。不知大人驾到，有失远迎，望乞海涵……"

鳌拜看了看穆里玛："兄弟，想不到费扬古费大人的大儿子，还如此彬彬有礼啊！"

穆里玛笑道："哥，这种不知好歹的家伙，就爱来这套虚的！"

倭赫立即对着穆里玛言道："小人前来给两位大人请安，完全是出自真情实意，这位大人又何故冤枉小人？"

鳌拜阴阳怪气地说："兄弟，倭侍卫看来对你很有意见呢！"

穆里玛脸一沉，迅速地抬起右脚，照准倭赫的左肋就狠踢过去，口中还骂骂咧咧地道："他妈的！敢对我有意见，你不想活了？"

倭赫看来是个不卑不亢的人，虽然挨了穆里玛一脚，肋部很疼，但仍倔强地保持着单腿点地的姿式："这位大人，你踢了小人一脚，小人甘愿承受，只是，小的身后，便是当今圣上所在，如果这位大人无端地惊扰了当今圣上，那小人可就开罪不起了。请这位大人三思。"

倭赫居然说得穆里玛无言以对："哥，这小子还挺会强词夺理……"

鳌拜瞪了穆里玛一眼："他这不叫强词夺理，这叫仗势欺人！"

鳌拜话中的"仗势欺人"一句，明显的是在暗指小康熙。倭赫听了心中很觉不快，但又不便发作，于是只得不高不低地言道："如果两位大人没有什么别的事情，那小人这就告辞！"

说着话，倭赫身躯一扭，便要站起来。谁知鳌拜却冷冷地言道："倭赫，先别忙着起身！"

鳌拜的身份是辅政大臣，他叫倭赫"别忙着起身"，倭赫也就只能听从。"不知鳌大人对小人还有什么吩咐？"

鳌拜哼哼唧唧地道："倭赫，你见了本大人，为什么不跪拜啊？"

别说倭赫了，就是穆里玛听了鳌拜的话后也不由得一惊。因为，在宫中，只有见了当今皇上或太皇太后才可以行跪拜之理。鳌拜此时此地对倭赫提出如此要求，究竟是何用意？

穆里玛不觉看了鳌拜一眼。鳌拜正睁着一对牛眼瞪着倭赫。倭赫一个字一个字地对着鳌拜言道："大人，你对小人提出任何要求，小人都可以答应，但在此地，大人要小人行跪拜之礼，恕小人不能答应……小人也恳请大人收回刚才讲的话……"

倭赫错了。鳌拜根本就不是一个讲道理的人。而且此时的鳌拜只有一个想法，那就是置倭赫于死地。

"他妈的！"穆里玛又踢了倭赫一脚，"你竟敢这样对鳌大人说话，你长有几个脑袋？你不想活了？"

倭赫似乎也太过倔强了："两位大人，小人当然想活，但鳌大人适才对小人提出的要求，小人不敢也不能答应！"

鳌拜慢慢地提起了右掌："倭赫，告诉你吧，敢违抗我鳌拜命令的人，下场只有一个，那就是——死！"

倭赫道："鳌大人总不至于无端杀人吧？"

但鳌拜没再说话。他也不需要再说话了。他早已提起的右掌，以迅雷不及掩耳之势，挟着一股骇人的风声，"嘭"的一下重重地拍在了倭赫的脑壳上。就这一掌，竟然将倭赫拍得弹跳起来。然后，倭赫就像喝醉酒似的，在原地转起了圈。好一会儿，倭赫才勉勉强强地停止了转动，可他刚刚站稳脚步，鳌拜的右掌就毫不怜惜地击在了他的胸口上。

鳌拜的这一掌太凶狠了。只见倭赫"哇"的一声惨叫，随着叫声，一股鲜血就喷口而出。倭赫踉踉跄跄地向后退了几步，终于一头栽倒在地。穆里玛来了精神，大步抢到倭赫身边，在倭赫的脸上、身上拼命地胡乱踩着。

可怜的倭赫，不仅被鳌拜、穆里玛兄弟活活地打死，而且那血肉淋漓的死状，用"惨不忍睹"恐怕都不能形容。

打死了倭赫，穆里玛一时间有点犯难了。光天化日之下，在小康熙居住的乾清宫门外不远处，活活地打死了一名御前侍卫，这似乎确实有些说不过去。让穆里玛最感到犯难的是，一时间很难找到打死倭赫的"正当"理由，总不能把事实真相告诉小康熙吧？

穆里玛抓耳挠腮问鳌拜："哥，这事儿，如何向小皇上交待呢？"

鳌拜趁机教训穆里玛道："兄弟，记住，做任何事情都要瞻前顾后、好好地琢磨琢磨。你以为，我刚才所作所为，只是一时冲动吗？"

"当然……不，"穆里玛很钦佩地看着鳌拜，"大哥行事向来是深谋远虑、三思而后行。请大哥赐教……"

鳌拜四处张望了一下，然后迅速从腰间摸出一把短刀来："快，兄弟，把这把刀放在倭赫的手里。"

实际上，任何大臣入宫，身上都不得携带兵器。而鳌拜，几乎时时刻刻都带有一柄短刀。只凭这一点，便足以看出，鳌拜对当今的小皇帝至少是大不敬的。但穆里玛却顾不了这一点。他急急忙忙跑过去，将刀子放入倭赫的手中。

鳌拜微笑着问穆里玛道："兄弟，可知为兄此举有何意思？"

穆里玛苦苦思索了一阵后回道："这倭赫胆大妄为，私带兵器入宫，被我等兄弟发现，所以就地正法了……"

鳌拜点点头，又摇摇头。穆里玛糊涂了："哥，你究竟是什么意思？"

鳌拜言道："你只说出了我等兄弟为何要处死倭赫的原因。若要依据此事把费扬古及费扬古一家全都抓起来，你就没有充分的理由了。"

看来，鳌拜确实要比穆里玛聪明。他不仅毫不犹豫地打死了倭赫，还要借此将倭赫的父亲费扬古及费扬古一家全部搞掉。也就是说，从今天开始，鳌拜已经正式向他的最大政敌苏克萨哈发起进攻了。

在穆里玛疑惑的目光注视下，鳌拜接着说道："兄弟，要这样来理解倭赫手中那把刀的含义。他带刀进宫干什么？刀只能是用来杀人的。他今日在乾清宫外值勤，他究竟想杀的是谁？"

穆里玛大悟道："这倭赫妄想行刺当今皇上……"

鳌拜开心地笑道："他敢携刀阴谋行刺皇上，其背后就必然有主谋。如此一来，那个费扬古就只能去见他的大儿子倭赫了！"

穆里玛由衷地叹道："哥呀，世上还有比你更聪明的人吗？哥，说吧，现在我们该干些什么？"

鳌拜指了指乾清宫："兄弟去把当今皇上请来。不然的话，你我兄弟打死刺客的功劳不就埋没了吗？"

穆里玛闻言，也不答话，拔脚就往乾清宫而去，刚刚跨进乾清宫大门，就看见那个小皇帝，在一个宫女和一个老太监的陪同下，不紧不慢地向宫外走来……

小康熙本来想住在养心殿。因为顺治皇帝是在养心殿驾崩的，住在养心殿里，多少也寄托着小康熙对父皇顺治的怀念和哀思。但博尔济吉特氏坚持不让康熙再住养心殿，甚至为此对康熙发了火。康熙无奈，只得哭哭啼啼地入住乾清宫。

刚住进乾清宫那阵子，小康熙有事没事地就会掉一阵眼泪。弄得乾清宫内的大小太监和宫女，一个个既战战兢兢又束手无策。博尔济吉特氏知道后，找来了她最喜欢同时也是她最信任的两个仆人，一个是常年在慈宁宫里伺候她的老太监赵盛，一个是刚调入慈宁宫不久的小宫女阿露。她对赵盛和阿露道："当今圣上因为先皇的突然驾崩而悲痛万分，整日整夜地在宫内伤心落泪。我决定把你们二人调入乾清宫去伺候皇上。你们要想尽一切办法让皇上尽快地从悲伤中解脱出来。不然，当今皇上的前途堪忧，这大清江山的前途也实在堪忧啊……你们，明白我的意思吗？"

还别说，赵盛和阿露去乾清宫没多久，小皇上的面貌就顿然大变。至少他不再整日悲悲凄凄、哭哭啼啼，而逐渐活泼开朗起来。

小康熙改变了面貌，当然得归功于赵盛和阿露。为了能使小皇上开心，他们的确是尽了自己最大努力，甚至不惜以自己的生命为代价。

就以阿露为例吧，为使小皇上的脸上能尽快地露出笑容，她有好几次都从死亡的边缘上挣扎着走了回来。

那是一个下午，在乾清宫内。阿露见小康熙呆在寝殿内默然不语的样子，于是就故意大声地对赵盛道："赵公公，天气这么好，我们到外面荡秋千怎么样？"

赵盛一时未能理解阿露的意思："你就在这儿老老实实地呆着吧。"

阿露道："赵公公，如果你有胆量，我们就出去比赛荡秋千，让皇上给我们做裁判，谁要是输了，谁今晚就不许吃饭，赵公公同意吗？"

听到"皇上"二字，赵盛便明白了："阿露，老奴虽然老胳膊老腿的，却也不怕跟你比赛，只是，不知皇上可否愿意为我们做裁判……"

阿露立即跑到小康熙的面前跪下："皇上，奴婢恳请皇上为奴婢和赵公公的比赛做裁判！"

小康熙伸手将阿露拉起来："赵公公偌大年纪，怎比得过你？"

赵盛马上道："皇上，老奴虽年迈，但还不想在阿露面前认输……"

小康熙无奈地道："赵公公执意如此，那就出去与阿露比一回吧。"

出了寝殿，就有两架秋千。所谓秋千，就是一边一截绳子，拴牢一块小木板，人坐在小木板上，抓住两边的绳子，上下悠荡。阿露和赵盛约定，谁在一定的时间里悠得远、荡得高，谁就是胜利者。

胜负自然是不言而喻的。阿露灵活自如、身轻如燕，在秋千上悠荡起来，活脱脱是一只花蝴蝶在上下翻飞，姿态既轻盈又优雅，的确是美妙无比。而赵盛，好不容易地坐在了木板之上，还没有悠荡起来，整个身子就滑落到地面上。赵盛似乎还不服输，跌倒了再爬起来，爬起来之后又再一次跌倒，其状既滑稽又十分狼狈。

小康熙纵然满腹心事，也被赵盛那略带夸张的动作逗引得面露微笑。

赵盛又一次跌倒、又一次爬起，早累得气喘不已。小康熙赶紧道："赵公公，你再荡也不是阿露的对手。"

赵盛"呼哧呼哧"地走到小康熙身边："皇上，老奴是老了……"

小康熙的目光紧紧地盯住了悠来荡去的阿露："赵公公，这阿露的秋千怎么荡得这么好看？"

赵盛躬身言道："回皇上的话，阿露正是因为秋千荡得美妙，才被太皇太后选调慈宁宫的。"

小康熙由衷地叹道："太好看了！朕长这么大都没见过呢！"

赵盛忙扯起嗓子喊道："阿露，皇上夸你荡得好看呢……"

阿露听到了，越荡越有劲儿，荡得越来越远，荡得越来越高，似乎她轻盈的身体，已经飞入云天之中。

小康熙不禁拊掌大笑道："赵公公，阿露有如此的本领，朕实在是太高兴了！"

小康熙这一笑不要紧，可把阿露乐坏了。她终于看见皇上开心地大笑了。然而，她也太过于得意忘形了。就在秋千再次荡到半空中的时候，她的双手竟然松开了两边的绳子。当她手忙脚乱地想平衡自己的身体时，已然太迟，她的身体就像一只中箭的鸟雀，直直地从半空中栽了下来。

这一次，是小康熙首先来到了她的身边。见她一动不动地躺在地上，小康熙不知所措：“赵公公，阿露她……是不是已经死了？”

赵盛心中虽也慌乱，但比小康熙要镇定一些。他探了探阿露的鼻孔。“皇上，她好像还有气息……”

小康熙赶忙言道：“赵公公，快去叫御医来……一定要救活她！”

阿露也真的是命大福大。在昏迷了一天一夜之后，她终于悠悠地睁开了眼。守候在旁边的小康熙惊喜地道：“阿露，你又活了，你没事了……”

阿露低低地言道：“皇上，奴婢荡秋千的时候，看到皇上笑了……只要皇上能够开心，只要皇上能够笑，奴婢就是死了也心甘情愿……”

小康熙听了阿露的话后，双眼不觉有些湿润。显然，若从人的本性而言，康熙皇帝至少也是个善良的人。

还有一件事情，似乎与小康熙的改变也有某种关系。那就是，自阿露从秋千上摔下来之后，小康熙就经常地和阿露肩并肩地睡在一起了。

大概是阿露从秋千上摔下来昏迷过去之后又醒来的第三天，晚上，小康熙在寝殿里睡着了。阿露和赵盛也各自在寝殿门外的偏房里朦朦胧胧地进入了梦乡。大约在半夜时分，阿露醒了，因为她听见寝殿里有动静。

只见小康熙，四腿八叉地躺在龙床之上，双手一会儿高高地举起、一会儿又重重地放下，两条腿就像跑步似的一刻不停地乱动着。阿露不知出了什么事，慌忙跑到龙床边，将掉落在地的锦被抱回到床上，却见小康熙双目紧闭、满脸是汗，两颊的肉还一动一动的，像是在做一件非常劳累的事。

阿露从未见过这种场面，一时间竟然呆呆地愣在了床边。亏得是赵盛也走进了寝殿，不然的话，阿露在床边还不知要呆站多久。

“赵公公，”阿露竭力压低自己的声音，“皇上这是……怎么了？”

赵盛看了看小康熙，然后轻轻地回答阿露道：“你不要紧张，皇上这是在做梦，一会儿就没事了。”

阿露便和赵盛一起，屏住呼吸，双目一眨不眨地盯着小康熙。

小康熙双手猛然一举，双腿猛然一蹬，口中大叫了一声道：“中了！”然后就悠悠地睁开了眼。

阿露连忙言道：“皇上，你醒了？”

小康熙眨巴眨巴眼，显得有些莫名其妙的样子：“赵公公、阿露，你们怎么会在这儿？”

赵盛躬身回道：“皇上，老奴与阿露，适才见皇上正在做梦，不敢惊扰，所以就站在这儿。”

“做梦？”小康熙皱了一下眉，翻身看了看床，又看了看赵盛和阿露，方叹道：“是的，是做梦……”

赵盛低低地言道：“皇上，恕老奴多嘴，皇上适才在梦中，是否又见到了先皇陛下？”

小康熙吁了一口气：“是的，赵公公，朕刚才在梦中，见到父皇正教朕骑马射箭，朕纵马狂奔，弯弓搭箭，一箭正中靶心……可是，这只是一场梦而已……”

见小康熙一副愁眉不展的样子，阿露赶紧道：“皇上，梦醒了，一切都没事了，皇上还是好好地休息吧！”

阿露说着，扶小康熙躺下，又将锦被盖在小康熙的身上。小康熙有气无力地道：“赵公公、阿露，你们也去休息吧。”

阿露傍着赵盛，两人轻悄悄地出了寝殿。刚出寝殿，就听小康熙在殿内喊道：“阿露，你来一下。”

阿露进殿来到小康熙床边：“皇上唤奴婢来，有什么吩咐？”

小康熙一下子变得有些支支吾吾起来：“阿露，朕刚才梦见父皇，现在很难睡着了，所以，朕就想……叫你和朕一块儿睡，你……愿意吗？”

阿露双膝一弯，跪在了床边：“皇上叫奴婢干任何事情，奴婢都心甘情愿，只是，奴婢人微身贱，怎能与皇上睡在一张床上？请皇上三思……”

小康熙笑了：“朕不在乎什么人微身贱的事情。再说了，你上来和朕一块儿睡，只有赵公公知道，赵公公是个大好人，他又不会在外面乱说！”

见阿露还一动不动地跪在地上，小康熙急了，一下子从床上跳下来，伸手就去拉阿露。阿露忙道：“皇上请快回床，当心龙体着凉……”

小康熙耍起了无赖，一屁股坐在阿露身边，还嘟起小嘴道：“阿露，你要是不起来，不和朕一块儿睡，朕就永远不上床、永远坐在这里……”

阿露慌了，也有些怕了。这小康熙既然能说到也就能做到。所以，她就慌里慌张地道：“皇上先起身，奴婢才敢起身……”

小康熙很快地站了起来。阿露慢慢地站起了来。小康熙道：“阿露，快跟朕一块儿上床吧。”

阿露嗫嚅着道：“皇上先上床，奴婢才敢上床……”

小康熙“嗖”地钻入被中：“阿露，快上来吧，被子里可暖和呢！”

阿露暗暗地叹了一口气，缓缓除去鞋袜，然后慢慢朝床上爬去。爬到床上之后，她就一动不动地、直直地躺在了床边。

小康熙高兴了，拽过被子就给她盖上，然后贴上身来，双手还搂住了她的脖子：“阿露，朕就这样抱着你睡好吗？”

她小声地道：“皇上想怎样，就怎样，奴婢都愿意……”

尽管我们不能武断地说，正是因为阿露和小康熙睡在了一起，小康熙才从思念顺治皇帝的阴影中走了出来。但是，不管怎么说，阿露在使小康熙重新开心、活泼起来的这一过程中，也的确起到了莫大的作用。这一点，不仅别人无法否认，就是康熙皇帝，也铭记了很久。多久？一辈子。

我们再回到鳌拜兄弟打死御前侍卫倭赫的那个上午。小康熙用过早膳，要去拜见皇祖母，赵盛和阿露正一边一个簇拥着小康熙向乾清宫外走去，却见一人急急忙忙地跨进了宫内。这人当然就是鳌拜的兄弟穆里玛。

小康熙不由得一愣："靖西将军？你怎么跑到这里来了？"

大清例律，皇宫内院，除皇上特旨之外，任何朝中大臣都不许擅自出入。这穆里玛竟然闯入了乾清宫，小康熙如何不感到意外？

穆里玛对着小康熙伏地叩头道："有刺客阴谋行刺皇上……"

听到"刺客"二字，小康熙不免有些紧张，忙问道："那刺客……是谁？现在哪里？"

穆里玛回道："禀皇上，那刺客就是御前侍卫倭赫……"

"什么？"小康熙大吃一惊，"靖西将军，你是不是搞错了？工部尚书费扬古的儿子倭赫怎么会是刺客？他为什么要行刺朕？"

小康熙太过惊讶了，穆里玛却不紧不慢地言道："皇上，倭赫是不是刺客，你出去看看就知道了，他就在外面……"

小康熙闻言，撒腿就往外面跑。

小康熙正跑着呢，猛见一人挡住了去路。他只得刹住脚。挡住他去路的人当然是鳌拜。小康熙喘息道："鳌大人，你怎么……也在这里？"

鳌拜缓缓地跪下，然后做出一种非常难看的笑容言道："皇上如此匆匆，是否是在寻找那个胆大包天的刺客？"

小康熙一愣："鳌大人，你……也知道刺客的事？"

鳌拜又缓缓地站了起来，而皇上这时并没有叫他起来。

鳌拜起身之后，先看了一眼走过来的穆里玛，然后才慢悠悠地回答小康熙道："皇上，正是臣等及时发现并制止了倭赫的行刺。"

小康熙刚想说什么，却听见阿露尖叫了一声："啊……皇上……"

小康熙顺着阿露的目光看过去，却见不远处的一处空地上，横陈着一具血肉模糊的尸体。那尸体的头脸早已被踩得皮开肉绽，就是他的亲生父母来了，怕也认不出来。

小康熙只看了一眼，体内就有一股黏稠物向上翻涌，跟着身体也摇晃起来。慌得赵盛和阿露赶紧从两边将小康熙架住。

小康熙几乎用尽了全力，才勉强把体内的那股东西压住。可尽管如此，小康熙的嘴里也立时就泛起了一种说不上是酸还是苦的怪异味道。小康熙便强压着这种怪异的味道问道："鳌大人，那……那尸体是谁？"

鳌拜很是轻松地言道："回皇上的话，那尸体正是刺客倭赫。"

尽管小康熙心中已经知道那尸体是谁，可听到鳌拜的口中说出"倭赫"二字后，他的身体还是极大地震动了一下："鳌大人，倭赫怎么会……弄成这副模样？"

鳌拜对着小康熙躬了一下身："回皇上的话，臣等见这倭赫狗胆包天，竟然敢图谋行刺皇上，心中愤恨至极，下手便略重了些，请皇上明察臣等对皇上的一片赤胆忠心!"

小康熙有气无力地问道:"鳌大人,倭赫一向忠于职守,为什么要行刺于朕?先皇在世时,朕曾多次听先皇说过,说那工部尚书费扬古是一个大大的忠臣。如此忠臣怎么会有一个不肖的刺客儿子?鳌大人,你与靖西将军是不是弄错了?如果倭赫不是刺客,他岂不是死得太冤?又死得太惨?"

鳌拜有点皮笑肉不笑地道:"皇上,知人知面不知心。工部尚书费扬古哪是什么忠良之臣。他早就包藏祸心,只是碍于先皇的英明和威势,才不得不隐藏真面目。先皇驾崩,皇上即位,费扬古觉得机会来了,狗急跳墙派倭赫阴谋行刺皇上。他的如意算盘是,只要倭赫阴谋得逞,那先皇钦定的四位辅政大臣就形同虚设了,那他费扬古从此就可以权倾朝野了。皇上,费扬古本来就是个野心勃勃的小人啊,皇上怎么没有看出来呢?"

小皇上言道:"鳌大人,你一下子讲了这么多的话,朕实在记不住,朕只想问你,你与靖西将军……怎么就敢肯定,这倭赫就一定是刺客?"

鳌拜朝着穆里玛一翻眼:"靖西将军,把凶器拿来让皇上过目!"

当穆里玛拿着那把似乎仍在滴着倭赫血的短刀走到小康熙的面前时,小康熙不自觉地向后一连倒退了好几步:"这把刀……是从哪来的?"

看着小康熙那惊慌的样子,鳌拜的心里十分得意:"皇上休要害怕。这把刀便是倭赫阴谋行刺皇上的凶器,也是倭赫阴谋行刺皇上的证据。现在人证、物证俱在,皇上还不相信倭赫是刺客吗?"

小康熙太小,还不能明了鳌拜所隐藏的险恶用心,加上又被倭赫的那具惨不忍睹的尸体所惊吓,没有精力再支撑下去,只能含含糊糊地道:"鳌大人,就算倭赫是刺客,现在既然已经死了,就把他好好安葬了吧……"

鳌拜却不高不低地道:"皇上,此等罪大恶极之人,怎能将他好好地安葬?臣以为,把他抛尸荒野就算是最便宜他的了。"

小康熙只得道:"鳌大人,你想怎么就怎么吧,朕想回宫休息……"

鳌拜一步步地向小康熙走近,一个字一个字地言道:"皇上,仅仅处置一个倭赫就行了吗?"

小康熙连忙问道:"你……这话什么意思?"

鳌拜没有直接回答,而是反问小康熙道:"按大清律,像倭赫这种妄想行刺皇上的人,该处于何种刑罚?"

小康熙虽小,但大清律他却几乎烂熟于胸:"倭赫……当处绞刑,并诛没九族……鳌大人,你不是想连工部尚书费扬古也一并处死吧?"

"岂止是费扬古一个!"鳌拜重重地道,"皇上,费扬古的大儿子倭赫是死了,可他还有二儿子尼侃、三儿子萨哈连,皇上敢保证费扬古的这两个儿子不再来宫中行刺吗?"

小康熙不知为何,有些急了:"鳌大人,你到底……是什么意思?"

鳌拜含而不露地一笑道:"皇上,臣既受先皇遗命辅政朝纲,那就要按大清律办事，将犯上作乱的费扬古一族斩尽杀绝！”

小康熙大惊道：“这……岂不是要杀很多人？”

鳌拜装模作样地叹了口气道：“既然皇上有好生之德，那臣就替费扬古求个人情，不诛他九族，只杀他一家，皇上，这下总可以了吧？”

小康熙又不知为何，竟有点气喘吁吁起来。“鳌大人，这样杀法同样会累及许多无辜。你，为何会有如此狠毒心肠？”

鳌拜毫不示弱道：“臣既然是先皇钦定的辅政大臣，那臣即使是冒天下之大不韪，今日也要行使辅政大臣的权力！”

小康熙长这么大，包括先皇顺治和皇祖母博尔济吉特氏在内，好像还从未有人像鳌拜这样对他说过话：“你，究竟想怎样？”

鳌拜毫不客气地言道：“臣今日就要代皇上宣旨，立即诛杀工部尚书费扬古全家！”

小康熙又气又急又惊又怕：“朕不同意，你也敢这么做吗？”

鳌拜高声回道：“皇上永远是皇上，臣也永远是臣，但正是为了皇上着想，为了江山社稷着想，臣今日不能不这样做。如果臣姑息、纵容像倭赫这样无法无天之事，那臣就对不起皇上，对不起这大清王朝，更有负于先皇对臣的殷殷嘱托。所以，臣只能按臣的意愿行事！”

小康熙竟然连一个字也说不出来。在赵盛和阿露的半扶半抱之下，他趔趔趄趄地回了乾清宫。

第四章

代拟旨公然藐天子 亲书字恳切教新君

吉特氏稳稳地走了过来，抓起一枝如椽巨笔，蘸了蘸小康熙费力研成的墨，在一张硕大的宣纸上，笔走龙蛇般地写下了一个沉甸甸的“忍”字。写罢，她问小康熙道：“孩子，你可认得这个字吗？”

小康熙走后，穆里玛凑到鳌拜跟前：“哥，我们现在该干什么？”

“刚才皇上已经宣旨，你还不知道该干什么吗？”

穆里玛一时间真的如坠云里雾中：“大哥，恕小弟愚钝，也许是小弟真的太过愚蠢了，小弟适才好像并没有听到皇上宣过什么圣旨……”

如果不是在乾清宫外，鳌拜可能真的要大声吼叫了：“穆里玛，现在的圣旨都非得要皇上才能宣吗？”

“哦……哥，我明白了，你是要我去抓费扬古那个狗杂种啊！”

鳌拜清了清嗓子道：“记住，你带人去抓费扬古的时候，就说是当今皇上亲自下的旨令。另外，抓住费扬古和他的那两个儿子，立即就带到午门处斩，容不得半点拖延。还有，费扬古的那些家财，就全归你了！”

这自然是个肥差。穆里玛赶忙乐颠颠地跑去召集了数百名兵丁，将他们分散开来，远远地对着费扬古的尚书府形成了一个大包围圈。

中午时分，费扬古乘着轿子回到了尚书府。穆里玛命令手下缩小包围圈，但不许轻举妄动。一会儿工夫之后，费扬古的二儿子尼侃和三儿子萨哈连也相继回到了家中。穆里玛对手下人叫道：“封锁乱臣贼子费扬古家的所有出口，谁想逃跑，一律格杀勿论！”

费扬古的尚书府被严严实实地封锁住了。跟着，穆里玛亲率百余人从正门闯进了费扬古的家，并不由分说地将费扬古全家男女老少约百口人，统统赶到了大院里。接着，穆里玛便以“奉旨”的名义，宣布了费扬古几条不可饶恕的罪状，即刻下令将费扬古及他的二儿子尼侃、三儿子萨哈连五花大绑起来。为节省时间，穆里玛又命令手下将费宅内除费氏父子三人外的所有大小男人及年龄太大和太小的女人一律就地处决。

之后，穆里玛命人将费宅内的所有财产统统装上马车，拉往他在京城的靖西将军府，自己则带人押着费扬古父子三人朝午门而去。

为确保任务的圆满完成，穆里玛在亲眼目睹了费扬古父子三人在午门外被处斩了之后，才兴冲冲地走进了鳌拜的府中。“按大哥的吩咐，全办好了！”

“嗯，先回去休息吧。我现在要进宫一趟。费扬古死了，我得去找皇上重新任命一个工部尚书啊！”

鳌拜直奔乾清宫而去。到了乾清宫门外，赵盛迎住鳌拜道：“鳌大人，皇上已然休息，改日再来吧！”

鳌拜哼了一声：“什么时候就休息？分明是不愿见我！皇上不想见我，我就不能去见皇上吗？”说罢大步闯入乾清宫。说话的工夫，鳌拜已经跪在了小康熙的龙床前。

小康熙“呼啦”一下从床上坐起来，小手颤颤抖抖地指着鳌拜，变腔变调言道：“你打死倭赫，又杀费扬古全家……你，来这里还要干什么？”

鳌拜微微一笑道：“像费扬古这种乱臣贼子只杀了他一家而赦免了他九族，也算是对他从轻发落的了。皇恩浩荡，皇恩浩荡啊！”

小康熙差一点就从床上跳下来：“鳌拜！你……竟然假传圣旨，残忍地杀死了近百口人……你眼中还有没有朕这个皇上？你，走吧……”

鳌拜却不想走，他还有话说：“皇上且莫休息，臣还有要事禀奏。”

小康熙猛然一睁双眼道：“鳌拜，朕想休息一会儿都不行吗？”

鳌拜大声咳嗽了一下，自顾自地言道：“皇上，费扬古一死，工部缺一位满员尚书，臣以为工部员外郎济世可堪此任。望皇上谕令批准。”

小康熙只言不发，还侧了一下身，将屁股对着鳌拜的脸。

鳌拜不仅没生气，反而高兴言道：“皇上如果没有别的什么看法，那臣就暂代皇上宣布这件事了。”鳌拜看见御案上放有一块黄绢，便大步走过去，抓起一支毛笔，略一考虑，就“唰唰唰”地在黄绢上书写起来。

写完，鳌拜双手捧绢，重新返回床边，模仿太监的声调念道：“奉天承运，皇帝诏曰：查原工部尚书费扬古，心怀不轨，命子刺驾，罪行败露，已按大清律严加惩处。着济世代其工部满员尚书之职。钦此！”

鳌拜居然替小康熙拟了圣旨，小康熙再也“睡”不着了，一骨碌从床上跳起来，涨红着脸叫道：“鳌拜，你……想干什么？”

鳌拜声调不高不低地回道：“臣早已将此事禀奏皇上，皇上无以回应便是默认。臣考虑到皇上正在休息多有不便，就暂代皇上签下这道圣旨。臣以为，臣这也是尽了一个辅政大臣的义务，还请皇上体谅臣的赤胆忠心。”

小康熙涨红的脸倏忽间变得惨白一片：“鳌拜，你竟然如此……”

小康熙太气愤了，“竟然如此”后面的话他怎么也说不出来。如果这是一道填空题，那“竟然如此”的后面，究竟该填些什么呢？

鳌拜却不管这些。他的目的已经达到。离去前，他还没忘行君臣之礼。他双膝着地道：“臣代工部尚书济世，叩谢皇上的大恩大德！”

鳌拜离去后，赵盛和阿露赶紧跑进了寝殿。只见小康熙气得大口喘气：“鳌拜……欺朕太甚……朕……决不会罢休……”

赵盛忙道："皇上，切不可动怒，动怒会伤龙体的……"

阿露也神色不安地道："皇上，这个鳌大人为何会如此凶狠？"

小康熙没有回答，身子一仰，重重地躺在了床上，又伸手一拽，用被子将自己的脸捂得严严实实……

直到黑暗降临，小康熙才将蒙脸的被子揭开："去慈宁宫！"

到了慈宁宫，赵盛刚刚进去禀告，博尔济吉特氏便三步并作两步地跨出宫来，急急地走到小康熙面前，伸双手将他扶起："皇帝快快起来！"又招呼阿露道："你也快起来吧。"

小康熙跟着她走进了一间内室。当室内只剩下他与博尔济吉特氏之后，小康熙终于抑制不住"哇"地哭了起来。"皇祖母，你可知道，鳌拜……欺人太甚，根本就没把孩儿这个皇帝放在眼里……"

博尔济吉特氏温柔地将小康熙搂入自己的怀中，用自己温暖的手细心地为他擦拭眼泪："孩子，你可知道你的父皇是几岁登基称帝的？"

小康熙睐一下双眼："孩儿知道，父皇是六岁登基称帝的。"

吉特氏又问道："你可知道多尔衮的事情？"

小康熙问道："多尔衮是孩儿的皇叔祖……对了，皇祖母，听说孩儿的这个皇叔祖最后被父皇处决了……这是为何？"

吉特氏顿了一下，然后言道："孩子，你父皇登基时，刚刚六岁，还不能亲理朝政，所以你皇祖父驾崩前就钦定多尔衮做了你父皇的摄政王。要说这个多尔衮，也确实为你的皇祖父和大清王朝立下了汗马功劳，如若不然，你的皇祖父也就不会让他做你父皇的摄政王了。"

小康熙插言道："皇祖母，听说鳌拜也曾是皇祖父麾下的一员大将，还曾救过皇祖父的性命……这可否属实？"

吉特氏不觉点了点头："是的，鳌拜确曾救过你皇祖父的性命，也确曾与你皇叔祖多尔衮一起，为大清王朝一统天下而在疆场上出生入死。不过，鳌拜那时还很年轻，还不能与你皇叔祖多尔衮相提并论。只是，多尔衮死后，鳌拜就在朝中显得举足轻重了。这也是你父皇为何让他做你的辅政大臣的一个重要原因。"

小康熙的双眉渐渐地攒在了一起："多尔衮和鳌拜……都是皇祖父得力的大将，一个做了父皇的摄政王，一个成了朕的辅政大臣……皇祖母，那个多尔衮和这个鳌拜，倒很是相似呢……"

吉特氏缓缓道："孩子，他们的相似之处恐怕不只是这一点啊……"

小康熙问道："皇祖母，他们二人还有什么地方相似？"

吉特氏道："你刚才不是问我，你的父皇为何要处决多尔衮吗？我现在就告诉你，把事情原原本本地都告诉你……"

当然，吉特氏话中的"原原本本"是留有余地的。至少，她现在不会把自己与多尔衮之间的那段暧昧关系告诉小康熙。她讲述的内容，主要包含两个方面，一是多尔衮做了摄政王之后，如何地独断专权，如何地不把年幼的顺治皇帝放在眼里，另一方面是顺治皇帝如何地忍气吞声，如何地与多尔衮巧妙周旋，并在暗中积蓄势力，耐心地等待时机。

“最后，”吉特氏好像是在做总结，“你父皇长大了，羽翼丰满了，趁多尔衮毫无防备之际，将多尔衮一举擒获！”

小康熙不禁“哦”了一声道：“皇祖母，你的意思是，孩儿现在也要像当年的父皇那样，耐心地等待着时机？可是，皇祖母，孩儿究竟要等到什么时候？”

吉特氏想了想，松开小康熙，一点点地站了起来：“孩子，近来我拜了一位师傅，学练汉人的书法，你可想见识见识？”

小康熙不知吉特氏意图：“皇祖母，你莫非……要写字？”

吉特氏点点头：“正是。我想写点东西让你评价评价。来，孩子，去为我研墨，我马上就来。”

看来，吉特氏近来的确是在学练书法。一张宽大的几案上，摆满了笔墨纸砚。小康熙走到几案前，开始为吉特氏研墨。因为两顿没有吃饭了，加上心事又重，刚刚研了一会儿，便觉得头晕脑沉，两眼外有无数颗金星在跳动。小康熙赶紧强迫自己镇定下来。只见吉特氏稳稳地走了过来，抓起一枝如椽巨笔，蘸了蘸小康熙费力研成的墨，在一张硕大的宣纸上，笔走龙蛇般地写下了一个沉甸甸的“忍”字。写罢，她笑问小康熙道：“孩子，你可认得这个字吗？”

小康熙虽还不到十岁，但从懂事的时候起，便有专门的大学士为他讲解四书五经等汉学课程。一个“忍”字，如何会认不得？小康熙不仅认识这个“忍”字的外形，他还参悟出了这个“忍”字的丰富内涵。所以，吉特氏刚一问毕，他就弯腰施礼道：“皇祖母，孩儿明白了……孩儿想把这个字悬于室内，日日夜夜仔细地观瞧……”

吉特氏摇了摇头：“孩子，这个字只能牢记心间。你，懂了吗？”

小康熙认真地想了想，最后脸上露出了笑容：“皇祖母，孩儿这回是真正地明白了！”

吉特氏也笑了：“既然明白了，那我们就去吃饭吧。”

吃罢饭，辞别了博尔济吉特氏，似乎已是深夜了。但是小康熙的精神依然有富余：“朕要到宫外走走。”

小康熙话中的“宫”，显然是指的紫禁城。赵盛不由大惊：“皇上，这么晚了，出宫去……恐怕不太方便……”

阿露想了想也道：“皇上，这个时候出宫，会不会……不太安全？”

小康熙却道：“宫内是朕的天下，宫外也是朕的天下，朕到宫外去走动走动，怎么会不方便，怎么会不安全？”

小康熙说完，拔腿就走。慌得赵盛赶紧言道：“阿露，你陪伴皇上，老奴去叫侍卫来……”

好家伙，等小康熙走出宫门的时候，他的身后及左右，至少已聚集了二百多名精壮的侍卫。小康熙笑问赵盛道："赵公公，朕这是去玩耍呢还是要去打仗？"

赵盛陪着笑脸道："皇上，人手是多了些，不过……有备无患嘛！"

夜真的很深了，大街上已经看不到多少行人了。这便少了几分热闹，小康熙觉得有些兴味索然。

小康熙对亦步亦趋的赵盛言道："公公，朕本以为，宫内比较单调，宫外一定好玩，没想到，宫外也是这样的无聊……"

赵盛回道："皇上，夜深了，到哪儿都一样。若是白天出宫，皇上就会看到很多好玩的东西了。"

正说着，一个侍卫头领急匆匆地跑了过来："启禀皇上，左边的一条巷子里有些异常，奴才已令手下将那条巷子包围……"

小康熙一下子来了精神："什么异常？在哪里？快带朕去看看！"

来到那条巷边，小康熙急急地问那些堵住巷口的侍卫道："快告诉朕，巷子里究竟发生了什么事？"

一个侍卫禀道："巷内有两个少年在摔跤。因为没有得到皇上的旨意，奴才等并没有去惊扰他们。"

"摔跤？"小康熙真的来了精神，"朕一直都喜欢这个游戏。你们快快让开，朕要过去看看是何人在摔跤。"

"摔跤"一词，在满语中叫"布库"。小康熙未做皇帝前，经常在宫中和第一辅政大臣索尼的儿子索额图玩布库。因为索额图比小康熙大几岁，所以小康熙在和索额图玩布库的时候，常常是负多胜少。不过，索额图很机灵，有时故意让小康熙赢，这样一来，若计算总成绩的话，小康熙和索额图二人倒也大致摔成了平手。只是，小康熙做了皇帝之后，就很少再见到索额图了，更不用说二人再在一起玩布库了。想起来，小康熙还真的十分怀念和索额图在一起玩布库的时光。

说来也巧，当小康熙走进巷子、举首朝巷内仔细一望时，他的一双眼睛马上就不由自主地瞪大了。因为，朗朗的月光下，那两个正在摔跤的少年，其中一个分明就是索额图。

见着小康熙，索额图急忙跪倒："索额图叩见皇上，祝吾皇万岁、万岁、万万岁！"

索额图年纪虽不是很大，却颇有成人的风格。跟他摔跤的少年也赶紧跪在了索额图的旁边："明珠叩见皇上，祝吾皇……"

"好了，好了！这里不是宫中，不需要这么多礼节。"

小康熙从未见过明珠，但看到明珠一派气宇轩昂的模样，心中却也欢喜。明珠的父亲虽也是朝中大臣，但无论其地位还是资历，都远远不能与索尼相比。不过，就是这个明珠，在若干年后，却成了朝中一位举足轻重的人物。而索额图，也一点不比明珠差，甚至他在朝中掌握的权力比明珠还要大。只是，由于种种原因，二人的下场都不是太美妙。当然，这是后话。

小康熙问道："索额图，你和明珠为什么晚上跑到这里摔跤？"

索额图回道："皇上，明珠仗着他比我大两岁，非说我摔不过他，我不服，就约他在这里比一比……"

明珠连忙道："皇上，他说的不是事实，是他非说我摔不过他，我咽不下这口气，才约他这个时候在这里比试的。"

小康熙笑道："原来你们是在比赛啊！难怪你们摔得这么带劲儿，那么多的侍卫在巷子两头把守着，你们也没有察觉……喂，你们比赛的结果怎么样？"

索额图道："我们摔了十跤，他胜五次，我也胜五次。"

明珠道："我们正在摔第十一跤的时候，皇上就来了……"

"太好了！"小康熙简直是有些手舞足蹈了，"原来你们还没有决出胜负啊！来，你们继续摔，朕给你们当裁判，看到底哪个是最后的胜利者！"

赵盛闻言，忙着低低地言道："皇上，夜已深了，还是回宫吧……"

是啊，时候确实已经不早了。小康熙想了想，然后对索额图和明珠道："这样吧，你们就以一跤定胜负。朕给你们当裁判，保证不偏不倚！"

小康熙的话索额图和明珠当然不能不听。并且，当着小康熙的面，两人还都想做最终的胜利者。故而，两人扭到一起之后，不仅都使出了浑身解数，而且也都使出了吃奶的力气。只是，两人的摔跤功夫大致在伯仲之间，彼此的力气也大抵旗鼓相当。所以，两人难解难分了好一阵子，谁也未能把对方摔倒。

一个念头，仿佛是在突然间蹦进了小康熙的脑海。他急急地冲着索额图和明珠叫道："索额图、明珠听旨——"

索额图、明珠都没接过"圣旨"，但却知道接"圣旨"时应该是个什么样子。所以，索额图和明珠就停了下来，双双跪地道："奴才接旨……"

一边的赵盛和阿露也都多少吃了一惊。这小皇上此时要宣什么圣旨？要知道，天子无戏言。小康熙既然说过"听旨"二字，那他现在说什么也就只能算什么了。

只听小康熙朗朗地言道："索额图、明珠，朕封你们为御前侍卫，专门负责保护朕的安全，你们可听清楚了？"

索额图和明珠马上伏倒在地，齐声言道："奴才叩谢皇恩！"

小康熙"哈哈"一笑，连忙把索额图和明珠拉起来："你们做了朕的御前侍卫之后，不就整天地可以同朕在一起了吗？朕整天地同你们在一起，不就可以整天地同你们在一起玩了吗？"

二人恍然大悟道："皇上原来是这个意思……"

小康熙道："你们明天上午就进宫当差！今天晚上回去，你们要连夜给朕精心挑选出十来个会摔跤的少年伙伴，明日一同见朕，朕要在宫中专门辟出一块地方，供你们练跤，你们……能给朕找到十来个这样的人吗？"

二人立即道："一百个也能找到。只是，找这样的人干什么用呢？"

小康熙"嘿嘿"一笑道："朕在宫中闷得很！有他们整天地在宫中玩摔跤游戏，朕看着多么有趣！看得高兴，朕也会上去摔上几跤呢！"

索额图似乎明白了："皇上原来是想同他们在一起玩啊！"

明珠向小康熙保证道："皇上放心，奴才一定将那十来个人的摔跤功夫训练得棒棒的，让皇上看得开心、玩得尽兴！"

"好。明日上午，朕与你们在宫中相见！"

此刻，鳌拜府内正是一片欢天喜地。

鳌拜有充足的理由欢天喜地。他想杀倭赫，倭赫便死了。他想杀费扬古一家，费扬古一家就全部消失了。他想要济世做工部尚书，济世就真的如愿以偿了。一天之内，取得如此一连串的胜利，鳌拜还不笑掉了大牙？

这是在鳌府两座花园之间的一个大厅里。鳌拜端坐在一张太师椅上，他的左边坐着遏必隆，他的怀中偎着那个阿美。其他的人则围在他的眼前。显然，在鳌拜的心中，遏必隆和阿美的地位，要比其他人略高一些。

包括鳌拜在内，所有的人都吃饱喝足了，所以说起话来，放声笑起来，底气都特别的足。特别是鳌拜，亮开大嗓门那么一乐，不要说他怀中娇柔的阿美了，就是坐在他左边的遏必隆，也会被他的笑声震得浑身颤抖。

几乎所有的人都在放声大叫，所有的人都在放声大笑。他们是在为鳌拜的胜利而大叫，为鳌拜的胜利而大笑。叫声中、笑声中，鳌拜不由自主地便陶醉了。仿佛他正抱着阿美，缓缓地上升，一直上升到洁白绵软的云彩里，微风吹来，云彩在晃动，他和阿美便在无垠的蓝天上自由自在地翱翔、荡漾……翱翔的时候，他看到满地都是鲜血，那是费扬古一家近百口人的鲜血；荡漾的时候，他看到有一个人正从那满地的鲜血中抬起头来，直直地盯着他，那个人便是苏克萨哈。

鳌拜从陶醉中醒了过来，他大吼一声道："都他妈的给我住口！"

鳌拜的话对众人来说，无疑比当今皇帝的圣旨还具权威性。众人都像突然被封了口一样，没有人再敢大叫，更没有人再敢大笑。

鳌拜威严地扫了扫众人，然后用一种很冰冷的语调言道："杀死了费扬古，可苏克萨哈还活着，活得好好的！有苏克萨哈在，我鳌拜就高兴不起来！等他死了，等我在朝中真正说一不二了，你们再放声大笑也不迟！"

鳌拜如此一说，众人的脸上便马上都现出一种沉重的表情来，似乎每个人都在思考着一个十分严肃的问题。班布尔善首先缓缓地开了口："诸位，鳌大人说的是呀！我们只吃掉了苏克萨哈的一个小卒，根本没有理由这么高兴。还是鳌大人说得好啊，等苏克萨哈死了，等鳌大人在朝中说一不二了，我们再放声大笑也不迟！"

遏必隆也朝着鳌拜拱了拱手："鳌兄，在这喜庆的时刻，你却能深谋远虑、居安思危，这份见识和智慧，小弟我只能是自愧不如了！”

有班布尔善和遏必隆开了头，其他的人便知道自己该如何说了。一时间，数十人都不甘落后地奉承鳌拜。他们几乎把所有的赞美之词都用在了鳌拜的身上，似乎只有一句话没敢乱用，那就是“万岁、万岁、万万岁”。

鳌拜的头顿时就炸开了：“你们都听好了！回去之后，密切注意苏克萨哈的一举一动，只要发现一点可疑，马上向我报告。谁要敢与苏克萨哈有一点点来往，费扬古就是他的下场！现在，你们都滚吧！”

众人走后，阿美偎上鳌拜的身躯，“大人，这些人都很怕你呢……”

“岂止这些人！”鳌拜狂妄地一甩头，“满朝文武，谁不害怕我？”

她差点爬到他的身上去了：“大人，当今皇上也怕你吗？”

鳌拜“哈哈哈”一笑：“皇上？皇上算什么？皇上也不敢阻拦我鳌拜做想做的任何事情！”

如果，鳌拜的这番话让小康熙听见了，小康熙的心中会怎么想？只是，鳌府离乾清宫太远，鳌拜的话不可能传到小康熙的耳朵里，更何况小康熙早已经睡熟了。而实际上，那时候的整个紫禁城，也都早已经睡熟了。

两棵不大不小的槐树，掩映着两扇不大不小的铁门，这便是第一辅政大臣索尼的宅第。推开铁门走进去，一座小花园约有十来亩面积大小，很不起眼。花园内虽然少不了种些花草，但花儿一律都开得淡淡的，草也一律都长得瘦瘦的，仿佛是索尼的一种化身。小花园的尽头是数十间高矮不等的房屋。索尼吃饭、睡觉和接待来访的客人便都在这里。索尼很知足，多少年了，他就住在这么一处简陋的宅内，看风霜雪雨，看世事更替，好像很有一种与世无争、超凡脱俗的味道。

不过这种与世无争、超凡脱俗不得不告一段落了，因为索尼看见一个人直直地朝着自己走来，正是第二辅政大臣苏克萨哈。刚一照面，苏克萨哈就急急地问道：“索大人可知费扬古一家被满门抄斩之事？”

索尼点了点头：“老夫深感遗憾，也深表同情……”

“索大人，”苏克萨哈的脸色铁青，“倭赫对先皇对今上都是忠心耿耿，不可能也没有任何理由图谋不轨。费扬古是先皇屡屡公开表彰的忠臣，他怎么可能会指使倭赫做出这种犯上作乱之举？”

索尼干笑道：“依苏大人看来，费扬古之死究竟是什么原因呢？”

苏克萨哈愤愤地道：“索大人，这分明是鳌拜一手所为！鳌拜仗着手中权势，又欺当今皇上年幼，故意找个借口残杀了费扬古一家……”

索尼又干咳了一声：“苏大人，老夫当然知道费大人与你的私交甚厚。不过，依老夫看来，你我同做辅政大臣的，似乎不能以个人的感情恩怨来处理一切事情。我们当一切以当今皇上为重，以大清的江山社稷为重啊！”

苏克萨哈显然有些失望：“索大人，看来你是不相信苏某之言了？”

索尼慢慢地摇了摇头："苏大人说哪里话来！老夫说说而已。老朽年迈，无力再为今上做什么了。老夫真是有愧于先皇的重托啊！"

"索大人，难道你就眼睁睁地看着那个鳌拜在朝中上下横行无忌？"

索尼作出一副苦笑的样子道："苏大人，我已老朽，还能在朝中有什么作为？即使想有所作为，恐怕也是心有余而力不足了！"

"索大人，你切莫说这泄气言语。凭你的声望和经验，加上我的雄心和势力，只要你我联手，虽不能立置鳌拜于死地，但至少也可让他不敢过于放肆。长此以往，这朝中上下，不就是你我说了算了吗？"

"苏大人的良苦用心，老夫已然知晓。苏大人对老夫的厚爱，老夫也已心领。只不过，老夫早就没有了什么雄心大志，还望苏大人能够理解，更能够体谅……"

"索大人，你真的不愿与苏某联手？"

索尼默然片刻，然后脸上露出一丝笑容，再仔细地看着苏克萨哈言道："苏大人，我已是日薄西山之人，我还有什么前途和追求？苏大人，你能理解我这个老朽的心理感受吗？"

苏克萨哈当然能够理解，只是他不愿意去理解："既然如此，恕苏某无端打搅，苏某这就告辞！"

苏克萨哈说完，冲着索尼一拱手，便转身大步离去。他身材高大魁梧，走起路来铿然有力，几乎是在一眨眼的工夫，他就跨出了索尼的宅第。

很久很久之后索尼才自言自语般地道："苏大人，失去了先皇这个倚仗，你是无论如何也斗不过鳌拜了……"

如果，苏克萨哈听到了索尼这一番自言自语，他是否会改变自己的某些想法或某些做法？可惜的是，苏克萨哈没能听到。索尼自言自语的时候，苏克萨哈都快走到户部汉员尚书苏纳海的家门前了。

苏纳海家的院门敞开着。苏克萨哈正要往院子里走，却见从院里走出三个人来。其中一个便是苏纳海。另二人分别是直隶总督朱昌祚和直隶巡抚王登联。这三人不仅是苏克萨哈的同党和朋友，也是他手下最得力的干将。

四人见了面，彼此寒暄了几句，就依次走进了苏纳海家的一间小客厅。仆人送上茶水后刚一离开，苏纳海就高声地问苏克萨哈道："大人，鳌拜残酷地杀害了费扬古一家上百口人，难道我们就这样忍气吞声吗？"

苏克萨哈环视了一下三人，然后低低地言道："你们也都知道，我苏克萨哈从来就不是那种忍气吞声的人！我此番前来，就是想找你们议出一个对付鳌拜的计策来！"

官衔、年龄都最小的王登联嗫嚅了一下双唇，最终言道："大人，在下以为，想要对付那个鳌拜，可不是一件容易的事啊……"

"是啊，"朱昌祚接道，"大人未来这里之前，我们几个人为此事商量了很久，可最终也没有商量出一个什么结果来……"

苏克萨哈吁出一口气道："如此说来，我们岂不是就只能任由鳌拜胡作非为了吗？"

"不行！"苏纳海重重地道，"如果一直这样下去，鳌拜明天说不定就会把刀架在我们的脖子上！"

"苏纳海说的是啊！"苏克萨哈颇有些语重心长地道，"如果我们一直姑息下去，鳌拜的气焰还不越来越嚣张？他今天能杀费扬古，他明天就能杀我们。莫非诸位就甘心这样任人宰割？"

朱昌祚望着苏克萨哈道："可我们现在……又能对鳌拜怎么样？"

苏克萨哈回道："他鳌拜能杀我们一个人，我们为何就不能找个借口杀他一个人？"

朱昌祚摇头道："大人，我们到哪儿找这个借口？我们总不能无缘无故地就杀他一个人吧？"

王登联接道："是呀，大人，我们不仅要找一个借口，而且还要找到这个借口的证据……但这个证据并非那么好找啊……"

苏克萨哈喃喃自语般地道："是呀，关键是要找到确凿的证据……"

乍听起来，苏克萨哈等人的言语并无什么错误。要想给一个人定罪，就必须要有确凿的证据。然而，苏克萨哈等人还是错了，而且错得还很严重，简直就是一种致命的错误。因为，他们忘了这么一句话：欲加之罪，何患无辞？他们似乎还忘记了这么一个简单的事实：费扬古什么罪也没有，鳌拜不照样把他杀了？

实际上，想要通过所谓"合法"的途径去杀一个人，是相当困难的，而先杀掉那个人，再给他罗织相应的"罪名"，却似乎非常地容易。所以，从这个意义上说，苏克萨哈等人根本就不是鳌拜的对手。

见苏克萨哈、朱昌祚和王登联三人一个个都紧锁双眉、莫可奈何的模样，那个苏纳海便哼哼唧唧地开了口："我以为，我们不要太过灰心。鳌拜的那些手下，整天为非作歹，我们还怕找不着一个有力的证据？"

朱昌祚带着苦笑言道："话虽是这么说，可有几个人敢站在我们这边来指证鳌拜一伙？"

王登联言道："实不相瞒，在下早就派答尼尔去四处搜集鳌拜一伙的罪证了……"

说来也巧，王登联的话音刚落，一个仆人就在客厅的外面高声报道："布政使答尼尔求见几位大人……"

第五章
布政使敢击石以卵
皇太后欲借虎驱狼

鳌拜摆弄着沾满鲜血的双手，很是淡淡地言道："我现在问你最后一次，是谁派你出城的？"答尼尔情知在劫难逃，索性破口大骂道："鳌拜！你这个杀人不眨眼的禽兽！你今天杀了我，明天就会有人来杀你……"

答尼尔是朱昌祚和王登联手下的一个布政使。他此时此地求见，定然有十分重要的事情。故而，客厅内的四个人马上就来了精神。苏纳海迫不及待地跑到客厅的门口喊道："答尼尔，你快点进来啊！"

答尼尔是一个身材十分匀称的满族汉子。他拜见了苏克萨哈等人之后言道："属下奉抚台之命，搜罗鳌拜一伙的罪证，今日终于有了眉目：鳌拜的侄子塞本得，近日在京郊的一个小村庄，犯下一宗特大的人命案……"

原来，塞本得钻入那个村庄的一户农家，兽性大发，奸人妻女，接着为了灭口，又将那户农家的十几个人全部杀光，不过，那个村庄里有一个叫哈吉的男人，亲眼目睹了塞本得杀人的全过程。

"好啊！"苏克萨哈大叫了一声，"我们只要找到了那个哈吉，岂不是就找到了塞本得杀人的证据了吗？我们现在的首要任务，是得把那个哈吉秘密地带到京城来。就有劳答尼尔再辛苦一趟吧。"

"下官愿效犬马之劳。大人还有何吩咐？"

苏克萨哈想了想言道："你乔装出城，多带些银子，找到哈吉后，只要他愿意作证，他提出什么条件你都可以答应。你返回京城之后，直接带哈吉到我的住处，明白了吗？"

答尼尔确实是一个办事十分谨慎周到的人。他离开苏纳海家之后，匆匆地回了一趟家，换了便装，揣上一大包银子，就只身一人出了家门。为保密起见，他不仅没带什么随从，而且也向家人隐瞒了事情的真相。他装作无所事事的样子，大摇大摆地出了京城的南门。出城的当口，他看见了那个塞本得正领着数十个手下在南城门附近游荡。尽管塞本得认识答尼尔，但因为彼此相距较远，答尼尔又穿着便装，所以塞本得也就没有在意。

出城已是薄暮时分。待答尼尔匆匆赶到那个小村庄时，天已经黑下来。答尼尔看见了一星灯火。他朝那星灯火走去。两间茅屋，门打开一条缝，那星灯火就是从门缝里漏出来的。

答尼尔轻轻叩开了门，天下再难有这么巧的事了，这就是哈吉的家。

答尼尔怀里的那一大包银子力量太大了，尽管哈吉还沉浸在一种极度的惊恐中，但哈吉妻子的双眼却一下子就瞪圆了，且支支吾吾地道："这些银子，你都给我们？"

"不错，"答尼尔道，"我只有一个条件，如果你们答应了，这些银子就全归你们。"

哈吉妻子的目光，随着那银袋的晃荡而在不断地变换方向："你说，你……有什么条件？"

答尼尔故意将袋内的银子抖得"咯当当"直响。这下子，哈吉妻子的双耳便顿时就竖了起来。答尼尔道："我的条件非常简单。只要哈吉同意跟我去京城，指证那个凶手的所作所为，这些银子便全归你们了。"

哈吉妻子有些不相信地问道："就这么简单？"

答尼尔点头："就这么简单。"

谁知哈吉却闷叫了一声道："我不去！那凶手会杀了我的……"

答尼尔道："你跟在我身边，一点危险也没有。你指证那个凶手之后，凶手会被打入死牢，你也就平安回来了。不过嘛，我也不想勉强你，你若同意跟我走，我就把银子留下，你若不同意，我就带着银子走人。"

答尼尔说完，作出了一副准备走人的架势。哈吉妻子忙着言道："别！你是说，哈吉跟你走，一点危险也没有？"

答尼尔道："如果有危险，我从京城跑到这里来干什么？只要哈吉跟在我身边，我就包他平安无事。"

哈吉妻子捅了一下哈吉："喂，听到了吗？他说包你没事的……"

哈吉的头摇得就像风中的一片树叶："不，我不跟他去……那些人太凶狠，他们不会放过我的……"

答尼尔似乎很无奈："既然如此，那我就只能回京交差了。"

慌得哈吉妻子一把就拽住了答尼尔："你别走……哈吉这就跟你去。"又转向哈吉，几乎是声色俱厉地道："你这个孬种！跟他到京城走一趟怕什么？你没长眼睛啊？你没看到这么许多银子啊？你好好地想一想，你就是在田里苦上一辈子、两辈子，能苦到这么多的银子吗？"

哈吉只得深深地叹了口气，然后跟着答尼尔出了家门，走入无边无际的黑暗当中。

看见京城的南城门了。虽然有月光，但城墙上的垛儿却也令人感到阴森。城门还洞开着。看来，时间还不算太晚。

答尼尔嘱咐哈吉道："进城之后，你就这样跟着我，不要乱说，也不要乱动。"

就算答尼尔不嘱咐，哈吉也是不敢乱说乱动的。更何况，越是接近京城，哈吉的心中就越是觉得恐慌。他甚至恨不能将自己的身体缩成一小团，藏在答尼尔的怀中。殊不知，越是怕出事，事情却偏偏找到头上来了。

答尼尔出京城的时候，曾看到那个塞本得带着几十个手下在城门外游荡。此刻，答尼尔要返回京城了，那个塞本得依然还在城门外游荡。本来，塞本得在城外游荡也不是什么太反常的事情，他身为满族镶黄旗的都统，也确实负有保卫京城安危的重任，他并不是特意在此等候答尼尔和哈吉。而且，答尼尔和哈吉走近城门的时候，塞本得已经带着手下准备返城了，然而，不知是为什么，也许是鬼使神差吧，塞本得在走入城门洞之前，突然转头向身后看了一眼。就是这一眼，将整个事情都看得变了样。

明亮的月光将塞本得的那张阔脸映照得异常清晰。一路上几乎没有说过一句话的哈吉，此刻却不合时宜地大叫了一声道："他就是凶手……"

塞本得当然听见了哈吉的叫声，而且将"凶手"二字听得十分清楚。所以，他就带着手下大摇大摆地朝着答尼尔和哈吉走来。答尼尔原地未动，但哈吉却躲在了答尼尔的身后，且身躯还好像筛糠似的抖个不停。

塞本得走近了，也就认出了答尼尔。

"原来是藩台大人啊！不知藩台大人出城去有何公干啊？"

答尼尔微笑着言道："有劳都统大人关心。下官出城，是因为下官的一个远房亲戚在当地犯了一宗人命案，下官想把他带到京城来避避风头，也好顺便找找关系给他开脱开脱。"

塞本得阴阳怪气地言道："区区小事用得着藩台大人亲自出城？"

答尼尔回道："都统大人说的是。不过，下官这个亲戚生来胆小，犯下命案之后，终日惶惶不安，下官怕出什么意外，只好将他接进城来。"

塞本得哼了一声道："生来胆小还要杀人，岂不是自作自受吗？我倒要看看，一个生来胆小的人，如何会做出杀人之事来……"

塞本得也只是一时好奇。如果，哈吉还能保持一点镇定或理智，顺着答尼尔的话接着编一个故事，那就什么事也不会发生了。然而，哈吉没能这样做。他早就被塞本得的那一张凶脸吓坏了。当塞本得转过来，用一对大眼直直地瞪着哈吉时，哈吉竟然双腿一弯，"咕咚"一声跪在了塞本得的面前，且还惊恐不安地表白道："大人，小人没看见你杀人，小人什么也没说，小人什么也不知道……"

哈吉"什么也不知道"，但塞本得却马上就什么都知道了。塞本得冲着手下大吼道："快！把这两个混蛋抓起来！"

几十个人对付两个人当然是轻而易举的事。很快，在塞本得的指挥下，数十人抬着两只大麻袋，就像抬着两头死猪般，浩浩荡荡地进了京城，一直走进铁狮子胡同的鳌府。

鳌拜瞥了那麻袋一眼："塞本得，袋里装的是什么？"

塞本得连忙道："是两个大活人。是小侄亲手将他们逮住的。"

鳌拜感到事情重大，朝塞本得挥了一下手："抬到屋里去吧。"

塞本得令几个手下将两只麻袋抬进"醒庐"，然后摆手叫几个手下出去。鳌拜言道："说吧，是怎么回事？"

塞本得想了想，只得将自己在京郊的那个小村庄里奸人妻女又杀人灭口的事情简单地说了一遍。他刚一说完，鳌拜的牛眼中就冒出了令人不寒而栗的凶光。

"塞本得，半夜三更把我喊起来，就是想告诉我这件事吗？"

塞本得慌了："如果只是这事，小侄怎敢打搅……"

鳌拜想想也是。即使是塞本得奸人杀人一事闹到了什么官府里，他塞本得也用不着来找他鳌拜的。更何况，塞本得还带来了两只麻袋。

"叔，"塞本得低声道，"小侄做了那件事之后，本也风平浪静，可今天，却有人出城去调查此事，小侄便觉得其中定有蹊跷。"

鳌拜皱了一下眉："就是袋里装的这两个人吗？"

塞本得道："袋里装的，一个是他妈的什么证人，另一个……叔叔想必也认得……"

鳌拜"哦"了一声。塞本得急忙将答尼尔和哈吉从袋里拖了出来。都堵着嘴呢，不过答尼尔看起来好些，只是脸憋得通红。而那个哈吉，连惊带怕，又让捂了半天，几乎已是奄奄一息了。

鳌拜看了看哈吉，不认识，又看了看答尼尔，认出来了："塞本得，就是这个答尼尔去调查你的事情的吗？"

塞本得点头："是的，叔。这个答尼尔是朱昌祚和王登联的手下，而朱昌祚和王登联又是苏克萨哈的同党……小侄以为此事非比寻常，不敢擅自处理，就亲自将他们送到叔这儿来了。"

塞本得本想能够得到鳌拜的一番赞扬，然而，鳌拜只是动了一下手指道："你把答尼尔的嘴松开，我想问他几句话。"

嘴里的一大团破布拽出来，地上的答尼尔刚缓过气来就叫道："鳌大人，令侄无端把下官捆绑至此，这大清天下，究竟还有王法没有？"

塞本得狠踢了答尼尔一脚："他妈的你真是活够了！"

鳌拜威严地一摆手，塞本得马上就一动不动地站在了原地。答尼尔竟似乎看到了什么希望："鳌大人，令侄如此滥用私刑，还成何体统？"

鳌拜走到答尼尔的身边，两只脚跨在答尼尔的头颅两边，说出来的话就像死人的尸体那般冰冷："答尼尔，你现在是想死还是想活？"

只要有可能，几乎人人都不想死。所以，尽管答尼尔在心里对鳌拜恨之入骨，但说出来的话也不免还抱有某种幻想："当然想活……"

鳌拜笑了，只是笑得太过深奥："答尼尔，你只要想活，那就好办。我不仅能让你活得好好的，我还能让你做上巡抚、总督，你看怎么样啊？"

答尼尔喘了一口长气道："鳌大人，下官只想离开这里……"

鳌拜脸上的笑容似乎变得有些灿烂："答尼尔，想离开这里那是再简单不过的事了。只是，你必须老老实实地回答我一个问题，否则，你恐怕就只能永远地躺在地上了。"

答尼尔不由得感觉到了一阵寒冷："鳌大人想问下官什么问题?"

鳌拜抬起一只脚，用脚底在答尼尔的脸颊上蹭了一下："答尼尔，你只要告诉我是谁派你出城的，你就自由了。"

答尼尔会告诉鳌拜吗？答尼尔摇了摇头："大人，没有什么人派下官出城。下官只是偶然得知此事，一时兴起，便找了这个哈吉，准备将他交给刑部处理……"

鳌拜缓缓地摇了摇头："答尼尔，我真为你感到可惜。一个人毫无价值地为别人而死，究竟有多大意义?"

答尼尔心里一悬："鳌大人，莫非你想……现在就处死下官?"

鳌拜将目光转向了塞本得："好侄儿，你听说过我当年一掌砍下一个敌人脑壳的事吗？你想不想见识一下为叔的神掌?"

塞本得顿时精神倍增："小侄如能亲眼目睹真是三生有幸啊……"

鳌拜蹲下身，伸出右掌，在哈吉的颈间比划了一下，口中喃喃自语道："这么多年没用过掌了，也不知道还管不管用……"

哈吉虽早已气息奄奄，但意识还清楚，求生的本能使得他鼓足了最后一丝力气，可怜巴巴地乞求道："大人饶命……小人是无辜的……"

鳌拜根本就没听见哈吉的话，而是冲着塞本得怪模怪样地一笑道："好侄儿，如果为叔一掌砍不下他的脑袋，你可不要笑话为叔!"

塞本得赶紧道："小侄坚信，叔只要一掌下去，定然马到成功!"

鳌拜点了点头："有好侄儿这句话，为叔的也就彻底放心了!"

说着话，鳌拜的右掌便高高地举在了哈吉的头顶。哈吉拼命地张大了嘴，但已经没有丝毫的力气再说出什么话。他的嘴巴刚一张开，鳌拜的右掌就快如闪电般地切在了他的咽喉处。顷刻间哈吉便尸首分离了。那断裂处，几乎比刀割的还要光滑整齐。而离开尸体的哈吉头颅，嘴依然大张着。

鳌拜露出的这一手功夫，真的是惊人。

鳌拜却谦逊地摆了摆手："人老了，气力跟不上了。想当年，我一拳将一匹战马打得喷血而死……可现在，这一双拳头只能打人了……"

说着话，鳌拜就又走到了答尼尔的身边，很是淡淡地言道："我现在问你最后一次，是谁派你出城的?"

答尼尔情知自己已是在劫难逃，所以就索性破口大骂道："狗日的鳌拜！你这个杀人不眨眼的禽兽！你今天杀了我，明天就会有人来杀你……"

"嘭……"鳌拜的右拳，重重地击在答尼尔的腹部。这一拳太过霸道，也太过惨忍，鳌拜的拳头，竟然打进了答尼尔的腹内。答尼尔剧烈地抽搐了好几下，才慢慢地停止了搐动。再看鳌拜的脸上、身上，早已被答尼尔的鲜血染红，而鳌拜的右手里，却还抓着答尼尔的一截肠子。连一向以打人、杀人为乐的塞本得，见此情状，也不禁毛骨悚然。

鳌拜倒是一脸的无所谓。他把正在滴血的右拳在答尼尔的身上揩了揩，然后直起身子道："这答尼尔太不禁打，真是丢了我们满族人的脸……"

塞本得急忙堆起一脸的谄媚："叔，是叔的拳头太过厉害……"

此时的鳌拜，模样十分地怪异和恐怖："塞本得，你说说看，究竟会是谁派答尼尔出城的？"

塞本得做出一副沉思状："叔，朝中上下，敢不自量力与叔叔作对的，恐怕也只有那个苏克萨哈了……"

"不错，"鳌拜点了点头，"除了他，谁还敢找我鳌拜的不是？"

塞本得问道："叔，我们现在该怎么做？"

鳌拜言道："苏克萨哈既然派答尼尔出城，那他现在就一定在家中等着答尼尔回来。你，知道该怎么做了吗？"

塞本得终于明白了鳌拜的意思："叔，小侄这就去安排……"

苏克萨哈果然是在等候着答尼尔的归来。

苏克萨哈的府第不算太大，内外的设置也不算豪华，但府门前的两座石狮子却与众不同。表面上看起来，那两座石狮子也没有什么太特别之处，但如果转到石狮子的后面观瞧，便会发现，那两座石狮子的尾巴，都被涂成了明黄色。要知道，在当时，明黄是皇帝的专利，谁要与明黄有缘，就说明他在朝中的地位很是不一般了。当年苏克萨哈揭发多尔衮罪行有功，顺治一时激动，便赏了这两座特殊的石狮子。这两座石狮子代表了苏克萨哈昔日的荣耀和地位，苏克萨哈当然也把这两座石狮子引以为豪。

自答尼尔走后，苏克萨哈就回到了自己的住处，耐心而又焦急地等待着答尼尔的归来。苏纳海、朱昌祚和王登联三人本也想随苏克萨哈到苏府的，但苏克萨哈没同意。苏克萨哈对他们说："人多了聚在一起，容易引起别人的注意。只要答尼尔一回来，我就派人去通知你们。"

苏克萨哈回到自己的住处之后，并没有马上就去吃饭、休息，而是站在门外，站在那两座石狮子的中间，一声不吭地凝望着西天那一派光辉灿烂的景象。西天那金光闪烁的夕阳，与这两座石狮子的明黄色尾巴是多么地相像啊。这耀眼的金色，不正是权势和地位的象征吗？然而，唐代的失意文人李商隐曾有诗云：夕阳无限好，只是近黄昏。莫非，曾经辉煌一时的苏克萨哈，就是这轮已薄西山的夕阳吗？

因为有心事，苏克萨哈的饭菜吃得一点也没有滋味。吃罢，他便走进自己的寝室，慵慵地躺在床上，专心致志地等待着答尼尔的归来了。

这一躺不要紧，他居然迷迷登登地睡着了。

苏纳海、朱昌祚和王登联三人把他喊醒的时候，他睡眼惺忪地嘟囔了一句道："我怎么会睡着了呢?"

可紧接着，苏克萨哈就感觉到了事情不对头。苏纳海、朱昌祚和王登联三个人的脸上都十分地沉重。苏克萨哈本能地一惊："答尼尔出事了?"

三个人你一言我一语说道："我们一晚上没等到大人的消息，很不放心，就赶过来看看……""等我们赶到大人的府上，才知道出了大事……""答尼尔就躺在大人的府门前……"

苏克萨哈"啊"了一声，慌忙跳下床来，直向府门跑去。此时天刚刚放亮，一切看起来都还有些模糊。只不过，苏府的大门是明明白白地敞开着的，而大门之外，也明明白白地躺着答尼尔血肉模糊的尸体。

没有人说话。谁的心里都明白是怎么一回事。鳌拜把答尼尔的尸首扔在苏克萨哈的府门前，用意是十分明显的。苏克萨哈强作镇定，缓缓地对苏纳海、朱昌祚和王登联言道："你们好好地把答尼尔给埋了，多给他家人一些抚恤金，我去找太皇太后讨个说法……"

现在，苏克萨哈似乎也只有去找太皇太后博尔济吉特氏了。四个辅政大臣之中，遏必隆是鳌拜的同党，索尼又不肯与他苏克萨哈合作，当今皇上小康熙又太过年幼。苏克萨哈要想讨一个什么"说法"，除了太皇太后博尔济吉特氏之外，也确实无人可找了。然而，太皇太后博尔济吉特氏，会给苏克萨哈一个"说法"吗?

苏克萨哈只身一人，踩着薄薄的晨曦，急急忙忙地走进了紫禁城，又马不停蹄地赶往慈宁宫，恰好小康熙也在这里。

博尔济吉特氏问道："苏大人，一大早就来找我，可有什么要事?"

"太皇太后，微臣之所以这么一大早就赶来无礼打搅，实是因为鳌拜欺人太甚……"

博尔济吉特氏只"哦"了一声，小康熙却连忙言道："那个鳌拜是如何欺人太甚的?"

苏克萨哈就把塞本得如何在京城南郊的那个小村庄里奸人妻女又杀人灭口的事情着力渲染了一遍。

"塞本得胆大包天！如果没有鳌拜，塞本得何至于如此草菅人命?"

"皇上说的是啊！"苏克萨哈长叹一声，"微臣得知此事后，觉得实难容忍，便派布政使答尔尼前往调查取证。答尼尔行事周到谨慎，果真找到了证人哈吉，将他带回京城……"

实际上，苏克萨哈并不知道答尼尔是否找着了哈吉。他只是这么推断：既然鳌拜一伙打死了答尼尔，那答尼尔就一定是找着了哈吉，而且，哈吉也必定是和答尼尔同一下场。

小康熙忙道："找着了哈吉，不就可以依律给塞本得定罪了吗?"

"皇上有所不知啊！微臣派答尼尔出城，原是极端秘密的事，可不知什么原因，鳌拜一伙居然知晓了。所以，他们就在半道上截住了答尼尔和哈吉，用极其残忍的手段杀害了他们。并且，他们在杀害了答尼尔之后，竟然还将他惨不忍睹的尸体抛置在微臣的府前……皇上，太皇太后，微臣实在想不通，那个鳌拜，何以如此胆大妄为？他的眼中，还有没有皇上和太皇太后？他的心中，还有没有我们大清江山的律法？”

苏克萨哈最后的几句话，说的颇有些义正词严的味道。小康熙当即起身言道：“苏爱卿不要着急，更不要灰心，朕给你做主……”

苏克萨哈还未来得及说声“谢皇上”，一直坐着纹丝不动的博尔济吉特氏抢先开了口：“皇上请不要太过冲动，容我问苏大人两个问题之后再作定论也不迟……”

小康熙不由一怔。苏克萨哈更是感到有些意外：“不知太皇太后……要问微臣什么问题？”

特氏微微一笑道：“苏大人适才所言，如果一切属实的话，鳌拜真可以称得上是罪大恶极了……”

苏克萨哈忙道：“太皇太后，微臣适才所言，句句属实……”

“那好，”吉特氏点了一下头，“既然苏大人敢这么肯定，那我就请问苏大人，你说塞本得既淫人妻女又杀人灭口，现在可有确凿的证据？”

苏克萨哈愕然：“太皇太后，证人已死，微臣现在并无证据……”

吉特氏又点了一下头：“苏大人说答尼尔的尸体弃在你的府前是鳌拜所为，你可敢与鳌拜当面对证？”

苏克萨哈更加愕然：“微臣只是据理推断，并没有亲眼所见……”

吉特氏摇了摇头：“苏大人，塞本得杀人一事，你没有证据，答尼尔弃尸一事，你又不敢与鳌拜对证，你叫皇上如何为你做主？”

“微臣虽然没有证据，但决非无中生有，太皇太后明察……”

“苏大人，你对皇上和大清国的赤胆忠心，我心中早已明白。不过，我以为，你也好，鳌拜也好，都是国家的栋梁，都担负着辅佐皇上的重任。理应精诚团结，共同为皇上、为大清国尽忠尽力。苏大人以为如何呢？”

“太皇太后说的是……微臣一定为皇上和大清江山效犬马之劳……”

吉特氏言道：“苏大人，塞本得在京城南郊奸淫杀人一案，你就不要再费心地去作什么调查了。至于答尼尔……一个朝廷命官，无端弃尸京城，当然事关重大。我想，皇上一定会谕令刑部和大理寺悉心调查的！”

刑部和大理寺几乎全在鳌拜的控制之下，把答尼尔一案交与这两个部门去调查，充其量也只是走走过场罢了。然而，除此之外，苏克萨哈也别无其他更好的办法。所以，苏克萨哈只得道：“微臣一切全凭太皇太后安排……如果太皇太后和皇上没有别的什么吩咐，那微臣这就告辞……”

苏克萨哈刚一退出客厅，小康熙就迫不及待地对着吉特氏言道：“皇祖母，虽然苏克萨哈没有充足的证据来证明那一切都是鳌拜和塞本得所为。但孩儿以为，朝中上下，也只有鳌拜一伙才能做出这等灭绝人性、伤天害理的事来。倭赫和费扬古一家惨死，便是最好的例证！”

吉特氏没有直接回答小康熙，而是把目光凝重地投向案上的那张斗大的“忍”字纸。是呀，一个“忍”字力重千钧。小康熙除了“忍”之外，似乎也确实别无他路可走。

鳌拜太残忍了。鳌拜的势力也太强大了。如果现在就与鳌拜面对面地争长论短，那小康熙，不仅帝位会变得岌岌可危，就是小康熙的身家性命恐怕也实难保全。

吉特氏有这方面的深刻体会。当年顺治皇帝六岁登基的时候，多尔衮也像现在的鳌拜一样猖狂之至。顺治皇帝受了多尔衮多少气？她博尔济吉特氏又是如何地在多尔衮的面前委曲求全、强颜欢笑？当然，她与多尔衮之间的某种真情实感则另当别论。可后来，顺治皇帝最终还是一举铲除了多尔衮的势力，成了真正的胜利者。这其中，“忍”字是起了至关紧要的作用的。

因为忍，顺治皇帝才成了真正的统治者。同样，只要能够忍下去，忍得恰当，忍得得体，小康熙就一定可以成为笑到最后的人。

实际上，吉特氏没有在苏克萨哈面前说出自己的真实想法，还有另外一层很深的原因。那就是，她通过明察暗访早已经看出，那个苏克萨哈也不是个什么好东西。而且，她还肯定地认为，如果没有鳌拜，苏克萨哈必将成为小康熙的最大威胁。加上苏克萨哈当年反戈一击，在顺治皇帝的面前大肆揭发多尔衮的所谓“罪行”，已经在吉特氏的心中留下了至少是不很愉快的印象。所以，吉特氏的心中便渐渐地萌发了这么一个念头：借鳌拜的手，除掉苏克萨哈。这样，当小康熙真正地亲政之后，大清天下便可以彻底地太平。否则，有苏克萨哈在，终究是小康熙的一大隐患。

应该说，吉特氏心中的这个借“鳌”除“苏”的念头是非常富有远见的。只是，她并没有把这个想法告诉小康熙。她怕小康熙太年幼，承受不了这么多勾心斗角的内容。更何况，只一个“忍”字，就已经太难为小康熙了。

吉特氏一动不动地站在自己的客厅里，看了好半天“忍”字，又想了好半天“忍”字，最终喃喃自语道：“孩子，你能够一直忍下去吗？”

小康熙可以说是个很能“忍”的人，但同时也可以说是个很不能“忍”的人。他能忍，因为他是个皇帝，他不能忍，同样因为他是个皇帝。作为皇帝，他能容忍许许多多的事情，但作为皇帝，他最不能容忍的就是别人不把他当做皇帝。而那个鳌拜又简直狂妄至极，根本就没把他这个皇帝放在眼里。所以，当天晚上，也就是苏克萨哈跑到慈宁宫向博尔济吉特氏“揭发”鳌拜和塞本得“罪状”的那天晚上，他似乎变得有些再也“忍”不住了。

忍不住的表现，就是睡觉睡到一半的时候突然跳下床来。他没有朝别的什么地方去，而是直接走到了乾清宫门外，门外不远处，有一位少年侍卫正全神贯注地在当差。这少年侍卫便是索尼的小儿子索额图。

索额图可能太专注了，并未发觉小康熙已经走出了乾清宫。小康熙冲着索额图高声叫道："索额图，你快过来！"

索额图慌忙跑到小康熙面前跪倒："皇上……有什么吩咐？"

小康熙摆摆手："你快去把明珠和那十几个人都叫到朕这儿来。"

早已是深更半夜了，小康熙这是要干什么？索额图也没问，爬起来就向一边跑去。跟过来的阿露赶紧走上前去，将手中的衣服递到小康熙的面前："皇上，天气很冷，快点穿上衣裳吧……"

小康熙不禁打了一个寒颤："朕怎么会忘了穿衣裳……"

这边刚穿停当，那边索额图和明珠二人就带着十几个少年飞也似的赶了过来，并一起跪在了小康熙的面前。

小康熙挥了挥手道："你们都起来吧。朕有话要说。"

众人规规矩矩地爬起身，都神色紧张地看着小康熙。小康熙望了望索额图和明珠。

"朕有两天没看他们摔跤了，不知现在练得怎么样了……"

索额图和明珠不敢怠慢，连忙将那十几个少年分成两组，一对一地摔起跤来。一时间，乾清门外，人影扭动，好不热闹。

但是，小康熙却不甚满意，确切说，是很不满意。他猛然击了一下掌，高声言道："索额图、明珠，叫他们都住手！"

十几个少年停了手。索额图小心翼翼问道："皇上有什么吩咐？"

小康熙用手指了指那十几个少年："这就是你们这两天调教的结果啊？朕看他们一点长进都没有！"

明珠赶紧垂首言道："皇上说的是……奴才今后一定再加一把劲儿……一定要让皇上满意！"

小康熙"哼"了一声，大踏步地走到了那十几个少年的对面，并指点着他们言道："你们，挑几个人出来，与朕比试比试！"

谁敢轻易地与小皇上比试摔跤？那十几个少年面面相觑了一会儿，终也无人敢走上前来。

小康熙显然生气了："索额图、明珠，这是怎么回事？怎么没有人出来与朕比试？"

索额图和明珠赶紧跑到小康熙身边。索额图作出笑脸道："皇上，他们是怕摔不过皇上，所以不敢出来……"

明珠接道："是呀，皇上，他们自知学艺不精，怕皇上怪罪……"

"不行！"小康熙斩钉截铁地道，"你们快点挑出几个人来，不然的话，你们三天之内不许吃饭，也不许喝水。你们听见了吗？"

索额图和明珠被逼无奈，只好从十几个少年中挑选出五个人来。他们"挑"的是年龄比较小的，"选"的是个头比较矮的。不然的话，如果把小康熙摔出个好歹来，他索额图和明珠就真的要吃不了兜着走了。

谁知，小康熙却不同意索额图和明珠的挑选。他亲自从那十几个少年中拽出五个个头最高的人来，并且还板着脸对那五个人道："朕有言在先，你们与朕摔跤时，都要使出真正的本领，谁要是故意让朕，那朕就同样罚他三天之内不许吃饭、不许喝水！"

不知是小康熙真的发起了龙威，还是那五个少年的确心存顾忌，比试的结果是，小康熙几乎是一鼓作气地将那五个少年统统摔倒在地。而且，小康熙摔完之后，竟然步履从容，面不改色，只是呼吸稍稍有些急促。

索额图和明珠当然想趁机恭维小康熙几句，但还没等他们开口，小康熙就逼视着他们率先开口道："你们就是这样替朕训练他们的？"

索额图和明珠双双跪倒在小康熙的面前："请皇上发落……"

小康熙依旧是气咻咻的模样："他们连朕都摔不过，还能摔过别人？摔不过别人，朕要你们进宫干什么？朕在宫中再闷，也用不着你们来陪朕玩。朕叫你们进宫，是准备派大用场的，是叫你们以后为朕干一件大事情的，可像你们现在这样，以后能为朕干什么大事情？"

当初，小康熙叫索额图和明珠带那十几个少年进宫，曾明明白白地对他们说，他们进宫的主要目的，就是陪他小康熙玩耍，给他逗乐，为他解闷。而现在，小康熙却又明明白白地对他们说，他叫他们进宫不是要"陪朕玩"，而是要为他以后"干一件大事情"。这会是一件什么"大事情"？但不管如何，如果说小康熙当初叫那十几个少年进宫的目的还有些模糊的话，那么此时此刻，这种目的在小康熙的心中就已经变得十分地清晰了。

小康熙的语气舒缓了下来："索额图、明珠，你们都起来，朕有话对你们说。从明天开始，你们除了继续训练他们摔跤外，你们自己，要去找一些武功高强的人来学习武艺。刀枪剑戟，都要学得样样精通，你们学了，再教那十几个人。朕要你们都成为武功盖世的英雄！你们听明白了？"

索额图和明珠齐声回道："奴才明白。"

经过这一番折腾，小康熙总算有些气和心平了。搂着阿露，小康熙就甜甜地进入了梦乡。

第六章

上早课喟叹天下事 庆大寿恼恨眼中钉

鳌拜一脸肃然："皇上，臣是在为大清国的江山社稷着想，告退！"说完，只微微弯了一下腰，便扬长而去。若不是熊赐履、魏裔介紧紧地拽住小康熙的两只胳膊，小康熙说不定就会一个箭步冲上去与鳌拜拼命！

天刚刚亮的时候，赵盛蹑手蹑脚地来到了龙床边，小声地言道："阿露，今日是皇上读书的日子，该喊皇上起床了……"

阿露恍然大悟："公公说的是。皇上每次读书，都去得很早。"

却原来，满族进关入主中原之后，接触到了汉民族的文化，一下子就对博大精深的汉族文学和文明深为叹服。为了学习汉民族的文学和文明，更为了把汉民族的文学和文明作为统治汉族的有力工具，大清国规定，大凡皇太子及皇室子弟，都要定期地请朝廷中的汉人大学士讲解汉民族的文学和文明。小康熙做皇子的时候，顺治皇帝就钦定弘文院大学士熊赐履和魏裔介做小康熙的"师傅"。熊、魏二人是朝廷中鼎鼎有名的学识渊博之辈。从这件事情就不难看出，顺治皇帝从那时起便对小康熙有所偏爱了。而小康熙做了皇帝之后，也从未间断过学习汉民族的文化，而且，他对熊、魏两个师傅可以说是打心眼里钦佩，认为他们不仅学识甚深，人品节操也堪称百官楷模。为了表示对他们的敬重，他每次去读书时，总要比他们到得早。

一切收拾停当之后，小康熙便匆匆向弘德殿而去。

弘德殿是小康熙经常上朝的地方。里面辟有一间小房子，专供熊赐履、魏裔介为小康熙讲授之用。小康熙赶到弘德殿，发现熊、魏二人并没有来到。于是他就自言自语地道："还好，朕总算是先来了一步。"

小康熙捧起一本《诗经》准备从头朗读，可刚刚读了"关关雎鸠，在河之洲，窈窕淑女，君子好逑"几句，他就再也读不下去了。因为，他的眼前总是反复地、固执地现出一个人的影像。这影像便是那个鳌拜。

只要看到鳌拜、想起鳌拜，那么小康熙即使心情再好也会立即兴致低落，更不用说还朗读什么《诗经》了。所以，小康熙就"啪"地将《诗经》往几案上一摔，耸身站了起来，口中大声地言道："朕……这叫当的什么皇帝？"

两个年迈的男人步入了这间小房子。他们便是小康熙的侍读、弘文院大学士熊赐履和魏裔介。乍见小康熙满面怒容的样子，他们都很是吃了一惊。但一时之间，他们也没有言语，只定定地站在原地，定定地望着小康熙。

小康熙又重重地说了一句“朕这当的是什么皇帝？”之后，他发现了熊、魏二人，便迎上去言道：“两位师傅……早来了？”

小康熙曾经有旨，着熊赐履和魏裔介二人见了他不用下跪。故而，熊赐履只是对着小康熙拱了拱手言道：“老臣今日特地起了大早，本想能先到一步，没成想，还是让皇上抢了先。”

小康熙道：“两位师傅年事已高，能起身这么早，也着实不易。”

魏裔介来到几案边坐下，瞥了一眼被小康熙扔在案上的那本《诗经》：“不知皇上今日要学习哪篇诗文？”

小康熙不觉叹了口气道：“魏师傅，朕今日心绪不宁……”

魏裔介和熊赐履对望了一眼。熊赐履言道：“皇上有什么烦恼的事情，可否对老臣一说？”

小康熙点点头，便把昨日在慈宁宫的所见所闻大致说了一遍，最后言道：“朝廷命官竟然惨死街头，这……还成何体统？”

熊赐履问道：“皇上敢肯定答尼尔之死是辅政大臣鳌拜所为？”

小康熙摇摇头：“朕不能肯定，所以朕的心中就很气闷……实际上，即使朕能够肯定答尼尔是被鳌拜杀害，朕又能拿鳌拜怎么样？所以，朕现在的心情很不好，朕心情不好，当然也就无心念书了……”

魏裔介言道：“皇上，现在朝中的大小事务，几乎全是四位辅政大臣处理，其中以鳌拜的权势为最大，所以他处理的事情就最多，依附他的人也最多。不过，总有人在幻想着能与鳌拜一争高低，所以，鳌拜便把这种人当做了他的眼中钉、肉中刺，答尼尔……便成了这种斗争的一个牺牲品……”

小康熙忙道：“听魏师傅所言，好像也认为答尼尔是鳌拜所杀？”

魏裔介不置可否地一笑道：“皇上都不可能肯定的事情，老臣岂能轻易地下结论？老臣的意思，是想告诉皇上，朝中的事情非常复杂，而不仅仅只是一个鳌拜……”

小康熙马上道：“但鳌拜最可恶。他从来就没有把朕放在眼里。”

魏裔介点点头道：“皇上这么认为，当然不无道理……”

“所以呀，”小康熙接着道，“只要有鳌拜在，朕的心里就不舒服。朕常常在想，为什么这太平天下，朕就不能做一个名符其实的皇帝呢？朕为什么要常常受到鳌拜这种人的威胁和左右？到底朕是皇帝还是鳌拜是皇帝？朕究竟什么时候才能将鳌拜这种人赶出朝廷？”

半晌无言的熊赐履突然言道：“皇上，大清天下就那么太平吗？”

小康熙闻言一愣：“熊师傅，这大清天下……难道不太平吗？”

熊赐履缓缓地言道：“皇上，现在的大清江山，四处都有危机……”

小康熙更为惊诧，干脆一屁股坐在了熊赐履的对面：“熊师傅，你与魏师傅的话，朕一向都十分相信。有劳熊师傅对朕说得详细一些，也好让朕心中有个明白……”

熊赐履顿了一下：“皇上，老臣先从东北说起。东北是我大清国发祥之地，可近来，却变得不太平了……”

小康熙赶紧问道：“熊师傅，东北如何会变得不太平了？”

熊赐履道：“皇上一定听说过罗刹国吧？罗刹国本来距我们大清国很远，可现在，许多罗刹兵竟然窜到了我们大清国的东北，杀人放火，无恶不作，看那架势，他们是想把我们大清国的东北占为己有。虽然，在东北的罗刹兵现在还不是很多，还不能对我们大清国构成多么大的威胁，但是，长此以往，那些罗刹兵就必将成为我们大清国的一大隐患。到那个时候，我们大清国恐怕只能与罗刹国刀枪相见了！”

罗刹国就是当时的沙皇俄国。小康熙蹙眉言道：“熊师傅，罗刹兵侵扰朕的东北边境，朕怎么一点都不知道？”

魏裔介一旁言道：“皇上，东北边境的军事，一向是辅政大臣鳌拜全权处理，皇上哪里会知晓？”

“又是这个鳌拜……”小康熙气得直哼哼，“两位师傅放心，待朕亲政之后，一定会将那些罗刹兵统统赶出大清国！”

熊赐履微微地点了点头：“皇上，大清国的西北也不安稳……”

小康熙言道：“熊师傅，据朕所知，大清国的西北一直是喀尔喀蒙古族人的统治地区。先皇在世时，他们曾经发起过叛乱，不过后来被先皇及时地平定了，他们的几个首领也都表示对大清国无条件地臣服……现在，大清国的西北，怎么又变得不安稳了呢？”

熊赐履道：“皇上，此一时彼一时也。先皇在世时，大清国的西北当然安稳。可现在，情况不同了，一是朝廷对西北早就疏于管理；二是喀尔喀蒙古族的首领已屡次更换，有些首领早就不愿继续臣服大清。他们四方勾结，蠢蠢欲动，妄图对大清国有所不轨……臣以为，如果不彻底地解决喀尔喀蒙古族的问题，西北地区就很可能再次发生大规模的叛乱……”

小康熙怔怔地道：“熊师傅，蒙古族的问题，朝廷不是专门有一个理藩院管辖吗？怎么会对大清国的西北疏于管理呢？”

魏裔介轻轻地道：“皇上，理藩院早就在鳌拜的控制之下，鳌拜不发话，理藩院就只能是形同虚设。”

小康熙恨恨地道：“还是这个鳌拜……朕向两位师傅保证，待以后，朕一定彻底解决喀尔喀蒙古族的问题，让朕的西北地区永远安稳！”

熊赐履微微一笑道：“皇上，老臣说了东北，又说了西北，现在该说说东南了……”

小康熙忙道：“熊师傅，朕知道，朕的东南有一个台湾，现在还不在朝廷控制之下……”

“是呀，皇上说的没错。”熊赐履的目光慢慢地投向远方，似乎在遥望着被无垠的海水包围着的台湾岛，“台湾是大清国的一片国土，可自从郑氏占了台湾之后，便与大清国势不两立了。由于朝廷一直对郑氏没有采取强有力的措施，致使他们的气焰越来越盛。近来，郑氏常常派兵船到东南沿海一带骚扰，甚至攻入福建……”

“这还了得？”小康熙瞪大了眼，“朕怎么一点都不知晓？”

魏裔介又道：“东南沿海一带，常有奏折上报朝廷，请求收复台湾。可朝廷却有人说，台湾乃一弹丸之地，又偏僻荒凉，即便能够收复，终也无益。朝廷如此，那些地方官吏岂会没事找事？”

小康熙“腾”地站了起来：“这一定又是鳌拜一伙所为……朕现在对天起誓，只要朕一有机会，就一定发兵收复台湾！”

熊赐履深深地叹息了一声：“皇上，依老臣看来，我们大清国最大的潜在威胁，恐怕还是来自南方……”

小康熙一听，赶紧又重重地坐在了熊赐履的对面：“熊师傅，朕的南方如何是最大的潜在威胁？”

熊赐履问道：“皇上可曾听说过吴三桂、耿仲明和尚可喜？”

小康熙点头道：“这三个人朕知道。他们虽然都是前朝的降将，但对大清国入主中原，统一天下，却立下了汗马功劳。”

熊赐履道：“皇上可知这三个人现在何处？”

小康熙道：“朕知道他们这三个人都被朝廷安排在南方为王……熊师傅，你说大清国最大的潜在威胁来自南方，莫非就是指的这三个人？”

熊赐履悠悠地吁出了一口气：“皇上，吴三桂被封为平西王，现镇守云南。耿仲明被封为靖南王，因为早死，由他的孙子耿精忠继承王位，现镇守福建。那尚可喜被封为平南王，现镇守广东。大清国的整个南方，几乎都在这三王控制之下……皇上，这三王才是大清国最大的潜在威胁啊！”

小康熙双眉一挑：“莫非这三王对大清国怀有不轨之心？”

熊赐履缓缓地道：“这三王是否真的有不轨之心，老臣不敢妄加推测，更不敢妄加断言。但是，这三王所辖的军队，每年要耗去大清国半数以上的军饷，却让老臣不能不有所怀疑……”

“什么？”小康熙有些不敢相信，“大清国每年一半以上的军饷都被三王耗去？他们要这么多的银子干什么？他们究竟有多少军队？”

魏裔介不紧不慢地接过了话：“皇上，这三王究竟有多少军队，恐怕朝廷无人能说个清楚。不过，三王每年向朝廷索要军饷都是名目繁多，最充足的一条理由，就是边境不太安稳，他们要训练军队，保卫大清王朝……”

小康熙又皱起了眉：“南部边境再不安稳，也用不着耗去那么多的银子啊？兵部、户部为什么不对三王的过分索要加以节制？”

魏裔介道：“三王不仅兵多将广，而且互为勾结，积蓄已久，如果朝廷不能满足他们的各种要求，他们就极有可能与大清国反目为仇……皇上，朝中上下，包括四位辅政大臣在内，谁敢轻易地去冒同三王开战的风险?”

“可是……”小康熙的两条眉毛，差不多要攒到一块儿了，“朝廷一味迁就三王，终归不是个好办法……”

“所以呀，”熊赐履重又接上话头，“老臣以为，来自南方的威胁，才是大清国最大的潜在威胁!”

小康熙一点点地又站起身来：“只要朕亲政以后，朕就决不会再这样姑息南方的三王!”

小康熙的话说得可谓是掷地有声。但是，他说过没多久，却又慢慢腾腾地坐了下去，且现出一种无可奈何的神色。熊赐履和魏裔介当然知道小康熙此时会想些什么，所以也就不言语，只默默地望着小康熙。

果然，小康熙叹道：“古语云，听君一席话，胜读十年书。朕今日听了两位师傅的言语，的确是开了眼界、长了见识。朕今日方才明白，大清国看起来天下太平，实际上，正如熊师傅所说，大清国四处都有危机。这危机现在看起来，还不算严重，可假以时日，这些危机一旦都爆发起来，朕的大清国恐怕就要摇摇欲坠了!”

应该说，只有十来岁的小康熙，能说出如此深刻的话来，也的确是难能可贵了。可问题是，小康熙目前似乎也只能做到这一步，再往前走一步，他便无能为力了。

熊赐履和魏裔介似乎比小康熙自己更明白小康熙目前的处境。熊赐履平静地道：“老臣以为，皇上现在好像不该考虑太多的问题。东北的罗刹兵也好，南方的三王也好，那都是皇上以后要考虑的事情……”

魏裔介不高不低地接道：“是呀，皇上，大清国目前就是有再大的危机，似乎也与皇上没有太大的关系……”

显然，熊赐履、魏裔介和小康熙之间的关系非常融洽，否则，他们就不会当着小康熙的面，说出这种“大不敬”的话来。

小康熙的脸上露出了一丝苦笑：“两位师傅的话，朕能听得明白。朕现在还小，还不是真正的皇帝。朝中大小事件，朕即使想管，也管不了……现在真正行使皇帝权力的，并不是朕……”

熊赐履忙道：“皇上请勿误会老臣的意思。老臣的意思是，现在朝中有四位辅政大臣，皇上也就不必考虑太多的事情了……”

魏裔介也道：“老臣以为，有四位辅政大臣在，皇上也确实不需要考虑太多的问题……”

小康熙哼了一声道：“两位师傅，你们口口声声说有四位辅政大臣，可实际上，不就鳌拜一个人在辅朕的政吗?”

熊赐履言道：“皇上既然这么认为，老臣当然别无他说。不过，即使只有鳌拜一个人在辅政，皇上好像也不需要考虑太多的问题……”

"实际上，"魏裔介接道，"皇上即使考虑太多的问题，好像也不能解决太多的事情……"

小康熙点了点头道："两位师傅是在跟朕绕弯子呢。朕告诉你们，你们的话，朕都能听懂。如果没有那个鳌拜，朕就不会像现在这样无所事事。如果没有鳌拜，朕就不会让大清国的四周都处在一种危机之中！两位师傅，你们可有什么好办法助朕一臂之力?"

熊赐履摇头："皇上，老臣实话实说，老臣目前毫无办法……"

魏裔介也摇头："老臣除了为皇上讲授一些诗文之外，别无其他任何良策……"

小康熙叹道："是呀，两位师傅，你们没有办法对付鳌拜，朕也拿鳌拜毫无办法啊……朕现在，到底该怎么办呢?"

熊赐履从口中迸出一个字来："忍!"

魏裔介接道："除了忍，皇上目前别无他法!"

小康熙"唉"了一声道："你们叫朕忍，朕的皇祖母也叫朕忍，可朕……究竟要忍到何时?"

究竟要忍到何时？熊赐履不知道，魏裔介也不知道。但小康熙似乎知道答案。他愤愤地道："不管朕忍到何时，朕都一定要将鳌拜除去!"

小康熙话音刚落，赵盛便走进了这间小房子。

"皇上，鳌拜求见!"

小康熙连想都没想，小手一挥道："告诉他，朕现在不想见他!"

熊赐履忙着言道："皇上，鳌拜身为辅政大臣，你不可不见啊……"

小康熙昂首挺胸言道："朕现在就不见他，他又能把朕怎么样?"

魏裔介陪起笑脸道："皇上不见他，他当然不能把皇上怎么样。不过，老臣以为，皇上现在就是见上他一面，也没什么大不了的。再说了，万事忍为先……不知皇上意下如何?"

一股豪气似乎从小康熙的心头涌起。小康熙一指赵盛，大声地言道："去，叫鳌拜进来，朕倒要看看他此时找朕究竟有什么事!"

很快鳌拜就回答了小康熙的疑问。

"臣也没什么大不了的事。只是臣觉得皇上每日早读太过辛苦，所以特来拜望拜望，臣又觉得皇上太过繁忙，所以臣又顺便代皇上草拟了一道圣旨……"

小康熙身子一立，手指鳌拜言道："你——如何代朕草拟圣旨?"

鳌拜的神情十分地轻松："臣身为辅政大臣，有义务也有权力为皇上分担朝中事务。皇上何必如此动怒、何必如此激动?"

熊赐履见状，赶紧躬身言道："皇上，老臣以为，皇上应该先听听鳌大人代皇上草拟了一道什么样的圣旨……"

魏裔介也道："是呀，皇上，先听听鳌大人宣读草拟的圣旨，然后皇上再作最后定夺也不迟……"

经熊赐履、魏裔介这么一“劝”，小康熙便不由得想起了皇祖母博尔济吉特氏曾经写下的那个斗大的“忍”字。于是，他勉力咽下一口唾沫，接着便不声不响地坐下了。

鳌拜草拟的圣旨上是这样写的：“着户部、兵部合拨白银一百万两给平西王吴三桂购买西藏战马之用，不得有误，钦此！”

鳌拜的这道“圣旨”，可谓是言简意赅。但小康熙的头，立即就“嗡”的一声炸开了：“鳌拜，你代朕草拟的……这是什么圣旨？”

鳌拜佯装不解道：“皇上，如果臣代拟的这道圣旨在措辞上有何不当之处，臣即刻就可改正过来……”

小康熙的手几乎是在乱挥乱舞：“你，为何要拨一百万两白银给那平西王吴三桂？”

鳌拜“哦”了一声道：“皇上原来问的是这个呀！容臣禀告。那平西王吴三桂近日有奏折进京，说是云南一带，边境不稳，他急需从西藏购买大批战马以装备他的军队，从而确保大清国的南方稳如泰山。臣觉得平西王吴三桂所言确有道理，所以就代为皇上草拟了这道圣旨，还望皇上能够明察臣对大清国的良苦用心！”

“鳌拜！”小康熙的身体止不住地颤抖起来：“吴三桂、耿精忠和尚可喜，他们一年要耗去大清国半数以上的军饷，他们，究竟在干些什么？”

鳌拜不急不忙地对着小康熙言道：“皇上，臣刚才已经说过，南方三王之所以要耗去那么多的银子，是因为他们要保卫大清国的江山。有三王在，大清国的南方始终是安定的。皇上也不希望大清国的边疆处于一种动荡不安的境地吧？”

鳌拜说完，还冲着小康熙有模有样地笑了笑。小康熙真的有些气急败坏了：“鳌拜，你纯粹是在………胡说八道！如果大清国的每个封疆大吏，都像南方三王那样贪得无厌，那朕的大清国……还能拿出多少银子？”

鳌拜慢慢地将那道“圣旨”重新纳入袖中：“皇上所言，自然不无道理，但皇上可知，南方的情况与别处大不相同？”

小康熙追问道：“南方情况如何与别处不同？”

鳌拜重重地咳嗽了一声道：“皇上既然如此追根究底，那臣就不妨直接道来。南方三王不仅手握重兵，而且占据着大清国的大片土地，如果朝廷不能满足他们的要求，那臣就不敢保证他们不会对大清国怀有异心……”

小康熙也放大了声音：“你的意思是说，不管南方三王提出什么要求，朝廷都得无条件地答应？如果他们要朕让出京城，你是否也准备答应？”

鳌拜不禁怫然言道：“皇上既然如此偏激，臣也实在无话可说。但是，臣不能因为每年多耗了几百万两银子，就让大清的千年基业毁于一旦。皇上不要只心疼那几百万两银子，当以江山社稷为念！”

这无疑是在教训小康熙。小康熙的脸“唰”的一下惨白，神情几乎像楞了一般："鳌拜，你……居然这样跟朕说话？"

鳌拜一脸肃然："皇上，臣该是在为大清国的江山社稷着想告退！"

鳌拜说完，只微微地对着小康熙弯了一下腰，然后就扬长而去。若不是熊赐履、魏裔介紧紧地拽住小康熙的两只胳膊，小康熙说不定就会一个箭步冲上去与鳌拜拼命。

许久，小康熙才缓缓地吐出郁积在胸中的一股闷气。跟着，他"咚"的一声将小小的右拳死死地砸在了几案上。这一拳砸得太实在了，当他慢慢地重又拎起右拳的时候，一滴滴殷红的血，有节奏地落在同样是殷红一片的几案上。但小康熙一点也没有感觉到有什么疼痛。他的双眼几乎要喷出火来。他口中迸出的话，似乎比火还要炽烈："朕……再也不能忍受下去了！"

可是，他小康熙"不能忍受下去"，又能如何呢？莫非，他真的要与鳌拜拼个你死我活？

五月十五是鳌拜的六十寿辰。鳌拜过六十大寿，谁敢不来？鳌拜的那些党羽们就不用说了，就连那年迈的第一辅政大臣索尼，也迈开一双并不很利索的腿，哆哆嗦嗦地赶到铁狮子胡同，向鳌拜表示衷心的祝贺。不过，最让来宾们感到鳌拜确实非同一般的，是当今太皇太后和当今皇上也分别托人给鳌拜送来了生日贺礼。

一直到夜阑更深之时，沸沸扬扬的鳌府才算是逐渐地安静下来。然而，鳌府内还有一处没有休息。不仅没有休息，那儿还灯火明亮，人影幢幢。那儿便是"醒庐"。

能进入"醒庐"的自然不是一般的人，除鳌拜之外，有遏必隆、班布尔善和鳌拜的兄弟穆里玛及侄子塞本得。鳌拜本也想把兵部尚书葛褚哈、户部尚书玛尔塞和工部尚书济世等人留下来的，但他们因为今晚太过高兴，一个个都喝得酩酊大醉，鳌拜一生气，就将他们统统地撵走了。

实际上，遏必隆今晚上也喝多了酒，进入"醒庐"之后，他就一直在絮絮叨叨地说个不停。气得鳌拜冲着他喝道："遏必隆，你要是再不住嘴，你就滚回你的家去！"

"鳌兄不要生气嘛，今天是你的六十大寿，普天同庆嘛……"

鳌拜哼了一声："普天同庆？有一个人就没来给我祝寿！"

班布尔善即刻回道："除太皇太后和当今皇上没有亲临现场外，就苏克萨哈那一伙人没来给大人拜寿了。"

鳌拜点点头："班布尔善，你眼力不错！这说明了什么问题？"

班布尔善脱口而出道："这说明鳌大人的威望与日俱增，鳌大人在朝中已经无人能够左右！"

"不！"鳌拜大手一摆："班布尔善，你说错了！这只能说明，现在朝中还有人敢与我鳌拜作对。敢与我鳌拜作对的人，就是苏克萨哈！"

班布尔善赶紧言道："大人说的是。那个苏克萨哈一日不除，大人的心中就一日不安！"

"所以，"鳌拜重重地道，"我把你们留下来，就是想告诉你们，我鳌拜，已经找到一个好办法来消灭那个苏克萨哈了！我现在就要以一个名正言顺的手段，让他苏克萨哈自投罗网！"

塞本得故作聪明地问道："叔，是不是叫小侄秘密地带人把苏克萨哈抓到这儿来？"

"笨蛋！"鳌拜瞪了塞本得一眼，"秘密地抓来那还叫名正言顺吗？我不仅要除去苏克萨哈，我还要让朝中上下、包括当今皇上，看我鳌拜是如何除掉苏克萨哈一伙的。只有这样，我鳌拜在朝中才有威慑力，才能够真正地说话算数，才能够保证永远都没有人再敢与我鳌拜为敌！"

"妙呀，"遏必隆喟叹道，"鳌兄的这个主意实在是妙呀……"

鳌拜真想甩遏必隆一巴掌："遏必隆，我的主意还没有说出来呢，你就在那儿瞎咋呼什么？"

遏必隆一时间很是没趣。班布尔善、穆里玛和塞本得都很想笑，却又都不敢笑，只得紧绷着脸庞，一动不动地看着鳌拜。

鳌拜环视众人后问道："你们，可还记得先皇时期的圈地一事？"

清军入关之后，为了剥削的需要，在多尔衮的大力鼓动和策划下，清朝政府开始在京城周围乃至更远的地方大规模的圈地，按照满族八旗的顺序，将强行圈得的土地分给八旗领辖。本来，按清廷排列的顺序，鳌拜所属的镶黄旗的圈地，应该在京城东北永平府一带，但多尔衮却偏袒自己所属的正白旗，将正白旗分在了永平府，而将镶黄旗的圈地迁往保定、河间和涿州一带。清初的这种"圈地运动"，阻碍了社会经济的发展，摧毁了大批的生产力。一直到顺治末年，这种大规模的圈地运动才算是告一段落。不过，零零散散的圈地事件，却几乎从没有停止过。

鳌拜继续言道："当年圈地，有多尔衮从中作梗，致使我等所属的镶黄旗吃了大亏。现在，我要把曾经颠倒了的顺序再重新颠倒过来。你们，还不明白我的意思吗？"

班布尔善渐渐地明白过来。因为，苏克萨哈是正白旗的。于是，他就小声地对着鳌拜言道："大人的意思是，将镶黄旗和正白旗现在的领地互相调换一下……只要一互相调换，就势必会造成一片混乱，而只要一混乱，那个苏克萨哈就势必会插手，只要苏克萨哈一插手，大人就可以从中找出一个名正言顺的理由来对付他……"

鳌拜很是满意地点了点头："班布尔善，别人都说你老谋深算，今日看来，你还真是有点小聪明啊……只要我们镶黄旗去抢占正白旗的领地，苏克萨哈就决不会视而不见。纵然他不亲自出来干预，也肯定会指使他的党羽前去干涉。这样一来，至少可以趁机除掉苏纳海之流，剩下他苏克萨哈一个，也就实在不足为患了！”

“妙呀，”遏必隆又道，“鳌兄的这个主意实在是妙呀！”

这一回，鳌拜没再喝斥遏必隆，而是微微含着笑，心安理得地接受了他对自己的称赞。

塞本得迅速地来了精神：“叔，赶走正白旗的事，就交给小侄去办好了！小侄保证圆满地完成这个任务！”

鳌拜赞许地看着塞本得道：“贤侄，做这种事情，你是最合适的了。再者说，你又是镶黄旗的都统，你去做这件事情，可谓是名正言顺！”

穆里玛有些急道：“哥，就没我什么事吗？”

鳌拜朝着穆里玛一笑：“那么大的事情，让塞本得一个人去我如何放心？你这个靖西将军，就带上你的人马，陪塞本得去走上一遭。不过，如果是别的什么人去干扰你们，你们大可不必理睬，只要是苏克萨哈一伙的人去捣乱，就一定要抓起来。不管青红皂白，只要抓起来就行！”

穆里玛回道：“小弟明白！”

塞本得回答得更清楚：“小侄全部都明白了！”

鳌拜点点头，又转向遏必隆和班布尔善道：“你们在朝中走动，注意观察苏克萨哈一伙人的动向。如果他们有人前去干预，你们就赶快去通知穆里玛和塞本得。苏克萨哈啊，你可就再也没有好日子过了……”

第二天的中午，苏克萨哈就真的再也不能平静了。当时，他正在吃饭，饭还没有吃完，朱昌祚就一头扎到了他的面前，脸色苍白，神态不安。

苏克萨哈忙着问道：“发生了什么事？”

朱昌祚“呼哧呼哧”地道：“今天一大早，那穆里玛和塞本得……带着大批军队，到永平府一带……驱赶正白旗……”

“穆里玛和塞本得……为什么要驱赶正白旗？”

朱昌祚道：“他们说永平府一带本来就是他们镶黄旗的领地……”

苏克萨哈自然知道当年的“圈地运动”是怎么回事：“永平府归正白旗，这早已既成事实，鳌拜一伙为何要翻这本陈年老账？”

朱昌祚言道：“大人，他们是冲着大人而来……这里面有阴谋……”

苏克萨哈皱了皱眉：“不管鳌拜想要什么阴谋，我都不能让他们把正白旗从永平府赶走！”

朱昌祚面有难色地道：“大人，他们人多势众，可以调来更多的军队……我们该怎么办？”

苏克萨哈想了想道：“你去通知苏纳海和王登连，要密切监视穆里玛和塞本得的行动……不过，你们暂时不要去和他们发生正面冲突。也许，这里面确有一个大的阴谋……一切待我见过太皇太后之后再作定夺！”

第七章
易土地鳌拜炫威势 访民情康熙慰饥寒

那男人将手中那团血乎乎的东西往小康熙的眼前一送道："这就是我们吃的，人肉！"小康熙身体一震一颤再一晃，慌得索额图和明珠赶紧把小康熙架住。小康熙哆哆嗦嗦地言道："你们……如何……吃这种肉？"

苏克萨哈以为，这一回太皇太后博尔济吉特氏是不会再姑息鳌拜了。因为强行将正白旗和镶黄旗的领地加以调换，不仅将毁掉无数即将收获的庄稼，而且极有可能引发京城四周乃至京城内的动乱。果然，当苏克萨哈把这事禀报之后，博尔济吉特氏大为惊愕道："他们，为何要这样做？"

苏克萨哈忙道："太皇太后，现在若强行将两旗的领地加以调换，则势必造成土地荒芜、人心不稳的局面……请太皇太后速速谕令予以制止！"

苏克萨哈是正白旗人，如果正白旗远离京城，他的势力必将大为削弱。而若让镶黄旗迁到永平府，则鳌拜就无疑是如虎添翼。

博尔济吉特氏和苏克萨哈想的不一样。更何况，她心中早就有了那种"借鳌除苏"的念头。苏克萨哈的势力大小与她没什么关系。但因为调换两旗的领地而引发京城地区的动荡不安，却是她不希望看到的。所以，她思索了一会儿之后对执事太监道："速传三位辅臣进宫议事！"

先到的是索尼。见了苏克萨哈，索尼打了个"哈哈"问道："苏大人可知太皇太后此时召见臣等有何要事？"

苏克萨哈用一种很是不屑的语气道："还能有什么事？还不是那穆里玛和塞本得无事生非，惹恼了太皇太后罢了。不瞒索大人，小弟刚才入宫，瞧见太皇太后正在生气呢？"

索尼有点夸张地点了点头："原来是这么回事！看来，鳌大人此回……该有一顿教训了……"

苏克萨哈听出了索尼话中的别样意味，于是就问道："索大人以为，今日之事会有一个什么结果？"

索尼微微一笑道："依老夫看来，今日之事就像这太阳一般，它从哪里升起，就又会从哪里落下……"

"索大人言语太过深奥，小弟无以理解。不过，此次调换土地，不关索大人正黄旗什么事，索大人当然就不必操那份闲心了。”

“苏大人说的是啊！所谓事不关己，高高挂起，老夫何乐而不为呢？”

苏克萨哈还要说什么，却瞥见鳌拜和遏必隆一左一右地徒步而来，也就忙着住了口，且装做没看见他们的样子。

鳌拜倒是大大方方地冲着索尼拱了拱手道：“索大人，哦，还有苏大人，每次来见太皇太后，你们都比我先来一步啊！”

索尼赶紧回礼：“如果老夫也徒步，恐怕怎么也追不上鳌大人了。”

苏克萨哈则不冷不热地看了鳌拜一眼道：“鳌大人，快进宫吧，太皇太后正在等着你呢！”

按四位辅政大臣的顺序，索尼应走在第一的位置，苏克萨哈其次，鳌拜是最后一位。但这回，苏克萨哈的话音刚落，鳌拜却一步跨到了最前面，且口中言道：“苏大人叫我快进宫，我敢不从命？”

说话的当口，鳌拜就率先走进了慈宁宫。苏克萨哈见情况不对，便想抢到鳌拜的前头，但遏必隆似乎看出了苏克萨哈的心事，有意无意地挡住了苏克萨哈的去路。急得苏克萨哈失声叫道：“鳌……大人，你如何走在了索大人的前面？”

索尼在一旁解劝道：“苏大人，同为辅政大臣，无所谓先后……”

索尼这么一说，苏克萨哈倒不好再开口。鳌拜不无得意地问道：“苏大人，你怎么不说话了呀？”

苏克萨哈哼了一声，将脸扭过一旁。他心中是这么想的：鳌拜，就暂且让你得意一会儿，待见了太皇太后，你恐怕就再也得意不起来了。

鳌拜才不管苏克萨哈心中会怎么想呢。能走在四位辅政大臣之首，就是他鳌拜的一大胜利。所以，鳌拜就带着这种胜利的喜悦，一直走到了博尔济吉特氏的面前。

看到鳌拜走在了索尼等人的前面，博尔济吉特氏微微一愣，但旋即就明白了是怎么一回事。见鳌拜等人依次伏地叩头，她便轻轻地一笑道：“四位大人请起。我们还是坐下来谈吧。”

四人坐定，鳌拜率先言道：“臣有一事想禀告太皇太后知道……”

吉特氏“哦”了一声道：“不知鳌大人有何事要告诉我？”

鳌拜不紧不慢地道：“臣今日凌晨已派靖西将军穆里玛和镶黄旗都统塞本得前往永平府一带驱赶正白旗……此等大事，臣未能及时禀报太皇太后，还请太皇太后恕罪……”

苏克萨哈忙着言道：“太皇太后，鳌大人擅作主张，无端地派遣亲信去永平府驱赶正白旗，势必将引起京畿混乱，敬请太皇太后定夺……”

鳌拜翻了苏克萨哈一眼：“苏大人，你怎么就敢肯定我鳌某派人去驱赶正白旗是无端之举？”

苏克萨哈回道：“正白旗在永平府一带已定居多年，你现在擅自派人驱赶，岂不是无事生非、想故意制造混乱?”

鳌拜冷冷地言道:“苏大人,当年,闯贼李自成占据着京城,我大清不是照样把它赶走了吗?”

苏克萨哈言道:“鳌大人,你分明是在强词夺理!大清国当年赶走李自成与你鳌大人现在想赶走正白旗,根本就没有任何相同之处!”

鳌拜言道:“大清国当年赶走李自成是因为理由充足,我鳌某现在要赶走正白旗同样也是理由充足,这二者之间,如何会没有相同之处?”

苏克萨哈还要言语,被吉特氏打断了:“鳌大人,那正白旗确已在永平府定居多年,你现在何故要把他们赶往别处?”

鳌拜言道:“回太皇太后的话。永平府一带原是镶黄旗领地。只因多尔衮从中作弊,才使得镶黄、正白两旗的领地一直错误至今。臣现在只不过是按照‘八旗自有定序’的祖训,拨乱反正罢了。太皇太后详察!”

“八旗自有定序”是当年清太宗皇太极为清廷“圈地运动”所定下的一条准则,只是当年的多尔衮依仗权势暗中篡改罢了。吉特氏作为太宗皇后,自然知晓。故而,鳌拜这么一说,吉特氏还真不太好反驳。

犹豫了一会儿,又思索再三,吉特氏言道:“鳌大人,你能处处以大清祖训为行事的依据,我不仅能够体察,也十分地钦佩。只是,据我所知,镶黄、正白两旗的子民都在各自的领地安居乐业多年,转瞬又是收获的季节,如果此时大规模换地,不仅会损失大批待割的庄稼,也有可能引发京城动荡。不知鳌大人想过这些没有?”

鳌拜镇定自若地道:“太皇太后所虑深远,微臣由衷地感动。不过,微臣以为,大清祖训高于一切,为此损失一些待割的庄稼并不足惜。至于局势嘛,微臣敢以项上人头担保京畿一带安定平稳。若有人胆敢从中作梗或无端阻挠,臣定将严惩不贷!”

苏克萨哈本以为鳌拜今日定会受到太皇太后的严厉训斥,不料鳌拜几乎没费吹灰之力便逐渐占了上风。故而,苏克萨哈急急言道:“太皇太后,换地之事万万不能行啊!那么多的八旗子弟,那么多成熟的庄稼,如果一经大规模调换,则必将形成土地荒芜、民不聊生的局面……”

“苏大人,”鳌拜毫不客气地打断了苏克萨哈的话,“你究竟是何居心?假惺惺地只盯着那一点点土地和庄稼,竟然置祖训律法于不顾,你苏大人的心里到底在想些什么?”

苏克萨哈也按捺不住了:“鳌大人,你别张口一个祖训,闭口一个律法,你只是以换地为由,行打击正白旗势力之实!待你的镶黄旗回到京畿一带,你鳌大人岂不是可以在朝中独来独往、惟我独尊?”

鳌拜“嘿嘿”一笑道:“真没有想到啊,你苏大人的火气居然比我鳌某还要大。只可惜,在太皇太后这里,似乎还轮不到你苏大人撒野!”

苏克萨哈回敬道:“有太皇太后在,你鳌大人也别想一手遮天!”

一直持观望态度的索尼，此时不高不低地言道："老臣以为，两位大人都不要再争吵了，一切还应该由太皇太后做主为是！"

然而，太皇太后深深知道，鳌拜要做的事情，她这个太皇太后也是没有办法拦阻的。换句话说，她吉特氏做不了鳌拜的主，当然也就做不了此番换地的主。不过，她吉特氏今天召集四位辅政大臣的目的也总算是达到了。因为，她并不想强行改变鳌拜的决定，她也改变不了。她只是担心两旗换地一事会引发京城及周边地区的不安定进而影响到小康熙的帝位。现在，鳌拜既然以人头担保了，换不换地她当然也就不用关心了。在目前局势下，她考虑最多的，只能是保住小康熙的地位，让小康熙慢慢地、平安地长大，然后再想方设法夺回应有的权力。

故而，听了索尼的话后，吉特氏低低地"啊"了一声道："两旗换地，如此大事，当由四位辅政大臣共同商量定夺。不知各位意下如何？"

一直默不作声的遏必隆终于开口说话了："太皇太后圣明！太皇太后将换地一事交与臣等商量定夺，臣等莫大荣幸、义不容辞！"

鳌拜很是满意并十分赞赏地看了遏必隆一眼。索尼闭着口，但脸上却挂着一层浅浅的笑意，这笑意究竟含有什么内容，恐怕只有他自己才能说得清。苏克萨哈尽管有满腹的意见甚至不满，但最终也不便提出反对。

吉特氏又言道："那现在就请四位大人当场表态如何？"

鳌拜马上道："太皇太后怎么说，臣等就怎么做。谁要是敢违背太皇太后的旨意，那就得先问问我鳌某答应不答应！"

吉特氏微微一笑道："鳌大人言重了。先皇钦定四位大人做当今皇上的辅政大臣，那一切就应由四位大人做主才是。"

遏必隆赶紧道："太皇太后，臣等现在就进行表决吧！"

吉特氏点点头："同意两旗换地的大人站起来。"

遏必隆站得最快，而且由于冲动，差点把座椅给带倒。鳌拜慢慢抬起了屁股。苏克萨哈当然没有动。索尼也没有动，只眯缝着双眼，像是要睡着了。

吉特氏言道："现在，请不同意换地的大人站起来。"

苏克萨哈站了起来，站起来之后，便迅速将目光投向索尼。只要索尼也站起来，鳌拜在表决中就占不到什么便宜。然而，索尼还是没有动，依然是那么一种半梦半醒的模样。他既没有同意两旗换地，也没有不同意两旗换地。索尼的这种做法，也许可以称得上是名副其实的"中立"了。而这一"中立"，便使得苏克萨哈的希望彻底破灭了。

吉特氏十分钦佩索尼这种不温不火的态度。她早已看出，索尼是一个城府颇深的人，他这种含蓄而深刻的功力，常人根本无法望其项背。

这么想着，吉特氏就笑吟吟地问索尼道："索大人，你第一次没有起身，第二次依然没有起身，如此做法，倒把哀家弄得有些糊涂了呢……"

索尼这回睁大了一双老眼："太皇太后这么说，老臣心中委实不安。实际上，太皇太后的意思，也就完全代表了老臣的意思。既如此，老臣当然就不需要再起什么身、表什么态了……”

鳌拜笑哈哈地言道：“索大人倒也真会说话啊！”

索尼忙着回答鳌拜道：“鳌大人过奖了！索某刚才只不过是对太皇太后说了大实话，还望鳌大人不要见笑才是啊！”

索尼和鳌拜说来说去的，可把苏克萨哈气坏了。他当然气鳌拜，但此刻，他似乎更气索尼。他在心中言道：“索尼，你这个老滑头，我苏克萨哈的一切，全毁在你的手里！”

吉特氏言道：“表决已毕，两位大人同意换地，一位大人不同意换地，两旗换地之事，看来就这么定下来了……”

苏克萨哈抱着最后一线希望对吉特氏言道：“太皇太后，先帝托孤时曾谕令臣等，凡遇有重大事情，臣等应与太皇太后商量酌定。两旗换地，理属重大事情之列，臣以为，太皇太后应该自己拿定主意裁决为是……”

鳌拜即刻冲着苏克萨哈言道：“苏大人，你也太过狂妄了吧？竟敢当着太皇太后的面，妄言教训之辞，你到底是何居心？”

吉特氏对着鳌拜笑了笑：“鳌大人请勿动怒。苏大人乃当朝的辅政大臣，提出这么一个小小的要求也不算是过分。更何况，哀家也应该对两旗换地一事表明态度。”

吉特氏这么一说，鳌拜和遏必隆就马上集中了自己的注意力。索尼刚刚眯上的双眼也不自觉地睁大了些许。当然，最紧张的还是苏克萨哈，他恨不得马上就从吉特氏的口中听到一个“不”字。

吉特氏的态度非常明确：“哀家同意两旗换地。”

苏克萨哈闻言，差一点就瘫在了座位上。尽管他对这种结果早有预料，但听到吉特氏亲口说出来，他在感情上似乎很难接受。他很是痛苦地想道：“太皇太后啊，你为什么总是偏向鳌拜？”

如果苏克萨哈知道了吉特氏的心中早已经有了那个“借鳌除苏”的念头，恐怕他的心里就不仅仅是“痛苦”两个字可以形容了。

鳌拜这回是彻底高兴了。他就带着这种掩饰不住的高兴向苏克萨哈道：“苏大人，太皇太后已经明确表了态，你现在可还有什么话要说？”

苏克萨哈无力地摇了摇头：“太皇太后决定了的事情，谁敢反对？”

遏必隆多少有些幸灾乐祸地道：“苏大人既然已经同意换地，那就赶快回你的正白旗，把正白旗子弟带往别处去吧……”

索尼不慌不忙地言道：“太皇太后，老臣以为，应该尽快地将换地之事禀奏当今皇上……”

吉特氏点头道：“难得索大人对皇上有如此耿耿忠心。此事我自然会告知皇上。”

四位辅政大臣相继离开慈宁宫。离开前，吉特氏留住鳌拜言道：“鳌大人，两旗换地定将牵涉到许多方方面面的人和事，还望鳌大人多多辛苦，确保换地一事顺利进行，最主要的是不能让京城及周边地区发生大的动乱。京城一乱，大清国的江山社稷就会不稳……一切拜托鳌大人了！"

吉特氏说得情真意切，鳌拜不能不有所感动。他信誓旦旦地对吉特氏道："请太皇太后放心，如果在两旗换地期间，京城及周边地区有丝毫的不稳或动乱，我鳌拜就提头来见！"

今天议事，鳌拜是心满意足。当然，调换镶黄、正白二旗的土地只是一种手段，借这个手段最大限度地消灭掉苏克萨哈一伙的势力才是鳌拜最终的目的。所以，鳌拜一出慈宁宫，便又开始盘算着向苏克萨哈一伙开刀了。

但这一回，苏克萨哈似乎变得聪明了。他回府后，马上找来苏纳海、朱昌祚和王登联等人，谆谆告诫他们道："换地一事已不可更变，你们万不可插手此事，否则，鳌拜就极有可能以莫须有的罪名找你们的麻烦。"

朱昌祚道："大人，莫非我们……就呆在家里什么也不做？"

苏克萨哈点头道："索尼不支持我们，太皇太后又站在鳌拜一边，我们就只能坐在家里静观事态发展了……你们要牢记，切莫轻举妄动！"

很长一段时间，苏纳海、朱昌祚和王登联等人，确实是老老实实地呆在家里没有做什么轻举妄动的事。苏克萨哈也强压心中的愤怒，痛苦地观注着换地一事的发展。但随着换地事件的一步步深入，苏克萨哈又坐不住了。

整个换地一事，断断续续地持续了数月之久。时间之长，规模之大，甭说别人了，就是鳌拜自己，事先恐怕也没有估计到。就像是一个雪球，只要在雪地里滚动起来，则必然会越滚越大。

换地一事，不仅遭到了正白旗人的强烈反对，镶黄旗也有许多人不愿离开自己早已熟悉了的土地。鳌拜不管这些，他一定要彻底完成这一重大事情。唯有如此，才能显示出他鳌拜莫大的权势和威望。他给穆里玛和塞本得下令：谁不愿搬迁，就烧了他的房子、砍了他的庄稼；谁要敢反抗，无论何人，都一律就地处死。为防止发生大规模的暴乱，鳌拜又令兵部尚书葛褚哈调来数万骑兵，为穆里玛和塞本得打气助威。不愿搬迁的人当然有之，所以穆里玛和塞本得就烧了一间又一间房子。敢于起来反抗的人当然也有之，所以穆里玛和塞本得就又杀了一个又一个的人。鳌拜又借口镶黄旗比正白旗的人多，永平府一带的土地不够用，便下令穆里玛和塞本得在京畿附近重新圈地，以弥补镶黄旗土地的不足。穆里玛和塞本得倒也图省事，只令骑兵催马乱跑，跑到哪儿就把哪儿的土地划归镶黄旗所有。一时间，京城附近几乎所有的土地，都遭到了穆里玛和塞本得骑兵的践踏。百姓受灾范围之广、受害程度之重，自顺治朝以来，还从未有过。到这年的初冬，用"哀鸿遍野"、"饿殍遍地"来形容京城四周农村的形势，似乎一点也不为过。

正是在这么一种情况下，苏克萨哈才再也不能够在家里"静观事态发展"了。他觉得自己应该有所行动。应该说，当时的苏克萨哈，多多少少还是有一些正义感和责任心的。

但问题是，苏克萨哈该如何行动？硬碰硬地同鳌拜一伙干，他苏克萨哈没有那么多的兵权，朱昌祚和王登联虽然是直隶总督和巡抚，但可调动的兵马也实在有限。想在朝廷中制约鳌拜吧，索尼根本不会帮忙，太皇太后又倾向鳌拜，他单枪匹马显然不是鳌拜的对手。他究竟该怎么办呢？

万般无奈之际，苏克萨哈想到了小康熙。他想，小康熙虽然年幼，但极富主见，而且有一种很强烈的“正义”感。如果把换地之事所造成的严重破坏和严重灾难告诉小康熙，说不定倔强的小康熙就会去找鳌拜的麻烦。尽管小康熙不一定能把鳌拜怎么样，但小康熙如果真的同鳌拜翻起脸来，那太皇太后就很有可能会重新考虑对换地一事的看法。太皇太后若改变了对换地一事的看法，那总爱装糊涂的索尼，恐怕也就要明确地表明自己对换地一事的态度了。如果这一切的可能都变成了事实，那胜利的天平岂不是极有可能向他苏克萨哈倾斜？

苏克萨哈写了一本奏折。奏折的内容很丰富，大致可以分成三个部分。第一个部分，苏克萨哈表示了他对当今圣上及大清王朝的赤胆忠心，内容虽不很多，但情真意切，非常感人。第二个部分是重点，苏克萨哈详细描述了两旗换地给百姓带来的巨大灾难。苏克萨哈在这一部分里并没有怎么夸张，因为那种灾难本身就已经十分地触目惊心了，苏克萨哈只是用非常准确又非常形象的词语，把那种触目惊心的灾难描绘得更加逼真、生动而已。第三部分里主要是以辅政大臣的身份向小康熙请罪，说他身为辅政大臣，却不能够做到保国安民，实在是有负先皇的重托。

奏折写好之后，苏克萨哈并没有直接呈交给小康熙，甚至，他都没有去乾清宫走动。他找到了小康熙的侍读、弘文院大学士熊赐履，让熊赐履代他将那本奏折呈交小皇上，并叮嘱熊赐履，千万不要让别人知道他曾写了这么一本奏折。由此不难看出，此时的苏克萨哈，确实对鳌拜颇有顾忌了。

熊赐履倒也尽职尽责。他并没有问苏克萨哈在奏折里写了什么，更没有去偷看奏折的内容，但凭借他丰富的经验，却也能猜出苏克萨哈的动机和目的。所以，在一次早读课行将结束之际，他突然停止了讲授，而是换了一种淡淡的语调问小康熙道：“皇上可知镶黄、正白两旗换地的事？”

小康熙回道：“朕当然知道两旗换地之事。算起来，有好几个月的时间了……也不知道换地之事进行得怎么样了。”

熊赐履接着问道：“不知皇上对换地一事有何看法？”

小康熙道：“听朕的皇祖母说，换地一事是由鳌拜提起的。纵是鳌拜提起，似乎也有他的道理。祖宗定下来的规矩，能够遵守的当然就不要破坏。朕只是有些担心，那么多的人，那么多的土地，一经调换，势必会造成比较大的混乱……熊师傅，你此时向朕提起此事，是何意图？”

熊赐履答道：“老臣只是想禀告皇上，两旗换地一事不仅造成了很大的混乱，而且形成了一场巨大的灾难……”

小康熙一惊："熊师傅何出此言？"

熊赐履从怀中掏出苏克萨哈写的那本奏折，双手呈到小康熙的面前："此有辅政大臣苏大人的一本奏折，请皇上御览。"

苏克萨哈的这本奏折虽很长，但小康熙还是很快一字不漏地看完了。看完之后，小康熙半晌没作声，只脸色越来越白，且呼吸也有些急促起来。

小康熙道："熊师傅，这本奏折上所写，是否属实？"

熊赐履言道："苏大人的这本奏折，老臣并未看过。"

小康熙把奏折递与熊赐履，熊赐履很快地看了个大概："皇上，两旗换地，确实给百姓带来了很大的祸害。奏折所言，仅及一二。"

小康熙不禁"啊"了一声道："那为什么还要换地呢？"

魏裔介轻轻地道："八旗自有定序，这是祖训，现在鳌大人行换地之举，按理是在维护祖宗规矩的尊严……"

魏裔介口中的"按理"二字，显然别有意味。不过小康熙也没有认真体会，而是顺着自己的思路说下去："祖训祖制当然要恪守，但倘若危及国泰民安，那就得另当别论，何况两旗土地也不一定非要现在调换不可……"

小小的康熙，心中已有"国泰民安"之念，诚属难得。熊赐履言道："此等国家大事，只有皇上可以议论，老臣等岂敢多言？"

小康熙默然，一会儿之后，他神色很是凝重地离开了弘德殿，连向熊赐履、魏裔介打个招呼也仿佛省略了。望着小康熙离去的背影，熊赐履对魏裔介言道："你敢和我打个赌吗？"

魏裔介多少有些意外："你想赌什么？"

熊赐履道："我们就赌皇上离开这里后会向何处去。"

魏裔介略略思忖了一下："可以。赌金十两银子，如何？"

熊赐履点头："我同意。你先说说你的看法。"

魏裔介道："我以为，皇上必是往慈宁宫见太皇太后。你以为呢？"

熊赐履道："我以为，皇上定是去找鳌拜，叫他速速停止换地。"

熊、魏二人打赌的实际结果是，谁也没有赢，谁也没有输。小康熙既没有去慈宁宫，也没有去找鳌拜。他出了京城。

小康熙离开熊、魏二人后，急急召来索额图和明珠，叫他们速速准备一辆大马车，并在马车上装满馍、饼之类的干粮。一切收拾停当后，小康熙君臣主仆五人便换了便装悄悄向郊外驶去。

小康熙如此出城不要紧，可把索额图和明珠吓得不轻。他们御前侍卫的职责就是保护当今皇上的生命安全。然而现在，就这么几个人，跑到这荒郊野外，万一出了什么意外，他们可吃罪不起。所以，一出京城，明珠就一声不吭地驾驭着马车，而索额图，不仅像明珠一样紧绷着脸庞，两颗眼珠还不时警惕地向四周转动。瞧二人的架势，真是如临大敌。

阿露也很担心，只是担心的事情跟他们不同："皇上，带这么多的馍啊饼啊的干什么？哪里会有那么多的难民？吃不完岂不都糟踏了吗？"

"朕也不知道到底会有多少难民，朕希望这些干粮没有人来吃……"

过了一会，小康熙奇怪地自语道："怎么路上一个人也看不到呢？"

赵盛低低地道："皇上，也许老百姓都在庄子里休息吧。"

不远处出现了一个小村庄。小康熙道："赵公公和阿露留下来照看马车，索额图、明珠跟朕到村里去看看……"

小康熙从村东走到村西，再从村西折回村东，走出了一身汗，也没看见一个人影。他越发纳闷起来："这村子里的人都到哪里去了呢？"

就在小康熙纳闷的当口，索额图从一间摇摇欲坠的茅屋里跑出来，多少有些兴冲冲地对小康熙道："皇上，这里有一个老婆婆……还活着……"

话音未落，小康熙就一头扎进了茅屋。果然，有一位形容枯槁的老太婆正软软地躺在土炕上。看她那气息奄奄的模样，似乎也只能用"还活着"来形容了。她的反应显然已很迟钝，小康熙等人都走到她的身边了，她好像根本没看见一样。小康熙大声地喊了她好几遍，她只是微微地动了动脑袋，什么话也没有说。实际上，她早已经没有了说话的力气。

小康熙自言自语道："她不是病了就是饿了……"于是，小康熙就想吩咐索额图去马车上取些干粮来。就在这时，一个蓬头垢面、瘦骨嶙峋的男人，踉踉跄跄地从外面走了进来，右手里捧着一团血乎乎的东西。

乍见小康熙等人，那男人很是意外和吃惊，忙着喘微微地问道："你们，想干什么？"说着话，他就挡在了小康熙等人和那老太婆之间。看那样子，仿佛小康熙等人会一口将那老太婆吃了似的。

索额图抢先开了口："我们从京城来，是皇上派来的……"

"皇上？"那男人显然不相信，"皇上派你们来干什么？"

明珠赶紧补充道："皇上特意派我们送些吃的东西来。"

听到"吃的东西"几个字，那男人黯淡无神的眼睛里，顿时迸发出一种骇人的光芒来："皇上派你们……吃的东西在哪儿？"

那男人说完，眼睛便向四周张望起来。小康熙忙道："吃的东西多得很。不过，你先要回答我的问题，不然我们就不给你吃的东西。"

这下子那男人急了："你快说，你要我回答什么问题？"

小康熙道："你告诉我，你们村子里的人都到哪儿去了？"

那男人很快地道："村子里的人现在都在塘埂上吃肉呢……"

小康熙一时不明白："吃肉？吃什么肉？"

那男人将手中的那团血乎乎的东西往小康熙的眼前一送道："人肉。"

小康熙身体一震，又一颤，再一晃。慌得索额图和明珠赶紧把小康熙架住。小康熙哆哆嗦嗦地言道："你们……如何……吃这种肉？"

那男人一副若无其事的样子："吃这种肉，什么肉不能吃？官府叫我们搬家，我们不愿意搬，他们就毁了我们的庄稼，抢走了我们的东西，还杀了我们十几个人……能逃命的都外出逃命去了，剩下的都是些老弱病残。我本也想外出，可娘走不动，我只好留了下来……剩下的人，什么都吃，草根、树皮、老鼠、蚯蚓，凡是能弄到的，全吃。就这样也填不饱肚皮……有人饿死了。开始，我们还埋，可后来不了，太可惜，死人肉不是也可以吃吗？所以，现在死了人，我们大家就一起把他吃掉……连以前埋了的人也扒出来吃了……今天上午，一个老头子去喝水，刚走到塘埂上，就咽了气。大家就一起赶到那儿吃那老头子。我抢到这么一块，拿回来，给娘吃，娘几天没吃了，一饿死，就会被他们吃掉……我不想他们吃我的娘……”

那男人的语气十分地平淡，就像是在叙述一件与他毫无关系的事情。但因为体质太弱，说了这么一大段话之后，他就“呼哧呼哧”地粗喘起来，只是，他的粗喘也十分地虚弱。

而小康熙却再也受不住了。他简直不敢再看那男人一眼，因为那男人的手中正捧着一团血乎乎的人肉，而这团人肉还是那奄奄一息的老太婆的救命食粮。小康熙实在抑制不住，“哇呀”一声，一股黏稠腥秽之物夺口而出，跟着，他身体摇晃起来，眼看就要栽倒。索额图和明珠一边一个，连扶带架地将小康熙拽出了那间茅屋。

那男人急了，赶忙挣扎着跑出屋子，冲着小康熙等人叫道：“你们不要走啊……那些吃的东西呢?”

索额图回头言道：“把全村人都带上，到那辆马车边上去……”

小康熙几乎是瘫了，怎么也走不动。索额图无奈，躬身将小康熙背了起来。明珠不敢大意，紧紧地跟在索额图的身后扶持。好在路途并不远，索额图虽然背得气喘吁吁，但好歹总算把小康熙背到了马车旁。

赵盛、阿露不知究竟，赶紧围住了小康熙。

“皇上……发生了什么事?”

“朕没事……把车上的东西全部分给他们吃……”

“他们”很快地来了。有三十来个人，多为老人、妇女和孩子，当然也包括那个蓬头垢面、面容憔悴的男人。实际上，那男人是一直走在最前头的，当看到马车上全装的是饼、馍时，他的双眼顿时就直了。还好，他并没有愣多久，大叫一声，然后就把车上的干粮成袋成袋地往下掀，一直掀得马车上空空如也了，他才跳下车来加入到大吃的行列中。

小康熙看着那些人在拼命地、肆无忌惮地吃。待那些人都实在吃不下去了之后，小康熙低低地吩咐赵盛道：“让他们把剩下的干粮都带回去。”

小康熙又问道：“你们身上带了银子吗?”

赵盛取出一小锭银子说：“皇上，老奴带了一点银子。”

小康熙接过银子，递到那个蓬头垢面的男人手里：“给你娘买床棉被……天越来越冷了……”

那男人看着马车离去，觉着了手中那锭银子异常地沉甸甸。他像忽然想起什么事似的，猛然跪倒在地，冲着缓缓离去的马车就叩起头来，一边叩一边扯起嗓子喊道："万岁、万岁、万万岁……"

这男人这么一叩、这么一喊，那三十来位几乎都撑破肚子的老人、妇女和孩子，马上就受到了感染，也一起"咕咚咕咚"地跪倒在大路上，学着那男人的样子，一边冲着离去的马车叩头一边尽最大力气喊道："万岁、万岁、万万岁……"

第八章

做手脚老贼害大吏
逞唇舌强臣欺幼君

鳌拜把小皇帝驳得哑口无言，鞠了一个躬，就旁若无人地退出殿去。直到鳌拜不见了身影，小康熙才迸出一句话来："鳌拜！朕不杀你，誓不为人……"话还没说完，他身子一软，就一头栽在了地上，昏死过去了。

镶黄、正白二旗换地，一直持续到冬初也还没有完全结束。在这么长的时间内，虽然不时地出现这样或那样的"意外"，但鳌拜企盼的事情却一直没有发生。苏克萨哈一伙好像变得聪明了，一个个都成了缩头乌龟，谁也不去介入到两旗换地一事中。眼看着，换地之事行将结束，鳌拜却还没有找到除去苏克萨哈一伙的"正当"又"合法"的理由。

鳌拜急了。他的兄弟穆里玛和侄子塞本得似乎就更加着急。穆里玛和塞本得抓了那么多的人，又杀了那么多的人，可在他们看来，他们没有抓到一个该抓的人，更没有杀掉一个该杀的人。所以，穆里玛和塞本得就向鳌拜建议，干脆派人直接把苏克萨哈一伙都抓起来算了。鳌拜对他们道："如果实在没有办法，那就在换地一事结束之前，随便找一个什么说得过去的借口，先把苏纳海、朱昌祚和王登联三个家伙抓起来。"

就在这当口，那个素有"赛诸葛"之称的国史院大学士兼辅国公班布尔善给鳌拜提供了一个很不错的"方法"。班布尔善的"方法"是：苏纳海是户部尚书，理应要对两旗换地一事负责，而朱昌祚和王登联一个是直隶总督一个是直隶巡抚，就更不能对在京畿一带的换地事情不闻不问，鳌拜可以辅政大臣的名义命令苏纳海、朱昌祚和王登联三人去亲自参与两旗换地一事。只要苏纳海等人卷入到换地一事中，鳌拜就很容易找到一个"正当"又"合法"的借口逮捕他们。

鳌拜对班布尔善的这个"方法"大加赞赏。鳌拜还补充道："如果苏纳海、朱昌祚和王登联不去参与换地一事，那我就更有理由逮捕他们！"

于是，鳌拜就以自己和遏必隆的名义给苏纳海、朱昌祚和王登联下了一道命令，要他们三人负责在十日之内把不肯搬走仍滞留在永平府一带的正白旗人统统赶走。苏纳海、朱昌祚和王登联没有同意，理由是，第一辅政大臣索尼和第二辅政大臣苏克萨哈没有给他们这样的命令，而且，他们也没有接到当今皇帝的圣旨。

鳌拜得知此事后笑了。班布尔善向鳌拜提议道："大人想办法弄一道皇上的圣旨给他们不就行了吗？"

鳌拜却对班布尔善言道："到了这种地步，我就没必要再去弄什么圣旨了。我已经有足够的理由置他们于死地了。"

就在小康熙他们乘马车离开京城的那天凌晨，鳌拜找来穆里玛和塞本得，重重地吩咐他们道："现在，你们带上足够的人手，去把苏纳海、朱昌祚和王登联抓到我这儿来！"

闻听要去抓人，而且是抓苏纳海等人，穆里玛和塞本得马上就兴奋异常。他们各自带上人手，借着薄薄的晨雾，将苏纳海、朱昌祚和王登联三人一个个地从被窝里捆绑了起来，带到了鳌府之中。

鳌拜是在"醒庐"里"接见"苏纳海、朱昌祚和王登联三人的。见苏纳海等人都被捆绑得结结实实的，鳌拜似乎很生气地对穆里玛和塞本得道："他们都是朝廷命官，怎可如此冒犯？还不快快给他们松绑！"

穆里玛和塞本得真不想为苏纳海等人松绑，他们想马上就杀了苏纳海等人。但他们不敢违抗鳌拜的命令。

鳌拜又道："快搬过几张椅子来，让几位大人好好坐着。"

穆里玛、塞本得只好又搬过三张椅子，但苏纳海等人并没有坐下。

鳌拜皮笑肉不笑地问道："三位大人为何不坐啊？"

苏纳海似乎是在质问道："鳌大人，你为何将我等捆绑至此？"

鳌拜回道："我只是叫他们请几位过来一趟，谁知他们误会了我的意思，几位大人也就不必太在意了。"

朱昌祚好像要冷静些："鳌大人，你叫我等过来有什么事？"

鳌拜"哈哈"一笑道："也没什么大不了的事。我只是觉得，你们整天跟在那个苏克萨哈的身后，使得我们之间的关系越来越疏远。所以呢，今天就把几位大人请来，联络一下我们之间的感情。人嘛，总是有感情的。不知几位大人意下如何啊？"

王登联不紧不慢地言道："鳌大人既然没有什么大不了的事，那下官就不敢无端地耽误鳌大人宝贵的时间。至于联络感情一事，下官日后一定登门拜访，向鳌大人请教。下官这就告辞。"

王登联说完，抬脚就走。苏纳海、朱昌祚也紧紧地跟在了王登联的身后。穆里玛和塞本得赶紧抽出刀剑来，死死地封住了"醒庐"的大门。

王登联转身问鳌拜道："鳌大人，你这是什么意思？"

鳌拜随随便便地道："没什么意思。我只是忘了告诉你们一件事，不管是什么人，只要进了这间屋子，我不让他出去，他是根本出不去的。比如那个布政使答尼尔。"

鳌拜这么一说，苏纳海等人就至少明白了这么两件事。第一件，那布政使答尼尔横尸苏克萨哈府门前，的确是鳌拜所为。第二件，苏纳海等人今日极有可能成为第二个答尼尔。

既然免不了一死，苏纳海也就索性放开了豪气。他朗声言道："鳌拜，要杀要剐，苏某决不会皱一下眉头！"

朱昌祚也硬硬地道："鳌拜，你今日可以杀掉我们，但明日，就定会有人杀掉你！"

王登联没有作声，他紧闭着双唇，似乎在考虑着一个很严重的问题。

鳌拜"哈哈"一笑道："几位大人何必急着要死呢？一个人的生命只有一次。几位大人要是真的死了，你们的生命岂不是也就完结了？"

王登联此刻开了口："鳌大人的意思，我等今日还有活路？"

苏纳海以为王登联是想向鳌拜乞饶，厉声道："王登联，大丈夫死则死，何必贪生怕死？"

朱昌祚更了解王登联。他没言语，而是盯着王登联的一举一动。

鳌拜言道："想要一条生路非常简单，只要王大人等能在太皇太后和当今皇上的面前历数苏克萨哈几条罪状，我鳌拜就不仅能给王大人等一条生路，还能给王大人等享受不尽的荣华富贵。王大人，你以为如何啊？"

苏纳海冷冷地言道："鳌拜，你别痴心妄想了！纵然是千刀万剐，我苏纳海也不会做出对不起朋友的事！"

鳌拜冲着苏纳海拍了两下巴掌："好，苏纳海，你够朋友、够义气……只可惜，你再也见不着你的朋友苏克萨哈了！"

王登联瞟了朱昌祚一眼道："鳌大人，下官同意你所说的事……"

苏纳海怒道："你，意欲何为？"

王登联道："我王某何必为苏克萨哈送了自己的性命和前程？"

苏纳海怒恨交加，一时竟说不出话来。而那个朱昌祚，却从王登联先前的一瞟中明白了他的意图，毕竟二人共事多年了。

朱昌祚冲着苏纳海微微一笑道："苏大人，何必生这么大的气？人往高处走、水往低处流。王登联适才所言，也并非没有道理啊！"

"什么？"苏纳海更觉意外，"朱昌祚，你竟然也和他一样？"

朱昌祚没言语，而是斜跨一步，站在了王登联的身边，还和王登联相视一笑。鳌拜高兴了，大声言道："好！朱大人、王大人，只要你们真的能够弃暗投明，我鳌拜不仅既往不咎，我还要给你们重重的奖赏！"

"多谢鳌大人！"王登联朝着鳌拜鞠了一个躬，然后从怀中摸出一封信来，"鳌大人，下官这里有一封苏克萨哈的信件，大人凭借此信，就可以在太皇太后和当今皇上的面前，定苏克萨哈一个诽谤圣上之罪……"

鳌拜还未来得及高兴，那朱昌祚也从怀中掏出一封信来："大人，下官这里也有苏克萨哈的一封信，大人依据此信，至少可以定苏克萨哈一个藐视圣上之罪……"

一个是“诽谤圣上”，一个是“藐视圣上”，这两项罪状加在一起，纵然是十个苏克萨哈，恐怕也得人头落地。

苏纳海糊涂了。朱昌祚和王登联的身上，何尝有这样的信件？而鳌拜则是喜形于色，大声地招呼道：“王大人、朱大人，快把那两封信件呈上来。有了这么两封信，那四位辅政大臣就要马上少掉一位了……”

朱昌祚和王登联肩并肩走到鳌拜的对面，恭恭敬敬将信件递了过去。

鳌拜接过信之后，刚看了一眼信封，心中就起了疑惑，他刚想抬头问个究竟，却见那朱昌祚和王登联二人，猛然扑了过来，且迅速地抱紧了他的两只胳膊。紧跟着，明白过来的苏纳海也一个箭步跨上前，双手死死地卡住了鳌拜的脖子。

王登联、朱昌祚和苏纳海三人配合得太过默契，鳌拜几乎还没有完全反应过来，就被他们三人死死地捺在了座位上动弹不得。

这场变故来得太突然，守在门边的穆里玛和塞本得也没有来得及作出什么反应。待反应过来，已经迟了，鳌拜已被那三人擒住。尽管他们手中握有刀剑，可投鼠忌器，他们也只能握着刀剑，并不敢冲上前去。

苏纳海一边死死地卡住鳌拜的脖子一边脸有愧色地对朱昌祚和王登联道：“愚兄刚才……不该那样错怪你们……”

朱昌祚回道：“苏大人一副铮铮铁骨，下官委实钦佩得紧……”

王登联言道：“两位大人，我们还是快点从这里出去吧！”

是啊，不离开鳌府，就没有安全可言。于是，苏纳海等三人就将鳌拜从座位上掩起来，一点点地向“醒庐”的门口移去。穆里玛和塞本得不敢阻拦，只得一点点地退出屋子。

看模样，苏纳海等人真的可以从鳌府安全地离开了。鳌府里的侍卫再多，可投鼠忌器，谁也不敢轻易地冲上来去解救鳌拜。苏纳海的双手就卡在鳌拜的脖颈处，只要苏纳海的双手一合拢，鳌拜恐怕就得去见阎王。有鳌拜作为挡箭牌和护身符，苏纳海等人要走出鳌府应该是没有什么问题的。

然而，苏纳海等人却未能走出鳌府，甚至，他们都未能走出“醒庐”。因为鳌拜不是一个能够轻易就对付得了的人。他不仅老奸巨滑，更主要的，他有一身无人能敌的功夫。若论徒手搏击，就是两个苏纳海、两个朱昌祚和两个王登联加在一块儿，也绝不是鳌拜的对手。只是鳌拜有些大意，正是这种大意，他才会被苏纳海等人擒住。

眼看着，鳌拜被苏纳海等人挟持着就要走出“醒庐”了。门外的穆里玛和塞本得等人又急又怕，脸上竟然沁出了豆大的汗珠。可也就在这时，鳌拜找着了一个摆脱的机会。

那是在“醒庐”的门边，鳌拜装着被门槛绊了一下，身子便打了一个趔趄，这一趔趄，他的头颅就要往下低。鳌拜的头颅一低，苏纳海就不禁犹豫了一下，自己的双手是使劲儿呢还是松劲儿？使劲儿吧怕把鳌拜掐死，掐死了鳌拜自己就会有麻烦，如果松劲儿吧又怕鳌拜逃脱，鳌拜逃脱了自己同样会有麻烦。

实际上，苏纳海犹豫的时间也就那么一瞬。可就是这么一个瞬间，对鳌拜而言，也就足够了。鳌拜猛然向下一低头，趁着脖子上的压力略微有些放松的当口，他迅速鼓起一股力量，双臂倏地一抖、一弹，不仅抖掉了王登联和朱昌祚的双手，而且将他俩弹到“醒庐”之内。

苏纳海反应过来了，双手赶紧发力。他也确实发上了力，鳌拜的脖子几乎被他掐得变了形。然而，此时的鳌拜，双手是自由的。就在苏纳海发力的同时，鳌拜的双掌也重重地击在了苏纳海的胸前。

鳌拜双掌齐发，该有何等的力量？虽然他脖颈被卡，不可能使出全身的力量，但尽管如此，苏纳海也被他打得发出“哇”的一声惨叫，不自觉地就松了双手，“噔噔噔”地退到“醒庐”里，一个后仰，栽倒在地。

这一回，穆里玛和塞本得反应过来了，一个持刀，一个拿剑，带着几个侍卫就要往“醒庐”里冲。谁知，鳌拜双手一叉，拦住了他们的去路。

穆里玛不解道：“哥，你还要放过他们？”

塞本得更是急道：“叔，快让我们进去杀了他们……”

看来，鳌拜确实被苏纳海掐得不轻，脖子四周，有明显的一道印痕。鳌拜喘了一会儿气，然后命令道：“你们就在这门口守着，没有我的命令，不许进去……他们敢如此待我，我就要用他们的身体练练我的拳脚！”

大约一盏茶工夫过后，鳌拜拍打着双手从“醒庐”里走了出来，瞅了瞅穆里玛和塞本得道：“现在，你们可以进去了。”

穆里玛和塞本得争先恐后地跑进了屋子。他们跑得这么快，当然是想在鳌拜之后再亲自教训苏纳海等人一顿。可等跑到屋里这么一看，他们的心顿时就凉了大半截。三个人全躺在地上，加在一起顶多也只剩一口气了。

穆里玛和塞本得垂头丧气地走出了屋子。鳌拜大笑：“你们放心吧，我并没有把他们打死。要不了多久，他们就会爬将起来。到那个时候，你们再将他们凌迟处死，岂不同样可以出出心头的闷气？”

听到“凌迟”二字，穆里玛和塞本得马上兴奋起来。两人几乎是异口同声地向鳌拜保证道：“我们一定不负重托！”

鳌拜言道：“你们先解决掉他们三个。待天黑，你们多带些人手，把他们三个人的家里都扫荡一遍！”

穆里玛问道：“哥，这一回，扫荡的财物怎么处理？”

鳌拜不加思索地道：“苏纳海家的归你，朱昌祚家的给塞本得……”

塞本得自作聪明地补充道：“王登联家的带回来交给叔叔……”

鳌拜摇了摇头，然后直视着塞本得道：“王登联的那份财产应该上交朝廷，这样一来，才显得我们是大公无私的！”

鳌拜去休息了。只可怜了苏纳海、朱昌祚和王登联，在鳌府内，被穆里玛、塞本得等人，用小刀一点点地剐割而死。三人死时，他们的家人还不知晓。他们的家人只能跑去找苏克萨哈。苏克萨哈也不知究竟，费尽了九牛二虎之力，他才终于查明苏纳海等人是被绑进了鳌府。其时，天已近薄暮。苏克萨哈丝毫不敢迟疑，急急忙忙又慌慌张张地赶到乾清宫求见小皇帝。

小康熙听说鳌拜擅自抓走了苏纳海、朱昌祚和王登联，一时又惊又愕，竟然愣在了原地，半晌没说出话来。

苏克萨哈双膝一弯，跪在地上："皇上，苏纳海等人一贯对皇上忠心耿耿……恳请皇上救助他们一把……"

小康熙这才回过一点神来："苏大人，你先回去。朕……不会对此事不闻不问。朕……一定会把苏纳海等人从鳌拜那里要回来！"

苏克萨哈走后，小康熙便在地上来回地乱走起来。他的心绪很乱。上午在那个小村庄的所闻所见，先前从苏克萨哈的口中所听，搅得小康熙头欲裂、肺欲炸，加上一整天都没有吃东西，所以小康熙走着走着，双腿一软，一屁股就坐在了地下。慌得赵盛和阿露急忙走过来，好不容易才将小康熙扶到了床上。

小康熙在床上躺了一会儿之后，便感觉到了心口处在一阵阵地隐隐作痛。有几幅画面不时地在他眼前闪现。一幅是那个蓬头垢面的男人站在一位垂死的老太婆的面前，手里捧着一团鲜血淋淋的东西。另一幅画面是三十来个老人、妇女和孩子，拥挤在马车旁，不顾廉耻地拼命地吞吃着扔在地上的饼馍。还有一幅画面，是一个邪恶的男人，张着血盆大口，要吞吃掉所有的一切，这个邪恶的男人，就是鳌拜。

小康熙再也忍不住了。他"嗷"地怪叫一声，突然从床上坐了起来，用手一指赵盛："你，快派人去宣鳌拜，就说朕现在要见他！"

赵盛刚出去没多久，小康熙就急了。他几乎是在质问阿露道："你说，鳌拜为何到现在还没有来？是不是他抓走了苏纳海等人，不敢来见朕？"

这叫阿露如何回答？她只能嗫嚅着双唇言道："皇上，该来的一定会来的……要不，奴婢也出去看看……"

小康熙立即道："你快出去！待鳌拜来了，叫他速速来见朕！"

不知过了多长时间，才见阿露飞跑进来说："皇上，来了来了……"

没有多久，赵盛在寝殿外呼号道："鳌拜鳌大人进见皇上……"

跟着，鳌拜的双脚就踏入了寝殿，并随即跪倒叩头道："臣鳌拜叩见皇上，祝吾皇万岁、万岁、万万岁！"

小康熙看起来倒也比较平静。他端坐在一张椅子上，声音很是平稳地道："鳌大人请起，坐下与朕说话。"

鳌拜道了一声"谢皇上"后爬起，但并没有坐下，而是目不转睛地看着小康熙，且淡淡地问道："皇上夜晚召臣入宫，有什么重要之事？"

小康熙言道："朕听说，鳌大人于今日凌晨，无端地抓走了户部尚书苏纳海、直隶总督朱昌祚和直隶巡抚王登联，可有此事？"

鳌拜也不隐瞒，更没有否认，而是很明确地点了点头："回禀皇上，臣今日凌晨确曾派人抓走了苏纳海、朱昌祚和王登联三人，但皇上指责臣是无端抓人，臣委实不敢苟同。"

有一股怒火从小康熙的心头升起，但小康熙及时地把它压了下去："鳌大人，苏纳海、朱昌祚和王登联都是朝中重臣，纵使有罪，也理应由刑部会同大理寺及都察院共同审办，你鳌大人私自将苏纳海三人抓走，这岂不是无端所为？更何况，在朕看来，苏纳海、朱昌祚和王登联三人，也委实没有任何罪过。不知鳌大人对此有何解释啊？"

几乎没有任何人能够难倒鳌拜，小康熙当然也不例外。只见鳌拜不紧不慢地言道："臣以为，皇上适才所言，未免太过偏颇……"

敢如此对小康熙说话的人，满朝文武，恐怕只有鳌拜一个。鳌拜接着道："镶黄，正白两旗换地一事，不仅符合祖训祖制，而且也是太皇太后及当朝四位辅政大臣一起同意的，臣还听说，皇上得知此事后，也没有表示什么不同意。苏纳海身为户部尚书，显然要对两旗换地一事作出应有的贡献，而朱昌祚和王登联，一个是直隶总督，一个是直隶巡抚，就更应该对两旗换地一事全权负责。可是，待臣与遏必隆遏大人以辅政大臣的名义命令苏纳海、朱昌祚和王登联三人负责正白旗迁移时，他们却拒不执行。皇上，你可知这是什么缘故？"

还别说，鳌拜这一席话，竟然说得小康熙一时无以应答。是鳌拜真的有理？还是小康熙已经词穷？

鳌拜见小康熙不言不语，倒也并不在意，而是自顾言道："臣以为，苏纳海、朱昌祚和王登联三人之所以拒不执行臣等的命令，是因为有人在暗地里指使他们这们做。因为正白旗迁离了永平府，朝中有些人的势力和影响就会大大削弱。这个人究竟是谁，臣即使不说，皇上的心中也定然有数。不过，臣请皇上放心，臣决不会去计较什么个人的恩怨与得失。臣作为先皇钦定的辅政大臣，只能效忠于大清王朝和当今圣上。所以，在臣看来，苏纳海、朱昌祚和王登联三人拒不执行臣等的命令，并不是他们没有把臣等放在眼里，而是他们根本就没有把祖训祖制放在眼里，没有把太皇太后和当今圣上放在眼里。皇上，此等十恶不赦之人，难道还不该抓起来吗？"

鳌拜许是说得累了，便停下来喘了两口气。而小康熙，不知为何，依然那么有点怔怔地坐着，一言不发。

鳌拜可不在乎小康熙是什么态度，歇了歇气之后就继续说道："皇上，臣之所以派人将苏纳海、朱昌祚和王登联抓起来，一是因为他们确实该抓，不抓就有失大清国的体统，二是臣有这个权力和义务派人去抓他们。臣既然是当朝的辅政大臣，就不能对这些乱臣贼子熟视无睹，不然，将何以辅政？更主要的，太皇太后早已将两旗换地一事的大权交与了微臣，微臣有权处理在换地过程中发生的任何事情，谁无端阻挠换地，臣都有权惩处他们。臣派人抓走苏纳海等人，只是在行使臣手中应有的权力。这权力是太皇太后赋予微臣的，微臣敢不遵行?”

鳌拜说完后，笑模笑样地望着小康熙。而小康熙却依然坐着，不发一言。不过，从小康熙的表情来看，他似乎是在思考一个什么问题。

小康熙会思考什么问题？原来，小康熙是这么想的，这个鳌拜也真他妈的太混账了，明明没有理的事情，可到了他鳌拜的嘴里，却变得什么都是他鳌拜的理了。亏得是那斗大的“忍”字此刻还在小康熙的心中荡漾，如若不然，小康熙定然会与鳌拜大吵一番。小康熙想：朕也不同你争辩什么道理了，跟你这种人争辩也不会争出什么道理来，朕还是把苏纳海等人从你手中要回来吧。

小康熙竭力使自己的面部表情放松：“鳌大人，听你刚才这么一说，朕好像也认为苏纳海等人确实有不小的罪过。不过，家有家规，国有国法，任何朝臣犯了罪，都应交与相关的衙门处理。所以，朕想请鳌大人先把苏纳海等人放出来，然后让刑部、大理寺和都察院对他们进行三堂会审如何?”

以小康熙的“皇帝”身份，似乎不该与一个朝臣如此谦逊。然而鳌拜却一点也不领情：“皇上所言自然不无道理，只可惜皇上说得有些迟了。”

小康熙不由一愣：“你，莫非把他们全杀了?”

鳌拜认认真真地点了点头：“早在中午的时候，微臣就令手下将苏纳海等人凌迟处死。”

“啊?”小康熙从座位上弹起来，差点就蹿到了鳌拜的近前，“你……竟然一下子……私自杀掉了三个朝廷命官?”

鳌拜的脸上，居然也现出了一种惊讶之色：“皇上，你为何如此激动？像苏纳海这种不杀不足以平民愤的乱臣贼子，就是再大的官、再多的人，臣也照杀不误，决不手软!”

小康熙惊怒交加，心中飘荡的那个斗大的“忍”字，早不知飘到何处去了。只是一时太过惊怒，小康熙怎么也说不出话来。

就在这时，赵盛颤巍巍地从外面走了进来：“启奏皇上，辅政大臣苏克萨哈有一封紧急奏折在此……”

赵盛话未落音，鳌拜的手就向赵盛伸了过去：“快拿过来给我看看。这个苏大人也真是的，有什么事情明天不能说？非得现在来打搅皇上?”

鳌拜的大手伸到了赵盛的面前，赵盛拿不定主意到底该怎么办。赵盛刚一犹豫，鳌拜就一把将那封奏折抓了过去，且迅速地展开浏览，只浏览了片刻，便又将奏折塞到赵盛手中，口里很是不屑地道：“我当会是什么大事情，只这鸡毛蒜皮的小事，也要拿来惊搅皇上。我看那个苏克萨哈大人啊，虽还没有年老，可也糊涂得不中用了!”

鳌拜口中的那“鸡毛蒜皮”的小事，究竟是一件什么事情？赵盛慢慢走过去，把奏折呈给了小康熙。待小康熙展开奏折这么一看，可就根本不是什么“鸡毛蒜皮”的小事了。

却原来，苏克萨哈在奏折中向小康熙禀告了这么一件事，就在不久前，鳌拜的弟弟穆里玛和侄子塞本得带着大批官兵，将苏纳海、朱昌祚和王登联三家男女老幼约七百余人，一个不剩地全部处死。

七百多人，而且是男女老幼，只片刻工夫，全部人头落地。而在鳌拜的眼里，这居然只是“鸡毛蒜皮”的小事！

小康熙张开了稚嫩的小嘴，可无法将心中的怒火喷烧出来。鳌拜却道：“皇上，苏克萨哈漏掉了一件事没写，就是穆里玛和塞本得已经将抄没的财物如数地上交了朝廷，微臣特此禀告皇上知道。时间也不早了，微臣不敢再多打扰皇上，微臣这就告退！”

鳌拜说完，恭恭敬敬地朝着小康熙鞠了一个躬，然后就大步跨了出去。待鳌拜不见了身影，小康熙才终于迸出一句话来：“鳌拜！朕不杀你，誓不为人……”

只可惜，鳌拜已经走远，未能听见小康熙这句发自肺腑之言。更重要的，因为小康熙说这句话的时候，几乎用尽了全身的力气，所以，话还没有全部说完，小康熙就身子一软，一头栽在了地上，且双目紧合、双唇紧闭，早已昏了过去。

很快，十多个御医拥拥挤挤地跑进了乾清宫。阿露觉得皇上突然晕倒事关重大，就叫明珠去慈宁宫禀告太皇太后。

博尔济吉特氏在几个太监、宫女的簇拥下匆匆忙忙地赶到乾清宫，并没有向谁去询问小康熙昏倒的前因后果，而是直接走到一位年纪颇大的御医近前，小声地问道：“皇上龙体如何？”

那御医赶紧言道：“回太皇太后的话，皇上只是怒火攻心，加上饥饿难耐，一时昏厥……臣以为，要不了多久，皇上就会苏醒过来……”

吉特氏长长地舒了一口气，忽而转向赵盛问道：“赵公公，皇上怎么会饥饿难耐？”

赵盛朝着吉特氏弓了一下腰身，然后便把这一整天里发生的事情大致说了一遍。因为有十多个御医在旁边，赵盛的叙述很是客观，几乎没有带任何主观的感情。

吉特氏点了点头：“原来是这么回事……赵公公，皇上一整天没用膳，你和阿露也肯定一直都饿着肚子吧？你们快去吃饭，顺便让御膳房准备一些清淡的食物，待皇上醒来，送与皇上服用。其他的人，也都下去吧！”

众人相继离去。仿佛心有灵犀，吉特氏刚刚在小康熙的身边坐定，小康熙就慢悠悠地睁开了眼。吉特氏惊喜地道：“孩子，你可醒过来了……”

小康熙扑闪了一下双眼，情不自禁地，两行泪就滑到了腮边。吉特氏伸双手为他拭去腮边的泪水：“孩子，你这是怎么了？”

小康熙哽咽着道：“皇祖母，你是不是认为，孩儿太过懦弱了？连一点点打击都禁受不住？”

“不，不，”吉特氏硬是露出了一副笑容，“孩子，你很坚强！你今天所看到的一切、听到的一切，就是铁打的汉子恐怕也禁受不住。可是你，孩子，你现在不是挺过来了吗？”

小康熙摇摇头：“只要鳌拜在，孩儿就永远不能成为坚强的人……”

吉特氏缓缓地道：“孩子，你说得没错，只要鳌拜在，你就很难成为坚强的人……可是，鳌拜不会永远在的，这一天不会太远了！”

小康熙看起来像是在苦笑：“皇祖母，鳌拜一天不死，孩儿就一天不会成为坚强的人。可是，鳌拜哪天才会死呢？孩儿究竟要等到什么时候呢？”

吉特氏言道：“孩子，不会太久了。你也不必等到鳌拜死的那一天。皇帝十四岁便可成亲，成亲后即可亲政，亲政就意味着皇帝可以拥有至高无上的权力了。孩子，你想想看，这样的日子还有多远？”

小康熙立即兴奋起来：“十四岁？孩儿就快到十四岁了呀！”

吉特氏点点头：“是的，孩子。你只要一到十四岁，我便替你完婚。你完婚之后，便可亲执朝政！不过，在你亲政之前，一切还要忍！”

“孩儿明白。皇祖母放心，以后不管遇到什么事情，哪怕鳌拜再杀掉一千个人，哪怕鳌拜把唾沫吐到孩儿的脸上，孩儿也会忍受下去。孩儿只耐心地等待亲政的那一天，待那一天到来，孩儿再与鳌拜算总账！”

第九章

图大事蓄少年死士 立正宫选谁家千金

鳌拜左手只在巴比仑的大腿上一抓，就把巴比仑整个的身子撂进了澡盆里，口里还阴阳怪气地言道："你这个下贱的奴才，居然敢与我的女儿在暗中来这一手，告诉你，我鳌拜的女儿是要进宫当皇后的！"

也许是喝得太多了，也许是夜里跟阿美折腾得有些疲乏过度，鳌拜这一觉直睡到日上三竿，直睡到巴比仑高喊"皇上驾到"那一刻。

巴比仑当然不会乱喊。小康熙带着赵盛和阿露的确是走进了鳌府。巴比仑情知鳌拜与阿美还没有起床，所以赶紧跑过来通知一声，谁知，他喊了好多声，卧房内也了无动静，而眼看着，那小康熙就要走到这边来了。

小康熙为何会带着赵盛和阿露走进了鳌府？却原来，经过昨天一天的波折，特别是昨天晚上与鳌拜的当面交锋以及晕倒后醒来与皇祖母博尔济吉特氏的一席谈话，小康熙终于悟出一个道理来，那就是，鳌拜是自己最大的敌人和最大的威胁，而要想最终除去这个敌人，则首先必须要同这个敌人搞好"关系"，因为只有同这个敌人搞好了"关系"，自己的地位和安全才有了保障，而只有在自己的地位和安全有了保障的前提下，才能最终去考虑和设法除掉这个敌人，否则，一切都只能是空的。

小康熙想了整整一个晚上，第二天又想了整整一个上午，恰好鳌拜一直都没有入宫，小康熙便借机到铁狮子胡同亲自"拜访"他的敌人鳌拜。

小康熙在赵盛和阿露的陪伴下，一点点地走近了鳌拜的卧房。巴比仑慌忙跪下了身子，口中言道："奴才巴比仑叩见皇上……"

小康熙点点头："起来吧。朕自会去见鳌大人。"

小康熙说着，便用手去推卧房的门。那门虚着一道缝儿，显然没有拴死。巴比仑很清楚卧房内会有一种什么光景。他本想给小康熙一个什么提醒或暗示，但最终，他却只是偷偷地一乐，退身溜了。

小康熙踏进了鳌拜的卧房之后，很觉得意外和吃惊。意外的是，身为辅政大臣的鳌拜到现在还睡在床上，吃惊的是，他看到了不该看到的东西。

小康熙的脸不由得一红。他脸红的原因自然是看到了鳌拜和那个女人。不过，令小康熙吃惊的，倒还不是因为他看到了一幅活春宫画。他吃惊，是因为他明明白白地看见，鳌拜的床头，斜斜地摆有一把雪亮的短刀。小康熙虽然不知道那把短刀为何会在这里，但小康熙却敢和任何人打赌：那种短刀的最大用处就是杀人。

鳌拜与阿美一人裹着一床被子，自己也觉得颇为难堪和尴尬。所以，鳌拜只能堆上一脸假笑，讪讪地言道："臣……不知皇上驾到，臣……这副模样，就不能给皇上叩头了，还请皇上多多原谅……"

阿美虽是一个老于世故的女子，但见了当今皇上，心中也很是惊慌，说出来的话，悠悠忽忽的，就像是一只断线的风筝："奴婢阿美……叩见皇上，祝吾皇……万岁万岁万万岁！"

她虽是这么说，但并没叩首。她很想在床上给小康熙叩几个头，但又不敢松手。她只要一松手，她身上的山山水水就都要被当今皇上一饱眼福了。因此，她那一副欲作还休的模样，既滑稽又让人觉得有点可怜。

小康熙赶紧微微一笑道："鳌大人，你们就不要多礼了。只是朕觉得，朕来得不是时候……"

"哪里，哪里，"鳌拜不再有什么慌乱和不安，"皇上来看望臣子，什么时候都是合适的。请皇上……找个位子坐下。"

阿露眼疾手快，忙着搬来一张椅子让小康熙坐下。小康熙言道："朕一个上午没见着鳌大人入宫，很不放心，特来看望看望。"

鳌拜言道："皇上如此关怀微臣，微臣感激涕零……"

但小康熙看来却真的是在关心鳌拜："鳌大人，昨晚可曾休息好？"

鳌拜故意皱着眉头言道："回皇上的话，臣昨晚休息得并不太好。臣似乎有点发烧，一夜未曾入眠，故而皇上驾到时，臣依然躺在床上。"

小康熙"哦"了一声："原来如此！鳌大人是身体不适啊。难怪鳌大人一个上午未去宫中走动……鳌大人，朕昨晚也没有休息好啊！"

鳌拜心道：小皇上，你昨晚自然不会休息好。但他嘴上说的却是："敢问皇上因何没有休息好啊？"

小康熙脸上的表情十分真切和真诚："鳌大人，朕是在担心你会生朕的气啊……"

小康熙的这一回答，很出鳌拜的意料之外："微臣……怎么会生皇上的气呢？即使真的有气，微臣也不敢生啊？"

鳌拜真的不敢生小康熙的气吗？小康熙微微叹息道："鳌大人，朕昨晚想了一夜，终于想通了一个问题，所以特来告知鳌大人一声。"

鳌拜的双眉真的皱了起来："不知……皇上想通了一个什么问题？"

小康熙认认真真地道："朕终于明白了这么一个道理，那就是，祖宗的律法不能更改，大清国的制度不能擅变。鳌大人过去所做的一切都是正确的，苏纳海、朱昌祚和王登联之流死不足惜、死有余辜……朕想通了这一点，便觉得朕过去对鳌大人的态度不够友好，朕太年幼，没能明察鳌大人对大清国的一片赤胆忠心……朕实在过意不去，所以特来向鳌大人表示朕的一点歉意。希望鳌大人以江山社稷为重，切莫再在心中气恨于朕……”

鳌拜赶忙言道：“臣哪敢气恨皇上？臣是在想，皇上能明白这么一个深刻的道理，实是臣之大幸，也是大清江山社稷之大幸啊！”

小康熙笑吟吟地站了起来：“听鳌大人如此说，朕实在是高兴万分。鳌大人身体有恙，朕就不多打搅。祝愿鳌大人早日恢复健康。”

鳌拜高声言道：“臣不便恭送皇上……臣在此向皇上保证，为了大清国的江山社稷，臣纵然是肝脑涂地，也在所不惜！”

小康熙也略略提高了声音道：“鳌大人，从即日起，朕将完完全全地相信于你！”说完，便领着赵盛走出了鳌拜的卧房。阿露的反应似乎稍微慢了些，但很快，她就追上了小康熙。

估摸着小康熙等人走得远了，阿美才长长地吐出一口气，且低低地言道：“当今圣上原来是这么年轻啊……”

但鳌拜却依然端坐在床上，动也不动。显然，他还在琢磨小康熙来这儿的事情。听起来，小康熙言之凿凿、煞有介事，可究竟是真是假？小康熙来鳌府，真正的目的何在？

不过，此后很长一段时间内，鳌拜和小康熙之间的关系，的的确确变得十分“友好”和“融洽”，几乎都可以用“蜜月”来形容了。无论大小事情，只要是鳌拜点了头的，小康熙不仅不反对，反而大力支持。而班布尔善、葛褚哈、玛尔塞和济世等人，包括穆里玛和塞本得，都纷纷向鳌拜汇报，说是小皇上无论在明里还是暗处，都竭力称赞鳌拜是大清国的“第一功臣”和“第一忠臣”，并经常谕令大臣们听从鳌拜的吩咐。这样一来，久而久之，“汇报”听得多了，鳌拜都有些飘飘然起来。仿佛，他真的成了大清国的“第一功臣”，也真的是大清国的“第一忠臣”。作为对小康熙的“回报”，有些时候，在处理一些事情之前，鳌拜就特地跑到小康熙面前聆听“圣意”，而小康熙则又往往是在鳌拜主意的基础上发表自己的见解。这样来来往往的，小康熙和鳌拜之间的这种君臣关系，倒很是有些“情投意合”的味道。对此，鳌拜当然非常地满意，而小康熙，也确实十分地满意。

只不过，如果鳌拜知道了那么一件事情，恐怕他就不会这么满意了。那就是，小康熙在乾清宫外豢养的那十几个少年，绝对不是为了玩耍的需要，而是要把他们一个个都培养成真正的武士。小康熙要准备与谁作战？鳌拜不知道，但小康熙知道。

这天晚上，也就是小康熙从鳌府回来的那天晚上，索额图和明珠把那十几个少年召集完毕之后，小康熙突然提出自己要与一个少年比试徒手搏斗。小康熙所挑的那个少年是最矮的一个，比小康熙起码要矮半个头。但索额图和明珠不敢同意。因为徒手搏斗不同于摔跤。小康熙曾一连摔倒过四个少年。只要不是故意所为，摔跤一般是摔不出什么严重后果的。而徒手搏斗则不然，弄得不好，就会造成较为严重的伤害。如果这种伤害落在了小康熙的身上，那还怎生了得？

但小康熙却坚持己见。小康熙还对那矮个少年道："你听着，只要你打赢了朕，朕就赏你二十两银子。"

不知那少年是对自己的武功信心十足，还是因为那二十两银子确有莫大的诱惑，那少年一挺胸脯，大声地言道："只要皇上不怪罪奴才，奴才就一定会打败皇上。"

那少年此言，当真是有些年轻气盛的味道。而在索额图和明珠的耳里，却听出了那少年有一种不知天高地厚的意味，所以索额图和明珠便想好好地"开导"那少年一番。谁知，索额图和明珠还未开口，小康熙就一把抓住那少年的手道："好，说得好！朕记得汉人有一句俗话，叫做君子一言，驷马难追！朕现在与你比试，除非有一方举手投降了，否则，朕与你二人就一直比试下去！"

小康熙的态度如此坚决，索额图和明珠就只能听之任之。只见小康熙，束了束腰身，捋了捋衣袖，也不打招呼，一个"双峰贯耳"就朝那少年狠狠地打去。

小康熙虽然没有直接跟着索额图和明珠练武，但因为经常地观看那些少年在一起演练，加上他又天资聪慧，所以小康熙至少不能说是一个不懂武艺的人。只不过，那少年看起来的确是一个身手不凡的人，只将头颅微微一低，便闪过了小康熙勾来的双拳。跟着，那少年身形一晃，一个斜跨步，右拳直直地朝着小康熙的右肋打来。小康熙不知如何才能避开这一打击，万般无奈之下，只得"咚咚咚"地一连向后倒退了好几步，样子十分狼狈。

那少年似乎得理不饶人，紧跨几步，就跟上了小康熙，在小康熙立足未稳之际，那少年以左脚撑地，右脚悬起，猛然弹向小康熙的腹部。小康熙即使再想后退，已然不及，只得下意识地用双手去护挡腹部，谁知，那少年弹起的右脚，在即将弹到小康熙的腹部前，突然向上变成了侧踹，直往小康熙的胸部踹去。小康熙再也反应不及，也躲闪不及，那少年的右脚，端端正正地踹在了小康熙的前胸上。小康熙"哦"的一声闷叫，仰面跌倒在地。

霎时，乾清宫外的空气就像是凝固了。包括踹倒小康熙的那个少年在内，所有人的目光，都定定地望着小康熙。除小康熙之外，每个人的精神都紧张到了极点。是呀，把小皇上踹倒了，岂不是惹出了天大的祸端？天大的祸端除了皇上能担待得起之外，谁人还能担待？

索额图的脸青了。明珠的眼绿了。两人的目光由震惊变成紧张，又由紧张变成恐慌。而恐慌的感觉，是极为令人难受的。

小康熙看来确实被踹得不轻。好一会儿，他才动弹了一下身躯。又好一会儿，他才摇摇晃晃地爬起来。他刚一爬起，索额图和明珠就双双跪倒在地，跟着，那十几个少年一起跪在了小康熙的身边。

小康熙很是有些莫名其妙地道："你们这是怎么了？朕并没有叫你们跪下

呀？你们都快起来，朕现在特别地高兴！"

众人在索额图和明珠的带领下，抖抖索索地爬起，爬起来之后，众人的目光还是一起看着小康熙。小康熙走到索额图和明珠的身边，拍了拍他们二人的肩膀言道："你们二人做得不错！这么一个矮少年，居然三拳两脚就把朕打倒在地，这说明你们的训练很有成效。朕一定会重重奖赏你们的。"

接着，小康熙又走到那个把他踹倒在地的少年身边，很是开心地言道："你实现了你的诺言，那朕就要兑现朕的诺言。朕本来许诺赏给你二十两银子，现在看来，二十两银子太少。朕就赏给你五十两银子，如何？"

那少年倒也机灵，忙着伏地叩头道："奴才谢过皇上！"

小康熙转向另外十多个少年言道："朕看得出，你们训练得都很刻苦，也都卓有成效。朕现在宣布，每人都赏给二十两银子！"

众人都一起伏地叩谢。小康熙"哈哈"笑道："只要你们如此地苦练下去，朕的苦心就不会白费！"

如果，鳌拜看见了小康熙这么一副"哈哈"大笑的模样，他还会感到"非常满意"吗？

天刚刚亮，鳌拜就醒了过来，醒来之后，他就忙着穿衣。阿美很是恋恋不舍地道："老爷，今天干吗起这么早？"

鳌拜回道："老爷我心中有事。事情不办成，老爷我睡不踏实。"

鳌拜走出卧房之后，即刻召来巴比仑吩咐道："你去玛尔塞家走一趟，叫他速速来见我！"

巴比仑跑得很快，那玛尔塞来得也快。鳌拜刚刚吃过早饭，那玛尔塞就急急忙忙地来到了鳌拜的身边，聆听训示。

鳌拜问玛尔塞道："如果我没记错的话，今年应该是选秀之年吧？"

玛尔塞回道："是，而且按惯例就定在下个月中旬。"

鳌拜点了点头道："今年选秀，你把我的女儿送到皇宫应选。"

玛尔塞多少有些惊讶："兰格格？大人，上一次选秀，你不是吩咐下官不要推荐兰格格吗？怎么这回又……"

鳌拜言道："上一次是上一次，这一回是这一回。明白了吗？"

"属下……明白。"但玛尔塞还是不明白，"不过，属下以为，兰格格尽管不那么孝顺，但她毕竟是大人的千金，大人何必要把她送往宫中？"

鳌拜挥了挥手："你照我说的去做就是了。还有，如果在选秀的过程中，有什么异常的情况，要立即报给我知道。"

所谓"选秀"，是清朝入关之后所确立的一项制度，规定每三年举行一次。具体内容是，凡年满十三岁至十七岁的满族八旗女子，一律不许私自婚配，都要按年向户部具呈备案，到"选秀"之年，符合条件的女子先在当地"初选"，"初选"合格的女子再集中到户部，由户部进行"复选"，"复选"通过的女子在规定的“选秀日”那天，由户部统一送往皇宫，经皇帝和皇后亲自挑选，挑选合格的女子，便成了大清国皇宫里的“秀女”了。

“秀女”的前途一般有两种情况，一是被皇帝看中，封为妃嫔之类，或是由皇帝指婚给亲王、大臣之类。对“秀女”而言，这是最美好的前途。只是能踏上这种前途的“秀女”，可谓是凤毛麟角。绝大多数“秀女”的前途则是，被宫廷里的内务府分配到各个宫里做宫女。而做了宫女后的“秀女”，不仅毫无什么“前途”可言，而且极有可能老死宫中。所以，每到选秀之年，大凡有权有势的人家，总要想方设法地使自己家的女儿在“初选”或“复选”中落选，故而，真正被皇帝、皇后选中入宫的“秀女”，大多是贫苦人家女子。当然也有例外。如果皇帝知晓了谁家有出众的女子而点名要她入宫，那么，不管那是一个多么显赫的人家，似乎也就无计可施了。

鳌拜打发走了户部尚书玛尔塞之后，又对巴比仑道：“你去把兰格格叫来，就说我有要事与她商量。”

兰格格一走进那间客厅，竟然看到了鳌拜的一张笑容满面的脸。在兰格格的印象中，鳌拜好像从来都没有这样对她笑过。以至于，她看到了鳌拜的那张笑脸，不仅怀疑是在梦中，而且觉得一点也不真实：“父亲，你找我究竟有什么事?”

“好女儿，为父即使没事，找你随便聊聊都不可以吗?”

“父亲，如果没有别的事情，我就告辞了……”

兰格格说着话，身子就已经站了起来。鳌拜忙道：“好女儿不用着急。为父不是已经说过了嘛，有一件事情要与你商谈……”

兰格格没言语。等着看鳌拜的葫芦里究竟卖的是什么药。只听鳌拜言道：“好女儿，你现在一点点地长大了，已经长成一个大姑娘了，为父就不能不为你的未来和前途着想……”

鳌拜顿了一下，然后道：“我的意思是，你已经是一个大姑娘了，该考虑出嫁的事了……”

“不!”兰格格本能地大叫了一声，“我不出嫁，我也不想出嫁!”

鳌拜和言悦色地道：“好女儿，别忙着把话说死。只要我把那个人的名字说出来，你肯定会同意嫁给他。”

兰格格心中不禁一“格登”：莫非，父亲已经知道了我与巴比仑的事情?不然的话，他的言语为何会如此肯定?这么想着，她便迟迟疑疑地问道：“父亲，你说的那人……是谁?”

鳌拜语出惊人：“好女儿，我要你嫁给当今皇上!”

兰格格无论如何也没有想到鳌拜的口中会说出“当今皇上”几个字，所以就只能坐在椅子上发呆、发愣。

兰格格还没有从极度的惊诧中回过神来，鳌拜又不慌不忙地言道：“下个月中皇宫就要开始选秀，我先把你送到宫中做秀女，然后呢，我就叫当今皇上册立你为皇后。只要你同意入宫做秀女，那你就是大清王朝的皇后了！好女儿，这等求之不得的大喜事，你还会不答应吗？”

兰格格的回答令鳌拜吃惊：“不！我不要当皇后！我不去做秀女！”

“什么？你……刚才说什么？”

“我不去做秀女！我也不想当什么皇后！”

“啪！”一记响亮的耳光，抽在她的左脸颊上：“你敢再说一遍？”

别人不敢，但兰格格敢：“我就是不去做秀女！”

“啪！”又一记清脆的耳光，抽在她的右脸颊上：“你敢不同意！”

“我不同意！我就是不同意去做秀女！”

“他妈的！”鳌拜终于露出了凶恶本质，轮起左右手，照着她的脸颊就是一阵猛抽，一边抽一边大叫道，“说，你说，你到底是同意还是不同意？你要是再不同意，我就一直把你抽死为止……”

鳌拜说得到也就真的做得到。他的手劲儿又特别大。一阵猛抽过后，不仅兰格格的唇角四处溢血、两颊红肿多高，而且，她的身体也站立不住，一个踉跄，“咕咚”一声摔倒在地。但是，她摔倒在地之后，依然挣扎着言道：“你就是马上打死我，我……也决不去做秀女……”

“好，你既然想死，那我就成全你！”说着，鳌拜的右脚就抬了起来。若是鳌拜的这一脚踩下去的话，纵然有十个兰格格，也会一起命赴黄泉。

不过，鳌拜最终还是硬生生地将右脚收了回来。她死了，就不能去做秀女，也就不能成为小康熙的皇后，而他便也就成不了当朝的国丈。所以，归根结蒂一句话，兰格格还不能死。

鳌拜冲着屋外大叫道：“来人啊！”

一个中年仆人战战兢兢地跑进来问道：“老爷有什么吩咐？”

“我女儿不听话，我教训了她一顿，没成想，下手略略重了些，她就变成这副模样了。你现在去叫两个医生来。告诉他们，如果不能尽快地治好我女儿的伤病，我就拧下他们的脑袋！”

唉，鳌拜走出客厅之后，不觉叹了口气。不管怎么说，先把她的伤病治好再说。也许，她的伤病好了之后，会改变原来的想法。他鳌拜，怎么会有办不成的事情呢？

鳌拜远远看见有一个侍卫在这客厅的附近转悠。那是巴比仑。鳌拜记得，这个巴比仑好像是兰格格在鳌府中惟一谈得来、合得拢的人。于是，鳌拜就冲着巴比仑一招手道：“你，快过来！”

鳌拜十分平淡地对巴比仑道：“从现在起，你就不要当差了。你的任务，就是跟在兰格格的身边，保护她的生命安全。兰格格要是有个三长两短，你的小命就完蛋了！”

鳌拜说完就扬长而去。剩着巴比仑，好长时间都没有回过鳌拜的话中究竟是什么味儿，一直等跑进那小客厅，看到几乎是人事不知的兰格格时，他才真正明白过来鳌拜话中“生命安全”几个字的含义。

当然，如果鳌拜知道了兰格格与巴比仑之间的关系，也许他就不会指派巴比仑去“保护”她的什么“生命安全”了。然而，许多事情往往就是阴错阳差，正因为鳌拜让巴比仑形影不离地跟着兰格格，才使得鳌拜似乎是在无意之中找到了迫使兰格格就范的办法。确切说，是兰格格和巴比仑二人送给了鳌拜这么一个机会。

那是兰格格挨打后的第五个晚上，因为天暖，鳌拜一时睡不着，便在床上和阿美有心无心地玩耍着。玩耍了一会儿，鳌拜觉得没多少趣味，就又下了床，走出卧房，走进了黑沉沉的夜色中。鬼使神差的，也许是下意识的，他走到了兰格格的闺房边。闺房里好像还亮着一盏小油灯。鳌拜几乎想也没想，就破门而入。说“破门而入”，是因为闺房的门已经拴上，只是这房门太弱不禁风了，鳌拜大手稍稍一用力，房门就訇然洞开。鳌拜往闺房里这么一走、又这么一看，先是一愣，接着大怒，继而却“哈哈”大笑起来。

你道鳌拜为何会先愣、后怒、再“哈哈”大笑？鳌拜看到的情景是，巴比仑光着上身，正趴在全身赤裸的兰格格身上又是摸又是啃，状态极其动人。当然，鳌拜破门而入之后，那动人的情景便不复存在。兰格格本能地抓过被子遮住了身体，巴比仑则半蹲半跪在床上，神色惶恐不安。

鳌拜的第一个感觉是发愣。他似乎怎么也没有想到，自己的女儿会和巴比仑有着这么一手，而且还被自己亲眼看到了。

鳌拜的第二个感觉是发怒。那狗胆包天的巴比仑，竟敢和兰格格在床上行这等苟且之事。不管怎么说，兰格格也是他鳌拜的千金小姐，怎能容得巴比仑这样下贱的小人来玷污？更可恶的，当然还是那个兰格格，放着入宫为后这一条康庄大道不走，偏偏心甘情愿地与那个下贱的巴比仑在床上走起一条羊肠小道来。这令鳌拜如何不发怒？

但旋即，鳌拜又高兴得“哈哈”大笑起来。他之所以高兴，乃是因为他终于明白了这么一个道理，那就是，兰格格不愿意去做秀女、不愿意去做小康熙的皇后，是因为她的心中已经有了一个巴比仑。就像医生治病一样，找着了病因，便可以对症下药了。现在，鳌拜已经找到了兰格格的“病因”，他鳌拜还不好对症下药吗？他鳌拜能不由衷地“哈哈”大笑吗？

鳌拜这一笑，把巴比仑笑得毛骨悚然，半蹲半跪在床上，不知自己该怎么办。兰格格却并不觉得自己有多么可笑，因此，鳌拜那“哈哈”大笑声还没有落音，她就高声地言道：“父亲，你想干什么？”

鳌拜牛眼一瞪：“好女儿，你都与巴比仑在床上干这种事了，我还能干什么？”

兰格格依旧高声言道：“我想干什么，是我自己的事，你管不着！”

鳌拜回道：“好女儿，你说得对，你的事情我是管不着，我现在也不想管，但是，巴比仑的事情我却能管得着，而且我现在也想管！”

说话的当口，鳌拜就一个箭步窜到了巴比仑的近前，皮笑肉不笑地道："巴比仑，你的任务完成得不错啊！我叫你看着我的女儿，你竟然看到她的床上来了！我该怎么奖赏你啊？"

鳌拜一只手快如闪电，准确无误地卡住了巴比仑的脖子。

兰格格急了。鳌拜卡住巴比仑的脖子，简直比卡住她的脖子还要让她难受："父亲，你……快放了他！"

依鳌拜的功力，手指只要稍稍一用力，巴比仑的脖颈就要折断。鳌拜开心地笑道："好女儿，我在惩罚我这个忘恩负义的奴才，你心疼什么？"

鳌拜手臂一收，巴比仑就被乖乖地拖下了床。他就这么笑容满面地把巴比仑拖到了那圆圆的澡盆边，左手只在巴比仑的大腿上一抓，就把巴比仑整个的身子撂进了澡盆里，口里还阴阳怪气地言道："你这下贱的奴才，居然敢与我的女儿来这一手，我现在就让你尝尝鸳鸯浴的真正滋味！"

说着话，鳌拜就将巴比仑的头摁进了水中。好一会儿，他才把巴比仑的脑袋提溜出水面："巴比仑，这个鸳鸯浴的味道怎么样啊？"

巴比仑早就被鳌拜卡得脸红脖子硬，此时又被闷在水里好一会儿，脸色便一下子变得青紫，无神的双目几乎要突出眼眶。鳌拜手一松，巴比仑就瘫在了地上。

兰格格凄凉地叫喊道："父亲，求你了，你不要再折磨他了，他会死的……"

鳌拜的脸上不再有笑容："好女儿，放心吧，人贱命大，这个狗奴才是不会死的。更何况，有好女儿在一旁求情，我怎么会忍心让他一死了之呢？不过，死罪可以饶，活罪不能免。我现在要废了他的玩意儿，然后把他送到宫中做太监，这也算是我鳌拜对大清皇宫的一个不大不小的贡献！"

鳌拜蹲下身子去扒巴比仑的裤子。兰格格再也顾不了那么许多了，光着身子就跳下床来，跌跌撞撞地跑到鳌拜的近旁，"扑通"一声跪倒在地，双手抱住鳌拜的大腿，异常悲凉地言道："父亲，女儿求你了，求你饶过巴比仑一命……只要你放过巴比仑，你叫我干什么事情我都答应……"

"好女儿，这可是你自己说的啊，千万不要后悔！"

"只求你放过巴比仑，女儿为你做牛做马都行……"

"好女儿，为父哪能那么狠心让你做牛做马？那样做，为父岂不是太绝情了吗？只要你乖乖听话，我自然就会给巴比仑一条生路。"

"女儿……谢谢……父亲。"

他不觉瞟了她的双乳一眼："好女儿，你我父女之间，也就用不着这么客气了。你实话告诉我，你与巴比仑干这种事，有多长时间了？"

她呜咽着道："我和巴比仑……什么事情也没干……"

他有些将信将疑："什么事情也没干？你，你还是个女儿身？"

她没能说出话，只机械地点了点头。看到兰格格点头之后，鳌拜马上就直起了腰身："你听着，如果你不乖乖地到宫中去做秀女，我就一定废了巴比仑，送他去宫里做太监！不，我干脆会取了巴比仑的性命！你明白吗？"

接下来，他该去找太皇太后好好地"谈一谈了"。他以为，如果不出现太大的意外，他与太皇太后的谈话一定会很轻松、很顺利。

谈话是这样开始的。

"太皇太后，臣近日因为反复考虑一件头等大事而寝食难安……"

吉特氏略略有些惊讶。"是什么头等大事使得鳌大人如此劳神？"

鳌拜言道："臣近来总在想，当今圣上虽还年幼，可毕竟也已长大，按大清有关例律，当今圣上已到立后之时了……不知太皇太后意下如何？"

吉特氏不觉心中一动："原来鳌大人是为此事而寝食难安啊……鳌大人真不愧为大清国的第一忠臣啊！"

鳌拜谦逊地道："太皇太后谬奖了。皇上已到了立后的年龄，微臣敢不日夜为此操心？"

吉特氏点了点头："是呀，鳌大人所虑的确很有道理。皇上今年已届十四岁，应该考虑立后的问题了。鳌大人既提及此事，一定胸有成竹了？"

鳌拜清了清嗓子道："太皇太后，下月就要进行选秀，微臣的意思是，让皇上从中精选出一位为后，不知太皇太后以为如何？"

吉特氏心里道："鳌拜，你还真的与我不谋而合呢。"但她的口中却是这样言道："鳌大人既如此说，那这事儿就这么定了吧！"

鳌拜吁一口气道："臣这就去告诉那几位辅政大臣。"

吉特氏点点头。鳌拜便躬身退出了佛堂。鳌拜的目的已经达到，他的心中自然高兴。而吉特氏也早就想着要趁"选秀"之机给小康熙挑选一位皇后，所以她的心中也不可能不高兴。然而，鳌拜离开佛堂之后好一会儿，吉特氏的脸上却并未现出多少喜悦之色，甚至相反，她的脸上还渐渐地呈现出一种明显的忧虑来。这是为什么呢？

原来，吉特氏想到了这么一个问题。小康熙只要一结婚立后，就要实行"亲政"，而只要小康熙一"亲政"，那几位辅政大臣便就完成了自己的历史使命。对此，鳌拜不可能不知道。依鳌拜的为人，是根本不可能主动交权的，既然如此，那他主动提出要给小康熙选后就必有阴谋或企图。然而，吉特氏思来索去，终也没有想出个究竟和头绪。

因为，吉特氏对鳌拜的那个女儿兰格格并不熟悉。她只熟悉另外一个小姑娘，好像今年也是十六岁，与兰格格同龄。那个小姑娘叫赫舍里氏，是小康熙御前侍卫索额图的侄女，也就是当朝辅政大臣索尼的孙女儿。

实际上，早在鳌拜赶到慈宁宫"劝"博尔济吉特氏为小康熙选后之前，博尔济吉特氏就与小康熙二人悄悄地定下了皇后的人选。如果鳌拜上午赶到慈宁宫的话，他就会发现，那个小康熙，也在慈宁宫内的佛堂里。

是博尔济吉特氏派人将小康熙从乾清宫召到慈宁宫的。她召见小康熙的目的，当然就是商谈关于选后的事情。自小康熙年满十四岁之后，她与他的这种商谈也不知进行了多少次了。商谈的结果是：无论如何也要趁今年选秀之机为小康熙“挑”一个皇后。而遗留下来的一个重要问题是：究竟该“挑”什么人为皇后。

小康熙本来想的是，不管挑什么人为后，只要他结了婚，他就可以名正言顺地亲政，而只要他一亲政，便可以痛痛快快地清除鳌拜一伙的势力了，就像他的父皇顺治帝一样，亲政后就迅速地铲除了多尔衮势力。小康熙还想到，清除了鳌拜一伙势力之后，自己就要全身心地去治理看起来歌舞升平实际上危机重重的大清江山。

但博尔济吉特氏却比小康熙考虑得深远。她想到，尽管小康熙结婚，甚至“亲政”都不是太困难的事情，可“亲政”之后，如果鳌拜依然把持朝政不放手，小康熙又能把鳌拜如何？故而，博尔济吉特氏便对皇后的人选异常地慎重。她不仅要趁选秀之机为小康熙挑一个贤淑的皇后，她还要趁挑选皇后之机为小康熙增强对抗鳌拜的实力。

小康熙领着赵盛、阿露赶到慈宁宫并走进佛堂时，博尔济吉特氏对小康熙说的第一句话便是：“孩子，我已经为你选好了皇后……”

小康熙急忙问道：“皇祖母快说，是谁？”

吉特氏言道：“索尼的孙女儿赫舍里氏，她不仅容貌出众，行为、举止和禀性，也是百里挑一……这样的女子做你的皇后再合适不过了……”

“皇祖母，无论你挑谁家的女子做孩儿的皇后，孩儿都没有意见，可是，你却偏偏挑中了索尼的孙女儿……孩儿实在是有些想不通……”

吉特氏知道他的心事，便故意言道：“赫舍里氏是索额图的侄女，索额图又是你最亲近的人之一，让赫舍里氏做你的皇后，岂不很适宜？”

“可是，皇祖母，赫舍里氏不仅仅是索额图的侄女儿，她还是那个索尼的孙女儿……索尼年迈软弱，从不敢与鳌拜对抗，对任何大事都没有自己的主见……孩儿若娶这样一个人的孙女儿为后，岂不是太过窝囊？”

吉特氏缓缓地摇了摇头：“孩子，你父皇钦定索尼做你的辅政大臣，不是没有理由的……表面上看起来，索尼确是一个软弱无能、毫无主见之人，而实际上，他却城府颇深、工于心计。他之所以不与鳌拜争锋，甚至还奉承鳌拜，并不是他胆小不敢，而是他自知不能。在鳌拜气焰最为嚣张的时候，明目张胆地对抗，那结果只能是一败涂地，甚至身家性命不保。故而，他借口年迈体弱，敛其锋芒，明哲保身……这正是他高明的地方……”

“皇祖母，”小康熙轻轻地道，“索尼也许真的是一个工于心计之人，可是，他既然已经明哲保身，他对我们也就不会有太大的作用……”

吉特氏回道：“孩子，你又说错了。索尼虽然是明哲保身，但他锋芒仍在、雄心仍在，他是不会甘心让鳌拜永远都这么骑在他的头上，只是一时不能敌，他暂且忍耐罢了……”

小康熙心中一动："皇祖母，你是说，索尼也和我们一样在忍？也像我们一样在等待时机？"

吉特氏微微地点了点头："是的。他是在等待。而他日渐老迈，这种等待不会是无限期的。他不会在把鳌拜掀下马之前就去死……他不会甘心如此的。他一定会有所行动。他现在最需要的，是找到一个得力的帮手……"

小康熙紧接着道："如果我们与他携手，他就会起来反抗鳌拜？"

"应该是这样。"吉特氏言道，"索额图现在是你的亲信，如果你再娶赫舍里氏为后，那他的利益就与我们的利益紧紧地捆绑在了一起。我们的利益受到了鳌拜的威胁，也就等于是他索尼的利益受到了威胁。他的利益不能保全，他还会对鳌拜无动于衷吗？"

小康熙道："孩儿明白。孩儿已经长大。孩儿知道自己该怎么做。"

小康熙真的长大了吗？是的。从慈宁宫回到乾清宫之后，小康熙立即召来索额图说："朕告诉你一件事，朕要娶你的侄女儿赫舍里氏为皇后。"

小康熙说的似乎很平淡，但索额图听了，却不禁大喜过望。当今皇上若娶了赫舍里氏为后，那他索额图与皇上就成了什么关系？有了这种皇亲国戚的关系，他索额图的未来和前程还可以限量吗？

小康熙接着对索额图言道："你今日回家一趟，将朕的这个意思告诉你父亲。明白了吗？"

"明白、明白！"索额图不住地点着头，"皇上还有什么吩咐？"

小康熙摇了摇头："索额图，你的父亲是一个大智若愚的人，你只要把朕的意思传到，你的父亲就会明白一切！"

第十章
老索尼巧定抽薪计 蠢鳌拜痛失大好局

赵盛脸上的表情既神秘兮兮又惶恐不安："鳌大人，宫内出了一件大事情……"鳌拜双眉一蹙："出了什么大事？"赵盛装模作样地四处瞅了瞅，然后凑到鳌拜的耳边道："鳌大人，你的千金突然失踪了……"

索额图把康熙旨意转告给索尼的次日清晨，鳌拜到乾清宫请求见驾。

鳌拜刚一跨进大厅，就双膝跪地言道："臣鳌拜叩见皇上。祝吾皇万岁、万岁、万万岁！"

小康熙连忙起身，走到鳌拜身边，伸双手将鳌拜扶住："鳌大人快快请起。这里就你我君臣二人，鳌大人实不必行此大礼……"

鳌拜一边起身一边郑重其事地言道："臣以为，皇上适才所言有些欠妥。君君臣臣之礼，是祖宗定下的规矩，臣等岂能擅自更改？"

小康熙喟叹道："鳌大人，你果真是大清国的第一忠臣啊！但不知鳌大人此番前来，有何贵干啊？"

"皇上，臣昨日下午去慈宁宫拜见太皇太后，臣为一件事情已与太皇太后达成了共识，所以臣就特地赶来，报以皇上知道。"

小康熙点了点头："朕的皇祖母已经对朕说了，说鳌大人想趁今年选秀之机，为朕挑选一位皇后……朕正想为此事向鳌大人表示谢意呢！"

鳌拜谦逊地一摆手："臣只是做了分内之事，皇上又何必如此夸赞。不过，臣此番前来，还有一事需同皇上面谈。"

小康熙心中一怔，略一思忖，便做出一副很感兴趣的样子道："鳌大人还有什么事，快说出来与朕听听！"

鳌拜轻轻地咳嗽了一声："皇上，微臣有一小女，人唤兰格格，今年恰是二八芳龄，虽不敢说有倾国倾城之貌，但依微臣看来，用沉鱼落雁、闭月羞花来形容微臣的小女，也实不为过……"

小康熙"哦"了一声道："朕万万没有想到，鳌大人膝下，竟然有一位如此美貌的女儿……朕也实在太过孤陋寡闻了！鳌大人，朕希望你找个合适的机会，把令千金带进宫来，让朕好好地见识一下！"

鳌拜即刻问道："皇上此话当真？"

小康熙信誓旦旦地道："自古天子无戏言，朕岂能诓骗鳌大人？"

鳌拜哈哈大笑道："皇上不必费那么许多心事了，臣此番前来，就是想与皇上商谈，让臣的那个小女，日日夜夜地厮守、相伴皇上……"

小康熙佯装不解道："鳌大人此话何意？"

鳌拜从椅子上站了起来，一步步地踱到了小康熙的身边，状态极其地亲密："皇上，臣早就安排好了一切。待下月选秀之日，臣把小女送往宫中，皇上先挑她为秀女，然后再钦定她为皇后，这样，既了却了皇上的一大心愿，同时也使微臣与皇上的关系更加亲近，岂不是两全其美的大好事？"

小康熙一拍脑门："朕总算是明白了……鳌大人的意思，是让朕娶你的千金为皇后……"

鳌拜重重地点了一下头："臣正是此意，但不知皇上意下如何啊？"

鳌拜说完，定定地看着小康熙，那两道鹰隼一般的目光，仿佛要看到小康熙的心里去。当然，他不可能看到小康熙的内心，他只能看到小康熙的脸部，而小康熙的脸部却充满了一种十分灿烂的笑容。小康熙就这么笑着对鳌拜道："这是打着灯笼也难找的大喜事，朕焉能说出一个不字？不过，朕现在却多少有些担心……"

鳌拜一愣："不知皇上担心何事？"

小康熙故意皱着眉头道："朕担心的是，朕与贵千金素昧平生，如果朕与贵千金相处得不那么融洽，这岂不是有损于鳌大人的威望和名声？"

看起来，小康熙不仅已经把娶鳌拜之女兰格格当成了既成事实，而且还把这个问题考虑得相当深远。鳌拜"哈哈"一笑道："皇上处处替微臣着想，微臣真是感激不尽，但皇上适才所言，未免有些多虑……"

小康熙双眉一挑："请鳌大人明说。"

鳌拜振振有辞地言道："臣以为，普天下的女子，没有一个不盼望着能够在皇上的身边悉心地伺候，更何况，臣早已将心中的想法告诉了小女，臣还依稀记得，当臣把此事告知小女的时候，小女实在难以遏制心中的激动与兴奋，只能喜极而泣……"

鳌拜说的显然是假话。小康熙倒很是高兴地道："鳌大人既如此说，那这事就这么定了！"

"臣多谢皇上成全！"鳌拜的心里当然十分地舒坦，"不过，臣以为，此事目前还是不宜过分声张，不然，朝中定会有人对此事说三道四……"

小康熙深深地点了点头："鳌大人说得有理。事尚未成，不宜张扬……一切就拜托鳌大人多多地费心，朕在此静候佳音。"

鳌拜刚一离开，小康熙就急急把索额图召来，开门见山地问道："你可知鳌拜要把他的女儿嫁与朕做皇后？"

索额图大吃一惊："这……怎么可以？皇上，你不是已经答应让奴才的侄女做皇后了吗？"

小康熙言道："是的，朕是这么答应过你的。但鳌拜半路上来了这么一手，朕也没有办法呀！"

索额图不能不着急。谁做皇后，将直接影响他未来的前程："皇上，就一点办法也没有了吗？"

小康熙道："办法自然有。天无绝人之路嘛！朕的办法就是，你速回家中，将此事告知你父亲，让你父亲想出一个好办法来。明白了吗？"

索额图不太明白，但又无奈，只得遵旨行事。好在索额图内心虽然着急万分，但表面上看起来却十分地从容，他离开皇宫的时候，步履也还算得上是不慌不忙的。

小康熙当然比索额图更为焦急。他真想同索尼当面深谈一次，但为了不引起鳌拜可能有的猜忌和怀疑，他只能通过索额图与索尼取得联系。

索额图是当天中午回宫的。小康熙迫不及待地问他道："你父亲可有什么话带给朕？"

索额图有点沮丧地摇摇头："奴才的父亲……只叫奴才三天后再回家中听消息。"

小康熙也不免有些灰心丧气，但他却强打起精神来安慰索额图道："别着急，你父亲一定会想出一个好办法的。"

三天之后，索额图急急地回了一趟家，可带回来的消息却依然让小康熙失望。索尼还是没能想出什么好办法来，只叫索额图三天后再回家一次。

小康熙暗自思忖道：看来，索尼也是一筹莫展啊！三天、三天，再过几个三天，就要选秀了，到那时，即使索尼想出了一个什么好计策，恐怕也毫无用处了。

然而，又过了三天之后，索尼却让索额图带给了小康熙一张小纸条。那小纸条上有几行蝇头小楷，大致内容如下：兰格格因与鳌府侍卫巴比仑倾心相爱，不愿入宫为后，鳌拜便囚禁巴比仑以相要挟，兰格格只得同意……皇上定有好生之德，定有普渡众生之意。

小康熙将索尼的那张纸条看了好几遍，却一时无法理解其义："索额图，你父亲除了写这张纸条之外，可还说了些什么？"

索额图回道："奴才的父亲只是说，皇上看了这纸条后，一定会明白该怎么做的。"

小康熙不禁倒吸了一口凉气，又将那张纸条仔细地看了两遍，口中不住地念叨道："……朕有好生之德，朕有普渡众生之意……"

突然，小康熙一把抓住索额图的手道："朕终于明白了！你父亲果然是一个工于心计之人。他是用这张纸条来考朕呢！"

索额图却是一副莫名其妙的样子。

小康熙眉飞色舞地道："你马上就会明白的。你现在就回去告诉你父亲，说朕同意他的意见，并叫他拟定一个具体的方案，好两边同时行动。"

“选秀”的前一天下午，索尼乘着一顶八抬大轿走进了铁狮子胡同。索尼来鳌府前已经知道了这么两件事，第一，鳌拜此时不在家，兰格格等待选的“秀女”都集中在了户部；第二，鳌拜正在户部对户部尚书玛尔塞等人面授机宜；第三，索尼已经探得了鳌拜拘囚巴比仑的位置所在。这样，索尼要见巴比仑，也就不必在鳌府内四处找寻了，而四处找寻是最容易引起别人怀疑的举动。

索尼下了轿，走进了鳌府。守门的侍卫告诉他，鳌大人不在家。索尼道：“我在花园里转转，等鳌大人回来。”

索尼是当朝的第一辅政大臣，守门的侍卫当然不便阻拦。索尼也果真没去什么地方，只在前花园里慢慢地转悠。看索尼悠然自得的神情，似乎他已被满园的奇花异草深深地陶醉了。而实际上，他此刻的内心却十分地紧张。他来鳌府只有一个目的，那就是去通知巴比仑一个具体的时间。他不放心把这件重要的事情交与别人办，所以就亲自来到了鳌府。

他在前花园里转悠也是有目的的。他知道巴比仑就关在前花园边上的一间小屋里，而且平日无人看守。所以，索尼转来转去的，就走到了关押巴比仑的那间小屋的附近。

巴比仑正趴在小屋的窗前向外张望，猛听得耳边传来一个低低的声音道：“巴比仑，如果你能听到我说话，就点点头。”

巴比仑一惊，眨巴眨巴眼睛，终于看到了索尼。索尼正用眼的余光在乜着他。他认识索尼，虽然不知索尼的来意，但还是点下了头。

索尼的目光投向了别处，但口里却很清晰地言道：“巴比仑，兰格格让我带信给你，三天后的晚上，记住，明天，后天，是大后天的晚上，子夜时分，兰格格在东华门外等你。如果你全部听清楚了，就再点一下头。”

索尼眼睛的余光又瞟向巴比仑。他看见，巴比仑很是明确地点下了头。虽然，索尼不敢绝对保证巴比仑会百分之百地相信他刚才所说的话，但索尼以为，巴比仑除了冒险一试之外，也实在是别无选择。

索尼直了直腰身，最后叮嘱了一句道：“这几天里，你千万不要露出任何破绽，否则，不仅你有性命之忧，就是兰格格，也会有生命危险。”

索尼相信，提到“兰格格”三个字，就足以使巴比仑在这几天里保持相应的冷静。一切办妥之后，索尼就像什么事也没发生过似的，悠悠搭搭地返回到鳌府的大门边。

事有凑巧，索尼刚到鳌府门边，就看见鳌拜一个人背着双手不紧不慢地打外面走来。鳌拜出门，常常是一个人徒步而行。索尼忙着迎上去，双手一拱，笑嘻嘻地言道：“鳌大人，你可叫老夫一阵好等啊！”

鳌拜刚进铁狮子胡同，就看见了索尼所乘的那顶八抬大轿，故而此刻见了索尼，也就并不觉得有什么意外。他也朝着索尼拱了拱手，满面笑容地言道：“若知索大人光临敝府，鳌某也就早些回来了。”

鳌拜心里高兴。兰格格已在户部，明日便要入宫候选，用不了几日，她就是大清国的皇后了。事情进展得如此顺利，他鳌拜能不高兴？

鳌拜言道："索大人，鳌某适才在户部，看到待选秀女的名单当中，有索大人的孙女儿赫舍里氏，索大人是不是有什么大的图谋啊？"

索尼"哈哈"一笑道："鳌大人，老夫直到今日中午才知鳌大人的千金也在待选，老夫怕鳌大人会产生什么误会，所以特来告知鳌大人……"

鳌拜咧了咧大嘴道："索大人如此在意鳌某，鳌某十分感谢。不过，水往低处流，人往高处走，如果索大人的孙女儿被皇上看中而成了大清国的皇后，岂不是一件光宗耀祖的喜事？"

鳌拜显然是在调侃索尼。索尼却装着一无所知的样子摆了摆手道："老夫哪会有如此的福气？凭她那么一副长相和德性，如果能被皇上选中为妃，老夫也就十分地满足了。"

"索大人岂能如此悲观？"鳌拜似乎是在安慰索尼，"据鳌某所知，索大人的那个孙女儿不仅容貌出众，且德行也是有口皆碑的。索大人放心，待明日选秀结束之后，鳌某去跟太皇太后商量商量，让当今皇上立索大人的孙女儿为皇贵妃，你看如何啊？"

索尼赶紧道："有鳌大人这句话，老夫幸莫大焉！"

清朝制度规定，大清国的后、妃、嫔等共分八级，名额也有限制，即皇后一名，皇贵妃一名，贵妃二名，妃四名，嫔六名，贵人、常在、答应等没有定额。而实际上，许多皇帝往往不按照这个规定办理。就以康熙皇帝为例，他的一生中，有名号的后、妃、嫔共有三十一个，另有贵人八名，常在、答应等就更难以统计。而康熙还算不上什么好色的皇帝，若碰上好色的皇帝，那妃、嫔的数额就一点限制也没有了。当然，这是别话。

但不管怎么说吧，鳌拜能慷慨地将皇贵妃这么一个仅次于皇后的重要位置"送与"索尼，也算够给面子了。不过，索尼却这样想道："鳌拜，你先别高兴得太早，皇后之位究竟花落谁家，并不是由你鳌拜说了算！"

两人又东拉西扯了一会儿，索尼便拱手告辞。鳌拜也没挽留，只殷勤地将索尼送到门外，就大步返身回府。显然，两人尽管都各怀鬼胎，但有一点却是相同的：等待或盼望明天的到来。

鳌拜和索尼"等待或盼望"的"明天"终于到来了。这一天，紫禁城北门神武门周围，一下子变得异常热闹，大清国三年一度的"选秀"活动，就要在此开始了。

紫禁城共有四道门，向南的叫午门，也是紫禁城的正门，向东的名东华门，向西的名西华门，向北的门本来叫玄武门，康熙登基后，因避康熙名字玄烨之讳，就改称神武门。大清国的"选秀"活动，便在神武门内进行。

这一年的"选秀"与过去相比，大有不同。这是小康熙登基后的第一次

"选秀"。太皇太后及四位辅政大臣早就公告天下：当今皇上要在此次选中的"秀女"中，钦封皇后、皇贵妃、贵妃及妃、嫔若干人。也就是说，与过去"选秀"相比，此次被选中的"秀女"，其前途可以说是一片光明，其出人头地的机会和可能大大增加。故而，往届"选秀"时，许许多多有权有势的人，总想方设法地将自家的女儿隐瞒不上报户部，而此次却正好相反，许许多多有权有势的人，都千方百计地把自家的适龄女子，亲自送往户部。这也难怪，有谁不想成为大清国的皇亲国戚呢？所以，一时间，户部里人满为患。从全国各地送往户部的少女，林林总总地至少有数千人。这样一来，以户部尚书玛尔塞为首的一批官吏可就发了大财，谁要是不给他送礼，谁家的女子就很有可能通不过户部的"复选"。纵是如此，待户部"复选"结束，也还足足剩下有千余名少女。这千余名少女在选秀日的一大清早，便由户部官员领着，集合在紫禁城的神武门内外，等候着当今皇上的亲自挑选。

聚集在神武门内外的那千余名少女，容貌、身段不尽相同，脸上的表情也大不一样。有的胆子很小，所以就显得紧张，有的见多识广，看起来就比较平静；有的很想成为皇上的妃嫔，脸上自然就流露出一种期待和憧憬，有的根本就不想入宫，脸上显然就挂着一层忧虑和不安。比如兰格格和赫舍里氏吧，一个只满心牵挂着被囚禁了的巴比仑，一个却在想像着自己做了皇后时的情景，两人脸上的表情当然就迥乎不同了。

"选秀"的程序大致是这样的：户部先把待选的少女集中在神武门内外，到了正式"选秀"的时候，再把少女们按照一定的顺序编成五人一组，然后由当值太监以"组"为单位依次将少女们引进皇宫内的一座宫殿里，殿内设有一张几案，几案上放有五块绿色的木牌，几案旁站有一位执事太监，几案后悬挂着一张珠帘，珠帘后便端坐着皇上和皇后。待选的少女五人一排地站在那张几案之前。如果皇上和皇后认为哪个少女可以入选，执事太监便将几案上相应的绿木牌翻过来，反之，则几案上相应的绿木牌就不动。被选中的少女很快就由一名当值太监领入宫中一处指定地点休息，未被选中的少女也马上由当值太监送出皇宫。

因为小康熙尚未结婚，大清国还没有皇后，所以这次选秀就由小康熙和大清国的太皇太后博尔济吉特氏二人共同来主持。那张几案旁站立的执事太监是赵盛。阿露及一干宫女侍立在小康熙和博尔济吉特氏的身后。

坐定之后，小康熙对博尔济吉特氏言道："皇祖母，这次选秀，一切就由您老人家做主吧！"

吉特氏虽然知道小康熙是满腹的心事，但还是言道："孩子，这一次不是普通的选秀，你的皇后、皇贵妃都要从这些秀女中产生，你还是定下心来好好地看一看吧。"

小康熙笑了笑道："皇祖母，即使孩儿定下心来，也难以看出个子丑寅卯来呀！"

吉特氏想了想，觉得小康熙说的也有道理，于是就点头道："既如此，那就由我自作主张吧！"

吉特氏向站立在几案旁的赵盛作了一个手势，赵盛便扯起尖细的嗓门儿喊道："选秀大吉……"

很快，一个当值太监就领了五个少女并排地站在了几案前。遮住小康熙和博尔济吉特氏的那层珠帘很奇特，坐在珠帘后面，能清楚地看见外面，而站在外面，却难以看清珠帘后面。故而，小康熙和博尔济吉特氏二人能将几案前的少女们的身段、容貌看得逼真无遗，而那些少女们却很难窥到小康熙和博尔济吉特氏的真面目。这也算是皇家的一种尊严和神秘吧。

小康熙的眼睛虽然也在朝着珠帘外面看，但他的大脑却在急速旋转，思考着其他问题。吉特氏问他道："皇上，你看这一组当中有谁可以入选？"

小康熙"啊"了一声："皇祖母，你看谁合适就谁合适。孩儿全凭皇祖母做主。"

吉特氏多少有些无奈地摇了一下头，略略停顿了一下，然后朝着赵盛伸出二个手指头。赵盛会意，轻轻地将几案上的第二块绿木牌翻了过来，意思是，第二个少女被选中入宫，其他四位少女落选，各自回家。

一组又一组少女井然有序地走到几案前站下，又很快地离去。因为看的多了，又没把心思放在这上面，所以在小康熙的眼里，那些少女几乎都是一个模样，根本就没有什么特点可言。不过，有一次，也仅有这么一次，当一组少女在几案前站定了之后，小康熙的眼睛不由得就瞪得溜圆。

那大概是第九十九组，五个少女并肩往几案前一站，当值太监便高声叫道："第一位，辅政大臣索尼的孙女儿赫舍里氏，年方十六……第五位，辅政大臣鳌拜的女儿兰格格，芳龄十六。"

也真是凑巧，赫舍里氏和兰格格分在了一组。有这么两个少女站在前面，小康熙的眼睛能不睁得大大的吗？

小康熙首先看的是赫舍里氏。如果计划顺利，她不久便将成为他的皇后。他以为，她长得很美。她这种美，就像是清晨带露的鲜花，美得清纯，美得水灵，而清纯和水灵中又不乏艳丽，加上她此时的脸上正洋溢着一种微微的、甜蜜的笑容，小康熙看了，不禁怦然心跳。

小康熙的目光又迅速地移向那个兰格格。如果他的计划失败，那么这个兰格格就极有可能成为他未来的皇后。他发现，这个兰格格长得也非常美，但美得不像是带露的鲜花，而像是笼罩着一层寒霜的鲜花，美得倔强，美得冷艳，而倔强和冷艳中又透着一种淡淡的忧伤，加上她此时的脸上几乎毫无表情，所以小康熙看了她之后也不禁怦然心跳。只是这种心跳与先前的心跳大不相同。他为赫舍里氏心跳是感到了一种温馨，而为兰格格心跳则是觉着了一种酸涩。

吉特氏知道小康熙的心境，所以停顿了好一会儿才向赵盛伸出了一根手指，紧接着又伸出了五根手指。

第一块绿木牌翻过来了。小康熙看见，赫舍里氏的脸上迅速地浮起两抹红晕。他知道，她此时的心里一定有一种幸福的感觉。第五块绿木牌也翻过来了。小康熙看见，那兰格格原先几乎毫无表情的脸上霎时变成一片惨白。小康熙明白，对兰格格而言，她是多么希望那块木牌子不要翻身啊！

"选秀"结束后的第二天下午，在慈宁宫的一间客厅内，大清国的四位辅政大臣聚在一起，正与太皇太后博尔济吉特氏商量着小康熙选后及婚期有关事宜。

博尔济吉特氏的意见是，三天之后，待那些被选中的秀女们对宫中的情况和礼节比较熟悉了，由小康熙亲自从那些秀女们中间挑选出大清国的皇后、皇贵妃、贵妃及妃、嫔等。鳌拜说太皇太后的意思就是他鳌拜的意思。遏必隆当然支持。索尼说没有意见。苏克萨哈表示同意。

博尔济吉特氏的另一个意见是，小康熙的婚期最好就定在今年的秋天。鳌拜表示绝对赞同。遏必隆补充说皇上的婚期越早越好。索尼和苏克萨哈同样没有任何异议，只是说皇上的婚期不能太早，因为要留有充裕的时间好好地筹备。最后大家一致同意吉特氏的意见：小皇上的婚期定在今年秋天。

见四位辅政大臣意见相当一致，博尔济吉特氏十分高兴。她含笑言道："各位对当今皇上如此爱护，哀家多谢了！"

鳌拜马上便躬身言道："太皇太后言重了！为大清国、为当今皇上效力效忠，是我等辅政大臣义不容辞的责任，又何谢之有？"

遏必隆和苏克萨哈也都说了一番"谦逊"之言。索尼却不紧不慢地言道："太皇太后，老臣以为，当今皇上选后及完婚，非比寻常，应记录下来，载于大清史册，并应速速告知朝中上下文武百官知晓……"

吉特氏知道索尼与小康熙的某种"联系"。她明白索尼说这番话的用意，是怕日后"口说无凭"。只要小康熙选后及完婚之事"载于大清史册"，只要朝中上下文武百官都"知晓"了此事，即使鳌拜日后想要反悔，恐怕也实难开口。

想到此，吉特氏就笑问鳌拜等人道："各位大人意下如何啊？"

鳌拜当即言道："臣绝对赞同。皇上选后及完婚，不仅要载入史册，更应该诏示天下，让整个大清国家喻户晓！"

遏必隆和苏克萨哈当然不会有什么意见。吉特氏言道："既然各位大人都赞成，那就按索大人说的办理吧！"

于是，吉特氏召来几位史官，将今日四位辅政大臣的商谈内容记录在案，并以太皇太后和四位辅政大臣的名义通告朝中上下：皇上决定三日后亲自挑选后、妃，并定于今年秋天完婚，具体婚期确定之后再行诏告天下。

此次会议结束之际，几乎每个参加会议的人心里都非常高兴和满意。尤其是鳌拜，似乎已经以"国丈"的身份自居了。刚出慈宁宫，他就踌躇满志地对索尼道："索大人，鳌某今日上午已和皇上谈妥，他决定挑选你的孙女儿做大清国的皇贵妃。索大人，你听到这个消息，心中有何感想啊？"

尽管鳌拜没有明说，但苏克萨哈早就听出，鳌拜已将大清国的皇后之位视为自己的囊中之物了，因此苏克萨哈就很是厌恶、不满和愤怒地瞟了鳌拜一眼。但因为早已是今非昔比，故而苏克萨哈瞟鳌拜的那一眼，就多少有些偷偷摸摸的味道。

索尼笑容满面拱手道："鳌大人如此关爱，老朽真是无言以谢啊！"

鳌拜"哈哈"一笑道："索大人，你我都同为当今皇上效力，彼此间也就用不着这么客气了！不像有的人，口是心非又自不量力，可结果呢？还不是一无所有？"

显然，鳌拜那"有的人"，指的就是苏克萨哈。若是过去，苏克萨哈恐怕早就要对鳌拜反唇相讥了，可现如今，听了鳌拜的话后，苏克萨哈却只能一言不发，至多，他会在心里悲伤地感叹道：真是凤凰落毛不如鸡、虎落平阳被犬欺啊！

当然，如果鳌拜得知了当天晚上在皇宫里发生的一件事情，他也许就不会在索尼和苏克萨哈的面前那么自鸣得意了。

当天晚上，夜很深的时候，有两个少女，几乎是肩并肩地走进了乾清宫。一个是阿露，另一个则是鳌拜的女儿兰格格。

兰格格跨进寝殿的时候，心中确实害怕了。因为小康熙坐在床上，正笑眯眯地望着自己。她心中一凉：皇上在夜深之际、在寝殿之内召见自己，莫非是要自己侍寝？果真如此的话，自己该怎么办呢？

尽管心中有些害怕，尽管心中忐忑不安，但兰格格还是不由自主地跪了下去："奴婢叩见皇上……"

小康熙"噌"地就从床上跳了下来："兰格格快平身，这里没有别人，你用不着紧张，朕今夜召你，没有什么大事，只是想和你谈一谈关于那个巴比仑的事情……"

兰格格一愣："皇上也知道……巴比仑？"

小康熙点点头："昨天上午，你父亲解除了对巴比仑的囚禁。巴比仑在鳌府内可以行动自由了！"

"真的？"兰格格的脸上，情不自禁地现出了喜悦之色，但旋即，那种喜悦之色便消失殆尽。显然，她想到了自己。巴比仑看来是自由了，可她却又被父亲"囚禁"在了宫中，她与巴比仑依然不能相见。

小康熙看出了兰格格对巴比仑的一往情深，于是就单刀直入地问："兰格格，朕如果放你出宫，你可愿意？"

兰格格几乎不敢相信自己的耳朵："皇上……肯放奴婢出宫？"

这一回，兰格格清清楚楚地看见了小康熙在点头。她不禁"扑通"一声跪倒在地：“皇上大恩大德，奴婢永远难忘……”

小康熙双手扶起她：“兰格格，如果朕帮你和巴比仑见面，然后再帮你和巴比仑二人离开京城，你可愿意？”

兰格格如何会不愿意？“扑通”一声，她又跪在了地上：“奴婢但凭皇上做主……”

小康熙道：“朕可以帮你，但你要答应朕两件事情。第一件事，朕今日帮你的事，你与巴比仑什么时候都不能说。第二件事，你与巴比仑几年之内先不要回京城。你能做到吗？”

“能！”她差点要大叫起来，“奴婢保证任何时候都不会说出今天的事情，奴婢与巴比仑离开京城后，永不再回来。如果奴婢做不到这一点，就让奴婢遭天打雷轰！”

小康熙看得出，兰格格确是一个说得到就能够做得到的奇女子。于是他淡淡一笑道：“你用不着发这么重的毒誓。朕看起来是在帮你，实际上，朕是在帮自己啊！”

小康熙说的当然是实话，只是兰格格没有朝这方面去想。她现在只关心自己的事情：“皇上，奴婢什么时候……能见到巴比仑？”

小康熙回道：“明天晚上，子夜时分，巴比仑会在东华门外等你。”

第二天的夜晚来临了。小康熙召来索额图吩咐道：“到时候，你去一趟东华门，如果巴比仑没到，你就速将兰格格带回宫中。明白吗？”

就要到子夜时分了。索额图和阿露二人在小康熙凝重的目光注视下离开了乾清宫。到了兰格格居住的地方，阿露唤出了兰格格，然后三人蹑手蹑脚地朝着紫禁城的东门东华门走去。到了东华门附近，明珠从黑暗中迎了上来。他对索额图、阿露和兰格格道：“一切顺利。巴比仑已在门外。”

索额图道：“事不宜迟，让兰格格和巴比仑快走！”

兰格格和巴比仑携手上了马车。驾车的人是索尼的一个亲信。索尼是数朝元老，又是当朝第一辅政大臣，虽然平日不怎么显山露水，但亲信也还是很多的。按照约定，小康熙只负责将兰格格秘密地送出紫禁城，其余的事情，就都由索尼去办理了。

那辆小马车载着兰格格和巴比仑向着京城的东门驶去。最终的结果是，在索尼的帮助下，兰格格和巴比仑二人平安地到达了渤海湾附近的一个小村庄。在那儿，兰格格用索尼赠送的银两，买了一些土地，置起了一份很不错的家业，和巴比仑一起，过起了男耕女织的田园生活。据说，她和巴比仑都活了八十多岁，子孙满堂，而她的子子孙孙们，也都世世代代地生活在那儿。据传说，如今的渤海湾一带，还有兰格格和巴比仑的后人。当然，这只是一种传说。

小康熙听说兰格格和巴比仑已经安全地离开，感到异常兴奋：“待明日，鳌拜得知兰格格突然失踪，他的脸上会是一种什么表情？”

第二天一早，赵盛离开乾清宫，出了紫禁城，悠动一双老腿，径向铁狮子胡同走去。来到鳌府门前，赵盛重重地对守门的侍卫道："快去禀报鳌大人，皇上要他进宫见驾！"

此时的鳌拜，正在花园内演练拳脚，闻听小康熙要见他，心中多少有些纳闷：距选后之日尚有两天，皇上此时要见我何事？一边想着一边就来到了大门边，见赵盛正气喘吁吁地站在门外，鳌拜就上前一步问道："有劳公公，可知皇上这么一大早召臣入宫，所为何事？"

赵盛脸上的表情既神秘兮兮又惶恐不安："鳌大人，宫内出了一件大事情……"

鳌拜双眉一蹙："敢问公公，宫内究竟出了什么大事？"

赵盛装模作样地四处瞅了瞅，然后凑到鳌拜的耳边道："鳌大人，大事不好了……你的千金今日早晨在宫中突然失踪了……"

"什么？"鳌拜大惊失色，"那兰格格……不见了？"

"是呀，"赵盛低低地道，"昨天晚上，贵千金还在宫内好好的，可今日早晨，她却突然不见了……皇上为此事焦急万分，着老奴前来召大人进宫问个究竟……"

鳌拜当然不知究竟。他一时间心乱如麻。但很快，他便镇定下来。他十分平静地对赵盛道："公公先回宫禀告皇上，说鳌拜即刻进宫见驾。"

赵盛"嗯啊"一声，缓缓地离去，但鳌拜却并没有即刻就进宫。他虽然尚不知晓兰格格突然失踪是怎么一回事，但他敢肯定这里面有很大的蹊跷。所以，他略略思忖了一下，便派人去通知国史院大学士班布尔善、兵部尚书葛褚哈、户部尚书玛尔塞和工部尚书济世等人火速去打探宫中动静，又派人去叫自己的弟弟穆里玛和侄子塞本得速速赶到鳌府来。做完了这一切之后，他才恍然大悟地想起一个人来，那个人便是巴比仑。

然而，鳌拜得到的消息是：巴比仑已经不在鳌府内。有人向鳌拜汇报说，昨天晚上还看见过巴比仑的。而那个赵盛刚才说，昨天晚上兰格格也在宫中好好的。就是说，巴比仑和兰格格都在今天早晨同时失踪了。不会有这么巧合的事情。鳌拜敢断定，兰格格的失踪定然与巴比仑失踪有关。

正好穆里玛和塞本得匆匆忙忙地赶到。鳌拜也没有工夫向他们细说事情的根由，只命令他们道："派出你们的部队，迅速地向京城四周搜寻，只要发现兰格格和巴比仑，就即刻抓他们回来。"

穆里玛和塞本得也没询问为什么，就又匆匆忙忙地离开了鳌府。他们一个是靖西将军，一个是镶黄旗的都统，在京城内外，他们掌握着大批精锐的军队。后来，他们动用了上万人的军队去四处搜捕兰格格和巴比仑，而且一连搜捕了两天两夜，但终因索尼早就料到这一点，已经作了周密的布署和安排，所以尽管穆里玛和塞本得在搜捕兰格格和巴比仑时使出了浑身的解数，却也终无所获。

穆里玛和塞本得走后没有多久，那班布尔善、葛褚哈、玛尔塞和济世等人便陆陆续续地走进了鳌府。他们接到鳌拜的命令后，都亲自去了宫中。他们带给鳌拜的消息几乎大同小异：兰格格昨晚确实是在宫中，大概是在半夜时分，有人看见有一男一女偷偷地溜出了紫禁城的西华门，而那一男一女很像是巴比仑和兰格格。

班布尔善等人带回来的"消息"当然是假的，可这假的"消息"当时却在宫中广为流传。"流传"一广，假的东西就似乎变成真的了。实际上，这假"消息"是索额图和明珠等人根据小康熙的旨意故意在宫中散播的。他们散播得十分隐秘和巧妙，即使鳌拜想通过这假消息获得什么真实的线索，恐怕也是徒劳。

鳌拜对班布尔善等人带回来的"消息"是不大相信的。最简单的一点就是，紫禁城内的防卫即使再松懈，也不可能松懈到巴比仑先溜进去，然后再和兰格格一起溜出西华门而竟然无人察觉。鳌拜的推测是，巴比仑极有可能是和兰格格一起逃掉的，但一定有人相助，否则，他们不可能成功逃跑。

他以为，定是那个苏克萨哈为了报"仇"雪"恨"，才秘密地派人帮助兰格格和巴比仑逃跑的。尽管鳌拜在很长一段时间内都未能找到苏克萨哈插手此事的证据，但鳌拜的心中，却始终咬定此事是苏克萨哈所为。

鳌拜是在当天的中午才一个人徒步入宫的。这期间，小康熙曾数次派人来催他，他都没有及时进宫。这并不是说，他对小康熙已经有了什么"意见"或猜忌，原因是，尽管他还不知道兰格格和巴比仑是如何逃掉的，但他却在希望着穆里玛和塞本得会有所收获。只要穆里玛和塞本得有所收获，他鳌拜就不难查出事情的真相。然而，临近中午了，穆里玛和塞本得才派人给他送回了一个令他十分失望的消息：不仅没有搜捕到兰格格和巴比仑，甚至连一点点有用的线索也没有找到。鳌拜无奈，只得一边命令穆里玛和塞本得继续搜捕，一边很是沮丧和懊恼地进宫了。他一边往乾清宫走一边暗自思忖：即使穆里玛和塞本得一时无法抓到兰格格和巴比仑，但至少也该搜寻到他们二人逃出京城的线索啊？莫非，他们二人还在京城里？或者，他们二人已经消失了？

远远的，鳌拜看见小康熙正在乾清宫门外来回地走动着。他心想，看来，小皇帝也确实是在焦急万分啊！

而实际上，在鳌拜入宫之前，小康熙一直是在龙床上舒舒服服地躺着休息。赵盛去召鳌拜，鳌拜没有及时入宫，小康熙便知道鳌拜定是在竭力去寻找兰格格和巴比仑的下落了。鳌拜急，小康熙却不急，所以就爬到龙床上休息以弥补昨晚上睡眠的不足。待鳌拜快要走到乾清宫的时候，小康熙才不慌不忙地来到乾清宫门外，做出一副焦虑不安的模样给鳌拜看。

大约距鳌拜还有十几步远的时候，小康熙大步迎上去，故意用一种高亢而怨怒的语调冲着鳌拜嚷道："鳌大人，朕三番五次派人去召你，你何故姗姗来迟？"

小康熙的这种表现很是得体。如果小康熙的态度不够激烈和冲动，倒很容易引起鳌拜的某些怀疑。只见鳌拜重重地“唉”了一声道：“皇上啊，臣如何不想速速地入宫见驾？只是闻听贱女突然失踪，臣心中惊恐，赶紧四处去打听贱女的下落，故而姗姗来迟啊！”

小康熙急忙问道：“你可打听到兰格格的下落？”

“许是贱女早有预谋，臣费尽心机搜寻了半天，也终无所获……”

小康熙长叹一声：“鳌大人，朕自那日选秀之时见过兰格格一面后，便一直念念不忘。诚如鳌大人所言，那兰格格确实有沉鱼落雁之貌和闭花羞月之容，朕实指望能在几天之后可以一亲她的芳泽，可谁知，那兰格格突然从宫中消失……鳌大人，你说，这到底是怎么一回事？”

听小康熙所言，似乎他小小年纪便已很是好色。鳌拜苦笑道：“皇上，臣也不知道这到底是怎么一回事啊！如果知道，甭说皇上了，就是臣也用不着如此不安啊！”

小康熙颓然言道：“如此看来，也许是朕根本就无福消受像兰格格这样的美人……鳌大人，你说朕的命苦也不苦？”

鳌拜慌忙道：“皇上千万不要过于伤心……都是臣的过错。臣家教不严，自小纵容贱女，所以贱女今日才会做出这等不忠不孝的事来。如果皇上心气难平，便只管惩处微臣，微臣决无怨言……”

小康熙无力地摆了摆手：“算了，鳌大人，朕怎么会怪罪于你？只是两天后朕便要选后，可兰格格突然失踪了，你叫朕怎么办？”

鳌拜犹豫地言道：“也许两天之后臣就可以将兰格格找回来……”

小康熙点头言道：“鳌大人，如果你能在两天之内把兰格格找回来，那是朕最高兴不过的事了。朕答应过你，朕一定封兰格格为后，让索尼的孙女儿做朕的皇贵妃……可是，找不回兰格格，朕又将如何是好？”

鳌拜心道：如果找不回兰格格，那就只能便宜索尼那个老滑头了。鳌拜嘴里说的是：“臣如果找不回兰格格，那就是臣对皇上犯下了一个不可饶恕的罪过。皇上即使不怪罪于臣，臣的心中也大为不安……好在索尼的那个孙女儿还在，还有那么多姿容出众的秀女，臣以为，皇上尽可以从中挑出皇后和皇贵妃来……”

小康熙似乎万般无奈地道：“看来，朕也只能如鳌大人所言，从那些秀女中胡乱地挑出一个皇后来了……”

小康熙好像十分伤心。然而，鳌拜刚一离开，他就跑进乾清宫内大笑起来。这是得意的大笑，更是胜利的大笑。

两天之后，小康熙郑重其事地挑选了索尼的孙女儿赫舍里氏做他的皇后，并册封她的名号为“孝诚”。

第十一章
大婚夜带醉入罗帐
亲政日乘兴登金銮

吉特氏轻叹一声道："皇后在宫内等你多时了……你喝成这副模样，她的心中又会有何想法？"康熙多少有些惭愧地道："皇祖母，事已至此，孩儿也无法挽回……皇祖母放心，明日孩儿会对皇后补偿的……"

那是公元1667年夏季中最热的一天，地上没有一丝风，天上没有一朵云彩，远远地看去，整个紫禁城上空都蒸腾着一层闪闪烁烁的热气。

就在这么一个热得难耐的天气里，大清国的太皇太后博尔济吉特氏在慈宁宫里召见了索尼、苏克萨哈、遏必隆和鳌拜四位辅政大臣。这次太皇太后及辅政大臣"联席"会议的主题是，商定小皇上大婚的具体时间及小皇上亲政的有关事宜。

因为天太热，四位辅政大臣的脸上都汗水涔涔。尤其是鳌拜，许是身体太强壮的缘故吧，不仅脸上热汗奔流，而且浑身衣衫也被汗水湿透。吉特氏似乎有些过意不去，叫来几个宫女，站在旁边给几位辅政大臣打扇。

吉特氏言道："这么热的天把几位大人叫进宫来，实在是有些说不过去，但因为皇帝成婚之事已迫在眉睫，所以只得辛苦几位大人一回了。"

索尼首先答话道："太皇太后言重了！我等都是先皇陛下钦定的辅政大臣，为皇上操心、效力而受点炎热之苦，实乃本分之责啊！"

鳌拜瞟了索尼一眼，但没有作声。遏必隆却阴阳怪气地说上了："索大人自然是不怕炎热的，即使这屋内再架上几盆炭火，索大人也会泰然处之。人逢喜事精神爽，索大人既然逢了喜事，岂会在乎这区区炎热之苦？"

遏必隆说的倒也没错。索尼应该有一种"人逢喜事精神爽"的味道。赫舍里氏已被小皇上钦封为大清国的"孝诚皇后"。待小皇上与赫舍里氏完婚之后，不说别的，就辈分而言，索尼便与太皇太后博尔济吉特氏平起平坐了。这等可遇而不可求的大喜事，居然被索尼遇上，索尼能不高兴万分？

索尼朝着遏必隆"哈哈"一笑道："遏大人，老朽听说过这么一句话，叫做心静自然凉。只要心中清静，炎热又能其奈我何？"

遏必隆刚要开口，鳌拜不耐烦地言道："遏大人，今日是来听太皇太后的训示还是来听你与索大人的说笑？"

显然，鳌拜很不愉快。既如此，遏必隆就不得不闭了嘴。索尼向鳌拜拱手道："还是鳌大人说得对。一切事情，但凭太皇太后做主！"

吉特氏微微一笑道："我岂能自做什么主张？只是将几位大人请到一起商量罢了。"

一直保持沉默的苏克萨哈此时言道："太皇太后有什么旨意，请对臣等明示。不然，说来说去的，也终究说不出一个结果来。"

吉特氏看见，鳌拜狠狠地瞥了苏克萨哈一眼。她不紧不慢地言道："承蒙几位大人的关心，早将当今皇帝的婚期定在今年秋天。我昨日着人测算，说今年的九月初八是个黄道吉日。所以我今日将几位大人请进宫来，看把皇帝的婚期就定在九月初八，是否合适……"

"臣没有意见。"苏克萨哈首先表态，"既然九月初八是太皇太后选中的黄道吉日，那皇上的婚期就应该定在这一天。"

索尼跟着道："老臣同意苏大人的意见。"

遏必隆没敢轻易表态，而是偷偷地看着鳌拜。鳌拜轻吁一口气道："太皇太后决定了的事情，臣自然是不会反对的。不然，还成何体统？"

遏必隆紧接着道："臣同意鳌大人的意见。"

当然了，鳌拜不是不想反对，而是实在难以找到反对的理由。更何况，兰格格不在了，小康熙跟谁结婚、什么时候结婚，似乎都与他鳌拜关系不大。既然没多大关系，他鳌拜又何必强行反对呢？不过，看鳌拜双眉不展的样子，他显然又是在想着什么别样的心事。

吉特氏言道："既然四位大人都没有意见，那皇帝的婚期就定在今年的九月初八吧。距九月初八也没有多少时间了，还请四位大人为皇帝的婚事多多地费心操劳。到时候，晓谕天下，让大清国所有的臣民都来庆贺皇帝大婚的这一空前盛典……"

四位辅政大臣都自觉不自觉地点了点头。吉特氏接着言道："还有一件事情也必须说出来与四位大人商量，那就是，按大清例律，皇帝大婚之后，便要实行亲政……"

所谓"亲政"，就是大清国的一切权力都要交与皇上手中，大清国的一切事务，都要由皇上来决定和处理。换句话说，小康熙只要一"亲政"，这四位辅政大臣的历史使命就算是完成或结束了。

"臣同意皇上亲政！"苏克萨哈又是第一个表明态度，"这是大清祖宗定下的规矩，臣等岂能擅自更改？"

吉特氏注意到，鳌拜又狠狠地瞥了苏克萨哈一眼，且唇角还掠过一缕不易察觉的冷笑。于是她便笑问鳌拜道： "鳌大人，你对皇帝亲政一事，如何看法？"

鳌拜咧了咧大嘴道："回太皇太后的话，刚才那位苏大人已经说过，皇上大婚后亲政，是大清祖宗定下的规矩，任何人都不得擅自更改，既如此，臣当然就不会有任何意见。"

见鳌拜如此说，遏必隆也就跟着表示"同意"。索尼最后一个道："臣已经年迈老朽，早就该卸下辅政一职了……"

吉特氏点头道："四位大人如此忠诚地维护祖宗定下的规矩，真乃大清国的一大幸事啊！既然这样，那就在皇帝大婚后的第二天，举行一个皇帝的亲政大典……"

太皇太后及辅政大臣的这次"联席"会议终于散了。四位辅政大臣都默默地退出了慈宁宫。不过，在走出慈宁宫之后，鳌拜却怪模怪样地叫住了苏克萨哈，且怪模怪样地言道："苏大人，如果鳌某没有看错，你好像对皇上即将大婚和亲政一事，显得异乎寻常地高兴啊？"

苏克萨哈当然有些"异乎寻常"地高兴。他就盼望着小康熙亲政之后能灭一灭鳌拜的那不可一世的威风。所以苏克萨哈就用一种不冷也不热的语调反问鳌拜道："莫非，鳌大人对皇上大婚和亲政，一点也不高兴？"

鳌拜"嘿嘿"一笑道："苏大人，你错了，鳌某的心中其实比你还要高兴呢！只不过，鳌某是想提醒苏大人一声，无论是皇上大婚还是亲政，你都千万不能高兴得太早……"

鳌拜显然是话中有话，但苏克萨哈却也不惧："鳌大人，我苏某不能高兴得太早，你鳌大人好像也不能高兴得太早啊……"

鳌拜夸张地点了点头："苏大人说的是。不过，汉人好像有这么一句话，叫做骑驴看唱本，走着瞧。我与苏大人就走着瞧好了！"

苏克萨哈看来是不愿与鳌拜再啰嗦，只道了一声"告辞"便转身离去。遏必隆似乎很不解地言道："这个苏克萨哈，怎会如此地不知好歹？"

鳌拜无奈地摇摇头道："他这种人，不到黄河决不会死心。"

遏必隆笑道："鳌兄就让他去黄河一次不就成了吗？"

鳌拜也笑道："遏贤弟，我正有此意呢！"

看鳌拜和遏必隆这么一副笑模笑样，好像他们的内心都十分地轻松。其实不然。至少，遏必隆的心中就有着许多的顾虑："鳌兄，我以为，皇上亲政，对鳌兄而言，多多少少也会带来一些不利，既如此，适才在慈宁宫，鳌兄为何不提出反对意见呢？"

鳌拜牛眼一瞪："反对什么？反对皇上结婚？反对皇上亲政？皇上适龄结婚、适时亲政，都是祖宗定下的规矩，如果我故意反对，岂不是太不给太皇太后面子了吗？更何况，皇上秋天完婚，也是鳌某亲口同意了的，只没想到我那下贱的女儿会出这种变故，让索尼那老不死的捡了一个便宜！"

遏必隆又道："鳌兄，皇上亲政之后，朝中的大小事体就必须得到皇上的首肯和同意，这样一来，鳌兄的权力岂不是就没了？"

"放屁！"鳌拜发火了，"遏必隆，我看你是越老越不懂事了！无论皇上亲政与否，朝中上下，也都得看我的眼色行事。谁胆敢背着我自作主张，我就叫他的脑袋搬家！遏必隆，难道你连这一点也不懂吗？”

暑热渐退，凉爽渐生。仿佛是在不知不觉间，公元1667年的农历九月初八就来到了。顿时，整个紫禁城沸腾了，整个京城也沸腾了。

这一天，是小康熙大婚、大喜的日子。从早到晚，整个紫禁城、整个京城都沉浸在一种无比激动又无限欢乐的气氛中。甭说那些满朝文武了，就是各省的总督、巡抚等上了品位的地方官吏，也都纷纷赶到京城向小康熙表示热烈的祝贺和由衷的敬意。连平西王吴三桂、平南王尚可喜和靖南王耿精忠，也派专人携重礼赶到京城表示朝贺。可以说，不管鳌拜在朝中是如何的擅权和专制，而小康熙的婚礼，却的的确确给许许多多的人带来了欣喜和希望。

当然，在九月初八这一天，最为欣喜、最为高兴的，恐怕还是索尼的孙女儿赫舍里氏。她都欣喜、高兴得有些晕眩了。她甚至都记不清了这一整天里都发生了哪些事情。

她只依稀记得，她和小康熙的结婚大典是在太和殿里举行的。明、清两朝，皇帝大婚，一般都是在太和殿里举行仪式。当时，她坐在小康熙的旁边，接受着文武百官的朝贺。她还明白，从此以后，她就不是普通的赫舍里氏了，她成了大清国的“孝诚皇后”了。结婚仪式完毕之后，她曾傍着康熙皇帝从午门的正门走了一次。午门是紫禁城的南门，共有五个门洞，清朝规定，正中的门洞是专供皇帝出入的，而文武百官只能走东偏门，那些宗室王公只能走西偏门。皇帝在入宫时、成婚日可以从午门的正门洞经过一次。再就是殿试的时候，考中了状元、榜眼和探花的三个人，可以在出宫时经过午门的正门洞一次。由此可见，能从午门的正门经过一次，是一种极大的荣耀。令赫舍里氏遗憾的是，当她傍着康熙皇帝从午门的正门洞走过了之后，因为太过欣喜、太过激动，她竟然未能留下多少较为深刻的印象。之后，好像就立即被送到了坤宁宫。

坤宁宫是皇后的正宫，就像乾清宫是皇帝的寝宫一样。按中国古代说法，乾清宫的“乾”代表着“天”，坤宁宫的“坤”则代表着“地”，“乾清”、“坤宁”，无疑表达了历代皇帝的一种美好愿望。

按清朝规定，皇帝和皇后成婚后，皇帝必须要在坤宁宫里住上几晚上。故而，赫舍里氏被送到坤宁宫之后，尽管还只是下午，离天黑还早着呢，但她却抑止不住自己内心的激动和憧憬，在期盼着康熙皇帝的到来了，而这种期盼，又无疑会令她紧张、不安。当然了，再紧张、再不安，对赫舍里氏而言，也都是幸福的。

清廷还有一项规定，做了皇后，住进了坤宁宫，便会有十个宫女来服侍她。这十个宫女，就算作是皇后的私有财产了。所以，赫舍里氏被送往坤宁宫之后，就有十个年少清秀的宫女恭立在她的身旁听候差遣。只不过，赫舍里氏现在不想“差遣”她们。她只想一个人呆着。她所有的激动、紧张、不安或幸福，不愿与她们一起分享，她要一个人细细地咂摸、品味它。因此，她刚一入坤宁宫，就把那十个宫女支了出去，剩下她一个人，凤冠霞帔地坐在床上，默然不语。

黄昏的时候，博尔济吉特氏带着几个慈宁宫的宫女走进了坤宁宫。赫舍里氏闻知，连忙走出寝室跪迎："臣妾见过太皇太后……"

吉特氏微笑着扶起赫舍里氏："你现在是大清国的皇后了，你我之间，也不必如此多礼……这样吧，从今往后，你就跟着皇帝，叫我一声皇祖母，你看可以吗？"

"是，"赫舍里氏赶紧道，"皇祖母，孩儿这厢有礼了！"

吉特氏不禁赞道："真是个乖巧识趣的孩子。"

于是，赫舍里氏就搀扶着吉特氏走入了寝室，并双双坐在了床边。吉特氏含笑问道："孩子，你入宫已有几个月了，一切可都还习惯？"

赫舍里氏不禁有些害羞："回皇祖母的话，孩儿自入宫后，一切都很习惯，只是直到今日，方才亲睹龙颜，孩儿的心中，未免有些焦急……"

吉特氏点头道："不用焦急，皇帝呆会儿就要来看你了。"

赫舍里氏连忙问道："皇上究竟什么时候来？"

吉特氏言道："皇帝还在和文武百官们应酬。我已对皇帝说过，叫他天一黑便来坤宁宫。"

赫舍里氏不禁看了看室外："皇祖母，现在离天黑还早着呐……"

吉特氏笑道："孩子，也没多少时间了，你还有事要做呢。"

原来，吉特氏此番前来，是要亲自为赫舍里氏沐浴更衣。吉特氏这样做，当然表现了她对赫舍里氏的无限关怀，不过若换个角度来看，她如此关怀赫舍里氏，其实也就是在关怀康熙皇帝。

当然了，吉特氏是不大可能亲手为赫舍里氏洗浴的。这些具体的活儿，自有宫女们承担。吉特氏只是站在一边对着宫女们指指点点，起着一种监督和辅导的作用。纵是如此，赫舍里氏就已经非常地感动了。

当赫舍里氏在宫女的搀扶下从浴盆里慵慵站起的时候，吉特氏由衷地言道："孩子，你知道你有多么美貌吗？"

因在温水里浸得久了，赫舍里氏的两颊早飞起了两朵红霞。她羞羞答答地问道："皇祖母，孩儿这副模样，皇上会喜欢吗？"

赫舍里氏虽然只有十六岁，但身体发育得非常丰满。不说别的，只她那一对圆润而坚挺的乳房，就足以显示出一个女人的极大的骄傲。吉特氏看着她的身体"哈哈"一笑道："孩子，如果皇帝不喜欢你这样的女子，那世上恐怕就没有皇帝喜欢的女子了！"

赫舍里氏娇羞地笑了起来。在宫女的伺候下，她穿上一套新衣裳，然后挽着吉特氏的臂肘，重新走回坤宁宫的寝室内，一起坐在了床边。

吉特氏让所有的宫女都退出，然后亲切地言道："孩子，今天是你与皇帝的大喜之日，皇帝一会儿就要驾到，所以，有件事情我必须问你。"

赫舍里氏似乎猜到了吉特氏要问她什么，因而不自觉地就低下了头："皇祖母，你问吧，孩儿一定如实回答……"

吉特氏拿过赫舍里氏的一只小手，细心地摩娑着："孩子，我问你，你对男女之间的事情，知道多少？"

赫舍里氏低低地言道："皇祖母莫非问的是床笫间的事？"

吉特氏道："正是。孩子可知晓这样的事？"

赫舍里氏点了点头："回皇祖母，孩儿年幼，本不懂这种事，但在入宫之前，孩儿的爷爷曾请人专门教导过孩儿，所以孩儿对这种事情就略知一二……"

吉特氏恍然言道："孩子，我几乎忘了你是索尼的孙女儿了……我能想到的事情，你爷爷岂会疏漏？我想，你爷爷定是让人把许许多多这方面的知识都告诉你了吧？"

如果吉特氏此刻能摸一摸赫舍里氏的脸颊，便会发现她的脸颊炽热无比。

"皇祖母，孩儿的爷爷……考虑得确实很周到……"

两人又换了一个话题闲谈了一阵儿。眼看着，天就一点点地黑了下来。吉特氏起身言道："孩子，皇帝要来了，我也该离开了。"

言罢，吉特氏就缓缓地离开了赫舍里氏的寝室。天虽然已经黑透，但坤宁宫内外，却是彩灯红烛，一派绚丽缤纷。吉特氏刚刚领着几个宫女走出坤宁宫，迎面就碰上了康熙皇帝一行人。说是"一行人"，其实也就康熙、赵盛和阿露三个人。

见康熙走路东倒西歪，全凭赵盛、阿露竭力扶持才可以勉强走出一条直线，吉特氏就不无担忧地迎上去道："皇帝，今日是你大喜之日，你如何能喝成这副模样？"

看到吉特氏，康熙的大脑一下子清醒了不少。他忙着摆脱了赵盛、阿露的扶持，向吉特氏解释道："皇祖母，孩儿也不想喝成这样……可那些文武百官，特别是那四位辅政大臣，尤其是那个鳌拜，非要向孩儿敬酒，说孩儿今日大婚，一定要多喝些喜酒。其他的人孩儿还可以推托应付，可鳌拜的敬酒孩儿却不好不喝……孩儿一连同鳌拜对饮了九杯，饮过之后，孩儿便觉得身体有些轻飘飘的了……"

是呀，康熙大婚，理应君臣同乐，多喝了一些酒，本也在情理之中。吉特氏轻叹一声道："孩子，你多喝了些酒本没有什么大碍，只不过，那皇后可在宫内等你多时了……你喝成这副模样，她的心中又会有何想法？"

康熙多少有些惭愧地道："皇祖母，孩儿今日确实不该……喝这么多的酒，可事已至此，孩儿也无法挽回……皇祖母放心，孩儿一定会向皇后解释清楚，容明日，孩儿再对皇后作出相应的补偿……"

康熙会对赫舍里氏作出什么"相应的补偿"，吉特氏心中自然明白，所以她很是满意地点了点头道："孩子，你真的长大了。记住，今晚睡个好觉，明日一早，朝中还等着你的亲政大典。"

按照吉特氏和四位辅政大臣的商定，康熙皇帝大婚后的次日，便要举行亲政大典。于是，康熙十分郑重地对吉特氏言道：“皇祖母，孩儿即使一夜不睡，也不会耽误明日的早朝！”

诚然，康熙等待亲政已久矣。而这一天终于就要到来了。康熙，还能够安然入眠吗？只不过，康熙亲政之后与亲政之前究竟会有多大分别，恐怕就不是他康熙所能左右的了。至于他幻想着的亲政之后便马上清除掉鳌拜一伙的势力，就更是一个大大的问号。

吉特氏显然考虑到了康熙明日亲政的有关问题，她很想对康熙嘱咐一些什么，但想到他的酒已饮多，又是他的大喜之日，所以她思索再三，最终言道：“孩子，我走了，你也该入宫去见皇后了。”

几乎与此同时，鳌拜在自家的“醒庐”里，也同样在开怀畅饮。

鳌拜今晚虽然喝了很多酒，但头不昏、眼不花，大脑十分清醒，精神也十分亢奋。他的面前，乱七八糟地坐着或站着八九个人。他们是：遏必隆、班布尔善、葛褚哈、玛尔塞、济世、穆里玛、塞本得，还有鳌拜的儿子纳穆福。

鳌拜笑嘻嘻地望着众人道：“明日皇上就要正式亲政了，你们都做好了准备没有?”

遏必隆回道：“鳌兄早就吩咐过小弟，小弟岂能忘怀?”

众人都七嘴八舌地向鳌拜表态。只有纳穆福不言不语。在这热烘烘的“醒庐”里，纳穆福就像是一个局外人。

鳌拜轻轻一摆手，众人顿时鸦雀无声。鳌拜笑眯眯地道：“我要让文武百官们都知道，虽然皇上亲政了，但朝中上下，还是我鳌拜说了算！”

塞本得打着酒嗝问道：“叔，待明日，你一声令下，我们就把那个家伙拖出去吗?”

鳌拜微微一皱眉道：“塞本得，你怎么总是记不住我的话? 不是把那个家伙拖出去，而是把那个家伙就地正法，明白了吗?”

“明白，明白！”塞本得连连点头。“叔，小侄向你保证，到时候，只要你下了命令，小侄我就一定把那个家伙当场处死！”

穆里玛却小声地言道：“哥，明日上朝，我等身上都不能携带武器，那个家伙长得身高马大的，我与塞本得赤手空拳，恐很难迅速地将那个家伙制服，若是让他逃脱，岂不又给哥哥增添了麻烦?”

塞本得却不以为然地道：“这有什么? 明日上朝时，身上揣着一把短刀不就成了吗?”

大臣上朝，身上自然是不允许携带任何兵器的。鳌拜的腰间虽然经常藏着一把短刀，但却也不轻易地拿出来亮相。听了塞本得和穆里玛的言语后，鳌拜“哈哈”一笑道：“你们都说错了，也都想错了！你们不需要携带任何兵器，也不需要你们亲手处死那个家伙，你们只需在我的命令之后，将那个家伙紧紧地逮住，剩下的事情，就由我来做好了！”

鳌拜想要做些什么？那个班布尔善首先反应了过来："鳌大人莫非想亲手制裁那个家伙？"

鳌拜大脑袋一扬："鳌某正是此意！"

班布尔善双掌一击言道："妙哉！鳌大人，你若在朝中大明大亮地处死了那个家伙，岂不是起到了杀一儆百的作用？既杀一儆百，又出了大人心中的一股闷气，实乃一箭双雕也！"

鳌拜得意地狂笑道："我就是要让朝中上下看看，什么叫顺我者昌、逆我者亡！"

遏必隆紧跟着道："鳌兄高明！待鳌兄处死了那个家伙，朝中上下还有谁不知晓鳌兄手段的厉害？"

众人忙着对鳌拜奉承起来。

不过，有一个人并没有加入到奉承的行列中来。他就是鳌拜的亲生儿子纳穆福。纳穆福不仅没有去奉承鳌拜，反而泼了一瓢冷水。他是这样对鳌拜说话的："父亲，你已经权倾朝野了，又何必非要赶尽杀绝？俗语云，得饶人处且饶人，你大可不必把事情做得这么绝……"

纳穆福一言既出，众人皆寂然无声，都把目光投在了鳌拜的脸上。鳌拜坐不住了，缓缓走到纳穆福的身边，逼视着他："你，刚才说什么？"

面对着鳌拜那咄咄逼人的牛眼，纳穆福一点也不害怕。他静静地言道："父亲，我以为，你大可不必把事情做得这么绝！"

"放屁！"鳌拜怒吼了一声，随即，一记重重的耳光就抽在了纳穆福的脸上。鳌拜咆哮道："纳穆福，你这个大逆不道的小子，你懂得什么？你又知道什么？你什么也不懂，你什么也不知道！你只会在这里胡言乱语、胡说八道！我告诉你，明日我若不把那个家伙彻底除掉，我就是你的儿子！"

不难看出，鳌拜确实是气极了，也气糊涂了，因为无论如何，他鳌拜也不会变成纳穆福的儿子的。而纳穆福，挨了鳌拜一记耳光之后，一时间，竟然呆呆地站在了那里，似乎有些不敢相信刚才发生的事。

不过，纳穆福也只是惊诧了一小会儿。回过神来之后，他狠狠地瞪了鳌拜一眼，就大踏步地朝"醒庐"外走去。遏必隆想做和事佬，慌忙拦在了纳穆福的前面，堆起笑容言道："令尊只是一时生气，你去陪个不是，他就不会生气了……"

众人都知道纳穆福在鳌府中的地位特殊，所以就都跟着遏必隆"劝说"起纳穆福来。谁知，纳穆福不仅不领情，反而一瞪双眼朝着众人叫道："你们跟着我父亲为非作歹、胡作非为，你们，终究是没有好下场的！"

说完，纳穆福昂首挺胸地推开众人，扬长而去。他这一去，两年内都没有再踏进鳌府一步。直到两年之后，他才和那个阿美一起，在监狱里同鳌拜见了面。这是后话。

纳穆福走了之后，偌大的"醒庐"内顿时变得寂静无声。似乎，众人都被纳穆福临走前说的那句话给震住了。是呀，如果众人真的“终究是没有好下场”，那还怎生了得？

当然，鳌拜是不会把纳穆福的“忠告”放在心上的。他见众人都有些不知所措的样子，便满脸带笑地重新回到那张柔软的椅子上坐下，然后，咧了咧大嘴问道：“你们怎么了？都变成哑巴了？”

鳌拜这么一问，众人的脸上就赶紧做出各种表情。班布尔善咳嗽了一声道：“鳌大人，老夫觉得，纳穆福适才的举动，确实有些过分。他怎能如此对待鳌大人？他又怎能如此一走了之？”

班布尔善开了头，众人便纷纷地开始“谴责”起纳穆福来。鳌拜却不经意地摆了摆手道：“都怪鳌某过去太纵容他了！也罢，如此不孝之子，走了倒也落个耳根清静。”

鳌拜这么一说，“醒庐”内的气氛就又渐渐地轻松和活跃起来。殊不知，鳌拜的膝下只有一儿一女，女儿兰格格早被他逼走，现在儿子纳穆福又被他打走，失去了女儿又差不多失去了儿子的鳌拜，其“下场”恐怕也真的不会太美妙。

然而，鳌拜却几乎从未去考虑过自己会有一个什么“下场”。他考虑的，都是别人、尤其是与他为敌的人的“下场”。比如此刻，他就是在考虑着“那个家伙”的“下场”。他要在明日、在康熙皇帝亲政的时候，亲手将“那个家伙”置于死地。“那个家伙”，会是谁呢？

鳌拜是在太阳刚刚升起时起床的。阿美知道他今日要在朝中做一件大事情，所以很殷勤地为他着衣戴帽。鳌拜今日的衣着可不一般。他穿上了清太宗皇太极赏赐给他的那件龙袍。这件龙袍他已珍藏了许多年了，只在过六十大寿时小心翼翼地穿过一次。因为穿的少，虽然经过了不少年，但穿在身上，那龙袍却也像簇新的一样。

鳌拜穿好龙袍，在床边悠悠地转了一圈，然后笑问阿美道：“小乖乖，老爷我这身打扮，你觉着如何？”

阿美盯着那金光四射的龙袍：“……妾身以为，如果老爷再戴上皇冠，就与当今皇上并无二样了……不，比当今皇上还要像皇上！”

“比当今皇上还要像皇上”的人，究竟会是什么人？莫非，是当今皇上的“太上皇”？鳌拜“哈哈”一笑道：“小乖乖，老爷我虽不是皇上，但皇上又能奈我何？皇上今日不是要亲政吗？我鳌某就是要在今日，穿上这件龙袍，去朝中给当今皇上一点颜色瞧瞧。”

阿美突然言道：“老爷，皇上今日亲政，如果他命令宫中侍卫将你抓起来，你岂不是糟了？”

鳌拜伸手拍了拍她粉嫩的臀部道：“小乖乖，如果皇上有这个胆量和力量，几年前就抓我了！只可惜，皇上既没有这个胆量，更没有这个力量。既如此，那老爷我就要在今日的朝中，尽情地展现一下我的胆量和我的力量。否则，皇上还以为他亲政之后，就真的可以在朝中发号施令了呢！"

鳌拜虽然起得很早，但并没有急着入宫。他慢条斯理地吃过早饭，这才不慌不忙地朝外走去。刚出鳌府，他便看见班布尔善、遏必隆、葛褚哈、玛尔塞、济世、穆里玛和塞本得等人正在门外恭候着，于是就笑着道："快进宫去吧，皇上肯定是等得不耐烦了！"

因为鳌拜出门从不乘轿，所以遏必隆和班布尔善等人就只好跟着鳌拜徒步向皇宫走去。鳌拜走得很慢，一点也不像是赶去上朝，倒像是正在悠闲地散步。待鳌拜一行人由午门进入紫禁城、再走到弘德殿附近时，好像都快临近中午了。

鳌拜不急，但康熙却很急。康熙在太阳还没有升起的时候就起了床。尽管昨夜里与皇后赫舍里氏极尽风流浪漫之能事，但起床之后，康熙却依然感到精神抖擞、信心百倍。在赫舍里氏依依不舍的目光里，他出了坤宁宫，在几个执事太监的簇拥下，他马不停蹄地赶到了弘德殿。六年前，他就是在弘德殿里登基称帝的。六年后，他还选择这里举行他亲政后的第一个早朝。他一边往弘德殿里走一边想道：今日可不比六年前了，今日朕要行使一个皇帝真正的至高无上的权力了。

康熙本以为，自己今日来得这么早，弘德殿里定然空无一人。没成想，他刚刚在皇帝的宝座上坐定，却发现下面早站着一个人，定睛一看，原来那人是索尼。而与此同时，索尼也看见了康熙，于是索尼就跪拜道："老臣叩见吾皇陛下，祝吾皇万岁万岁万万岁！"

因为索尼现在的身份非同一般，又与康熙之间有一种十分隐秘的"关系"，所以见索尼跪倒，康熙就急急地下阶言道："索大人快快请起！朕以为，朕是今日到达这里的最早一人。没想到，索大人比朕来得更早。真所谓：莫道君行早，更有早行人啊！"

看得出，康熙此刻的心里异常地兴奋。但是，索尼的脸上却几乎毫无喜色。他在爬起身的同时低低地对着康熙言道："老臣知道皇上今日来得肯定很早，所以就等在这里想对皇上说几句话……"

康熙不由得一怔："你想对朕说些什么？"

索尼瞥了一眼站在阶上的那几个执事太监，然后压低嗓门言道："皇上，今日不管发生什么事情，你都千万不要冲动，否则，皇上过去所做的一切，就只能是前功尽弃……"

康熙兴奋不起来了："你以为，今日会发生什么事情？"

索尼摇了摇头："老臣也不知道今日将会发生什么事，但近几天来，鳌府内非常地热闹，似乎，有一种山雨欲来风满楼的味道。所以，老臣今日就特地早到一步，想给皇上提个醒，希望皇上无论如何都应保持冷静……"

康熙很是郑重地对着索尼点了点头道："你放心，今日就是天塌下来一块，朕也会保持冷静的！"

事实证明，若不是索尼事先提醒，康熙今日说不定就会大大地冲动起来。

而只要康熙一冲动，事情的结局恐怕就难以预料。

康熙刚刚转身想要回到皇帝的宝座上坐下的当口，就听得弘德殿外有执事的太监高叫道："辅政大臣苏克萨哈到——"

康熙心中一怔：索尼先到，苏克萨哈紧跟着便来，看来今日之事确实非同寻常。康熙想，苏克萨哈来得这么早，肯定也是有什么很重要的事。

果然，苏克萨哈见了康熙，伏地叩拜之后，有些颤巍巍地从怀中摸出一本奏折来，双手呈向康熙："臣有要事启奏皇上……"

因为康熙就要亲政，所以朝中大臣的奏折可以直接呈给当今皇上。不过康熙并没有马上就伸手去接苏克萨哈的那本奏折，而是有点犹犹豫豫地道："苏爱卿，待文武百官都到齐了，你再向朕面奏此折，岂不更好?"

康熙的意思是，等王公大臣们都聚在了弘德殿里的时候，苏克萨哈再把奏折呈上，这样便可显示出他康熙皇帝亲政后的莫大威望。但苏克萨哈却道："皇上，这是臣的一点私事，请皇上先行御览，再行恩准……"

康熙闻听"私事"二字，就不知不觉地接了奏折，并迅速地展开，仔细地观看起来。看着、看着，康熙的双眉间就凝成了一个小小的"川"字。

你道苏克萨哈究竟有什么"私事"?原来，苏克萨哈是在向康熙皇帝"请假"。这本奏折上的文字虽然较多，但基本内容却一目了然。苏克萨哈在奏折上称，皇上业已亲政，他作为辅政大臣的历史使命便已结束，加上他年岁已大，身体也不好，所以他就恳请皇上隆准他苏克萨哈告老还乡。

康熙已经看出，苏克萨哈的这本奏折，不管其动机是真是假，都一定是"有感"而发的，而这"有感"，又一定与鳌拜有直接和必然的联系。而鳌拜，则不仅是他苏克萨哈永远的心病，也更是康熙皇帝心中最大的疼痛。从这个意义上说，康熙皇帝和苏克萨哈倒有些"同病相怜"或"同是天涯沦落人"的味道了。

既如此，康熙看完奏折后，就真的想安慰苏克萨哈几句，再顺便热情挽留一番。但是，康熙热情的话语还没有说出口，却听得弘德殿外执事太监的呼喊声接连不断。原来，早朝时间已到，王公大臣们都陆续进殿来了。

索尼赶紧走到康熙的身边道："请吾皇上坐，不便在阶下拖延……"

康熙只得对苏克萨哈道："爱卿，朕待会儿自然给你一个交待……"

康熙急急走回宝座坐下，紧跟着，有一百多人从弘德殿外鱼贯而入。这里面，大多数是朝中的王公大臣，也有一些是特地赶到京城来给康熙朝贺的总督、巡抚等地方高官。今日康熙皇帝亲政，他们自然要来朝拜。

在索尼和苏克萨哈的带领下，入殿的一百多人一起给康熙皇帝伏地叩首，山呼"万岁"毕，分左右两排恭敬地站立着。康熙问索尼道："索爱卿，还有哪位大臣尚未来到?"

索尼细心地查点了一下人数，然后回答康熙道："启奏皇上，尚有辅政大臣鳌拜、遏必隆和辅国公班布尔善、兵部尚书葛褚哈、户部尚书玛尔塞、工部尚书济世、靖西将军穆里玛、镶黄旗都统塞本得……尚未到来。”

康熙闻言，心中不禁一嘀咕：没来的这些人，都是鳌拜一伙的中坚势力，他们迟迟不来上朝，莫非是想在朕亲政之日给朕来个下马威吗？

康熙心中虽这么嘀咕，但面上的表情却也自然。他叫过鳌拜的儿子纳穆福，轻声询问道：“你可知你父亲因何事而耽搁早朝？”

纳穆福的妻子是先皇顺治帝的女儿即康熙皇帝的姐姐，故而若论起亲戚来，康熙和纳穆福还是“郎舅”关系。当然，在朝中，皇帝是至高无上的。也甭说纳穆福了，就是索尼，也不敢在康熙皇帝的面前有丝毫托大之举。

所以，纳穆福就异常恭敬地言道：“回皇上的话，臣是从自己家中直接入宫，实不知臣父因何事而耽搁早朝……”

康熙“哦”了一声，不再言语，但心中却隐隐地有些不安。苏克萨哈上前一步道：“启奏皇上，今日皇上亲政，鳌拜、遏必隆及班布尔善等人故意迟迟不到，实是犯了大不敬之罪，请皇上严加惩处……”

苏克萨哈的声音很大，殿内所有的人都听得清清楚楚。其实，苏克萨哈说的也不无道理。大臣无端地不上早朝，更何况，这还是康熙皇帝亲政的第一个早朝，也确实是犯了“大不敬”之罪，而犯下此罪，论律应该处死。故而，苏克萨哈此言一出，众大臣便不由得窃窃私语起来。私语的声音虽不高，但康熙却能知道那些“私语”的内容：鳌拜等人迟迟不来上朝，康熙皇帝究竟会怎么处理？

康熙的心中当然十分生气，也十分恼怒。鳌拜等人如此作为，显然是没把他康熙放在眼里。第一次亲政后的早朝，鳌拜等人就敢这么做，那以后将何以堪？如果不对鳌拜等人重重地处罚一下，他康熙亲政岂不是徒有虚名？

然而，康熙并没有生气，更没有动怒。因为，他想起了索尼先前说过的话，无论如何，一定要冷静。康熙偷偷瞥了索尼一眼。只见索尼一动不动地站着，双手微垂，双目微合，就像根本没听见苏克萨哈的话，更没有听见左右人的议论，仿佛正在闭目养神。

康熙面带微笑地回答苏克萨哈道：“苏爱卿，你适才所言，自然在理，但朕以为，鳌拜、遏必隆等人对朝廷一向是忠心耿耿，此次早朝迟迟不来，定然有他们不来的理由，所以，待他们来了之后，朕先把事情问清楚，然后再作区处，苏爱卿以为如何啊？”

苏克萨哈虽然对康熙皇帝的回答不甚满意，但皇帝既然这么说了，他也就只得唯唯诺诺地退下。康熙似乎是无意中看见，索尼听了他的话后，微微地点了点头。

于是，弘德殿里，包括康熙皇帝在内，一百多个人，都在“耐心”地等待鳌拜和遏必隆等人的到来。也真够“耐心”的，众人等了差不多有一个时辰，仍未看见鳌拜等人的身影。

弘德殿里不再寂静无声。众人都忍不住地交头接耳起来。只是由于这些王公大臣平日都很忌惮鳌拜，所以他们此刻交头接耳的声音非常小。这也难怪，如果议论的声音大了，谁敢保证这里面就不会有人去向鳌拜汇报？

康熙多少有些按捺不住了。他重重地咳嗽了一声，然后轻轻地向着众人言道："诸位爱卿，你们说说看，鳌拜等人今日会不会来上早朝？"

苏克萨哈忙着言道："启奏皇上，臣以为，鳌拜等人是不会来上朝的了……他们如此藐视朝廷、藐视皇上，皇上决不能姑息纵容……皇上应立即着人将他们拘束，先问究竟，再行定罪……"

显然，苏克萨哈是想借亲政了的康熙皇帝的力量来与鳌拜继续争斗，或者说，苏克萨哈情知自己没有力量了，便竭力鼓动康熙皇帝与鳌拜相抗。不知康熙是否明白了苏克萨哈的用意，反正，听了苏克萨哈的话后，康熙一时沉吟不语。

索尼略一思忖，然后不高不低地言道："启奏皇上，臣不敢苟同苏大人。老臣以为，鳌拜、遏必隆等人今日无论如何也是会来上朝的，只是可能因为有什么紧急的事情而耽搁了，所以，老臣恳请皇上再等上一些时间……如果老臣所言不实，就请皇上治老臣的欺君之罪，老臣决无怨言……"

"欺君之罪"是要砍头的。索尼敢如此言语，就定然有绝对的把握。于是，康熙吁出闷在胸中的一股浊气，十分轻松地言道："索大人言之有理。朕就再等鳌拜他们一会儿……"

康熙话音未落，就听殿外那执事太监的尖细嗓音呼喊道："辅政大臣鳌拜、辅政大臣遏必隆、辅国公班布尔善……进殿……"

第十二章
肆淫威君前下毒手 隐义愤人后吐真情

鳌拜的右拳重重击在苏克萨哈的胸膛上，苏克萨哈口中喷出的鲜血，直向康熙射来。康熙本能地向后一仰，鳌拜的左拳又重重地击在了苏克萨哈的腹部。这一次，苏克萨哈没再惨叫，也没再喷血，因为他已经死了……

"呼啦啦"地，殿内一百多个王公大臣，包括索尼和苏克萨哈在内，都一起不自觉地朝两边分了分。由此不难看出，鳌拜在朝中的地位该有何等的显赫。只见，打弘德殿之外，威风凛凛地走进一干人来。鳌拜阔步走在前头，遏必隆傍在鳌拜的侧面，那班布尔善、葛褚哈、玛尔塞、济世、穆里玛和塞本得等人，鱼贯尾随在鳌拜的身后。来到阶前，在鳌拜的带领下，一干人齐刷刷地冲着康熙跪下。鳌拜朗声言道："启奏皇上，微臣等因为有要事缠身，迟迟才来上朝，恳请皇上恕罪……"

鳌拜话中虽有"恳请……恕罪"之语，但听其声音和语气，却颇有一种慷慨陈辞的味道。康熙似乎也没在意，只淡淡地一笑言道："鳌爱卿，你们既然来了，就请快快平身吧，其他的事情，朕自会问你……"

鳌拜爬起，其他的人跟着爬起。索尼哈了哈腰，然后走近鳌拜言道："鳌大人，皇上今日亲政，你是否先对众人说上几句?"

鳌拜大手一摆道："索大人是否太客气了？你是四位辅政大臣之首，今日之话，理应由你先说。要不……"他转向苏克萨哈，语调一下子变得阴阳怪气起来，"要不，就让苏大人先说上几句？不然的话，过了今日，苏大人恐怕就找不到这样合适的说话机会了！"

鳌拜对苏克萨哈所说的话，是颇有深意的。只是苏克萨哈没有理会，也不可能去理会。苏克萨哈面对着索尼言道："索大人，你是第一辅政大臣，今日自然由你代表我等发话。"

索尼装模作样地干咳了一声，然后前走两步，再回过身来，面对着众人不紧不慢地言道："我索尼，受几位辅政大臣的委托，在这里，向各位大人说几句话……我等四人，承蒙先皇陛下的隆恩和信赖，被指定为当今圣上的辅政之臣。六年来，我等战战兢兢诚惶诚恐地做了一个辅政之臣应该做的事情，虽然没有做出什么惊天动地的伟业，但我等对大清国、对当今皇上的一片赤胆忠心，天地可鉴，日月可昭。今天，现在，当今圣上已经亲政，我等辅政之职便就此卸下。如果这六年来，我等没有能够做到恪尽职守，没有能够完成先皇陛下赋予我等的辅政任务，那么，在这里，我等就敬请各位大人原谅，也恳请皇上恕罪……现在，我提议，让我们一起，为当今圣上实行亲政而山呼万岁……"

索尼说着，便转身跪倒。跟着，一百多人一起伏地向康熙叩首并山呼"万岁"。康熙笑呵呵地站起并笑呵呵地言道："众位爱卿平身！朕今日实行亲政，希望各位爱卿以大清国为念，各司其职，为大清国的繁荣昌盛作出自己应有的贡献。朕相信，只要各位爱卿与朕同心同德、共同奋进，大清江山就永远固若金汤、兴旺发达！"

弘德殿里又响起了一阵震天动地的"万岁"声。就在这震天动地的"万岁"声中，康熙笑微微地、有模有样地坐在了皇帝的宝座上。从表面上看起来，康熙皇帝确实是开始亲政了，因为，整个大清国似乎都被他坐在了臀下。然而，事实又是如何呢？

一个执事太监面对着众人高声尖叫道："有事参奏，无事散朝……"

这执事太监的话音未落，鳌拜就咕咚一声跪在了地上："皇上，臣有本参奏！"

康熙心中一"格登"：好个鳌拜，朕今日刚刚亲政，你便有本参来。虽然康熙尚不知道鳌拜所参何事，但康熙敢肯定，鳌拜所参，绝不会是什么"好"事。说不定，鳌拜故意用这种"参奏"的方式来让他康熙皇帝难堪。

康熙刚想令执事太监将鳌拜的奏本呈上来，却见遏必隆也走到鳌拜的旁边伏地叩首道："皇上，臣也有本参奏……"

康熙心道："这遏必隆定是与鳌拜串通一气的。"心念未已，却又见那辅国公班布尔善、兵部尚书葛褚哈、户部尚书玛尔塞和工部尚书济世等人一起走到鳌拜身后跪地叩首道："臣等有本参奏！"

康熙心中未免一惊。这么多人、而且都是鳌拜一伙的人，都有本参奏，定然不是什么偶然或巧合，说不定，这是一种预谋或阴谋。看来，索尼提醒得没错，今日极有可能发生一场非同寻常的事情。

康熙想到此，就渐渐地稳住心神。他已拿定主意，不管今日之事如何，他都一概冷静处之。于是，康熙便微笑着对一个执事太监道："去把各位大人的奏折呈上来。"

那执事太监不敢怠慢，连忙走下阶来，将鳌拜、遏必隆等人手上的奏折依次收好，然后呈在康熙面前的几案上。

康熙未看奏折之前，先冲着鳌拜等人言道："各位爱卿平身。待朕阅完尔等的奏折后再作相应区处。"

康熙开始御览鳌拜等人的奏折了。这一御览不大要紧，可把康熙暗暗地吓了一大跳。原来，奏折虽有六七本之多，却如出一辙，写的都是同一内容。显然，康熙估计得没错，鳌拜与遏必隆等人的确是早有预谋，而这预谋也的确是一个阴谋。

你道鳌拜等人的奏折上写的究竟是什么内容？康熙当然知道，但苏克萨哈却不知道。所以康熙就用一种不浓不淡的语调问苏克萨哈道："苏大人，你可知罪？"

苏克萨哈闻言大愕，急忙跪地言道："皇上，臣……何罪之有？"

康熙用手一指几案上的那六七本奏折："苏大人，你可知这些奏折之中，所参何人何事？"

苏克萨哈摇了摇头："臣不知那些奏折上所写内容……"

康熙言道："苏大人，你既不知，那朕就来告诉你。这些奏折中，所参的人只有一个，那就是你苏克萨哈苏大人……"

苏克萨哈慌忙道："皇上，臣究竟犯了何事被人参奏？"

康熙似乎淡淡地道："你结党营私、惟我独尊；你暗地里诋毁朕的声誉，还私下里冒犯太皇太后的尊严；你常常谣言惑众，与大清国离心离德；你曾口出狂言，说朕的大清江山是你苏克萨哈的天下……苏大人，你还需要朕把你的罪行一一历数下去吗？"

很明显，苏克萨哈的这些"罪名"都是鳌拜亲自创意的，因为这些"罪名"若戴在鳌拜的头上，应非常地适合、恰当。鳌拜的这种做法，是否也能称之为"贼喊捉贼"？

只不过，此时的苏克萨哈早就失去了什么"君子"之态。他可谓是又气又急、又恼又怒且又慌又乱。他有点结结巴巴地言道："皇上，臣虽然无德无能，但对大清国、对皇上、对太皇太后的一腔忠诚，却完全发自肺腑……这分明是鳌拜串通其亲信同伙，血口喷人，恶人先告状，他们，是想除掉像臣这样的忠良之人，好让他们一手遮天胡作非为……结党营私、惟我独尊的不是臣，是他鳌拜；诋毁皇上声誉、冒犯太皇太后的尊严，也不是臣，同样是他鳌拜；与大清国离心离德、说大清江山是他自己天下的，更只有他鳌拜才能说得出、才能做得出……皇上，你千万不能听信鳌拜一伙人的造谣诬蔑之辞啊！臣对大清国、对皇上、对太皇太后一直都是忠心耿耿的啊……"

鳌拜咧了咧大嘴，冷冷地说了一句话。他是冲着苏克萨哈说的。他说道："苏大人，你对皇上说的话，都说完了吗？"

苏克萨哈又朝着康熙叫道："皇上，臣与鳌拜，谁忠谁奸，你可千万要明察啊！"

康熙皱了皱眉，然后望着索尼言道："索大人，朕现在很是为难……鳌大人、遏大人和苏大人，都是朝中重臣，在这之前，也都是朕的辅政大臣，可现在，竟然互相攻讦起来……如果鳌大人和遏大人所奏属实，苏大人就显然是一个十恶不赦之人；可如果苏大人的确是一个忠良之臣，鳌大人和遏大人则又犯了欺君之罪……十恶不赦也好，欺君之罪也罢，按大清律法都该处斩……索大人，你说朕现在究竟该怎么办呢？"

看起来，康熙是在征求索尼的意见，而实际上，康熙早已明了鳌拜等人的险恶用心，只是一时拿不定主意，这才用“征求意见”的方式，希望索尼能给自己一个比较明确的提示。

索尼有多精明？听了康熙的话后，马上伏地叩首道：“回禀皇上，老臣以为，鳌大人、遏大人等所奏……句句属实。皇上应该当机立断！”

苏克萨哈听了索尼的话后，差点瘫倒在地。他虽然早就知道索尼不愿与他联手来共同对付鳌拜，但他万万没有想到，索尼会在这个时候对他苏克萨哈落石下井。要知道，此时的索尼，其身份地位都非常特殊，康熙皇帝不会不听索尼的意见。所以，苏克萨哈就颤巍巍地指着索尼言道：“索大人，你……为何说出这样的话来？”

索尼却一本正经地回答道：“苏大人，当着皇上的面，老夫只能实话实说……”

鳌拜高兴起来。索尼有如此表现，也着实出乎他的预料。看来，连索尼这样的老家伙，也都站在他鳌拜一边了。故而，鳌拜笑指苏克萨哈道：“苏大人，我鳌某说你是十恶不赦之人，你不相信。现在，索大人也说你是十恶不赦之人。你，还有什么废话要说？”

苏克萨哈不禁有些胆战心惊起来。他“呼”地从地上爬起来，冲着那一百多个王公大臣呼喊道：“各位王爷，各位大人，我苏克萨哈真的是一个十恶不赦的人吗？”

没有人回应苏克萨哈。当着鳌拜的面，谁敢替苏克萨哈说句“公道”话？苏克萨哈失望了。实际上，他是绝望了。他带着绝望的神情转向康熙，使劲儿地捶打着自己的胸脯道：“皇上，臣真的是十恶不赦之人吗？”

康熙也没有回答苏克萨哈。他知道，即使自己今日想搭救苏克萨哈恐怕也是徒劳。只不过，他的潜意识里，却尚存着一个要搭救苏克萨哈的意愿。所以，他就轻轻地冲着鳌拜言道：“鳌爱卿，若不是尔等忠心耿耿，朕也不会知道苏克萨哈原来是这么一个罪不容赦之人……不过，在尔等入殿之前，苏克萨哈就已经向朕呈了一本请求告老还乡的奏折。朕以为，苏克萨哈虽然罪该万死，但念其毕竟为大清国做过一些事情，功虽然不能抵罪，但饶其一死，让他回归故里，似乎也并无不妥……”

康熙心里话：鳌拜纵然横行霸道，可当着这满朝文武的面，总不会不给朕一个面子吧？只要给这个“面子”，苏克萨哈就可以留下一条性命。

谁知，鳌拜却“哈哈”大笑起来。鳌拜的笑声太肆无忌惮了，震得康熙的耳鼓一阵发麻，震得偌大的弘德殿一阵颤抖。笑毕，鳌拜旁若无人地言道：“皇上，难道你还没有看出苏克萨哈的一颗叛逆之心吗？皇上今日亲政，他却要告老还乡，他居心何在？他这不是明摆着对大清国、对皇上心存不满吗？像这种居心叵测的卑鄙小人，纵然将他千刀万剐也难消其罪，皇上又怎能让他回归故里？”

鳌拜似乎是在“教训”康熙，而且还是当着文武百官的面。好在康熙早就抱着一种“冷静”的态度，所以脸上一点生气和惊讶的神色都没有，反而微笑着对鳌拜言道：“鳌爱卿所言，是不是过于严重了？”

鳌拜的脸上连一点点微笑的痕迹都找不到。看起来，他颇为义正辞严：“皇上，你既然为君不忍，那就让微臣代皇上来清除朝廷叛逆！”

苏克萨哈看出了鳌拜目光中的浓浓杀气。事已至此，苏克萨哈也不再惧怕。他挺直腰板，厉声喝问道：“鳌拜，你想干什么？你想犯上作乱吗？”

鳌拜牛眼一瞪道：“苏克萨哈，你死到临头，还敢嘴硬？”

苏克萨哈的眼睛睁得也不小：“鳌拜，你想把我怎么样？”

鳌拜笑了，只是笑得很奸、很阴：“苏克萨哈，我不想把你怎么样，我只想把你送到你的好朋友苏纳海、朱昌祚和王登联那儿去……你可知道，你的这些好朋友都在想你呢！”

鳌拜在此时提及苏纳海等人，苏克萨哈不禁怒火中烧。他一指鳌拜，咬牙切齿地言道：“有当今圣上在此，还轮不到你鳌拜嚣张！”

殊不知，“当今圣上”早已是有苦难言。只见鳌拜面色一沉，冷冷地却又高声地吆喝道：“来啊！给我把这个叛臣贼子速速拿下！”

早就等得极不耐烦的穆里玛和塞本得二人，在鳌拜“拿下”一词刚刚说出口的时候，就仿佛两头饿狼般，凶狠地扑到了苏克萨哈的身旁，将苏克萨哈的两条胳膊紧紧地抓住。苏克萨哈虽然身高马大，可毕竟敌不过身强体壮的穆里玛和塞本得，挣扎了一阵之后，终也动弹不得。

鳌拜有板有眼地踱到了苏克萨哈的对面，且字正腔圆地言道：“苏大人，你现在所说的话，就是你留在世上的遗言了……”

鳌拜说的是实话。苏克萨哈留在世上的最后一句话是：“皇上，你怎么能够容忍鳌拜如此霸道？”

康熙的内心深处当然不能“容忍”，可瞥了一眼索尼，索尼就像什么也没看见、什么也没听见似的，康熙便强迫自己“容忍”了下去，也做出一副什么也没看见、什么也没听见的模样，静观事态的继续发展了。

然而，康熙那颗仁慈的心却在一阵阵地抽搐。他看见，鳌拜的右拳已经重重地击在了苏克萨哈的胸膛上。苏克萨哈惨叫一声，从口中喷出的一股鲜血，宛如一支利箭，直向康熙射来。康熙本能地向后一仰，再看，鳌拜的左拳又重重地击在了苏克萨哈的腹部。这一次，苏克萨哈没再惨叫，也没再喷血。他被鳌拜活活地打死在朝廷上、打死在康熙皇帝和文武百官的眼前。

可怜的苏克萨哈，直到死时也没能弄明白康熙皇帝为什么要如此地“容忍”鳌拜的霸道行径。

苏克萨哈死了。表面上看过去，康熙不仅没有因为苏克萨哈的惨死而显出什么伤心悲痛或不满怨尤之色，相反，他的脸上还由原先的无动于衷变为一种淡淡的喜悦来。这，是康熙皇帝真的变得成熟了还是变得冷酷了？

殿内那一百多位王公大臣，像康熙那样面带喜色的不多，大多数人都现出一种木呆呆的神情来，还有极个别大臣，可能是因为天生胆小的缘故吧，见苏克萨哈被活活打死，竟然止不住地哆嗦起来。当然，所有的大臣，不管其脸上是何种表情，都无例外地缄口不语。

鳌拜不屑地瞥了苏克萨哈尸体一眼，然后转过身去，“咕咚”一声朝着康熙跪下，口里高声言道：“启奏皇上，微臣杀死奸臣苏克萨哈，虽然是替天行道、为大清国的江山社稷着想，但毕竟有违皇上的旨意。现在，微臣除奸已毕，请皇上发落……纵然皇上将微臣零刀碎剐，微臣也死而无憾！”

康熙心里话：鳌拜，你才是大清国真正的奸臣啊！但康熙嘴里说的却是：“鳌爱卿言重了。像苏克萨哈这种罪大恶极之人，爱卿替朕处置，岂不是大快人心之事？爱卿只有功、并无过，又何来‘发落’之说？只不过，朕以为，爱卿适才处置苏克萨哈的手段，似乎有些过于严厉了……”

鳌拜大嘴一咧道：“皇上批评的是。皇上有如此仁慈之心，真乃臣等的莫大福分啊！”

康熙把目光投向那一百多位王公大臣。见那么多王公大臣都鸦雀无声地站立着，康熙不由得暗自叹息了一声。心念一转，他略略提高了声音问道：“各位大人还有无要事启奏？”

没有谁有什么“要事”启奏。其实，有不少大臣都是带了奏折来的，可见到康熙亲政之后，朝中局面并没有改变，还是由鳌拜把持、操纵，他们就不敢轻易地当着鳌拜的面把奏折直接呈给康熙皇帝。

康熙似乎很理解各位大臣的心思，于是就自顾点了点头，然后轻声问鳌拜道：“爱卿，你已经除去了苏克萨哈，现在可还有别的什么事情？”

鳌拜回道：“臣别无他事。只恳请皇上能够饶过奸臣苏克萨哈的其他家人……”

康熙仿佛也很认真地言道：“鳌爱卿有如此好生之德，实在令朕感动……这样吧，朕着人令苏克萨哈的家人速速离开京城，也就罢了……”

说完，康熙摆了一下手。执事太监冲着阶下喊道：“散朝——”

索尼、鳌拜和遏必隆及一百多位王公大臣一起伏地称颂道：“吾皇万岁、万岁、万万岁！”

康熙的脸上露出了灿烂的笑容。可“万岁”声中，他的目光却迅速地掠了苏克萨哈的尸体一眼。康熙暗道：苏克萨哈，你死得太惨，也死得太冤，你放心，朕一定会替你报仇、替你讨回一个公道！

众大臣相继爬起。索尼躬着腰身好像一步一点头地走到了鳌拜的身边，且不无赞叹地言道：“鳌大人真是武功盖世啊！只两拳，便将苏克萨哈毙命。此等功力，纵然放眼天下，恐怕也难以找到第二个人啊！”

鳌拜因为高兴，加上索尼先前是站在他鳌拜一边说话的，所以鳌拜对索尼就十分地客气：“索大人对鳌某太过夸奖了！鳌某虽还能使出三拳两脚，可若与十年前相比，鳌某现在也的确是江河日下了。”

鳌拜说的倒也是实话。现在的他与十年前的他相比，自然不能同日而语。然而，他适才两拳便打死苏克萨哈，却着实让索尼看了心惊。当然了，不管索尼的内心有何种想法，别人是休想从他的脸上看出什么端倪来的。他微笑着对鳌拜言道：“鳌大人，老朽不知为何，突然有了这么一种荒唐的念头……如果鳌大人用一根手指头在老朽的身上一点，老朽岂不是顿时就散了骨架？”

索尼的言语虽有些夸张，却也不无道理。鳌拜“哈哈”一笑道：“索大人，你这个念头也真的太过荒唐。我鳌某再不更事，也绝不会对你索大人动一根手指头。再说了，你索大人现在跟皇上是什么关系？鳌某若对你不敬，岂不就是对当今皇上的大不敬？鳌某也许任何事情都能做得出来，但对皇上大不敬的事情，鳌某却万万做不出来。”

索尼点头言道：“鳌大人言重了。老朽也只是玩笑而已。”

众大臣都缓缓地退出了弘德殿。康熙一时没动身。他在皇帝的宝座上呆坐了好一阵子。似乎，他今日亲政，舍不得离开身下的宝座。过了一会儿，他终于站了起来，一步一步地走到了苏克萨哈的尸体旁，又直直地站了好一阵子。他，康熙皇帝，面对着死不瞑目的苏克萨哈，心中会想些什么呢？

康熙最终还是离开了弘德殿。离去前，他吩咐身边的一个太监道：“把苏克萨哈好好地掩埋，把地上的血迹清洗干净……”

康熙离开弘德殿之后，本是朝着乾清宫方向去的，但不知为何，他半途又折向了坤宁宫。也许，他与赫舍里氏刚刚大婚，他不忍心让他的孝诚皇后空守闺房吧。

康熙走进了坤宁宫，赫舍里氏含笑相迎。然而，康熙并没有与她打招呼，而是自顾迈进她的寝室，倒头便睡。赫舍里氏不知何故，只得惶惶不安地恭立在床边，一时间手足无措。康熙有些过意不去，便硬是挤出一丝笑容对她言道：“你随便走动……朕心里不好受，想独自安静一会儿……”

赫舍里氏轻轻应诺一声，赶紧蹑手蹑脚走开，一边走一边暗自思忖：皇上昨夜是何等开心快乐，可今日早朝归来，却如何变得这般的闷闷不乐？

她将侍奉她的宫女们都支得远远的，然后找了一个安静的地方独自沉默。她反反复复地想：莫非，是我昨夜的举止太过放荡了吗？眼见着就是正午了，康熙在寝室内依然没有动静。她又想：该不该去叫皇上用膳？

就在赫舍里氏左右为难的当口，一个宫女跑来报道：太皇太后驾到。她闻言大喜：皇祖母来了，岂不是等于来了救星？

她慌慌忙忙地迎了上去。刚见着博尔济吉特氏的面，她就禁不住地噙着泪水言道：“皇祖母，皇上自早朝归来，一直不言不语地躺在床上，孩儿实在不知该如何是好……”

吉特氏轻声言道：“孩子，你不要太着急，你在这儿稍息一时，我自会去劝他……”

吉特氏刚一跨进赫舍里氏的寝室，就见康熙早已翻身下床，正朝寝室外走。见着吉特氏，康熙似乎很是惊讶：“皇祖母，你怎么来了？”

见康熙神色镇定，并无什么异样，吉特氏也很是惊讶：“孩子，你这是……要上哪儿去？”

康熙回道：“孩儿见时已正午，肚中恰又饥饿，便想去用膳……”

若是过去，亲眼目睹了鳌拜那么嚣张、那么残忍，康熙哪还会有什么心思用膳？吉特氏不觉点头道：“是呀，孩子，现在正是用膳的时候……”

康熙恍然悟出了吉特氏的来意，于是赶紧挽住她的手臂道：“孩儿现在不想去用膳了，孩儿现在想与皇祖母谈一谈了。”

康熙说着话，便将吉特氏搀扶在一张椅子上坐下，自己则恭恭敬敬地立在一边。吉特氏微笑着言道：“孩子，我已经看出来了，你已经不需要我再在你的身边啰嗦了……”

康熙连忙道：“皇祖母千万不要这样说……孩儿就像是一只小船，皇祖母就是掌船的舵手，孩儿无论何时何地，也都离不开皇祖母的指导，不然，孩儿这只小船，岂不是要偏离了航向？”

吉特氏开心地言道：“孩子，你不仅能做大事了，而且还学会了满嘴的花言巧语……”

康熙也笑着道：“孩儿这不是花言巧语。孩儿知道皇祖母时时刻刻都在惦记、牵挂着孩儿……皇祖母定是得知苏克萨哈的事情后，赶到这儿来安慰、开导孩儿的……”

吉特氏言道：“你说得没错。我得知苏克萨哈的事情后，的确有些为你担心。”

康熙脸上的笑容渐渐地淡去：“……当时，眼睁睁地看着苏克萨哈被鳌拜活活打死，孩儿心中确实很难受，也确实非常愤怒，甚至，孩儿都想冲下去与鳌拜拼个你死我活……但后来，孩儿终究还是忍住了。这其中，索尼的镇定自若对孩儿起到了很大的示范作用。同时，孩儿也发觉，孩儿与过去好像不大相同了。现在，无论让孩儿面对多么残忍的事情，孩儿也都能够做到不动声色了……”

吉特氏喜孜孜地插言道：“孩子，这就是你成熟的表现啊！”

康熙“哦”了一声，继续言道：“……不过，当孩儿一个人独处的时候，所经历的事情却久久难以忘怀……鳌拜张狂大笑的模样，苏克萨哈死不瞑目的惨状，就是孩儿现在想来，也依然气愤难平……还有，朝中那么多王公大臣，竟然无一人敢站出来指责鳌拜一伙无法无天的行径。不过，孩儿后来还是想通了。连孩儿都不敢以真面目示以鳌拜，那些王公大臣们又能对鳌拜怎样？”

吉特氏接道：“是呀，孩子，以后的路还长着呢！不能想通的事情，你都应该尽力想通啊！”

康熙半蹲在了吉特氏的面前：“皇祖母请放宽心，孩儿觉得，孩儿已经真正地想通了。虽然孩儿亲政之后，并未能如孩儿先前所愿，将鳌拜一伙的势力迅速地铲除，但孩儿今日也已经看出，真正跟鳌拜一伙的大臣，并不是很多，连鳌拜的儿子纳穆福也跟鳌拜貌合神离。大多数朝臣，虽然平日唯鳌拜之命是听，但他们内心深处，却都对鳌拜极为不满。他们只是惧怕鳌拜在朝中的权势而敢怒不敢言罢了，而鳌拜在朝中的权势又只不过是依仗着他们一伙手中握有很大的兵权，京畿一带，几乎都在他们的控制之下。乍看起来，他们很是强大，但孩儿以为，他们实际上是十分孤立的，而孤立的人，是根本称不上什么强大的。所以，孩儿并不惧怕他们。孩儿有信心、也有能力战胜他们！只要孩儿不急不躁，同他们较量智谋，孩儿以为，清除鳌拜一伙的势力，当为期不远！"

这么一大段话，康熙几乎是一气呵成。很显然，他在吉特氏到来之前，便已成竹在胸。吉特氏不禁充满深情地抚摸了一下康熙的额头："孩子，听你如此一番言语，我很激动……大清国，有救了！"

吉特氏缓缓地站起。康熙跟着缓缓地起身。康熙扶着吉特氏往寝室外走。在就要走出寝室的当口，吉特氏突然压低声音问道："昨天夜里，你过得如何？"

昨天夜里，康熙饮酒过量，但在赫舍里氏悉心努力之下，康熙依然度过了一个极其风流浪漫的新婚之夜。此刻，听吉特氏言起，康熙就很是羞涩："皇祖母，孩儿昨夜……非常地美妙。孩儿感谢皇祖母为孩儿挑选了这么一个可人可意的皇后……"

吉特氏的声音放得更低："孩子，床第之事虽然美妙，但过于沉溺其中，则不仅会伤身体，更会贻误大事啊！"

"皇祖母的教诲，孩儿谨记。"

康熙出了坤宁宫之后，就直奔乾清宫而去。他没带任何随从，只身一人大步往乾清宫走去，走到乾清宫附近时，天色已经完全黑暗下来。

康熙并没有马上就走入乾清宫内，他着人唤来索额图和明珠，劈脸就问二人道："你们可知今日朝中发生了何事？"

索额图回道："今日朝中发生的事情，早已在宫中传开……"

明珠言道："奴才等中午便听说了朝中发生的事情……听说，苏克萨哈死得很惨……"

康熙略一停顿，继而沉声问道："你们两个，加上你们训练的那十几个人，如果去和鳌拜搏斗，能有几分胜算？"

却原来，康熙苦苦训练索额图、明珠和那十几个少年，目的就是用来对付鳌拜的。尽管索额图和明珠早就大致猜出了康熙皇帝训练他们的用意，但由康熙皇帝如此明确地亲口说出，这还是第一次。故而，听了康熙的问话后，他们两人还是大大地吃了一惊。

见二人闭口不语，康熙不禁皱眉道："朕问你们话，为何不回答？"

索额图慌忙言道："回皇上的话，奴才以为，鳌拜两拳便打死了身高马大的苏克萨哈……奴才等若与鳌拜相搏，恐无绝对的胜算……”

明珠赶紧补充道：“奴才以为，如果配合得当、齐心合力，奴才等或许可以同鳌拜战成平手……”

康熙慢慢地摇了摇头道：“就算战成平手，又有何用?”

索额图和明珠见康熙的脸色十分难看，不由得有些心慌。两人对望了一眼，一起跪在了康熙的脚边。康熙明白他们的意思，也没责备，只是轻轻言道：“朕已经把训练你们的目的告诉了你们，你们以后，就应该有针对性地刻苦训练了……如果你们最终一事无成，那朕的这番苦心，就算是付诸东流了!”

康熙虽只有十四岁，但这番话却说得语重心长。索额图叩头言道：“皇上，如果奴才完不成任务，皇上就把奴才的脑袋从颈上拿去……”

明珠几乎要落下泪来：“皇上如此器重奴才，奴才即使是肝脑涂地，也要完成皇上的任务……”

康熙一时没有言语。索额图和明珠的忠诚，应该是毋庸置疑的，但光有忠诚，就能够办成任何事情吗？蓦地，康熙沉声言道：“索额图、明珠听旨——”

索额图、明珠二人乍听到“听旨”二字，不知将要发生什么事，都赶紧把头伏在地上，动也不动。只他们的心中却在疑疑惑惑地想着：“莫非，皇上现在就要派我等去对付鳌拜吗?”

就听康熙一个字一个字地言道：“朕封索额图为大清国的吏部右侍郎，明珠为大清国的内务府总管!”

索额图、明珠闻言大惊又大喜。他们都才十六七岁，于倏忽之间，便由一个普通的御前侍卫变成了朝中大臣，这叫他们如何不又惊又喜？因为太惊了，更因为太喜了，以致于他们都忘了“谢主隆恩”。

康熙淡淡地问道：“索额图、明珠，你们现在都做了朝中大臣，怎么不向朕谢恩啊?”

索额图、明珠这才回过神来，一边不停地说着“谢主隆恩”一边不停地给康熙叩头。康熙微笑道：“两位爱卿平身吧。你们虽然做了大臣，但也不必每次都去上朝。你们主要的任务，还是在宫内。朕怕你们平日活动有所不方便，所以就封给你们一个官职。你们明白了吗?”

康熙钦封索额图和明珠为官，是经过一番深思熟虑的。最明显的，是他考虑到了鳌拜的因素。如果封索额图和明珠为官，会引起鳌拜的猜忌或不满，那他康熙就不会这么做，至少，他暂时不会这么做。他以为，封索额图为吏部右侍郎、封明珠为内务府总管，鳌拜是不会怎么太在意的。因为，这两个官职只涉及到皇宫内部事务，与朝中大事并无多少关联，所以鳌拜就不大可能也没有多少理由起来反对。更主要的，索额图和明珠都才十六七岁，在鳌拜的眼里，他们只不过是两个少不更事的“娃娃”，既然鳌拜连康熙这个皇帝“娃娃”都没放在眼里，自然就不会把索额图和明珠这普通“娃娃”当做一回事情。既不会“当做一回事”，鳌拜就当然更不会反对或不满了。康熙以为，鳌拜会反对或不满的，是对他鳌拜能构成威胁的人和事。只要不对他鳌拜构成威胁，无论是什么人、什么事，他恐怕都只会抱着嗤之以鼻的态度。

应该说，康熙对鳌拜的这种分析和理解是十分准确的。而事实也证明了这一点。当有人把康熙封索额图、明珠为官的事情告诉鳌拜时，鳌拜只淡淡地说了这么一句道："皇上是在闹着玩呢！"而当康熙在一次早朝前故意将封索额图、明珠为官的事情向鳌拜"通报"时，鳌拜竟大大咧咧地言道："皇上封谁为官，微臣岂敢胡言乱语？"可见，鳌拜的确是没有把这件事情放在心上的。这当然是鳌拜的狂妄自大性格使然，但同时，也足见康熙对鳌拜已经渐渐地做到了"知己知彼"了。而"知己知彼"，岂不是"百战不殆"？

康熙封索额图和明珠为官，还有一个很重要的原因，那就是，使索额图和明珠更加忠心耿耿地为自己效劳。要知道，"吏部右侍郎"和"内务府总管"虽还不是什么一品、二品极臣，但索额图和明珠小小年纪竟能位列朝臣之中，这该是何等的荣耀？有了这等荣耀，他们的内心深处，还不对康熙皇帝感激涕零？

所以，当索额图、明珠激动不已地爬起身来之后，康熙看见，索额图、明珠二人的眼睛里，都闪烁着晶莹的泪花。

康熙静静地道："两位爱卿切记，你们要做的事情还很多，千万不可掉以轻心啊！"

索额图和明珠赶忙躬身言道："皇上旨意，臣已铭刻在心……"

康熙挥了挥手，索额图和明珠就很快地消失在了黑暗之中。

第十三章
惑权臣存心溺酒色 护圣驾刻意学功夫

康熙故意打了一个很响亮的酒嗝，迷离着双眼言道："谁不胜酒力了？朕……没醉！朕还要去找女人……乐一乐呢……"鳌拜沉声对身边的几个太监喝道："皇上已经饮酒过量，还不快扶皇上去休息？"

康熙的生活一下子变得十分有规律起来，规律得都令人难以置信。

每天一大早，康熙爬起来之后，不是去上朝，就是去听弘文院大学士熊赐履、魏裔介等人讲解汉人的文化。早朝或早课之后，康熙便悠哉游哉地去往慈宁宫拜见皇祖母博尔济吉特氏。在慈宁宫，他往往要"消磨"掉一整个上午时间。而且，他与博尔济吉特氏的谈话，几乎都是当着许多太监和宫女的面。据有的太监向鳌拜"透露"：康熙皇帝与太皇太后博尔济吉特氏在一起，从来都没有谈论过什么正儿八经的事情，康熙皇帝谈论的最多的内容，似乎只有这么两件事，酒和女人。并且，康熙在谈起酒和女人时，不仅神采飞扬，而且颇为精通，仿佛，少年康熙已经是酒色中的一个行家里手了。

康熙每日拜见完皇祖母博尔济吉特氏之后，便直接去御膳房用餐。皇宫中风传，康熙皇帝每次用膳时都大块吃肉、大碗喝酒，其情其态，活脱脱是一个不谙世事的江湖新手，而且，康熙皇帝的酒量还不大，几乎每饮辄醉，醉了之后就洋相百出。说是有一回，康熙在御膳房内用午膳，一下子喝醉了，便大叫着撵着太监、宫女打闹，并将一个小宫女的衣衫撕得七零八落。有亲眼目睹者暗地里向好友描述这一情景时道：那时候的皇上，跟一个村夫酒鬼并无二样。不知怎么地，这事儿很快地就传到了鳌拜的耳朵里了。

康熙用完午膳之后，一般都是在太监、宫女的扶持下回到乾清宫里去睡觉。这一觉，往往要睡到临近黄昏的时候。醒来之后，他或者带着赵盛和阿露去一个什么地方钓鱼、捕鱼，或者领着索额图、明珠等人骑马去京城西郊狩猎、玩耍。若是去了西郊，康熙有时还不回宫，就在西郊行宫留宿。当然，一般情况下，康熙都是在皇宫里过夜的。

夜晚的生活，是康熙皇帝一天当中的华彩乐章。他用过晚膳之后，便带着浓浓的酒意，在赵盛、阿露的陪同下，既不去坤宁宫，也不回乾清宫，而是径往西六宫而去。在很长很长一段时间内，康熙几乎每天晚上都是在西六宫里度过的。

所谓“西六宫”，指的是紫禁城内的永寿宫、翊坤宫、储秀宫和太极殿、长春宫、咸福宫。这里的每一座宫殿，都自成一个单元，有规整的院落，有前后殿和配殿，并有树木花卉点缀其间。

明朝的时候，“西六宫”是专门给皇帝的妃、嫔们居住的，而到了清朝，则皇帝的所有后妃几乎都居住在这里。换句话说，就是康熙皇帝所有的妻子，除皇后赫舍里氏住在坤宁宫外，差不多都住在了“西六宫”里。既如此，康熙皇帝每天晚上带着赵盛和阿露往“西六宫”跑，似乎也就并不太奇怪。稍稍让人觉得有点奇怪的是，一般的皇帝都是在乾清宫内召幸后妃，而康熙却是主动地去临幸她们。

因为康熙皇帝几乎每天晚上都要到“西六宫”来，所以“西六宫”内每天晚上都很热闹。只要天一黑，“西六宫”内所有宫殿的大门都毫无例外地敞开了。康熙的那些妃嫔们一个个装扮得花枝招展，倚在宫殿的门边，搔首弄姿、挤眉弄眼地期待着，盼望着皇帝的到来。而康熙呢，似乎故意同他的那些后妃们开玩笑。眼见着，康熙走进一个妃子的房间，可就在那妃子乐不可支的当口，康熙却又走出来迈进另一个妃子的房间，这妃子刚刚喜上眉梢，准备尽心伺候皇上，谁知一眨眼的工夫，康熙却不知了去向。就这么着，折腾来折腾去，几乎每天晚上，康熙的那些妃嫔们，怎么也弄不清她们的皇帝丈夫究竟宿在了何处。而天亮之后，她们又都用一种敌视和怀疑的目光互相打量着。因为，她们都认为皇上昨晚一定是睡在了对方的屋里。至于康熙每天晚上究竟宿在何处，恐怕也许只有天知道了。

不过，有那么一天晚上，“西六宫”内所有的人，包括康熙的那些妃嫔们，包括侍奉那些妃嫔们的宫女、太监，几乎都知道了康熙那晚上是睡在何处的。

“西六宫”内每一座宫殿都十分地高大壮观，而在高大壮观的宫殿之间，却也排列着一些矮小的房屋。高大壮观的宫殿自然是康熙的那些妃嫔们住的，而那些矮小的房屋里则住的是宫女和太监。康熙那晚上“一头扎进”的那间小房子里，恰恰住着一个宫女。她叫纳喇氏，大约十五六岁，虽然不敢说长得美貌惊人，但因为年少，倒也鲜艳夺目。

康熙本不认识什么纳喇氏。皇宫内的宫女数以千计，他岂能一一认识？他那晚上本也不想钻进纳喇氏的屋子的，只是因为那天晚上酒喝得确实有些过量，他是在一种“无意”之中走进纳喇氏的房间的。

那天下午，康熙在御花园内的一个水池边钓鱼。不知是因为手气好，还是因为那个水池里的鱼特别多，康熙钓上来的鱼，赵盛和阿露两个人都几乎拎不动。

康熙手里提着鱼，脸上是喜滋滋的表情。他对赵盛、阿露言道：“叫御膳房把这些鱼全做成菜，朕今晚上要好好地吃一顿鱼宴。”

赵盛“吭哧吭哧”地道：“皇上，这么多的鱼，如何能吃得完？”

康熙回道：“朕吃不完，不是还有你们大家吗？”

阿露道："能吃上皇上亲手钓的鱼，真是奴婢莫大的福分呢?"

康熙像是很随便地说道："既然有这么多鱼，不如请鳌拜和遏必隆也来尝尝!"

因为那些鱼是康熙皇帝亲手垂钓上来的，所以御膳房在做这顿"鱼宴"的时候就格外地一丝不苟。当一桌丰盛而又风味独特的"鱼宴"摆在了康熙和鳌拜、遏必隆等人的面前时，康熙似乎再也按捺不住自己内心的激动，伸手就抓了一块烧鱼丢进了嘴里，且咂咂有声言道："嗯，好吃，真是太好吃了！两位爱卿还愣着干什么呀？不吃可没了啊……"

一个皇帝，竟然伸手抓吃的，也着实有失体统。鳌拜和遏必隆相视一笑，也就跟着康熙吃将起来。康熙又冲着侍立在旁边的太监言道："快给朕和两位爱卿倒酒，拿大碗!"

三只硕大的银碗，分别摆在了康熙等人的面前。紧跟着，三只银碗里都斟满了酒。这自然不是一般的酒，而是特酿的琼浆玉液。鳌拜仿佛喟叹道："臣早已耳闻皇上以碗饮酒，今日一见，果然不虚……"

康熙略略惊讶道："鳌爱卿，朕在宫中之事，你如何也会知晓?"

鳌拜言道："皇上不要误会。臣并不是刻意去打听皇上的私事，臣是为皇上的酒量有突飞猛进之势而暗自感到欣喜不已……"

"哦……原来如此!"康熙明白似的点了点头，"不过，鳌爱卿，朕的酒量虽有所增加，但若与你相比，就是小巫见大巫了!"

鳌拜十分谦逊地摆了摆手道："皇上谬夸微臣了。微臣虽有些酒量，但无论如何，却也是不能与皇上相提并论的……"

康熙笑道："那好吧，朕今日就与两位爱卿喝个痛快!"

慢说康熙与鳌拜的酒量相差甚远，就是遏必隆，在酒量上也比康熙强出许多，所以，出于对皇上的"关心"和"爱护"，鳌拜和遏必隆二人就力劝康熙每次只能喝小半碗。康熙也没坚持，同意了他们的要求。一时间，碗来碗往的，笑声不断。君臣之间看起来也的确是其乐融融、亲密无间。

但康熙毕竟酒量有限，尽管他一直暗暗地控制着自己，不敢喝得太多，因为酒多话就多，而言多则必失，可时间一长，他还是觉着了自己有些头重脚轻。他知道，不能再喝下去了，再喝下去，恐怕就会在鳌拜和遏必隆的面前，说了本不该说的话。所以，为了避免这种麻烦出现，康熙就开始假装醉酒了。他装得很像，简直就跟真的一样。他吞下去一大口酒，还未能咽下去，却又"扑"地从口中喷了出来，喷得满桌子都是酒花。一个人若是喝得多了，是会有康熙这种"难以下咽"的表现的。

鳌拜以为康熙是真的喝醉了，于是就赶紧起身言道："皇上，你好像有些……不胜酒力了……"

康熙故意打了一个很响亮的酒嗝，然后迷离着双眼言道："谁不胜酒力了？朕……没醉！朕还要去找女人……乐一乐呢……"

康熙的唇角甚至还掠过一丝淫荡的笑容。看他那模样，也着实与一个酒鬼加色鬼无异。鳌拜沉声对身边的几个太监喝道："皇上已经饮酒过量，还不快扶皇上去休息?"

几个太监慌忙去扶持康熙。康熙却又挣扎着言道："朕不休息……朕要去后宫玩耍……"

康熙口中的"后宫"，自然指的是"西六宫"。鳌拜吩咐那几个太监道："皇上想去哪儿，你们就伺候着去哪儿，若有懈怠不周之处，我鳌某决不放过你们!"

就这样，康熙趔趔趄趄地来到了"西六宫"。确切说，他当时是来到了翊坤宫和储秀宫之间。跟往日一样，在各色彩灯的映照下，每个宫殿的大门都敞开着，每个大门的里面或外面都站着一个或几个打扮得花枝招展的美貌而年少的女子。

康熙皇帝走过来了，他的那些后妃们只是站在门里或门外，既不上来搭讪，也没有什么"过激"的言行，都用一种含情脉脉的目光盯着康熙，仿佛要用自己的目光把康熙皇帝给拽到自己的身边来。

以往，康熙来此之后，便一会儿钻进一个后妃的房子，一会儿又跑到另一个后妃的屋里，就跟捉迷藏似的。尽管能够真正得到康熙"驾幸"的女子可谓是少之又少，但康熙这么钻来跑去的，就使得她们希望与失望交织、悬念和疑虑并存，也着实十分热闹。

然而这一次，她们都明明白白地发现，她们一点希望也没有了，剩下的都是失望，也根本没有什么悬念可言，只有疑虑在她们每个人的脑海里盘旋、浮沉：皇上，为何会走进那间矮房子里?

"那间矮房子"就是宫女纳喇氏的住处。纳喇氏自然连做梦都不会想到，当今皇上会驾幸她的房间。而且，不要说纳喇氏了，就是康熙自己，恐怕也说不清为何要钻到纳喇氏的房子里。

反正，康熙当时是既没有走向翊坤宫，也没有走向储秀宫，而是踉跄着身体，走向了两宫之间的一排矮房子，并恰巧走进了宫女纳喇氏的屋子。

康熙夜幸"西六宫"，本与那些宫女、太监关系不大。但那些宫女、太监，尤其是那些宫女，那个时候也是睡不着觉的。她们都躲在自己的屋里，或从窗户处，或从门缝里，细心地窥视着康熙的一举一动。她们一边目睹着皇上的龙颜一边在心里胡思乱想。她们那个时候的注意力都异常地集中，几乎已经达到了"旁若无人"的境界。

纳喇氏自然也不例外。康熙皇帝都走进她的房间了，并明明白白地站在她的面前了，她却好像还不敢相信自己的眼睛：皇上……怎么会走进这个房子呢?康熙却只有一句话："朕只想在这里好好地睡一觉……"

纳喇氏有些回过神来了，慌慌忙忙地伏地叩首道："奴婢给皇上请安……"然而，她伏地的时候，康熙早已经躺在她的床上了。

纳喇氏一时间很是有些为难。皇上睡在了床上，自己该怎么办呢？是同皇上睡在一起，还是就这么跪在地下？

思虑再三，她最终还是跪在了原地，动也不动，只微微抬着头，小心翼翼地看着康熙。尽管跪的时间长了，双膝未免有些疼痛，但她却以顽强的精神和毅力，不仅战胜了双膝处越来越厉害的疼痛，也战胜了随着时间的推移而越来越浓重的睡意。而恰恰是由于她的这种精神和毅力，她一生的命运才会发生了一个巨大的变化。

康熙大约是在凌晨时分醒的。他酒喝多了，感到渴了，所以就睁开了眼。尽管当时屋内的光线还比较暗，但康熙还是立刻就发现，小屋的地面上正跪着一个人。他皱了皱眉头，想起了昨天晚上发生的事情。他也忘了喝水了，而是欠起身子对纳喇氏言道："你且起身，朕有话问你。"

纳喇氏自然很听话，一点点地爬起来，可因为跪了一夜，不仅双膝十分疼痛，而且双腿也跪得麻木，故而，她刚一爬起，就又"咕咚"一声摔在了地上，且由于摔得太重，她就情不自禁地"哎哟"了一声。

康熙连忙问道："朕让你起来，你为何复又跪下？"

纳喇氏吞吞吐吐地言道："奴婢因为跪的时间长了，实在支撑不住……请皇上恕罪……"

康熙一惊："你，莫非跪了一夜？"

她伏地磕头道："皇上安寝，奴婢不敢惊扰，只得跪在这里……"

康熙赶紧翻下床来，一边朝她走去一边向她问道："此床虽小，但足以容下二人，你为何不上床来休息？"

她诚惶诚恐地回道："奴婢实不敢与皇上同处一床……"

康熙走到她的身边，双手一抄，竟然将她抱离了地面："朕已休息好了，现在该你好好地休息了。"

就这样，宫女纳喇氏于一夜之间便变成了康熙皇帝的"惠妃"。而就是这个惠妃纳喇氏，在1672年春，为康熙皇帝生下了大阿哥胤禔——康熙诸子名中的第一字本都以"胤"排，只是康熙的四阿哥胤禛后来做了皇帝，即清世宗雍正皇帝，为避讳，康熙诸子名中的第一字便由"胤"改为"允"——这是后话。

康熙每日里除了吃喝玩乐之外便无所事事的这种极有"规律"的生活，完全是故意所为。确切点说，康熙是故意做出这种沉湎于酒色之中的模样来给鳌拜一伙看。其目的，自然是在麻痹鳌拜一伙。而实际上，康熙几乎无时无刻不在想着和做着对付鳌拜的事情。这一点，索尼知道，太皇太后博尔济吉特氏知道，还有，吏部右侍郎索额图和内务府总管明珠也知道，除此之外，其他的人就无从知晓康熙的真正想法和做法了。

应该说，康熙的做法十分奏效。鳌拜一伙还真的被康熙的表面行为给蒙住了。不仅是鳌拜一伙，就是康熙的贴身侍从赵盛和阿露，也对康熙沉湎于酒色之中的举止大惑不解。而实际上，康熙自己的内心是十分矛盾的，也是十分痛苦的。他很想把自己的真实想法和做法告诉应该告诉的人。像熊赐履和魏裔介，像赵盛和阿露，还有皇后赫舍里氏等。可康熙同时也明白，一个秘密如果知道的人多了，那就不成其为秘密了。而康熙的心里就始终在矛盾着，所以康熙的心里也就始终在痛苦着。

其实，就康熙的“表面”生活内容而言，他也算不上一个真正的酒色之徒。许许多多的现象和事情，他都是假装出来的。换句话说，许许多多的时候，他都是在演戏。

比如喝酒吧。康熙确实是每天喝两顿，也确实是用大碗饮酒，但“醉饮”却少之又少，甚至都没有发生过。他每次酒后“醉态百出”，曾追赶过太监，曾撕扯过宫女的衣衫，曾“醉”倒在地爬不起来等等，却几乎全是装出来的，目的就是想造点“声势”和“影响”，好让鳌拜一伙人都知道。

再比如玩女人吧。康熙确实每天晚上酒后都要到“西六宫”等处肆无忌惮地“胡闹”一番。但其目的，也正像他佯醉“胡闹”一样，是故意做给鳌拜一伙看的。如果有谁去挨个问一问“西六宫”里的那些后妃们，便会发现这么一个事实：别看康熙每晚上都要来此“闹”得热火朝天，有些时候也确实闹了个通宵达旦，但真正和康熙有过鱼水之欢的后妃，恐怕屈指可数。

当然，如果鳌拜知道了康熙“醉酒”和“玩女人”的内幕，就绝不会认为小小的康熙是一个什么“酒色之徒”。而要是鳌拜再知道了康熙在京城西郊狩猎时发生的一些事情，恐怕他就不会那么开心了。

京城西郊有一个很大的园囿，称之为“西苑”，里面豢养着许许多多的大小动物，专供皇帝和皇室子弟狩猎消遣之用。康熙在那些日子里，曾带着索额图和明珠去过那儿好多次。有一段时间，康熙几乎每天都要到那儿去，甚至，有好几个晚上，他都没回皇宫，而是住在了西苑附近的行宫里。鳌拜得知此事后，曾笑对遏必隆等人道：“皇上是玩上瘾了呢！”

鳌拜说的一点没错，康熙那段时间确实是在西苑玩上了“瘾”。不过，一开始的时候，康熙去西苑玩耍主要还只是做做样子，做出一种“不务正业”的模样让鳌拜一伙观瞧，只是后来，康熙去西苑的目的就发生了巨大的变化。这种变化源于一个叫吴有财的年轻侍卫。

吴有财是负责守护西苑的一个汉人侍卫，因为人很机灵乖巧，就被派了专门给皇帝和皇室子弟牵马的差事。康熙带着索额图和明珠去西苑，自然是要骑马狩猎，这样一来，康熙就认识了吴有财。

吴有财能引起康熙的格外注意，起初只是因为他的姓名。“吴”同“无”谐音，所以康熙就曾对吴有财开玩笑道：“你父亲给你起这个名字，定是希望你日后能发大财，可你的名字和姓氏连在一起念，却变成无有财了。看来，你日后是注定发不了什么大财的了！”

康熙虽是开玩笑，但吴有财却吓得不轻，因为在吴有财看来，皇上是“金口玉言”，皇上说发不了财那就无论如何也是要穷一辈子的。所以吴有财在康熙开了这句玩笑之后，就变得沉默寡言起来，忧心忡忡的，吃什么都不香。这事儿后来被索额图知道了，索额图告知康熙。康熙顿足道：“朕之过也！”于是就亲手送给吴有财五十两银子，并对吴有财言道：“朕告诉你，你日后一定会发大财的！”

吴有财真正引起康熙特别注意的，还是因为另外一件事。那一天，康熙在乾清宫午睡醒来，时间已经很迟了，但还是带着索额图和明珠等人赶往西苑，到达西苑时，已近黄昏。康熙看见，吴有财正和几个满族的侍卫在一起摔跤玩耍。因为那几个侍卫都是满人，自小就受过摔跤训练，故而吴有财怎么摔也都是失败者。索额图正想过去吩咐吴有财牵马，却被康熙止住。因为，康熙发现，吴有财每一次被摔倒在地，爬起来之后，就变得凶狠凌厉起来。一个侍卫走到吴有财的身边，抓住吴有财的手，想故伎重演，将吴有财撂翻，谁知，吴有财双手一抖，竟然将那个侍卫的一只手臂扭到了背后，那侍卫苦苦挣扎也动弹不得，吴有财脚下使了个绊子，那侍卫就一头栽倒在地。另一名侍卫见状，踏步过来，伸手去抓吴有财的衣领。吴有财不躲不闪，一只手上抬，迎住了对方伸过来的手，只将对方手腕往上一翘，对方就如杀猪般地“嗷嗷”大叫起来，吴有财用脚一勾，对方就“咕咚”倒地。

康熙看在眼里，喜在心上，对索额图言道：“快叫吴有财见朕！”

吴有财才战战兢兢地走到康熙的面前，“扑通”跪倒，一边叩头一边不迭地言道：“奴才罪该万死，奴才罪该万死……”

康熙和颜悦色地对吴有财道：“你且起来。吴有财，朕见你刚才所使的招式，煞是厉害，真看不出，你还是个打斗的高手啊。”

吴有财忙道：“奴才老是被他们摔倒，无奈才使出这种打法……”

康熙微微一笑道：“你这种打法，用在摔跤上，未免有犯规之嫌，但用在打斗上，却并无不妥。明珠，你现在就同吴有财比试一回。”

明珠虽和吴有财差不多年纪，却是堂堂的皇宫内务府总管，吴有财自然不敢轻易地和明珠比试。康熙看出了这一点：“你听着，你用不着害怕，只要你用刚才的招式，能将明珠制服，朕就重重地奖赏于你。”

吴有财决定豁出去了，应诺一声，就直直地朝着明珠看去。

明珠根本就没把吴有财放在眼里，身子一挫，双脚一分，右拳就挟起一股微风朝着吴有财的面门打去。吴有财识得厉害，没敢硬接，晃动身躯，小心躲过。明珠一拳不中，又迅速冲出左拳向吴有财胸部击去。吴有财只偏了偏身子，双手便灵巧地捉住明珠的左臂，就势一扭，就将明珠的左臂扭到了背后。明珠尽管身体被制，但还依然不停地挣扎，且还用右手向吴有财发起攻击。吴有财只将明珠的左臂使劲儿一抬，明珠就顿时大喊大叫起来，再也不敢挣扎半分了，脸上一副异常痛苦的表情。

康熙忙着叫道：“吴有财，快放了明珠，千万别伤了他……”

吴有财赶紧丢手。饶是如此，明珠也依然捂住左臂呻吟个不停。

康熙走到索额图的面前，轻声问道："如果让你与吴有财比试，你自忖有几分胜算？"

索额图老老实实地答道："微臣与明总管的武功当在伯仲之间，明总管既然不敌，恐微臣也实难有多少胜算……"

康熙不禁叹了一口气道："尔等苦练多年，竟然不敌一名普通的侍卫，看来，尔等这么些年，也确实是白练了……"

索额图和明珠，就像是约好了似的，几乎是同时跪在了地上，且口中还不约而同地道："臣等无能，请皇上治罪……"

吴有财不知究竟，见索额图和明珠双双跪倒，也不敢怠慢，重重地跪在了地上，只低下头颅，一言不敢乱发。

康熙沉吟片刻，然后对索额图、明珠和吴有财言道："你们都起来，朕并无怪罪之意。"

待索额图、明珠和吴有财都爬起身之后，康熙又对吴有财言道："天色将晚，朕今日就不骑马狩猎了。你且回去，朕也要去用膳了。"

然而，吴有财离去之后，康熙并没有急着去用膳，而是将索额图和明珠叫到身边，低低地问道："你们可看出吴有财的那种招数有什么特点？"

明珠看了看索额图，索额图看着康熙摇了摇头。康熙却缓缓地道："朕倒是看出了一点门道……朕以为，吴有财的那种招数，乍看起来十分怪异和诡谲，但仔细一推敲，就不难发现，他的招数，全是挟制对手的反关节。一个人的关节被制，身体就被制，身体被制，当然就只能任人宰割了……"

康熙一边说着一边还用双手比划。他这么一说、一比划，索额图和明珠就顿时恍然大悟。索额图心悦诚服地道："皇上实在是英明……"

康熙四周张望了一下，然后压低声音对索额图、明珠言道："朕问你们，如果用吴有财刚才使出的招数，去对付鳌拜如何？"

索额图和明珠这才真正明白康熙皇帝为何对吴有财的这种招式如此感兴趣。索额图回道："皇上圣明……鳌拜虽然武功高强，但用这种招式却能使他猝不及防。纵然他会很快醒悟过来，但身体早已为我所制……"

明珠紧接着道："只要身体被制，他武功再高再强，也是枉然……"

康熙点了点头道："所以，朕的意思是，从今天晚上开始，你们就去跟吴有财学习这种打斗之法。待学习得纯熟了。你们再回宫中去教授那十几个人……注意，千万不要在吴有财等人的面前暴露你们学习的目的。"

索额图和明珠都神色凝重地点下了头。康熙又补充道："你们切记，这种招式看起来非常简单，但要真正做到熟练运用，绝非易事！"

就这么着，索额图和明珠在康熙的指引和督促下，花了约半个月时间，终于从吴有财那儿学得了"擒拿"的基本要领，而且还有所发挥：吴有财只懂得制服对方双手和双臂的"擒拿"法，而索额图和明珠举一反三，研练出了一套制服对方双脚和双腿的“擒拿”法。对此，康熙大为赞赏，并谕令二人，将全部所学所悟，尽数传授宫内的那十几个少年。由此可见，康熙虽然看起来终日地“花天酒地”，而实际上，他几乎无时无刻不在想着、做着如何对付鳌拜的事情。像康熙这样“少年老成”的皇帝，中国的历史上也确实不多见。

其实，康熙早就把自己对付鳌拜的“锦囊妙计”通过索额图转告了索尼，请索尼发表看法和提出意见。索尼让索额图带给康熙一张纸条，纸条上只有四个字：皇上英明。显然，老谋深算的索尼觉得康熙对付鳌拜的那个“锦囊妙计”已经无可挑剔。而康熙看到“皇上英明”那四个遒劲有力的字时，也不由得会心地笑了。

第十四章
试深浅酒后乱任免 博成败殿前辨忠奸

康熙缓缓地踱到鳌拜身边蹲下，望着他那张因痛苦而变了形的脸，笑眯眯地问道："鳌大人，你可想过你也会有这么一天？"鳌拜圆睁着一对牛眼，身躯上下左右地摇晃，竟晃下一柄闪着寒光的短刀来。

经过了一段很长时间的"花天酒地、无所事事"的生活之后，康熙觉得对鳌拜"试探"的时机已经成熟。说是"试探"，其实也就是在检测他康熙这段时间"花天酒地、无所事事"的生活是否起到了应有的作用、是否真正地蒙骗、麻痹住了鳌拜一伙。当然，"试探"鳌拜，也是康熙那"锦囊妙计"的重要组成部分。

于是，就有了这么一个中午。康熙在大吃大喝了一顿之后，并没有像往日那样睡午觉，而是喷着满嘴的酒气，踉踉跄跄地径直去了弘德殿。

康熙走进弘德殿之前，早就着人通知文武百官来此上朝，说是皇上有重大事情要宣布。此刻，当着文武百官的面，他大大咧咧地在宝座上坐下，还特意召来两个宫女，一个为他揉肩，另一个替他捶腿。乍看上去，康熙确是一副酒意惺忪、玩世不恭的模样。

除了索尼，其他的大臣，包括鳌拜和遏必隆，都暗自思忖道：皇上会有什么"重大事情"要宣布呢？

只见康熙打了两个响亮的酒嗝，挥走了替他揉肩和捶腿的两个宫女，歪歪倒倒地站起身子言道："各位爱卿平身……朕此时召见各位爱卿，是因为……朕有一项重大任免决定要晓谕各位爱卿……"

康熙微微笑着言道："兵部尚书葛褚哈听旨！"

葛褚哈先悄悄瞥了鳌拜一眼，然后上前跪地应道："微臣在。"

"从现在起，朕免去你的兵部尚书之职……"

康熙此言一出，满朝皆惊。谁都知道葛褚哈是鳌拜最得力的干将之一，康熙如此作为，岂不是明摆着要与鳌拜公开对抗？

葛褚哈几乎不敢相信自己的耳朵。自己的兵部尚书之职，就这么给康熙皇帝罢免了？他赶紧用惶惶不安的目光看了看鳌拜。鳌拜当然也大感意外和惊讶，但却也沉得住气，用目光暗示葛褚哈道：先应承下来，看康熙皇帝还有什么话要说。

于是，葛褚哈就叩首言道：“微臣接旨……”

康熙一个趔趄，跌坐在皇帝的宝座上。停顿了片刻，康熙接着言道：“朕委任葛褚哈为弘文院大学士兼议政大臣……钦此！”

鳌拜闻言，心中略略轻松了一些。而葛褚哈却不禁喜形于色，忙着朝康熙叩谢道：“吾皇万岁万岁万万岁……”

你道葛褚哈为何这么喜形于色？原来，兵部尚书虽有调动军队之大权，但在朝中的地位却并不怎么显赫，而大学士则不仅官至一品，且属于朝中重臣之列。特别是议政大臣一职，更非寻常，满朝文武，只有极少数满臣可以充当此职。虽然由于鳌拜的擅权，“议政”早已是徒有虚名，但是形式上，议政大臣仍是清廷中核心成员之一。能跻身于朝廷的最上层，葛褚哈还不喜形于色？

然而，鳌拜对这种结果却并非很满意。他想的是：兵部尚书一职虽不十分显赫，却有调动军队之实权，而大学士兼议政大臣地位虽高，却是虚职。“看来，”鳌拜思忖道，“我得找皇上好好谈谈，兵部尚书一职，是断不能落入不可靠的人之手的。”

这时，康熙又口齿不清地言道：“靖西将军穆里玛听旨！”

穆里玛连忙朝着鳌拜看去。鳌拜只微微一皱眉，旋即便点了点头。穆里玛这才跨出两步伏地道：“臣恭候圣旨……”

众人心中都揣测道：康熙皇帝说不定又是故伎重演，将穆里玛的“靖西将军”之职拿掉，再封穆里玛一个更大更高的虚职。而这样一来，肯定引起鳌拜的不快和反感，因为，谁都明白，康熙皇帝如果真的这么做，那就是在有意削弱鳌拜一伙的实力。穆里玛是鳌拜的弟弟，靖西将军衔下治有千军万马，如果康熙皇帝拿去穆里玛的兵权，鳌拜绝不会善罢甘休。故而，许多文武大臣一边这么暗中揣测着一边却又隐隐地为康熙皇帝担忧。

只是，那些文武大臣们都想错了。康熙并没有按照他们所想的那样去做。只见康熙，在一个执事太监的扶持下，踉踉跄跄地从台上走了下来，且一直走到了穆里玛的近前，打住脚，又打了个酒嗝，然后摇头晃脑地对穆里玛言道：“朕适才升了葛褚哈的官，但却撤了他的职……现在，他空出来的那个兵部尚书一职，就由你这个靖西将军兼任，如何？”

鳌拜等人这才真正地松了口气。看来，康熙皇帝果然是趁着酒劲儿同众人开了个大玩笑：将兵部尚书一职从葛褚哈的身上拿下，却又马上套在了穆里玛的头上，这岂不是换汤不换药？

穆里玛当然是喜出望外。平白无故地就得了个兵部尚书职位，不管怎么说，也是值得高兴的事情。因此，他在向康熙谢恩的时候，脑门竟然将坚硬的地面撞击得铿然有声。

康熙又冲着众人言道：“各位爱卿如果没有别的什么事情，就退朝了……”

众人相继散去。虽然许多人都默然无言，但心中却都在这么想着：皇上这是喝醉了酒闹着玩呢！还有不少人心中想得似乎更为深远：皇上如此闹下去、玩下去，这大清国将会变成什么模样？

康熙似乎也想离去，但却又留下步，叫住鳌拜、索尼等人问道：“朕刚才的这一重大决定，你们觉得如何？”

鳌拜笑眯眯地回道：“皇上的重大决定，微臣岂敢轻易评说？”

索尼却突然言道：“鳌大人不敢评说，老朽却敢妄言。”

鳌拜不禁“哦”了一声，然后不紧不慢地望着索尼问道：“不知索大人对皇上的这一重大决定作何评说啊？”

索尼没有看鳌拜，而是看着康熙，说了这么四个字：“皇上圣明！”

鳌拜笑了，康熙也笑了，索尼也笑了。三人各自笑着离开了弘德殿。表面上看，三个人脸上的笑容几乎相差无几，都十分高兴、十分开心，但实际上，三个人脸上笑容所蕴含的实质却不尽相同，确切说，是大不相同。

鳌拜脸上的笑容的确是很高兴、很开心的。他高兴、开心的，倒不是因为葛褚哈升了官、穆里玛加了职，他高兴的是，康熙皇帝的确成了一个只知道吃喝玩乐、任性胡闹的“花花公子”了，今日醉酒召集群臣便是一个明证；而他开心的则是，康熙皇帝已经完全慑服于他鳌拜的淫威之下了，不然，康熙皇帝就不会当着满朝文武的面，对他鳌拜的手下和亲信又是封官又是加爵。康熙皇帝如此作为，岂不是分明在“讨好”他鳌拜？有这么一个皇帝，他鳌拜自然要高兴万分又开心万分啰。据说，鳌拜当日回府之后，鼓起男人雄风，与那千娇百媚的阿美一起，从下午一直欢娱到黄昏，弄得阿美也万分地高兴又万分地开心。

而康熙和索尼二人脸上的笑容也的确是既高兴又开心。只不过，他们的这种高兴和开心与鳌拜大不相同，甚至截然相反。他们高兴的是，他们今日的计划和目的已经圆满地实现了，而他们开心的则是，他们实现了既定的计划和目的，而鳌拜一伙还被蒙在鼓里。众大臣都以为康熙皇帝今天的这一“重大决定”只是“换汤不换药”，是酒后胡闹的荒唐之举，而实际上，对康熙和索尼而言，却绝非是这么一回事，至少，也是既换了“汤”又换了“药”。因为，表面上看起来，兵部尚书一职，从葛褚哈的身上拿下又加在了穆里玛的头上，好像并没有动摇和削弱鳌拜的实力，调动军队的兵权仍掌握在鳌拜一伙的手中。但实际上，如果仔细地去推敲和琢磨，就会得出这么一个结论：康熙已经巧妙地削去了鳌拜一部分实力。原因是，穆里玛和葛褚哈二人本来都是鳌拜手中的两张分量很重的王牌，而现在，葛褚哈失去了兵部尚书一职，便变得无足轻重了，虽然穆里玛的权力得到扩大，作为王牌的分量得到加重，但就王牌数量而言，鳌拜却于无形中失去了一张，而失去了一张王牌，对鳌拜而言，无论如何也是一个大损失。只是这种损失似乎隐于“无形中”，而鳌拜又过于高兴和开心，所以一时难以觉察罢了。

就这样，在康熙、索尼和鳌拜等人都很高兴、都很开心的氛围中，时间的车轮便碾到了公元1668年的农历五月。春暮夏初季节。人们的脸上都或多或少、或浓或淡地露出笑容的时候，大清国皇帝康熙，却突然病倒了。

说突然病倒，也不确切，因为在康熙病倒之前，他整日里都是一副愁容满面、心事重重的模样。也不上朝了，连早课也变得断断续续的了，也不喝酒了，甚至连女人也疏远了许多。那一段时间里，皇宫内外，几乎无人不知康熙皇帝发生了巨大的变化，而这个变化的原因，又几乎人人都知道：康熙皇帝有一块很大的心病。

康熙皇帝究竟会有什么"心病"？俗话说，心病还得心药治。能医治康熙皇帝"心病"的"心药"会藏在哪儿呢？

于是就有了这么一天，下午，紫禁城内，有两个男人，不疾不徐地朝着乾清宫而去。这两个男人不是别人，正是鳌拜和遏必隆。他们去乾清宫的目的，显然是要"探视"一下当今皇上的病情。

乾清宫内，几乎站满了御医、太监和宫女。但乾清宫的寝殿内，却只有康熙一个人躺在床上，连忠心耿耿的赵盛和阿露也被摒在了寝殿之外。显然，康熙的意思，是不希望别人来打搅他。

鳌拜和遏必隆快要走近乾清宫的当口，索额图迅速地跨进了康熙躺着的寝殿，竭力压低声音言道："禀皇上，他们来了……"

康熙忽地翻身坐起，又忽地颓然倒下："终于来了……"

康熙根本就没有什么病。他是在装病，只是装得很像，除极少数人之外，其他的人，包括赵盛和阿露在内，都不知内情。康熙装病的目的，是要等鳌拜主动送上门来。

鳌拜、遏必隆双双走进寝殿，又双双跪倒在地，口中呼道："微臣叩见皇上，祝吾皇万岁万岁万万岁！"

赵盛和阿露也双双走进来，跪在了鳌拜和遏必隆的身后，一时没有言语，只在心中暗想：皇上这次病得有些蹊跷，为何不让我等进殿伺候呢？

康熙用一根手指头指了指鳌拜和遏必隆："两位爱卿……快起来……"又用五根手指招了招赵盛和阿露："你们，过来扶朕起身，朕有话要与两位爱卿说……"

一个十几岁的大男孩，能将"病"装得如此逼真，也真是难得。见赵盛和阿露小心翼翼地把康熙扶起，鳌拜忙言道："皇上切莫动身，千万不要损伤龙体……"

康熙竭力挤出一丝笑容："朕……没什么大病，两位爱卿能来看望朕，朕心中实在高兴……"

遏必隆言道："臣等刚刚得知皇上龙体有恙，便急急地赶进宫来……臣等来迟，请皇上恕罪。"

实际上，鳌拜与遏必隆等人早就知道了康熙"病"倒的消息，只是康熙一直没有公开对外宣布，他们也就佯装不知。待康熙连着几次没去上朝，许多大臣都纷纷向鳌拜打听皇上的究竟时，鳌拜这才约了遏必隆一起入宫来探听康熙皇上的“虚实”。因为不管怎么说，康熙把朝中的大权“交给”了鳌拜，鳌拜也的确有义务去“关心”皇上的生活。

鳌拜言道：“臣等几次早朝，均未见到皇上龙颜，心中委实惶恐不安……臣斗胆相问，皇上是何故染了病恙，又染了何种病恙？”

鳌拜以为，康熙一定是因为酒色过度才患上了疾病，而这种“酒”病“色”病，一般的医生和药都很难治好。只听康熙缓缓地言道：“鳌爱卿，朕其实没有病……朕只是觉得……心里很难受……”

鳌拜暗笑道：皇上啊，你已被酒色淘空了身体，当然“心里很难受”了。但鳌拜说出的话却充满了关切：“既然龙体有恙，就该让御医好好诊治才是！皇上即使不为臣等着想，也该为大清江山和万千百姓着想啊！”

康熙恍恍惚惚地望着鳌拜言道：“鳌爱卿如此关心于朕，朕当感激不尽……只是，那些御医根本就治不好朕的病……因为，朕患的这病不是来自身体，而是来自大清东北……”

康熙的这段话，使得鳌拜和遏必隆大感意外。遏必隆不禁问道：“皇上的病……为何来自大清东北？”

康熙动了动嘴唇，却没有说出话来。而鳌拜却明白了：“如果微臣没有猜错，皇上龙体有恙，是与那罗刹士兵侵扰大清东北有关……”

大约是从17世纪30年代末开始，沙皇俄国（罗刹国）的士兵就不断地窜入中国东北地区，烧杀奸掳，无恶不作。但由于种种原因，清朝政府一直对此没有作出相应的举动。此刻，康熙说他的“病”是“来自大清东北”，莫非真的是“与那罗刹士兵侵扰大清东北有关”？

康熙悠悠地吐了一口气道：“鳌爱卿真是最了解朕的人啊……”

遏必隆还没有真正明白：“皇上，那些罗刹士兵纵然可恶，但却远在大清东北，与皇上并无多大关系啊，皇上怎么会因此而患疾病？”

鳌拜不屑地瞥了遏必隆一眼：“遏大人今日为何如此糊涂？东北乃我大清发祥之地，罗刹兵在那里为非作歹，皇上能不心急如焚？”

遏必隆终于大悟：“哦……皇上心急如焚，自然就龙体有恙……”

康熙轻轻喟叹道：“知朕者，鳌爱卿也。朕并不想做多少事情，更不想做多大的事情，朕只想过平平安安的快乐生活。可是，那些可恶的罗刹兵，偏偏不让朕过得安稳，窜到朕的东北来，占朕的土地，杀朕的百姓，看他们那架势，好像还要窜到朕的京城来……朕再无能，也不会眼睁睁地看着大清江山被那些罗刹国士兵骚扰！如果朕不能保东北一方安宁，将来又以何面目去见列祖列宗？唉……每念及此，朕就寝食难安……”

康熙许是太激动了，说完这番话后，只顾张着大嘴喘息。遏必隆像是被康熙感染了，一时竟不知所以。鳌拜却不紧不慢地言道：“皇上为大清江山社稷，劳累成疾，微臣万分感动……但不知皇上有什么万全之策来？”

康熙勉力苦笑一下："朕哪有什么万全之策？朕只有一个想法……"

鳌拜道："皇上可否将想法说出来，臣可为皇上排忧解难！"

康熙言道："朕本来的想法，是叫鳌爱卿做朕的钦差，兼黑龙江总督，代朕去大清东北巡视查看……可现在看来，鳌爱卿年事已高，岂能经受鞍马劳顿之苦。朕的这个想法，也未免过于荒唐……只是，除去鳌大人和遏大人等，其他大臣，朕既不了解也不相信他们，这叫朕……该如何是好？"

鳌拜"哈哈"一笑道："皇上如此看重，老臣幸莫大焉。老臣还真想做一回钦差，到东北去转上个一年半载，看那些罗刹士兵还敢在大清的土地上为所欲为、无法无天……只可惜，老臣一时离不开京城啊！"

康熙接道："是呀，若鳌爱卿不在，朝中之事就没有人做主了……"

鳌拜却又道："皇上不必过于焦虑。老臣虽然不便离开京城，但老臣却可以向皇上推荐一名合适的人选去东北。皇上意下如何啊？"

康熙来了精神："鳌爱卿推荐的人选朕肯定满意。不知所荐何人？"

鳌拜咧了咧大嘴道："老臣所荐之人，乃老臣之弟穆里玛……"

鳌拜故意停顿了一下，等着康熙的反应。康熙略略皱了皱眉头道："鳌爱卿之弟穆里玛，现在不是朝中的兵部尚书吗？"

"正是，"鳌拜道，"老臣以为，让兵部尚书做钦差大臣，兼黑龙江总督之职，去往东北巡视，也许是最恰当不过的了！"

"鳌爱卿，东北现在不太平，令弟去了之后，会有生命危险的……"

鳌拜立即正色言道："为保大清江山太平，个人的安危又算得了什么？皇上放心，如果穆里玛真的去了东北，老臣定会仔细地叮嘱他一番。"

"那好吧，就让穆里玛辛苦一趟。鳌爱卿须叮嘱于他，不可轻易地与那些罗刹士兵发生冲突，待东北一带略略平静了之后，便叫他速回京城。"

"皇上如此关爱臣之兄弟，臣这里就代穆里玛向皇上谢恩……"

康熙笑了，而且精神也一下子好了起来："赵盛、阿露，朕的身体已经康复，快来扶朕去饮酒玩耍。"说完，撇下鳌拜和遏必隆，径自离去。

遏必隆愕然地对鳌拜道："鳌兄，皇上是不是……太乐于玩耍了？"

鳌拜转动了一下牛眼道："遏老弟，皇上如此玩耍，岂不是很好？"

遏必隆会意地一笑。跟着，鳌拜也忍俊不禁地再次大笑起来。很明显，遏必隆也好、鳌拜也罢，当时的心中都是非常得意的。

其实，真正应该得意的，还是康熙皇帝。康熙煞费苦心地装病，其目的就是想把鳌拜的一个得力干将"调"出京城，或者是鳌拜的兄弟穆里玛，或者是鳌拜的侄子塞本得。现在，鳌拜主动入套，康熙当然十分得意。

没有了穆里玛，就剩下那个塞本得了。塞本得是镶黄旗的都统，京畿一带的清军几乎全在他的控制之下。只要塞本得还留在京城，康熙就不敢对鳌拜采取什么行动。所以，康熙和索尼等人密谋了许久，于1669年的五月，以台湾郑氏不断袭扰福建一带为借口，并征得鳌拜的同意，给塞本得挂上兵部侍郎衔兼福建总督，将塞本得打发到福建去了。

穆里玛去了东北，塞本得去了福建，京城里虽然还有遏必隆、班布尔善、葛褚哈、玛尔塞及济世等一些鳌拜的死党，但这些人都不足为虑。

太皇太后博尔济吉特氏亲往乾清宫，称赞康熙“做得巧妙”，并提醒康熙“时机已经成熟”。而索尼则在通过索额图呈给康熙的一封信中说得更为直截了当：皇上，可以动手了！

1669 年的五月底（即康熙八年四月），康熙在乾清宫外最后一次检阅了由索额图和明珠所训练的那十几个少年的武艺。这十几个少年，已在宫中秘密地习武多年，一个个都练成了一身好武艺，尤其精于擒拿格斗之法。康熙对这最后一次的检阅非常满意。

1669 年的六月初，康熙请大学士熊赐履和魏裔介拟了两道密旨，分别交给索额图和明珠，让他们去抓穆里玛和塞本得。

康熙吩咐道：“穆里玛和塞本得都是凶猛歹恶之徒，你二人此行，应多带得力人手同去，如果穆里玛和塞本得拒捕，便……就地正法！记住，千万不能让他们二人逃脱。”

索额图和明珠分别去了东北和福建，很轻易地就将穆里玛和塞本得抓捕归京。之所以会“很轻易”，是因为穆里玛和塞本得没作任何抗拒，他们以为康熙皇帝不会也不可能把他们怎么样。穆里玛和塞本得这回是想错了。

索额图和明珠秘密离开京城不久，康熙就又找来了熊赐履和魏裔介。两人刚见着康熙的面就异口同声地问道：“皇上有什么吩咐？”

“没什么太大的事情，只想请两位师傅再替朕拟一道圣旨。”

熊赐履连忙问道：“皇上这回又要抓什么人？”

康熙静静地回道：“朕要抓鳌拜！”

魏裔介赶紧言道：“老臣终于等到这一天了！”

康熙言道：“朕想请两位师傅把鳌拜的罪状好好地罗列一下。”

很快，熊赐履就一气呵成地给鳌拜定下了十条大罪状，诸如“结党营私、犯上作乱、滥杀无辜”等等，每一条都足以给鳌拜定个死罪。然而，康熙浏览了一下那“十大罪状”后，却轻轻地摇了摇头道：“朕以为，这些罪状还不够多……”

那魏裔介忙着言道：“皇上稍候，让老臣再给鳌拜加上几条罪状。”

只见魏裔介，笔走龙蛇，片刻工夫，便又在鳌拜的头上增加了另十条罪状。谁知，康熙看了之后仍然摇了摇头：“朕以为，像鳌拜这样罪大恶极之人，只列他二十条罪状，恐群臣不服啊！”

熊魏二人对视了一眼，便不言不语地奋笔疾书起来。稍顷，整整三十条罪状便呈在了康熙的眼前。康熙终于点下了头：“有这么三十条，也就说得过去了……烦请两位师傅整理一番，朕到时候会用得着的。”

于是就来到了六月上旬的一天，午后，赵盛奉康熙之命去鳌府通告鳌拜一件十分重大的事情。这件“事情”重大得足以让鳌拜乖乖地走进紫禁城。至于这件“事情”是真是假，那就是另外一回事了。

鳌拜见赵盛亲自前来，便知道定然是发生了什么不寻常的事。然而赵盛一开始还故意绕弯子，在鳌拜的再三追问下，赵盛才装作很不情愿的样子，吞吞吐吐地问道：“鳌大人可否还记得令千金兰格格?”

鳌拜回答道：“老夫那贱女，即使真的消失了，老夫也不会忘记。”又马上反问道：“赵公公，你为何要提起兰格格?”

赵盛神秘兮兮地四处瞅了瞅，然后尽力凑到鳌拜的耳边，压低嗓门儿言道：“鳌大人，实不相瞒，皇上之所以现在要见你，是因为……大人的千金兰格格，又在宫里出现了。”

鳌拜不禁一怔：“赵公公，你此话当真?”

赵盛言道：“鳌大人，我岂敢随意骗你？是我在宫中亲眼看见了的……两年前选秀，我做的是执事，曾有幸目睹过兰格格的容颜。我人虽老迈，但眼力很好，绝不会认错。”

鳌拜相信了。相信的理由是，两年前，兰格格不可能就那么无缘无故地突然失踪了，定是有人在宫中将她隐匿了起来。鳌拜想，找到了兰格格，就不愁找不到那个巴比仑，他们两人同时失踪，其中必然有一定的联系，而这回再抓到巴比仑，就真的要让这个色胆包天的侍卫永远“失踪”了。

想到此，鳌拜就迫不及待地问道：“皇上是要与我谈兰格格的事?”

“正是如此……皇上好像打算封兰格格为皇贵妃……”

鳌拜马上道：“这怎么行？我鳌某的女儿怎么可以只做一个皇贵妃?”

赵盛言道：“皇上也考虑到了这一点，但皇上已经有了一个皇后，所以很为难……”

鳌拜却咧了咧大嘴道：“这有什么好为难的？要么让我鳌某的女儿做皇后，要么就让皇上有两个皇后。”

赵盛苦笑道：“这等大事，只有鳌大人与皇上当面商定了。”

鳌拜重重地一点头：“那好，赵公公慢走，鳌某我先行进宫。”

像往常一样，鳌拜一个侍从也没带，独自一人徒步向皇宫走去。赵盛在后面尖着嗓门喊道：“鳌大人，皇上在弘德殿里等你呐……”

鳌拜大踏步地朝前走。他的脚步，一般的人难以跟上。但此时，他还是觉得自己走得太慢了，恨不得一步就跨进宫去。恰好，他走出铁狮子胡同的时候，瞥见一名鳌府侍卫正牵着一匹马在蹓跶，便不由分说地拽过缰绳，跃上马背，绝尘而去。

鳌拜骑着马大模大样地踏进了紫禁城。没有人加以阻拦，因为没有人敢阻拦他。鳌拜的马蹄声渐渐地踏向弘德殿。

表面上看起来，皇宫内并没有什么异常。实际上，即使皇宫内有什么异常，鳌拜也不会觉察。因为，在鳌拜的眼里，这偌大的紫禁城就像是他的另一个家，他高兴来就来，高兴去就去。

其实呢，皇宫内还是有些异常的。比如，鳌拜骑着马刚刚走进紫禁城，便有两个精壮的少年远远地跟在了后面，而且，随着鳌拜一点点地向弘德殿靠近，那两个少年与鳌拜的距离也在一点点地缩短。只是，鳌拜太大意了，他太急着见康熙和兰格格了，不然的话，他就会发现，始终跟在他身后的那两个少年是那样的陌生。

鳌拜看见了弘德殿的殿门。殿门外站着两个太监。显然，康熙皇帝此刻就在殿内。鳌拜也没下马，双腿用力一夹马肚，马的四只蹄子便朝着弘德殿的殿门口踏去。

就在这当口，一直跟在鳌拜身后的那两个少年逐渐靠近了鳌拜。也就在这个时候，鳌拜发现了那两个少年，并觉出了有些异样。皇宫之内，这两个少年跟着自己意欲何为？故而，鳌拜就放弃了下马的念头，直直地坐在马上，直直地逼视着那两个已走到近前的少年。

那两个少年显然是康熙派来的。见鳌拜没有下马，他们便知道鳌拜有所警惕了。如果让鳌拜始终坐在马上，鳌拜是很容易逃掉的。所以，两个少年对望了一眼，在鳌拜还没有生起逃跑念头的当口，两人同时大叫一声，然后一起纵起身子，直向马上的鳌拜撞去。

尽管鳌拜的心中已经有了一种隐隐约约的不祥之感，甚至，他都开始怀疑了“找到了兰格格”是一个骗局，于是，当那两个少年奋不顾身地向他扑来的时候，他选择了出手还击。

鳌拜的两只手掌迎上了扑过来的两个少年。两个少年纵然都有一身好武艺，但与鳌拜相比，显然还差了很多。就听“砰”、“砰”两声钝响，那两个少年纵起的身体就像失控的两只风筝，倏然坠落于马下。跟着，两个少年的嘴角就溢出了殷红的血。而鳌拜也被他们扑过来的冲力冲到了马下。

鳌拜刚一摔落马，便有七八个少年“呼啦啦”地从弘德殿里冲了出来。这七八个少年显然都训练有素，冲出弘德殿之后，在鳌拜还未来得及爬起身之际，他们就两个人一组地迅速朝着鳌拜扑了过去。两个人扑向鳌拜的左臂，两个人扑向鳌拜的右膀，另两个人压住了鳌拜的左腿，还有两个人扭歪了鳌拜的右脚。他们的动作如此地娴熟又配合得如此地默契，显然在这之前，他们也不知道有针对性地训练、演习了多少回。

那七八个少年所运用的正是从吴有财处学来的那种简单而有效的擒拿格斗之法。鳌拜的双手被反扭到了背后，双脚也被反扭到了背后。鳌拜纵有一身盖世的武功，此时也不能动弹分毫。

鳌拜刚一被制服，便又有两个少年从弘德殿里跑了出来。一个手里拿着一圈绳索，另一个则提溜着一张大鱼网。看来，康熙已经做了这样的准备：如果擒拿鳌拜失败，就用鱼网罩鳌拜，不过现在看来用不着了。

提着绳索的少年跑到鳌拜的身边，十分麻利地将鳌拜的手脚反捆在了一起。

此时，康熙缓缓地从弘德殿里踱过来，蹲在鳌拜身边，望着鳌拜那张因痛苦而变了形的脸，笑眯眯地问道："鳌大人，你也会有这么一天？"

鳌拜圆睁着一对牛眼，像虾米般的身躯上下左右地晃了晃，却最终没有说出话来。不过，鳌拜的身躯那么一晃，却晃下一柄闪着寒光的短刀来。鳌拜无论到什么地方，身上都要掖着一把短刀。

康熙捡起那把短刀，仔细地看了看，然后自言自语地道："暗藏兵器，显然是想行刺朕……这样看来，鳌拜该有三十一条死罪了！"

紧接着，康熙便有条不紊地安排了三件事情。第一件事情，着人将那两个被鳌拜打伤的少年送往太医院细心地诊治。第二件事情，着人去通知在京的所有朝中大臣速速来弘德殿上朝。第三件事情，命那十来个少年将鳌拜抬进弘德殿里的一间密室内听候发落。后来，康熙见鳌拜被捆成了一个虾米模样，多少显得自己不够仁慈，所以就着人给鳌拜换上粗重的手铐和脚镣。

一切就绪后，康熙重新返回弘德殿内，重重地坐在了皇帝的宝座上。这个宝座，他已经坐了八年，可只有这一次，他才真正地感觉到了身下的宝座是如此地踏实、如此地至高无上："朕今日才算是真正做了大清皇帝！"

索尼是第一个走进弘德殿的大臣。他一直在皇宫附近徘徊。他看见鳌拜骑着高头大马、不可一世地踏进了皇宫。他估计时间差不多了，就竭力甩动一双老腿，颠颠地迈进了弘德殿。

见索尼进殿，康熙忙将擒获鳌拜的经过略略讲述一遍。索尼闻听，突然放声大笑起来，一边大笑一边还大叫道："鳌拜，你终于完蛋了……"

索尼好像从来都没有如此地大笑过。康熙正想陪着索尼笑上一阵子，却见索尼两眼一翻，又双目一闭，"咕咚"一声栽倒在地。

索尼，数朝元老，在康熙逮住鳌拜之后，竟然阖目长逝。这是一种巧合，还是一种宿命？

接下来走进大殿的所有大臣，包括遏必隆、班布尔善、葛褚哈、玛尔塞和济世等一些鳌拜的死党，还包括鳌拜的儿子纳穆福，都紧闭双唇，不敢乱说半个字，因为，他们都看到了索尼的尸体，他们都不知道发生了什么事。既然不知道事情的底细和究竟，他们当然就不敢轻易地乱说乱动了。

康熙见人已到齐，便重重咳嗽了一声，然后铿锵有力地道："朕此刻召你们来，是要痛数奸臣鳌拜的罪状！"

康熙此言一出，满殿皆惊。因为事情来得太过突然，谁也没有这方面的思想准备。而鳌拜的那些死党们，听了康熙的话后，就更是目瞪口呆。康熙故意停顿了一下，然后一指索尼的尸体："对大清国忠心不二的索尼索爱卿，就是刚才活活被鳌拜气死的。这，便是鳌拜的第一条罪状！"

康熙扫了众人一眼，然后从御案上拿起一把短刀，朝着众人晃了晃，继而沉声言道："朕今日召鳌拜入宫，他竟然暗藏凶器，阴谋行刺于朕，这，便是奸臣鳌拜的第二条罪状！"

康熙放下那把短刀，又拿出一张大纸，一口气地将鳌拜的三十条罪状一一念完。然后康熙朗声道："奸臣鳌拜的罪行，真是数不胜数、罄竹难书！把奸臣鳌拜押上殿来！"

康熙话音刚落，十来个少年便押着鳌拜从一间小屋里走了出来。顿时，殿内所有人的目光，都一起射向了鳌拜。

缚住鳌拜的那双手铐、脚镣也太过沉重了，不过，话又说回来，如果是一般的手铐、脚镣，说不定就会被鳌拜挣脱。

康熙厉声喝问道："鳌拜，你知罪吗？"

鳌拜突然放声大笑起来，整个弘德殿都在鳌拜的大笑声中微微颤栗。

鳌拜止住笑，用一种严厉的口气反问康熙道："皇上，鳌某为大清国的建立赴汤蹈火、出生入死，立下了汗马功劳，何罪之有？"

康熙不想与鳌拜在殿内唇枪舌剑。他把那张写有鳌拜三十条罪状的大纸交与一个太监，放到鳌拜的面前："鳌拜，你睁开眼好好地瞧瞧，那上面的每一条罪状，朕都可以处你绞刑！"

鳌拜并没有去看他的那些"罪状"。也许，他犯下了哪些罪状，他比康熙要清楚得多。他只是冷冷地看着康熙言道："皇上，欲加之罪，又何患无辞？"

康熙也冷冷地言道："鳌拜，你一生作恶多端，满朝文武都可以指证你一二罪行，你又何必巧言抵赖？"

"皇上，"鳌拜猛然提高了声音，又奋力抬起双手，"嗤"地将胸前的衣衫撕开，"你好好地看看，我鳌某这一生究竟做过些什么？"

鳌拜的胸前，赫然有几道醒目的伤疤。这几道伤疤，记录着他一生当中最为荣耀的事。那是清兵刚刚入关之际，康熙的爷爷清太宗皇太极不幸陷入敌人重围，走投无路的当口，鳌拜率人不顾一切地杀入重围，救出了皇太极，自己的胸口上便留下了这么几道刀疤。

"鳌拜舍身救太宗"的故事，康熙早就听说过，而且还听了不止一次。正因为鳌拜有过这么一次壮举，所以才得到了皇太极的极大信任和赏识。皇太极一生中，也不知赏赐给鳌拜多少东西，其中以那座鳌府和一件龙袍最为著名。故而，若论战功和资历，鳌拜在满朝文武中也的确是首屈一指的。

康熙略一思忖，然后吩咐那十来个少年道："将奸臣鳌拜打入死牢，听候朕的发落！"

鳌拜一边吃力地朝殿外走一边高声言道："皇上，我救过先祖陛下，你是不能杀我的……"

康熙装作没有听见，但心中却不禁犹豫道："该不该处死鳌拜呢？"

猛然间，大殿内骚动起来。康熙定睛一看，却原来，众大臣已经自发地将遏必隆、班布尔善、葛褚哈、玛尔塞、济世和纳穆福等人缚将起来，并推跪在康熙的面前。正所谓：墙倒众人推。鳌拜擅权时，众大臣敢怒不敢言，而现在，鳌拜已成了阶下囚，他们就不仅敢怒，也敢言、敢动了。

康熙直视着遏必隆等人道："尔等可知罪吗？"

班布尔善率先朝着康熙叩起头来："奴才知罪，请皇上恕罪……"

班布尔善开了头，其他的鳌拜死党，就一起学着班布尔善的样，一边死命地朝着康熙叩头一边哽咽着、呜咽着向康熙求饶。康熙冷哼一声言道："尔等皆为鳌拜的死党，平日里为非作歹、为虎作伥、天理难容。即便朕以宽大为怀，想从轻发落尔等，恐众大臣也不会同意！"

康熙这么一说，众大臣便一起鼓噪起来："不能放过他们！""绞死他们……"

康熙大喝一声道："来啊！将鳌拜的这些死党统统打入死牢，待穆里玛和塞本得被押解进京后，一并处决！"

跑过来一批皇宫侍卫，像捉小鸡似的将遏必隆、班布尔善等人从地上提了起来。康熙又突然高叫了一声道："等一等！"

众人都不知所以，一起怔怔地看着康熙。只见康熙走下台来，走到了纳穆福的身边，低声而又十分清晰地言道："你继续在朝中为官，朕决不会为难于你。还有，你父亲的那座府宅，朕现在就赏赐于你。"

纳穆福伏地叩拜道："臣谢皇上隆恩！"

康熙挥了挥手，也没言语，就走回宝座旁坐下。

康熙重新坐定之后，提了提气息，然后冲着众人朗声言道："朕知道在场的有些大臣，过去曾对鳌拜言听计从，不过，你们不要担心，更不用害怕，朕决不会怪罪你们。不用说各位了，就是朕，过去不也对鳌拜忍气吞声吗？朕现在想告诉你们的是，只要各位大臣尽忠尽心，各司其职，朕对过去的事情，一概既往不咎！"

近百位大臣纷纷跪地齐呼："皇上圣明！吾皇万岁万岁万万岁！"

第十五章

镇民变两将军出马
索军饷三藩王上疏

户部尚书禀道："户部库银仅余一百五十万两，皇上……准备拨多少给吴三桂?"康熙毫不犹豫道："拨给吴三桂一百万两。要云贵总督和云南巡抚密切注意吴三桂动向。一有风吹草动，八百里快马直奏于朕!"

不几日，索额图押着穆里玛、明珠押着塞本得相继归京。又过了数日，康熙旨下：将遏必隆、班布尔善、葛褚哈、玛尔塞、济世、穆里玛和塞本得等人押赴午门外处绞，并暴尸三日以平民怨民愤。

那时候的康熙也的确是够仁慈的了。他在取得了对鳌拜斗争的最终胜利后，并没有滥杀无辜，也没有株连九族。他只是处死了遏必隆、班布尔善等为数不多的鳌拜死党，而他们的家人和财产却都安然无恙。而且，只要遏必隆、班布尔善等人的家人中有出类拔萃之辈，康熙也照样让他们入朝为官。比如，遏必隆的儿子阿灵阿，后来就做了领侍卫内大臣。从这一点上来看，那时候的康熙皇帝确实是很英明的，也确实很难得。

鳌拜活了下来。这是康熙征求了太皇太后博尔济吉特氏的意见之后才决定的。实际上，博尔济吉特氏也没有发表什么意见。她只是对康熙道："鳌拜一伙的势力已除，这大清天下就是你的了，既是你的天下，一切当由你做主。我只去享清福便了。"

博尔济吉特氏此后几乎再也没有过问康熙的政事。而康熙想的则是：鳌拜一伙的势力已灭，留他一人已无大碍；更何况，鳌拜也确曾救过先皇祖的性命，凭这一份功劳，鳌拜似乎有理由活下来。

当然，鳌拜也只是苟活了下来，并没有什么人身自由。康熙也不可能让鳌拜恢复自由。鳌拜是被拘押在牢房里，且还戴着手铐脚镣。后来，鳌拜就郁郁寡欢地死在了牢中。死前，他的手脚依然锁着镣铐。

不过，也不能说鳌拜在被拘押期间连一点快乐都没有。他应该是有一点快乐的。让鳌拜感到快乐的，是阿美来探监，这是康熙特许的。阿美还曾请求与鳌拜关押在一起，但康熙没有答应，因为阿美没有罪。

一直到鳌拜死在牢中之后，阿美才带着憔悴的身心悄然离开京城。离开京城前，她没有从纳穆福那儿拿走任何东西。这个来自西湖边的风尘女子，倒有着一腔人间罕见的真情。鳌拜能得遇此女子，真是他前世修来的福分。后来，康熙得知阿美凄然离开京城，慨然良久，未能说出一句话来。

不管怎样，康熙清除了鳌拜一伙势力之后，不仅使自己的政治生涯进入了一个崭新的时期，也把整个大清王朝带进了一个全新的阶段。

在这个全新阶段中有一件事情是不得不浓墨重彩写上一笔的，那就是有关吴三桂的事情。吴三桂本是明朝的一个将军，镇守山海关。崇祯皇帝吊死煤山，李自成率百万大军进京之后，全军上下被胜利冲昏头脑，昏昏然飘飘然起来。李自成的得力大将刘宗敏，在京城内抢走了一个名叫陈圆圆的女子。而陈圆圆，恰是吴三桂最心爱的美妾。

吴三桂早就跟李自成联络过，李自成叫吴三桂安心地镇守山海关，待灭了明王朝之后再论功行赏。吴三桂信以为真，果然在山海关按兵不动，坐视明王朝灰飞烟灭。谁知刘宗敏抢走并霸占了陈圆圆，吴三桂理所当然地大为恼火、愤怒异常，三番五次地派人进京，找李自成、找刘宗敏，请求他们让陈圆圆回到他的身边。李自成劝过刘宗敏，但刘宗敏执意不肯，李自成也毫无办法。于是，吴三桂就给后人上演了一段“冲冠一怒为红颜”的故事：打开山海关，勾结清军，杀进京城，为陈圆圆和他吴三桂“报仇”。

“冲冠一怒为红颜”的结果是：陈圆圆死在了京城，李自成死在了九宫山，清王朝取代了大明王朝，吴三桂做了大清国的平西王。

吴三桂将他的王妃方阿妹改名为方圆圆，显然是为了表示他对陈圆圆的无限思念，但同时，他忘不了陈圆圆，也就忘不了过去的那段往事。不忘往事是人渐渐老去的一个标志，吴三桂老了。当公元1672年（康熙十一年）的夏天降临昆明的时候，他显得格外衰老，简直都有些行将就木的模样了。而实际上，吴三桂这一年才刚满六十六岁。

吴三桂越来越衰老，而那个方圆圆却越来越年轻。因为是夏天，夏天是女人的季节，所以方圆圆在她的住所“圆居”里就显得越发动人、越发迷人。故而，吴三桂只要有空闲，就会泡在“圆居”里，泡在方圆圆身边。

但吴三桂毕竟不是鳌拜，鳌拜六十多岁时男人的雄风犹存，还能将那个青春正盛的阿美侍弄得乐不可支。吴三桂不行。他不仅身体没有鳌拜强壮，而且心事也比鳌拜重得多。既没有好的身体，又没有好的心情，吴三桂泡在方圆圆的身边，就多少有些流于形式了。这就苦了府内那成百上千的佳丽。吴三桂连一个方圆圆都无力充分满足，又岂会去顾及她们？

这却便宜了吴三桂的孙子吴世璠。吴世璠年轻力壮，更喜拈花惹草。偌大的平西王府，除了吴三桂之外，似乎就只剩下他吴世璠一个男人了。整天悠荡在年轻美貌又如饥似渴的女人当中，还不如鱼得水、尽情欢乐？

偌大的平西王府，为何会只剩下吴世璠一个男人？原来，吴三桂当年引清兵占了京城之后，为向大清国表白“忠心”，主动地将自己的儿孙留在了京城当“人质”，只带着年幼的孙子吴世璠领兵对李自成穷追猛打。待李自成、张献忠等人兵败身亡、自己做了平西王之后，吴三桂曾请求朝廷让他的儿孙从京城回到云南，但朝廷每次都找个借口婉言拒绝。由此可见，吴三桂对朝廷心存不满，而朝廷也对吴三桂存有疑虑。吴三桂在云南“老老实实”地呆了那么多年，实力不足固然是主要原因，但儿孙们拘押在京也不能说不是一个很重要的因素。否则，吴三桂恐怕早就与大清国公开摊牌了。

这一来正好成全了吴世璠。当然，吴世璠也不会做得太过分，比如，尽管他对方圆圆的美色早就垂涎三尺，但始终不敢对她有不轨之举，甚至，他都不敢轻易地跨进“圆居”一步。

吴世璠虽然不敢轻易地跨进“圆居”，但“圆居”的大门，他还是敢敲的。更何况，他现在还有要事在身。

吴世璠使劲地敲响了“圆居”的大门。大门很快地打开。一个丫环的脸呈现在了吴世璠的眼前。没等那丫环开口，吴世璠就急急地言道：“快去禀报王爷，就说苗民造反……”

吴三桂做了平西王之后，便把整个云南当做了他个人的庄园。清廷远在北方，根本管不了他吴三桂。虽然清廷在云、贵一带也驻有封疆大臣，但吴三桂从不正眼看他们。吴三桂不仅不向清廷缴纳一分一毫的税收，而且还经常找借口向清廷索要军饷用来扩充和发展自己的军队。吴三桂常以“平西王”的名义向清朝南方各省份派遣自己任命的官吏。这些官吏，被称做“西选官”。到后来，竟然发展到了“西选之官，几满天下”的地步。

不知什么原因，清廷一直对他姑息纵容，吴三桂的胆子和胃口也就越来越大，竟然发展到了恣意妄为的地步。整个云南地区，被吴三桂折腾得民不聊生、怨声载道，谁要敢起来反抗，吴三桂就毫不留情地镇压。吴三桂这样做，固然反映了他早就有了与清廷“势不两立”的决心，但同时，他这样恣意妄为的结果，却恰恰断了他的后路。殊不知，得民心者得天下，失民心者则必然会失去天下。而吴三桂未得天下，却已失去民心。

对于云南境内的少数民族，吴三桂格外冷酷无情。比如苗族，吴三桂简直就不把他们当人看待，他把他们驱赶到山上，为他采金掘银，而对他们的生死，吴三桂全然不顾。如果采掘的金银数量太少，吴三桂不满意，那些土司们就要受到严厉的惩罚：不死也要脱层皮。故而，苗族的百姓们苦不堪言，常常群起逃跑或奋起反抗。今日，吴世璠跑来向吴三桂报告的，就是一起苗族百姓集体反抗的事：一个采金矿内的数千苗民，实在不堪忍受非人的欺凌和压榨，在几个土司的带领下，杀死了数十名监工，扯起了造反的大旗。

吴三桂听说“苗民造反”，大为震怒，急忙来到“圆居”的门前，用手一指吴世璠的鼻翼道：“去，速叫林兴珠和韩大任来见本王！”

林兴珠和韩大任二人本是吴三桂手下的两个普通士兵，因为英勇善战，尤其是在追剿李自成部的时候，屡立战功，被吴三桂擢为大将军，到吴三桂进驻云南之后，林、韩二人就成了吴三桂的左膀右臂。可以说，吴世璠之外，吴三桂在云南最信任的人，就是林兴珠和韩大任。

林、韩二人到了平西王府，吴三桂已在一间客厅里等候。他苍老的脸上看不出什么表情，但说出的话却异常地冷酷："你们带上一万人，去把那些造反的苗民统统杀掉。记住，那几个领头的土司，你们要把他们活着带到昆明来，本王要亲自惩罚他们。"

林兴珠、韩大任默默地走出了平西王府。两人策马来到昆明城外，点起一万人马，朝着那数千苗民造反的金矿驰去。

下午时分，林兴珠、韩大任来到了那座金矿的山下。此时，造反的苗民已经占领了整个金矿，正带着金子准备下山。林兴珠对韩大任道："兄弟，你带三千人从左，我带三千人从右，余下的四千人留在这里，如何？"

韩大任回道："就这么办吧。不过，一定要把那几个土司抓到，不然不好向王爷交待。"

苗民被林兴珠和韩大任的士兵包围了。尽管走投无路的苗民们表现得异常英勇，但毕竟不是林兴珠和韩大任所率的一万正规军的对手。至黄昏时候，这场众寡悬殊的"战斗"便告结束。

大概有一千苗民被杀死，其中包括两名土司。大约有两千苗民被俘虏，其中也有两名土司。

韩大任问道："大哥，这些被俘的苗民，该怎么处理？"

林兴珠没有回答，却反问韩大任道："兄弟，你说，这两个土司要是被带回昆明，王爷会怎么处置他们？"

韩大任犹豫了一下道："按惯例，王爷定会凌迟处死他们。"

"兄弟，这两个土司并无什么大罪，何必要受那么残酷的刑罚呢？"

林兴珠和韩大任患难与共多年，彼此的心灵早已息息相通。韩大任道："大哥想怎样，便怎样。"

林兴珠点点头，走到那两个被俘的土司面前，支走看押他们的士兵，然后低低地言道："你们只有死路一条……与其被押回昆明受凌迟而死，还不如就在这里作个了断来得痛快……"

林兴珠本来是好意，是在暗示那两个土司就在这里自行结束自己的性命。可那两个土司不解其意，反而以为林兴珠是在嘲弄他们，所以，他们一边大骂林兴珠是"吴三桂的走狗"，一边同时扑向林兴珠与之拼命。

两个土司拼起命来端的骇人，其中一个土司的双手还卡住了林兴珠的脖子。林兴珠虽手握利剑，但实在不忍心亲手击杀土司。另一个土司见状，急忙扑过来抢夺林兴珠手中的剑。

韩大任眼见不妙，抢在其他士兵之前，抡起手中大刀，一个箭步就冲了过去，大刀在那两个土司的背后一闪，那两个土司就慢慢地倒在了地上。

韩大任问林兴珠道："大哥，你没事吧？"

林兴珠摸摸颈脖道："我没事……这两个土司，也太不知好歹了！"

韩大任又问道："我们现在该怎么办？"

林兴珠回道："我很想把这些苗民都放了，可这样一来，就违抗了王爷的命令……这样吧，把他们都押到昆明，听任王爷处理。还有，把几个土司的尸体抬回去向王爷交差。"

等林兴珠和韩大任押着被俘的苗民、抬着四个土司的尸体赶回昆明时，已是深夜时分。虽然他们又累又乏，心情也不很好，但却不敢回去休息，而是直接去了平西王府。

吴三桂也还没有休息。他和吴世璠在客厅里等候林兴珠和韩大任归来。黯淡的灯光下，苍老的吴三桂简直就像是一个幽灵。

林兴珠和韩大任走进客厅，简单地把"剿苗"的经过说了一遍。当然，他们把那四个土司都说成是不屈而战死。

吴三桂听罢，用手一指吴世璠道："你，现在就去把那些苗民统统杀死。"又指指林、韩二人，"你们，去把甘文焜、朱国治叫到这儿来。"

甘文焜是清廷委任的云贵总督，朱国治是云南巡抚。当林兴珠和韩大任领着甘文焜和朱国治重新走回平西王府时，恰遇吴世璠也兴高采烈地回来。林兴珠不禁愕然问道："小王爷，你的事情……莫非已经办完了？"

吴世璠"哈哈"一笑道："林将军，这还不简单？只有两千人，嚓嚓嚓，不就解决了吗？"

林兴珠和韩大任都暗自心惊不已。他们去喊甘文焜和朱国治，顶多只用了一盏茶的工夫，因为甘文焜和朱国治就住在平西王府附近。可就这么一盏茶的时间，吴世璠竟然将那两千苗民的头颅全砍了下来！

甘文焜不知究竟，问道："小王爷，你刚才去办的什么事情？"

吴世璠沾沾自喜地道："杀了两千造反的苗民而已。"

甘文焜大惊失色道："小王爷，你刚才……一下子杀掉了两千人？"

吴世璠不以为然地言道："这有什么值得大惊小怪的？别说只有区区两千人了，就是有两万人叫我去杀，本王也绝不会手软！"

甘文焜暗暗摇了摇头，向朱国治看去。却见朱国治紧绷着脸，一言不发。甘文焜知道，朱国治肯定对吴三桂恨到了极点。因为，吴三桂所办的任何事情，朱国治都极力反对。只可惜他的反对对吴三桂一点影响也没有。

吴世璠率先走进吴三桂坐着的客厅。紧随吴世璠的，是甘文焜和朱国治。林兴珠和韩大任官位最低，只能最后走进客厅。待走进客厅这么一看，林兴珠和韩大任发现，那死去的四个土司的尸体，正齐刷刷地摆放在客厅的正中央。吴三桂就坐在旁边，和那几具尸体似乎没多少分别。

当然，分别也总还是有的。比如，那几具尸体不会说话，而吴三桂却可以灵活自如地开口。"两位大人可认识这几具尸体？"

朱国治紧闭双唇。甘文焜忙着陪上笑容道："王爷说笑话了……下官等如何会认识这几具尸体？"

“两位大人应该认识他们。因为他们是两位大人的敌人，也是本王的敌人，更是大清国的敌人。两位大人可否明白？”

朱国治开口了：“请王爷有话直说。下官等没有王爷聪明，猜不出王爷话中的谜底。”

吴三桂还是没有笑，实际上，他脸上什么表情也没有。他仿佛自言自语地道：“苗民造反，边境不稳，本王只好向朝廷请求增拨军饷了。”

甘文焜和朱国治这才明白吴三桂半夜三更找他们来的用意。朱国治立即道：“王爷，二月前你才刚刚向朝廷要了五十万两银子的军饷。二月刚过，你又要向朝廷索要军饷，这，恐怕不妥吧？”

“索要”一词，可以看出朱国治对吴三桂的态度。吴三桂言道：“本王不知道什么叫妥、什么叫不妥，本王只知道向朝廷请拨军饷。”

朱国治刚要开口，被甘文焜用眼色制止了。毕竟，甘文焜是云贵总督，而朱国治只是云南巡抚。甘文焜问吴三桂道：“不知王爷这一回准备向朝廷要多少军饷啊？”

吴三桂回答得干净利落：“二百万两。”

“什么？”朱国治怎么也忍不住了，“王爷，你这不是狮子大开口吗？朝廷哪来这么多的银子？”

吴三桂言道：“朝廷有多少银子，本王不知道，本王知道的是，朝廷应该给本王增拨军饷。”

虽然甘文焜一个劲儿地对朱国治使眼色，但朱国治却装作没看见，继续言道：“天下财赋，半耗于三藩。不知王爷对这句话有何感想啊？”

朱国治说的是实情。所谓“藩”，通俗地解释，就是带有独立性质的自治建制。明朝旧将吴三桂、耿仲明和尚可喜三人，为大清国入主中原立下汗马功劳，清廷为表彰他们的功绩，就让吴三桂镇守云南，封平西王，尚可喜镇守广东，封平南王，耿仲明镇守福建，封靖南王（后耿仲明死，其孙耿精忠袭王位，仍留守福建），并在三王所辖领地设“藩”建制，这就是史书上所说的“三藩”。“三藩”的独立性很强，“国中之国”一般，大清的南方因此呈现分裂割据的局面。清廷屡次要撤“藩”，可吴三桂、尚可喜和耿精忠怎肯答应？这样一来，清廷和“三藩”之间的矛盾就越来越尖锐了。

朱国治说“天下财赋，半耗于三藩”，一点都不夸张。据史书记载，仅顺治十七年（公元1660年），清廷拨给吴三桂军饷共计九百余万两，拨给尚可喜和耿精忠二人军饷达一千一百余万两，而当时全国一年的军饷也不过一千七百余万两。且“三藩”每年所需的军饷，还呈现出一种递增的趋势。特别是康熙皇帝清除了鳌拜一伙势力之后，“三藩”中尤其是吴三桂，动辄就向朝廷请求增拨军饷，而且每次“请求”的数目都在一百万两以上。这样，就给清朝政府的财政造成了巨大的困难。

吴三桂听了“天下财赋，半耗于三藩”之后，不冷不热地看着朱国治道：

"巡抚大人，你废话再多，也毫无意义。现在只有两种可能，要么朝廷按本王所说，如数拨给军饷，要么大清国的南疆变得动荡不安。"

朱国治马上问道："王爷莫非是在威胁朝廷吗?"

"本王哪里敢威胁朝廷？至多威胁巡抚大人和总督大人而已。"

甘文焜越听越有些心慌，忙着冲吴三桂笑了笑道："王爷切勿生气。待下官回去之后，即呈奏折于当今皇上，请求增拨军饷……"

朱国治却道："下官不同意。今年刚过半年，朝廷拨给云南的军饷就已超过了五百万两。"

甘文焜看着朱国治道："话不要说得这么绝对嘛，什么事情都可以同王爷好好地商量……"

吴三桂缓缓地站起了身子："两位大人听清楚了，本王找你们来，不是要和你们商量的，本王决定了的事情，任何人都休想改变。"

吴三桂说完，连招呼也没打，就踱出了这间客厅。吴世璠冲着甘文焜和朱国治怪模怪样地一笑，也跟着吴三桂走了出去。这样一来，弄得甘文焜和朱国治很是难堪尴尬。甘文焜为云贵总督，是正二品大员，朱国治为云南巡抚，是从二品大员，两个二品官员，在吴三桂的眼里，竟然连一个普通"客人"的资格都够不上。好在林兴珠韩大任还留在客厅里，和那四具土司的尸体。

韩大任对甘文焜和朱国治言道："两位大人请回吧……"

林兴珠补充道："请两位大人回去后好好商量一下……"

甘文焜的奏折送进紫禁城，是好几天以后的事了。康熙"啪"地将奏折往地下一扔，咆哮道："大胆吴三桂，又来向朕要银子！朕是造银子的吗?"

赵盛赶紧道："皇上息怒，一切事情当从长计议……"

然而康熙一时间很难"息怒"。他愤愤言道："是可忍、孰不可忍！速速召集六部各大臣在弘德殿等候朕!"

康熙进了弘德殿之后，众臣刚要跪拜，康熙摆摆手道："今日不必多礼，还是讨论事情要紧。"

待众人都站好了位置，康熙便直截了当地问道："吴三桂又来向朕要二百万两银子军饷，你们说，朕是给还是不给?"

明珠当即言道："臣以为，皇上应该拒绝吴三桂的无理要求!"

康熙没言语，只是看着明珠，示意他继续往下说。明珠慷慨陈辞道："吴三桂贪得无厌！他每年向朝廷索要大批军饷，其目的只有一个，那就是发展他自己的势力。臣以为，如果皇上一而再、再而三地继续满足他的这种无理要求，臣很担心，终有一日，大清国将岌岌可危……"

明珠的语气和言辞都未免有些激烈了，但康熙不仅没在意，反而追问道："明总管，你的意思，吴三桂是在用朕的军饷来扩充他自己的军队，欲对大清国图谋不轨，是也不是?"

明珠躬身言道："臣正是此意。皇上明察!"

康熙并没有表态，而是沉吟了一下后对众人言道："各位爱卿不必多虑，就像刚才明总管这样，有什么就说什么，怎么想的就怎么说。朕，究竟该不该给吴三桂这笔军饷?"

康熙早就怀疑吴三桂等人对大清怀有异心，只是某种"时机"还没有成熟，他们尚不敢轻举妄动而已。基于此，康熙不仅不想再给吴三桂等人什么军饷，而且还已经有了撤"藩"的念头。南方有那么一个"三藩"，大清国就不能算是真正的完整。只不过，康熙不想自己"独断专行"。他明白，"兼听则明，偏听则暗"。故而，康熙就暂时没把自己的真实想法说出，而先去询问大臣们各有什么高见。

诸位大臣的见解和看法都不尽相同，但归纳起来，不外乎两种：一种认为吴三桂包藏祸心、是大清国的一大隐患，所以康熙皇上不应该再拨给吴三桂银子。因为银子拨得越多，吴三桂的实力就会越强，而吴三桂的实力越强，对大清国的潜在威胁也就越大。另一种看法是，这次还应该再拨给吴三桂一些银子，理由是，吴三桂现在的实力已经十分强大了，"三藩"的兵马加在一起，恐不下数十万之众，如果不拨给银子，吴三桂等在南方动乱起来，局面就很难控制和收拾了。

两种意见针锋相对，谁也说服不了谁，有几个性急的大臣，争着吵着，几乎都要挥拳相向了。明珠见状，赶紧言道："各位大人都不要再争吵了，还是听凭皇上裁断吧!"

康熙也是左右为难。从感情上讲，他绝对赞同第一种意见，可从理智上来考虑，第二种意见也确实不无道理。既如此，他又该如何选择呢?

康熙见索额图一直默不作声，便把目光投向索额图，轻声问道："索爱卿，你同意哪种看法啊?"

"回皇上的话，微臣以为，还是暂且拨给吴三桂一些银子为妥……"

康熙不禁"哦"了一声："索爱卿能否说说你的理由啊?"

索额图言道："皇上，就微臣本意，不仅不愿朝廷再给吴三桂什么军饷，更恨不得马上就去云南，将吴三桂押解进京向皇上谢罪。大清财赋，大半耗于三藩之手，他们诚然是大清国的罪人啊!可是，臣却不能对吴三桂怎么样，更不能将他绳之以法，因为三藩的实力确实不可小觑。如果三藩真的发动叛乱，皇上恐一时难以应付……"

"索爱卿，如此说来，朕岂不是任由吴三桂等人胡作非为?"

索额图言道："皇上，微臣的意思是，如果三藩现在就发动叛乱，朝廷确实难以应付，因为京畿一带，能调动的八旗兵并不是很多，且因久未征战，早已松弛懈怠。而三藩的军队则不然，他们不仅人数众多，而且一旦发生叛乱，其气焰必然嚣张至极。以松弛懈怠之师击气焰嚣张之旅，胜负自判矣!所以，臣以为，皇上应暂拨一些军饷给云南，先稳住吴三桂，加上吴三桂的子孙还拘留在京，一年半载之内，想必吴三桂还不会把叛乱之心付诸行动。这样，皇上就有时间来作准备。只要准备得当，纵然三藩一起叛乱，皇上也能应付自如了……微臣所言，只是权宜之计，敬请皇上酌定！”

索额图这一番分析，有两点最得康熙首肯。一是目前双方军队的对比，二是吴三桂可能发生叛乱的时间。诚然，就目前而言，大清军队实不是“三藩”的对手，且撇开数量不说，单就质量而言，“三藩”既要叛乱，其军队必然训练有素，而清军八旗兵自入关之后，少有操练，早已变得松懈不堪了。暂拨一些银两给云南，如果真能使得吴三桂在一年半载内按兵不动，他康熙不就可以赢得时间准备应付可能发生的叛乱了吗？

想到此，康熙环视了一下众人，然后平平稳稳地言道：“当初大清方立，四境不稳，为安抚吴三桂等人，才设藩以为权宜之计。可现在，大清业已一统，三藩便不再有存在之必要。朕早就想撤掉三藩，使大清南方也真正地置于朕的统治之下。只是鳌拜依仗权势、把持朝政，使得朕的这一夙愿一直难以实现。而今鳌拜虽除，但百废待兴、积重难返。东北有罗刹国士兵肆意骚扰，东南的台湾又常常派兵船到内地掳掠，西北的厄鲁特蒙古族的某些头领也在蠢蠢欲动，而三藩则更是虎视眈眈。朕纵有三头六臂，一时也难以如愿。故而，朕每日每夜都心急如焚、焦虑不安……”

康熙歇了口气接着言道：“只有把大清内部的事务处理妥了，朕才能去认真地同那罗刹国计较。而大清内部的事务，当以三藩为重。不把三藩的事情处理好，就谈不上处理台湾问题，也谈不上去考虑西北边境不稳定的问题。虽然三藩撤起来必然困难重重，但朕有信心把这个棘手的问题彻底处理妥当！”

康熙的语调虽很平稳，但言语之中，却充满了信心和力量。索额图和明珠等人顿时都受到了感染，变得神情肃然起来。

康熙继而言道：“三藩必撤，但不是现在。目前局势，还是应该先稳住吴三桂等人，然后腾出时间来作充分的准备。”

康熙这么一说，众人便明了皇上的意图：同意拨给吴三桂军饷。户部尚书犹犹豫豫地问道：“那么皇上……准备拨多少银子给吴三桂？”

康熙反问道：“户部现在能拿出多少银子？”

那尚书回道：“只能拿出一百五十万两左右。”

康熙点点头：“拨给吴三桂一百万两。并着人通知云贵总督甘文焜和云南巡抚朱国治，要他们密切注意吴三桂的动向。如果吴三桂有什么异常的举动，他们要速速地禀报于朕！”

户部尚书唯唯诺诺地退下。康熙又召过兵部尚书言道：“从现在起，你就给朕训练一支精锐部队。要抢在三藩有所动作之前训练完毕！”

康熙面对众人朗声道：“朕与三藩必有一场生死大战。六部各大臣应立即着手准备应变。要一切以三藩之事为重为先！”

大清皇帝康熙正在日以继夜地积极筹措，以应对三藩可能的叛乱。忽一日，朝中经略大臣莫洛来报，说平南王尚可喜有奏折进京，其奏折大致内容是，因近来边境不稳，海盗日益猖獗，请求朝廷紧急调拨军饷一百万两。康熙闻知，不由得双眉紧锁。而到了第二天，又是那个经略大臣莫洛来报，说靖南王耿精忠也有奏折到京，其内容几乎与尚可喜的奏折如出一辙。只是耿精忠在奏折的后面还特意补充道：如果朝廷不能如数拨给所需军饷，恐福建一省将在旦夕之间沦于海盗之手。

莫洛愤怒地言道："皇上，那耿精忠分明就是最大的海盗！"

康熙缓缓地道："耿精忠是在要挟朕啊……"

莫洛几乎是咬牙切齿地道："不久前是吴三桂要军饷，昨天是尚可喜，今日又是耿精忠，他们……还有完没完？"

康熙神色凝重地道："这说明三藩已经串通一气了……如果朕拒绝他们的要求，他们就很可能起而叛之，而朕现在还没有做好相应的准备……"

莫洛问道："皇上莫非准备答应他们的无理要求？"

康熙点头道："朕不久前才拨给吴三桂一百万两，朕现在自然还应这样做……朕这样做的目的，就是用银子买时间。"

于是，康熙就召来户部满、汉二尚书，谕令他们从速分别拨给广东和福建各五十万两银子。满员尚书犹犹豫豫地答应了，而汉员尚书却吞吞吐吐地道："皇上，臣等好不容易才从各地收聚了一百万两银子，本打算留着给京城附近的军队用的，可如此一拨，国库就又空空如也了……"

"国库空了，想法去填充。但这批银子，你们当速速拨到南方去！"

户部满、汉二尚书诺诺退去。康熙又召来兵部满、汉二尚书，询问训练新兵一事。康熙早有旨下，着兵部在三藩可能发生的叛乱之前，训练出一支精锐的军队。谁知，兵部满员尚书的回答却是：目前只征到千余新兵，还谈不上什么"训练"二字。康熙怒斥兵部二尚书，说他们是一对无能之辈，长此以往，必将祸国殃民。盛怒之下，康熙要罢免兵部二尚书之职。经略大臣莫洛向康熙禀道："兵部办事迟缓，实与汉员尚书无关，兵部大小事情，均由满员尚书说了算，那汉员尚书纵有浑身本事，恐也无用武之地。"

听了莫洛的禀告，康熙一时沉吟不语。朝廷各大部门，几乎均设有满、汉两位尚书。看起来，满、汉二尚书的地位是平等的，但实际上，在许多部门里，汉员尚书就像是一个摆设，根本没多少地位和权力可言。

康熙沉吟罢，叫过那兵部汉员尚书，认真严肃地问道："如果朕现在给你相应的权力，你能保证不折不扣地完成朕交给你的任务吗？"

兵部汉员尚书伏地回道："只要皇上给微臣相应的权力，微臣现在就敢在皇上的面前立下生死令状！"

"好！"康熙点点头，"从现在起，兵部只有你一个尚书了。朕要你在半年之内，给朕训练出一支十万人的劲旅，你能否办到？"

那尚书叩首道："如果能够得到各部的通力合作，微臣保证在半年之内训练出十五万精锐之师。如有半点虚妄，皇上可以任意处置微臣！"

康熙即刻拟了圣旨：六部及理藩院、大理寺各大臣，尔等应无条件地满足兵部所提任何要求，若有玩忽懈怠之举，定严惩不赦，钦此。

康熙将圣旨亲手交到那汉员尚书手中，并郑重言道："朕手谕在此，大清国的一切人力物力，你现在都可以任意支配……朕最后想对你说的是，朕能否应付得了可能发生的严重局势，就看你能否如期为朕训练出一支精锐之师了！"

那汉员尚书没有言语，只神情肃穆地将康熙的那道圣旨纳入怀中，然后便默默地退去。

半晌，康熙对经略大臣莫洛言道："朕以为，半年之后，朕一定可以得到一支十五万人的精锐大军！"

是啊，有一支十五万人的精锐之师，再加上京畿一带原有的清军，还有各省可以抽调的一些地方部队，当可以应付三藩可能发生的叛乱了。实际上，只要有足够的兵力可以应付局面，即使三藩不发生叛乱，恐怕康熙也会"逼"着吴三桂等人叛乱。因为，康熙无论如何也要彻底地结束大清国南方的那种分裂割据的局面。而康熙现在最为担心的就是，在他还没有做好充分准备之前，三藩就已经发难。所以，康熙现在最需要的就是时间。

第十六章

乔太子起隆隐闹市

杀钦差三桂树反旗

吴三桂显得有些不耐烦了："这尼德尔竟然敢用剑指着本王爷，显然是不想活了。你们就成全他吧。"话音刚落，韩大任的大刀就划过一道弧光。钦差大臣尼德尔一声未吭就身首分离，尚方宝剑还在手中紧握着。

然而，时间越是珍贵、越是紧张，麻烦事还接连不断地找到康熙的头上。大概是在这一年（公元1672年，即康熙十一年）的年底，一件非常重大的麻烦事，使得康熙本就绷得紧紧的神经，又绷紧了许多。

你道是什么非常重大的麻烦事？原来，有人向吏部右侍郎索额图密报，说有一个叫杨起隆的汉人，自称是明朝崇祯皇帝的三儿子，准备在京城起兵，以响应三藩的叛乱。索额图虽然一时无法证实这"密报"的真伪，但因事关重大，他不敢怠慢，迅速如实地禀报了康熙皇帝。康熙皇帝得知后，不禁自言自语地说了一句道："又来了一个朱三太子……"

康熙的口中为何会说出"又来了一个朱三太子"之语？原来，朱明王朝虽然已被清王朝所取代，但许许多多的汉人，仍然厌憎满族新政权，眷恋朱明旧统治，因此，恢复明朝仍然是许多反清志士对抗现政权的一面旗帜。明朝崇祯皇帝吊死煤山之后，他的几个儿子下落不明，因此有清一代——主要是顺治和康熙两朝，就发生了许多起冒称崇祯皇帝的儿子的人组织反清活动的事件。例如，公元1655年（顺治十二年），有一个自称"朱三公子"的人，在苏北组织反清活动，后在扬州事发被捕。次年，直隶平山又抓获朱慈焞，自称是崇祯之子，密谋在正定举事。而在顺治、康熙年间，清廷抓获的"朱三太子"、"朱三公子"到底是不是前朝皇子，恐怕就无人能够知晓了。反正，只要哪个地方冒出了一个"朱三太子"、"朱三公子"之类的人，清王朝便会不遗余力地去抓捕。

索额图似乎是想宽慰一下康熙。他轻轻地道："皇上，这事儿还不知道是真是假……也许，只是一种捕风捉影之说……"

康熙缓缓地摇了摇头："不，索额图，无论真假都要认真对待。朕以为，在这种时候出现这种流言，必然有一定的原因。更何况，如果这事儿属实的话，那么，三藩就不是可能要发生叛乱，而是一定要发生叛乱。"

是呀，如果京城里真的有一个叫杨起隆的人，也真的要起兵响应三藩的叛乱，那么，这个杨起隆就极有可能和三藩有直接的联系。说不定，杨起隆还会知道三藩发动叛乱的具体时间。

索额图马上言道："皇上，微臣立即去查清此事真伪……"

康熙略略思忖后轻轻道："你可乔装打扮，混迹于京城大街小巷……只要你悉心观察、打听，是不难发现那个杨起隆的行踪的。"

康熙又道："第一，你要在尽量短的时间内，将此事查个大概；第二，你单枪匹马行动，一定要注意安全。若遇万不得已，你可以暴露身份。"

离开康熙皇帝之后，索额图立即着手调查，也不知费了千辛万苦，居然被他混进了一家叫做"回头香"的饭庄子，从店主人张林那里打听到了杨起隆的来龙去脉，当然，这家饭庄子本来就是杨起隆的一个联络点。

原来，京城内确实有一个杨起隆，一年前就以"朱三太子"的名义暗暗发展势力，目前已拥有数千名徒众。他的目标是，在三藩发动叛乱之前，将自己的徒众发展到万人左右。虽然没有什么东西能够证明这个杨起隆是三藩派到京城来的，但杨起隆与三藩、特别是与吴三桂却的确有较为密切的联系。比如，杨起隆就清楚地知道，三藩大约需要一年左右的时间才能够做好同朝廷开战的一切准备。而吴三桂也清楚地知道，三藩叛乱之后，杨起隆会带着他的徒众，乘京城较为空虚之机，冲入皇宫，活捉或杀死康熙皇帝。

康熙听完索额图的汇报后，先嘉奖了几句，然后言道："杨起隆的狼子野心不小，朕自当严加防范。而南方吴三桂等人，暂时还不会图谋不轨，朕便有了一定的时间来作充分准备……"

索额图问道："微臣下一步该怎么办?"

康熙蹙眉沉吟了片刻，接着言道："如果现在就把张林抓获，虽然也能给杨起隆一个沉重打击，但杨起隆却未必能够抓住，他的数千死党也不能尽数消灭。只要杨起隆还在，他的那些死党还在，京城就不会安稳，朕的心也不会安稳。要么不抓，要抓就应该一网打尽，永绝后患!"

索额图明白了："皇上，看来微臣是要那里呆上一段时间了……"

康熙微微一笑道："你将朕身边的那些侍卫都带去引荐给那个张林。有你们这么多人，花上一定的时间，杨起隆的底细还不能摸清?"

康熙身边的"那些侍卫"，指的就是当年合力擒住鳌拜的那十几个少年。当然，他们现在都已是英姿飒爽的年轻人了。一个个气宇不凡、武功超绝，索额图完全可以以"江湖朋友"的名义将他们推荐给张林。

公元1673年的春天，京城里依然十分寒冷，而广东境内却已经很炎热了。在炎热却又风和日丽的一天，尚之信喝了两坛酒又杀了两个人，心中正快活着呢，尚可喜派人把他叫了去，说是有一件很重要的事情要告诉他。尚可喜几乎是一个字一个字地言道："信儿，为父昨日写了封奏折，向皇上请求退休……"

尚之信明白了："父亲，你给皇上写奏折，就是为了这事？"

尚可喜点点头："为父向皇上请求退休，同时请求把平南王的王位传给你……为父还特意加上了一条：同意皇上撤藩……"

"你为何要同意皇上撤藩？藩一撤，孩儿继承了王位又有什么意义？"

尚可喜长长地吐了一口气："信儿，你道为父想心甘情愿地撤藩啊？可不撤行吗？如果不以撤藩为条件，恐怕连这个平南王的王位都保不住啊！"

"不——"尚之信终于大叫了出来，"父亲，我不同意撤藩！大不了，我跟着平西王一起反了！不是鱼死，就是网破！"

尚之信离开尚可喜处之后，召来几个亲信，骑上几匹快马，径向福建而去。他要去找靖南王耿精忠一起商量对策。如果皇上真的宣布撤藩，他尚之信等人岂不很是被动和尴尬？

耿精忠闻言大震："尚兄，平南王为何会这般不加思索？既主动要求撤藩，那皇上就有充分理由批准。皇上当真宣布撤藩，我等如何是好？看来，我与尚兄，应该去云南一趟，走！"

吴三桂静静地听完了尚之信的"汇报"，然后冷笑一下，接着言道："之信贤侄，看来你父亲很害怕当今的皇上啊！"

耿精忠问道："平南王既然给皇上呈了那么一道奏折，我等究竟该如何应对？"

吴三桂定定地望着耿精忠道："平南王弄了那么一道奏折，看起来确是一件坏事，但也未尝不是一件好事。你，还有我，马上也给皇上上一道奏折，请求撤藩……"

吴世璠即刻言道："爷爷，孩儿没听错吧？你也要主动撤藩？"

吴三桂没有卖关子。他从没有这种习惯。他扫了耿精忠、尚之信及吴世璠一眼，沉沉地言道："我们上那么一道奏折，目的是试探一下皇上的态度。如果他不同意撤藩，我们就可以让他再安宁一段日子。如果他马上就宣布撤藩，那我们就把军队开到京城去，叫他乖乖地交出玉玺，乖乖地滚出京城！"

吴三桂问耿精忠道："靖南王现在有多少兵马？"

耿精忠答道："约有十万之众。"

吴三桂又问尚之信道："贤侄手下也有十万军队吧？"

尚之信回道："不瞒王爷，小侄的手下，已有十数万之众。"

吴三桂点点头，继而言道："如果皇上胆敢宣布撤藩，我吴某在云南首先起兵发难。"

耿精忠接道："云南只要一动，我耿某便马上在福建响应。"

尚之信有些不甘示弱地道："王爷只要在云南打响第一枪，小侄我便在广东接着打第二枪。"

吴世璠轻声问耿精忠道："贤弟与台湾方面的关系现在如何？"

耿精忠回答道："我已与台湾方面多次联络。他们说，大清是我们和他们的共同敌人。他们向我保证，只要我与大清开战，他们决不在我的背后趁火打劫。"

吴世璠点头道："贤弟既无后顾之忧，便可以放手同皇上一搏了！"

尚之信此刻却皱着眉头问吴三桂道："王爷，如果皇上真的宣布撤藩，那我们就只有同他决一死战。只是，小侄不知，待仗打起来的时候，小侄的军队究竟该往何处开？"

尚之信这么一问，耿精忠的目光便也紧紧地盯住了吴三桂。这就不难看出，耿精忠和尚之信等人虽然早就有了同皇上公开摊牌的打算，但究竟该如何个摊牌法，他们还几乎心中无数。

吴三桂倒显得胸有成竹。他一指耿精忠："你，先发兵占领福建全部，然后挥师北上。"又一指尚之信："你，领兵西进，控制整个广西。这样一来，南方数省便都在我们的掌握之中。"

吴世璠迫不及待地问道："爷爷，到时候我们云南的军队开往何处？"

吴三桂长臂一挥，言语十分铿锵有力："到时候，我的大军直趋湖南，渡过长江以后，直捣京城！"

吴世璠兴高采烈叫道："爷爷，那一来，大清国不是就完蛋了吗？"

吴三桂的脸上却看不出什么笑容。他重重地对耿精忠和尚之信道："我该说的都说完了。你们也可以回去了。记住，必须作好一切开战的准备，切不可荒唐懈怠。"

耿精忠和尚之信答应一声，便退了出去。吴世璠也欲离开，吴三桂叫住道："璠儿，你先去为他们饯行，送走他们之后，你就带着二十万两银子去陕西……"

吴世璠不解："爷爷，要孩儿带那么多银子去陕西干什么？"

吴三桂道："陕西提督王辅臣是经我向朝廷推荐才担任此职的，他欠我一个人情。王辅臣一向贪婪，而朝廷每年只拨给陕西数万两军饷，所以王辅臣心中一定对朝廷心存怨恨。你带二十万两银子去陕西，好好地劝说一下，王辅臣肯定答应与皇上反目。如果王辅臣起兵东进，京城必大受震动！"

"爷爷，陕西再一反，这半壁江山不全都在我们控制之中了吗？"

"岂止陕西……璠儿，到那一天，只要爷爷我振臂一呼，四川、贵州等地便会群起响应！"

吴三桂并不是在说大话。几乎长江以南的所有省份，都有他的党羽和亲信，大都还是手握重权的提镇大员，吴三桂"振臂一呼"，他们是没有理由不"群起响应"的。

吴世璠连忙言道："爷爷放心，孩儿送走耿精忠和尚之信之后，便马上携银子去往陕西！"

康熙接到三藩的奏折后，马上召集群臣。除了“卧底”的索额图之外，所有够级别的在京官员，齐刷刷聚集在庄严的弘德殿内。

康熙威严地坐在宝座之上。他将吴三桂等人的奏折往几案上一撂，朗声问道：“各位爱卿，你们可知吴三桂等人为何进奏请朕撤藩？”

众大臣一时皆无言。许久，一个叫齐耳丹的吏部侍郎伏地启奏道：“皇上，微臣以为，吴三桂等人主动请求撤藩，乃是对皇上心存忠良……”

“皇上，”经略大臣莫洛赶紧奏道，“微臣以为，吴三桂等人的心中根本就没有忠良二字，他们假惺惺请求撤藩，其中必有阴谋……”

内务府总管明珠也马上奏道：“微臣同意莫洛大人的看法……”

齐耳丹当即问莫洛和明珠道：“两位大人说吴三桂的奏折有某种阴谋，可否当着皇上及各位大臣的面，具体说说这种阴谋的内容？”

康熙重重地咳嗽了一声，然后道：“齐大人，朕来回答你的问题。”

所有人的目光，都一起投在了康熙皇帝的脸上。康熙缓缓地言道：“吴三桂等人在奏折中请朕撤藩，不仅毫无忠良之意，而且的确别有用心！”

偌大的弘德殿内，只听见康熙一个人的声音在回荡着：“吴三桂之所以这样做，目的就是要试探于朕。他们以为，朕根本就不敢宣布撤藩。但是，他们想错了！朕现在可以明确地告诉你们，三藩，朕一定要撤！不是以后，而是马上！朕已经忍耐多日，无论如何也不能再继续忍耐下去！明天，朕就派钦差去南方，向吴三桂等人宣旨撤藩！”

康熙此言一出，弘德殿内顿时哗然。康熙虽高居于宝座之上，却也能大致听出，除了明珠和莫洛等少数人外，其余诸大臣好像都不同意马上撤藩。于是，康熙就故意大声地言道：“众位爱卿对朕马上撤藩这一决定，若有什么别的看法，不妨直接道来。”

哗然声止。吏部侍郎齐耳丹又走出了人群。看来他是那些大臣的全权代表。康熙笑问齐耳丹道：“齐大人莫非又有什么高见？”

齐耳丹道：“皇上决定撤藩，实乃英明之举，不过，皇上如果真的宣布撤藩，恐怕会引起天下大乱……”

康熙静静地问道：“依齐大人之见，朕应当如何？”

齐耳丹道：“依微臣之见，皇上不应宣布撤藩，而应派一钦差去南方，对吴三桂等人着力安抚。这样，三藩感念皇上的大恩大德，便不会故意滋事，天下也就依旧太平……”

康熙不动声色地言道：“齐大人的意思，是叫朕维持现状，让大清南部天下，依然处于分裂割据的局面？”

齐耳丹回道：“微臣正是为大清江山着想。目前的现状，虽然不尽理想，但大清江山，毕竟已成一统。如果皇上宣布撤藩，吴三桂等人必然联手谋反……皇上，三藩所拥有的军队，据说已达数十万之众啊！如果三藩真的反了，则大清江山，不啻南方不宁，就是北方，也不会太平啊！”

康熙知道，齐耳丹的意思代表了许多大臣的想法。他们都以为，三藩的势力太过强大，朝廷不宜同三藩公开对抗，而应对吴三桂等人悉心安抚，以竭力维持局面。然而，康熙不这么想。他想的是，这种分裂割据的现状，必须尽快地结束。“齐大人，你能否在这里向朕保证，如果朕不宣布撤藩，那南方三王就永远不反？”

齐耳丹一时哑口无言。许多大臣也不禁面面相觑。

康熙一点点地从宝座上站了起来。他先环视了一下众人，然后铿锵有力地言道：“朕很清楚，有齐耳丹这种想法的人，决不止他一个。朕也很明白，你们这种想法的出发点是好的，你们是在为朕及大清江山着想。但是，朕在这里要告诉你们，你们想错了！你们忽视了一个根本的问题，那就是，南方三王，朕撤藩要反，朕不撤藩亦终将要反。既如此，朕又有什么理由要对他们一味地姑息迁就？”

众大臣皆屏息凝听，不敢妄言一字。康熙接着道：“朕撤藩主意已定，尔等皆不得再有别样的想法。从现在起，你们当各司其职，听朕统一调度。谁胆敢懈怠不从或阳奉阴违，朕决不宽恕！”

康熙说完摆了一下手，执事太监慌忙尖着嗓门叫道：“散朝——”

齐耳丹出殿之后，特地找到明珠，很是惴惴地道：“明总管，三藩有数十万大军，如果一起反了，恐局面不好收拾啊……”

明珠却皱眉回道：“齐大人，你害怕三藩，莫非皇上也害怕吗？”

明珠说的一点都没错。康熙皇帝之所以在接到吴三桂等人的奏折后马上就召集文武百官宣布撤藩，一个很重要的原因就是，他现在不“害怕”三藩了。兵部汉员尚书已经如期训练出了十五万精锐部队。有了这支部队，康熙就再也不会姑息三藩的所作所为了。也就是说，即使吴三桂等人不上奏请求撤藩，康熙也会“主动”地派钦差到南方宣布撤藩。有了这支十五万人的精锐部队做资本，康熙还何怕之有？

当然，康熙也充分地考虑了三藩所拥有的实力。吴三桂等人在南方盘踞多年，实力定然非同小可。但是，康熙始终以为，像齐耳丹等人，是过高地估计了三藩的实力。康熙相信，凭兵部训练成的那支十五万人的军队，就足以对付吴三桂了。而京畿一带其他的清军，加上从各省可以抽调的地方部队，用来对付耿精忠和尚可喜、尚之信，则绰绰有余。另外，户部已经殚精竭虑地为可能爆发的南北大战筹措了充足的银饷。有充足的人力、物力和财力做后盾，康熙此时不宣布撤藩，还要等待何时？

康熙原准备立即就派钦差携“圣旨”南下三藩处宣布撤藩，但由于那个“朱三太子”杨起隆的事儿和陕西提督王辅臣的事儿需要处理，而被迫将钦差南下的日期一再推后。

就在康熙当着文武百官的面宣布要撤掉三藩那天晚上，索额图悄悄地从回头香饭庄出来，进了紫禁城，并迅速地进见了康熙皇帝。

索额图自奉康熙之命返回回头香饭庄与“朱三太子”杨起隆的得力手下张林混在一起后，便很少回宫，几乎整日整夜地跟着张林在京城的大街小巷中转悠。他转悠的目的有两个，一是尽可能多地掌握杨起隆的那些徒众的行踪，二是想方设法地弄清杨起隆究竟住在京城的何处。几个月过去了，索额图确实收获颇丰，但同时，他也有很大的遗憾。这一次，索额图觉得有必要把自己掌握的情况向康熙皇帝当面汇报一下，所以就趁着黑夜，偷偷地从回头香饭庄溜进了紫禁城。

君臣一见，康熙就面带微笑率先言道：“索爱卿，你回来得正好，朕明日便要派钦差南下，去向吴三桂等人当面宣旨撤藩。”

索额图轻轻道：“皇上如果现在就公开宣布撤藩，吴三桂等人必然会群起谋反……杨起隆依然不知下落，对皇上、对京城，都是一大隐患啊！”

康熙略略思忖，然后问道：“索爱卿，杨起隆的那些徒众，你现已掌握了多少？”

索额图回道：“杨起隆的徒众，大约有万余人，臣已掌握十之六七……如果再给臣一点时间，臣就可以全部掌握那万余人的行踪。”

康熙低低地言道：“如果能将杨起隆的手下全部抓获，即使杨起隆漏网，也无大碍……”又略略提高了声音道：“索爱卿，朕就暂缓派钦差南下，给你一段时间，把杨起隆手下的行踪全部打探清楚，你以为如何？”

索额图言道：“臣只要月余左右，便可完成皇上交给的任务……臣现在只担心，吴三桂等人，既有奏折进京，就必有谋反的准备，如果吴三桂等人不待皇上回复便起而反之，杨起隆就很可能铤而走险，率众攻打皇宫。所以，臣以为，为皇上安全计，为京城安全计，在三藩还没有谋反之前，就应速速派军队将杨起隆的那些手下先行捉拿！”

索额图所言不无道理，但康熙却不同意。康熙言道：“杨起隆有万余手下，你现在只掌握十之六七，就算朕派兵将那十之六七全部捉拿，杨起隆也仍然还有数千人手。这数千人手，岂不还是朕及京城的一大隐患？朕早就说过，对杨起隆这种邪恶之徒，要么不抓，要抓就抓个一干二净！”

“皇上圣明，对杨起隆这种狂妄之徒，理应斩草除根……可是，如果等三藩反了之后，我们再去抓捕杨起隆，岂不是过于被动？”

“索爱卿不必担心。吴三桂等人的奏折，主要目的是来试探于朕，朕不回复他们，他们就暂时不会谋反。即使他们起而反之，朕也有足够的时间和人手去对付那个杨起隆。所以，索爱卿，你只需用心考虑一个问题，那就是，尽快地把杨起隆万余手下的情况全部摸清楚！”

索额图尽管还有些忧心忡忡，但康熙皇帝已经说得如此肯定，他也就不好再争辩。实际上，康熙早已将保卫皇宫的禁卫军暗暗地扩充到了三万余众，专门用来对付杨起隆。如果索额图知道这点，恐怕就会安心许多。

转眼间，一月时间已过。索额图向康熙密报，杨起隆那一万余名手下，已基本在他掌握之中，只杨起隆本人仍不知下落。康熙很高兴，只要将那万余名手下全部捕获，剩下一个杨起隆，料也翻不起什么大浪。所以，康熙一边密令索额图在恰当的时候脱身回宫，一边准备派钦差南下宣旨撤藩。可就在这当口，有一件事情打乱了康熙的全盘计划。

那恰是在康熙准备派钦差南下的前一天晚上，经略大臣莫洛求见。

莫洛是康熙的近臣，此时要进见康熙，必有重大事情。

果然是这样："启禀皇上，吴三桂的孙子吴世璠前不久带着大批银两到过陕西，在陕西提督王辅臣的家中呆了数日……"

康熙一时默然。半晌，他仿佛自言自语地道："吴三桂的孙子吴世璠去见王辅臣，绝非偶然或寻常之举……王辅臣本是吴三桂向朝廷推荐才担任陕西提督的，他似乎欠吴三桂一个人情。王辅臣又是一个贪财之辈，吴世璠带去大批银两，就正中王辅臣的下怀。既欠一个人情，又得了大批银子，王辅臣还有什么事情做不出来?"

莫洛紧锁双眉言道："皇上，如果王辅臣跟着吴三桂一起叛逆朝廷，那将是极其严重的事情……"

康熙点头道："朕也是如此忧虑……王辅臣手下虽然没有多少兵马，但若真的跟着吴三桂一起谋反，则影响极大，也影响极坏……"

莫洛主动请缨道："皇上，微臣想去陕西走一遭……"

莫洛的用意很明显，他想去陕西说服王辅臣，不要跟着吴三桂走。但康熙却有些不放心："莫洛，如果王辅臣已经倒向了吴三桂，你前去陕西，岂不是会有性命之忧?"

莫洛言道："皇上，危险自然会有，但微臣不惧。一来王辅臣未必就真的倒向了吴三桂，二来微臣曾经在陕西呆过一段日子，与王辅臣有些私交……即使王辅臣已经真的倒向了吴三桂，谅他也不会把微臣怎么样。"

康熙沉思。只要有可能，就不能让陕西也乱起来，而要去说服王辅臣，放眼朝中上下，经略大臣莫洛也许是最合适的人选了。

想罢，康熙轻轻地对莫洛言道："爱卿，朕同意你去陕西，不过，朕要嘱咐你两点。第一，你要确保自己的人身安全；第二，你要及时把王辅臣的动静告朕。待朕拟道圣旨让你带上，你就算朕的钦差到陕西巡视政务。"

莫洛刚一离开，康熙便吩咐太监赵盛道："公公速将明珠叫来……"

赵盛早已年迈，手脚也很不利索，但听了康熙的吩咐后，还是鼓足力气，以最快的速度走出了乾清宫。工夫不大，内务府总管明珠就到了。

康熙言道："明爱卿，朕现在封你为兵部尚书，统一掌管调度京城内外的所有军队，以备不测之事发生。"

明珠伏地叩首信誓旦旦："臣愿为皇上和大清国鞠躬尽瘁……"

康熙道："明爱卿，你且起身，朕还有事要吩咐于你。你速速派人去通知云贵总督甘文焜和云南巡抚朱国治，叫他们密切注意吴三桂的动向，若吴三桂有什么异样的举止，当速速禀告于朕。还有，你当派人去通知浙江、江西、湖南和贵州等省督抚，令他们一定要加强戒备，千万不可松懈！"

康熙口中的浙江、江西、湖南和贵州各省，都是与三藩控制区域的接壤地区，如果三藩叛乱，这些地区都将可能成为战场。

明珠言道："如果皇上同意，臣想亲自去浙江等省走一遭。"

康熙动了动双眉："也好。爱卿亲自巡视，朕颇为心安！"

就这样，莫洛去了陕西，明珠去了浙江诸省，索额图依然留在回头香饭庄里卧底。没过几天，好消息接二连三地传进了紫禁城。一个好消息来自索额图：那"朱三太子"杨起隆的住处终于查到了，就在京城铁狮子胡同外的一个小四合院里。

铁狮子胡同内曾经是鳌拜的府宅。所以康熙听完了索额图的汇报后不禁笑着道："杨起隆倒会选择住处啊！"

第二个好消息来自从南方回来的明珠。他向康熙禀奏道：南方浙江、江西、湖南和贵州诸省，已经作好了同吴三桂等人开战的准备。康熙听后一展龙颜，心中大安。

第三个好消息来自经略大臣莫洛。他从陕西给康熙写了一封信，说陕西提督王辅臣确实已被吴三桂收买，准备参与吴三桂的叛乱，但在他莫洛的苦口婆心的劝说下，王辅臣态度已有明显转变。为保险、稳妥起见，莫洛决定继续留在陕西，监督王辅臣的一举一动，并请康熙皇上定夺。

康熙当即谕示：陕西的事情，一切由莫爱卿自行主张。

这样，一切事情似乎又都回到了起点。康熙便又着手准备派遣钦差南下宣布撤藩的事宜了。为慎重起见，康熙还就派钦差南下之事率先征求了索额图和明珠等人的意见，并要索额图和明珠等人向他推荐合适的钦差人选。最后，康熙采纳了索额图的提议：让吏部左侍郎尼德尔任南下的钦差。

康熙还特地将尼德尔召至乾清宫，给了他一道圣旨，并赐给他一柄可先斩后奏的尚方宝剑，最后嘱咐道："爱卿南下之后，一路当多加小心。你先去云南，将朕的旨意向吴三桂宣告，然后去广东和福建，分别晓谕尚可喜和耿精忠等人。"

尼德尔的话说得很不吉利："臣纵然肝脑涂地，也不敢负圣命！"

尼德尔是公元1673年底离开京城南下的。尽管一路上风尘仆仆、马不停蹄，但当尼德尔及随从一行人踏入云南地界时，已是公元1674年的一月了。这天，康熙的钦差吏部左侍郎尼德尔正在和云贵总督甘文焜及云南巡抚朱国治小声地议论着什么。见吴三桂摇摇晃晃地走进客厅，甘文焜首先站起来，并叫了一声"王爷"，朱国治犹豫了一下，终也站起，但没有叫"王爷"。那尼德尔自恃是康熙皇帝派来的钦差，所以就既没有起身，更没有叫"王爷"，只用一双微含凉意的目光，打量着貌不惊人的吴三桂。

吴三桂瞟了尼德尔一眼，然后皱了皱眉，看着甘文焜，明知故问道："总督大人，这位陌生的客人是谁？见了本王爷，为何坐着不动？"

甘文焜连忙回道："王爷，这位是当今皇上派来的钦差、吏部左侍郎尼德尔大人！"

吴三桂干巴的脸皮搐动了一下："原来是钦差，吴某真是失敬啊！不过，即使是钦差，在本王爷的面前，也不能摆出这么大的架子啊！"

吴三桂说着话，就大模大样地坐下了。他这一番话，显然是犯了"大不敬"之罪。因为钦差是直接代表皇上的，吴三桂如此"教训"钦差，也就等于是在"教训"康熙皇帝。而尼德尔却纹丝不动地坐着，像是没有听到吴三桂的话。

其实，尼德尔的心中是非常气愤的：早就听说吴三桂目中无人、不可一世，今日一见，果然如此。只是考虑到自己肩负的重任，所以尼德尔才没有发作，只暗暗地紧握了一下康熙皇帝所赐的那把尚方宝剑。

吴三桂那两道冷冰冰的目光，盯在尼德尔的脸上，慢慢悠悠地问道："钦差大人，你大老远从京城跑到昆明来，定是有很重要的事啰？"

尼德尔按捺住愤怒情绪，拿出怀中圣旨："平西王吴三桂接旨——"

按规矩，吴三桂听到"接旨"二字后，应速速起身伏地，聆听皇上的圣谕。但是，吴三桂不仅没有起身，反而阴阳怪气地言道："尼德尔，有话快说、有屁快放，不必啰嗦！"

尼德尔还从未见过像吴三桂这样如此藐视、轻侮朝廷和皇帝的态度。所以，他再也控制不住自己，用手一指吴三桂，声色俱厉地质问道："吴三桂，你这般藐视朝廷、这般藐视皇上，居心何在？"

居德尔太过激愤了，身躯都在不住地颤抖。而吴三桂却异常地从容，冲吴世璠摆手道："去，璠儿，将那什么圣旨拿来，让爷爷我瞧瞧。"

云南巡抚朱国治怒不可遏："平西王，你太无礼了！"

吴三桂仿佛不经意地乜了朱国治一眼道："巡抚大人不必激动，待本王看了那道圣旨之后，便会知道究竟是谁无礼了。"

最震惊的当然还是那个尼德尔。他简直不敢相信眼前发生的一切。眼睁睁地，吴世璠就走到了尼德尔的面前。又眼睁睁地，吴世璠一把将那道圣旨从尼德尔的手中抓了过去。

吴三桂接过吴世璠抢来的"圣旨"，只粗略地浏览了一下，就气呼呼地将"圣旨"掷到了地上，并阴沉沉地言道："看来吴某是低估了皇上啊……他的胆子很大嘛，既要撤我的藩，还要把云南的一切军政大权都收归朝廷……钦差大人，皇上为何不把吴某人头也一并收归朝廷？"

那尼德尔似乎还没有从极度的震惊中回过神来。朱国治却很清醒，他已清醒地看出，吴三桂根本就不会执行这道"圣旨"。所以，他"呼"地从座位上站起，圆睁二目，厉声喝问道："吴三桂，你意欲何为？"

吴三桂冷冷地盯着朱国治道："在我吴三桂的眼中，这道圣旨简直狗屁不如！"

那尼德尔终于回过神来，听到吴三桂这句狂妄透顶又无礼至极的话，一把抽出那把尚方宝剑，用剑尖一指吴三桂，大义凛然地言道："吴三桂，待本钦差先将你这大逆不道、犯上作乱的奸贼斩首示众！"

尼德尔说着话，就仗剑向吴三桂走来。只可惜，他根本就近不了吴三桂的身。因为，他刚一拔出尚方宝剑，吴世璠和林兴珠、韩大任等人就早已各执兵器将吴三桂团团护住。吴世璠和林兴珠执的是剑，而韩大任的胸前则横着一柄寒光闪闪的大刀。一时间，客厅内呈出了一种剑拔弩张的局面。

尼德尔又气又急，握着尚方宝剑的手在不停地哆嗦着："吴三桂，你的眼中还有没有当今皇上？"

吴三桂皮笑肉不笑地看着尼德尔道："钦差大人，在京城，玄烨是皇上，而在云南，我吴三桂是皇上。你现在明白了吗？"

朱国治一步跨到尼德尔的身边，怒视吴三桂："莫非你想造反吗？"

吴三桂居然很认真地点了点头道："玄烨能做皇上，我吴三桂为什么不可以？"

大厅内最慌乱的，要数云贵总督甘文焜了。他急急忙忙地扯开嗓门叫道："平西王，你千万不能反啊！你若一反，这天下可就要大乱了啊！"

吴三桂却似乎显得有些不耐烦了。他冲着林兴珠和韩大任言道："这尼德尔竟然敢用剑指着本王爷，显然是不想活了。你们就成全他吧。"

朱国治情知今日之事不妙，但仍没有放弃最后的一丝努力和希望。他望着林兴珠和韩大任，急急忙忙地言道："两位将军，吴三桂如此犯上作乱，你们可万万不能跟着他走啊……"

林兴珠几乎面无表情地回答朱国治道："巡抚大人请原谅，有道是世事纷纭、各为其主，我等只能听从王爷的吩咐！"

林兴珠话音刚落，韩大任手中的大刀就在头顶之上划过一道弧光。再看钦差大臣尼德尔，一声未吭却已身首分离，只手中还紧握着康熙皇上所赐的那把尚方宝剑。

吴世璠兴高采烈言道："韩将军，你真是神刀啊！"

尼德尔死了，甘文焜像是被吓呆了，只张着大嘴，一动不动地站着。而朱国治则不然，双目几乎要喷出火来，头发几乎要竖起来。

吴三桂冷蔑地看了看尼德尔那已然身首分离的尸体，然后大大咧咧地冲着甘文焜和朱国治言道："尼德尔死了，就说明我吴三桂已经跟皇上分道扬镳了。现在，你们有两条路可以选择，一是跟着尼德尔走，一是站到我的身边来。"

只见，朱国治缓缓地蹲下了身子，一点一点地将那把尚方宝剑从尼德尔的手中拿了过来，紧跟着，就听"嗖"的一声，朱国治竟然连人带剑，一起向吴三桂扑来。看朱国治那架势，不仅十分骇人，也的确有很大的威力。看得出，朱国治对于剑术一道，至少不是外行。

只可惜，在朱国治和吴三桂之间，恰恰隔着个林兴珠。就是让朱国治再练上三年五载剑法，造诣恐也比不上林兴珠。所以，朱国治的身子刚一跃起，林兴珠的长剑就本能地递了过去。先是“当”的一声，朱国治手中的那把尚方宝剑被震飞，不偏不倚，正好落在那个甘文焜的脚边，差点把呆若木鸡的甘文焜吓了一跳。紧跟着，便是“扑”的一声，朱国治的身体，被林兴珠的长剑穿了个透心凉。

吴世璠又手舞足蹈地叫道：“林将军，你真是神剑啊!”

林兴珠没言语，撤回长剑，一动不动地傍在吴三桂的一边。而吴三桂的另一边，则站着一动不动的韩大任。林、韩二人这般姿式，倒也真的像是吴三桂的左膀右臂了。

吴三桂有些懒洋洋地问甘文焜道：“总督大人，你想走哪条路啊?”

甘文焜活动了。他慢慢弯下腰身，慢慢地捡起那把尚方宝剑，然后对着宝剑仔细地端详着。吴世璠一见，赶紧仗剑跳到吴三桂的前边，口中言道：“爷爷，这个甘文焜，该轮到孩儿了!”

然而，甘文焜并没有冲过来。他对着宝剑轻轻地言道：“皇上，臣身为云贵总督，却不能保一方平安，虽万死也难辞其咎……”言罢，将尚方宝剑上举，在脖子上一抹，就很快地去见尼德尔和朱国治了。

吴世璠极为不快地嘟哝道：“这个甘文焜竟然不让我动手杀他……”

吴三桂却“忽”地站了起来，语气十分急促：“璠儿，你速带人去将甘文焜和朱国治全家都杀光。然后带上十万两银子，再去陕西见王辅臣!”

吴世璠不敢怠慢，连忙应了一声，急急而去。吴三桂又转向林兴珠和韩大任问道：“两位将军，可知道你们现在要做些什么?”

“王爷，属下明白。从现在起，属下就要领兵同大清国开战了!”

吴三桂非常满意地点了点头：“不错！你们回去速速调集军队，明日一早，你二人率十万大军开进湖南，争取在一月之内，打过长江去！玄烨，我吴三桂同你摊牌了!”

第二天，林兴珠和韩大任奉吴三桂之命，率十万军队，从云南杀入湖南。吴三桂树起“反清复明”大旗，自封周王，称“天下招讨都元帅”，正式向大清国宣战。几天之后，尚之信在广东响应，领兵攻入广西。与此同时，耿精忠亲率数万军队，开始在福建境内大肆围剿清军。这，便是清朝历史上赫赫有名的“三藩之乱”。

第十七章 议平叛文武臣缄口 运计谋英明帝分兵

康熙缓缓言道："朕打算把兵部训练出来的十五万精锐之师，再加上五万八旗兵，全部开往湖南战场！"此言既出，众人皆惊。因为这样一来，东线和西线就各只有五万人马去增援了，这无疑是杯水车薪啊！

"三藩之乱"的消息传到京城，朝野震惊。虽然许许多多大臣对此早就有了不祥的预感，但当这种"预感"真的变成现实时，他们依然感到极大的震恐。许许多多大臣变得惶惶不安，茫然不知所措起来。甚至，有不少大臣在私下里都这么以为：大清国完了。

康熙在弘德殿内召集群臣，商议如何平定南方的"三藩之乱"。康熙首先言道："乱臣贼子吴三桂，杀朕派出的钦差大臣尼德尔于前，又杀朕的封疆大吏甘文焜和朱国治于后，然后胆大包天，公然扯起反清大旗，派兵攻打湖南，意欲抢夺朕的天下，此等滔天罪行，人人得而诛之！"

康熙说得慷慨激昂，然而，除了索额图、明珠等少数人积极响应外，其他诸大臣几乎都缄默不语。康熙对此极为不快。他一拍龙案，厉声喝问道："各位大臣为何不言不语？莫非你们都惧怕吴三桂不成？"

康熙这一喝问，不少大臣都赶紧抬起头来，直直地又惶惶地看着康熙。康熙不觉从宝座上站了起来，喝问道："你们怎么不说话？"

终于有人缓缓走出来伏在地上："皇上，微臣有些话想说……"

那人正是吏部侍郎齐耳丹，是朝中最不主张同三藩动武的人。康熙当时最讨厌、最不满的人，也就是他了。

康熙直视着齐耳丹道："齐大人，你有些什么话要对朕说啊？"

"皇上，臣以为，我们的眼睛不能只盯着一个吴三桂……"

康熙不禁皱了皱眉："齐大人此话何意？"

齐耳丹道："吴三桂数十万大军，当然是大清国的莫大威胁，可是，尚之信和耿精忠的军队，也达数十万之众，也是大清国极大的威胁啊！"

康熙被齐耳丹所言弄得有些糊涂："齐耳丹，你到底想对朕说些什么？难道朕不知道，吴三桂、尚之信、耿精忠都是朕的心腹之患吗？"

"皇上，"齐耳丹的表情十分认真，"微臣的意思是，只一个吴三桂就很难对付了，再加上尚之信和耿精忠，大清国实难有把握战胜他们……如果强行同他们开战，臣担心，大清国恐有亡国之忧……”

索额图闻言，立即伏地启奏道：“皇上，齐耳丹危言耸听，不是贪生怕死，就是别有用心，皇上明察！”

明珠也紧接着索额图言道：“皇上，臣以为，齐耳丹长他人志气，灭自己威风，当从严惩处！”

齐耳丹亢声言道：“皇上，臣既不是危言耸听，也不是长他人志气，臣说的全是实话，也完全是在为大清国和皇上着想……”

康熙稳定了一下情绪，然后不动声色地问道：“齐大人的意思，是叫朕不要派兵去反击三藩之乱，而让他们的军队顺顺当当地开到京城来，然后把朕及各位大臣都捉了去，是也不是？”

齐耳丹磕头道：“皇上言重了。微臣的意思是，不应同吴三桂等人公开对抗，而应想一个办法使吴三桂等人的军队退回到原来的地方去……”

康熙不觉“哦”了一声道：“齐大人有何妙计使吴三桂按兵不动？”

齐耳丹道：“皇上，微臣以为，吴三桂等人之所以会大动干戈，最主要的原因，乃是朝廷撤了他们的藩，如果朝廷不这么做，吴三桂等人就不可能燃起战火。所以……”

康熙明白了：“齐大人，你是不是叫朕再收回撤藩的旨谕啊？”

齐耳丹居然有模有样地点了点头：“是的，皇上，微臣正是这个意思，而且，微臣还以为，仅仅收回撤藩的成命还不够，还应将朝中竭力鼓吹撤藩的大臣杀掉几个，向吴三桂等人谢罪，吴三桂等人才能停止战争……”

齐耳丹此言一出，众大臣皆相顾愕然。只有康熙，看起来还十分平静：“齐大人，依你之见，应该杀掉哪几个大臣比较合适啊？”

“依微臣之见，只需杀掉两个大臣便可。一个是兵部尚书明珠，另一个是吏部右侍郎索额图。满朝文武当中，就这二人竭力鼓吹撤藩……”

康熙一点点地又站了起来：“齐大人，鼓吹撤藩最厉害的，不是别人，是朕。照齐大人的意思，是不是要用朕的脑袋去向吴三桂等人谢罪啊？”

齐耳丹慌忙叩头道：“皇上息怒，皇上恕罪，微臣对皇上可是一片赤胆忠心啊……”

康熙厉声喝道：“将齐耳丹打入囚牢！平定三藩之后，再行释放！”

很快几个宫廷侍卫跑进来，将大声叫嚷着的齐耳丹拖出殿去。实际上，康熙本想把齐耳丹就地正法以儆效尤的，但考虑到齐耳丹虽然“胡言乱语”，却也“勇气”可嘉，故而就饶了他一命。

康熙沉默了一会儿之后，沉声言道：“多年以前，朕就把三藩看作是大清国的心腹大患。现在，吴三桂等公然作乱，意欲颠覆大清江山。朕若不以牙还牙，坚决反击，还有何面目去见列祖列宗？只有彻底打败吴三桂等人，大清江山才能够安宁。只有完全消灭吴三桂等人，朕才可以高枕无忧！”

康熙说到最后两句话的时候，身体不自觉地在宝座上弹动了两下。机灵的索额图一见，连忙伏地称颂道："吾皇圣明！吾皇万岁万岁万万岁！"

索额图这一喊不大要紧，明珠及殿内所有的大臣都一起跪地山呼道："吾皇圣明！吾皇万岁万岁万万岁！"

"圣明"声中，"万岁"声里，康熙又稳稳地站了起来，且气宇轩昂地大声言道："兵部尚书明珠听旨！朕命你速带人手，将吴三桂留在京城的子孙悉数斩首，不得有误！"

康熙瞥了一眼明珠离去的背影，然后缓缓地言道："朕杀吴三桂的子孙，并非朕心地残忍，朕这样做的目的，是想告诉天下的百姓，朕与吴三桂等人决没有任何妥协的余地，不是他死，就是朕亡！"

索额图及众大臣闻听康熙口中说出"朕亡"二字，都慌忙叩头呼道："吾皇圣明……"

康熙朗声言道："吏部右侍郎索额图听旨！吴三桂在南方叛乱，朱三太子杨起隆必将蠢蠢欲动。为更好地打击吴三桂等人，解京城后顾之忧，朕命你统领禁卫军三万，从现在起，全力抓捕杨起隆及其党羽，把这帮亡命之徒一个不剩地全部抓捕归案！"

康熙又面对着众大臣言道："从现在起，尔等须在各部衙门日夜值守，擅自离开者严惩不贷！退朝！"

康熙对吴三桂等人叛乱的态度之所以如此坚决，并非单凭血气方刚。他认真计算过，吴三桂的兵马，不会超过二十万众，而尚之信和耿精忠的军队加在一起，也至多在二十万人左右。康熙想，京畿一带的清军约有三十万众，一半是兵部特地训练出来的精锐之师，一半是拱卫京城的八旗兵。康熙认为，以兵部训练出来的精锐之师，加上一些地方部队，完全可以对付狂妄的吴三桂，再以卫戍京城的八旗兵，加上一些地方部队，就可以打败尚之信和耿精忠了。便何况，吴三桂等人只不过占据着南方那么几个省，地小人少，而大清国则拥有广袤的土地和众多的人口，只要调度有方、指挥得当，平定"三藩之乱"当不是一件太困难的事情。所以，基于这种想法，康熙才会对吴三桂等人的叛乱，既不感到意外，更不感到慌张。

兵是有了，但将呢？如果没有一批能征惯战的将军，恐怕这个仗也不好打。当年的一些马上将军，包括鳌拜在内，死的死，亡的亡，现在还活着的，也早已垂垂老矣。现役的一些将军，几乎都没经过实战的考验和锻炼，加上不少将军都出身豪门，平日里懒散骄纵惯了，若让他们领兵去同吴三桂等人作战，康熙委实不放心。所以，康熙虽然决意要同吴三桂等人一比高低，但在挑选领兵打仗的将军方面，却颇费一番踌躇。

正是在这种"踌躇"之下，康熙想到了索额图和明珠。康熙本来的打算是，让明珠跟着另外一个将军率兵部训练出的那十五万精锐之师，南下湖南去抗击吴三桂的军队，让索额图跟着另外一个将军率戍卫京城的十五万八旗兵去抗击耿精忠和尚之信的兵马。康熙之所以让明珠和索额图都跟着"另外一个将军”，原因是，明珠和索额图都没有领过兵，让他们先跟着“另外一个将军”学习学习，然后再独自指挥打仗。

看得出，康熙对索额图和明珠二人是极其信任的。只是因为后来陕西提督王辅臣突然起兵对康熙发难，而且，由王辅臣起，又发生了一连串的事情，都让康熙有措手不及之感，故而，康熙就不得不重新调整部署。

不过，在交待王辅臣突然“发难”之事之前，有两件事情应该补充说明一下。一件是明珠诛杀吴三桂留在京城子孙的事，一件是索额图率禁卫军抓捕“朱三太子”杨起隆及其党羽的事情。

明珠诛杀吴三桂子孙的事情，十分简单。他奉康熙皇帝之命，领一干人手，把吴三桂留在京城的子孙，悉数押至午门之外，当着数千看客的面，将吴三桂的子孙一一斩首示众，以此向京城的百姓证明：当今皇上决心与吴三桂对抗到底。明珠这一干净利落的做法，事后博得了康熙的赞赏。

索额图那边也算是干净利落。只花了半天左右时间，就将杨起隆手下的万余党羽，包括回头香饭庄店主张林在内，几乎全部抓捕归案。然而，可惜的是，“叛乱”的罪魁祸首杨起隆却狡猾地漏网了。对此，康熙虽然不免有些遗憾，但却还安慰索额图道：“躲过初一躲不过十五，杨起隆是一定难逃法网的！”只是，杨起隆躲的时间似乎也太过久长了，直到康熙四十七年，亦即公元1708年，杨起隆才在山东落入“法网”。这是后话。

杀了吴三桂的子孙，又消除了杨起隆这一莫大隐患，康熙便觉得可以同吴三桂等人放手一搏了。然而，就在康熙准备派索额图和明珠分别领兵南下的当口，却突然从陕西传来消息：陕西提督王辅臣公开响应吴三桂的号令，从宁关起兵，正向甘肃兰州攻去。康熙闻之，一时间目瞪口呆。

康熙的经略大臣莫洛曾向康熙禀奏：陕西提督王辅臣已经同意和吴三桂“划清界线”。既如此，王辅臣为何又出尔反尔？

王辅臣本来并不想与大清国和康熙皇帝为敌。然而，吴世璠的到来却改变了这一切。确切说，是那二十万两银子使王辅臣改变了主意。加上吴三桂先前对王辅臣有保举推荐的知遇之恩，王辅臣便准备同大清朝廷开战了。

就在这个当口，经略大臣莫洛以康熙钦差的身份适时抵达了陕西。在莫洛动之以情、晓之以理的劝说下，王辅臣表示：愿意与吴三桂一刀两断，继续为康熙皇上镇守陕西。为防止王辅臣再有什么“不轨”之举，莫洛便向康熙皇上请求继续留在陕西以监督王辅臣。康熙考虑到陕西地理位置的特殊性，也就答应了莫洛的请求。

事情似乎一点点地归于平静和正常了。然而，吴世璠的第二次抵达陕西，却使王辅臣不得不最终拿定了主意。

当吴世璠又带着十万两银子出现在王辅臣面前时，后者很是惊讶地言道：“小王爷，你如何又到这里来了？皇上的钦差正监视着我呢……”

吴世璠“嘿嘿”一笑道：“提督大人，皇上的钦差有什么稀奇？几天以前，皇上也曾派了一个钦差到云南去呢。不过那钦差已经被我爷爷给杀了，甘文焜和朱国治也一路同行了！"

王辅臣大为震惊："如此一来，平西王他老人家岂不是真的反了？"

吴世璠点了点头："此时此刻，我爷爷的十万大军，恐怕早已经打入了湖南。如果消息传送得快，尚之信和耿精忠，也该同大清国开战了！"

王辅臣下意识地问吴世璠道："小王爷，我现在……该怎么办？"

"我爷爷叫你马上起兵响应，先攻下兰州，然后全力向京城攻击！"

王辅臣犹豫着："这……钦差……是不会同意我这么做的……"

吴世璠显然有些不快："什么钦差不钦差！干掉就是了！"

"小王爷有所不知……这钦差，是我的朋友，叫我杀掉我的朋友，我实在有些不忍心，也实在下不了手……"

"提督大人，那钦差既然是你的朋友，就叫他跟我们一起干嘛，如果他不同意，再杀他也不迟，提督大人要是下不了手，世璠也乐意代劳！"

王辅臣忙道："小王爷莫性急，容我与那钦差好好商量一番……"

于是，王辅臣就将吴世璠妥善地安排在一个地方住下，醇酒美人款待着，自己则在苦思冥想着究竟该怎么办。

王辅臣根本就没同莫洛商量。他知道用什么手段也休想同莫洛商量通。他只能一个人选择今后的道路，可一连三天，也没有选择出结果来。

吴世璠却等不及了。三天后的下午，他找着了王辅臣，脸色阴沉地问道："三天过去了，该商量出结果来了吧？我明日一早便回云南。"

"小王爷……为何要走得这么快？"

"提督大人这么难以作出决定，我在此逗留下去又有何益？来时我爷爷曾说，如果提督大人及时起兵，待事业成就之后，就让提督大人做陕甘总督兼朝中兵部尚书。可现在看来，我爷爷的这番心意算是白费了……"

王辅臣挤出一脸笑容道："王某谢过平西王厚爱和栽培……"

吴世璠回以冷冷一笑："有件事情必须向提督大人事先说明一下。我明日需把两次带来的银两一并带回，请提督大人支持并谅解。"

王辅臣闻言，心中不禁"咕咚"一沉。显然，吴世璠要把银子带走，恰恰击中了王辅臣的要害。三十万两，这么多的银子，王辅臣如何能舍得？

王辅臣忙道："小王爷莫急，王某今天晚上再同钦差好好地、彻底地商谈一次，明天一早便给小王爷一个明确的答复，小王爷以为如何？"

吴世璠却道："提督大人为何不今天晚上就给我一个明确的答复？"

王辅臣暗暗地咬了咬牙，然后一跺脚言道："好，就依小王爷的，王某今天晚上就给小王爷一个满意的答复！"

晚上，王辅臣摆了一桌丰盛的酒席，将钦差莫洛邀来同饮。

酒酣耳热，王辅臣拐弯抹角说起要莫洛跟他也就是跟吴三桂一起造反的意思，甚至还一反他爱财如命的本性，拿出五万两银子来收买这位忠心耿耿的大清忠臣。不想却被莫洛臭骂了一场，骂得王辅臣五官都挪了位置。结果不难想象，两个彪形大汉用剑只轻轻一抹，经略大臣莫洛就无声无息地訇然倒地。吴世璠拍着双手走了进来：“漂亮，干得真是漂亮啊！”

当得知王辅臣杀死莫洛、起兵攻打兰州时，康熙简直就像是呆了一般。亲臣莫洛惨遭杀害，康熙自然异常难受，而战略要地陕西发生了叛乱，康熙就更加感到担忧。

很显然，康熙原先的战略部署不得不重新调整。康熙原来想把京城周围的三十万大军分成两路南下，一路去对付吴三桂，另一路对付尚之信和耿精忠。可现在，陕西王辅臣叛乱，就使得康熙又增添了一条战线。该如何调遣京城的三十万大军？

就在康熙举棋未定之际，一连串的更为严重的消息相继传入京城：云南提督张国柱、贵州提督李本深、四川提督郑蛟麟及总兵吴之茂、长沙副将黄正卿、湖广总兵杨来加、广东总兵祖泽清、潮州总兵刘进忠和温州总兵祖宏勋等，纷纷树起叛旗，响应吴三桂，归附吴三桂。而吴三桂的兵马已攻入湖南省腹地，正火速向长江沿线推进。尚之信的军队已基本上控制了广西。耿精忠的军队已经占领了福建全部。陕西提督王辅臣的动作也不慢，只几天工夫，就攻下了兰州。

大清国国土，整个长江以南，加上陕西、甘肃和四川，不是已被吴三桂等叛军占据，就是正处于战火纷飞之中。史书记载当时的情形是：东南西北，全在鼎沸。大清国各省还效忠于康熙皇帝的地方部队，疲于奔命，处处设防，又处处挨打。一时间，吴三桂还真的有一种改朝换代的气势。

各路叛军中，以吴三桂的军队声势最为浩大。吴军在大将林兴珠和韩大任的统率下，连克沅州、常德、衡州和长沙等地，兵马直趋长江南岸。

康熙在乾清宫内召集索额图、明珠等十数位亲近大臣商议应急的办法。康熙开门见山：“朕叫各位爱卿来，就是想请各位爱卿动动脑筋、想想办法，看京城的这三十万军队，该如何投入战场……”

三十万军队，看起来是一个不小的数目，但当时，如果将各路叛军的兵马加在一起，恐怕不止百万之众。更主要的，这三十万军队，可以说是康熙手中的最后一张王牌，如果这牌使用得不当，未能起到应有的作用，大清王朝就真的有被吴三桂等人颠覆的可能。所以，索额图和明珠等人便认真而又热烈地讨论起来。

讨论来讨论去，大致形成了这么两种意见。一种意见是，把三十万大军集中投放到某一个战场上，把那个战场上的叛军迅速地歼灭，然后再调去对付其他的叛军。另一种意见则是，把三十万大军平均投放到各个战场上，先遏止住各路叛军的疯狂攻势，然后再想其他的办法来消灭叛军。

待索额图和明珠等人都住了口、一起凝望着康熙时，康熙轻轻地说开了：“各位爱卿说的都很好，但似乎也都不无欠妥之处……如果能集中这三十万军队迅速歼灭叛军一部，当然十分理想。可朕以为，就目前形势来看，这种想法不大可能实现，因为叛军的气焰十分嚣张，且东西左右的叛军几乎已连成一线，要想在短时间内把某路叛军分割开来、聚而歼之，实属不易，弄得不好，不仅不能把某路叛军歼灭，反而使得其他各路叛军得以乘机迅速北上。如果真是这样的话，势必会引起百姓的恐慌和京城的不稳……而若把三十万军队平均投放到各个战场，也似不当，因为叛军虽然东西连成了一片、齐头并进。但仔细看来，各路叛军的攻势毕竟有强有弱，比如吴三桂的叛军，其攻势就明显比其他各支叛军猛烈……所以，这三十万军队在全部投放战场的时候，必须有所侧重，必须起到应有的作用，必须能在较短的时间内遏止住叛军的攻势。只有这样，百姓才会心安，京城才会稳定，朕也才有时间、有办法来对付叛军！”

康熙虽然说得很轻，但娓娓道来，有条有理，反映了康熙冷静的性格和缜密的思维。索额图和明珠等人，只静静地倾听，并不多发一言一语。

康熙继续言道：“叛军虽然横贯东西，但认真地推敲一下便不难发现，数十支叛军大致可以分成三条战线，姑且称之为东线、西线和中线。东线在江西、浙江一带，以耿精忠的叛军为主力。西线在陕西、甘肃和四川一带，以王辅臣的叛军为主力。而中线则是在湖南，主要是吴三桂的叛军。三条战线上的叛军，虽然人数看起来差不多，但以吴三桂的叛军战斗力最强。所以，应把中线湖南战场列为重点，投入更多的兵力。只要遏止住了吴三桂叛军的攻势，其他各路叛军的攻势必将有所收敛。就像是去对付一群野狼，如果有效地制服了其中的头狼，其他的野狼就肯定会有所顾忌……”

明珠小声问道：“皇上，你打算如何分配京城的这三十万军队？”

康熙扫了众人一眼后缓缓地言道：“朕打算把兵部训练出来的十五万精锐之师，再加上五万八旗兵，全部开往湖南战场！”

康熙此言既出，众人皆惊。因为那样就只剩下十万人马了，东线和西线战场就只能各派五万人马去增援，这无疑是杯水车薪。故而，康熙作出这一决定之后，众人一时都面面相觑，不知所措。

十多位康熙的亲近大臣中，有一位顺承郡王，名叫勒尔锦，曾跟着鳌拜打过几次仗，且还博得过“常胜将军”的美誉。在当时的朝廷中，能具有勒尔锦这种作战资历和作战经验的大臣，委实不多。此刻，勒尔锦犹豫了一下后言道：“皇上，吴三桂在湖南战场上投入了很强大的兵力，加上长沙副将黄正卿等叛军的支援，吴三桂在湖南战场上的实力就更是非同小可。甭说派二十万军队去湖南战场了，就是把在京的三十万军队全部投放到湖南战场，也不为多。只是，把二十万军队投入中线战场，东线和西线战场就没多少兵力去增援了，而东线和西线战场上的叛军，其实力也不容低估。如果东线和西线的叛军，一个迅速北上，一个迅速东进，我们将无力阻止，如此一来，大清国岂不是岌岌可危？请皇上三思！”

康熙并没有直接回答勒尔锦，而是面向索额图和明珠等人道：“你们是如何认为的啊?"

索额图是极端聪明之人。他当即言道:"郡王爷所虑不无道理。但是,微臣以为,如果我们及时地阻止住了吴三桂在湖南的攻势,东线和西线的叛军就会有所顾忌,就不敢轻易地迅速北上或东进。而要保证能够及时地阻止吴三桂叛军的攻势,就必须在湖南战场投入更多的兵力……"

顺承郡王勒尔锦微微摇头道:"如果我们阻止了吴三桂叛军的攻势,但东西两线叛军却并未停止或放慢进攻,那时我们将何以应对?"

明珠的聪明自然不会比索额图逊色多少。他紧跟着勒尔锦之后言道:"郡王爷所担心的事情,也正是微臣所担心的。微臣以为,皇上之所以这么决定,乃是不得已而为之。我们总共只有三十万军队,既不能集中优势兵力歼灭叛军一部,因为我们本来就没有什么优势兵力可言,又不能把三十万军队平均投放到三个战场,因为那很容易被各路叛军各个击破,所以,我们只能相对集中兵力,去遏止住叛军的重点攻势,说不定,皇上这一英明决策,还真的能奏奇效……"

明珠说出"说不定"三个字,说明他对康熙的这一决定,心中也没有什么底。康熙轻轻叹息道:"朕又何尝不想在东西线战场上投入更多的兵力?可朕没有这么多的军队啊!"

索额图想了想,然后低低地问道:"皇上,我们能否把东北地区的军队全部抽调回来投入到南方战场?"

当时,也只有东北地区的官军没有抽调了。

康熙缓缓地摇了摇头道:"东北的官军不能抽调,一是因为东北的官军人数不多,即使全部抽调回来投入战斗,作用也不大,更主要的是,东北地区一直不太安宁,罗刹士兵在东北一带肆意烧杀抢掠,如果东北的官军全部抽调回来,罗刹士兵岂不更加肆意妄为?"

索额图唯唯诺诺地道:"皇上圣明,微臣考虑问题太过肤浅……"

康熙顿了一下,继而沉声言道:"前线将士正在为朕、为大清江山浴血奋战。朕,还有你们,不能也不该总是坐在这里纸上谈兵,要立即行动起来,去英勇顽强地打击叛军!"

康熙如此一说,众人马上挺直了身子,洗耳恭听。康熙言道:"驰援湖南的二十万大军,必须挑选得力大将统领。勒尔锦听令!朕封你为宁南靖寇大将军,专门负责湖南战场事宜。"

勒尔锦叩首道:"臣遵旨!"

康熙又道:"明珠听令!朕封你为宁南靖寇大将军副将,协助勒尔锦处理湖南战场事宜。"

明珠磕头道:"臣遵旨!"

康熙看了看勒尔锦和明珠,然后重重地言道:"朕命你们即刻率二十万大军,火速开往湖南战场,尽快遏止吴三桂叛军的攻势,不得有误!"

勒尔锦和明珠一起响亮地回答道:"臣遵旨!"然后便双双离去。离去时,两人的脸色都很沉毅，两人的脚步也都很坚定。

康熙对其他人言道："你们可以回去了……索额图留下。"

索额图似有不快之色。等人都走得差不多了，康熙问道："你是不是也很想上战场啊？"

"臣确实很想上战场，同那些叛军真刀实枪地大干一场……而且，皇上本来也是准备叫臣到东线战场的……"

确实，康熙本来是准备把索额图派往东线战场去同尚之信、耿精忠等叛军交手的。"但是，"康熙解释道，"事情发生了变化。朕没有想到，叛军的实力会有这么强大。朕的大清江山，几乎都处在一种战争状态中。所以，朕就迫切需要及时而又全面地了解各个战场上的真实情况，以供朕决策之用。朕坐镇宫中，不可能亲往前线，这就需要一位诚实可靠又精明能干的大臣代朕巡查……索爱卿，除了你，还有谁更适合替朕做这些事情？"

康熙这是让索额图做他的战场钦差。索额图连忙伏地言道："臣遵旨……臣一定不辱使命！"

康熙轻轻地道："爱卿平身……从现在起，朕寸步不离乾清宫。你一有战场上的消息，无论深夜凌晨，都可以直接来此面朕！"

从此，除了吃饭、早朝和早课，康熙就一直呆在乾清宫内处理各种事宜，哪儿也不去，包括孝诚皇后赫舍里氏所居住的坤宁宫，甚至也包括太皇太后博尔济吉特氏所居住的慈宁宫。只偶尔的，康熙在早朝或早课后，顺便去慈宁宫走一趟，看望一下自己的皇祖母，然后就又回到乾清宫。

康熙如此，博尔济吉特氏当然能理解。所以，平定三藩之乱的战争刚刚开始的那段时间，博尔济吉特氏就常常领着赫舍里氏到乾清宫来看望康熙。博尔济吉特氏这样做的用意很明显，康熙太过于紧张和忙碌了，她和赫舍里氏到乾清宫来，多少能给康熙带来一点精神上的安慰。然而，没有多久，康熙就不让博尔济吉特氏和赫舍里氏到乾清宫来了。原因是，孝诚皇后赫舍里氏的肚子里怀上了龙胎，康熙请求皇祖母博尔济吉特氏多多地在坤宁宫内照料赫舍里氏，而不必为他担忧。

这一年（公元1674年）的五月三日，孝诚皇后赫舍里氏生下了康熙的第二个儿子胤礽。然而，因为难产，在生下胤礽之后，赫舍里氏失血过多不幸身亡。康熙与赫舍里氏情深意笃，赫舍里氏因生产而死，康熙心中的莫大悲伤自然就可想而知。尽管当时的战事十分紧张，大清王朝已到了岌岌可危的地步，但康熙还是亲自为赫舍里氏举行了隆重的葬礼，并狠狠心、咬咬牙，将为赫舍里氏接生的十几名太医全部处死。赫舍里氏死后不几天，康熙立皇二子胤礽为皇太子。

一个皇帝立自己的儿子为太子，本来应该是非常正常的事情。然而问题是，当时的康熙才二十多岁，这么早就立下一个太子，那太子要等多少年才能够登基称帝？这么多年等待，岂不容易发生变故？还有，二年前惠妃纳喇氏所生下的胤禔，乃是康熙的皇长子，按照一般惯例，帝位应由皇长子继承，康熙应该立胤禔为太子才是。然而，康熙为情所驱，将太子之位封给皇次子胤礽，待皇长子胤禔长大成人后，胤禔的心中又会怎么想？所以，康熙过早地立下太子，从某种角度来看——而事实也恰恰如此，无疑是给自己种下了一条祸根，差不多完全摧毁了康熙整个的晚年生活。

如果不算日夜服侍康熙皇帝的阿露和赵盛外，在那段日子里，和康熙皇帝见面最多的人，好像就是索额图了。索额图三天两头地往乾清宫里跑，有时一天要跑好几趟，有时深更半夜地也跑到乾清宫里来。当然，有时候，一连十多天，康熙也见不着索额图的身影。

索额图到乾清宫里来的目的只有一个，那就是向康熙皇帝禀告各条战线上的情况。听完索额图的禀报后，康熙如果皱眉，就说明某条战线上又吃紧了，相反，如果康熙展眉，则表明某路清军在某个地方打了一个胜仗。可惜在战争刚开始的日子里，似乎只看见康熙皱眉，而看不见康熙展眉。

康熙皇帝第一次认认真真地展了眉头，是在四月一天的半夜里。索额图风尘仆仆地走进了康熙的寝殿。

“启奏皇上，勒尔锦和明珠奉旨率军抵达湖北南境时，吴三桂的叛军已经越过长江，占领了荆州……”

康熙不禁“啊”了一声：“吴三桂叛军的行动竟然如此神速……勒尔锦和明珠如何应对？”

索额图显然是星夜兼程从前线赶回来的，不仅面容异常憔悴，就连说话也颇为吃力：“禀皇上，吴三桂的手下林兴珠和韩大任的确非同一般，他们闻知勒尔锦和明珠赶来增援，便火速派遣一支先头部队，渡过长江，占领了荆州，意欲凭借荆州要塞，挡住勒尔锦和明珠，待他们大部队全部到达，再行与勒尔锦和明珠交战。好在林兴珠和韩大任的那支先头部队人数不多，只有几万人，不过，因为勒尔锦和明珠贻误了战机，这才使得夺取荆州的战斗变得异常地艰难和激烈……”

康熙连忙问道：“勒尔锦和明珠如何会贻误战机？”

“勒尔锦和明珠抵达荆州北面时，林兴珠和韩大任的那支先头部队也刚刚占领荆州。可是，勒尔锦以为吴三桂叛军的主力已经全部渡过长江，所以，他不仅没有及时地向荆州发起攻击，反而把自己的大军后撤，准备摆出阵势与叛军主力决战。直到三天之后，叛军主力真的来到了长江南岸准备渡江。勒尔锦在这危急时刻，居然不知所措起来。亏得明珠认清了形势，决定在叛军主力渡江之前，迅速占领荆州，然后依据长江天险，将叛军主力挡在长江以南……”

康熙点头道：“还是明爱卿有远见、有主见！夺取荆州的战斗如何？”

索额图道：“明珠亲率数万将士，轮番向荆州发起攻击。战斗异常残酷……整整一天一夜，在叛军主力渡江之前，明珠终于攻进了荆州，打垮了荆州城内的叛军。只不过，明珠所率数万将士，几乎全部阵亡……"

康熙"哦"了一声："这都是勒尔锦之过……战局又当如何?"

索额图道："明珠虽然损失严重，但毕竟及时地夺取了荆州，占据了长江北岸，从而掌握了这场战斗的主动权……"

康熙继续问道："索爱卿，叛军主力没有北渡长江?"

索额图言道："回皇上的话，明珠夺了荆州之后，林兴珠和韩大任的叛军主力已经陆续渡江，好在勒尔锦率大部队早已赶到，将先期渡过长江的万余叛军全部歼灭在岸边……现在想来，如果不是明珠及时地攻下荆州，那这场战斗的结果就很难预料了!"

康熙停顿了一下，然后问道："索爱卿，你返京之时，长江边上的战况如何?"

索额图回道："微臣返京之前，长江边上的战局已经相对平静。林兴珠和韩大任曾数次组织军队趁夜间偷袭江北，均被高度戒备的明珠和勒尔锦打退。微臣离开那里的时候，明珠叫微臣转奏皇上：只要他明珠还有一口气，就决不会让叛军踏上江北一步!"

康熙悠悠地舒了一口气道："明爱卿办事，朕自然放心……索爱卿，勒尔锦贻误战机，差点铸成大祸，你为何不对他进行处罚?"

康熙曾赋予索额图这么一种权力：对在战场上贪生怕死或贻误战机之人，无论是满人、汉人，也无论是多大的官职，索额图均可以就地免职或就地正法；相反，对在战场上英勇战斗或功勋卓著之人，无论是满人、汉人，哪怕本来只是一个低级的士兵，索额图也可以破格将他擢升为将军。

索额图回答道："微臣并没有免去勒尔锦的官职，微臣只是将勒尔锦和明珠的官职对调了一下……微臣如此处置，不知可否妥当?"

康熙略一沉吟，然后言道："索爱卿如此处置，非常恰当。勒尔锦虽然差点铸成大祸，但也毕竟是个有丰富战斗经验的将领。与吴三桂叛军作战，应该是少不了像勒尔锦这样的人的。索爱卿将勒尔锦和明珠的官职互相调换了一下，当真是恰当无比啊!"

顺承郡王勒尔锦本是康熙钦封的"宁南靖寇大将军"，明珠为副将。现在，索额图这么一调换，明珠便成了中线战场上清军的主帅，而勒尔锦倒变成了明珠的助手了。

康熙言道："索爱卿，中线战场暂时如此了，但不知东线和西线战场现况如何?"

索额图马上道："臣即刻便派人去东线和西线打探，一有确切消息，臣就速来禀奏。"

十多天之后，索额图禀报，自吴三桂的叛军在长江边上被阻之后，东线战场上的耿精忠和尚之信等叛军及西线战场上的王辅臣等叛军，很快就停止了各自的攻势。康熙得知这一消息后，不禁长长地舒了一口气。看来，叛军虽然人多势众，但一切都取决于吴三桂叛军的进展。只要将吴三桂的叛军挡住，其他各路叛军就不会卖命或全力地向清军发起进攻。

这一年（公元1674年）的年底，吴三桂手下的大将林兴珠和韩大任，以近二十万军队，分乘数百艘战船，突然向驻扎在长江北岸的明珠和勒尔锦发动全面攻击。明珠和勒尔锦率官军同突然袭击的叛军殊死搏斗三天三夜，各死伤数万，但官军仍然坚守在长江北岸。这一仗之后，叛军的士气大为低落，两个多月内，林兴珠和韩大任在长江以南，没有任何动静。吴三桂的叛军没有动静，其他各路叛军就更没有什么动静。这样一来，康熙就有一定的时间来大力组建新的军队。

就在康熙略略心安的时候，那个赵盛，向康熙提出了自己酝酿已久的请求："皇上，老奴年迈体衰，留在这里，不仅毫无用处，反而会给皇上和阿露姑娘增添许多的麻烦……老奴斗胆请求皇上，允许老奴出宫……"

"公公原来是这个意思……"康熙说完这句话后，一时默然不言。是呀，有几个太监和宫女不想走出宫门，去过普通人的那种正常的生活？

见康熙沉吟不语，赵盛就慌忙言道："如果皇上不准老奴出宫，就当老奴刚才什么话也没有说……"

"赵公公，朕不是这个意思。朕的意思是，你自入宫之后，先服侍太皇太后，然后又来服侍于朕，直弄到今日这般年老体弱的地步……朕，早就该让你出宫了啊！"康熙想了想又道："现在国库比较空虚，朕只能赏你五千两银子。还有，你离开皇宫之后，享受正四品官的待遇。"

战事吃紧，能从国库中拿出五千两银子来赏赵盛，实属不易。当时宫中太监的最高官衔便是正四品，赵盛能以正四品衔出宫，也实在是一种莫大的荣耀。故而，赵盛硬是从阿露的搀扶中，挣扎着跪了下去，且尖着嗓门儿大声呼道："老奴谢主隆恩！祝吾皇万岁万岁万万岁！"

见赵盛那么一副苍老的身躯跪在地上，康熙的心中实在是不忍。所以，他忙着上前两步，搀扶赵盛起身。

赵盛只跪了这一下，便气喘吁吁："皇上，老奴还有一个请求……老奴有一位年幼的兄弟，三年前也入宫中为奴……"

"赵公公，你那兄弟叫什么名字？"

赵盛解释道："老奴的这位年幼的兄弟名唤赵昌，是老奴的同父异母兄弟，今年方才二十岁……老奴想请求皇上，将他调来代老奴继续伺候皇上……但不知皇上可否恩准？"

自己年迈要出宫了，还要将自己的兄弟调来继续伺候皇上。如此请求，康熙怎能不答应？

赵盛就要出宫而去，一直傍在赵盛身边的阿露，突然双膝一弯，重重地跪在了康熙的面前，低头言道："奴婢也想请求皇上允许奴婢出宫……"

康熙大惊道："你为何也要离朕而去？"

阿露低着头不言不语，就这样跪着。

一旁的赵盛这时弯下腰去对着阿露轻轻言道："姑娘，老奴有一些言语，不知当讲不当讲?"

阿露开口了："公公有什么话，请直说。"

赵盛喘了一口气，然后道："皇上对你我情深似海、恩重如山。这等大恩大德，姑娘也好，老奴也罢，都不敢言报万一。只是老奴已成了一个废物，如果再留在这里，不仅毫无用处，反而是一个累赘。承蒙皇上恩宠，允许老奴出宫了此残生，但姑娘风华正茂，没有理由不留下来继续伺候皇上……老奴一番啰嗦，不知姑娘以为如何啊?"

康熙立即道："赵公公所言，朕最爱听……阿露，你快快起身，就按赵公公所说的做吧。"

但阿露并没有起身，也没有言语。她的心中，会在想些什么呢?

赵盛又朝康熙弯下了腰："皇上，现在三藩作乱，皇上日理万机、辛劳异常，在这非常时期，阿露姑娘是断然不能离开皇上一步的……"

康熙忙着点了点头："赵公公言语，朕越听越爱听。"

赵盛喘了喘气，继续言道："皇上，三藩作乱终有平息之日。待四海一统、天下太平之后，皇上是否可以恩准阿露姑娘出宫?"

康熙当即无言，只将目光一会儿投在赵盛身上，一会儿又投在阿露的身上。半晌之后，康熙终于开口言道："赵公公，朕今日方才看出，你原是个如此聪明之人啊!"

你道康熙为何夸赞赵盛"聪明"? 原来，赵盛适才一番言语，十分巧妙地为阿露和康熙都找到了一个"台阶"下，且不仅找得巧妙，还找得合情合理。阿露想马上出宫，赵盛说现在是"非常时期"，不宜出宫，想必阿露听了心里能够接受。康熙想永远留住阿露，而赵盛说待"天下太平"之后再让阿露出宫，康熙对此似乎也没有什么不同意的理由。

谁知，阿露慢慢悠悠地爬起身来，且慢慢悠悠地望着康熙言道："皇上，奴婢先前一时冲动，嚷着要出宫，使得皇上心中不快，奴婢真是罪该万死……如果皇上能宽恕奴婢，奴婢想收回先前说过的话……从今往后，奴婢当一心一意地伺候皇上，决不再言出宫之事……"

阿露之言，让赵盛颇觉吃惊。又谁知，康熙言道："不，阿露，朕刚才说过，赵公公的话，朕最爱听。君无戏言。朕现在向你保证，待四海一统、天下太平之时，你想去哪里，朕绝对不会反对!"

第十八章
三寸舌降数员骁将 一道旨胜十万雄兵

康熙的这道“圣旨”文字不多，但关键的一句话是：“凡主动停止与朝廷为敌者，往事一概不究。”当索额图朗读完“圣旨”后，刚才还与大清为敌的王辅臣连叩三个响头：“吾皇万岁、万岁、万万岁！”

公元1675年的夏天，无论是中线、东线和西线战场，都出现了对康熙极为有利的局面。

中线战场上，林兴珠和韩大任屡次强渡长江不成，似乎放弃了继续北进的计划，没有什么新的或大的军事行动。

东线战场上，耿精忠叛军只盘踞福建，既没有北上浙江，也没有西进江西。而尚之信叛军在占领了广西全境后，不仅没有派兵入湖南去增援吴三桂叛军，反而陆陆续续地向广东撤军。

西线战场上，王辅臣叛军攻下了兰州之后，竟然不思进取，既没有在甘肃扩大战果，也没有向东边的官军发动进攻，反而将叛军撤出兰州，退到了平凉一带，始终按兵不动。

当康熙从索额图的口中得知三条战线上出现如此“平静”的状态后，笑盈盈地问索额图道：“爱卿，你说说看，东西线的叛军，为何会主动放弃占领的土地，都撤回原地去了？”

索额图沉吟片刻，然后道：“皇上，这正是臣纳闷和不解之处。乞望皇上明示。”

康熙悠悠然言道：“朕以为，东西线的叛军，兵力虽多，但兵源枯竭。占地越多，兵力上就越是捉襟见肘。各路叛军各自为战，缺乏统一指挥，互不相援，不主动撤回原地、集中兵力，难道等着朕将他们各个击破？”

索额图恍然大悟地点点头。

康熙又道：“当初三藩叛乱之前，朕有些过低地估计了三藩的实力；三藩叛乱之后，朕又有些过高地估计了三藩的实力。而现在看来，甭说只有三藩了，即便有四藩、五藩，朕也毫不畏惧。”

“皇上所言高深莫测，微臣听不明白……”

“索爱卿，你想想看，三藩在其统治区内，暴虐无比，有几个百姓愿为他们而战？吴三桂叛乱时，竟然还打出反清复明的旗帜，岂不是自欺欺人？吴三桂等人苦心经营多年，但只能逞一时之勇。只要朕能够挡住叛军一时的疯狂攻势，平定叛乱，当指日可待！我大清国，无论在人力、物力和财力上，都比叛军高出何止数倍，更何况，朕平定叛乱，是维护国家一统江山，合乎民情，顺乎民意。既如此，朕岂有不胜之理？”

索额图连忙言道：“听皇上一番教诲，微臣何止是茅塞顿开……皇上，明珠、勒尔锦等人请求渡江南下，给吴三桂叛军来一次新的打击，皇上可否恩准？”

“不可！”康熙明确回答：“虽然最终的胜利者一定是朕，但朕现在还没有任何把握战胜叛军。你速速去通知明珠和勒尔锦，叫他们坚守长江北岸，切不可贸然南进。再派人告知东西线战场上的官军，既不要同叛军主动交战，也不要急于收回叛军弃地，只需与叛军形成对峙局面即可。”

索额图问道：“皇上此举，是不是想赢得必要的时间？”

康熙言道：“不错！朕现在最需要的就是时间。时间越充足，朕的军队就会越来越多、力量就会越来越强大。而叛军，随着时间的推移，兵力就会越发感到不足，其战斗力也会越来越弱。到了那个时候，朕定将会一鼓作气，把叛乱一举平息！”

公元1677年的春天，荣妃马佳氏为康熙皇帝生下了三阿哥胤祉。康熙很高兴。更高兴的是，康熙又组建成了一支三十万之众的强大军队。

这年春天的战事基本上是这么一种情况：东西线战场上，除了零星的冲突外，几乎没有战事，而中线战场上，战争骤然间变得激烈起来。吴三桂在向湖南、湖北大举增兵的同时，严令林兴珠和韩大任，务必在春天打过长江，夏天之前，占领湖北全境。所以，林兴珠和韩大任便倾数十万军队，向江北发动了一轮又一轮攻击。一时间，中线战场局势异常紧张。如果吴三桂的计划得以实现的话，东西线战场上也必将发生重大的变故。

故而，索额图等文武大臣们均以为，康熙皇帝定然会把新组建的三十万大军派往湖北前线，与吴三桂的叛军决一死战。然而，康熙却作出了一个令众人都颇感意外的决定：只派五万人南下增援湖北战场，另二十五万军队全部开往西线，并明令由索额图担任二十五万军队的统帅。

康熙在大军出征的前一天晚上，把索额图召到了乾清宫：“你可知朕为何要你率大军开往西线战场？”

索额图如实回答：“臣实不知。”

康熙又问道：“东线、西线和中线，哪条战线上的叛军实力最弱？”

索额图回答道：“显然是西线上的叛军力量最弱。”

康熙再问：“如果把在京的三十万军队全部开往湖北战场，是否可以在较短的时间内彻底击垮吴三桂的叛军？”

索额图想了想后回道："恐怕不易。吴三桂的叛军不仅人数众多，且战斗力也很强。想在较短的时间内彻底打垮他，实属难事。"

康熙点点头，接着问道："在你看来，明珠和勒尔锦，加上新派去的五万人马，能否在长江北岸，挡住林兴珠和韩大任的疯狂进攻？"

"臣不敢保证明珠和勒尔锦能够永远地挡住林兴珠和韩大任的进攻，但凭明珠的才干和勒尔锦的经验，加上长江这一道天险，在较长的时间内，把吴三桂的叛军阻在长江以南，料也不是什么难事。"

"既然如此，索爱卿还不知道朕为何要把你派往西线吗？"

"皇上的意思是，叫明珠和勒尔锦在长江沿线挡住林兴珠和韩大任，让微臣率大军集中兵力先把实力最弱的西线叛军解决掉……"

"不错！到那时，爱卿再挥师南下，加入湖北战场，林兴珠和韩大任，纵然有三头六臂，恐怕也招架不住了。"

索额图缓缓地言道："如果，能再有一支大军，从东线发起进攻，牵制住东线的叛军，这一切就非常稳妥了……"

康熙却道："爱卿不必担心东线的叛军。东线叛军以耿精忠和尚之信最为强大。他们即使想驰援西线，恐也鞭长莫及。何况他们根本就没有援助之意。不然的话，尚之信为何龟缩在广东而不领兵加入中线战场？"

索额图道："皇上说的是。不过，待微臣领兵与西线叛军作战时，吴三桂如果派兵增援西线，恐怕也是一个很大的麻烦……"

"吴三桂叛军的主力都集中在湖北战场，他急于打过长江去给其他各路叛军鼓气，如果他撤兵增援西线，他就不怕明珠和勒尔锦趁机南下？"

"皇上真是圣明无比啊……区区叛军怎敢与皇上为敌？"

康熙一乐："索额图，你休得当面吹捧。朕且问你，你去了西线之后，打算如何行动？"

索额图道："微臣手中现有二十五万大军，加上西线原有的官军，微臣可以集中近四十万军队，而西线各路叛军加在一起，也不过是微臣兵力的一半。所以，微臣打算西去之后，集中所有兵力，对西线各路叛军展开全面攻击，力争将西线所有叛军，全部歼灭！"

"索爱卿，你要消灭西线所有叛军，大约需要多长时间？"

"少则两三个月，多则半年。"

康熙继续问道："明珠和勒尔锦能在长江边上守这么长的时间吗？"

"微臣以为，明珠和勒尔锦……应该能守这么长的时间……"

"应该不行，要一定才行啊……如果在你还没有将西线叛军全部消灭的时候，林兴珠和韩大任已经率兵打过了长江，则战局将会有何变化？"

如果真的是那样的话，则战局的变化将会十分明显：西线的叛军定会殊死抵抗，吴三桂的叛军不是西去增援就是迅速北进，而东线叛军也会在吴三桂叛军胜利的鼓舞下，大举向清军发动进攻。

索额图讷讷言道："那样一来，整个战局将会变得非常复杂，也非常危险……"

"所以，"康熙平静地道，"你想将西线叛军全部歼灭、永绝后患，意图虽很好，但不太现实。"

索额图低低地言道："微臣无能，请皇上教诲……"

康熙不动声色地道："要消灭西线叛军，不一定全都需诉诸武力。应先仔细地分析一下具体情况，然后再作出相应的计划。西线各路叛军中，以王辅臣的兵力最多，战斗力也最强。但朕看王辅臣根本就没有多少同朝廷作战的决心。否则，他在攻下兰州之后，就不会又主动放弃而退守平凉。王辅臣此举，是否含有等待招安之意？若是将他招安过来，岂不是既避免了军队的损失又节约了很多时间？而如果真的这般解决了王辅臣，西线其他各路叛军还不望风溃逃？这样，你不就可以在最短的时间内挥师南下，与明珠、勒尔锦一起，合力夹击吴三桂叛军？"

索额图的声音依旧很低："皇上大略，实在是英明。王辅臣退守平凉之后，一直按兵不动，确有等待朝廷招安之意。只是……"

"只是怕他对杀死莫洛一事尚心存疑虑？"

"皇上圣明！还有，朝廷若真的将他招安过来，又将如何处置？"

康熙慢慢地从身上摸出一道圣旨来："朕对此早有考虑。朕在圣旨上写得明明白白，凡主动停止与朝廷为敌者，往事一概不究。至于王辅臣等人如何处置，是以后的事。目前最紧要的，是先解除掉西线叛军的威胁，然后集中力量消灭吴三桂。吴三桂一除，东线的叛军就不足为虑了。"

索额图将那道圣旨细心地纳入怀中："皇上，如果王辅臣不愿意接受招安，该怎么办？"

康熙手掌朝下一劈："他若一意孤行，你就彻底消灭他！"

康熙和索额图这次谈话后的一天下午，太皇太后博尔济吉特氏突然来到了乾清宫。随她一同到来的，还有孝恭仁皇后乌雅氏。乌雅氏原是康熙的一个妃子，在后宫佳丽中，她是姿容最出众的一个，且她的肤色，也是后宫粉黛中最白皙、最亮丽的。因此，当赫舍里氏去世之后，她很快就由太皇太后做主成了康熙的第二任皇后（按：历史上康熙的第二位皇后为孝昭仁皇后钮祜禄氏，第三位皇后为孝懿仁皇后佟佳氏，孝恭仁皇后乌雅氏在康熙生前仅为德妃，其皇后之名是雍正继位后追封的。此处为作者的文学虚构），虽然康熙对这位后宫的新任女主人并没有表现出应有的热情。

康熙以为自己的皇祖母是有什么事情而来，谁知吉特氏却道："没什么事情。只是听说皇上近来十分地忙碌，所以我就和皇后过来看看。"

康熙近来自然十分忙碌。让索额图率二十五万大军开往西线战场不是一件寻常之举。如果索额图能很好地完成任务，平叛战争就会出现一个根本性的转变。相反，如果索额图在西线耽搁的时间过长，不能及时地加入到湖北战场，平叛战争的形势不仅不容乐观，且还十分地严峻，甚至会出现一种相当危险的局面。所以，索额图明天一早就要出发了，康熙便约他今天晚上到乾清宫来作最后一次的叙谈。确切讲，康熙是想把自己考虑成熟的东西告诉索额图，让索额图按照自己的旨意去处理西线战事。

看起来，博尔济吉特氏和乌雅氏到乾清宫来确实没什么事情。乌雅氏一直都没作声，只博尔济吉特氏在和康熙说话。博尔济吉特氏也没有说什么有关时局的话。自康熙清除了鳌拜势力之后，她就再也不过问政事了。她只是关心关心康熙的身体，和康熙拉拉一些家常闲话。然而，在她和乌雅氏即将离开之前，她倏地问康熙道："皇帝，你多长时间没去坤宁宫了？"

康熙一怔。他一点也不记得了。但又不能不回答吉特氏的话。所以，他掠了乌雅氏一眼，喃喃言道："皇祖母，孩儿整天忙忙碌碌的……恐怕，有一个多月没去坤宁宫了吧？"

吉特氏缓缓地摇了摇头："皇帝，让我来告诉你，你已经有两个月零九天没去坤宁宫了！"

康熙愕然道："皇祖母，孩儿真的有这么长时间没去坤宁宫了吗？"

吉特氏轻叹一口气道："我知道皇上很忙，但抽点时间去坤宁宫走一走还是有可能的……我几次去坤宁宫，总看见皇后在痴痴地等你……"

乌雅氏开口了。她是朝着博尔济吉特氏说的，说的声音低得让康熙几乎听不真切："皇祖母，请不要说了……臣妾知道皇上近来太忙，不然的话，皇上一定会……"

康熙这才明白吉特氏此番的来意。不知为什么，康熙一时间很是有点内疚。是呀，乌雅氏毕竟是大清国的皇后，他康熙再忙，隔三岔五地去坤宁宫留宿一晚也还是有时间的。也甭说是皇后了，就是那些后宫的妃嫔们，他康熙也应该抽出点时间去看望看望她们、安慰安慰她们。

想到此，康熙就作出一些笑容，望着乌雅氏言道："皇后，你放心，今晚，朕一定去往坤宁宫歇息。"

康熙走进坤宁宫已是深更半夜了。乌雅氏鸟一般飞了出来，边施礼边急急道："皇上驾到，臣妾来迟，乞请皇上恕罪……"

康熙道："皇后太客气了！不是你来迟了，而是朕来迟了！"

乌雅氏忙道："皇上百忙之中抽出时间来看望臣妾，臣妾真是幸莫大矣！臣妾恭请皇上入房歇息以养龙体……"

康熙却道："朕虽劳累，暂时还不想歇息。朕想先自沐浴一番。"

乌雅氏殷勤地道："待臣妾为皇上沐浴更衣……"

康熙摆手道："你先回房，朕沐浴后自会去见你。"

乌雅氏应诺离去。康熙对不远处的一个宫女道："你，为朕洗浴。"

能亲手为皇上洗浴，对一般的宫女来说，不啻是莫大的荣幸。那宫女慌忙而又激动地走了过来，口里甜蜜蜜地应了一句道："奴婢遵旨。"

康熙摊开四肢，舒舒服服泡在热水里。见那宫女不仅洗得细致、搓得认真，身段相貌也十分标致，便询问道："你姓什名谁？"

那宫女答道："回皇上的话，奴婢姓林，名唤兴玉。"

康熙听到"林兴玉"三个字后，身体不觉一震。因为，另有一个姓名，康熙近来一直难以忘怀。那便是吴三桂手下最得力的大将之一：林兴珠。

康熙身体一震，林兴玉非常恐慌："皇上，是不是奴婢出手有误？"

康熙言道："不，你搓洗得朕很舒服。朕且问你，有一个男人，大约四十岁左右，名唤林兴珠的，你可认识？"

"皇上，奴婢的大哥就叫林兴珠，正是四十岁左右……莫非，皇上见过奴婢的大哥？"

难道，这宫女林兴玉真的就是林兴珠的妹妹？似乎也太过巧合了。

但康熙并没有把有关林兴珠的事情告诉林兴玉。原因之一就是，林兴珠正领着吴三桂的数十万叛军在长江边上与明珠和勒尔锦等人激战。康熙只是淡淡地回道："朕并没有见过你的大哥。朕只是听说过有林兴珠这么一个男人。待朕空闲下来，派人去打听一下，看那个林兴珠是不是你的大哥。"

林兴玉"扑嗵"一声跪了下去："奴婢感谢皇上的大恩大德……奴婢五岁的时候，就与大哥失散……"

看林兴玉悲悲戚戚的模样，康熙一时有些不忍："你且起来。你既是五岁便与你大哥失散，你大哥若现在见了你，还如何与你相认？"

林兴玉言道："回皇上的话，奴婢的左臀上有一粒红痣，奴婢若见了大哥，只需把这一特征说出，奴婢的大哥便会知道奴婢是谁……"

"原来如此，"康熙点了点头，"你放心，朕一定派人去把林兴珠的底细打探清楚。"

沐浴更衣完毕，康熙浑身松弛地走进了孝恭仁皇后的卧房。乌雅氏自然还在等待。康熙也没打话，径自走过去，和衣躺在了床上。

见康熙躺在床上、定定地望着屋顶，毫无亲热的意思，乌雅氏尽管很失望，但也没敢造次，只静静地伏在康熙的一侧，像一只依人的小鸟。

是呀，虽然得不到康熙皇上的亲热，但能够伏在皇上的身边，悄悄地嗅着皇上身上散发的气息，也总比独自卧于一床要强许多。

康熙动弹了，伸过手去，轻轻将她的腰身松松地搂住，然后低低地言道："朕累了，朕要睡了……"

实际上，康熙并没有马上就睡着。他是很累，但他需要考虑的问题也很多。比如那个索额图，他带着二十五万大军西去，能顺利而及时地解决西线叛军的问题吗？

事实是，索额图不仅很快解决了西线叛军，而且还解决得很好。

康熙与乌雅氏相拥而眠的第二天，索额图便率领二十五万大军，离开京城，浩浩荡荡地向西线开去。

为了争取时间，索额图的大军自然是饥餐渴饮、晓行夜宿。一路上，逢山开路、遇水搭桥，大军的行进速度非常之快。不多日，索额图和他的大军便赶到了西线战场。

因为西线早就没有什么战事了，所以这里看起来十分平静。索额图顾不得休息，马不停蹄地将西线清军各大小将领召集到一起，询问战事情况，商讨作战方略。

西线叛军主要有三支。一支是陕西提督王辅臣，兵力最多，约十万众，现龟缩在甘肃平凉一带，几无动静。另一支是四川提督郑蛟麟，约有五万人，盘踞在成都附近，也与清军没什么接触。还有一支是四川总兵吴之茂，也约有五万人，驻扎在四川与陕西的交界处，与清军有些零星的战事。

索额图听取大小将领的意见后作出决定，用西线原来的清军十多万人，监视吴之茂叛军和郑蛟麟叛军，并密切注意湖北叛军的动向，自己则亲率从京城带来的二十五万大军，直扑平凉一带，首先解决掉王辅臣叛军。

由于王辅臣与清廷为敌的决心并不大，很是疏于防范，加上索额图用兵又十分地诡秘和迅捷，所以，当索额图的清军将平凉团团围住时，王辅臣竟然丝毫没有觉察到。而当一个手下向他报告，说是在平凉周围发现有大批清军时，他竟然训斥那手下道："胡说八道！你定然是看花了眼！我王辅臣早就与清军停火，他们如何会主动来与我交战？"

尽管王辅臣不相信（或不情愿）清军会主动围上来与他交战，但事实却使得他不能不相信：东边发现清军，南边发现清军，西边发现清军，北边发现清军。换句话说，平凉一带已经被清军四面包围了。

王辅臣大惊失色地问手下道："清军何来这么多人马？"

没有一个手下能回答王辅臣，因为他们和王辅臣一样，根本就不知晓索额图带着大军赶到西线的事情。一个手下反问王辅臣道："大人，我们现在该怎么办？"

王辅臣皱起了眉头："不要慌乱……先把人马集中起来。如果清军向我们攻击，我们就向南突围，与吴之茂会合，然后再突向成都找郑蛟麟。"

看起来，王辅臣的这个"突围"计划，似乎是可取的，但实际上，就当时的情形而言，王辅臣是很难跑到南边去的。因为，不仅索额图手下的兵马是他王辅臣的二倍还多，而且，四川与陕西的交界处，还有十多万清军在等着他王辅臣。

令王辅臣更为大惊失色的事情发生了。一个手下像活见了鬼似的慌慌张张地跑来向王辅臣报告，说是清军"宁西靖寇大将军"索额图，已经来到王辅臣的军中，指名道姓地要见王辅臣。

"宁西靖寇大将军"一职，确是康熙皇帝钦封索额图的。王辅臣虽没见过索额图，却也隐隐约约地听说过。他竭力抑制着自己内心深处的极度恐惧，满腹狐疑地问那报告的手下道："索额图……带多少兵马过来？"

手下回道："就他一个人。"

王辅臣不禁倒吸了一口凉气："这索额图，倒也是个胆大之人……"

王辅臣虽还没见着索额图，却已经对他单枪匹马闯营之举大为钦佩了。一手下问王辅臣道："大人，索额图已经走近，我们将如何应对？"

王辅臣略一思忖，然后道："两军交战，不斩来使……我王某，切不能再铸大错，断了自己的后路。"

"铸大错"一语，是否指的莫洛一事？"后路"一说，可否含有等待朝廷招安之意？反正，王辅臣已下定决心，不管索额图是何来意，自己都应始终以礼待之。

索额图闯入王辅臣军营的时候，态度是沉毅的，神色是从容的。他骑在一匹高头大马上，朝着叛军中军大营，不疾不徐地走着。当时是上午，天气很好。一轮明媚的太阳，柔柔地照在索额图的身上。索额图行走在叛军大营中，就像是在自家的庭院里悠闲地散步。

索额图走着、走着，蓦然间，笙乐齐鸣，锣鼓喧天。打对面一排矮小的房屋处，走过来一支像模像样的仪仗队。仪仗队的前面，有一个男人骑着一匹枣红色战马，正"嘚嘚嘚嘚"地朝着索额图走来。

说时迟，那时快，那匹枣红色战马，挟着一股轻风，早驰至索额图近前。四只马蹄还没有停稳，马上之人已滚鞍下马，且很快地冲着索额图一抱拳道："王某久闻索大将军威名，今日得见，真是三生有幸啊！"

索额图不认识王辅臣，听见来人自称"王某"，便故意微微一笑问道："来人莫非就是陕西提督王辅臣王大人？"

听到索额图提起"陕西提督"四字，王辅臣的脸庞不由得一红："惭愧、惭愧！在下正是王辅臣……"

索额图"哈哈"一笑道："索某早就闻知王大人一表人材、英俊倜傥，今日一见，果然如此！"

王辅臣赶紧言道："索大将军如此谬奖在下，在下真是无地自容啊……请索大将军随在下一同入大营中稍事休息……"

索额图翻身下马："王大人是主，索某是客，一切当客随主便。"

王辅臣哈了哈腰，让索额图走在前面，自己傍在他的一侧。一时间，鼓乐声又大作，几有震耳欲聋之感。

索额图转向王辅臣："王大人如此礼待，索某真是愧不敢当啊！"

王辅臣言道："此处乃穷乡僻壤，无以欢迎大将军光临，只得临时拼凑了这么一支鼓乐队，让大将军见笑了！"

索额图故意用一种淡淡的语调对王辅臣道："王大人，如果不是这场战争，王大人你又何至于沦落到这种穷乡僻壤之处啊！"

"那是，那是，"王辅臣连着点了几下头："如果不是这场战争，索大将军也不会千里迢迢地跑到这穷乡僻壤里来啊!"

索额图也点了一下头道："王大人言之有理。既然如此，你我何不就想一个法子，早点结束这场本不该发生的战争?"

"这个……"王辅臣不觉迟疑了一下，"还是请大将军先入大营歇息，然后再谈这个问题也不迟……"

索额图微微一笑道："索额图既来之则安之。一切悉听尊便。"

二人进了中军大营。分宾主坐下，又上了香茶，王辅臣有些期期艾艾地问道："索大将军此番前来，对王某有何赐教?"

索额图轻轻地一摆手："赐教谈不上。索某此番前来，只是想告诉王大人一个事实，索某从京城带来三十万大军，已经散布在平凉的四周。所谓先礼后兵，索某特来告诉王大人一声，希望王大人早点做好交战的准备。"

索额图实际上只带了二十五万军队。不过，二十五万与三十万，好像也没有太大的差别。王辅臣硬是做出一副笑脸道："交战之前，大将军特来告知在下，这份深情厚意，在下当感激不尽……在下虽与大将军素未谋面，但大将军的三十万人马已将平凉包围多时，在下竟然浑然不觉，由此可见，大将军定是一位用兵如神的奇才啊!"

索额图笑道："王大人过奖了!不是索某用兵如神，而是王大人根本就没有把这场战争继续进行下去的打算。不然，索某恐怕还没有到平凉，王大人就早已知晓了。王大人，索某之言，可有一些道理?"

索额图所言，自然是实情。王辅臣"啊"了一声道："大将军不仅用兵如神，且也料事如神啊!"

索额图紧接着问道："王大人既已无心恋战，何不就与索某一起，共同想个法子，尽早地结束这场战争?"

王辅臣慢慢地低下了头，一时没有言语。索额图顿了顿，又道："不瞒王大人，索某此番前来，并不是真的想与王大人开战。索某真正的用意，是奉当今皇上旨意，来与王大人共同寻找一个尽快解决这场战争的好法子。不然，战端一开，定然民不聊生、生灵涂炭。索某请王大人三思。"

"大将军是奉旨前来，与在下共同寻找解决这场战争的方法?"

索额图点了点头："不错，索某正是奉当今皇上旨意前来。当今皇上非常清楚王大人现在的处境。皇上再三谕令索某，千万不可与王大人兵戎相见，一切当以和平解决为妥。不然，索某何必要亲自到这里来?"

王辅臣一时又无言。半晌，他缓缓地言道："大将军既然对在下如此坦诚、信任，在下便只能据实相告……在下早就不想再打下去了，可在下又不能不为自己的前途忧虑……索大将军，在下心中……确有难言之隐啊!"

索额图当然知道王辅臣的"难言之隐"是什么："王大人莫非指的莫洛一事?"

王辅臣重重地点下了头："是的。在下一时鬼迷心窍，犯下不可饶恕的罪行……在下纵然停止战争、交出军队，可皇上又岂能宽恕于我？"

索额图平静地道："王大人所虑，乃人之常情。一个须眉男儿，谁不想为自己挣得一个美好的前程？不过，人非圣贤，孰能无过？只要王大人真心改过，当今皇上定然会宽恕于你。"

王辅臣苦笑着摇了摇头："大将军对在下关怀备至，在下无以感激。只是，恕在下唐突，纵然大将军诚心宽恕在下，可大将军并不能代表皇上的意旨啊！"

索额图见时候已到，便从怀中摸出康熙皇上亲拟的那道"圣旨"，且郑重地言道："如果王大人诚心改过，就请王大人跪地听旨吧。"

王辅臣一听，几乎没作任何考虑，就"扑嗵"一声跪在了地上。

康熙的这道"圣旨"并不是专写给王辅臣的，而是写给西线战场上所有叛军头领的。这道"圣旨"的文字不多，关键的一句话便是："凡主动停止与朝廷为敌者，往事一概不究。"

当索额图清晰而又铿锵地朗读完了康熙的那道"圣旨"后，王辅臣情不自禁地一连在地上叩了三个响头，且大声呼道："微臣谢主隆恩！祝吾皇万岁、万岁、万万岁！"

看看，听完了康熙的那道"圣旨"后，王辅臣就以"微臣"自居了。索额图轻松地一笑道："王大人快快请起！只要王大人主动交出军队，索某愿在皇上面前保奏王大人留任陕西提督，王大人以为如何啊？"

刚刚爬起身子的王辅臣，忙又跪地叩头道："属下叩谢索大人栽培之恩！索大人，可否将皇上的那道圣旨，交与属下暂存？"

索额图皱了一下眉道："王大人莫非对皇上的旨意有些不放心？"

王辅臣结结巴巴地言道："属下怎敢怀疑皇上的旨意？属下只是想……将功补过……"

索额图有些不明白："王大人想如何将功补过？"

王辅臣回道："属下杀死朝廷钦差于前，又举兵反叛朝廷于后，自知罪孽深重，实难得到皇上的宽恕。所以，属下就想用皇上的这道圣旨，去说服其他的叛军，同属下一起，归顺大清王朝……这样，属下也许就真的能够得到皇上的宽恕……"

索额图一听，顿时来了兴趣："王大人此言，确有见地。但不知王大人准备去说服哪路叛军？"

王辅臣道："属下与郑蛟麟素有来往，且郑蛟麟与属下一样，本无与朝廷为敌之心。属下以为，只要属下持皇上圣旨往成都走一趟，郑蛟麟必然愿意归顺朝廷。这样一来，甘肃、四川的战事，基本上就算是结束了。"

索额图点了点头，忽又问道："不知王大人与吴之茂关系如何？"

王辅臣回道："不瞒大将军，属下虽然与吴之茂有过几次来往，但和他却不是一条路上的人。吴之茂是吴三桂在四川的亲信，一切唯吴三桂马首是瞻。属下退守平凉之后，他曾多次派人来与属下联络，要属下与他共同出兵与官军交战，都被属下婉言相拒。如此，吴之茂必然对属下怀恨在心。所以，属下若去吴之茂处劝降，不仅毫无把握，而且凶多吉少……”

“是这样……”索额图吁了一口气，“王大人，你去成都说服郑蛟麟，可有几成把握？”

王辅臣信心十足地道：“属下以为，至少有九成把握。”

“那好，”索额图果断地道，“王大人，此去成都，并无多少路程。你若真的能够说服郑蛟麟，那十天之内，你应该和郑蛟麟领兵北上了。所以，索某在这里先与王大人约好，十天之后，索某将命大军向吴之茂发动全线攻击。到那时，吴之茂必然南逃。你便与郑蛟麟在南边将他截住。消灭了吴之茂，这里的战争就真的全部结束了。”

王辅臣应诺道：“一切遵从索大将军吩咐。”

就这样，王辅臣带着康熙皇帝的那道圣旨，只领了几个亲信随从，匆匆地向成都出发了。为防止驻扎在四川与陕西交界处的吴之茂叛军有所警觉，索额图命自己所率的二十五万兵马和王辅臣的十万军队，就呆在平凉一带原地不动，而自己，则带了一队护卫，悄悄地来到了四川与甘肃的交界处。那里，驻有十多万清军，本是索额图留下监视郑蛟麟和吴之茂的。现在，索额图一边命令清军继续监视吴之茂和湖北叛军的动静，一边秘密地做着向吴之茂叛军发动全线攻击的作战准备。

很快，十天就过去了。索额图一声令下，十多万清军从东西两端向吴之茂的叛军发动了总攻击。吴之茂的叛军虽然一直都在防范着清军可能发动的进攻，但毕竟实力有限，而索额图的大举进攻又是经过周密计划的。所以，在十多万清军猛烈的攻击下，吴之茂的五万叛军在死伤过半后，全线溃退。吴之茂率残兵败将，果然向南边逃去。索额图命令手下道：“穷追吴之茂，一定要将这支叛军全部歼灭！”

索额图率清军追得快，但吴之茂带叛军逃得更快。也许是因为吴之茂和他的叛军比索额图和清军更熟悉这一带地形的缘故吧，索额图率清军穷追了一天一夜，居然连吴之茂的影子也没有追到。

一清军将领问索额图道：“大将军，我们还要追下去吗？”

索额图回道：“追！不把吴之茂追到，我们就决不罢休！”

然而，清军又追了一天一夜，还是没能追到吴之茂，只逮住了数百名掉队的叛军官兵。一清军将领不无担忧地对索额图道：“大将军，我们这样穷追下去好像不是个办法啊！如果王辅臣未能说服郑蛟麟，或者，王辅臣南下，根本就不是去说服郑蛟麟，而是借故脱身，我们这样穷追下去，不仅难以追到吴之茂，而且还极有可能遭到叛军的伏击……”

这个清军将领的担忧不无道理。如果王辅臣真的未能说服郑蛟麟，或者，王辅臣真的只是借说服郑蛟麟而脱身，那么，索额图和他的清军也就真有遭到叛军伏击的可能。因为，索额图所率的清军本来是有十多万，但经过与吴之茂叛军的一天激战之后，伤亡人数也达好几万。索额图的身边，现在只有八万多兵马，且还是穷追劳顿之师。而吴之茂的残兵败将加上郑蛟麟的军队，总数也在八万左右，而且，郑蛟麟的五万多兵马，又是以逸待劳之师，如果吴之茂的残兵和郑蛟麟的人马果真兵合一处、将打一家，那选择一个有利地形，打索额图和清军一个措手不及，极有胜算。如果索额图真的在这里吃上一个大败仗的话，西线战事就会变得复杂起来。至少，索额图和他的二十五万大军，在短时间内，是不可能离开这里去加入湖北战场的。

不过，索额图以为，王辅臣根本没有必要多此一举地借说服郑蛟麟而脱身。只是，如果王辅臣真的能说服郑蛟麟，索额图率数万疲惫清军一直穷追下去，的确是很危险的。

索额图最后决定，让数万清军在原地休息待命，另派一支精干的小分队继续南下侦探消息。索额图这是作了两手准备：如果南下的小分队探得的是好消息，大队清军就继续南追，如果南下的小分队探得的是坏消息，大队清军就赶紧北撤，以避免不必要的损失。索额图这一决定虽然不是什么良策，但在当时那种左右为难的形势下，这也似乎不失为一种权宜之计。

又过了一天之后，"好消息"终于传到了索额图的耳里：南逃的吴之茂叛军，遭到了郑蛟麟的五万兵马的拦截，死伤惨重，叛军余部，正无奈北窜。索额图闻之，高兴得差点要跳起来。他急令手下道："都打起精神来，迅速南进，务必将吴之茂叛军一网打尽！"

其实，那个时候的吴之茂叛军，已经毫无战斗力可言了。吴之茂被索额图打败之后，领两万多残兵拼命南逃，迎头碰上郑蛟麟和王辅臣。因为吴之茂并不知道郑蛟麟已经被王辅臣说服归顺大清朝廷，还以为郑蛟麟领兵北上是来救援他吴之茂的呢，所以，吴之茂的残兵就被郑蛟麟的兵马打了个措手不及。不仅吴之茂的残兵几乎死伤殆尽，就连吴之茂本人，也做了郑蛟麟和王辅臣的俘虏。侥幸漏网的两千多叛军官兵，在无奈北窜的途中，又遭索额图的数万清军围歼，几乎无一幸免，不是战死，就是被俘。这样一来，索额图就算是彻底地解除了康熙皇帝的西线之忧。

索额图让郑蛟麟留守成都，暂行四川提督职，王辅臣暂回西安，代行陕西提督职，等天下太平后再奏报朝廷，由皇上重重封赏。他们的军队精锐部分补充进索额图的队伍，其余的则遣散回家务农。然后，索额图一边派人回京向康熙皇帝禀报，一边率大军向东，直向湖北战场开去。

索额图当时所拥有的军队，多达三十多万人。除留下少数清军驻守陕西、甘肃等地外，他开往湖北战场的清军，整整是三十万众。

索额图率大军在四川东部渡过长江后，立即派人给荆州的明珠和勒尔锦送去了一封信，说自己正率军沿湖北、湖南交界处东进，约好在规定时间内，双方南北夹击，与林兴珠和韩大任的叛军主力在长江沿岸决战，力争一举击溃叛军，彻底改变中线战场形势。

索额图的这种想法是非常可行的。因为，索额图和明珠、勒尔锦的兵马加在一起，从人数上说，已经大大地超过了林兴珠和韩大任的叛军。只不过，林兴珠和韩大任不是泛泛之辈，在得知了索额图的大军正迅速东进之后，他们马上便觉察到了索额图的意图。所以，他们并没征得吴三桂和吴世璠的同意，就急急地撤离了湖北战场，撤到湖南境内，并一直撤到洞庭湖边的岳州城，与镇守在那里的吴世璠会合。

索额图虽然没有能够在湖北战场上击溃叛军的主力，但他和明珠、勒尔锦等人会合后，中线战场的形势还是发生了根本性的扭转，即清军已由被动防御转为主动进攻了。这一转变，便决定了这场战争的未来结局。

几乎就在中线战场的形势发生根本性转变的同时，东线战场上的形势也发生了一个极其重大的变故。这一重大变故，使得康熙皇帝在这场平叛战争中，陡然变得十分轻松起来。

这还要从京城说起。那一日，康熙正在乾清宫内苦思冥想着西线的战事。忽然，执事太监匆匆禀报道："兵部郎中施琅有要事求见！"

康熙预感到施琅求见定与西线战事有关，所以就迫不及待地吆喝道："快叫施琅来见朕！"

兵部郎中施琅走进了乾清宫。这是一个看起来貌不惊人甚至有些猥琐的朝廷小吏。然而，就是这个施琅，在未来的日子里，为他自己、为中国历史，都写下了十分精彩的一笔。

果不出康熙所料，施琅所呈，正是索额图向康熙禀报的有关西线战事的奏折。康熙阅罢，不禁喜上眉梢，连连言道："干得漂亮！干得漂亮！索爱卿在西线所为，比朕想象得还要漂亮！"

这时康熙瞥见兵部郎中施琅的表现有些异样，似乎想离开，却又不想离开，站在那儿，很是手足无措。

康熙明白过来，向施琅问道："卿家是不是有什么话要对朕说？"

施琅立即回道："是。微臣确有一点想法想对皇上陈述。"

康熙已略略看出，这施琅应该是一个说话和办事都十分干脆利落的人，就像他的长相，虽不怎么受看，却精悍、结实。

康熙言道："卿家把你的想法快快说出。"

施琅直抒己见道："西线战事已经结束，微臣以为，现在应该结束东线战事了！"

第十九章

服高论破格擢良将 施妙策等闲擒反王

刚刚从兵部郎中被提拔为宁东靖寇大将军的施琅突然跪倒。康熙不解地问道："爱卿，你这是何意？"施琅叩了一个头，然后平静地言道："皇上，如果不留下足够的兵力保卫皇宫，臣甘愿领抗旨不遵之罪，拒绝出征！"

康熙闻言一怔。这施琅果然是一个果断之人："卿家所言，固然有理，但在东线朕只有十几万人马，而叛军却多达三十万众。朕只有等中线战场取得胜利之后，才能着手考虑结束东线战事啊！"

"臣以为，不必等待中线战场取得胜利，东线战事便可结束。"

"卿家何出此言?"

"东线叛军虽然有三十万众，却以福建的耿精忠和广东的尚之信最为强大。据臣所知，目前的耿精忠日子很不好过……"

"卿家莫非指的是耿精忠与台湾郑氏的事情?"

耿精忠在反叛前，曾与台湾的郑氏约定互不侵犯。然而，当耿精忠举兵与清朝军队交战后，郑氏却违背诺言，屡屡派兵在福建沿海登陆，大肆掠劫耿精忠的财物，使得耿精忠只得撤兵福建，与其周旋、抗衡。

"皇上，臣不单单指的是台湾方面的事。一月前，臣奉兵部之命，前往东线考察军情，得知祖宏勋与耿精忠二人已经反目为仇……"

东线各路叛军，除耿精忠和尚之信外，还有原温州总兵祖宏勋、原潮州总兵刘进忠、原广东总兵祖泽清，另有广西将军孙延龄等。

康熙又道："卿家，你把知道的情况，都说与朕听。"

"是。祖宏勋手中已有数万兵马，觉得自己的羽翼已经丰满，想对耿精忠取而代之。二人经常发生摩擦和冲突。在最近的一次冲突中，耿精忠伤亡逾万，祖宏勋的损失也不小。耿精忠的实力比祖宏勋要强，但他要时刻提防着台湾方面的骚扰和威胁，不能集中全力来对付祖宏勋。故而，在耿精忠和祖宏勋的冲突中，祖宏勋还常常占了上风……"

康熙这时觉得面前这个施琅很可爱，于是他改变了称呼道："施爱卿，如果不是你今日与朕叙谈，朕如何会知道东线叛军中还有如此深刻的危机？看来，明珠不在朝中，兵部的办事效率也太过低下了！"

施琅小声问道："皇上，还需要微臣继续说下去吗？"

康熙连忙道："爱卿继续说，把你的想法和打算统统说出来。"

"微臣的想法和打算恐怕有些狂妄，请皇上先行恕罪……"

"施爱卿何罪之有？成大事者总该有些狂妄才是。你但说无妨。"

"皇上，耿精忠虽然还有十来万兵马，但已处于一种内外交困的境地。外，有来自台湾方面的莫大威胁，内，有来自祖宏勋的巨大压力。貌似强大，实则不堪一击。臣以为，只要十万军致命一击，耿精忠必溃！"

康熙听得兴起："施爱卿，快继续朝下说！"

施琅言道："官军对耿精忠发起致命攻击，祖宏勋定不会前来救援。而官军只要击溃了耿精忠，再乘胜追击，打败祖宏勋当是一件轻而易举的事。祖宏勋骄傲自大，胸中并无多少军事方略，手下数万兵马也是乌合之众……"

康熙接道："打垮耿精忠，再打败祖宏勋，福建就算是收复了！"

施琅言道："皇上，微臣还有一些想法……"

康熙的兴趣越来越浓："爱卿，统统说与朕听！"

施琅言道："臣以为，官军收复福建之后，稍事休息，然后整顿出一支精锐之师，直赴广东，与尚之信交战……"

康熙插言道："爱卿所言，确有见地。只不过，官军纵然能收复福建，恐怕自身也损兵折将，如何还能开赴广东与尚之信交战？"

施琅不慌不忙、胸有成竹地道："皇上，微臣对此早有考虑。但打败了耿精忠和祖宏勋，必有许多降兵降将为我所用，福建百姓，也必然会踊跃参军。这也就是臣为什么说要让官军在福建稍事休整的原因。"

康熙不觉点头道："爱卿果然言之有理啊！不过，爱卿可要记住，尚之信在广东，至少也有十万兵马……"

施琅忙道："皇上说的是，微臣不敢忽视尚之信的实力。只不过，微臣以为，当官军开赴广东时，尚之信必不敢倾全力与我交战。"

康熙问道："这是为何？"

施琅回道："尚之信有后顾之忧。尚之信曾大举攻入广西境内，名为扫荡官军，实为掠夺财物。广西的孙延龄极为不满，但实力不济，只能忍气吞声。假如官军真的攻入广东，尚之信发兵与官军对抗，孙延龄就极有可能在尚之信的背后捅上一刀子。尚之信再笨，对此也会有所考虑。这样，孙延龄就会为官军牵制住不少尚之信的叛军。如此一来，只要指挥得当，官军打败尚之信当不是一件难事。尚之信被打败之后，孙延龄就只有两条路可走，投降官军或者投靠吴三桂。而微臣以为，孙延龄投降官军的可能性较大，因为到那时他应该可以看出，投靠吴三桂是根本没有出路的。"

康熙言道："收复了福建，又收复了广东，再攻入广西境内，这不仅解决了东线战事，而且对云南和湖南的叛军也是极大的威胁！"

"皇上所言极是！东线事毕，中线战事也就临近结束了！"

康熙突然定定地望着施琅："施爱卿，朕犯了一个极大的错误！"

康熙究竟犯了一个什么大错误？

施琅讷讷言道："臣实不知……"

康熙言道："朕不该让你施琅只在兵部做一个小小的郎中……"

"皇上，微臣无能，做兵部郎中，已是微臣的莫大福分……"

"施爱卿，你本是朕的大将之材啊！只做小小郎中，真是太屈才了！"说着，康熙亲昵地拍拍施琅的肩，"爱卿，你可知东线的官军有多少人？"

"微臣一月前离开时，那里的官兵共计十三万四千五百六十八人。"

"不错，很好！"康熙重重地道，"施爱卿，如果朕再给你三万军队，让你去和东线的官军会合，你能否在一年之内，彻底解决东线的战事？"

施琅闻言，急忙跪倒："皇上既如此信赖微臣，微臣保证在一年之内，从福建一直打到广西！"

"好！"康熙双手扶起施琅，"爱卿，朕现在就封你为宁东靖寇大将军，全权负责东线战事。爱卿以为如何？"

施琅迟疑了一下："皇上，恕臣无知，现在还哪来的三万军队？"

康熙回道："把京城内所有能打仗的人都带去！朕刚才估算了一下，戍卫京城的士兵，加上皇宫内的一些侍卫，大约有三万人左右。人是少了点，但都很英勇，爱卿东征之时，一定会用得着他们的。"

施琅大惊："皇上，这些人若都被微臣带走，京城和皇宫，岂不是空空如也了？微臣窃以为不妥，请皇上三思……"

康熙回道："现在一切当以平叛为主。京城内留下这些能打仗的士兵，不把他们派上用场，也着实是一种浪费。"

施琅突然跪倒。

康熙不解地问道："爱卿，你这是何意？"

施琅先是叩了一个头，然后平静地言道："皇上，如果不留下足够的兵力保卫皇宫，臣甘愿领抗旨不遵之罪，拒绝出征！"

"抗旨不遵"应是杀头之罪。施琅甘领此罪，显然是下了彻底的决心。康熙一时大受感动："爱卿快快平身，朕留下两千人保护皇宫便是。"

施琅又叩了一个响头："微臣恳请皇上留下一万人保护皇宫……"

康熙沉吟道："留下一万人未免太多了……爱卿，你且起身，朕决定留下五千人，其余的人手，你统统带走。"

康熙既已作出决定，施琅也就不便再过坚持己见。缓缓地起身之后，施琅情真意切地言道："皇上，微臣走后，皇上龙体可要多多地保重啊！"

康熙道："爱卿，到东线之后，不要急着马上就与耿精忠交手，应观察时机，寻找时机，不战则已，战则必胜。如果条件不成熟，你就耐心地等待，即使不能够将耿精忠击溃，但只要保持东线战场的相对平稳，这也是对中线主战场的支持。爱卿明白朕的意思吗？"

施琅回道："微臣明白！微臣不会急于求成的。微臣不会拿士兵们的性命开玩笑，更不会拿大清江山去冒险！"

康熙点头道："朕看得出，爱卿不仅胆大，而且还很心细。你如果真的与耿精忠交上了手，那就要密切地留意祖宏勋的动向。所谓唇亡齿寒，祖宏勋再骄傲自大，也应该明白这个道理。如果祖宏勋与耿精忠联手，那就将给爱卿的计划增添许多麻烦。"

施琅恭恭敬敬地言道："皇上教诲，臣铭刻在心。请皇上放心，臣此番东征，不战则已，战则必胜！"

康熙赞许地笑了笑，然后又道："爱卿，如果一切都如你所料，你领兵打进了广西，那么，你切莫在广西恋战，你只需留下一部分官军牵制吴三桂的后方兵力，你自己，则应率大部官军撤回福建。爱卿可否明了朕的用意？"

"皇上可是要微臣大力防范台湾势力对福建的渗透？"

"爱卿果然聪明！"康熙不觉加重了语气，"台湾问题，朕终归是要彻底解决的。台湾是朕江山的一部分，岂能容忍它长期分裂出去？待朕平定了三藩之乱后，朕首先要解决的，便是台湾问题！"

施琅不禁大声言道："皇上圣明！台湾问题，一定要最终解决！"

康熙"哈哈"一笑道："既然爱卿与朕在解决台湾问题上意见如此一致，统一台湾，自然会与爱卿有关。只不过，三藩未灭，现在就谈论台湾问题似乎还早了些。爱卿现在要做的，就是替朕去剿灭三藩。"

施琅言道："臣甘愿为皇上战死疆场！"

康熙"哎"了一声道："爱卿，你可不能战死疆场哦！你若战死疆场，谁还来为朕去统一台湾？"

貌不惊人的施琅，率领这支拼凑成的两万五千人的军队，于公元1677年夏秋之际，出直隶，经山东，过安徽、江苏，直达浙江。浙江南部，便是东线战场的清军主要集结地。

施琅到了浙江南部之后，一边命所有清军强化训练，保持旺盛的精神和高昂的斗志，一边亲自带人潜入福建腹地实地侦察。经侦察得知，耿精忠的十万兵马，有一半集中在仙霞岭一带，拱卫着福州，还有两万人马驻扎在福州以东海岸，提防着台湾势力对福州的侵扰，另三万人马据守在福州以西，与盘踞在福建西部的祖宏勋对峙。

很明显，耿精忠在战略上已完全处于一种守势。他以福州为中心，东防台湾侵扰，北防清军攻击，西防祖宏勋偷袭，似乎已陷入了"四面楚歌"的境地。这种境地，恐怕是耿精忠在反叛清廷之前所始料未及的。

就耿精忠的这种态势，如果施琅集中十六万清军对仙霞岭猛攻，虽不可能将耿精忠的叛军全部歼灭，但击溃耿精忠、占领福州，当不是什么难事。但施琅并没有这么做。因为施琅在潜入福建侦察时得知，祖宏勋的叛军，正暗暗地向东移动，显然，祖宏勋这一次是想对福州有所图谋。

如果等祖宏勋和耿精忠互相打起来的时候再发兵攻打仙霞岭，岂不是可以收到事半功倍之效？而且，如果祖宏勋真的对福州有所图谋，耿精忠就必然要从仙霞岭抽调军队去增援西线，这样，清军攻打仙霞岭就会减少许多损伤。这么想着，施琅就抽出精干人手，专门负责去监视祖宏勋的行动。

一天，两天，半个月过去了。祖宏勋的五、六万人马已经开到了距福州城西边不足一百里的地方。施琅闻知，急令十六万清军，于一个天黑风高之夜，越过浙江，直向福州城北部的仙霞岭扑去。一夜急行军之后，施琅命令部队休息，待天黑了之后，部队又火速向南驰去。这样，施琅率清军昼伏夜出，经过三天三夜，十六万清军终于秘密地到达了仙霞岭的脚下。施琅剩下的事情，似乎就是耐心地等待着祖宏勋和耿精忠开战了。

然而，令施琅感到奇怪的是，他一连等待了十天，祖宏勋就是按兵不动。似乎，祖宏勋也在那儿等待着什么。等什么呢？

施琅猛然醒悟过来。祖宏勋迟迟按兵不动，的确是在等待，但等待的绝不是清军对仙霞岭的攻击。施琅敢与任何人打赌：要不了多久，台湾的军队必将从福州城东海岸登陆。祖宏勋等待的就是这一天。到那个时候，台湾的军队从东往西打，祖宏勋的军队从西往东打。这么东西一夹击，耿精忠的军心必将大乱，而祖宏勋就是要趁这个“大乱”一举占领福州。说不定，祖宏勋为取代耿精忠，与郑氏早就有了勾结。不然，郑氏与耿精忠早有互不侵犯的约定，为何又出尔反尔？

祖宏勋的这个东西夹击的计划，对他施琅来说，不啻是天赐良机。他本打算，先打垮了耿精忠，再来对付祖宏勋，可现在看来，只需一场战争，便可以将耿精忠和祖宏勋两支叛军同时解决。说起来，施琅还真的要好好地去感谢郑氏无意而有力的援助呢。

施琅立即就紧急行动起来。他找来几个得力的清军将领，仔细吩咐道：“你们带六万人马向西，悄悄绕到祖宏勋叛军的身后，埋伏好。祖宏勋和耿精忠打起来之后，你们先不要动作。待他们打得两败俱伤之际，你们再冲将上来，将他们统统歼灭。尔后，你们就领兵向东，一直朝福州城打。我估计，等你们打到福州城的时候，我恐怕早就站在福州城里了。”

一切果然不出施琅所料。几天之后，数百艘台湾郑氏的战船，开到了福州城的东海岸。数万名郑军疯了似的向福州城进攻。耿精忠在城东只有两万人马，当郑军从东边打来的时候，他只好从仙霞岭一带抽调两万兵马去支援东线。东边一打起来，福州城的西边也顿时热闹起来。祖宏勋拼命驱赶自己的手下向福州城方向冲。耿精忠在福州城西只有三万余士兵，一时很难抵挡住祖宏勋的拼命进攻。耿精忠无奈，只得又从仙霞岭一带抽调两万人马去增援东线。这样一来，拱卫福州城的北大门仙霞岭，只剩下耿精忠的一万叛军了。对施琅身边的十万清军来说，一万叛军实在是不足挂齿。

于是就有清军将领向施琅建议：趁虚拿下仙霞岭。但施琅没有同意。施琅以为，如果现在要拿下仙霞岭，当易如反掌，可如果真的现在就拿下了仙霞岭，耿精忠和祖宏勋就都会马上警觉起来，不管耿、祖二人在警觉了之后会如何行动，施琅想一举歼灭两支叛军的目标就很难顺利地实现。所以，施琅就笑着对手下言道："三只疯狗咬得正欢，我们何必前去打搅？站在旁边看看热闹，我们又何乐而不为？"

三天过后，有手下向施琅报告，说有一支大约五千人的耿精忠叛军，已经从福州城东开往福州城西。

施琅暗自思忖道：定是耿精忠已经顶住了郑军的进攻，从东线抽调人马去支援西线了。如此看来，福州城西的战斗当十分地激烈，祖宏勋的进攻一定非常地凶猛。不过，尽管受到东西两面夹击，耿精忠却始终没有把仙霞岭一带最后的一万人马调走。这也就是说，虽然耿精忠久已没有同清军交战了，但他对清军却始终是放心不下的。

有将领着急地问施琅道："大将军，该向仙霞岭发动进攻了吧？"

施琅回道："不用性急。现在他们打得正欢。他们打得越欢，伤亡就越大，他们的伤亡越大，我们的伤亡就会越小。"

又过了几天，一个手下匆匆忙忙地跑来向施琅报告道："大将军，我们那六万军队已经在祖宏勋的背后打起来了！"

这就是说，祖宏勋和耿精忠已经在福州城东打得精疲力尽了。施琅笑着对手下道："现在可以向仙霞岭发起攻击了！"

于是，在一天凌晨，十万养精蓄锐多日的清朝大军，在施琅的统一指挥下，突然从四面八方向仙霞岭一带的耿精忠叛军发动了全线进攻。因为力量对比太过悬殊，耿精忠那一万名叛军，根本没有作出任何有效抵抗，就被潮水般的清军打得落花流水。只一天不到的工夫，十万清军就将残余的叛军团团围死在了仙霞岭上。不过，由于仙霞岭地势险要，耿精忠早已在这里构筑了许多坚固的工事，所以，施琅率军整整攻了一夜，至第二天的黎明，才终于将仙霞岭攻克。除千余人被俘外，耿精忠留在仙霞岭一带防范清军的那一万名官兵，全部被施琅所歼。不过，清军也伤亡数千人。

攻克了仙霞岭，就打开了通往福州城的北大门。施琅鼓动手下道："一直往南，一鼓作气拿下福州城！"

福州城内，耿精忠只有数千人马护卫。闻听清军已攻克仙霞岭，正向福州城开来时，耿精忠大惊失色道："这可怎生了得？这可如何是好？"

有手下建议耿精忠出城向南跑，然后折而向西，去投靠广东的尚之信。耿精忠却道："去广东路途迢迢，我能够跑得到广东吗？就算我能够跑到广东，清军岂不是照样追来？"耿精忠最后决定：与福州城共存亡。

可是，区区数千人马如何与福州城共存？至多与福州城共亡罢了。

所以，耿精忠很快就后悔起来。可是，就在他决定弃城南逃的时候，施琅派出的一支骑兵纵队已经封死了去路。跟着，耿精忠和福州城便陷入了施琅的重重包围之中。

耿精忠已经是上天无路、入地无门了。他很清楚，即使能把城东和城西的军队都抽调回来，也不是清军的对手，更何况，城东和城西的军队早已被郑军和祖宏勋打得伤痕累累。在万般无奈的情况下，耿精忠作出了一个还算是比较明智的决定：停止抵抗，投降清军。

施琅接受了耿精忠的投降，清军兵不血刃地占领了福州城。

占领了福州城之后，施琅把清军兵分两路，一路向西，一路向东。向西的清军由其他将领率领，向东的清军则由他施琅亲率。

因为耿精忠已经投降，所以清军所到之处，属于耿精忠的军队不是放下武器就是四散逃命，故而，福州城西的战斗主要在清军与祖宏勋之间展开，而福州城东，则主要是施琅所率清军与郑军交战。

城西的战斗不是很激烈。祖宏勋的五六万人马与耿精忠的军队交战多日，早已损伤过半。就在祖宏勋焦头烂额之际，忽然从他背后杀出一支数万清军。祖宏勋已无力抵抗，只得且战且退，不几日，又一支数万清军从他东边杀了过来。两支清军东西夹击，将祖宏勋打得溃不成军。苦撑了数日之后，祖宏勋实在是走投无路了，只好率万余残兵败将投降了清军。

相比之下，福州城东的战斗相当激烈。施琅率数万清军杀向海边与郑军展开了一场面对面的厮杀。郑军虽然在与耿精忠的交战中损失惨重，但他们在海边与施琅交战时，却能够得到数百艘战船上的炮火支援。尽管他们战船上的大炮还很原始，数量也不多，且射程很近，但对徒步冲锋的清军来说，却是一种极大的威胁，许多清军官兵见了炮火之后，都不敢向前冲锋了。

施琅急了。他把大小清军将领都叫到自己的跟前，重重地吩咐道："谁再敢畏缩不前，杀无赦!"

施琅未免有些操之过急了。实际上，他只要把军队拉到敌人炮火打不到的地方，将敌人三面包围起来，敌人就会不战自退的。因为敌人的给养全靠战船上供应，而战船上携带的给养又能支撑几日？

施琅下了死命令后，自己也身先士卒，带着一路人马不停地向着海边冲去。在施琅的督促和表率下，清军大小将领都鼓起勇气，率自己的兵马，向海边的敌人发起了一轮又一轮的冲击。经过两天两夜的激烈战斗，郑军终于抵挡不住，抛下逾万具尸首，仓惶地登上战船，溜之乎也。而清军在这场战斗中的损失，其伤亡人数，至少是敌人的两倍。

望着海边如山似的尸首，看着敌人战船逃向大海深处的帆影，施琅几乎是咬牙切齿地言道："如果皇上恩准，我施琅就一直打到台湾去!"

施琅奉旨东征的这第一仗，打得还是相当漂亮的。不仅收降了东线战场上最大的叛军之一耿精忠，而且打垮了另一支叛军祖宏勋，还给了台湾郑氏一次重创——郑氏在这次战斗中共损失了两万多人，其中有一半是在与耿精忠军队交战中损失的。经此一役，郑氏元气大伤，加上其他种种原因，郑氏至少有半年没有派军队到福建沿海地区骚扰。

施琅大约又花了月余时间，肃清了福建境内其他一些小股叛军和趁乱而起的小股土匪，控制了福建全境，取得了东征的第一个大胜利，也是最关键的一个胜利。接着，施琅便命令清军在福建休整，等候皇上圣旨到来。

没多久，康熙的圣旨就到了施琅的手中。康熙首先表彰了施琅的战绩，然后指示道：一，一切按施琅的既定计划行事；二，由施琅暂行安排福建各地方官员以维护福建秩序，待平叛战争完全结束之后，再由朝廷正式委派福建境内官吏，并谕令施琅，若收复广东、广西，也依此办理。

施琅接到了康熙的圣旨后，先依康熙意旨，安排了一些人担任福建省各级官吏，然后便开始着手整顿军队。

施琅的十六万军队，经过这场战斗后，连死带伤，共损失约四万人，但收降的叛军却多达五六万之众。这些投降的叛军官兵，大都编入了施琅的军队之中，加上一些主动要求参军的百姓，到施琅控制了福建全境的时候，施琅的手中，已经拥有了一支十八万人的军队了。又花了一个月的时间，对手中的这支十八万人的军队进行了严格的整顿和训练。

这一年的秋天，施琅分出三万清军留守福建，帮助那些临时任命的各级地方官吏维护福建境内的安定，并严加提防台湾方面的再次侵扰。而他自己，则亲率十五万大军，径向广东开去。在广东、江西和福建三省交界处，施琅遇到了一次强有力的抵抗。

清军占领了福建全境的消息传到广东后，尚之信极为恐慌。耿精忠有十多万人马，怎么会这么快地就一败涂地？不久又听说，施琅率大军正向广东开来，尚之信就更是惶惶不可终日了。别看尚之信平日杀人不眨眼，可真的到了形势危急的时候，他却是胆小如鼠。亏得祖泽清和刘进忠二人主动要求领兵去挡住施琅，尚之信才略略心安了些。

祖泽清原是清朝广东总兵，刘进忠是潮州总兵，吴三桂在云南树起叛旗的时候，他们也跟着摇旗呐喊。无奈二人实力不济，其兵马总数加在一起也不过五万，根本不能称霸一方，无可奈何之下，只得双双投靠在广东霸主尚之信的门下。

尚之信为能把清军挡在广东之外，这次也下了血本，不惜将自己的兵马分出一多半让祖泽清和刘进忠统率，这样，祖泽清和刘进忠的手下，便有了十多万军队了。

祖泽清和刘进忠率军赶到广东和福建的交界处后，便立即动手修筑防御工事。他们在山岭、高地等险要之处，配备弓箭手和刀斧手，并辅以圆木、滚石之类。他们在一马平川的开阔地带，挖堑壕、设陷阱，并派骑兵守卫。短短半个月的时间，他们便在广东、福建两省的交界处，修建了一个纵深防御体系。

祖泽清对着他的手下叫嚷道：“如果清军能破我此阵，我就一头撞死在这山石上!”

刘进忠看起来要比祖泽清冷静些。他是这样对手下说的：“就凭那来犯的区区十几万清军，要想从此阵通过，恐怕真的比登天还难啰!”

祖泽清和刘进忠二人考虑得还很周到。为防止某个区域会被清军突破，他们还留下了一支三万人的预备队。具体分工是，祖泽清负责全面防御，刘进忠率领预备队负责策应。他们的大本营，设在距防区约二十里的一个小村庄里。平日，刘进忠留守大本营，祖泽清则到各防区去巡视察看。

早有探马向施琅报告了祖泽清和刘进忠的大概情况。施琅笑对手下道：“看来，尚之信是想与我在这里决一死战了!”

然而，没有多久，施琅就再也笑不出来了。因为，清军自踏入广东的土地后，便遭到了祖泽清和刘进忠人马的顽强抵抗。可以这么说，当时的清军，几乎每前进一步，都要付出十分高昂的代价。五天下来，清军艰难地向前推进了十几里，而伤亡人数却已达三千之多。

施琅急令清军全线停止推进。他已经看出了眉目。祖泽清和刘进忠所构建的这个防御体系，其主要目的有二，一是滞缓清军前进的步伐，二是大量消耗清军的有生力量。施琅想，照这几天来的推进速度计算，若想冲过这道纵深防御体系，恐怕得耗时数月之久，更主要的是，就算清军最终冲过了这道防御体系，其兵马，恐怕会所剩无几了。

但施琅同时也看出了这套防御体系的一个严重不足，那就是，它只能防御，不能进攻。祖泽清和刘进忠的人马都分散在一个一个小的防区，若想把分散的人马都集中起来对清军发起一次攻击，很是困难。施琅还想到，即使祖泽清和刘进忠留有预备队，那预备队的人数也必然不足以对清军发动一次较大规律的进攻。换句话说，清军虽然一时难以向前推进，但按兵不动，却也安全无恙。也就是说，叛军是固定的、被动的，而清军则是自由的、主动的。这场战斗的主动权从一开始就掌握在了清军的手中，只是看该如何运用这种主动权而已。

施琅想，既然从正面很难打过去，那为何不采取迂回前进的方法？叛军的防御体系再完备、再具杀伤力，如果我们不从正面进攻，它岂不就失去了意义？

施琅想到了“迂回前进”的方法后，急忙召集清军大小将领磋商。施琅对手下道：“如果我们一直从这里打下去，不仅伤亡将极其惨重，而且还会耗去许多宝贵的时间。但是，如果我们避开其锋芒，从别的地方迂回前进，不照样可以打进广东吗?”

施琅这么一说，众人都有茅塞顿开之感。是呀，这里打不通，为什么不可以从别的地方打进去呢？一时间，众人便纷纷议论起来。

议论的结果是，有两条路可以迂回打到广东去。一条是南路，一条是北路。所谓“南路”，就是取道海岸线，绕过祖泽清和刘进忠的防线，从海边迂回打入广东。这条线路比较近，所需时间不过十日，但却容易被敌人发觉。另一条

“北路”，指的是取道江西，从江西再南下，绕到祖泽清和刘进忠的背后。这条线路比较远，至少需要二十天左右时间才能完成，但敌人不容易发觉。

施琅权衡再三，最后决定走“北路”。虽然走北路所需时间较长，但不让敌人发觉才是至关重要的。他曾在康熙皇帝面前保证过，一年左右时间解决东线战事。因为解决耿精忠和祖宏勋的战斗出奇的顺利，所以他施琅现在有得是时间。

施琅对手下几个高级将领道：“你们率六万人。你们留在此地的任务不是进攻，而是防守，防止叛军逃到福建去。切记，如果叛军大规模地向西撤退，你们就跟着打过去。注意，叛军不动，你们就不动，叛军一动，你们就跟着动！”

而施琅自己，则亲率九万清军，悄悄北上，进入江西境内，大约走了十天左右，又掉头南下，向广东开进。大约又走了十天左右，施琅率军终于绕到了祖泽清和刘进忠的背后。

施琅并没有急于进攻，而是将大军隐藏起来，然后亲自带了几个人前往侦察。侦察的结果是，叛军的大本营和叛军的防区相距约二十里。刘进忠领三万预备队驻扎在大本营内，祖泽清则在防区内游动指挥。

情况摸清楚了，施琅便开始行动了。他命令九万清军于一天凌晨突然将刘进忠和三万叛军预备队包围在了叛军大本营内。施琅吩咐手下道：“只需紧紧包围，暂时不要急于歼灭叛军！”

手下不解。施琅解释道：“我们围而不打，或打得不猛，刘进忠便会以为我们暂时还没有足够的力量来消灭他。这样一来，他就会派人突围去向祖泽清求救。祖泽清闻知后，极有可能从防区撤兵来救援刘进忠。这样的话，我们东边的六万大军就会趁机打过来。如此，我们便可以在这里与祖泽清和刘进忠决战。实际上，与祖泽清和刘进忠决战，就是与尚之信决战。我们如果打败了祖泽清和刘进忠，广东的问题就算是基本上解决了。”

施琅真是料事如神。九万清军突然包围了叛军的大本营，刘进忠不仅大感意外，且也大感震惊。不过，被清军包围了之后，刘进忠及三万叛军预备队一时并没有受到太猛烈的进攻。清军零零散散地攻击了几次，都被刘进忠给打退了。这样一来，刘进忠便产生了这么一种想法：“清军虽然能包围于我，但要想将我消灭，定然困难重重，我且在这里拖住清军，然后迅速通知祖泽清，让他集合军队回撤，我与他内外合击，将这支窜入广东境内的清军吃掉，岂不是大功一件？”

基于这种想法，刘进忠就组织了一支数千人的突击队，在一天深夜，偷偷地向着东边摸去。清军的防范似乎很松懈，刘进忠的突击队几乎没有遇到什么强有力的拦截，就冲出了清军的包围圈，去向祖泽清汇报战事了。

其实，祖泽清早就知道了刘进忠被清军包围的事儿。但祖泽清举棋不定，是留在这里防范东边的清军、还是迅速回撤去救援刘进忠？

就在祖泽清左右为难的当口，刘进忠的那支突击队来到了。刘进忠给祖泽清捎了一封信。刘进忠在信中称，包围大本营的清军约有五万多人，如果祖泽清能够集中五六万人马回撤，定可将这支清军击溃。

决定战争胜负的因素很多，而“知己知彼”无疑是诸因素当中最重要的一个。刘进忠也好，祖泽清也罢，都是在没有把施琅及清军的底细摸清楚之前就匆忙做出决定，那未来的结果就不言而喻了。

接到刘进忠的信后，祖泽清一点犹豫也没有了。他对刘进忠的那支突击队的首领言道：“你带着你的原班人马，还有我身边的这三千人，重新打进清军的包围圈内。你告诉刘大人，十天之后，我定率大军赶到！”

叛军的大本营距叛军的防区只有区区二十里路程，祖泽清为何要刘进忠坚持十天？却原来，祖泽清手下七八万叛军，全分散在一个偌大的防御体系内。要想很快地将这七八万叛军都集拢到一起，殊是不易。所以，祖泽清一边密切地注意着刘进忠那边的动静，一边竭尽所能地快速集中部队。十天之内，祖泽清好不容易地集合了六万人马。听说清军已经向刘进忠发动猛烈进攻了，祖泽清便匆匆忙忙地领了六万兵马去增援刘进忠。这样一来，叛军那道宽阔而又纵深的防御体系，虽然还有近两万名官兵把守着，但实际上几乎形同虚设了，至少，它是很难再挡得住东边六万清军前进的步伐了。

施琅是在得知祖泽清已经集合了数万兵马之后才命令清军向刘进忠发动总攻的：“争取在祖泽清到来之前，彻底把刘进忠打垮！”

九万清军奉施琅之命，从四面八方向刘进忠及三万叛军发动了致命的进攻。这真是一次致命的进攻。虽然叛军的大本营和叛军防区之间只有二十里路程，但在祖泽清领兵赶到之前，施琅率清军已经将刘进忠的三万叛军歼灭大半，只刘进忠带万余残兵败将东逃和祖泽清会了面。

刘进忠似乎被施琅打怕了。他对祖泽清言道：“这支清军太过厉害，我们还是撤到防区里再作区处吧……”

但祖泽清却不同意。祖泽清对刘进忠道：“我好不容易才将兵马集中起来，如果不与这支清军分个高低，我如何心甘？”

祖泽清说到做到，不顾刘进忠的反对，驱赶着六万兵马迎住追上来的清军就战。让祖泽清感到自豪的是，从上午战至下午，虽然没有杀伤多少清军官兵，但却把清军击退了十几里，而且清军在退却的时候，还很有些溃不成军的模样。

“刘大人，清军也不过如此吗，何必生惧怕之心？”

“祖大人英勇善战，刘某只有甘拜下风！”

祖泽清又命令手下道：“暂且停止追击。休息好了，待明日一举将这支清军击溃！”

而实际上，清军“溃不成军”的模样，完全是按照施琅的命令故意做给祖泽清看的。施琅这么做的目的，是要把祖泽清牢牢地牵在这里，待东边的清军打过来之后，再与之决战。因为，施琅在攻击刘进忠的时候，自己也折损兵将万余，现在身边只有不到八万人马，而祖泽清和刘进忠的兵马加在一起，尚有七万多人，如果此时就与叛军决战，不仅很难将叛军一举击垮，而且还极有可能让祖泽清和刘进忠逃回到那错综复杂的防御体系内。那样，想要再消灭尚之信的这支叛军主力，恐怕就十分困难了。

施琅对手下言道："只要我们在这里且战且退数日，我们东边的部队就会打过来了！"

祖泽清当然不会知道施琅的真实意图。第二天黎明时分，他便指挥全部人马，向施琅发动了全线进攻。清军根据施琅的部署，作了一番像模像样的抵抗之后，便又向后退却了十几里。这样一来，祖泽清在刘进忠的面前就更加洋洋得意。

然而，数天之后，祖泽清就再也得意不起来了。刘进忠神色仓皇地对他说："大事不好了！东边的清军已经越过我们的防区，正朝这边打来！"

祖泽清这才知道大事不妙。他与刘进忠已经被清军东西夹住了。但是，他手下还有不少兵马，他还想与清军在这里作一场生死大战。他对刘进忠道："事已至此，我们不成功便成仁！"

当时，祖泽清和刘进忠的手下约有八万之众。经过一番商讨之后，祖泽清领五万人向西挡住施琅，而刘进忠则率三万人和东边的清军交战。

相比之下，施琅及清军在人数上明显地占有优势。仅施琅身边，就有近八万人马，而东边的清军，至少也有五万余众。十三万对八万，胜利的天平显然已倾向于施琅一边。

施琅率军向祖泽清发动了进攻。东边的清军也同时向刘进忠发动了进攻。逾二十万人马在广东东部的一块土地上，展开了一场罕见的肉搏战。

开始几天，叛军在祖泽清和刘进忠的死命督战下，还能勉勉强强地顶住施琅及清军的进攻。但几天之后，叛军人员锐减，无论祖泽清和刘进忠如何督战，叛军也阻挡不住清军如潮水般的进攻了。施琅号召手下道："冲上去，消灭这股叛军！"

首先垮掉的，是刘进忠的那路叛军。在东边数万清军猛烈地冲击下，刘进忠节节败退，很快就退入祖泽清军中。刘进忠对祖泽清道："祖大人，我们不行了，还是投降吧……"

"刘大人，脑袋掉了不过是碗大的疤，何必如此贪生怕死？"

祖泽清摆出一副视死如归的模样，催动着叛军向清军发起一波又一波自杀式的攻击。然而清军士气旺盛、斗志昂扬，而叛军官兵见取胜无望，大多士气低落，根本不想再为祖泽清卖命。

战斗进行到第十天的时候，天气大变，突然降了一场暴风雨。暴风雨中，叛军内部也突然发生了一起重大变故：刘进忠在一些官兵的鼓动下，杀死了拒不向清军投降的祖泽清，然后率残部停止了抵抗。

这场为期十天的激烈战斗，无论清军还是叛军，都有重大伤亡。刘进忠率部投降的时候，叛军人数已不足三万。而清军虽还有九万之众，但真正还能打仗的，也不过八万人。血流成河、尸积成山啊。

清军虽然取得了这场关键性的战斗的胜利，但施琅却一点也不敢懈怠。他先派人将刘进忠押赴福建着人看管，然后将投降的叛军官兵悉数遣散，当然，愿意加入清军对尚之信反戈一击的叛军官兵，施琅自然很乐意收留。接着，施琅将部队拉到了一个小城里进行休整。数天之后，施琅便率这支清军开始西征，径向广州方向开去，一月之后，施琅率部便逼近了广州城。

此时的广州城内，一片混乱。尚之信就如一只热锅上的蚂蚁，惶惶不可终日。祖泽清和刘进忠在广东东部与施琅决战的时候，尚之信早有耳闻，也很想派一支军队去支援祖泽清和刘进忠。可是，他不仅无法向东增援，甚至连自己也是泥菩萨过河。正如他先前所预料的那样，祖泽清、刘进忠领兵东去之后，那广西的孙延龄果然乘虚而入，率数万兵马越过广西，向广州城打来。尚之信无奈，只得倾全力去迎战孙延龄。双方在广州城西郊苦战多日，终也难分胜负。最后，双方形成了一种僵持的局面。

就在尚之信与孙延龄形成僵持局面之后，施琅率十万清军逼近了广州城。尚之信得知这个消息之后的第一个念头就是：跑。西有孙延龄，南有大海，东边是虎视眈眈的清军，尚之信逃跑的惟一一条线路是，向北，入湖南，投靠吴三桂。

然而，就在尚之信准备向北逃跑的当口，他突然得知，施琅已派出一支清军封锁了广州城的北路。尚之信已无路可逃了。

很快，施琅指挥清军从北、东、南三面包围了广州城。尚之信明白，即使能把广州城西郊的四五万兵马拉回来，也是很难解广州之围的。故而，走投无路之际，尚之信只得不情愿而又无可奈何地向施琅举起了降旗。

收降了尚之信之后，施琅一点也没迟延，忙着亲率大军，直向西边开去。一路上，尚之信的残兵剩将，不是投降便是溃散。施琅率军几乎没遇到什么真正的抵抗，便迅速地打到了广东和广西的交界处。孙延龄闻知清军已经开了过来，早就领兵撤回了广西境内。有手下建议施琅将部队休整一番后再进入广西。施琅回道："孙延龄已成惊弓之鸟，我军斗志正旺，宜乘胜追击，不必休整！"

就这样，施琅横扫了广东之后，又马不停蹄地开进了广西。孙延龄见清军来势凶猛，只得仓促地在西江边上组织了一次抵抗。这次抵抗的结果是，孙延龄不仅没能阻止住清军前进的步伐，反而损兵折将、元气大伤。万般无奈之下，孙延龄只得率万余残兵败将，一路向西逃去，施琅则率清军跟在孙延龄的身后穷追猛打。眼看着，孙延龄就要逃到广西和贵州、云南三省交界处了。孙延龄以为，这下施琅和清军也许不敢再追过来了。因为当时的贵州和云南都还在吴三桂的叛军控制之下。可谁知施琅就像是铁了心似的，率清军一直向西追来，一种不要命的架势。

孙延龄绝望了。虽然他还有路可走，或向西入云南，或向北入贵州，都可以求得吴三桂的庇护，但孙延龄不想投靠吴三桂。既如此，他就只有一条路可走了：投降。

而施琅在收降了孙延龄之后，也不敢在广西西部久留。因为，他所率的清军，经过东征西讨，已经所剩无几了。如果从云南或从贵州下来一支吴三桂的叛军，那他施琅就很可能回不到福建去了。所以，接受了孙延龄投降之后，他就匆匆忙忙地率军离开了广西西部，向广西中部转移。

只用了半年左右时间，至1677年底，福建、广东和广西的叛军，已基本上被施琅肃清。肃清了东线叛军之后，施琅遵照康熙既定的方针，留下一部清军在广西、广东骚扰吴三桂的后方，自己则率一部清军，带着尚之信、孙延龄等人，返回福建去防备台湾郑氏对福建沿海可能有的骚扰了。

得知施琅彻底解决了东线战事，身居乾清宫的康熙高兴得一把将阿露抱离了地面，嘴里还激动地言道："阿露，你知道吗？施爱卿为朕解除了东线之忧，朕从此便可以集中力量去对付那个吴三桂了！"

不远处的赵昌不失时机地恭维康熙道："奴才恭喜皇上……"

康熙轻轻地将阿露放回地面上："赵昌，朕何喜之有啊？"

赵昌满脸笑容言道："奴才适闻施大人已经为皇上彻底地解决了东线战事，皇上取得了平叛战争的又一重大胜利，奴才以为，此等重大胜利，应当可喜可贺……"

客观地讲，赵昌的这番话也不无道理，能收降耿精忠、尚之信这些叛军主要头领，确实是一件可喜可贺的事。若再从"三藩"角度考虑，耿精忠和尚之信这二"藩"已灭，已剩下吴三桂一"藩"了，似乎就更值得大喜大贺。然而，不知为什么，一听到赵昌谈论起有关国家大事的言语，康熙就打心眼里厌烦。所以，听了赵昌的话后，康熙脸一沉，眉一皱，不冷不热地言道："赵昌，待朕消灭了吴三桂之后，你再可喜可贺不迟！"

赵昌看出了康熙的不满，于是就赶紧小声应道："是，是，皇上指教的是……奴才适才又多嘴了……"

当然，康熙虽然对赵昌不满，但对战局还是相当满意的。东线叛军和西线叛军都已为大清剿灭，剩着一个吴三桂，还能支撑多久？

第二十章
城下攻心干将倒戈 床头圆梦淫王乱伦

吴世璠逃回昆明后做的第一件事，便是将原属于吴三桂的女人统统收归己有。他封方圆圆为大周国"皇后"。其他的女人，则统统封为"皇妃"。他不仅继承了吴三桂的"大周皇帝"之位，还继承了他所有的女人。

然而，就是那么一个吴三桂，却让清军在湖南北部吃尽了苦头。

索额图解决了王辅臣等西线叛军之后，与明珠、勒尔锦等人在长江边上会合。吴三桂手下大将林兴珠和韩大任见势不妙，主动放弃了所占领的湖北部分领土，撤军湖南，与盘踞在洞庭湖边岳州城里的吴世璠会合。从此，中线战场上的形势发生了根本性的转变：吴三桂叛军由攻转守，而清军则由守转攻。

当时，吴三桂叛军的主力几乎全部都集中在湖南战场。仅洞庭湖边的那个岳州小城，就至少聚集了吴三桂二十万兵马。当然，若与清军比较起来，吴三桂那二十万兵马就显得有些微不足道了。索额图、明珠和勒尔锦等人所率的仅用于攻打岳州城的清军，就多达四十万众。

按常理，四十万清军攻打二十万叛军，当不是一件十分困难的事，更何况，索额图和明珠等人还是那样的绝顶聪明。然而事实却是，索额图和明珠等人指挥着数十万大军朝着岳州小城猛攻了月余，不仅没有拿下岳州城，而且还伤亡惨重。其主要原因是，吴三桂手下那两员大将林兴珠和韩大任，不仅颇通战略战术，而且骁勇异常。有时，清军明明已攻入岳州城里，可结果是，林兴珠和韩大任又亲率叛军将清军打出城来。有一次，林兴珠和韩大任趁清军连日攻城太过疲惫、稍有松懈之际，竟于夜间率叛军摸出岳州城来，将毫无防备的一部清军袭杀得鬼哭狼嚎。那一晚，那部清军至少伤亡累万，使得整个清军内部都十分沮丧。以致于有些清军官兵一听到"林兴珠"和"韩大任"的名字，都不寒而栗。

索额图急了，明珠急了，勒尔锦等人也急了。可光急是毫无用处的。勒尔锦等人曾建议派兵将整个洞庭湖都围起来，断了岳州城的饷道，让岳州城内的叛军不战自溃。因为岳州城内叛军的粮草军械主要靠长沙城内的叛军供应。如果真的能将洞庭湖封锁起来，倒不失为一个好办法。然而问题是，偌大一个洞庭湖，该派多少兵马才能将其严密封锁住？还有，岳州和长沙等地的叛军会眼睁睁地看着清军封锁洞庭湖而不作出反应？清军在岳州城外的兵力是占压倒性优势，但若分散在洞庭湖四周，就没有什么优势可言了，就很容易让叛军各个击破。

如果能有一支精锐的水师，开进洞庭湖里，消灭岳州城叛军的水兵，这样，便有可能断绝长沙叛军对岳州叛军的粮草供应。可是，索额图和明珠等人的手里没有这样的水师，他们也不可能在很短的时间内就训练出这么一支精锐的水师来。实际上，索额图和明珠等人也不知道水师该如何训练。如此一来，索额图和明珠等人面对着林兴珠和韩大任的顽强抵抗，就有些一筹莫展了。

索额图、明珠和勒尔锦等人在一起商量对策。索额图言道："如果不能很快地拿下岳州城，清军的士气就会日渐低落……"

勒尔锦言道："关键的问题是，要设法断绝岳州叛军的饷道……"

明珠摇头道："可我们没有足够的军队，也没有水师可用……"

索额图道："看来，我们只有派人回京，向皇上禀告这里的情况，请皇上定夺了。"

勒尔锦道："我同意。我们目前除了请皇上定夺之外，别无他法。"

明珠言道："如果两位没有意见，我想回京向皇上禀告这里的情况……我已经很久没有见到皇上了！"

索额图和勒尔锦都没有意见。索额图只是道："请明大人回京后，向皇上提起，是否可以派一支水师过来。"

勒尔锦接着道："皇上如果没有水师可派，那派几个懂得操练水师的将领来也可以。"

明珠回道："两位大人的话明某已谨记。明某此番回京城，无论如何也要向皇上讨得一个攻破岳州城的良策来。"

就在明珠准备回京城之前，索额图等人接到东线战报：施琅率军已彻底地解决了东线战事。

勒尔锦不禁叹道："一个施琅，只率十几万官军，便将东线三十多万叛军全部击溃……真是后生可畏啊！"

索额图也深有同感地道："是呀，施琅为皇上、为大清王朝立下了不朽功勋，实在令人钦佩。可再想想我们，拥有数十万大军，却连一个小小的岳州城也攻不下……想想施琅，我们真是汗颜啊！"

明珠急道："如此，明某这就起程回京！"

却说明珠，只带了几个亲信随从，离开湖南战场，径向北而去。一路上，也不分什么白天黑夜，只顾纵马赶路。从湖南到京城，明珠和随从们也不知更换了多少马匹。

明珠跃马驰进京城的时候，正是下午。他来到午门前，翻身下马，然后就踉踉跄跄地闯入了皇宫，直奔乾清宫。

"微臣叩见皇上，祝吾皇万岁万岁万万岁！"

康熙连忙弯下腰去，双手将明珠扶起，深情地言道："爱卿，你辛苦了……"

见康熙如此，明珠差点落下泪来："为国效力，微臣何苦之有？"

"爱卿快坐下，与朕说说湖南战场的事情……"

"皇上，微臣与索额图合兵之后，从湖北打到湖南，一直都很顺利，可万没想到，在洞庭湖边却被叛军挡住了去路……"

明珠把清军猛攻岳州城月余而不克的事情详详细细地说了一遍，然后言道："皇上，微臣等统领数十万大军，竟然连一个小小的岳州城也攻不下，真是罪该万死呀！"

康熙缓缓地摇了摇头道："爱卿，你与索额图等人劳苦功高，何罪之有？岳州城久攻不下，非尔等无能，是叛匪林兴珠和韩大任太过英勇，加上岳州城位于洞庭湖边，地势特殊，你们一时找不到攻城的良策而已。"

明珠马上道："微臣这次回来，就是想从皇上这儿讨得一个攻克岳州城的良策……"

康熙轻轻地一笑道："明爱卿，你与索额图都没法攻克岳州，朕又会有何良策？"

明珠想了想，然后把索额图和勒尔锦等人提出的派水师或派懂得操练水师的将领去湖南战场的请求说了出来。康熙略略沉吟道："如果真的能从洞庭湖里断了岳州叛军的饷道，那也的确是一个好办法。可是，朕现在手中并无什么水师可调。即使朕调去一支水师，或派遣几个懂得操练水师的将领去湖南，恐也没什么大用，因为，叛匪林兴珠和韩大任既然如此有勇有谋，就一定会想出办法来对付朕派去的水师的。"

是呀，康熙说的一点没错，林兴珠和韩大任会眼睁睁地看着清军水师在洞庭湖里断了他们的饷道？由此不难看出，康熙虽然没有亲自上前线，但考虑问题，也着实比索额图、明珠等人要深远得多。

明珠多少有些失望地道："皇上，难道就找不出一个好办法？"

康熙平静地言道："岳州城之所以久攻不下，其主要原因，乃是城中有林兴珠和韩大任这么两个人。如果能把这两个人招安过来、为朕所用，岳州城岂不是一攻即克？"

明珠忍不住地插话道："皇上所虑，的确英明，不过，微臣所知，林兴珠和韩大任本来都是下等的士兵，是吴三桂一步步地将他们擢升为领兵的大将军。他们会背叛吴三桂而接受我们的招安吗？"

康熙不紧不慢地言道："西线叛军早为索额图解决，不久之前，施琅又为朕解决了东线叛军。剩一个吴三桂，还能成什么气候？吴三桂早晚必然灭亡。林兴珠和韩大任都是聪明之人，他们不会看不到这一点。而只要他们看到了这一点，朕便有了招安他们的基础和希望。"

"莫非皇上已有了招安林兴珠和韩大任的具体办法？"

“朕如何会这么快就想出一个招安的具体办法来？不过，明爱卿，随朕起驾坤宁宫！”

康熙来到坤宁宫之后，只对匆匆忙忙迎上来的乌雅氏点了点头，然后就在偌大的坤宁宫里四处寻找起来。跟在后面的乌雅氏小心翼翼地问康熙道：“皇上……要找什么？”

康熙气喘吁吁地道：“皇后，你这宫里的宫女都在这儿吗？”

“还少一个，臣妾刚刚打发她外出……”

“快去把她唤回来！”

康熙如此大声说话，着实把乌雅氏吓了一跳，“皇上，臣妾……”

康熙情知适才如此言语有些欠妥，所以就冲着乌雅氏淡淡一笑道：“皇后莫慌，朕找那个宫女有要事商谈，请皇后即刻派人去把她找回来。”

没有多久，那个宫女回来了。康熙对明珠言道：“就是她！”

明珠当然莫明其妙：“皇上，恕微臣愚钝，她……是谁？”

“林兴珠的亲妹妹，林兴玉。”

原来，康熙有次驾幸坤宁宫，曾见过这个林兴玉，还让她为自己洗了一次澡。明珠恍然大悟道：“皇上，你是要微臣带她去湖南战场……”

林兴玉双膝跪在康熙的脚下：“皇上莫非已找着了奴婢的大哥？”

“朕过去跟你提到的那个林兴珠，就是你失散多年的胞兄。”

林兴玉急忙问道：“皇上，奴婢的大哥，现在何处？”

康熙转向明珠：“明爱卿，还是你来告诉她吧。”

明珠“哎”了一声，然后对着林兴玉言道：“你大哥林兴珠现在是叛贼吴三桂手下的一员大将，正领兵在湖南与我大清军队交战。”

林兴玉不禁“啊”了一声：“奴婢的大哥怎么会……”

康熙轻轻地道：“兴玉姑娘，你且起身说话。”待林兴玉爬起，康熙又问道：“兴玉姑娘，你对朕说，你现在想不想与你的大哥团聚？”

“皇上若能让奴婢与大哥团聚，纵使皇上叫奴婢死上千万次，奴脾也心甘情愿……”

“朕既让你与你的大哥团聚，那就是要你和你的大哥都好好地活着。只是，你大哥现在正率叛军与官军开战，你们兄妹团聚不容易呢。”

“皇上若恩准奴婢出宫，奴婢愿随这位明大人去湖南，说服奴婢的大哥放下武器、归顺朝廷……”

“如果兴玉姑娘真的能够说服你大哥弃暗投明、不再与朕为敌，那朕现在就向你作出两点承诺：一，你大哥归顺之后，如果他愿意，依然可以留在军中做将军，或者到一个什么地方做一个地方官；如果他不再愿意为官，想解甲归田，朕定会给他重重地封赏。二，你大哥归顺之后，你兴玉姑娘也不必再回宫中，你就同你大哥生活在一起。如何？”

林兴玉又跪了下去：“奴婢叩谢皇上隆恩……”

康熙对林兴玉道："战事紧急，事不宜迟，你随明爱卿即刻上路。"康熙又转向明珠道："爱卿鞍马劳顿，还未及休息，又要赶赴前线，朕心中实在是有些不忍啊！"

明珠回道："皇上，待剿灭了叛贼吴三桂，微臣再回到皇上的身边好好地休息也不为迟……"

"说得好！"康熙重重地点了点头，"爱卿切记，一要仔细地保护好这位兴玉姑娘的安全，二要多找些叛军官兵的亲人在阵前喊话。攻城为次，攻心为上。爱卿可否明白？"

"微臣本不甚明白，但经皇上一点拨，微臣顿时就豁然开朗起来。"

"爱卿既然豁然开朗了，那岳州城就定然不保！"

岳州城里。林兴珠正带着一队兵丁巡逻，忽然，韩大任匆匆跑过来，压低声音对林兴珠道："大哥，小王爷叫你到城墙上去呢。"

"小王爷"当然就是吴世璠。林兴珠、韩大任还是按以前的喊法，称吴三桂为"王爷"，称吴世璠为"小王爷"。

林兴珠边走边问："兄弟，出什么事了？是不是清军又要攻城了？"

"清军弄了些百姓到城下喊话。小王爷很烦，让我来寻你去看看。"

"几个百姓在城下喊话，小王爷何烦之有？"

"那不是些普通的百姓。他们的亲人都在这个城里。"

"清军这一手，倒是一着狠棋！至少，比攻城要有效得多！"

林兴珠和韩大任，一前一后地登上了岳州城的北城墙。吴世璠一见，连忙过来招呼道："两位将军忙来看看，那清军攻城不下，便使用这下三滥的手段，弄些婆娘在这城下喊话，妄图蛊惑军心，真是可气可恼啊！"

林兴珠和韩大任向下一看，只见城下不远处，已聚集了上千百姓。这些百姓，大多是些妇女，有年老的，也有年轻的。甚至还有一些孩子。这些人一个劲儿地朝岳州城上喊着他们的儿子、丈夫或是父亲的名字。在这初春的早晨，那些呼喊声听起来，也确实十分地凄凉。

这时，吴世璠身边的一个士兵突然朝着城下大声呼喊道："妈妈，我在这儿！我在这里呀！"

原来，那名士兵从城下那上千名百姓中认出了自己的母亲，也真切地听到了母亲对自己的呼唤。

吴世璠逼视那名士兵，阴惨惨问道："你是不是很想去见你妈妈？"

"小王爷，我只是想告诉我的母亲，我还活着……"

"活着却不能去见你的母亲，岂不是很痛苦？小王爷帮你可好？"

林兴珠和韩大任万没料到的事情发生了。吴世璠手中的剑毫不拖泥带水地刺进了那名士兵的腹中。那士兵"啊"的一声惨叫，就颓然倒在城墙上。吴世璠似乎还未解气，亲自拖起那名士兵的尸体，从城墙上扔了下去，且口中还阴阳怪气地道："这下好了，他终于见到他的母亲了！"

林兴珠心一沉，不觉缓缓言道："小王爷，你这是不是太毒辣了？"

吴世璠"哈哈"一笑道："林大将军，你一生杀人无数，心地如何会这般仁慈？如果我不使出一些毒辣手段，这岳州城还能保得住吗？"又转向城墙上的那些叛军官兵们吼道："你们都看到了吧？谁要是动摇军心、不思守战，这就是下场！"

城墙上的那些叛军官兵，早已被吴世璠的凶残手段所震慑，一个个目瞪口呆、噤若寒蝉。

林兴珠微微地叹了一口气，对韩大任言道："兄弟，你在这里守着，我自去城中巡视。"

韩大任点点头。他与林兴珠并肩战斗多年，已养成了这么一个习惯：一切都听林兴珠的。

林兴珠正要走下城墙，猛听得城下有一个声音高亢而又清晰地喊道："林兴珠将军听着，你妹妹林兴玉有话对你说！"

"兴玉？"林兴珠大吃一惊，连忙收回已准备走下城墙的脚步，急急地朝着城外看去。韩大任和吴世璠也各自带着不同的表情向着城外看去。

清军"宁南靖寇大将军"明珠，领了一个少女，正一步步地向着城墙走来。明珠的胆子也真够大的，竟然领着那少女走到了距城墙近在咫尺的地方。这么一段距离，就是寻常的士兵，也能用弓箭射个正着。

明珠又大声喊道："林兴珠将军，你的妹妹就站在这里，你看见了吗？她有话对你说……"

那少女高高仰起头，冲着城墙方向喊道："大哥，我是兴玉啊！你在城上吗？如果你在，你就答应一声……"

林兴珠当然就在城上，但他一时间毫无反应，只定定地看着城下那名少女。韩大任低低地问林兴珠道："大哥，那小女子果然是你的妹妹吗？"

林兴珠还是没有说话。吴世璠见了，从一个士兵的手中拿过弓箭，大大咧咧地对林兴珠道："林大将军，别中了清军的圈套。他们在战场上打不过你，便耍了这套鬼把戏，随便弄来一个女子，冒充你的什么妹妹……"

见吴世璠已弯弓搭箭，林兴珠急急开口："小王爷，你这是何意？"

吴世璠回道："我见那女子让林大将军徒生烦恼，便想替大将军把那女子解决了。所谓眼不见、心不烦嘛。大将军以为如何？"

林兴珠却反问道："小王爷，如果那女子果真是在下的妹妹呢？"

吴世璠愕然道："林将军，你真的相信那女子的一番鬼话？据我所知，你妹妹在很小的时候便与你走散，如果她真的还在人世，为什么早不来、迟不来，偏偏在这个时候来与你相认？"

林兴珠有些冷冷地道："小王爷，不管那女子是不是在下的妹妹，但在下请求小王爷，在没有得到在下允许之前，小王爷不要擅自放箭！"

林兴珠明为“请求”，实为“命令”。只是碍于“小王爷”的面子，他不好直说而已。韩大任则在一边吆喝开了：“没有我的命令，谁也不许向下放箭！否则，韩某定斩不饶！”

不管韩大任口中的“谁”字，是否包括那个吴世璠，但吴世璠终究是放弃了向下射箭的打算，只手中还紧紧地握着弓与箭。

只听城下那少女又大声言道：“大哥，我知道你就在城墙上面。你为什么不回答？我是你的妹妹兴玉啊……”

林兴珠没有回答，韩大任却回答了。韩大任从城墙上直直地立起身体，冲着城下朗声言道：“城下那小女子听着，我叫韩大任，是林兴珠的好兄弟。你口口声声说你是林兴珠的妹妹，但你有何凭据？你口说无凭，我等焉能相信？”

城下那女子立即回道：“韩大哥，既然你是我大哥的好兄弟，那你就应该知道，我和我大哥是如何失散的……”

接着，林兴玉就呜呜咽咽却又十分清晰地诉说了她与林兴珠是如何走散的过程。末了，她又高声言道：“韩大哥，请你问问我大哥，他小妹身体上的某个部位，是否有一粒绿豆大的红痣……”

林兴珠和韩大任都有不少亲人失散在外。他们对彼此亲人的相貌和特征都十分地清楚。林兴玉口中的“身体上的某个部位”，即指的是左臂。她也曾对康熙皇上说过，她的左臂上有一粒红痣。她的这一特征，不仅林兴珠知道，韩大任也知道。

所以，听了一番林兴玉的话后，韩大任立即就蹲下身子，急促地冲着林兴珠言道：“大哥，兄弟以为，城下那小女子，八成就是你的妹妹。”

两颗晶莹的泪珠从林兴珠的眼睛里潸然流下。林兴珠抹了一下双眼，从城墙上挺直了身子：“小妹，大哥在这里听你说话呢……”

“大哥！”林兴玉又惊又喜地道，“大哥，小妹看见你了……”

林兴珠强压住内心的情感，不使自己在众目睽睽之下再次落泪：“小妹，你到这里来做甚？是不是清军逼你来劝说大哥的？”

林兴玉急道：“大哥，没有任何人逼迫小妹，是小妹自愿来的，是小妹向皇上请求到这里来见大哥的……”

“皇上？”林兴珠一怔，“小妹，你说的是大清皇上吗？”

“是的，是的！”林兴玉迫不及待地将事情的原委从头至尾详详细细地说了一遍，然后言道：“大哥，皇上对我们兄妹恩重如山，你为什么还要替吴三桂那个奸贼卖命？你为什么不主动地放下武器、停止抵抗，与小妹在一起过生活？”

林兴珠兀立在城墙上，一言不发。林兴玉又言道：“大哥，你为什么不说话？你跟着奸贼吴三桂走，可只有死路一条啊……”

说时迟、那时快，林兴玉的话还没有落音，就听“嗖”的一声，一支利箭从城墙上直向林兴玉射去。那箭射得又快又准，若射中林兴玉，林兴玉恐怕就要一命呜呼了。亏得明珠眼疾手快，长剑一拨，才救了她一命。

城上，林兴珠厉声喝问身边的众人："谁放的冷箭？"

还会有谁？除了吴世璠，谁也不会也不敢向下面施放冷箭。

吴世璠倒也没有抵赖："是我射的。我见她造谣惑众、居心叵测，实在忍不住才下了手。"

"你，"韩大任大刀一抡，似乎要对着吴世璠砍下去，"你险些射杀了林大哥的妹妹，竟然还敢在这里强词夺理……"

见韩大任要动武，林兴珠忙着使了个眼色："兄弟，算了，这事儿不宜过分计较。"

跟着，林兴珠重新转向城下，声如洪钟般地道："小妹，大哥军务在身，不能在此与你多谈。妹妹你听着，无论如何也要好好地活着。小妹，你要相信你大哥，相信大哥与你终有相聚的时候！"说完就转身离开了。

"大哥，你怎么走了呀？你为什么不走出城来与小妹相见？"

明珠却似乎看出了名堂。他低声对林兴玉道："姑娘，我们回去吧，如果明某所料不差，你大哥今夜就会出城来与你相见。"

清军这一招确实收到了应有的效果。短短数天内，至少有万余名叛军官兵偷偷地摸出了岳州城，或投降清军，或找着自己的亲人一起回家。

不过，给岳州城叛军致命一击的，还是林兴珠和韩大任的归顺清军。

在见到亲妹妹的那天中午，林兴珠破例喝了不少酒。说"破例"，不是说林兴珠平日不喝酒，而是说，自跟着吴三桂东征西讨以来，他还从未像那天中午那样一气喝了那么多的酒。当时，陪林兴珠喝酒的是韩大任。韩大任的酒量比林兴珠大，但那天中午喝下去的酒却远比林兴珠少。

林兴珠问韩大任："兄弟，你今日为何只喝这么一点酒？"

韩大任回道："心事满腹，喝不下去酒。"

林兴珠又问："兄弟又没见着自己的妹妹，何来满腹心事？"

韩大任言道："你是我大哥，你的妹妹也就是我的妹妹。我今日见了我的妹妹，当然会有满腹心事了。"

"是呀，是呀，见了自己的妹妹，如何不会有满腹心事？"

"既有满腹心事，那就要想办法消除。大哥，如果我等走出城去，与小妹妹见上一面，那满腹心事岂不就云消雾散了？"

林兴珠听了韩大任的话后没有什么反应。显然，他早有了类似的念头，只是不便明说。不过，他不便明说，韩大任却想把自己要说的话全都说出来："大哥，小妹说得对，跟着吴三桂走下去，只有死路一条。王辅臣等人早受了朝廷招安，耿精忠和尚之信也投降了官军，剩着我们这一路，还能支撑多久？一年？两年？可两年之后呢？我们又将何去何从？"

林兴珠还是没有反应。韩大任接着道："我知道，大哥对吴三桂有些割舍不下。其实，我又何尝不是如此呢？但是，大哥若能仔细地想一想便会发觉，自我们跟着吴三桂驻扎在云南之后，都干了哪些事情……"

林兴珠不用想也知道，自他们跟着吴三桂驻扎在云南之后，干的净是些“伤天害理”的事情。比如，去镇压那些不堪忍受压迫而起来反抗的苗民，去杀害那些手无寸铁的老人、孩子，还有……

韩大任重重地言道：“大哥，过去我一直都是听你的，你听吴三桂的吩咐，叫我去杀人，我没有拒绝过，叫我去放火，我也没有推辞过。但是，今日之事，我想自己拿一回主意……如果你始终犹豫不决，那兄弟我就一个人出城去见兴玉小妹！”

林兴珠长叹一声：“唉！那好吧，今日之事，就由兄弟做主。”

韩大任连忙问道：“大哥以为，我们什么时候出城比较合适？”

林兴珠苦笑一声：“既然决计要离开，那就定在今天晚上吧……”

夜晚终于来临了。林兴珠和韩大任并辔朝着岳州城北门走去。看他们悠然自得的模样，好像不是要去归顺清军，而是在遛马。

来到北城门，林兴珠冲着守城门的一个叛军军官道：“把城门打开，我和韩将军要出城。”

那军官略略有些迟疑：“林将军，小王爷早有吩咐，任何人都不许擅自出城……”

韩大任闻言，一抖横在胸前的大刀，逼视着那军官喝问道：“你是听小王爷的，还是听我们的？”

那军官慌了，连忙命令手下打开了城门。韩大任也没客气，纵马出城而去。林兴珠对那军官言道：“你去禀报小王爷，就说我与韩将军出城去了，而且，也不会再回来了……希望小王爷和王爷都能好自为之。”

林兴珠和韩大任趁夜色顺利地到达了清军营中，受到了索额图和明珠等人的热烈欢迎。林兴珠和林兴玉兄妹相见，一时百感交集，只顾抱头痛哭。韩大任在一边看了，也禁不住地唏嘘不已。

林兴珠和韩大任归降后，索额图和明珠等人并没有马上就对岳州城发起攻击，而是等了数天之后，待林兴珠和韩大任的心情都平静些了，索额图和明珠这才找着林、韩二人，向他们“讨教”攻打岳州城的计策。因为林、韩二人对岳州城的防务异常熟悉，由他们来制定攻城方略，定然会大大减少清军的损失。

林兴珠为了将功赎罪，主动要求去收降洞庭湖里的叛军水兵。林兴珠对索额图道：“只要控制了洞庭湖，岳州城就一片混乱！”

林兴珠如此，韩大任自然不甘落后。韩大任主动请缨去攻打岳州城北门。他对明珠言道：“只要攻下了北门，就等于攻下了岳州城，而只要攻下了岳州，长沙将不攻自破！”

索额图和明珠决定就依林兴珠和韩大任的请求行事。于是，在一个斜风细雨之夜，林兴珠乘一叶小舟，泛入浩淼的洞庭湖。至次日天明，洞庭湖上的叛军水师船只，都一律换上了清军旗号。岳州城内的叛军见了，一时大为惊恐，因为失去了洞庭湖，他们就失去了粮草供应的渠道。林兴珠还用水师大船装运了大批清军，停泊在岳州城边，威胁着岳州城的南部。

就在岳州城陷入一片慌乱的当口，索额图、明珠命韩大任领一支清军主攻岳州城北门。失去了林兴珠和韩大任的岳州城防务，已经形同虚设。只一天工夫，韩大任就领着清军攻入了岳州城。吴世璠见大势已去，不敢恋战，只得率十数万叛军开岳州城西门逃遁。早已埋伏于此的索额图和明珠，指挥着清军冲上去拦截砍杀。吴世璠见势不妙，也顾不上组织抵抗了，只领着一些亲兵亲将拼命向南突围。还算不错，吴世璠终于摆脱了清军的围追堵截，安全地逃到了长沙，而那十几万叛军，则被清军歼灭大半。从此，叛军再也无力阻挡清军前进的步伐了，而清军所剩下的任务，便是一点点地去收复被叛军占领的土地。

攻下岳州之后，清军作了短暂的休整。林兴珠和韩大任不想再留在军中，也不想去什么地方为官，只想与林兴玉一起，过一种平平淡淡的安静生活。因为康熙皇上曾对林兴玉有过承诺，所以索额图和明珠就满足了林兴珠和韩大任的这个愿望，给了他们大批金银财宝，让他们自寻生路去了。

短暂的休整结束后，索额图和明珠等人率数十万清军南下，直逼长沙。正如韩大任事先所言：只要攻克岳州，长沙定将不保。在大批清军还未到达长沙之前，吴世璠就早早地溜之乎也。吴世璠一走，长沙城就很快被清军攻下。拿下了长沙，清军就等于收复了湖南一半的土地。

吴世璠这次南逃的路程较远。他跑到了衡州城。而当时，吴三桂就住在衡州城里。

吴世璠向吴三桂诉说了林兴珠和韩大任忘恩负义变节投敌的事情，吴三桂淡淡一笑道："璠儿，王辅臣等人都可以背叛于我，林兴珠和韩大任为什么不可以这么做?"

吴世璠看出，吴三桂之所以如此说，乃是出于一种深深的无奈。因为此时的吴三桂，一眼看过去，早已是行将就木之人。他逗留在世上的时间，已经不会很多了。所谓："人之将死、其言也善"，吴三桂既已不久于人世，似乎也就不必计较太多的恩恩怨怨了。

然而，行将就木的吴三桂并没有打算放弃一切。至少，在他弥留之前，他要完成自己的那桩莫大的心愿。他问吴世璠道："你估计清军现在已到达何处?"

吴世璠回道："此时的清军大概已经逼近了长沙。"

吴三桂不觉点了点头："好，很好……长沙距衡州还有很远的路程，一切都还来得及，我还有的是时间……"

吴世璠一怔。吴三桂想干什么？但很快，吴世璠便明白过来。原来，吴三桂在衡州的这段时间里，几乎只忙于一件事情，那就是，他要亲自做一回皇帝。

去紫禁城做皇帝的梦想看来是永远也实现不了了。但无论如何，吴三桂也要满足自己做皇帝的莫大心愿。吴世璠从长沙逃到衡州之时，吴三桂的"登基"准备工作已经大体就绪。

于是，在公元1678年的春夏之交，吴三桂在湖南衡州“登基”称帝，国号“大周”，改元“昭武”，大封百官诸将，并立吴世璠为太子。

一般的史书上都说，吴三桂在衡州称帝，其主要目的是为了鼓舞日渐低落的叛军士气。而实际情况则是，“鼓舞日渐低落的叛军士气”固然不假，但更主要的，还是他想过一把做皇帝的瘾。即使过把瘾就死，他也心甘情愿。而若他没过上这把瘾便死去，他定将死不瞑目。

吴三桂于衡州称帝的消息，是在一个晚上传到紫禁城的。当得知吴三桂称帝的消息后，康熙轻轻道：“朕以为，吴三桂定然活不过今年。”

真龙天子的话居然如此灵验。是年秋天，在清军就要打到衡州的时候，吴三桂带着做了皇帝的美好回忆，死在了吴世璠的面前。

几乎就在吴三桂死于衡州的同时，紫禁城内也发生了一件不大不小的事情：孝恭仁皇后乌雅氏为康熙皇帝生下了四阿哥胤禛。

当然，康熙那时候无论如何也不会料到自己的这个皇四子胤禛后来会成为大清的皇帝。如果他能够料到这一点的话，那他晚年的生活就一定会比事实要轻松快乐得多。他当时，几乎就没怎么去多问四阿哥胤禛出生的事，他关心的是，吴三桂怎么会这么快地就突然死去？

康熙也感到了一种莫大的遗憾。如果吴三桂还没有死，如果索额图和明珠将吴三桂擒住并押到京城来，那该有多么美妙！

然而吴三桂毕竟是死了。康熙在感到遗憾的同时，给索额图和明珠等人下了一道谕令：只要有一点点可能，就把吴世璠活捉押到京城来。但是事实却是，索额图和明珠等人也没有能够活捉吴世璠。

吴三桂死了，吴世璠以“太子”身份继承了“大周皇帝”位，并改元“洪化”。这个时候，索额图和明珠率清军已逼近了衡州。吴世璠拼凑了一支十几万人的军队，准备在衡州城外挡住清军。但吴世璠同时也知道，在这兵败如山倒的境况下想挡住清军几乎是不可能的事。所以，他一面调兵遣将准备与清军在衡州城外决战，一面又暗中抽调人手准备向西逃跑的事宜。

衡州城外大战，也许是清军和吴三桂叛军之间所进行的最后一次大规模的会战。这次会战，共进行了十天十夜。十天十夜之后，吴三桂叛军全线溃退，而清军则乘胜占据了衡州。不过，吴世璠却带着他的“文武百官”向西逃跑了，而且，一直向西逃回了昆明。

至1679年底，清军收复了湖南全境，并占据了贵州大部领土。到1680年底，清军又收复了贵州全部土地，并分数路攻入云南。换句话说，康熙平定三藩之乱的战争，已经接近尾声。

1681年初的云南，到处是一片混乱状况。饱受吴三桂、吴世璠欺凌压榨的各族百姓，眼见吴世璠的末日已经来到，纷纷起来反抗。完全可以这么说，即使清军不攻入昆明，那些愤怒至极的各族百姓也会毫不犹豫地将吴世璠所盘踞的昆明踏为平地。

盘踞在昆明的吴世璠早已成了惊弓之鸟。一有风吹草动，他便以为是清军打来了。不过，在清军真正攻入云南之前，他的生活还是满有滋味的。

吴世璠平生最大的心愿，便是能与吴三桂那心爱的女人方圆圆睡上一觉。然而吴三桂活着的时候，他吴世璠的这桩平生夙愿是不可能实现的。甭说跟方圆圆睡上一觉了，就是平日想多看方圆圆几眼也不是一件容易的事。

但自 1678 年的秋天以后，情况就大为改观了。虽然衡州城外大战，吴世璠的十几万人马输得一败涂地，但在这之前，吴三桂却已经死去。也就是说，吴世璠虽然输掉了衡州之战，但却赢得了他渴慕已久的方圆圆。

吴世璠从衡州逃到昆明后所做的第一件事情，便是将平西王府内原属于吴三桂的那成百上千的女人统统收归己有。他封方圆圆为大周国"皇后"。其他的女人，他统统封为"皇妃"。也就是说，他吴世璠不仅继承了吴三桂的"大周皇帝"之位，同时还巨细无遗地继承了吴三桂所有的女人。这么一种"继承"，当可以算得上是"完全"又"彻底"了。

吴世璠回到昆明后所做的第二件事情——实际上是与"第一件事情"同时进行的——就是将自己的"寝宫"安在了"圆居"内。

方圆圆终于出现在了吴世璠的面前。吴世璠直觉得，这方圆圆是越来越美貌、越来越勾魂了。只不过，方圆圆还不习惯什么"皇上"、"皇后"的事情。故而，她见了吴世璠之后，只是一边施礼一边轻轻地言道："小王爷回来了……"

吴世璠颇有些不悦："皇后，你适才唤朕什么？"

听得"皇后"二字，方圆圆才若有所悟地道："皇上驾到……"

既然是见了皇上，似乎就应该下跪。所以，方圆圆一边说话一边就做出了预备下跪的姿式。而吴世璠听见"皇上"二字后，龙心早已大悦，一把扶住她的双臂言道："皇后不必行此大礼。朕为皇上，你为皇后，地位是平等的。既然地位平等，你当然就不必对朕行跪拜之礼了。"

有谁知，吴世璠这么一扶她的双臂，自己的身体就情不自禁地颤抖了一下。是呀，多少个日日夜夜了，吴世璠一直在想象着能用自己的双手去触摸方圆圆的身体，而此刻，他的这一想象瞬间就变成了现实。

从此，吴世璠就在"圆居"内与方圆圆日日云雨、夜夜欢娱。如果撇开日益恶化的军事形势不说，吴世璠在那段日子里，倒也过得逍遥自在、无忧无虑。仅此一点而论，吴世璠在那段岁月里，似乎比大清国的康熙皇帝过得还要快活、还要潇洒。

然而，这种好景毕竟不会长久。当清军的脚步声在云南边境响起时，吴世璠自觉不自觉地就感到了恐慌。在这种恐慌心理的支配下，吴世璠已无心再去抵抗清军，而是只专心去做两件事情：终日地淫乐，随意地杀人。

在那短短几个月的时间里，也不知道有多少良家女子遭到了吴世璠的淫辱，更不知道有多少无辜的百姓遭到了吴世璠的屠杀。他已不是什么“大周皇帝”了，他完全变成了一头凶残的野兽。

清军分数路攻入云南境内时，吴世璠感到自己的末日就要来临了。云南各族百姓奋起反抗，到处袭杀叛军。吓得吴世璠再也不敢轻易走出平西王府半步，甚至，他都不敢轻易地走出“圆居”。这个时候的吴世璠，已活脱脱地是一只惊弓之鸟，就是在与方圆圆互拥着熟睡之时，吴世璠也常常会被噩梦惊醒。

当得知清军已将昆明城团团围住，吴世璠凄惨地对方圆圆道：“皇后，朕与你要一起去见老皇上了……”

就在清军攻入昆明的前一天，吴世璠自杀而死。同吴世璠死在一起的，是方圆圆。

尽管，康熙并没有能够活捉吴三桂，也没有能够活捉吴世璠，但是，绵延达八年之久的“三藩之乱”，终究是被他彻底地平息了。当索额图、明珠等人凯旋回京时，他亲往宫外迎接，并设盛宴为索额图、明珠等人接风洗尘。

凡在平叛战争中的有功之人，都受到了康熙皇帝的加封。比如明珠，平叛战争时已是兵部尚书，康熙又加封他为弘文院大学士。比如索额图，被康熙擢升为吏部尚书，也加封为弘文院大学士。这样一来，年纪轻轻的索额图和明珠，从康熙的近臣，一跃成为大清朝廷的权臣了。

康熙高兴地对索额图和明珠道：“现在，朕可以着手去解决台湾问题了！”

第二十一章
刘国轩激反刘国辕 郑克塽逼死郑克壀

客厅的大门早已被关上，门内旁边，站着七八条壮汉，手中亮着明晃晃的刀剑。郑克壀望着刘氏兄弟问道：“你们，想告诉我什么重要的事情？”刘国轩面无表情地回道：“我们想告诉你，我们现在要杀掉你！”

台湾是我国东南海上的一大岛屿，隔海与福建相望，自古以来就是中国的领土。但是，从公元1604年起，殖民主义者荷兰，便多次对台湾、澎湖进行侵略，均被我国军民击退。一六二四年，荷兰殖民者侵入台湾。1642年，荷兰殖民者将西班牙殖民者从台湾北部的基隆、淡水赶走，完全控制了台湾。

郑成功是明朝把抗清斗争坚持到最后的一个人。至1661年，清朝在北方已经形成统一的局面。西南地区以李定国为首的大西军抗清斗争，也转入低潮。以厦门为抗清基地的郑成功，为暂避清军的攻击，决定从荷兰殖民者手中收复台湾，作为积蓄力量、继续抗清的大本营。正是这一决定，使得郑成功永载中国史册。

1661年4月21日，郑成功率军队两万五千人，从金门岛的料罗湾出发，于第二天抵达澎湖岛，又于4月29日到达台湾鹿耳门，开始了长达十个月的收复台湾的战斗。

在收复台湾的战斗中，郑成功率部先是用木船击溃了荷兰殖民者的战舰，然后又用弓箭和大刀这些原始武器向盘踞在台湾岛上的拥有大量火枪火炮的荷兰侵略军发动了全面的进攻。这充分表现了中国人民维护国家主权领土完整的坚定不移的立场，显示了中国人民反抗外国侵略的不屈不挠的英雄气概。

在台湾人民的支持和配合下，郑成功率部经过几个月的艰苦卓绝的战斗，把台湾岛上的荷兰侵略军包围在了赤嵌城和台湾城中。

郑成功率部首先包围了赤嵌城。赤嵌城内的荷兰侵略军慑于中国军队的强大威势，被迫投降。郑成功又随即率部包围了荷兰殖民者在台湾的统治首府台湾城。台湾城内的侵略军仗着工事坚固和火力凶猛，决定垂死顽抗。而郑成功则采取围而不打的策略，意欲使侵略军不战自溃。

至1662年1月，龟缩在台湾城内的荷兰侵略军依然不愿意投降。郑成功决定发起总攻。经过二十多天的激战，台湾城内的侵略军，除去战死的和饿死的，还有战斗力的士兵只剩下六百名。在走投无路的情况下，荷兰殖民军头子揆一写信给郑成功，愿意交出台湾。郑成功接受了揆一的投降。荷兰殖民者于1662年2月1日在投降书上签了字。荷兰侵略者对我国台湾长达三十八年的殖民统治从此宣告结束。美丽的宝岛台湾又回到了祖国的怀抱。

郑成功赶走荷兰殖民者、收复台湾，其主要目的，是想以台湾为根据地，继续他“反清复明”的伟大事业。然而，他壮志未酬身先死。公元1662年6月23日，即郑成功收复台湾之后四个月零二十二天，郑成功因病去世，年仅三十八岁。

郑成功死后，其子郑经继承了他在台湾的统治地位。郑经当时还很年轻，但也算得上是一个比较聪明的人。虽然他仍奉早已经覆灭的南明朝廷为正统，政治上也仍以“反清复明”为旗帜，但他同时也清楚地看到，仅凭他郑氏在台湾的实力，想推翻大清国、恢复大明朝比登天还难。所以，郑经继位后，主要精力放在了加强对台湾岛的控制上。他这样做的目的，是想把台湾永远都置于他郑氏的统治之下。换句话说，郑经是想在台湾建立他郑氏的小朝廷，把台湾岛变成一个“国中之国”。

当时的台湾岛，还算不上十分富庶。甚至用“穷乡僻壤”来形容当时的台湾，也不算过分。人丁比较稀少，土地也不够肥沃，同大陆相比，台湾的经济水平显然处于落后状态。故而，为扩大生存空间，加强台湾的实力，郑经便经常派兵船到福建沿海一带骚扰、掳掠。由于当时的清朝政府还无暇顾及福建沿海一带的军事防御，加上郑经又与靖南王耿精忠明来暗往，所以其军事行动便屡获成功。虽然由于各自目的的需要，郑经与耿精忠之间，也间或有些摩擦乃至冲突。不过，从总起来看，在“三藩之乱”暴发前，郑经与耿精忠之间，联合还是多于摩擦的。

郑经在统治台湾期间，地位基本上还算是比较稳固的。由于在大陆掳掠了不少财物和兵丁人口，台湾的军事势力得到了大大加强，特别是海上军事力量。就当时的情形而言，台湾的水师，是整个中国海军中力量最强大的。郑经的兵船上，不仅配备有大炮，还配有从荷兰殖民者手中缴获的火枪。而当时的清军，不仅大炮很少、很原始，而且几乎没有火枪，只有一些用来打鸟的火铳，射程很近，杀伤力也不能与火枪相比。

不过，在郑成功死后的第二年，郑经在台湾岛上的统治地位受到了叔父郑袭的威胁，他的身家性命都差点被葬送掉。

郑袭是郑成功的弟弟，跟着郑成功东征西战，也算是立下了赫赫战功，尤其是在收复台湾的战斗中，他身先士卒、一马当先，博得了郑成功的高度赞扬。所以，收复台湾之后，郑成功便把军事大权交给了郑袭。

但郑袭没有想到的是，收复台湾仅过了四个多月，郑成功便撒手西去。郑袭更没有想到的是，郑成功一死，其部将冯锡范、刘国轩和刘国辕等人就一致拥立郑经继位。郑经是郑成功的儿子，子承父位似乎是天经地义的事，郑袭也不便公开反对。但是，郑袭私下里却以为，台湾的统治权应该由他郑袭来掌握。这样一来，郑袭和郑经之间就产生了很大的矛盾，且这种矛盾还是很难调和的。

郑经继位后的几个月时间内，他与郑袭之间的这种矛盾还不算很明显。郑经是台湾的统治者，郑袭则依然掌握着台湾的兵权。但几个月之后，郑经与郑袭之间的矛盾便逐渐明朗化。因为，郑经感到，兵权掌握在郑袭手中，自己办起事来明显地有诸多不便，所以就想着要把兵权从郑袭的手中要回来。而大将冯锡范、刘国轩和刘国辕兄弟等人，对郑袭大权独揽早就心存不满，因而竭力支持郑经从郑袭手中夺回兵权。郑经要夺回兵权，郑袭自然不让，这样一来，双方的矛盾就不仅日趋明朗，而且日趋尖锐了。

那一日，郑经在台湾府城内为自己的小儿子郑克塽过生日，场面极其铺张和豪华。大将冯锡范、刘国轩和刘国辕兄弟，还有郑经的大儿子郑克𡒉等人都在台湾府城内饮酒狂欢。酒酣耳热之际，郑经猛然发觉，那前来为郑克塽祝贺生日的郑袭突然不见了踪影。郑经预感到情况有些不对头，便赶紧派冯锡范去打探郑袭的行踪，并命刘国轩和刘国辕兄弟加强台湾府城内的戒备，以防不测。

果然，郑经的预感应验了。冯锡范带给郑经一个极其可怕的消息：郑袭已领兵一万多将台湾府城团团围住。

郑袭情知，如果自己一直与郑经矛盾下去，那最终的失败者很有可能是他郑袭。所以，他就决定先下手为强。

闻听台湾府城被围，郑经大为震惊。他急将冯锡范、刘国轩和刘国辕等人召到一起，商量对策。冯锡范很是气愤地道："郑袭太过狠毒，竟然要将我等一网打尽！"

刘国辕有些胆战心惊地道："郑袭手下有一万多人，看来这次我们是在劫难逃了……"

刘国轩对刘国辕的恐慌颇有些不快："兄弟，有什么好害怕的？兵来将挡，水来土屯。他郑袭想杀我们，我们是那么好杀的吗？"

冯锡范也道："大不了，我们跟他拼个鱼死网破！"

当时，台湾府城内，尚驻有郑经的三千亲兵。刘国辕哆哆嗦嗦地问道："冯将军，就我们这三千人，能拼得过郑袭的一万人马？"

冯锡范不满地瞥了他一眼："拼不过也得拼，总不能束手就擒吧？"

郑经缓缓开口："我们不能同郑袭硬拼，我们要想办法出去。"

冯锡范问道："郑袭已将我们团团围住，我们如何能从此脱身？即使侥幸脱身，又能跑到哪儿去？"

郑经言道："郑袭虽有一万多人，但兵力较分散，如果我们集中所有人手，趁着夜色，从一个方向打出去，是应该不难冲出包围的。问题是，我们冲出去之后，该向哪儿去……"

刘国轩言道："如果我们真的能够冲出去，那就不愁没有去处……"

郑经恍然大悟道："我们暂去澎湖一避。"

刘国轩点头："留得青山在，不愁没柴烧。只要去得了澎湖，他郑袭就鞭长莫及了。"

郑袭虽掌握着台湾的兵权，但澎湖列岛却是由刘国轩、刘国辕兄弟防守，岛上配置着很多火炮火枪。郑袭想攻占澎湖，殊是不易。更何况，台湾水师中的兵船，至少有一大半掌握在刘氏兄弟手中。

郑经问刘国轩道："现在可有船只去得澎湖？"

刘国轩回道："有。我今日从澎湖来，带了几只兵船。郑袭也不知道那几只兵船停在什么地方。"

"好！"郑经最后道，"我们先想办法突围，然后去澎湖。"

郑袭把台湾府城团团围住之后，却并没有急于攻打的原因是，他担心天太黑，稍有不慎，就会让郑经等人跑掉。他只想把郑经等人围住，待天明时再发动进攻。所以，他一边督促手下加强戒备，一边派人给郑经送去了一封信。信的大致内容是，只要郑经主动交出台湾府城、主动交出统治台湾的权力，他郑袭就可以给郑经等人一条生路。

郑经接到郑袭的来信后，决定将计就计。他给郑袭回了一封信，大致意思是，为避免无谓的牺牲，他愿意交出手中的权力，请郑袭在南边闪开一条道路，好让他领着两个儿子撤出台湾府城。

郑袭接信后真的在南边让开了一条道路。只不过，如果郑经真的率人从南边撤出的话，那就将遭到毁灭性的攻击。因为，郑袭在故意让开的道路两边，至少埋伏了有五千人马。他郑袭才不会让郑经安全地离开呢。

当然，郑经也不是傻瓜，他根本不会从南边"撤出"。他给郑袭写了那么一封信，只不过是要迷惑对方。因此，他一边做着准备从南边撤出的假象，一边悄悄地将大部分亲兵都集中在了台湾府城的西路。

双方约定的时间到了。半夜时分，数百名郑经的亲兵簇拥着十几辆马车，缓缓地出了台湾府城的南门，径向郑袭的埋伏圈走来。郑袭见状暗自得意：郑经，你的死期到了。

那数百名郑经的亲兵和十几辆马车越走越近，已经走到郑袭的埋伏圈当中了。郑袭一声令下，数千人马迅速地扑了上去。数千人袭击数百人当然十分轻松。半个时辰不到，那数百郑经的亲兵就乖乖地停止了抵抗。郑袭正踌躇满志呢，却忽听手下报告：那十几辆马车中空空如也，既没有郑经父子，也没有冯锡范和刘氏兄弟。郑袭情知大事不妙，正自诧异呢，又忽听手下报告，说郑经率人已从台湾府城的西门冲了出去。郑袭大呼"上当"，急忙调集兵马向西边扑去。

郑经的这招"调虎离山之计"也算不得高明。他本也没想着郑袭会真的上当受骗。不过，郑袭既然真的上当受骗了，那他郑经自然就不会客气。所以，当郑袭把注意力集中在了台湾府城的南路时，郑经就带着自己的两个儿子郑克壂、郑克塽，并和大将冯锡范、刘氏兄弟，领两千多亲兵，从台湾府城的西路杀了出去。

防范台湾府城西路的郑袭的手下，约有两千人左右。本来，这两千人要想挡住郑经等人的去路，也不是没有可能，但问题是，郑袭的那两千手下防线拉得较长，而郑经的两千多亲兵却是集中在一点上向外突围，并且，郑经及其手下的目的只是冲出包围，并不想恋战，所以，在茫茫夜色掩护下，郑经率众向西一冲，就很快地冲破了郑袭手下的围堵，跑到不知哪里去了。待郑袭带着大队人马赶到，郑袭所看到的，只是沉沉的黑夜。郑袭非常恼怒，也非常沮丧。

郑经率众经过两天的跋涉，终于到达了台湾的西海岸。因为走得匆忙，又要竭力避开郑袭的追捕，所以减员就相当严重。好不容易抵达西海岸时，郑经的身边，只有几百个亲兵了。好在郑经的两个儿子，还有冯锡范及刘氏兄弟，都安然无恙。

郑经不敢在台湾岛上久留。在刘国轩的引导下，郑经率数百疲惫亲兵，慌慌忙忙地登上几艘兵船，仓皇地离开了台湾岛。

经过几天的海上漂泊，郑经一行人终于安全到达澎湖。这里，有刘国轩和刘国镶兄弟的二百多艘兵船及数千官兵。郑袭即使穷兵追来，恐也不会讨到什么好处。所以，郑经到达澎湖之后，就算是有了一个立足之地。

然而，有一个比较安全的立足之地，对郑经来说，是远远不够的。同大陆相比，台湾是弹丸之地，而澎湖就连弹丸之地也称不上了。郑经心里清楚，以澎湖区区数千之众，想从郑袭手中重新夺回台湾，真是谈何容易。最终，郑经想出了一个好办法。他对冯锡范和刘氏兄弟道："仅凭我们自己的力量，是不可能将台湾从郑袭手中夺回来的。所以，我决定，到大陆去，向耿精忠借兵。"

耿精忠的为人，郑经是比较清楚的。耿精忠在生活上有两大"爱好"，一是"爱财"，一是"好色"。只要"尽力"地去满足耿精忠的这两大"爱好"，就有可能借到兵。

郑经命刘国轩、刘国镶兄弟，率数十艘兵船及千余士兵，专门打劫从台湾海峡南来北往的商船以积累财物。命冯锡范率数十艘兵船及千余士兵，专门去大陆沿海渔村掳掠年轻貌美的女子。

两个月后，当郑经亲率十数艘满载金银美女的兵船抵达福州东海岸的时候，耿精忠很是惊讶。不过很快他就眉开眼笑了，表示他已被郑经的这番诚意深深打动。郑经刚一说出来意，耿精忠便立即同意借兵。只是在借兵的数额上，双方发生了一点小小的分歧。郑经为一举成功计，打算向耿精忠借兵两万五千人。这几乎占了当时耿精忠所拥有的兵力的半数，所以耿精忠就以种种借口，只答应借给郑经一万五千人。郑经虽然很失望，却也不便同耿精忠闹僵，只好接受下来。耿精忠预祝郑经旗开得胜、马到成功。郑经则向耿精忠保证，一俟夺回台湾，便将耿精忠的人马悉数返还。

借得了援兵之后，郑经并没有急着就去攻打台湾。他深知，如果这一次不能把台湾从叔叔郑袭的手中夺回来，那以后恐怕就再也没有机会了。所以，郑经大约又花了近两个月的时间，一方面对所借的一万五千援兵进行严格的训练，另一方面，把澎湖列岛上凡是能够打仗的男人都组织了起来。这样，到郑经率众向台湾岛开去的时候，已经有了一支两万多人的军队了。

那是秋季的一天，台湾海峡的海面上，风平浪静。郑经率着两百多艘兵船和一百多艘劫来的商船、渔船，满载着两万多人的军队，离开澎湖，径向台湾岛驶去。郑经在离开澎湖前对冯锡范和刘氏兄弟言道："这一次无论成功与否，我郑经都将不再离开台湾！"

郑经的船队是在一天的夜里开到台湾岛西南方的海面上的。为摸清台湾府城周围的情况，郑经先派刘国轩领着一支小分队乘小船前往岛上侦察。半夜时分，刘国轩回来报告：郑袭的一百多艘兵船都停泊在海边，而台湾府城内外，共聚集着郑袭一万五千多人马，这也差不多是他的全部家当了。

虽然郑经在人数上绝对占优，但他还是很慎重地决定兵分两路，一路是刘国轩和刘国辕兄弟，率二百多艘兵船于次日凌晨向停泊在岸边的郑袭的兵船发动突然袭击，力争在最短的时间内，将郑袭的水师彻底打垮，另一路是他自己和冯锡范，各率商船或渔船数十艘并一万人马，从台湾府城的南北海岸登陆，对台湾府城进行夹击，与郑袭在台湾府城周围进行决战。

次日凌晨，天公作美，海面上升腾起一层浓浓的大雾。大雾浓到什么程度？刘国轩、刘国辕率二百多艘兵船几乎都要碰到郑袭停泊在岸边的兵船了，郑袭的水师却几乎一无所知。待天明时候，大雾又突然散去。刘国轩、刘国辕一声令下，两百多艘兵船上的大炮一齐向郑袭的一百多艘兵船上打去。霎时，炮声隆隆、震天动地，火光冲天、硝烟弥漫。工夫不大，台湾府城西南方的海面上，便又升腾起了一层比先前大雾还要浓的烟雾。

由于刘国轩、刘国辕采取的是突然袭击的方法，加上他们的兵船在数量上要比郑袭的兵船多一倍，所以，他们兵船上的大炮开始轰鸣的时候，郑袭的水师不仅被打得措手不及，晕头转向，而且即使想组织还击恐也是力不从心。双方的兵船近在咫尺，刘国轩、刘国辕的炮弹砸得郑袭的水师根本就没有什么还手的余地。

还算不错，郑袭的水师在惊慌失措和焦头烂额中，还知道派人去向郑袭报告。郑袭一听，便立即断定是郑经前来骚扰。他之所以认定郑经只是前来"骚扰"，是因为他根本就不知道郑经向耿精忠借兵一事。他始终以为，凭郑经的力量，是不可能对他郑袭构成什么威胁的。不过，他也明白，郑经的兵船比他郑袭的水师要强大许多。所以，闻听水师遭到袭击，郑袭便立即从台湾府城周围抽调数千人马并十几门大炮，赶往海边支援水师。这样一来，就为郑经和冯锡范南北夹击台湾府城提供了很大的便利。

就在刘国轩、刘国辕向郑袭水师发动猛烈攻击的同时，郑经和冯锡范各率万余名士兵悄悄地在南北两岸的一处地方登了陆，并按计划对台湾府城进行夹击。因为郑袭已经抽调了好几千人赶到岸边去支援水师，所以郑经和冯锡范的南北夹击就十分顺利。只打了两场不大不小的仗，郑经和冯锡范的人马就在台湾府城的东边会师了。

当时，台湾府城内，尚有郑袭的数千人马把守着。郑袭正带着数千手下在海岸上支援自己日渐不支的水师。郑经对冯锡范言道："如果我们能在郑袭撤回来之前把台湾府城攻下，最后消灭郑袭就非常容易了！"

冯锡范回答郑经道："你率军从这里攻城，我带一些人绕到西边去，堵住郑袭撤回来的道路。"

郑经想了想，同意了冯锡范的建议，不过又补充吩咐道："如果在我攻城的时候，城内的敌人弃城西逃，你也不必硬行拦阻，且放他们过去与郑袭会合。"

冯锡范明白，郑经是想与郑袭在海边进行一次面对面的总决战。故而，他郑重地点了点头，领五千人马，别了郑经，向台湾府城的西边开去。

郑经是在一天的傍晚开始攻城的。他亲率一万多人连着猛攻了三天，终于在第三天的傍晚攻入了台湾府城。城内的守军见势不妙，果如郑经所料，以夜色为掩护，弃城向西逃去。而此时，郑袭闻听台湾府城有变，急忙从西海岸撤军，想回师增援。冯锡范奉命并未加以认真拦截，这两股敌军很轻松地会合到了一起。

郑袭摆开了决战的架势，郑经也摆开了决战的架势。叔侄俩在台湾城与海岸之间，展开了一场殊死搏杀。先是郑经率部向郑袭猛冲猛打，郑袭顶住了。后是郑袭率部对郑经猛打猛冲，郑经也顶住了。双方在这不算十分开阔的地带里，厮杀了数天数夜，兀自不分胜负。郑经没能向前挺进一步，郑袭也顽强地坚守防线，决不向后退却半步。

看起来，郑经与郑袭在过去的几天几夜里，打成了平手。但实际上，郑袭还是略略有些吃亏。他军队的人数本来就少，激战几天之后，伤亡很大，这使他在排兵布阵方面就未免有捉襟见肘之感。更主要的，郑经占据了台湾府城，军队的粮草供应十分充足，而他郑袭则不然，一边要打仗一边还要想方设法地去筹措粮草，这样，他就不能以全力去迎战郑经。不过，纵是如此，郑经要想在短时间内击溃郑袭，也是一件非常困难的事。

就在这当口，那刘国轩、刘国辕兄弟，为郑经取得这场战争的胜利，起到了一个关键的作用。或者说，如果郑经战胜郑袭是一种必然的话，那刘国轩和刘国辕二人就把这种必然大大地提前了。

在郑经和郑袭激烈交战的时候，刘国轩和刘国辕已经基本上解决了海上的战斗。郑袭的一百多艘兵船，大部被击沉、击毁，除少数几艘仓皇逃遁外，其余十多艘兵船及五百多名官兵全部投降了刘氏兄弟。不过，刘氏兄弟的损失也不小，还能正常作战的兵船也不过一百多艘，且士兵也只剩下千余人，好在兵船上还剩有不少炮弹，至少还可以打一场小规模的海战。

闻听郑经和郑袭的战斗处于一种胶着状态，刘国轩的心里十分焦急。他对刘国辕道："兄弟，如果我们能够从背后捅郑袭一下，那对取得这场战斗的胜利将大有帮助。”

接着，刘国轩就向刘国辕说出了自己心中的那个“冒险”计划：将一千余名手下全部派去袭击郑袭的后方大本营，然后且战且退，把郑袭的兵马引到海边来，再叫俘虏的那五百名士兵用兵船上的大炮去轰击郑袭，这样一来，郑袭的阵脚必将大乱，郑经再趁此发动猛攻，便可很快结束战斗了。

刘国轩这个计划的“冒险”之处就在于，要用俘虏的士兵去炮轰郑袭。刘国轩不由得惊诧道：“大哥，你是不是……发疯了?”

刘国轩言道：“该发疯的时候就得发疯！兄弟，我且问你，你是愿意留在兵船上还是愿意去袭击郑袭?”

去袭击郑袭固然很危险，但留在兵船上同那些俘虏呆在一起似乎就更危险。至少，去袭击郑袭，即使失败，还有逃生的可能，而若是同俘虏呆在一起，俘虏反将起来，那就只能是死路一条了。所以，听了刘国轩的问话后，刘国辕结结巴巴地回道：“大哥，兄弟愿意率兵去袭击郑袭……”

刘国轩点了点头道：“那好，你去攻打郑袭，我留在兵船上。”

在攻打郑袭之前，刘国轩特地派人去联络郑经，只要郑袭后方一乱，郑经就率众对郑袭发动强攻。刘国轩联络郑经的一个重要原因是，他怕刘国辕胆小，不敢对郑袭的后方大本营全力进攻。这样，只要刘国辕进攻了，郑经再在前方一压，郑袭的人马就只能往海边撤。

刘国轩又重重地嘱咐刘国辕道：“兄弟，你摸到郑袭的后方时，只顾攻打，不要顾及损伤如何。打得差不多了，你就带队往海边撤，我会在这里支援你！”

刘国辕心里话：大哥，我还不知道能不能撤回来呢……但刘国辕嘴里说的却是：“大哥放心，在这关键时刻，兄弟我也不会装孬！”

似乎该着刘国辕要立下功劳，他率千余士兵登岸之后，走了约半天工夫，恰遇一支三百多人的队伍赶去增援郑袭。刘国辕一声令下，手下奋勇向前，很快就将那三百多人的队伍打得落花流水。初战告捷，刘国辕的信心和胆气陡增。在看到郑袭的后方大本营时，他也不管三七二十一了，领着军队就扑了上去。他这一扑还就扑对了。郑袭的后方大本营只有数百兵众，经刘国辕拼命地一扑，一下子就溃不成军了。刘国辕打得兴起，驱使着手下一直向前冲，冲得郑袭不得不从前方抽调军队来迎击刘国辕。虽然刘国辕见大批敌人援军来到，早吓得掉头就跑，但却为郑经的向前推进创造了有利条件。郑经见郑袭的防线全线松动，便和冯锡范一起，率军向郑袭发动了全线进攻。尽管郑袭一时还没有全线溃败，却也只能且战且退，一步步地退向海边。

刘国辕惊慌失措地逃到海边时，身旁只剩下百余人。其他的手下，并非全部战死了，而是逃跑的速度不够快，被刘国辕落下了。刘国辕不敢在海边久留，带着百余手下匆匆地上了一艘兵船去和刘国轩会合。直到看见刘国轩并看见那些俘虏根本没有暴动的迹象时，刘国辕才松了一口气。因为，海边已没有可以乘人的船只了，郑袭本事再大，也追不到他刘国辕了。只不过，被刘国辕落下的那些官兵，就没有刘国辕那么幸运了。

那些官兵大约还有五百多人。这五百多人逃跑的速度其实也并不太慢。刘国辕是在上午逃到海边的，这五百多人在中午的时候也跑到了海边。只是，他们已经无船可乘了。虽然刘国轩很想派兵船去接他们，可是他不能，也不敢，因为郑袭的人马已经迫近了海边。如果让他们抢了兵船，那就麻烦了。刘国轩不敢冒这样的风险，特别是在胜利在望的时刻。

郑袭的人马的确追得很快。虽然后方大本营遭袭令他大为震惊，但他却还比较冷静。他急调近两千人对刘国辕的人马进行追击。他的想法是，先尽快消灭刘国辕，然后再集中兵力去对付郑经。所以他在前方且战且退，在后方，却对刘国辕的人马紧追不舍。他以为只要尽快地消灭了刘国辕，就还有可能顶住郑经的进攻。而只要顶住了郑经的进攻，他就有时间等待援兵的到来。只要援兵一到，他郑袭就可以转守为攻、转败为胜了。

郑袭的想法不能说没有道理。如果他散布在各地的军队真能及时赶到这里，那他郑袭也就真有希望扭转战局。然而，郑袭没有想到的是，他这么且战且退、一点点地接近了海边，恰恰中了那刘国轩的计谋。刘国轩苦苦等待的，就是郑袭的人马来到海边。

被刘国辕抛下的那五百多官兵来到海边之后，见逃生无望，索性回转身来，与追上来的郑袭的军队展开了一场殊死搏杀。郑袭的追兵有两千之众，那五百多人显然不是对手，但那五百多人却在海边表现出了一种视死如归的精神。他们虽然被敌人分割、包围，危在旦夕，但却没有一个人退缩、投降。直看得兵船上的刘国轩双眼发直、血脉贲张。刘国轩重重地对刘国辕道："兄弟，传我的命令：各炮手瞄准海边，准备开炮！"

刘国辕大惊声色："大哥，那里还有我们的人哪……"

刘国轩面无表情地反问道："我们的人还能够活下来吗？"

刘国辕多少有些愧意："他们……显然是活不成了……"

刘国轩大眼一瞪："既如此，你还不快去传我的命令？"

刘国辕慌忙道："兄弟这就去准备……"

大概有一百来门大炮一起瞄准了海边。虽然那时的大炮射程并不很远，但从船上打到岸边，却也绰绰有余。刘国轩一声令下："瞄准，开炮！"

顿时，百炮齐发。炮弹无情地在海岸边那些正在厮杀的人群中开了花。一时间，炮声隆隆，血肉横飞。谁也顾不得再拼杀了，只顾着各自逃命。郑袭抽调来追赶刘国辕的那两千人，被刘国轩的炮弹炸得血肉横飞、非死即伤，侥幸还活着的，只恨爹妈少给了两条腿，也不知道跑到哪里去了。

更严重的问题还在后面。郑袭因为抽调了两千人来对付刘国辕，所以前方就再也抵挡不住郑经和冯锡范的进攻了，只能一边竭力抵挡着一边往海边撤退。他实指望自己的那两千人马在消灭了刘国辕的兵马之后，再马上回过头来投入战斗，可是，等他撤到了海边，才发觉事情不妙：自己的那两千人马除了在海边留下累累尸首外，已不见踪影，而刘国轩的一百多门大炮却在虎视眈眈地等待着他。

在刘国轩凶猛的炮击下，郑袭的数千人马一下子就乱了套。郑袭喊破了嗓子，也没有人再听他的命令。万般无奈之下，郑袭也只能以保全自己的性命为重。然而，在他就要找个地方躲避的当口，一发炮弹就像长了眼睛，不偏不斜地飞到他的耳边，轰然炸开。郑袭只感觉到眼前一亮，还没来得及听见炮弹爆炸的声音，他的身体就被炮弹炸得四分五裂。

郑袭死了。郑经重新控制了台湾。因为冯锡范和刘氏兄弟功劳卓著，所以郑经就让冯锡范掌管台湾岛上的步军，而澎湖列岛上的驻军及全部水师，则由刘国轩、刘国辕统率。

从此以后，郑经在台湾岛上的统治地位十分巩固。而台湾的军事力量也在郑经执政时期达到了顶峰。他曾拥有步军六七万、兵船五百多艘。福建沿海地区，无论是清军管辖的地方，还是耿精忠管辖的地方，他郑经的兵船是想去就去，想干什么就干什么。

不过，在公元1677年，郑经的军事力量遭到了一次沉重的打击。郑经暗中勾结祖宏勋，企图对福州的耿精忠东西夹击，然后与祖宏勋共同瓜分福建。那一次，郑经志在必得，几乎派出了包括冯锡范、刘氏兄弟在内的所有人马及所有兵船。然而，事有凑巧，正赶上施琅奉康熙之命横扫东线叛军。施琅在巧妙解决了祖宏勋和耿精忠之后，与郑经的人马在福州城东海岸展开了一场异常激烈的拼杀。尽管郑经的人马有兵船上的炮火掩护、支援，但那场战斗的结局却是，郑经的人马被狼狈地赶下了海。那场战斗，郑经共损失了步军、水师两万多人，伤者就更多（包括在这之前与耿精忠交战的伤亡在内）。自此，郑经的军事力量开始一步步地走下坡路。

公元1681年（康熙二十年），亦即康熙皇帝平定了"三藩之乱"的那一年，台湾的统治者郑经死去。他这一死不大要紧，台湾的政治局面立刻就陷入一片混乱。

郑经死，他的长子郑克塽理所当然地继位。郑克塽以前给人的印象是既不显山也不露水。然而，当他登上了台湾最高权力宝座之后，所作所为却大大出人意料。他权力欲大为加强，脾气也暴躁起来。他不仅不给他的弟弟郑克塽一点点权力，而且还大大地削弱了冯锡范和刘氏兄弟手中的兵权，甚至，他训起冯锡范和刘氏兄弟来，简直就像是一个大人在教训自己的孩子。这使得冯锡范和刘氏兄弟极为不快，也极为不满。

冯锡范曾对刘氏兄弟言道："想我等皆为立下大功之人，现在竟然落到如此下贱地步，心中实在不忍……"

刘国轩不觉长叹道："一朝君子一朝臣，此所谓也……"

刘国辕忿忿不平地嚷道："再这样下去，我就要起兵造反了！"

闻听"造反"二字，冯锡范和刘国轩不禁互视了一眼。刘国轩意味深长地问刘国辕道："兄弟，你果真敢起来造反吗？"

刘国辕双目一瞪："哥，出生入死我都不怕，难道我还怕起来造反吗？更何况，不起来造反，这样活着还有什么意思？"

冯锡范直直地看着刘国辕道："兄弟，你说得不错，勇气更可嘉，可是，就算我们想起来造反，恐怕也没有足够的力量啊！"

冯锡范说的是实情。郑克𡒉当政后，已经把他们手中的兵权收缴得差不多了。冯锡范也好，刘氏兄弟也罢，手中已经没有什么兵马可调了。就是澎湖列岛上的驻军指挥权，也被郑克𡒉握在了自己手中。

刘国轩却慢慢悠悠地言道："造反不一定非得使用军事手段……"说得冯锡范一怔。刘国辕也若有所悟。紧接着，三颗脑袋就死死凑在了一起。

在冯锡范和刘氏兄弟这次谈话后没有几天，郑克塽的府中突然来了三位不速之客。这三位不速之客，一个是冯锡范，另两位便是刘氏兄弟。

如果把郑克𡒉和郑克塽放到一起比较，便不难发现，二者有很大的不同。前者办事较有魄力，而后者遇事却没什么主见。前者一心想做一个名副其实的独裁者，而后者却满心期望着能过上花天酒地的生活。冯锡范和刘氏兄弟就是抓住了郑克塽的这一特点而主动找上门的。

当冯锡范和刘氏兄弟含蓄而又清晰地说明了来意之后，郑克塽大为震恐地言道："这……如何使得？他……毕竟是我的兄长，我如何能做出这等大逆不道的事来？"

冯锡范"嘿嘿"一笑道："他是你的兄长，固然不错，可他又是如何对待你这个兄弟的呢？他既待你不仁，你又何必以义字待他？"

刘国轩紧跟着言道："如果他真的还把你当兄弟看待，那他就不会把你冷冷地丢在一边、不闻不问！"

刘国辕说得十分直接、干脆："他不把你当兄弟，你就不应该把他当兄长。你和他既然已不再是什么兄弟关系，那你什么事情都可以去做！"

经冯锡范、刘氏兄弟这么一说，郑克塽似乎也就动了心。他望了望冯锡范，又看了看刘氏兄弟："你们所说，还真的有道理……"

冯锡范不失时机地言道："事成后，整个台湾不就是你的了吗？"

刘国辕接道："整个台湾都是你的了，你还不想干什么就干什么？"

刘国轩趁热打铁道："当断不断，反受其乱。一失足成千古恨啊！"

郑克塽慢慢地低下了头，稍顷，他又慢慢地抬起了头。他十分清楚地对冯锡范和刘氏兄弟言道："你们说得在理。就按照你们刚才说的办！"

冯锡范和刘氏兄弟闻言，都不觉松了一口气。因为，如果没有郑克塽的配合，他们的计划就很难实现。

郑克𡒉执政以后，不仅大大削弱了冯锡范及刘氏兄弟的兵权，而且也日渐对他们疏远。冯锡范及刘氏兄弟连平日想见上郑克𡒉一面，也殊是不易，因为郑克𡒉根本就不愿理睬他们。可是见不着郑克𡒉的面，冯锡范和刘氏兄弟的

"计划"就没有实现的可能。

有一天傍晚，郑克塽正在自己的宫中与几个亲信一起喝酒谈笑，忽然有人禀报，说是郑克塽在家中发现一封郑经的遗书，请郑克塽去一趟。

郑克塽不由得就疑从心来：郑经死前，只口头嘱咐我继位，郑克塽又从何处发现了什么遗书？

郑克塽不相信郑克塽会发现郑经的什么遗书，但也许是酒喝多了的缘故吧，郑克塽最后还是决定亲自去郑克塽家中走一趟。所谓"不怕一万就怕万一"，万一郑克塽真的发现了什么遗书，而遗书上的内容再与继位一事有关，那岂不是要惹出些麻烦来？

郑克塽去往郑克塽家的时候，除了带上几个亲信外，还带了一队百多人的卫兵。这些卫兵不仅个个勇猛无比，且还执有数十杆火枪。在当时，火枪的威力是巨大的。郑克塽去兄弟家之所以会如此兴师动众，当然还是为了预防"万一"。

郑克塽当时虽然没有什么权力，但在台湾城内的住宅还是十分宽敞的。不说别的，光住宅外的一个偌大的院落，就会引得行人情不自禁地驻足观看。郑克塽趁着夜色来到郑克塽住处的院落前之后，命令那一百多个卫兵在院落外警戒，并指示：如有擅自闯入院落者，一律格杀勿论。然后，郑克塽就带着几个亲信，大摇大摆地走进了郑克塽的住宅。

郑克塽命人在院落外警戒无疑是正确的，因为如果有"万一"事情发生，他的那些卫兵可以提前制止。但是，郑克塽却忽视了一个重要的问题，或者说，他犯了一个致命的错误，那就是，他只注意了院外可能会有"万一"事情发生，而忽视了院内的某种可能性。换句话说，如果郑克塽的住宅内发生了什么"万一"之事，那他郑克塽恐怕就难以应付了。也许，在郑克塽的眼里，他的兄弟郑克塽只是一条小小的泥鳅。既是一条小泥鳅，当然就不会翻起什么大浪来。

郑克塽在黑暗中迎上来，然后毕恭毕敬地将郑克塽及几个亲信迎进了一间灯火通明的大客厅。还没等屁股落座，郑克塽就冷冷地冲着郑克塽言道："快把父亲的什么遗书交给我！"

对郑克塽这种盛气凌人又咄咄逼人的架势，郑克塽心中很是不快活。他也不冷不热地回了一句道："我根本就没发现什么父亲的遗书。"

郑克塽闻言，勃然大怒。他用手一指郑克塽，气咻咻地呵问道："你既然没有发现父亲的遗书，又为何诓我至此？"

若是平日，见郑克塽如此动怒，郑克塽是定然要害怕的，但今日，面对着郑克塽大怒的模样，郑克塽似乎并不怎么害怕。他只是不自觉地咽了一口唾沫，然后不高不低地回答郑克塽道："不是我想叫你来的，是另外有人想叫你来……"

郑克塽一怔，不由得警惕起来。他一边用眼色示意那几个亲信做好戒备，一边瞪着郑克塽问道："谁？是谁想叫我到这里来？"

"是我！"一个男人不知从何处冒了出来。他是冯锡范。冯锡范的身后跟着几个亲兵，亲兵的手中，都亮着寒光闪闪的刀剑。

冯锡范道："平日想见你一面太困难，只能用这种方法了！"

见着冯锡范，郑克塽就知道事情不妙。他一边悄悄地向后退，一边问冯锡范道："你，为何要在这里与我见面？"

郑克塽的意思很明显，不想在客厅里与冯锡范等人纠缠，而只想能够退到客厅外面去，只要到了客厅之外，再设法将那百多个卫兵召过来，他郑克塽就不怕什么冯锡范了。

郑克塽的想法是对的，但却没有实现的可能。因为，他的问话刚一落音，便从他的背后——客厅的大门附近，响起一声冷冰冰的回答道："我们在这里与你见面，是想告诉你一件重要的事情。"

郑克塽不用回头也听得出来，刚才那冷冰冰的声音，是出自刘国轩之口。他赶紧回头一看，果然，客厅的大门早已被关上，门内旁边，站着两个人，一个正是刘国轩，另一个则是刘国辕，而刘国轩和刘国辕的旁边，还站着七八条壮汉，壮汉的手中，同样亮着明晃晃的刀剑。

郑克塽望着冯锡范，然后又望着刘氏兄弟问道："你们，想告诉我什么重要的事情？"

刘国轩面无表情地回道："我们想告诉你，我们现在要杀掉你！"

郑克塽闻言，身体本能地一震。好不容易地，他的脸上才挤出一丝十分艰难的笑容："冯将军，两位刘将军，有话好好说，千万不要冲动……只要你们能放我一马，你们的任何要求和条件，我都答应……"

冯锡范朝着郑克塽逼进了一步："早知今日，又何必当初？郑克塽，你说这话不是太迟了吗？"

刘国轩慢慢悠悠地言道："郑克塽，你什么要求我们都能答应，但就是不能答应放你一马！"

刘国辕急道："大哥，还啰嗦什么？快点动手吧！"

刘国轩点了点头，冲着冯锡范言道："冯将军，动手吧，所谓夜长梦多……"

冯锡范自然不会反对。不过，冯锡范在动手前，似乎想征求一下郑克塽的意见。只是，郑克塽早已不知去向。也许，对郑克塽而言，亲眼目睹其胞兄被杀死的场面有些不忍心。正如一首古诗所云："煮豆燃豆萁，豆在釜中泣。本是同根生，相煎何太急？"

郑克塽与郑克塽是兄弟，但冯锡范、刘氏兄弟与郑克塽却并非"兄弟"，所以也就不存在什么"太急"不"太急"的问题。冯锡范一指郑克塽等人，冲着自己的几个手下吼道："你们此时还不动手，更待何时？"

刘国轩也招呼身边的那几条壮汉言道："只顾砍杀，不顾其他！"

十几个手执兵刃、圆睁怒目的男人，一起朝着郑克臧等人扑了过去。郑克臧和几个亲信虽然都奋起反抗，甚至一边反抗一边还大呼小叫，但终究改变不了必死的结局，一个个都被冯锡范和刘氏兄弟的手下杀死。

由于走错了一步路而身死人手，对郑克臧而言，究竟是咎由自取还是纯属意外？

没有人去考虑这个问题。冯锡范和刘氏兄弟当时考虑的，是尽快地处理好“善后”事宜。所以，刚一杀死了郑克臧，他们便急急地将郑克塽找了出来。

郑克塽看见郑克臧那血肉模糊的尸体，似乎有些不敢相信自己的眼睛。他看看冯锡范，又看看刘氏兄弟，然后仿佛自言自语地道：“他……就这样死了？”

刘国轅亮开大嗓门回答：“就这样死了！台湾就是你的天下了！”

郑克塽高兴起来：“不错，不错，他死了，台湾就是我的天下了！”

第二十二章
恃水师横行弹丸地 秉忠心双掣生死签

施琅见姚启圣无精打采的模样，心中不忍。他轻轻言道："姚大人不要灰心。待施某出征澎湖，葬身鱼腹之后，你便有机会去收取台湾了！"姚启圣连忙言道："待钦差大人收取台湾之后，姚某定与大人不醉不休！"

就这么着，在冯锡范和刘氏兄弟的帮助下，郑克塽也当上了台湾的统治者。至少，在名义上，郑克塽确是台湾的统治者。

之所以要用"名义上"一词来形容，乃是因为，郑克塽虽然是当时台湾的最高统治者，但实际上，军政大权却掌握在冯锡范和刘氏兄弟的手中。台湾岛上的兵权归冯锡范拥有，澎湖列岛上的驻军指挥权及所有水师，由刘氏兄弟掌握。并且，一切政事，除非冯锡范和刘氏兄弟都同意了，否则，郑克塽便不能擅自发号施令。如此看来，郑克塽虽然取郑克壆而代之了，但充其量，也只能算是一个傀儡。好在郑克塽于政治上并无多大野心，他图的就是能够过上随心所欲的花天酒地的生活。故而，无论是郑克塽还是冯锡范及刘氏兄弟，在郑克壆死后，似乎都过得很是春风得意。因为，他们好像都得到了他们想要需要得到的东西。

然而，人的欲望总是无穷无尽的。"得陇望蜀"的心理，似乎每个人都有。表面上看起来，台湾的军政大权被冯锡范和刘氏兄弟瓜分了，似乎很是公平，但在这貌似"公平"的背后，却隐藏着一种深重的危机。这深重的危机便是，冯锡范也好，刘氏兄弟也罢，都在私下里情不自禁地这样想着：如果我在台湾，说一就是一，说二就是二，那该有多好，该有多美妙！可是，从"说一不二"的角度来看，冯锡范和刘氏兄弟恰恰是彼此最大的障碍。

俗话说得好：先下手为强，后下手遭殃。在冯锡范和刘氏兄弟之间的这场明争暗斗中，刘氏兄弟比冯锡范先走了一步。孤掌难鸣的冯锡范终于没能斗得过狼狈为奸的刘氏兄弟，含恨西游去了。处死了冯锡范之后，刘国轩连夜赶到了台湾府城，见到了郑克塽。刘国轩也没有绕弯子，他直接了当地对郑克塽道："冯锡范阴谋篡你的权，适才已经被我处决了！"

郑克塽高兴地喊起来："刘将军干得好。冯锡范死有余辜！"

在刘国轩的授意下，郑克塽连夜向台湾各地发布了一条告示：叛逆冯锡范，图谋不轨，已被依律处斩。今后，凡台湾大小军政事务，一律由刘国轩、刘国辕两位将军全权处置，谁有异心，冯犯锡范便是下场。

刘国轩让刘国辕镇守澎湖，自己则坐镇台湾府城内“全权处置”台湾军政事务。就这样，刘国轩、刘国辕兄弟便完全地控制了台湾岛。至于郑克塽，二刘说得好：“只管享福就是了！”

尽管刘国轩叫郑克塽“尽情地享受”生活，但郑克塽心中的那种惊恐和不安，不仅没有消除，反而更加严重了。因为，他好像是在无意中听到这么一条可靠的消息：大清国康熙皇帝已经决定收复台湾。

听到这一消息后，郑克塽慌慌张张找到了刘国轩：“刘大将军，你可曾听说，大清康熙皇帝要收复台湾的事情？”

刘国轩不痛不痒地言道：“此事刘某早已听说，但不知与你何干？”

“与我何干？刘大将军，康熙既然已决定收复台湾，那大清的军队就会很快地开过来。大清的军队都要开来了，此事怎能与我无关？”

刘国轩冷哼一声问道：“你说，大清国的军队怎么开到这台湾来？”

“当然是坐船来啰！大清国那么大，难道会没有船只？”

“难道我强大的水师，会眼睁睁地看着大清国的船队开到台湾来？”

郑克塽低低地言道：“刘大将军，可千万不要低估了那个大清皇帝啊！吴三桂那么多的兵马，还不是被他打败了吗？只一个小小的台湾岛，恐怕实难与大清皇帝相抗衡啊！”

刘国轩不满地乜了一眼郑克塽：“你休得长他人志气、灭自己威风！只要清军敢来，我刘某定叫他有来无回！”

郑克塽赶紧苦笑了一下：“刘大将军破敌雄心诚然可嘉，但我以为，要想确保台湾安全，似乎应该想想别的什么法子……”

刘国轩瞪着郑克塽问道：“莫非，你已经有了什么高见不成？”

“哪里哪里！”郑克塽急忙言道，“大将军面前，我能有什么高见？”

刘国轩异常自负地叫嚷道：“不日我将亲率兵船去福建沿海走一遭。我要让大清皇帝看一看，我刘某的水师是何等的强大！”

郑克塽陪着笑脸恭维了几句就匆匆离开了。刘国轩不知道，郑克塽的心中还真的有了一个“高见”，那就是，给大清康熙皇帝写封信。

郑克塽当真悄悄地写了一封信给大清康熙皇帝。信的内容大致可以分为三个部分：第一部分，郑克塽详详细细地描述了当年郑成功是如何从荷兰殖民者手中收复台湾的。第二部分，郑克塽明明白白地向康熙皇帝表示，他愿意对大清国“称臣入贡”。在第三部分里，郑克塽含蓄地希望大清康熙皇帝能让台湾和他郑克塽本人保留着一种“独立”的地位。

紫禁城乾清宫里的康熙阅罢郑克塽的来信后，不禁拊掌大笑道：“郑克塽看来也算得上是一个聪明之人。他先叙郑成功收复台湾之功以感染朕，再向朝廷表白其心之忠以打动朕，最后，他便在其功其忠的基础上与朕讨价还价。哈哈，郑克塽的文笔还真是很流畅呢!”

听了康熙的笑语后，赵昌又禁不住地言道：“皇上，奴才以为，郑克塽想在台湾搞一个小独立王国呢……”

“赵昌，莫非朕看不懂这封信，需要你来解释说明?”

赵昌“啪”的一声打了自己一个耳光，口中言道：“奴才该死，奴才该死，奴才如何又多嘴了……”

见赵昌那么一副乖巧的模样，康熙又有些忍俊不禁：“赵昌，别在那儿演戏了。快去通知六部各尚书，马上到朕这儿来商议要事。”

与六部大臣的议事并不复杂，康熙既然早就有意解决台湾问题，大臣们自然不会不知道，只是在派谁挂帅的问题上有一些小小的争论，不过当大家得知康熙皇帝心中早有合适人选之后，也就不再多说什么了。这个合适人选就是康熙接下来在乾清宫召见的施琅。令康熙略略有些惊讶的是，施琅在叩首完毕后，竟然率先言道：“皇上，如果微臣没有猜错的话，皇上此刻召见微臣，定是要派微臣去收复台湾……”

康熙有些愕然言道：“爱卿，莫非你有未卜先知之能?”

施琅忙道：“回皇上的话，皇上曾对微臣说过，待平定了三藩之乱后，就派微臣去收复台湾!”

康熙笑对施琅言道：“爱卿果然好记性！朕今日正为此事。不知爱卿对收复台湾有何高见?”

施琅回道：“在皇上面前，微臣岂敢谈论什么高见？不过，微臣一直密切注意着台湾方面的动向。微臣以为，现在收复台湾，正是时候。”

接下来，施琅便洋洋洒洒说了一大篇话，把台湾目前的局势详细分析得头头是道，听得康熙大加赞赏：“施爱卿，你确是收复台湾的最佳人选。你对台湾的政局和军事，简直如数家珍，了若指掌。放眼满朝文武，还有谁比你施爱卿更了解台湾、更关心台湾?”

施琅赶紧道：“皇上这么说，微臣实在愧不敢当……”

康熙“哈哈”一笑道：“爱卿不必愧不敢当。爱卿就作为朕的钦差去福建。你到了福建之后，不要急着就去攻打台湾，得先把有关情况摸清楚了再行事。还有，朕有耳闻，说福建总督喇哈达等人对收复台湾一事并不主动积极。若果然如此，你当速速如实向朕禀报，朕自会作出相应处置。收复台湾，不可能也没有必要举全国之兵，主要靠的就是福建。如果福建各级官吏不能够精诚团结，齐心合力，那必将一事无成。爱卿明白朕的意思吗?”

施琅响亮地回答：“微臣明白!”

施琅迈着铿锵有力的脚步走了。看着施琅坚毅的背影，康熙满意地笑了。他相信施琅一定不辱使命。

当康熙接到施琅的密报，说福建总督喇哈达等人果然无心攻取台湾的时候，索额图又禀报了一个令康熙非常头疼的消息：侵入大清东北的罗刹士兵，已经在黑龙江流域建立了许多据点（城镇），其中以雅克萨城为最大。

康熙沉吟道："看来，罗刹国是想把朕的东北占为己有啊……"

索额图言道："既如此，我们就派兵把罗刹人彻底赶出东北！"

康熙点了点头："爱卿放心，朕决不会让罗刹国的阴谋得逞！本来，朕是想先去处理台湾的，可现在看来，东北之事也刻不容缓。不然，待罗刹在东北站稳了脚跟，再驱赶他们恐怕就不太容易了。"

索额图忙问道："是不是现在就派些军队去东北？"

康熙缓缓地摇了摇头："爱卿不要性急，朕现在急着要处理的，是福建那些官员的事情。这个事情处理不好，收复台湾就不会顺利。待朕处理好了福建之事后，朕就要专心去对付罗刹了！"

索额图问道："那微臣现在该做些什么？"

康熙言道："你只需密切注意东北的形势便可，切不可轻举妄动。东北地形复杂，罗刹兵的火枪火炮又异常厉害。不去同他们开仗便罢，一经交火，就必须取胜！"

索额图回道："皇上旨意，微臣明白！"

康熙像是冲着索额图，又像是自言自语地道："朕的领土，台湾也好，东北也罢，都决不许别人染指！"

索额图看见，康熙炯炯有神的目光里，充满了必胜的信念。

施琅奉旨以钦差大臣的身份到达福建后，首先去拜会了福建总督喇哈达。按理，施琅是康熙皇帝的钦差，不必亲往总督府，但施琅深知，自己终究是个汉人，而汉人在许多满人的眼里，是根本没有什么地位可言的，如果不主动去拜会喇哈达，以后的事情恐怕就不好办。

两人一见面，施琅就开门见山说道："此番皇上派施某来，是想请总督大人与施某一起彻底解决台湾的问题。"

"彻底解决？"喇哈达不自觉地撇了撇嘴，"真是谈何容易哦！如果能够彻底解决，老夫又何至于此？"

施琅刚要说些什么，喇哈达抢先言道："此事当从长计议。钦差大人一路辛苦，老夫当略尽绵力为钦差大人接风洗尘。"

施琅一想，解决台湾问题确也不是一天两天就可以完成的，康熙皇帝曾吩咐过，得先把有关情况弄清楚了再行事。这"有关情况"，就包括福建大小官员对收复台湾的决心和态度。这么一想，施琅对喇哈达的"接风洗尘"一说也就没有提出什么异议。施琅想的是，喇哈达既要为自己"接风洗尘"，那福建有地位、有身份的官僚肯定就都要到场，自己正好可以利用这一机会好好地观察一下他们。

当天晚上，酒过三巡、菜过五味之后，施琅慢慢悠悠地说开了："施某受圣上钦派，与总督大人和各位共商收取台湾之事。不知各位大人对此有何高见?”

此言一出，气氛马上变样。原先笑语连天的大厅一下子沉寂下来。

施琅颇感意外。他轻轻地言道：“各位大人……怎么都不说话了?”

喇哈达说话了。他是福建总督，他不说话，似乎其他的人就都不敢说话。喇哈达是这样说的：“皇上圣明！台湾乃大清的土地，于情于理都应将其收复。然而海洋深远、郑匪善战，以福建之力，断然难取台湾。请钦差大人给皇上呈个奏折，多派军队和兵船到福建来。不然，仓促冒险去收取台湾，只能是损兵折将，无功而返。”

施琅“哦”了一声道：“原来总督大人果然是如此想法……”

“果然”一意，是因为施琅在离京前，康熙皇帝曾向他提起过这个喇哈达。施琅的话音未落，从喇哈达的身边站起一个人来。施琅已经认识了，这站起来的人是福建水师提督万正色。

只听万正色言道：“钦差大人，下官以为，总督大人的话颇有见地，更无比正确。下官掌管福建水师，曾与郑匪的兵船交过几次手，无不惨败而归。既如此，若贸然出兵台湾，其后果将不堪设想啊!”

施琅不动声色地言道：“万提督万大人是和总督大人一样的想法……但不知其他各位大人还有什么高见?”

喇哈达开了头，万正色又接了茬，其他的大小官员便纷纷地发表了自己的高见。可“高见”来“高见”去，都和喇哈达与万正色大同小异。

施琅听罢很是失望。福建大小官员都是如此，还怎么去收复台湾？莫非，真要如喇哈达所言，从别的地方调来大批军队和兵船？依靠福建一省的力量，就真的不能够收复台湾？若是，皇上派我施琅到福建来还有何意义？

施琅心中虽很失望，但面上表情却也从容。甚至，他的脸上还浮现出一缕若有若无的笑容。他就带着这种若有若无的笑容面向着众人言道：“各位大人的看法既然如此惊人的一致，那本钦差定将如实向皇上禀告……”

蓦地，一个敦敦实实的男人突然从酒桌旁站起：“钦差大人……”

施琅定睛一看，那敦敦实实的男人不是别人，乃是福建按察使姚启圣。施琅记起来了，就是这个姚启圣，一直默默地坐在酒桌旁，好像什么话也未曾说过。

一直不说话的人突然开了口，肯定会说出一番非比寻常的话来。所以施琅就赶紧言道：“姚大人有什么话，请直说。”

姚启圣什么人也没看，只看着施琅，目光诚挚而热烈：“钦差大人，下官以为，台湾郑匪虽然盘踞在海洋深远之处，且水师也的确剽悍善战，但是，依仗福建一省军力，理应可以收取台湾!”

施琅闻言，心中为之一震。在纷纷攘攘认为台湾断不可取的杂声中，突然有了这么一种认为台湾理应可取的清音，实在是非常的异样，又非常的突出和鲜明。

但施琅没有喜形于色。他竭力用一种很是平淡的语调问姚启圣道："臬台大人认为台湾理应可取，能否扼要地说说理由？"

姚启圣言道："回钦差大人的话。福建一省，虽然军力并不十分强大，但也有陆军数万、水师万余、大小战船数百艘。与台湾郑匪相比，福建军力显然要占优势，以优势之军，击劣势之旅，只要运筹帷幄，正确决策，断无不可取胜之理……下官恳请钦差大人细心斟酌。"

施琅微微地点了点头："嗯……姚大人的话，施某自会细心斟酌。"又转向喇哈达，"但不知总督大人对姚大人的意见有何看法？"

喇哈达"哈哈"一笑道："在福建，姚大人总是会有一些别出心裁的念头，还望钦差大人不要在意为是啊！"

施琅也"哈哈"笑道："总督大人，施某如何会在意？但不知，姚大人适才所言，称福建有陆军数万、水师万余、大小战船数百艘，是否属实？"

喇哈达言道："姚大人所言，倒也不虚。只因台湾郑匪常来此处骚扰，福建的军力自然就比别省稍稍强大一些。"

施琅接着言道："福建一省既然有如此强大的兵力，那适才姚大人所言台湾理应可取，就确有几分见地。不知总督大人以为如何啊？"

喇哈达还没有开口，那水师提督万正色就抢先问道："莫非钦差大人也以为台湾可以收取？"

施琅平静地回答："不仅施某这样认为，当今圣上也是这么认为。这就是皇上派施某来此的原因。"

万正色还要说什么，喇哈达打断了他："万提督，你能不能少说几句？钦差大人远道奔波，一路风尘，你总该让他好好地吃上一顿饭，好好地休息一夜吧？再紧急、再重要的事情，明日再谈，料也不迟！"

万正色连忙言道："是、是，总督大人言之有理……"

不过施琅却听出来了，喇哈达的话虽然看起来是说给万正色听的，但实际上却是说给他施琅听的。是呀，喇哈达好心好意地摆了这么一场丰盛的宴席来为你施琅接风洗尘，你施琅如何能将这场原本热闹非凡的酒宴弄得如此尴尬？再说了，收取台湾的问题，一个晚上的工夫，无论如何也是解决不了的。既如此，又何必让他喇哈达心中不快，又何必扫了众人的酒兴？

这么想着，施琅就端起酒杯，面带笑容地冲着众人言道："来，各位大人，就依总督大人所说，我们开怀畅饮，饮他个不醉不归！"

施琅这么一说，众人便纷纷举起了酒杯，气氛渐渐又活跃起来。不过，施琅的心里，却始终念叨着一个人的名字，那个名字就是姚启圣。

尽管施琅竭力控制饮酒，但当酒席散时，他的头还是有些晕眩。喇哈达殷勤地邀施琅就在总督府内与他同住，施琅以"不便打搅"为由委婉地拒绝了。万正色又殷勤地要找两个女人为施琅侍寝，并介绍说福建海边的女人与京城里的女人相比别有一番风味。施琅几乎是俯在万正色的耳边言道："提督大人，施某一路奔波，现又头晕目眩，哪还有什么精力与女人搞那种勾当？”万正色见施琅言之凿凿，也就作罢，与施琅道别后，便奔赴海边他的水师大营而去。据姚启圣介绍，近日来，台湾郑匪兵船常在福州沿海一带出没，万正色不敢大意，几乎夜夜都宿在海边。施琅暗想：不管万正色对收取台湾持什么态度，却也是个恪尽职守的人。也正因为施琅有了这么一种“暗想”，那万正色后来才算是勉勉强强地保住了头上的乌纱帽。

见施琅坚持要到别处去住，喇哈达也就不再挽留。他只是这样对姚启圣言道：“姚大人，看来你与钦差大人似乎有不少的共同语言，那就由你陪同钦差大人去城中选一个幽静的住处。如何？”

姚启圣巴不得有这么一个接近施琅的好机会，所以便立即回道：“下官谨从总督大人之命！”

而施琅也正想与姚启圣好好地谈上一谈。故而，施琅与姚启圣带着几个随从走出总督府的时候，心中都挺高兴。不过，一路上，两人也没谈什么正事，只是有心无心地聊了一些家常。直到选好了施琅的住处，房间里只剩下施琅与姚启圣二人时，两人的谈话才转到了收取台湾的事情上。

施琅言道：“姚大人坚决主张收取台湾，这与皇上的旨意非常吻合。不过，施某离京前，皇上曾对施某说过，说台湾郑匪的兵船甚是厉害，切不可轻视，适才总督大人与万提督也多次提及此事……姚大人，如果现在真的要去收复台湾，对付郑匪的兵船，你可有什么好办法？”

姚启圣几乎是不加思索地言道：“郑匪的兵船确实很厉害，船上的火炮威力巨大，但据下官所知，郑匪的兵船大都停泊在澎湖列岛……”

施琅情不自禁地接道：“只要派出一支精干的水师，采取偷袭的战术，先攻下澎湖列岛，消灭郑匪的兵船，那台湾将不攻自破……”

姚启圣言道：“下官正是此意。郑匪的水师虽然很强大，但陆军却几无战斗力。只要攻下了澎湖，那就等于攻下了台湾。澎湖虽不易攻打，但终究是一块弹丸之地，只要部署得当、不怕牺牲，攻下澎湖，当不是难事！”

“太好了！”施琅差点就握住了姚启圣的手，“姚大人，你的想法与施某的想法真是不谋而合啊！”

然而姚启圣的神情却并非那么高兴。施琅自然知道这是为何。他轻轻地问姚启圣道：“你是不是在担心，总督大人未必会同意你我的看法？”

“不是未必，”姚启圣多少有些愤愤然，“是肯定不会！”

施琅仿佛自言自语地道：“这早就在皇上的意料之中。施某先前，也已明确地看出了这一点。实际上，他们都是被郑匪的兵船吓破了胆。郑匪的兵船再厉害，也有它致命的弱点……”

“钦差大人所言极是。然而，得不到总督大人的首肯，下官与大人的这些想法似乎也只能是枉然。”

“不坚决支持去收复台湾的，就没有资格在这儿当总督……”

姚启圣心中一震："下官实不明白大人所言何意……"

施琅"哦"了一声道："姚大人不要性急。待明日，施某再与总督大人好好地谈谈。施某以为，总督大人应该会改变他的看法的。"

姚启圣不无担忧地道："但愿钦差大人能尽快地改变总督大人的看法……"

两人又说了一会儿话。见夜已深沉，姚启圣便起身告辞。施琅也没挽留，把姚启圣送出房间后，就和衣倒在了床上。

一觉醒来，四天大亮。还不是施琅自己醒来的，是有人将他唤醒的。唤醒他的人正是那个姚启圣。

施琅睁开睡眼，见姚启圣站在床边，很是不好意思。他一边躬身起床一边言道："施某过于贪睡了……"忽见姚启圣的神情十分紧张，便忙问道："姚大人，是不是发生了什么事?"

"郑匪兵船突然袭击水师大营，万提督正与郑匪兵船交战。"

"总督大人可知此事?"

"总督大人已去往海边。他命下官来此唤钦差大人一同前往。"

"该死!"施琅一翻身下了床，"我怎会如此贪睡?"

施琅和姚启圣，领十数随从，快马加鞭，直向福州城外驰去。刚驰出福州城，施琅似乎就听见了从大海上传来的隆隆炮声。

福州城距海边并不很远。施琅曾在这里与郑经的兵马打过一场异常惨烈的仗。待施琅和姚启圣等人来到海边，翻身下马之后，那先行来此的喇哈达便迎了上来。不知为何，喇哈达在迎上来的时候，身躯竟然有些颤抖，且颤抖着言道："钦差大人，郑匪兵船实在霸道……"

今日凌晨，万正色的水师大营还在睡梦中，郑匪的数十艘兵船突然开来，并对着万正色停泊在海边的兵船狂轰滥炸。几乎是在顷刻之间，万正色的兵船便有二十多艘被击沉。万正色一时火起，亲率剩下的一百多艘兵船冲出港湾，与郑匪交战。郑匪兵船似乎失去了先前的锐气，且战且退。万正色仿佛得理不饶人，穷追不舍。双方现正在大海深处交战。

姚启圣眺望着大海深处道："不知万提督与郑匪交战结果会如何?"

喇哈达几乎是肯定地言道："万正色此番出战，只能是凶多吉少。"

施琅轻轻地言道："施某担心万提督会中郑匪的埋伏……"

姚启圣问道："钦差大人的意思是，郑匪除了来袭击万提督水师大营的这支兵船队外，大海深处还埋伏着郑匪的另一支兵船队?"

施琅点了点头："应该是这样。不然，郑匪兵船炮火那样猛烈，只片刻之间就击毁了万提督二十多艘兵船，它为何还要且战且退?"

姚启圣大惊道："果如钦差大人所言，那万大人此番就凶多吉少了!"

喇哈达道："万正色凶多吉少，这本在意料之中，也在情理之中啊!"

果然，时至正午，万正色回来了，回来得很狼狈，一百多艘兵船开出去，开回来的，只有三十多艘，且万正色自己还受了伤，满脸的血污，也满脸的沮丧。

万正色的指挥船刚一靠岸，施琅、姚启圣和喇哈达等人就匆匆迎了上去。施琅高声道："万提督辛苦，万提督劳苦功高！"

"钦差大人，下官辛苦是真，但功高二字却无从谈起啊！"

喇哈达走过来问道："万提督，你为何输得如此凄惨？"

万正色灰心丧气地回道："总督大人有所不知啊，下官率船队追击郑匪，追着追着，突然，从下官的身后又出现了一支郑匪兵船队。两支郑匪兵船队对下官前后夹击，打得下官根本就没有还手的余地，只能拼命地逃跑。下官跑，郑匪追，跑着追着，下官就只剩下这些船了。总督大人，若不是下官跑得快，恐怕你就见不着下官的面了……"

姚启圣轻轻道："果如施大人所言，郑匪在海洋深处设有埋伏……"

喇哈达却转向施琅言道："钦差大人，就今日战局来看，我等还能去收取台湾吗？"

施琅回道："郑匪兵船固然不可小觑，但也不是说就毫无办法。"

万正色言道："钦差大人，你是不知道啊，郑匪兵船上的炮火异常猛烈，打得你根本就无法还手，跑得慢一慢，就会被它击沉……"

施琅沉吟道："万提督，今日与你交手的郑匪，可叫刘国轩？"

万正色惊讶道："正是此人。钦差大人何以得知？"

施琅淡淡一笑道："施某离京前，皇上曾吩咐过，要收复台湾，必须小心对付两样，一是郑匪的兵船，二是郑匪的刘国轩。"

"皇上说得一点不错，"喇哈达重重地道，"有郑匪的兵船在，有郑匪的刘国轩在，我等就无法去攻取台湾。"

施琅带着笑容问喇哈达道："总督大人，如果我等先行消灭了郑匪的兵船，剩着一个刘国轩，又能如何？"

喇哈达瞪大了眼睛："钦差大人，你不是在说梦话吧？有郑匪的刘国轩在，我等还如何去消灭郑匪的兵船？"

施琅遥望着大海深处言道："总督大人，郑匪共有二百多艘兵船，大都停泊在澎湖列岛。只要组织起一支精干的船队，选择一个合适的时间，对澎湖列岛采取突然袭击的办法，就不难将郑匪的兵船一举击溃！"

喇哈达不冷不热地问道："钦差大人，这话怎么像是姚启圣说的？"

施琅不卑不亢地回道："因为施某与姚大人在收取台湾问题上意见一致。莫非，总督大人认为此计不可取？"

"岂止是不可取，"喇哈达有些阴阳怪气地道，"钦差大人，恕老夫言语唐突，老夫以为，偷袭澎湖之计，简直形同儿戏！"

施琅不觉皱了一下眉头："总督大人如此肯定，何以见得啊？"

喇哈达言道："刘国轩如此精明，岂能让你一厢情愿地偷袭成功？既然偷袭不成，岂不是白白地去送死？"

施琅问喇哈达道："总督大人，你以为，将刘国轩比作老虎如何？"

喇哈达显然有些不悦："钦差大人莫非在与老夫打哑谜不成？"

施琅摇了摇头："施某的意思是，那刘国轩纵然是一只老虎，可总也有打盹的时候。如果我们在他打盹的时候去偷袭，岂不可以一蹴而就？"

喇哈达冷哼一声道："钦差大人只是在说笑话罢了！"

施琅问道："莫非总督大人还是认为台湾断不可取？"

喇哈达回道："老夫始终都认为那台湾断不可取！"

施琅慢慢悠悠地言道："总督大人，施某奉皇上旨意来与尔等商议收取台湾之事。总督大人如此固持己见，这叫施某该如何向皇上交待？"

喇哈达白了施琅一眼："钦差大人莫非是想用皇上来压服老夫不成？"

施琅平静地道："施某岂敢用皇上来压服总督大人？施某的意思是，尽快地收复台湾，这是皇上的旨意！"

喇哈达哼道："皇上不知这里的情况，难道钦差大人你也不知？你适才不是亲见万提督惨败而归？郑匪如此善战，我等还如何收取台湾？"

施琅略略加重了语气言道："万提督惨败而归是实，但皇上决计收复台湾的旨意更是实。莫非总督大人想抗旨不遵吗？"

喇哈达"哈哈"一笑道："钦差大人，老夫是皇上钦定的总督，岂会抗旨不遵？你不是皇上派来收复台湾的吗？那好，你想收你自去收好了，老夫决不阻拦！"

喇哈达说完，便扬长而去。万正色似乎犹豫了一下，最终也随着喇哈达离去。很快的，空旷的海岸边，似乎只剩下施琅和姚启圣二人了。只两个人站在波涛汹涌的大海边，自然显得很是孤独，但在这孤独中，却不乏一种坚毅和执着。

姚启圣苦笑着言道："钦差大人，就你与下官二人，如何收复台湾？"

施琅的目光却眺望着深不可测的大海。他像是对着大海的波涛言道："不敢去征服大海的人，就没有资格在此为官一方！"

是夜，施琅花了整整一宿的时间，给康熙皇帝写了一本长长的奏折。在奏折里，他向康熙皇帝详详细细地叙述了喇哈达等人对收取台湾的消极态度及抵触情绪，并附上了一些自己的建议，供康熙皇帝参考。奏折定稿之后，他就即刻派人将它送往京城。剩下的事情，施琅似乎就是耐心地等待了。

不久，康熙皇帝的圣旨传到了福州：调喇哈达回京另行委任，封姚启圣为福建总督；调万正色为福建陆军提督，命施琅兼福建水师提督。

康熙还在"圣旨"上明确指示：收复台湾一事由姚启圣任总指挥，具体事宜则由施琅全权负责。

康熙在"圣旨"的最后告诫施琅和姚启圣道："收复台湾，切不可匆忙，更不能好大喜功，应充分准备、精心策划，不攻则已，一攻则必须成功！"

虽然施琅并没有向任何人言说康熙的这道"圣旨"是怎么样的一个来龙去

脉，但姚启圣心中却非常清楚：自己能擢升为福建总督，定是施琅在皇上面前极力推荐的结果。

喇哈达离开福州的时候，施琅、姚启圣及万正色等人都赶去为他送行。喇哈达的神情虽然有些沮丧，却也并无什么愤怒。他甚至拱手冲着施琅言道："钦差大人，老夫在京城等着你收复台湾的好消息。希望老夫在京城还能够见到你这位钦差大人!"

喇哈达此话有一个不难读出的潜台词，那就是：你施琅去攻取台湾，十有八九将葬身鱼腹。施琅听了也不以为意，而是笑着对喇哈达言道："请你安心在京城等待。施某一定从台湾带回一抔泥土送与你!"

喇哈达勉强笑了笑，然后就带着施琅的这句保证踽踽地上路了。后来，施琅真从台湾带了一抔泥土送给喇哈达。当喇哈达从施琅的手中接过那抔台湾的泥土时，简直是无地自容。当然，这是后话。

喇哈达离开福建后，施琅便与姚启圣等人着手研究如何攻取台湾的问题了。他们很快达成了共识，那就是，先攻占澎湖，再进取台湾。

然而问题是，要攻占澎湖，就得先把澎湖内的郑匪军事情况摸个清楚。施琅想亲自潜入澎湖侦察，但姚启圣高低不同意。最后，由姚启圣挑了一些亲信，分批分批地派往澎湖一带侦探。费了许多时间，又费了许多周折，也折损了许多人员，施琅和姚启圣才终于把澎湖的情况大致摸清楚了。

澎湖列岛上，平日驻军约为五千人，由刘国轩的弟弟刘国辕统率。岛内尚有居民一万多人。列岛四周，大凡地势险要处，均架设了火炮，总数在一百门左右。列岛南端的一个港湾里，平日停有兵船二百艘左右，但由于兵力不足，这些兵船大概有一半无人驾乘，只是在紧急关头，这些兵船才由岛上的驻军代驾。

姚启圣恍然大悟地道："原来如此……难怪郑匪的兵船来此骚扰时，至多也就一百来艘，原来是兵力不足啊!"

施琅道："郑匪兵船的最大优势是火力强大，如果我们也能训练出一支火力强大的水师，再把郑匪的那些兵船堵在那个港湾里猛轰，那么，夺取澎湖，就不是什么太大的问题了。这样吧，姚大人，你负责训练登陆作战的士兵，我负责训练去对付郑匪兵船的水师。练成之后，再攻澎湖。"

姚启圣点点头，继而又问道："我该训练多少登陆作战的士兵?"

施琅想了想，然后道："岛上的匪军约五千人，加上水师也不过万人，姚大人可以先训练一支两万人的登陆作战部队。还有，姚大人应该去通知万提督，令他抓紧时间训练一支精锐的陆军。如果攻取澎湖牺牲太大，就由万提督的陆军去攻取台湾。"

姚启圣叹道："钦差大人考虑问题实在是详细周到啊!"

施琅言道："不是施某考虑问题有多么详细周到，而是施某不敢忘怀皇上的教谕，不战则已，战则必胜!"

姚启圣言道："姚某今日方知，钦差大人当年为何能横扫耿精忠、尚之信等东线叛军了！"

施琅谦逊地笑道："好汉休提当年勇。能否顺利地攻取澎湖，进而攻取台湾，施某心中也没多少底数。"

姚启圣却铿锵有力地言道："姚某以为，只要我等牢记皇上教谕，殚精竭虑，充分准备，那么，澎湖也好，台湾也罢，都将攻而克之！"

施琅高兴地道："姚总督如此说，施某心自定矣！"

就这样，姚启圣按照施琅的部署，一边悉心操练两万名登陆作战的军队，一边督促万正色加紧训练陆军。这里暂且按下不提。

施琅为了对付刘国轩的那些火力强大的兵船，可谓是绞尽了脑汁，费尽了心机。他找来一些常年在澎湖列岛周围捕鱼的老船工，详细询问澎湖列岛一带的水形地势及航道情况，又找来一些多年从事铸炮行业的工匠，与他们一起仔细探讨如何改进火炮铸造。施琅心中渐渐有了明晰的作战方案。

刘国轩的那二百艘兵船，之所以要停泊在澎湖列岛南端的那个港湾，主要是因为那个港湾的两侧全是一些乱石暗礁，不要说寻常的兵船了，就是稍大一些的渔船，也无法通过。而要从正面靠近那个港湾，则很容易就被刘国轩的水师发觉。也就是说，刘国轩虽然自恃自己的水师船坚炮利，但也小心翼翼，生怕清军派兵船对他的水师进行突然袭击。而刘国轩以为，自己的水师呆在那个港湾里，可以说是万无一失。只要清军无法对他的水师进行突袭，他的水师就永远所向无敌。

然而，施琅却找到了一个突袭刘国轩水师的好办法。他找来大批船匠，为他建造了五百来艘小船。这小船小到什么程度？能从乱石暗礁中自由地穿梭。施琅又命令大批炮匠，为他铸造了五百来门火炮。这火炮炮身很短，炮口却很粗。换句话说，这种火炮的射程虽然很近，但威力却很大，一发炮弹就能令一艘渔船很快沉入海底。

五百来艘小船造好了。五百来门火炮也造好了。施琅命人将五百来门火炮安装在了五百来艘小船上。施琅给这种装上了火炮的小船取名为炮船。每艘炮船上，有火炮一门，炮手两名，炮弹四十余发。

五百艘炮船建好后，施琅又特地挑了一处怪石嶙峋、暗礁密布的海湾，让一些经验丰富的老船工、老渔民教导炮船上的炮手练习行船的方法和技巧。仅这一项练习，就花去了施琅近二个月的时间。

待炮手们都能熟练地驾驶了炮船之后，施琅又从那些经验丰富的老船工、老渔民当中，组织了一支向导船队。这支向导船队的任务是，负责把那五百艘炮船，引到刘国轩水师兵船停泊的那个港湾的东西两侧。

施琅准备好了一切，姚启圣和万正色也准备好了一切。待一切都准备就绪后，已是公元1683年的农历六月初了。施琅与姚启圣等人商定，于这一年的六月二十日进攻澎湖。

然而，不知是消息走漏了还是偶然，施琅经侦察得知，那刘国轩于六月十日从台湾岛亲率五千人马进驻了澎湖。这一突如其来的军事变化，令施琅和姚启圣一时很是踌躇。

姚启圣道："看来，那刘国轩已得知我们要去进攻澎湖了……"

施琅言道："是呀，不然他不会恰恰在这个时候领兵进驻澎湖。"

姚启圣道："有了刘国轩，澎湖岛敌军的实力就大大加强了。"

施琅言道："很显然，那刘国轩是想在澎湖与我等决战。或者说，他想在澎湖就把我等打回福建。"

姚启圣问道："那我们进攻澎湖的日期要不要向后推迟？"

施琅认真地思忖了一会儿，然后言道："施某以为，进攻澎湖的日期不仅不能推迟，反而要适当地提前。"

姚启圣很是不解地道："钦差大人，澎湖岛上敌军的实力得到了增强，我等理应用更多的时间来做更充分的准备，因何还要提前？"

施琅慢条斯理地言道："姚大人，我们已经准备了相当长的时间，再拖延下去，恐会影响我军士气。此其一。敌军的实力虽有所增强，但还没有强大到能令我等望而止步的程度。只要我们能够按照原计划将郑匪的兵船大部击毁，那么，即使我军第一次攻取澎湖失利，我们也还可以很快地组织第二次进攻。因为，郑匪没有了兵船，就不会再对我们构成什么威胁了，就只能处于一种被动挨打的局面。此其二。那刘国轩如果真的知道了我等要在二十日去进攻澎湖，那他就必然要在二十日前后高度警惕和戒备，而我等突然提前了进攻的日期，就很可能打他一个措手不及，大大提高攻取澎湖的可能性。此其三。施某列这三点理由，不知姚大人以为如何啊？"

姚启圣深为叹服道："钦差大人不愧为一个军事天才……姚某纵然无心去攻打澎湖，恐也只能唯钦差大人号令是听了！"

统一了意见之后，便又产生了一个新的问题，那就是，谁该领兵去攻打澎湖，谁又该镇守后方准备支援。在这个问题上，施琅和姚启圣二人可以说是争得不可开交，几乎到了吵架的地步。

施琅坚持应由自己领兵去攻打澎湖，理由是，攻打澎湖需渡海作战，这是水师的任务和职责，而自己恰恰身兼水师提督一职，责无旁贷。姚启圣乃福建总督，理应坐镇福州、全局调度。

但姚启圣却高低不同意施琅的意见。姚启圣的理由也很充分：既然皇上把收复台湾的任务交给了福建，那他这个福建总督理所当然地应披挂亲征，不然，岂不有失职、渎职之嫌？更主要的，施琅乃皇上的钦差大臣，如果万一在征战中有个什么闪失，他又该如何向皇上交待？

施琅、姚启圣二人，各持己见，互不相让，争得面红耳赤，终也没争出个结果来。姚启圣见争来争去也不是个办法，就向施琅提议道："要不，你领兵去攻打澎湖，我也领兵去攻打澎湖，如何？"

姚启圣的意思是，他和施琅都去攻打澎湖，谁也不坐镇后方。显然，姚启圣这是一种无奈之下的折衷办法。但施琅却缓缓摇了摇头道：“姚大人，此去攻打澎湖，前途莫测，如果我等都上了前线，如果我等都不幸发生了意外，那皇上赋予的收复台湾的神圣任务，还有谁去完成?”

施琅最后无可奈何地对姚启圣道：“姚大人，看来我们只能通过抽签来决定谁去谁留了！一红一白两支签，谁抽到红签谁就领兵出征！”

抽签的时候，施琅和姚启圣互相推辞，都让对方先抽。施琅言道：“姚大人若真的不想先抽，施某就不客气了。”

姚启圣想了想，急忙言道：“不，姚某先抽……”

姚启圣抽签了。他抽签的时候自然十分紧张，不仅那只抽签的手了，就是整个身体，也在止不住地颤抖。而施琅，似乎比姚启圣还要紧张，不仅两只眼睛一眨不眨地盯着姚启圣那只抽签的手，而且两颗眼珠，差不多已真真切切瞪了出来。

姚启圣几乎鼓足了全部的力量，咬牙切齿地终于从签筒里抽出了一支签。可那支签刚一抽出，姚启圣就仿佛要瘫在地上了。因为，他抽出的恰恰是那支白签。

当施琅明白无误地证实了姚启圣抽签的结果后，施琅高兴得大喊大叫起来：“姚大人，这是天意啊!”是啊，“天意”难违。如果康熙皇上真的是“真龙天子”的话，施琅也就真的是“天意”派来去收复台湾的。

姚启圣多少有些垂头丧气地道：“钦差大人放心，我姚某既然抽出了白签，那就决不会赖账!”

施琅见姚启圣那么一副无精打采的模样，心中似乎有点不忍。他走到姚启圣身边，轻轻地言道：“姚大人不要灰心。待施某出征澎湖，葬身鱼腹之后，你便有机会去收取台湾了!”

姚启圣自然知道施琅是在宽慰他，于是连忙言道：“钦差大人万不可这么说。待钦差大人收取台湾之后，姚某定与钦差大人喝他个一醉方休!”

“好!”施琅重重地道，“有姚大人这句话，我施某定会平安归来!”

第二十三章

矫渔夫猱身登崖顶
莽将军忠骨葬海陬

莽将军哈啰死时的情形大概是这样的：哈啰一个鱼跃，用剑刺死了想要逃跑的郑兵，而另一个郑兵却把一支长剑刺进了哈啰的脊背。哈啰的双目不仅大开着，脸上还现出非常兴奋的表情，似乎他刺死的正是刘国轩！

领兵攻打澎湖的人选确定了之后，就该决定攻打澎湖的具体时间了。姚启圣问施琅道："不知钦差大人想何时去攻打澎湖？"

施琅回道："肯定是在二十号之前。具体时间，我不想确定。一，防止再度泄密；二，我想选一个最佳的时机。"

姚启圣明白施琅的意思。从福州海岸到澎湖列岛，行船只需大半宿时间。如果选到一个合适的夜晚，出兵澎湖，是极有可能对刘国轩进行突然袭击的。之后，施琅命令各军：作好一切战斗准备，随时准备去攻打澎湖。

施琅等待的那个"最佳的时机"终于来到了。那是六月十五日。几乎没有一丝风。海面上平静得叫人难以置信。黄昏的时候，一场罕见的大雾几乎笼罩了整个台湾海峡，而且天色愈暗，大雾愈浓。在这样的天气里，即使两只船在海面上相撞，恐怕都不知道发生了什么事。当然，这样的夜晚，也不会有什么船只扬帆出海的。只不过，施琅却是个例外。

施琅对姚启圣道："姚大人，我要去攻打澎湖了！"

姚启圣默默地将施琅送到海边，然后紧紧地握着施琅的手道："施大人此次出征，姚某只有两件事要嘱咐。一，施大人在作战时，千万千万要小心；二，施大人如果战事吃紧，望速派人告知姚某，姚某将倾全力驰援！"

施琅登上一只战船走了。很快，施琅及他所率的那支庞大的船队就消失在黑沉沉的海面上。虽然姚启圣的眼前是一片黑暗，但姚启圣却清清楚楚地看见了，施琅正巍然屹立在船头，目光犀利，信心十足。

施琅此次出征澎湖，共率战船二百艘，船载火炮一百门，登陆作战士兵两万名；小型炮船五百艘，船载火炮五百门、炮手一千名；还有他施琅自己乘坐的大型指挥船一艘，船载火炮十门、官兵千余人。另外，还有导航的渔夫、船工若干。单从军事实力而言，施琅显然占一定的优势。但问题是，施琅是攻，澎湖是守，攻守之势的变化，绝非能简单地说清楚。而且，如果不能很快消灭刘国轩的兵船，那施琅恐怕就一点优势也没有了。

所以施琅异常小心谨慎。无论大小船只，一律不许点灯，全在黑暗中行进。如果哪只船不幸触礁，其他的船只不得抢救，只顾前进。施琅这样做看起来很有些残忍，但他是在抢时间、争速度，为即将到来的战斗做好准备。因为在如此黑暗的海面上，船队行进的速度很慢，如果再中途耽搁，那在预定的时间内就无法到达预定的地点了。

船队行至半夜时分，离澎湖列岛已不是很远了，施琅就把兵力一分为二：那二百艘战船改道向北，自己亲率五百艘炮船绕道向南。

施琅的战略部署是：自己率五百艘炮船从南边去攻击刘国轩的兵船队，待他率炮船向刘国轩的兵船队发起猛烈攻击后，那二百艘战船就从北面对澎湖列岛进行登陆作战。而实际上，到战斗开始的时候，施琅的那二百艘战船至少在途中损失了十艘，而他的那五百艘炮船，则至少在途中损失了五十艘。只是由于天色太暗，加上又不敢过于声张，施琅当时不很清楚而已。

施琅率五百艘炮船绕到澎湖列岛的南端后，又兵分三路：一路二百艘炮船在渔夫船工的引导下，潜入刘国轩兵船队停泊的那个港湾西侧的乱石暗礁中，另一路二百艘炮船潜入那个港湾的东侧，自己则亲率一百艘炮船径向那个港湾的出口驶去。

施琅给每艘炮船下达的命令是：距离那个港湾越近越好。理由是，炮船上的火炮威力虽很大，但射程太近，如果不近距离地靠近那个港湾，就无法对刘国轩的兵船队进行毁灭性的打击，而一旦让刘国轩的兵船队开出那个港湾，那麻烦和危险就会接踵而至。施琅还下令，待他指挥船上的大炮开始轰击的时候，其他的炮船就一齐开火。

施琅率一百艘炮船一点点地向那个港湾的出口靠近。一个年长的渔夫提醒施琅道："大人，不能再往前开了，再开，就要开进港湾里去了。"

施琅问一个炮手道："从此地往里打，我们的炮火能发挥几成威力？"

炮手回答："五六成。我们大炮的最佳射击距离在二百尺以内。"

施琅当即下令："船队继续前进！"

凌晨时，弥漫了一夜的大雾突然全部散去。熹微的晨光中，施琅的指挥船竟然开到了距刘国轩的兵船队不足一百尺的地方。施琅能清楚地看见刘国轩兵船上的人影，刘国轩兵船上的人也同样能看清施琅指挥船上的一切。

一个炮手在施琅的身边道："大人，郑匪的兵船就在那儿……"

施琅笑着言道："你现在不开炮还等什么？等他们摆好了阵势？"

是呀，先下手为强，后下手遭殃。施琅一声令下，指挥船上的十门大炮怒吼了。跟着，指挥船周围的那一百来艘炮船上的一百来门火炮也发出了震耳欲聋的轰鸣。再跟着，港湾东西两侧那早已潜伏在乱石暗礁中的四百来艘炮船上的四百来门火炮也一起咆哮起来。如此近的距离，施琅苦心建造的这些炮船正好可以大显神威。一时间，刘国轩兵船队所停泊的那个港湾里，硝烟弥漫、火光冲天。施琅突袭刘国轩兵船队的计划，顺利实现了。

刘国轩的兵船共有二百来艘，每艘兵船上都有火炮数门，这些大炮，不仅火力强劲，而且射程较远，若在海面上作战，寻常兵船根本就不是它的对手。然而此时此刻，刘国轩的这二百艘兵船，全处于一种休息状态，一动不动地停在港湾里，船上虽有很多水手和炮手，但几乎毫无作战准备。经施琅那数百门大炮猛烈一轰，刘国轩兵船队的损失自然就相当惨重，二百来艘兵船至少有一多半已经丧失了战斗力。

施琅还一个劲儿地大喊大叫着指挥道："近点，再近点，靠近了打……把船上的炮弹全部打出去！"

每艘炮船上载有四十余发炮弹。从凌晨打到中午，几乎所有的炮船上的炮弹全打光了，连施琅指挥船上的炮弹也打得所剩无几。还算不错，那个港湾内早已是一片火海。刘国轩赖以称霸海上的这支兵船队，看来已是全军覆灭。而施琅所率的炮船队却损失不大。沉没或毁坏的一百多艘炮船，大都是躲闪不及，被岛上的火炮击中的。

施琅吩咐一个手下道："我们的任务已经圆满完成。通知所有炮船，速速撤离这个区域，免得被岛上的火炮击中。"

恰在这时，一个炮手慌里慌张地跑到施琅跟前，用手一指身后道："大人，郑匪的兵船朝这里开过来了……"

施琅闻言一怔，急忙向炮手的身后看去。却原来，火光冲天的港湾里，有一艘刘国轩的兵船，竟然冲出了火海，直朝这里开过来，一边开一边还不时地打炮。有一发炮弹，看来是想打施琅的指挥船的，虽然未能击中，却将距施琅指挥船不远的一艘炮船掀翻，炮船上的两名炮手当场丧生。

施琅急令身边的那个炮手："你倒是快开炮还击啊！"

那炮手哭丧着脸言道："要是有炮弹，小人早就将它打沉了……"

施琅环视众人问道："连一发炮弹都没有了？"

所有的人都冲着施琅点头。眼看着，那艘刘国轩的兵船就要冲到近前了。施琅心一横，高喝道："我们决不能让郑匪的这只兵船冲出去！现在，你们统统下海，游到附近的炮船上去。我要把郑匪的这只兵船撞沉在这里！"

施琅此言一出，众人大为震恐。许多官兵纷纷请求施琅先下船。施琅笑着言道："你们以为我施琅想死吗？你们放心，我死不了。我这只船比郑匪的兵船大得多。两只船相撞，只有它沉，我不会有事的！"

施琅说得却也有道理。他乘的这只指挥船，不仅载有十门火炮，还载有千余名官兵，的确很大。大船撞小船，焉有大船沉没的道理？但手下官兵却始终不愿让施琅冒这个险。施琅急了，以不容商量的口吻命令道："统统给我下去！再迟疑，郑匪的这只兵船就要逃掉了！"

船上千余名官兵这才无可奈何地纷纷跳下海去，游向一艘又一艘炮船。施琅，当然还有许多水手，驾驶着指挥船，直直地朝着那只残存的刘国轩的兵船迎面开去。

施琅亲自操舵，从容不迫、镇定自若。近了，更近了。两艘船相距只有十几尺了。刘国轩那只兵船看来也没有什么躲闪的意思，而是加快速度向施琅的指挥船撞来。施琅暗叫道："来得好！我倒要看看，究竟鹿死谁手！"

突然，施琅觉得耳边一热。从那只兵船上射来一颗子弹，恰恰从施琅的耳边擦过。施琅下意识地用手一摸，那只耳朵已是鲜血淋漓。

施琅一惊。他惊的不是自己的耳朵被子弹打破。他惊的是，他已经看出了那只兵船的意图：他们要抢占他的指挥船。

如果施琅的指挥船没能将那艘兵船撞沉或撞翻，那施琅的指挥船就真的有被抢占的危险。刘国轩的那只兵船上，至少有一百多人，也至少有十来条火枪，而施琅的指挥船上，虽然有不少水手，但却连一条火枪也没有。

施琅感觉到了事情的严重性，也觉出了自己太过草率。如果自己的指挥船被抢，那后果将极其严重。可事已至此，再后悔也都晚了，只有尽全力阻止敌人夺船。

好在施琅临危不乱。他当即下达了三条指令：一，加快行船速度，争取一举将敌船撞沉；二，通知附近的炮船，速速赶来这里支援；三，指挥船上所有水手，都要做好肉搏战的准备，哪怕战至最后一人，也决不让郑军将指挥船夺去。

两只船的距离越来越近。十尺、八尺、五尺……刘国轩的那只兵船突然停了下来。施琅正自诧异呢，那艘兵船上的十多条火枪一齐朝着施琅的指挥船打来，打得施琅指挥船上的水手四散逃命，根本就无法再顾及驾船。这样一来，施琅指挥船的速度就顿时缓慢了下来。就听"砰"的一声巨响，施琅的指挥船撞了刘国轩的那艘兵船。然而，由于刘国轩的那艘兵船早已停止前进，而施琅的指挥船又被迫放慢了速度，故而，施琅的指挥船虽然将刘国轩的那艘兵船撞了个正着，但却并没有将它撞翻，只是打了个趔趄。

那十多条火枪又一起向着施琅的指挥船打来。施琅急急地冲着手下人喊道："都隐蔽好！待郑匪冲上这条船之后，再与之肉搏！记住，哪怕我们都死光了，也不能让这条船被郑匪夺去！"

果然，刘国轩的那条兵船，其目的正是要夺取施琅的指挥船。火枪一阵猛射之后，一百多个人一起呐喊着涌上了施琅的指挥船。施琅见时机已到，率先从隐蔽处跳出来喊道："弟兄们，杀敌立功的时候到了！冲啊……"

施琅一边呼喊着，一边就舞着一把长剑向冲过来的刘国轩的士兵杀了过去。他这种临危不惧、身先士卒的表现和精神，的确对手下起到了极大的鼓舞作用。其手下纷纷从各自的隐身处跃出，拿起早已准备好的大刀、长剑等，奋不顾身地向着敌人冲了上去。

近距离肉搏战，火枪就没有多大威力了。加上施琅的手下和刘国轩的士兵在人数上大致相当，所以这场面对面的肉搏战就显得格外的激烈残酷，格外的惊心动魄。

最惊心动魄的恐怕还要数施琅。刘国轩的士兵见施琅的身份非同一般，便一窝蜂地向着施琅杀来。尽管施琅的手下竭力地保卫施琅，但却也只能且战且退。因为他们虽然早已置生死于不顾，但若论作战经验与技巧，刘国轩的水师毕竟高过一筹。眼看着，施琅等人就被逼到了一条船舷边，情形非常危急。更危急的是，有几条火枪已经直直地对准了施琅等人。只要那几条火枪一吐火舌，施琅就再也甭想去见康熙皇帝了。

恰在这时，就听"轰"的一声巨响，一发炮弹在刘国轩的士兵中间开了花。因为距离太近，施琅差点被炮弹掀起的气浪轰倒，饶是如此，站在施琅前面掩护施琅的几位水手，却被这发炮弹炸得非死即伤。

原来，在施琅率众与刘国轩的士兵进行殊死拼杀的当口，有一艘靠得最近的炮船率先赶到了施琅的指挥船旁。炮船上的几个士兵本来是想立即就爬到指挥船上参加战斗的，但一位老炮手却灵机一动地对伙伴们道："我们这几个人即使去支援也起不了多大的作用，还不如爬到郑匪的兵船上用他们的大炮去轰击他们！"几个伙伴一听此话有理，便匆匆忙忙地爬上了郑匪的兵船。待他们爬上郑军兵船后才不禁傻了眼，郑军兵船上几门火炮的旁边，根本就找不到一发炮弹。那老炮手后悔不迭地道："如果他们还有炮弹，就不会这么急着冲到钦差大人的船上去了……"然而天无绝人之路，还是这位老炮手，似乎是在天意之下，突然从一门大炮的炮膛里发现了一发炮弹。他不禁大喜过望地叫道："弟兄们，这一发炮弹还没来得及打出去呢……"这时，刘国轩的那些士兵已经把施琅等人逼到了船舷边。一个年轻的炮手小心翼翼地提醒那老炮手道："老兄，钦差大人与郑匪离得那么近，万一这炮打出去，误伤了钦差大人，该如何是好？"老炮手略略犹豫了一下。此时，刘国轩的那些士兵正在找火枪准备向施琅等人瞄准。老炮手狠狠地一跺脚，又狠狠地言道："来不及考虑了，也顾不了那么许多了……不开炮，钦差大人肯定没命，开了炮，倒有可能救钦差大人一命……"说话的当口，老炮手就点燃了炮捻。"轰"的一声，炮弹在中间开了花，刘国轩的士兵顿时就倒下一片。

施琅很快就从炮弹的爆炸声中清醒过来。他一挥手中长剑，率先朝着残存的敌人掩杀过去。此时，施琅身边还有二十来个人，而刘国轩的士兵只剩下十多个，加上施琅的那些炮船已经陆续赶来支援，所以这场战斗便很快以刘国轩的士兵被全部消灭而宣告结束。

战斗刚一结束，施琅就急急问一个手下："刚才向这儿开炮的是谁？"

那手下在船上转了一大圈，终于将那位老炮手找到了施琅的面前。施琅直直地望着那老炮手问道："刚才是你向这儿开炮的吗？"

老炮手不自觉地有些哆嗦起来："回钦差大人的话……小老儿当时见情形万分火急，就擅自开了一炮……请钦差大人恕罪……"

施琅睁大了眼睛："你何罪之有？"

老炮手支吾道："小老儿不该擅自开炮惊吓了钦差大人……"

施琅"哈哈"大笑道："此言差矣！你若不及时开炮，我施某岂还有命在？郑匪士兵又岂能被统统歼灭？你可是为此次出征立下了大功一件啊！我本想擢你为官，可看你年已老迈，便决定将擢官改为重赏。待我等攻下澎湖之后，你就回福州休息，我定会给你重重的奖赏！"

老炮手这才转惊为喜，连连向施琅称谢不迭。施琅趁机向众人言道："各位兄弟都看见了吧？凡作战勇敢者，我施某定会论功行赏！"

一手下悄悄对施琅言道："大人，岛上的情况有些奇怪……"

施琅"哦"了一声道："如何个奇怪法？"

那手下回道："本来，岛上的大炮一直对我们进行零星的轰击，可现在，岛上连一点动静也没有了……"

施琅觉得手下说得有理："是呀，是有点奇怪……你赶快派几个人，悄悄地摸上岛去侦察一番，看看究竟是怎么回事。"

下午时分，去岛上侦察的那几个人安然无恙地回来了，岛上连一个郑军都没有，原先架设大炮的地方也是空空如也。

施琅略略沉吟后大声地吩咐道："传令下去，所有人等，迅速上岛！"

那手下赶紧言道："大人，如果郑匪是故意撤离，引我们上岛，然后在我们立足未稳之际，将我们歼灭在海滩之上……"

施琅爽朗地一笑道："你未免太多虑了！郑匪并非是故意撤离，而是不得已才放弃此地防守。不然，为何连大炮也一起撤走？"

那手下不解地问道："大人何以知之？"

"如果施某所料不差，定是北面我军已经大规模地攻上了岛。如果郑匪再不撤走分散在岛上的各路人马，那就将被我军各个击破。所以，施某以为，那刘国轩见兵船队已覆灭，已经不可能再从海面上对我军发起攻击，便把岛上的各路人马集中在一起，想与我军在岛上进行一次总决战！"

施琅所料一点不差。就在他率五百艘炮船对刘国轩的兵船队进行毁灭性打击的时候，北路两万名清军乘着二百艘战船也已经接近了澎湖大岛。指挥北路清军的是一个名叫哈啰的满族将军。此人虽有些倨傲，却也能征惯战。他见天色已明，估计施琅已在南边动手，所以便决定强行登岛。

哈啰所率的二百艘战船上，共有一百门大炮。他将这一百门大炮集中起来，对着预备登陆的地方狂轰滥炸。巧的是，负责防御澎湖列岛北端的，正是刘国轩的弟弟刘国镶。与刘国轩相比，刘国镶却是一个贪生怕死之辈，但此时的他却也知道，澎湖是台湾的门户，如果丢了澎湖，台湾就很难保全了，而若丢了台湾，也就等于丢了他刘氏兄弟的天下。所以，闻听清军欲从岛北登陆，刘国镶便表现出了一种难得的果断和勇敢：一边立即派人去向刘国轩报告，一边立即组织军队阻击清军登岛。

哈啰有一百门大炮，刘国镶只有五十门，但刘国镶是在岛上，他的五十门大炮即便于瞄准又便于隐藏。故而，哈啰就向所有战船下了一道死命令："不管郑匪如何轰击，都只顾向岛上冲！"

这样一来，岛北战争一开始的时候，清军的损失是相当大的。刘国辕的那五十门大炮只管朝着哈啰的战船猛轰。一个时辰不到，哈啰的战船有十数艘被击沉或击毁，官兵也至少有数百人葬身大海。

但哈啰不顾，依然命令所有的战船一边开炮一边向岛边猛冲。哈啰这种不要命的打法，很快地就有了明显的效果。刘国辕的那五十门大炮，不可能阻挡住哈啰二百艘战船的全线进攻，更何况，哈啰的一百门大炮也对刘国辕的火力起到了很大的压制作用。终于，哈啰的战船有十几艘率先冲到了岛边，船上的千余名士兵开始向岛上发起冲锋。刘国辕一见，急忙命令数千手下将哈啰率先冲上岛的那千余名士兵层层包围起来。

刘国辕的意图是，在哈啰的大军登岛之前，先把哈啰的这一千多人消灭掉。然而，刘国辕的这个意图似乎是错了。因为，他碰上的是哈啰。哈啰是一个只要能取得胜利就不惜任何代价的将军。他见刘国辕的几千人马全部暴露在海滩上，就大声地命令所有的炮手道："开炮，快开炮！向着海滩开炮，把炮弹都打出去！"

一个军官怀疑自己的耳朵听错了，连忙问哈啰道："将军，海滩上还有我们一千多士兵呢……"

哈啰揪住他的衣领吼道："你敢贻误战机，我就拧下你的脑袋！"

那军官慌忙言道："将军请放手，小人敢不遵命？"

哈啰"嗖"地拔出长剑，几乎是声嘶力竭地叫喊道："向着海滩开炮！把炮弹都打出去！"

数以千计的炮弹准确地落在了那片海滩上。一千多清军，还有数千名刘国辕的手下，立刻就被无情的炮火包围，无论逃向哪里，都有炮弹在身边爆炸。那么一大片海滩上，不是炮弹在咆哮，就是绝望的士兵发出鬼哭狼嗥的惨叫。火光映照着鲜血，鲜血染红了火光，这，构成了一道独特的战争风景线。

刘国辕简直是看呆了。他万没想到清军会这么做。他依稀记得，当年，他的兄长刘国轩在与郑袭交战的时候，也曾命令炮兵向裹着自己人马的郑袭军队开炮。只不过，当年的那个场面，远没有今天沙滩上的这个场面来得血腥，来得壮观。

一个手下哆哆嗦嗦地问刘国辕道："将军，这……是怎么回事？"

刘国辕也哆哆嗦嗦地回道："我想，清军大概是……疯了……"

但哈啰一点也没有疯。他清醒得很。待他战船上的炮弹全部打光之后，他清醒地看见，那一大片海滩上，至少躺下了有三千多具尸首。

至于那三千多具尸体中，究竟有多少清军、多少郑匪，哈啰是不屑一顾的。他只知道，郑匪在这一带的军队已经被他打垮，没有什么力量能够阻止他哈啰登陆了。所以，他就扯开嗓门命令道："全速前进！攻上岛去！"

刘国辕见状，赶紧命令炮手道："快开炮！把他们全部击沉！"

刘国辕的大炮又开始轰鸣了，但轰鸣了没几下便无声无息了。刘国辕急道："怎么了？快开炮啊？"

一手下哭丧着脸报告道："将军，炮弹打完了……"

刘国辕顿时就慌了。他身边只有两千来人，而清军的一百多艘战船已陆续靠了岸。一艘战船以一百人计，则清军目前至少还有一万五千多人。用两千人去对付一万五千多人，无疑是以卵击石。所谓好汉不吃眼前亏，三十六计走为上。刘国辕定了定神之后，便有了逃跑的念头。

恰在此时，一支近四千人的军队赶来增援刘国辕。刘国辕想，即便如此，也很难挡住清军的进攻了。想到此，他眼珠一转，吩咐一个手下道："你带队前去抗击清军，我速去向刘大将军报告。"

"刘大将军"当然指的是刘国轩。刘国辕说的是去报告，其实就是逃跑。他刚准备逃跑，那刘国轩骑着一匹快马飞速赶到。刘国辕慌忙迎上前去。刘国轩一边下马一边急急问道："兄弟，这边情况如何？"

"大哥，炮弹打光了……清军已登岛，兄弟实在抵不住了………"

刘国轩闻言，又翻身上马："兄弟，不要在此硬拼。速速带队撤往东边。"说完，刘国轩便催马而去。

刘国辕打仗虽不怎么样，但逃跑的工夫却十分出众。他嘴里刚喊了一句"弟兄们，往东撤啊……"身体就已窜出十米开外。他这一窜不大要紧，他身后的数千官兵便立即争先恐后地窜将起来。

哈啰稳稳当当地登上了澎湖大岛。登岛一战，他至少折损了四千多官兵。这四千多官兵，大半是被刘国辕的炮弹炸死，小半则是被他自己的炮弹炸死。不过，就登岛一战的结局来看，他哈啰无疑是一个胜利者。他不仅打死了约三千名刘国辕的官兵，而且还逮到了几百名未来得及逃掉的俘虏。最主要的是，在这天中午时分，他哈啰明明白白地站在了澎湖大岛上。

刘国辕向东逃跑了。刘国辕的数千手下也跟着向东逃跑了。但哈啰并没有穷追。一来他对澎湖大岛上的地形不熟悉，怕中了刘氏兄弟埋伏，二来他还不知道施琅在南边战斗得如何，放心不下。所以，待一万五千余清军全部上岛以后，他就命部队原地待命，然后亲率一千多人向着岛的南端摸去。

因为怕途中碰到郑军，所以哈啰在向岛南摸去的时候就异常地小心翼翼。还好，一路上竟然没有碰到一个郑军，也没有碰到一个岛上的居民。哈啰心中就有些奇怪。岛上的郑匪和居民莫非都跑到岛的东边去了？

因为小心翼翼，所以哈啰的行进速度就很慢。下午待他率队终于摸到岛的南端时，一个手下向他报告道："将军，海边发现一支千人敌军……"

仔细看时，那海边的一千多人，正是施琅所率。也就是说，哈啰领人摸到岛的南端时，施琅也刚好率众登陆。

哈啰飞也似的向着海边冲去，一边冲一边高声喊道："钦差大人，下官已经成功地登陆了！”

施琅看见哈啰，自然也十分高兴。他一边迎上来一边赞许道：“哈将军，你打得好啊！你不仅打垮了北边的郑匪，连南边的郑匪都让你给吓跑了。不然，我施某此刻恐怕还得在大海上漂着呢。”

施琅说得倒也不虚。如果刘国轩不撤走南边的兵丁和大炮，那施琅率一千多人想登上岛去，恐怕就真的比登天还难了。所以，施琅就一个劲儿地夸赞哈啰道：“哈将军，你打得好，打得实在是太好了！”

施琅如此夸赞，哈啰多少有些不好意思：“下官只是奉大人指令行事，何功之有？不知钦差大人袭击郑匪兵船一事结局如何？”

施琅指着不远处仍在冒着滚滚浓烟的那个港湾言道：“哈将军请看，只一个上午时间，郑匪的二百艘兵船就全部化为灰烬！”

哈啰闻言大喜道：“钦差大人，你一个上午消灭了郑匪的兵船，下官一个上午率军攻上了岛，如此一来，郑匪岂不就无路可逃了吗？”

施琅重重地点了点头：“哈将军言之有理。施某消灭了郑匪的兵船，便解除了郑匪对我军的最大威胁。哈将军率众攻上岛，意味着我军已彻底地在这里站住了脚根。不过，依施某看来，最强硬的一仗，恐怕还在后头。”

哈啰问道：“钦差大人何出此言？”

施琅反问道：“哈将军登岛，可歼灭了郑匪多少兵马？”

哈啰略略思忖了一下：“大概有三千多人。”

施琅轻轻言道：“哈将军消灭了三千多郑匪，我大概炸死了两千多郑匪。这个岛上原有郑匪陆军五千、水师五千，后来刘国轩又带来五千人。如此看来，刘国轩目前手下，至少还有近万人。这近万人郑匪，可不是那么好对付的哦！不知哈将军攻岛，可损失多少人马？”

“战死四千多人……是否要派人回去，叫总督大人再派些军队过来？”

“暂时不需要。你我兵合一处，尚有一万七千人左右，比郑匪仍占优势。更何况，这里地形复杂，军队来多了也派不上什么大用场。”

哈啰问道：“现在我们该怎么办？”

施琅看看偏西的太阳：“先将部队安顿好，让弟兄们好好地吃一顿，再睡上一个好觉，然后设法找到一些当地百姓，摸清郑匪的动向。”

哈啰点头表示同意。之后，哈啰便领着施琅重新回到了岛的北端。因为走得快，到达岛的北端时，才刚刚黄昏。施琅命哈啰用战船将伤员送回福州，再从福州多带些吃的、喝的东西到岛上来。因为刘国轩在澎湖的兵船已全部被消灭，所以施琅在派战船回福建的时候，心中十分坦然。

入夜，在施琅授意下，哈啰一连派出十数批人手，向岛的纵深处搜索，希冀能找到一些岛上的居民。所谓功夫不负有心人，至天明时分，终于有一批搜索队员带回了数十位岛上的百姓。

询问他们后得知，刘国轩已将岛上万余名百姓全部赶到了岛的东部，这数十位百姓是躲在一个山洞里才侥幸躲过驱赶的。这些百姓还告诉施琅，刘国轩的大本营就设在岛的东部的一个城堡里。那里地势险要，易守难攻。

施琅吩咐哈啰道："传令全军，迅速东进！"

这支由一万七千余人组成的清军纵队，在施琅和哈啰等人的指挥下，开始向澎湖大岛的东端开进。至中午时分，清军大队已接近了刘国轩的城堡。突然，从前面不远处的一大片乱石丛中，冒起了一股又一股的青烟，跟着，一发又一发炮弹开始在清军队伍中落下，爆炸。一时间，清军人仰马翻，阵脚大乱，连死带伤达千人左右。

施琅惊道："原来刘国轩把大炮都拖到这儿来了……"

哈啰刚才差点被一发炮弹击中。他骂骂咧咧地言道："混账郑匪，这里起码藏了五十门火炮……"

施琅若有所思地道："刘国轩果然名不虚传……这里确是隐藏火炮的好地方。如果他兵力充足，刚才一阵炮击之后再紧接着向我等发起攻击，那我等必将一败涂地！"

哈啰余怒未息地道："钦差大人，速速调些火炮过来，把这些混账郑匪统统炸死在这里！"

施琅有些苦笑道："哈将军，我们哪里还有什么火炮？"

哈啰一怔。是呀，清军火炮的炮弹已全部打光，虽又缴获了刘国辕几十门火炮，但也只剩下炮筒，并无一发炮弹。哈啰期期艾艾地问施琅道："要不……派战船回去从福州拉些火炮到这里来？"

施琅反问道："哈将军，福州还有火炮吗？"

哈啰稍微冷静下来。福州所有火炮都被带到了这里。若想获得火炮，只有两种办法可选择，一是派人去通知姚启圣总督在福州重新铸造火炮和炮弹，二是在福建全省去寻找火炮和炮弹。但是，不管选择哪一种办法，都需要一段相当长的时间。一万多清军能在这里空等这么长时间吗？

不，似乎还有一种办法可供选择……哈啰低低地对施琅言道："钦差大人，我们应该把郑匪的这些火炮想法子夺过来……"

"哈将军言之有理。施某也正在想这个问题。夺下郑匪这些大炮，不仅扫除了前进的障碍，而且还可以掉转炮口对刘国轩的城堡进行轰击。"

哈啰问道："该如何去夺郑匪的这些火炮？"

施琅言道："哈将军不要性急。先把部队安顿好，防止郑匪反击或偷袭。待天黑之后，再去仔细地侦察一番。"

天黑之后，施琅命哈啰镇守军营，自己则亲自登上一艘战船，在当地百姓的引导下，沿着海边，对澎湖大岛的东端进行侦察。施琅发现，刘国轩的火炮阵地距城堡约有二里之遥，火炮阵地上，约有刘国轩的三千人马，如果能从火炮阵地与城堡之间插入一支相当数量的清军，则极有可能将刘国轩的火炮阵地拿下，但这一带的岛壁，峭滑如削，清军根本就无法攀援。

施琅上半夜是在澎湖大岛东端的北面侦察的，下半夜时，施琅又带着失望绕到了南面。所谓不到黄河不死心，施琅幻想着南面会有一个可供清军登陆偷袭的地方。但侦察的结果仍然是两个沉甸甸的字：失望。

就在施琅失望复失望的时候，他所乘的战船似乎是无意间泊在了距澎湖大岛不足千尺的一个小岛边。因为澎湖是一个列岛，以一个大岛为中心，周围环绕着许多小岛。这许多小岛上，一般无人居住，因为大风大浪起时，风浪会将小岛上的一切都卷入大海里。再者，即使有些小岛适合人居住，也早被刘氏兄弟赶到大岛上去了。不过，任何事情都有例外，尽管大风大浪很是骇人，尽管那刘氏兄弟似乎比无情的大风大浪还要骇人，但仍然有一些大胆的渔民偷偷摸摸地居住在大岛周围的一些小岛上。

所谓无巧不成书。施琅的乘船无意间所停泊的那个小岛上，恰恰住着一个大胆的渔夫。这渔夫独身一人，年已届五十。更巧的是，施琅的战船刚一靠岸，那个渔夫便从黑暗中走了出来，似乎他是专门在此小岛上恭候施琅的到来的。如果真有什么“天意”的话，那施琅此番巧遇这个渔夫，恐怕就是这种“天意”的具体表现。

因为澎湖列岛上的百姓几乎人人都切齿痛恨刘氏兄弟，所以施琅与这个渔夫谈得很投机。待听说施琅正为无法登陆去突袭刘国轩的火炮阵地而一筹莫展之后，那渔夫却悠悠然言道：“峭壁虽难攀登，但并不等于就无法攀登……不瞒施大人，小人经常从那儿攀上大岛去……”

“那儿”，指的便是刘国轩的火炮阵地与城堡之间的岛壁。施琅简直有些不敢相信自己的耳朵。他竟一把抓住那个渔夫，急急地问道：“你是说，你能从那儿攀上去？”

“大人，就在前几天，小人还从那儿上去又下来过一回……”

施琅的双手慢慢地松开了那渔夫，只一对灼热无比的目光紧紧地盯着那渔夫的脸：“那儿峭壁异常陡滑，你如何能攀得上去？”

渔夫从脚下的地上提起一个像船锚一样形状的铁爪子，只是比船锚要小得多，铁爪子的尾端，拖着一条长长的绳索。

渔夫向施琅解释道：“这叫抓钩，是小人用来攀援的工具。”

施琅还是不甚明白：“抓钩又如何攀援？”

渔夫也没说话，领着施琅来到一个几乎是直立的大岩石旁。渔夫指着岩石问施琅道：“大人，这石壁比那岛壁如何？”

施琅看看石壁道：“这石壁似乎比那岛壁还要陡峭、光滑……”

渔夫低低地叫了一声“大人请看好了……”，说话的当口，他右手一摆，那抓钩“呼”地一声就朝着岩石的顶端飞去。施琅似乎听到“当”的一声，那抓钩竟稳稳地钩住了岩石的顶端。一条绳索，模模糊糊地在施琅的眼前晃荡。

那渔夫也不答话，双手抄起绳索，身体就像一只猿猴般，轻盈地向着岩石的顶端攀去。转眼间，他就攀到了岩石的顶端，又一松手，身体便“呼”地落回地面，站在了施琅的面前。好个渔夫，做完这一连串的动作后，竟然连大气都不喘。

施琅这回算是彻底地明白了。他高兴地言道："船家，用你这种办法，再找些善于攀援的士兵，便能攀上那处岛壁。不知那峭壁之上，可有郑匪士兵把守？"

渔夫摇了摇头："从来没有。不然，小人何以能在那儿来去自由？"

施琅沉吟道："郑匪的炮兵阵地与城堡之间只相距二里路程，如果船家领我的士兵攀上峭壁之后便被郑匪发觉，岂不是前功尽弃？"

渔夫却胸有成竹地回道："大人不必为此多虑。那峭壁之上，有一处很大的凹坑。小人会领大人的士兵在那凹坑里隐蔽的。"

施琅眉梢一动："凹坑？那凹坑有多大？能伏多少人？"

渔夫思忖道："如果挤得紧一些，大约能伏两千人左右。"

施琅不禁叫了一声："太好了！待两千人都攀上了峭壁，伏在那凹坑里，便可以对郑匪的炮兵阵地发动突袭了！"

渔夫言道："只是，那处峭壁只有十来个地方可以挂抓钩。十几条绳索要攀上去两千人，恐会费去很长一段时间。"

施琅问道："一夜时间够不够？"

"从天黑开始，到黎明……如果速度快，大概差不多了。"

"那就好，"施琅看了看夜空，"如果明天晚上没有月亮，也没有星星，那就更好了！"

渔夫却肯定地道："大人，依小人经验来看，明晚该是阴天。"

施琅算是彻底地放心了："船家，时间就定在明晚。现在我们来详细地商议一下具体的方法和步骤……"

天亮之后，施琅一边派出少许人对刘国轩的炮兵阵地佯攻以麻痹敌人，一边与哈啰紧张有序地挑选善于攀援的士兵。至中午，共挑出一千九百九十九名官兵。施琅喃喃自语道："只差一名，就凑足两千人了………"

哈啰轻轻言道："大人，下官在福州时，曾徒手攀上过城墙……"

施琅一怔："哈将军，你想去参加突击队？"

哈啰又轻轻一笑："大人，这么重要的任务，应该去个将军统率。"

施琅默然，尔后低低问道："哈将军，你知道此去会有什么后果吗？"

哈啰点点头："下官明白。此一去，恐怕就再也见不到大人了……"

施琅一时大受感动。施琅早就从姚启圣那里得知，哈啰是一个只要能取得战斗胜利就会不惜任何代价的人。由他去统率突击队，当是最恰当的人选。施琅也正是看中了哈啰敢打敢冲、不怕牺牲的特点，才会命他率两万清军从澎湖大岛北端强行登陆的。

施琅重重地对哈啰言道："哈将军，施某同意你去统率突击队！"

哈啰咧嘴笑了："谢大人成全！"

下午，施琅继续命人佯攻刘国轩的炮兵阵地。哈啰则带着两千手下选了一处峭壁进行攀援训练。黄昏时分，哈啰率众登上了十艘战船。施琅赶到海边为哈啰送行。哈啰问道："大人对下官还有什么吩咐？"

"将军去了之后，一切听那个船家的吩咐，切莫与他发生争执。"

"这是自然。下官脾气虽暴，却也知轻重缓急。大人还有什么吩咐？"

施琅慢慢地握住了哈啰的手："有将军前去，施某一百个放心。只要将军在敌人的背后动了手，施某就会以最快的速度冲上去。只希望将军万万保重，因为，台湾还等着将军与施某一同去收复呢！"

哈啰勉力地笑了笑："大人放心，只要有一点点可能，下官就不会轻易地死去。不瞒大人，与大人在一起并肩作战，下官实在称心如意！"

蓦地，他几乎是附在施琅的耳边道："大人，下官有一个请求，不知当讲不当讲……"

施琅忙道："哈将军有任何话，尽可以对施某言出。"

哈啰顿了一下，然后言道："大人，如果下官不幸战死，请大人将下官就埋在澎湖大岛上……下官即使死了，也要为大清国镇守这澎湖列岛！"

施琅一时无言。许久，他才缓缓地言道："如果真的发生了这样不幸的事，施某一定会满足哈将军的心愿！"

哈啰终于离施琅而去了。他挺立在船头，频频向施琅招手。施琅看见，在如血的残阳映照下，哈啰那一向坚毅果敢的脸庞，竟然显得无比的温柔。施琅默默念叨道："哈将军，放心地去吧，如果皇上知道大清国有你这样忠心耿耿的将军，他就不会再为收复台湾而忧虑了。"

天黑了下来，为配合哈啰，施琅命千余手下在刘国轩的炮兵阵地前一会儿呐喊呼叫，一会儿又煽风点火，做出一副要强攻的模样。果然，刘国轩的炮兵不知虚实，只胡乱地向着有动静的地方开炮。而与此同时，施琅组织了一万精兵，埋伏在敌人炮火打不着的地方。施琅给这一万人下达的命令是：待敌人的炮兵阵地上发生混乱的时候，就不要命地向上攻，率先冲上郑匪炮兵阵地的，当官的连升两级，当兵的赏银子一百两。

由于施琅的手下老是在阵地前折腾，刘国轩的炮兵便开始疲倦了，也不朝下面开炮了。而施琅却不肯罢休。他命手下仨人俩人一组的，干脆朝着炮兵阵地的附近摸去，有几组士兵，甚至摸到了一尊大炮的炮口下，慌得刘国轩的炮兵又赶紧连连开炮，还用火枪和弓箭向下射击。这样，一直到黎明前，刘国轩的炮兵阵地前才悄然安静下来。

黎明前是一天当中最为黑暗的时刻。而这么一个黎明前，又无疑是施琅最为紧张的时刻。他的大脑里只在想着一个问题：哈啰的两千人马，都顺利地攀上峭壁了吗？他一遍又一遍地催问观察的哨兵："哈将军开始攻击了吗？"然而得到的回答却都是否定的。

施琅不无担忧地思忖道："难道，哈啰攀援峭壁不顺利？"

眼看着，天就要亮了。施琅心中的担忧越来越沉重。如果，哈啰等人攀援不成，那么，待天亮了之后，哈啰等人就没有什么机会了。

就在施琅忧心忡忡的当口，确切讲，就在天亮之前的那一瞬间，负责观察敌人炮兵阵地的哨兵突然朝着施琅喊道："大人，郑匪炮兵阵地上开始骚乱了……"

施琅闻言，立即就从地面上弹了起来，并迅即振臂高呼道："弟兄们，向上冲啊！哈将军已经在郑匪的背后动手了！"

一万名士兵，几乎在地上趴了一夜，此时此刻，他们全部的精力都凝聚在了双腿上。他们哪里是在跑，他们简直是在飞。他们知道，他们早冲上去一刻，哈啰和那两千名弟兄就多了一点生还的可能。所以，这一万名士兵，在施琅的率领下，汇成一股巨大的旋风，直向刘国轩的炮兵阵地上卷去。

有炮弹在施琅的身边爆炸，有火枪和弓箭从施琅的身边射过。但施琅全然不顾，依然一马当先地冲在最前头。

近了，更近了。刘国轩的炮兵阵地就在眼前。施琅看见，数不清的人正在面对面地厮杀。显然，刘国轩的三千炮兵已经被哈啰等人死死地缠住了。他们已经腾不出多少人手和时间来阻止施琅等人的进攻了。

但施琅同时也看见，哈啰等人已经被郑军团团围住。不仅有刘国轩的三千炮兵，而且还有从刘国轩城堡里赶来的数千人马。施琅急对身后的手下喊道："快上啊！快杀啊！"

施琅的一万清军杀入炮兵阵地，阵地上的情形顿时改观。毕竟施琅的清军在人数上占优，而且施琅还有三千人马在后面赶来，所以清军最后取胜似乎只是个时间上的问题。

厮杀至正午，战场的形势已经明朗。刘国轩的人马再也抵挡不住，向城堡节节败退。有手下建议乘胜追击，一举攻下城堡，但施琅没有同意。施琅的命令是：速速打扫战场，原地休息待命。

施琅为何不对刘国轩的人马乘胜追击？原来，刘国轩盘踞的那个城堡地势非常险要。这城堡位于澎湖大岛的最东端，三面环海，一面朝着施琅的方向。城堡内的房屋依地势而建，高低不平，参差不齐，房屋与房屋间的道路，时而宽，时而窄，时而长，时而短，时而笔直时而又弯曲，活像是一座座迷宫，确实易守难攻。刘国轩又有不少火枪和弓箭，如果清军冒冒失失地追过去，摸不清城堡里的道路，岂不都成了刘国轩火枪和弓箭的活靶子？

施琅下令停止追击，还有一个很重要的原因，那就是，炮兵阵地上的战斗已经结束了，可施琅却始终没有看见哈啰的身影。所以，他在下达了"打扫战场，原地待命"的命令后，紧接着又下达了第二个命令：打扫战场的同时，全力以赴寻找哈啰将军。施琅还重重地强调：寻找哈啰将军，活要见人，死要见尸。

终于，一个时辰之后，几个士兵找到了哈啰。只是，哈啰已经死了。

哈啰死时的情景很独特。他的身体呈一种前扑的姿式，他的右手是向前伸着的，右手中的长剑洞穿了一个郑兵的脊背，而哈啰自己的脊背上，却扎着一把致命的长剑。

哈啰死时的情形大概是这样的：一个郑兵想要逃跑，被哈啰发现了，哈啰一个鱼跃，用剑刺死了想要逃跑的郑兵，而与此同时，另一个郑兵却把一支长剑刺进了哈啰的脊背。因为这一切来得太突然，所以哈啰的双目不仅大睁着，而且脸上还呈现出一种非常兴奋的表情，似乎他鱼跃刺死的那个郑兵，正是刘国轩。

不过，哈啰刺死的虽然不是刘国轩，却也是个在郑军中很有地位和影响的人物。为哈啰等人引路的那个渔夫认出了那个郑兵。他指着那个郑兵，声音有些异样地对着施琅言道："大人，哈将军把刘国辕给刺死了……"

施琅双膝跪在哈啰的跟前，轻轻地慢慢地合上哈啰的双眼，噙着热泪，哽咽着言道："哈将军，你可以瞑目了……"

施琅唏嘘片刻，重新站直了身子："待施某攻下澎湖，收复台湾之后，定禀明当今圣上，为哈将军在此树碑立传！"

施琅安葬了哈啰的遗体之后，便开始部署对刘国轩进行最后一击了。施琅尚有一万左右人马，除去伤号和其他，至少还有八九千人可以投入战斗。而刘国轩满打满算，也至多还有五千兵力。也就是说，从军队的人数上看，施琅几乎是刘国轩的二倍。更主要的，施琅夺得了刘国轩的近五十门火炮，且足足有数千发炮弹可供发射。看来，刘国轩将这么多的炮弹囤积于此，是早就做好了与清军在此决一雌雄的准备。但刘国轩没有想到的是，他这一精心的准备，居然帮了施琅的忙。

施琅拥有绝对优势的兵力，又拥有威力巨大的火炮，攻下刘国轩的城堡，当不是什么难事。但是，施琅并没有急于向城堡发功进攻。原因除了城堡地形太过复杂，纵然有几十门火炮支援，若强攻进去，也必将招致重大损失之外，更主要的原因则是，刘国轩已将澎湖大岛上的万余百姓赶进了城堡。刘国轩这么做的目的，一是不让岛上的百姓为清军引路，二是在迫不得已的情况下，拿这些百姓做挡箭牌。如果施琅用火炮猛轰城堡，则城堡内的百姓也必然会有重大伤亡。

施琅想用一种比较和平的方式解决澎湖大岛上的这最后的战斗。他以为，清军已大兵压境，这种和平的方式是完全有可能实现的。所以，他就找来一个俘虏，让这俘虏捎了一封信给城堡里的刘国轩。施琅在信中，先分析了一下目前的形势，然后称，只要刘国轩将军率众投诚，他施琅就绝对保证他们的人身安全。施琅在信中甚至还言称，如果刘国轩愿意协助清军收复台湾，那他施琅就一定在康熙皇帝的面前为刘国轩请功。

那个俘虏带着施琅的亲笔信走进城堡的时候是正午。施琅耐心地等待，至下午，那个俘虏也没有出来。施琅并没有灰心，又写了一封信，又打发一个俘虏走进城堡。至黄昏，杳无音信。施琅有些失望了，但还是写了第三封信，派了第三个俘虏再次走入城堡。这一回，天黑的时候，第三个俘虏走出了城堡。施琅喜孜孜地迎了上去。那俘虏给施琅带回了一封刘国轩的亲笔信。刘国轩的亲笔信很简短，也很扼要，只有四个字：少说废话。

施琅怒了。他以为，自己已经做得仁至义尽，既然刘国轩不想以和平的方式解决此事，那就不能怪他施琅不客气了。当然，既要开战，他施琅也就顾不得城堡里的什么百姓苍生了。

不过，施琅虽然生气，虽然动怒，但也还算冷静。他并没有连夜就向刘国轩的城堡发动进攻，而是命令军队好好地休息一夜，养足精神，待明日凌晨，再向刘国轩的城堡发动总攻。施琅对官兵们言道："用三天时间，彻底解决这场战斗！"

第二十四章 建奇勋施琅复宝岛 窥沃土罗刹犯北疆

亏得康熙的生活中并非只有女人这一个内容。在康熙的生活中，还有许多比女人更为重要的事情。至少，在阿露走后，康熙所面临的一个最棘手的问题，便是如何去对付侵扰大清东北的罗刹。

次日凌晨，施琅开始动手了。他把约九千人的军队分成上、中、下三个纵队，每个纵队配备火炮十五门、炮弹千余发。施琅对三个纵队的指挥官命令道："只管往城堡里面打，一点一点地把刘国轩和他的城堡蚕食掉!"

总攻开始了。清军的数十门火炮，分上、中、下三路，对着刘国轩的城堡狂轰滥炸。火炮打到哪里，清军就冲到哪里。然后炮火再向前延伸，清军再接着往前冲。这种进攻，虽然进展较慢，但却在很大程度上减少了清军的伤亡。因为清军猛烈的炮火，的确摧毁了刘国轩多年苦心经营的工事。

然而，清军炮火再猛，终也不能将刘国轩所有的工事都摧毁。刘国轩手下许多火枪手和弓箭手都隐藏在石洞里或由岩石垒成的房屋里。清军的火炮很难将那些石洞和石屋毁坏。待清军炮击停止之后，那些火枪手和弓箭手便开始朝着冲上来的清军射击。这样一来，清军就必须逐洞逐房地与刘国轩的手下争夺。如此，不仅进攻的速度慢，伤亡也着实很大。

激战了两天两夜后，三路清军终于占领了大部分城堡。刘国轩的残兵败将被迫龟缩在城堡的东南角上。清军的最后胜利，已经触手可及了。

激战了两天两夜，死了的人倒还罢了，还活着的人也着实疲惫不堪。所以，在攻打城堡的第三天，施琅让自己的军队休息了一上午。反正，刘国轩和他的残兵败将龟缩在城堡的东南一角，已是插翅难飞。

下午，施琅把所有还能参加战斗的清军将士都集中起来，先用数十门火炮把剩下的炮弹都打出去，然后便指挥将士对刘国轩发动了最后一击。

清军的这最后一击，虽然打得很艰难，却也顺利。至黄昏时分，仅剩的刘国轩的数百名残兵败将被迫投降。澎湖之战从此宣告结束。

然而，刘国轩却逃跑了。据俘虏交待，刘国轩是在清军就要取得最后胜利的前一刻，乘一只小船向台湾方向逃去的。不过，施琅暂时是无力再继续进攻台湾了。经澎湖一役，施琅的身边，连伤者在内，也只还有五千余众。凭这么一点兵力去收复台湾，显然是不现实的。

所以，施琅就命清军暂在澎湖大岛上安顿了下来，自己则带着伤病员回到了福州，与福建总督姚启圣一起共商收复台湾大计。

姚启圣见施琅平安归来，很是高兴。他给施琅接风洗尘，殷勤得不亦乐乎。施琅笑谓姚启圣道："姚大人对施某如此盛情，定有他图。"

姚启圣也不隐瞒："姚某只图与钦差大人一起去收复台湾！"

澎湖既克，台湾的郑氏政权已无实力再与清军抗衡，换句话说，去收复台湾，已没有什么风险可言了。所以，施琅就这样回答姚启圣道："总督大人之言，施某敢不从命？"

姚启圣一听，竟然高兴得跳了起来。是呀，收复台湾，完成国家的统一，像这等彪炳史册的光荣之事，一个人的一生，又能遇到几回？

要去收复台湾，兵力不成什么问题。福建陆军提督万正色早按施琅的指令训练成了一支两万人的精锐部队。虽然施琅去攻打澎湖时所带的两万多人已寥寥无几，但有万正色的那两万生力军去收取台湾，当绰绰有余。

一个多月后，也即公元1683年的八月初，施琅和姚启圣二人，率战船二百艘、大炮二百门并官兵两万，浩浩荡荡地离开福建，径向台湾岛而去。途经澎湖，又有三千多人登上战船。姚启圣信心十足地对施琅言道："此一去，台湾必克！"

施琅却悠悠然言道："施某现在最关心的是，此去定要抓获刘国轩！"

姚启圣会意地一笑道："钦差大人说的是，刘国轩在澎湖跑了一回，这一回，决不能让他在台湾又跑了！"

施琅轻松地一笑道："姚大人放心，那刘国轩从澎湖可以跑到台湾，可他从台湾，又能跑到哪里去呢？"

姚启圣大笑道："我看，那刘国轩只能往大海里面跑了！"

是呀，清军一攻入台湾，那刘国轩就将无路可逃了。然而，令施琅和姚启圣没有想到的是，清军于八月十一日登陆台湾岛，于八月十二日向台湾城进发，八月十三日郑克塽便带着数千人马弃城投降。施琅和姚启圣几乎是兵不血刃地就收取了台湾岛。只不过，施琅和姚启圣一心想抓获的那个刘国轩，却在这之前，就已经死了。杀死刘国轩的人，便是那个郑克塽。

却原来，刘国轩兵败澎湖，逃到台湾之后，脾气变得更加暴戾起来。也许是他预感到末日即将来临了吧，动辄就骂人、打人甚至杀人。连郑克塽也常常遭到刘国轩的呵斥甚至辱骂。郑克塽心中自是极为不满。

刘国轩在台湾城内尚有数千兵马，在赤嵌城等地也还有三千多军队。但仅靠这几千人马是远不足以抵御清军的。所以，刘国轩就想大力地扩充军队。可是由于刘国轩一向虐民，老百姓不但不应征入伍，反而自发地组织起来，袭击刘国轩的军队。这样一来，刘国轩的军队不仅没有得到扩充，反而逐渐地减少。到得最后，刘国轩的军队只能龟缩在台湾府城里，不敢轻易出城一步。其他的地方，似乎都已不太安全。从这个角度来说，即使清军不大举攻入台湾，刘国轩在台湾的暴力统治也会被愤怒的老百姓推翻。

刘国轩似乎还在强作镇定，但郑克塽却感到了极大的恐惧。不管是清军还是台湾岛上的老百姓，只要他们一攻进台湾府城，他郑克塽花天酒地的生活就要宣告彻底结束。所以，在那一个多月的时间里，郑克塽几乎都是在一种提心吊胆又惶惶不安的状态下度过的。

刘国轩情知自己难以在清军的攻击下保住台湾府城，所以就早早地做好了“与台湾共存亡”的准备。他命人在偌大的台湾府城内到处都埋下了炸药，这些炸药的威力，足以将整个台湾府城都夷为平地。刘国轩的意图是，待清军大举攻入台湾府城后，就点燃预先埋下的炸药。

郑克塽得知“与台湾共存亡”的含义后吓出了一声冷汗，如果刘国轩的这一计划得以实现，他郑克塽十有八九要葬身台湾府城。

但郑克塽不想死。既然不想死，那就会去想出一个不会死的法子。

郑克塽想的是，如果自己兵败被清军所俘，恐怕难逃活命。要想活命，就必须要有“立功”的表现。比如，向清军主动投降，或者，把台湾府城完好无损地献给清军。

可是，无论他想主动投降还是想把台湾完整地交给清军，都有一个共同的障碍，那就是刘国轩。换句话说，只要刘国轩还活着，他郑克塽就可能活不了，而郑克塽要想活下去，那刘国轩就必须在这之前先死去。

但是，刘国轩不会主动地去死。要想刘国轩死，就必须去杀他。而去杀刘国轩的人，似乎又只能是他郑克塽。但问题是，郑克塽早已被酒色掏空了身子，手无缚鸡之力，他敢去杀刘国轩吗？又能够杀掉刘国轩吗？

那是八月十一日，也就是施琅和姚启圣率两万清军攻上台湾岛的那一天。郑克塽坐在自家的一张桌旁，面对着桌上的一坛酒发呆。是啊，清军已经登陆，不日便将抵达台湾府城，可是，那刘国轩却还活得好好的，这叫郑克塽如何不心急如焚又无可奈何？

恰在这时，一手下报告，说是刘国轩大将军来了。郑克塽先是一惊，继而一怔，最后突然窃喜起来：“去把刘大将军直接领到这儿来！”

因为郑克塽是坐在自己的卧室里，刘国轩要走到这儿，必须花去一段时间，这一段时间虽然不很漫长，但对郑克塽而言，却足够他做某件事了。

刘国轩大步跨进了郑克塽的卧室，一眼就看见郑克塽一动不动地坐在一张桌边，对着桌上的一坛酒发呆。刘国轩快步走到桌边，一屁股坐在了郑克塽的对面，且“哈哈”大笑着对郑克塽言道：“刘某来此，是想告诉你一个消息，清军已于今日凌晨，登陆台湾岛。”

郑克塽有气无力地回道：“这一消息，我已得知，所以，我就想大醉一场，了此残生，可因为太过恐惧，只饮了半坛，就再也不敢再喝……”

刘国轩鄙夷地看着郑克塽道：“你也真是太脓包了！大丈夫顶天立地，死则死耳，又何惧之有？你如何会被满鞑子吓得到了连酒都不敢喝的地步？”

郑克塽强自苦笑了一下："刘大将军，大话谁都会说。我就不相信，在如此危急关头，你还有心思、还有胆量喝酒……"

刘国轩不屑地哼了一声，稳稳地站起，又稳稳地抱起桌上的那坛酒，"咕嘟咕嘟"地就将酒坛喝了个底朝天，然后把酒坛"当"的一声摔在地上，一抹双唇，大声地问郑克塽道："你看我可有心思、可有胆量再喝酒？"

"如果大将军知道那酒里有毒，还有心思有胆量再喝吗？"

"啊？"刘国轩大为惊恐，右手不自觉地就抽出了剑来，"你，为什么要这么做？"

"因为，我要活，我要去投降大清天子……"

"你这个混蛋！"刘国轩一扬手中的长剑，便要扑向郑克塽。然而，他刚一迈开脚步，腹内就突然一阵绞痛：毒性发作了。

也许，郑克塽一生中只做过两件自作主张的事。一是他没有同刘国轩商量就给大清康熙皇帝写了一封"求和"的信，二是他没有征得刘国轩的同意就毒死了刘国轩。

刘国轩死后，台湾府城内多多少少地有些骚动，但第二天，这种骚动就渐渐地平静下来。第三天，也就是清军兵临台湾府城下的时候，郑克塽很是平静地打开城门，领着城内数千官兵，向施琅和姚启圣举起了白旗。

还别说，郑克塽主动投降的目的还真的达到了。他杀死刘国轩，保全了台湾府城内的百姓，大小也是功劳一件，后经报康熙恩准，施琅和姚启圣就留下了郑克塽一条性命。只不过，花天酒地的生活却从此与郑克塽无缘了。人们常说，有所得必有所失，此之谓也。

收复了台湾之后，该如何处置台湾及澎湖等地，姚启圣等人一时拿不定主意。甚至有人向姚启圣建议道：台湾如此偏僻荒凉，还不如将它放弃。

但施琅却以为，台湾虽然偏僻荒凉，却是大清国东南数省的屏蔽，如果放弃，则西洋人就肯定还会再来，那样，大清国的东南沿海就又会面临着莫大的威胁。

征得了姚启圣的同意后，施琅给康熙写了一本长长的奏折。在奏折中，施琅先是简要地叙述了收复澎湖及台湾的经过，然后便详细地叙说了自己对处置台湾及澎湖的看法，并着重强调一点：台湾及澎湖绝不能放弃。

施琅的这本奏折送进紫禁城时，是在一个夜里。当时，夜已比较深了。但是康熙还没有就寝，因为他当时的心情很好。康熙之所以会有那么好的心情，乃是因为清军在东北对罗刹兵打了一个不大不小的胜仗，还俘获了一个罗刹将军。待康熙处理好了罗刹的事情，夜已比较深了。但康熙毫无倦意，恰在这时，施琅的捷报到了。

阅毕奏折，康熙眉飞色舞："好个施琅，果不负朕望，栋梁之材啊！赵昌，宣索额图，朕有要事与他商谈。"

索额图转瞬已到。康熙略略惊讶道："索爱卿如何来得这么快？"

索额图回道："臣遵照皇上旨意，将那罗刹将军梅利尼克放了。正待出宫，赵公公找来，所以臣就快步赶来了。"

康熙点点头，然后将施琅的那本奏折递与索额图："爱卿，你且看看，施琅为朕立下了多么大的一件功劳……都说台湾海洋深远、郑匪善战，不易攻取，可施爱卿不是很轻松地就将台湾收复了吗？"

索额图看罢也不禁咂舌称赞道："施琅果然英勇，见识也不凡！"

康熙慢慢言道："朕准备给施琅和姚启圣加官晋爵，并拟派施琅和姚启圣二人永远为朕镇守大清东南。索爱卿以为如何？"

"皇上英明！有施琅和姚启圣二人，大清东南将永保平安！"

康熙又道："索爱卿，施琅对处置台湾的建议，你以为如何？"

索额图回道："臣的看法与施琅一致。台湾既已被收复，就不能再轻易地放弃。一旦放弃，西洋人必卷土重来，而西洋人一来，则大清东南必无宁日矣！不知皇上意欲如何处置台湾？"

康熙沉吟道："朕的意思，是在台湾设府，隶属福建管辖，而澎湖则归属台湾。这样一来，台湾及澎湖就永远是朕的一部分领土了。即便西洋人想来骚扰，那也得看朕是否愿意了！"

索额图言道："皇上所言极是。将台湾并入福建，西洋人就再也不敢来骚扰了！"

于是，康熙与索额图君臣二人，参照施琅的建议，经过仔细地商量斟酌后，决定如此处理台湾事宜：在台湾设一府三县（台湾府，台湾、凤山及诸罗三县），隶属福建省；在台湾设总兵一员、副将二员，驻兵八千；在澎湖设副将一员，驻兵两千。

这样，无论是行政上还是军事上，台湾都并入了清王朝的统一控制之下。从祖国统一角度讲，施琅与姚启圣二人，当足以名垂中国史册。

康熙扬眉言道："收复了台湾，朕就可以一心一意地去对付罗刹了！"

第二天康熙上完早朝，本想即刻回乾清宫的，可又想起有好几天没去慈宁宫了，便决定去慈宁宫看望一下皇祖母博尔济吉特氏。到了慈宁宫，见博尔济吉特氏的身体很好，康熙很是高兴。然而，在康熙就要离开的时候，博尔济吉特氏说出的一番话，却令康熙怎么也高兴不起来了。

博尔济吉特氏首先这样问康熙道："听说，你过去曾答应过阿露，在适当的时候，允许她出宫，是吗？"

康熙回道："是的，皇祖母。赵盛出宫的时候，阿露也向朕要求出宫。朕对她说，待天下安定了，朕就允许她出宫。"

博尔济吉特氏微微一笑道："孩子，你这是不想让她出宫呢！如果大清天下总是有这样或那样的事情发生，阿露岂不是要在宫中呆上一辈子？"

康熙不觉一怔："皇祖母所言，确也有理。只不过，孩儿是不可能让大清江山一直动荡不安的。”

博尔济吉特氏言道：“话虽如此，但如果大清江山十年二十年经常有事端发生，阿露岂不是变得人老珠黄了？那个时候再出宫，还有什么意义？”

康熙直觉得皇祖母今日的言语有些异样。她为何对阿露出宫一事如此关心？阿露出宫不出与皇祖母有多大的干系？

殊不知，阿露出不出宫与博尔济吉特氏的关系非常大。康熙的孝诚皇后赫舍里氏死后，由博尔济吉特氏做主，升贵妃乌雅氏为孝恭仁皇后，但康熙几乎整天都呆在乾清宫里，很少到坤宁宫去，其他嫔妃更是遭到康熙的冷落。博尔济吉特氏以为，康熙这种后宫生活，很不成体统。她虽已不再过问政事，但大清国宫闱之事，她却不能不问。所以，博尔济吉特氏便想让久侍于乾清宫的阿露早日出宫。博尔济吉特氏的想法是，只要阿露一离开宫中，康熙就只能对乌雅氏皇后及诸多后妃多加关怀体贴了。

事实是，博尔济吉特氏的这个想法还真实现了。后来阿露一出宫，康熙也真的对孝恭仁皇后及诸多后妃大加“关怀”和“体贴”了。不说别的，仅以孝恭仁皇后乌雅氏为例，她在为康熙生下四阿哥胤禛之后，又为康熙生下了六阿哥胤祚（后不幸夭折）和十四阿哥胤祯。如果康熙不对孝恭仁皇后乌雅氏大加“关怀”和“体贴”，她岂能生下这几个阿哥来？当然，这是后话。

此刻，康熙见博尔济吉特氏对阿露出宫一事如此关心，便轻轻问道：“依皇祖母的意思，孩儿现在应该拿阿露怎么办？”

博尔济吉特氏言道：“你让她出宫啊！你若真的关心她，你就现在让她出宫。她现在还算是年轻，出宫之后，也还能找到自己的归宿。待她变得老了，你就是催她出宫，恐怕她都不愿意出宫了呢。”

康熙讪讪地一笑道：“皇祖母说的是。待孩儿回乾清宫之后，便与阿露提及此事……”

博尔济吉特氏道：“昨天上午，我已经跟她谈过了，如果没有什么意外事情耽搁的话，现在这个时候，阿露已经离开乾清宫了。”

“啊？”康熙不觉暗叫了一声。他终于明白阿露这几天为什么会一反常态了，原来，她已决定要离他而去。

博尔济吉特氏见康熙脸色非常难看，虽然心中明白，却也仍然问道：“孩子，你怎么了？怎么脸色如此苍白？”

康熙有气无力地道：“孩儿……有些头晕，孩儿……想回宫了。”

博尔济吉特氏静静地言道：“既是头晕，你就回宫好好地休息。不过，你要想得开，阿露终究只是一个寻常的宫女，我让她出宫，也是在为她好。你是大清国的皇上，切莫为一个阿露而想得太多。大清国有许多事情在等着你去做呢！”

是呀，康熙是大清国的皇上，阿露只是大清国的宫女。大清国可以没有像阿露这样的宫女，但万万不可没有像康熙这样的皇帝。这，也许就是博尔济吉特氏内心的真实想法。而她的这些想法，无论对错与否，康熙都是不便与之争执的。这不仅因为她是他的皇祖母，更主要的原因是，如果没有她博尔济吉特氏，恐怕就没有他康熙皇帝的今天。

康熙苦笑道："皇祖母教诲，孩儿已铭记。孩儿回乾清宫去了！"

尽管已经知道阿露离开了乾清宫，离开了紫禁城，但康熙回乾清宫的速度还是相当快的。因为他有这么一种幻想：也许阿露有事耽搁了，还未来得及离开乾清宫。

但幻想毕竟不是现实。阿露确已离开了乾清宫。当康熙气喘吁吁地跨进乾清宫时，只看见赵昌和另外一位陌生的小宫女站在门前迎候。康熙劈脸就问道："赵昌，阿露何在？"

赵昌急急地回道："阿露奉太皇太后旨意，已出宫而去。"

"果然……走了……"康熙一阵晕眩，身体有些摇摇晃晃的。慌得赵昌和那位小宫女连忙上前搀扶。片刻，康熙稳住了心神，一眼瞥见了那位小宫女，不禁喃喃地问道："你是谁？为何会在这里？"

"奴婢名唤阿霖，奉太皇太后旨意，前来伺候皇上……"

"阿霖？"康熙不觉盯住了她的脸庞，"你起来。朕且问你，你为何长得与阿露颇为相像？你的名字为何也与阿露的名字颇有关联？"

是啊，一个叫阿露，一个叫阿霖，岂不颇有关联？阿霖还未来得及回答，赵昌就抢先言道："奴才回皇上的话，这阿霖本是阿露的妹妹，所以二人长得颇为相像……"

"哦？"康熙一怔，"阿霖，你既是阿露的妹妹，那你定然知道阿露是去往何处了？"

阿霖回道："奴婢只知道奴婢的姐姐出宫前向太皇太后请求将奴婢调来伺候皇上，其他事情，奴婢一概不知，请皇上恕罪……"

赵昌忙道："皇上，去问问太皇太后，不就知道阿露去往何处了吗？"

康熙狠狠地瞪了赵昌一眼："赵昌，如果太皇太后也不知道阿露去往何处，你待如何？"

赵昌慌忙抽了自己一记耳光："奴才该死，奴才不该多嘴多舌……"

是的，博尔济吉特氏也不一定知道阿露去往何处。即使知道，她既不说，康熙又何必要问？尽管，康熙的内心深处，对博尔济吉特氏如此安排他的生活很是有些不快，但除了不快之外，他又能做些什么呢？还算不错，阿露走了，博尔济吉特氏将阿露的妹妹调往了乾清宫。这是对康熙的一种安慰还是对康熙的一种补偿？

康熙深深地叹了口气。赵盛走了，赵昌不是也来到了乾清宫？可曾经沧海难为水，除却巫山不是云，赵昌永远不可能代替赵盛，而阿霖也是不可能代替阿露在康熙心目中的地位。

康熙一生中真正挚爱的也许只有两个女人。一个是孝诚皇后赫舍里氏，一个是他的侍女阿露。现在，赫舍里氏死了，而阿露也离他而去。康熙未来的生活，还有什么意义？

但意义终归还是有的。没有了赫舍里氏，没有了阿露，康熙便只能把自己的精力发泄在孝恭仁皇后乌雅氏及诸多饥渴难耐的后妃身上。对乌雅氏及诸多后妃而言，这岂不是一种莫大的荣幸？而荣幸，便是一种意义所在。

实际上，自阿露出宫以后，康熙的私生活就变得杂乱无章起来。许许多多的后妃都得到过康熙的"滋润"，在康熙的"滋润"下，许许多多的后妃又为康熙生下了许许多多的阿哥和公主，但是，却没有一个后妃，包括孝恭仁皇后乌雅氏在内，能真正得到康熙的宠幸。这，究竟是康熙皇帝的不幸，还是那些后妃们的悲哀？

亏得康熙的生活中并非只有女人这一个内容。在康熙的生活中，还有许多比女人更为重要的事情。至少，在阿露走后，康熙所面临的一个最棘手的问题，便是如何去对付侵扰大清东北的罗刹。

至少从公元1643年（明崇祯十六年、清崇德八年）起，沙皇俄国就派哥萨克窜到中国的黑龙江流域进行侵略骚扰。公元1656年（清顺治十三年），沙皇派以巴伊可夫为首的使团来到京城，说是要与清王朝谈一谈黑龙江流域的归属问题，但顺治皇帝没有接待。公元1670年（清康熙九年，亦即康熙皇帝清除鳌拜势力后的第二年），沙皇又派使者米洛瓦洛夫来到京城，叫康熙向俄国沙皇称臣纳贡。年少气盛的康熙懒得接见米洛瓦洛夫，只是让朝臣转告米洛瓦洛夫，说沙皇的要求是极其荒谬的，并要求俄国士兵停止在大清东北的骚扰。公元1676年（康熙十五年），沙皇俄国又派了以尼果赖为首的使团来到京城。尼果赖使团来京的目的，表面上看是为了与清王朝谋求和平，但实际上，却是为了侦探大清国的虚实与态度，以便部署进一步的侵略活动。鉴于当时正值平定三藩之乱的紧张时期，清王朝还不想也不能同沙皇俄国开战，所以康熙就两次隆重地接见了尼果赖使团，表达了希望两国友好的意愿。但尼果赖却趁机吹嘘道："沙皇是天上的太阳，照亮了月亮和所有的星星。沙皇的恩德不但荫庇了俄国的臣民，而且任何国家的君主都受沙皇的荫庇，好像星星受太阳的照耀一样。"还无理要求清朝政府每年要送大批金银、丝绸、宝物到俄国去。对尼果赖如此的吹嘘、恫吓和要挟，康熙也没较真，只是笑着对众大臣言道："他们只是这么说说而已。"

至1681年（康熙二十年），康熙平定三藩之乱的时候，俄国士兵已在中国黑龙江流域建立了许多据点，以托尔布津在黑龙江中游所建的雅克萨城为最大。

托尔布津原是沙皇俄国的一个没落的贵族，他见在俄国发展无望，又见许多侵略者从东方抢回来大批的金银财物，一个个都由原先的穷光蛋变成了富翁，很是眼馋，更是心动，便主动向沙皇请求去东方为沙皇俄国拓宽疆界。托尔布津的这一请求，正与沙皇的侵略野心相吻合。于是，沙皇就允许托尔布津招募军队，去远东发展。

托尔布津没有辜负沙皇的“殷切期望”。他带着一支千余人的侵略军，窜到了大清国的东北，并很快地就在黑龙江流域站住了脚，建立了当时沙皇俄国在大清国东北最大的侵略据点雅克萨城。沙皇为表彰托尔布津这一卓越的“贡献”，就任命托尔布津为雅克萨督军，继续扩大俄国在大清国东北的侵略势力和范围。托尔布津更是踌躇满志，决心为沙皇俄国做出更为卓越的“贡献”。他在给沙皇的一封奏折上写道：臣愿为吾皇陛下，鞠躬尽瘁，死而后已。

托尔布津手下最得力的干将叫梅利尼克。这家伙长得五大三粗，且浑身上下布满了一层浓浓的黑毛，活像是一只大狗熊。这大狗熊有三大爱好很是博得托尔布津的赞赏。梅利尼克的三大“爱好”是：杀人，奸淫，吃人肉。因此，托尔布津在自己被沙皇任命为雅克萨督军之后，立即就将梅利尼克提拔为将军。

雅克萨城建立之后，梅利尼克干了一连串让托尔布津“赏心悦目”的事情。这些事情，都发生在公元 1681 年，即平定了三藩之乱的那一年。

第一件事情，好像是这一年的早春。梅利尼克带着一百多侵略军士兵沿黑龙江南下。一天之后，他们到达黑龙江和精奇里江的交汇口。那里是鄂伦春人居住的地方。由于梅利尼克和他的侵略军长途跋涉、又饥又饿，便假惺惺地找到一个鄂伦春族的头人，说他们是偶然经过这里，迷了路，想讨点吃的喝的东西。热情好客的鄂伦春人把自己的好东西统统拿出来招待侵略军。待酒足饭饱、恢复了体力之后，梅利尼克便露出了凶残的本相。

梅利尼克命人将那个鄂伦春头人五花大绑起来。然后，他又以那个头人的名义将那个部落的数百名鄂伦春人全集中在一个旷地里。接着，梅利尼克命令那个头人下令年轻力壮的鄂伦春人互相残杀。那头人誓死不从。梅利尼克就毫无人性地折磨那个头人。先剜去双眼，再割去舌头，直至将他活活折磨而死。鄂伦春人再也忍无可忍了，赤手空拳地冲上来与梅利尼克等侵略军搏斗。然而，手无寸铁的鄂伦春人不可能是武装到牙齿的侵略军的对手。他们还没有冲到侵略军的面前，就纷纷中弹倒下。连老人、妇女和儿童也没有幸免。几百名鄂伦春人，全部被梅利尼克的侵略军用火枪杀死。把人杀死之后，梅利尼克命手下大肆抢掠。共抢得牛羊牲畜三百多头、皮货一百多件。

但梅利尼克却对这次行动不甚满意。不甚满意的原因是，他没能吃到鄂伦春人的鲜肉，更没能奸淫到鄂伦春女人。为此，他还狠狠地惩罚了几个他的手下，因为，他们在开枪屠杀的时候，把鄂伦春族的妇女和小孩也打死了。托尔布津安慰梅利尼克道：“不要沮丧嘛！有了这一次的经验，你下次不就知道怎么做了吗？”

第二件事情，是在 1681 年的春暮夏初。梅利尼克带着二百多名侵略军并两门大炮，离开雅克萨城，沿黑龙江南下，再向东拐，三天三夜之后到达了牛满河与黑龙江的交汇处。这里是奇勒尔族人定居的地方。梅利尼克指挥侵略军包围了一个奇勒尔族的村庄，先是用大炮轰，将村庄里的奇勒尔人一点点地赶下了牛满河。时值牛满河发大水，上千名奇勒尔村民至少被大水冲走了一半。然后，梅利尼克命令手下将没有被大水冲走的奇勒尔人拽上岸捆绑起来，年老的男人、年老的女人统统砍下脑袋，把年轻力壮的男人集中到一间屋子里，放火活活烧死。而年轻的妇女和孩子，加上近千头猪马牛羊，便成了他梅利尼克的战利品。

这一次行动，梅利尼克心满意足。他不仅生吃了一个奇勒尔族的儿童，还奸淫了两个奇勒尔族的小姑娘。他还特地挑选了几个奇勒尔族的妇女送给了托尔布津，得到了托尔布津的大加赞赏。

第三件事情，发生在这一年的夏末。梅利尼克见烧杀抢掠屡屡得手，胃口就越来越大。在请示了托尔布津之后，梅利尼克建造了几艘大船，装载着三百来名侵略军及数门大炮，从雅克萨开始，一直向黑龙江的下游驶去。因为黑龙江的水位很高，流速也很快，所以梅利尼克没用几天时间便驶到了黑龙江与乌苏里江的交汇处。这里，是当时费雅喀族人居住的地方。

乌苏里江在黑龙江的南边。乌苏里江以西不远，是松花江。三江之间，有一个费雅喀族人很大的部落。这个大部落加上附近的小部落，足足有两千多人。这两千多人统归一个叫哈达的族长管辖。哈达已经没有了妻子，但有一个儿子，还有一个女儿。儿子叫海达，今年二十岁。女儿叫蒙达，今年十六岁。海达长得很魁梧，看起来像一个很勇猛的猎人。蒙达长得很瘦弱，看起来一阵风都能把她吹倒。

梅利尼克惨无人道地杀害鄂伦春人和奇勒尔人的消息，哈达早已耳闻。所以，哈达就时时刻刻地提防着沙俄侵略军可能对费雅喀族的袭击，并把近千名费雅喀族男人都组织起来，以防不测。

梅利尼克率三百名侵略军在费雅喀族人居住的地方登岸的时候，正是下午。他们所带的粮食已经吃完。所以，梅利尼克就留下二十多人看守船只和大炮，自己带着二百多名侵略军向着能看得见的一个村庄走去。

梅利尼克每次出来活动，所带的干粮都很少。因为，梅利尼克以为，没有吃的了，随便找个村庄掳掠一番，就什么都有了。反正沙俄侵略军属于那种“肉食类”动物，什么猪肉、马肉、牛肉、羊肉甚至人肉，他们都可以用来果腹。然而，令梅利尼克大感意外的是，他这次到费雅喀族人居住的地方来活动，情况却很是不同。

梅利尼克率二百多名侵略军饥肠辘辘地走进了一个村庄，不仅没有看见一个费雅喀族人，连一只活的鸡狗都没有碰见，只有一头死猪臭烘烘地躺在村子里迎接着梅利尼克。梅利尼克先也没有在意，还以为这个村子里的人看到他们来了都赶着家禽家畜逃跑了。于是，梅利尼克就驱赶着疲惫的侵略军，继续向前走去。

但走了一段时间之后，梅利尼克就发现情况不妙了。他带着侵略军一连走过了三个村庄，可三个村庄里全都空空如也。梅利尼克有些慌了。什么也找不到，他和他的侵略军吃什么？

这个时候，天已经黑下来了。连梅利尼克自己，都又饿又乏地再也走不动了。他只好下令在一个小村庄里留宿，待明日天亮了再想办法解决吃的问题。

这一夜，梅利尼克和他的侵略军可真是吃够了苦头，又饥又饿不说，光那些凶猛的蚊子向他们不间断地发起攻击就足以令他们痛苦不堪。好不容易地捱到天亮，梅利尼克和他的侵略军一个个早都不像人样了。

不像人样的梅利尼克从地上爬起身朝四周这么一看，他马上便高声冲着手下尖叫起来："都快起来，拿起枪，准备射击！"

原来，梅利尼克看见，至少有上千个费雅喀族男人已将这个小村庄团团地包围住。虽然费雅喀族人用来战斗的武器很简陋，大多是一些刀、矛、弓箭之类，甚至还有捕鱼用的叉、打狗用的棍，但一千多人紧紧地围住一个小村庄，其声势也着实吓人。梅利尼克不禁有些后怕：如果这些费雅喀族人在昨天夜里悄悄地摸进村子，他和他的二百多名侵略军岂不是都要完蛋？

梅利尼克的"后怕"一点不错。如果费雅喀族男人在其族长哈达的率领下，于夜间对梅利尼克的侵略军发动突袭，那么，毫无防备的侵略者，纵然有先进的火枪，恐怕也得全军覆灭。但是，哈达没有这么做。他以为，堂堂正正的费雅喀族人，决不去做那种偷偷摸摸的事情。要战斗，就大明大亮、堂而皇之的战斗。然而，哈达不知道的是，战斗的最高原则是取胜。而如果偷偷摸摸的战略能够取得战斗胜利的话，就应该毫不犹豫地去采用它。更何况，与沙俄侵略军相比，费雅喀族人的武器又是何等的落后和低劣。这就注定了费雅喀族人同沙俄侵略军的这场战斗，必然是以悲剧告终。

不过，哈达也做了一件"偷偷摸摸"的事情，那就是，在黎明到来之前，他派了一百多个人摸到了黑龙江边，将梅利尼克留下看守船只和大炮的那二十多个侵略军全部活捉。但是，哈达紧接着又犯了第二个致命的错误，他不仅没有将那二十多个侵略军杀死，反而在收缴了他们的武器之后，又将他们放回了梅利尼克等侵略军所盘踞的那个村里。哈达让那些俘虏给梅利尼克带信说，只要侵略军放下武器，费雅喀族人就放侵略军一条生路。

梅利尼克看到费雅喀族人把村庄包围起来的时候，心里是十分恐惧的。尽管，他有二百七八十条火枪，完全可以冲出费雅喀族人的包围，可冲出了包围之后，又能到哪里去呢？梅利尼克很清楚，费雅喀族人既然包围了村庄，那他留在黑龙江边看守船只和大炮的那二十多个人肯定是凶多吉少。没有了船只，就没有了退路，而没有了退路，梅利尼克和他的侵略军就只能在这里累死、饿死或者被费雅喀族人打死。

所以梅利尼克一时间就没敢命令手下向外冲，因为冲出去也没有用。看来费雅喀族人对他们的侵略早有防范，早就把老人、妇女、儿童及牲畜粮食藏了起来。这里山多、林多、河流多，梅利尼克人生地不熟的，到哪里去找牲畜粮食用来充饥？

就在梅利尼克感到绝望的当口，希望同时也出现了。哈达放回的俘虏告诉了他一个重要的事情。而这“重要的事情”，恰恰就是哈达所犯的第二个致命的错误。确切讲，这第二个致命的错误是哈达的儿子海达铸成的。不过，如果哈达不把那二十多个俘虏放回到梅利尼克的身边，这种错误也许就不会发生。所以，归根到底，一切错误，还是源于哈达。

黎明前夕，海达奉哈达之命，带了一百多个人偷偷摸摸地来到了黑龙江边。梅利尼克留在江边看守船只和大炮的那二十多个人，早已忍着饥饿入睡。他们根本就没有防备会有人来偷袭他们。所以，海达所率的那一百多人用大刀、渔叉等武器很轻易地就将二十多个侵略军全部擒获。纵是如此，海达也没有直接参加这次偷袭行动。他一直是呆在岸上的，说是“望风”，其实是他贪生怕死。

擒获了二十多个侵略军之后，海达便匆匆忙忙地下令撤退。既没有按哈达的意思将侵略军的船只藏起来，更没有毁坏侵略军架在船头上的大炮。一错再错的是，海达如此，哈达竟然没有追问。

闻听船只和大炮都还安然无恙之后，梅利尼克简直是欣喜若狂。他冲着手下咆哮道：“这些野蛮的民族，竟然要我等放下武器，岂不是白日做梦？我乃沙皇陛下的大将，焉能不战而降？”他给手下打气道：“都振作起来，先把这些野蛮的男人都消灭掉，然后再去搜寻财物和女人！”

梅利尼克说是这么说，但真实想法却是这样的：向江边冲，夺回船只和大炮，只要有了船只和大炮，也就有了安全，而有了安全之后，再到别处去寻出路。因为，他感觉到，这费雅喀族人太过“刁猾”，在这里呆下去，恐怕讨不到什么便宜。只不过，后来事情的发展，却并非像他所想的那样。

主意打定之后，梅利尼克就向手下发出了突围的命令。三百来个侵略军，为了活命，也都强自打起了精神。梅利尼克一声令下，三百来个侵略军便一窝蜂从村里向着黑龙江方向冲了过来，一边冲一边不停地开枪射击。

哈达见侵略军不仅不投降、反而向外突围，非常愤怒，下令对侵略军进行围追堵截。然而，哈达的武器太过落后，缴获的火枪又不会使用，故而，尽管哈达和他的族人奋不顾身、英勇杀敌，也砍死了十几个侵略军，但最终还是让梅利尼克突围了出去，而且，自己的族人还死伤百余。

哈达气红了眼，也急红了眼，更杀红了眼。他一挥手中的大砍刀，冲着族人喊道：“冲上去！把罗刹鬼子全部砍死！”

这便是哈达所犯的第三个致命的错误。如果他不命令族人向着江边猛冲，后面的悲剧也许就不会发生。然而，悲剧终究还是发生了。这是哈达的错，还是沙俄侵略者的罪孽？

梅利尼克率众终于跑到了江边。果然，那些船只和大炮都丝毫无损停放在那儿。梅利尼克冲着手下呼叫道：“都上船，快点上船，离开这里！”

梅利尼克不想在这里久留，可是，在他下令将几艘大船开离这儿的当口，一个手下突然向他报告道：“将军，那些野蛮人追过来了……”

梅利尼克急掉头观看。果然，八九百个费雅喀人，在一个族长的率领下，前呼后拥着向江边冲过来。梅利尼克仿佛是自言自语地道："这些野蛮人也真的野蛮，好像都不怕死啊！"

一个小头目连忙问梅利尼克道："将军，我们怎么办？"

梅利尼克阴冷地一笑道："野蛮人既然想死，那我们何不成全他们？"

接着，梅利尼克就下令：除了炮手留在船上之外，其余的人都下船，分成两组，准备轮番向费雅喀人射击。

梅利尼克的战术简单、实用而又残忍、狠毒：待费雅喀人冲近了，大炮朝费雅喀人的后面轰，断绝费雅喀人的退路，火枪朝着费雅喀人的前面射，将费雅喀男人全部打死。因为当时的火枪还很落后，打完一枪后还得装填火药，所以梅利尼克就把火枪手分成两组，一组射击，一组填弹，这样便能保证火枪连续不断地发射。

哈达和费雅喀人根本就不知道这一切。他们只凭着一腔正气和视死如归的精神，挥舞着大刀、长矛等原始武器，齐声呐喊着向江边冲来。

近了，更近了。哈达看清了站在船头上的梅利尼克，梅利尼克也看清了挥舞着大砍刀的哈达。哈达振臂一呼："冲上去，把罗刹鬼子统统砍死！"梅利尼克却尖声叫道："开炮，开枪，把这些野蛮人统统打死！"

一场极不公允又极其惨烈的战斗就这样开始了。实际上，这根本就不能称之为"战斗"。这只能称之为一场血腥的屠杀。因为，哈达和他的八九百个费雅喀人，根本还没有冲到江边，就几乎全部倒在了血泊中。

炮弹在费雅喀人的背后爆炸。枪弹在费雅喀人的身前扫射。不到一个时辰，八九百费雅喀人，除一百多个受伤或被俘外，其余全部阵亡。

梅利尼克命令手下将一百多个还活着的费雅喀人全部捆绑起来，然后吩咐手下"开饭"。一手下支支吾吾地问道："将军大人，我们吃什么？"

梅利尼克随手从地上抓起一团鲜血淋漓的人肉，"扑"的一声就塞到了嘴里，边咀嚼边嘟囔道："吃什么？就吃这个！"

殷红的血从梅利尼克的唇角溢了出来。这殷红的血，是一种耻辱，还是一种悲哀？抑或是一种愤怒的控诉？

并非所有的沙俄侵略军都有梅利尼克吃人肉的爱好。除了少数侵略军士兵实在难耐腹中的饥饿而小心翼翼地吃着人肉外，大部分侵略军士兵都只是张口结舌地瞪大眼睛看着梅利尼克。

梅利尼克发火了，更发怒了。他"腾"地站起，冲着那些张口结舌的士兵们吼道："都看着我干什么？不填饱肚子，怎么会有精神？没有精神，又怎么为吾皇陛下效力效忠？"又"嗖"地拔出胯边的长剑，指着那些张口结舌的士兵们咆哮道："你们都快吃！谁不吃，我就吃他的肉！听见了没有？"

在梅利尼克的淫威胁迫下，加上肚子也实在饥饿得紧，二百多个沙俄侵略军官兵，立时露出禽兽本相，开始大嚼大咽起费雅喀人的肉来。吃得最为香甜、最有滋味的，当然还是梅利尼克。他一般不吃死人肉。他一边用剑从一个还活着的俘虏身上割下一大块肉来塞进嘴里一边咂咂有声地言道："大人的肉就是没有小孩的肉好吃……"

被梅利尼克从身上割下一块肉来的那个费雅喀人，不是别人，正是族长哈达的儿子海达。海达惨叫一声，顿时就昏了过去。

在这之前，海达曾经昏过去一回。那是在向江边发起冲锋的时候。因为他贪生怕死，所以他就冲在队伍的最后面。他以为，冲在后面应该是很安全的。有谁知，梅利尼克的大炮恰恰是朝着后面开火的。故而，海达冲着、冲着，就听"轰"的一声巨响，一颗炮弹在他的身边炸开。尽管炮弹并没有伤着他的身体，可他连惊带吓，立即就昏了过去。待他醒来，早有两个沙俄士兵将他五花大绑了起来。并将他丢在了他的父亲哈达的身边。哈达的双腿都被炮弹炸断，已经奄奄一息。

海达再度醒来，却见梅利尼克正皮笑肉不笑地看着他。海达惊恐万状地哀告道："求你了，不要再吃我的肉了……"

几大块人肉下肚，梅利尼克大致吃了个半饱。他已经看出，海达虽然人高马大，却是经不住折腾。所以，他指着海达的大腿问："这里，疼吗?"

海达的大腿先前被梅利尼克用剑割去一块肉，此刻正向外流着血，很恐怖，也很瘆人。见梅利尼克的手指了过来，海达本能地一缩身。这一缩身，又是一阵剧痛："哎哟……求你了，别再割我的肉了……"

梅利尼克怪模怪样地一笑，招了一下手，立即就跑过来两个沙俄士兵。梅利尼克指指海达的伤口，又指指士兵的裆部。那两个士兵马上掏出来"唏哩哗啦"地就朝着海达的伤口尿去。海达顿时"嗷嗷"大叫起来。所有的沙俄士兵，一齐开心大笑，还算不错，海达这次只是大叫，并没有昏过去。

梅利尼克笑嘻嘻地问海达道："这种滋味，好不好受?"

海达带着哭腔哀求道："求你了，不要再折磨我了……"

哈达好不容易地喘过一口气来，见海达如此模样，便马上沉声喝道："孩子，不要向罗刹哀求，更不要给费雅喀人丢脸……"

梅利尼克看了哈达一眼，然后指着哈达问海达道："他是什么人?"

海达似乎不太想说，但梅利尼克的手还没有伸到他的伤口处，他就"哇"地大叫起来："别……我说，他是我的父亲，也是这儿的族长………求你放过我吧……"

梅利尼克眼睛一亮，立即跃到哈达的面前："你，是这儿的族长?"

哈达喘了一口气，然后倔强地言道："不错，我是这儿的族长。我真后悔，昨天晚上，我为什么不摸进村里，把你们这些罗刹兵统统杀光……"

梅利尼克"嘿嘿"一笑："族长大人，世上可是没有后悔药吃的哦?你现在要想清楚，更要想明白，你的性命，掌握在本将军的手中!"

哈达微微地闭上了眼，再也懒得理睬梅利尼克。

梅利尼克继续说道："族长大人，如果你告诉我那些女人和孩子、还有粮食和牲畜都藏在什么地方，那我就马上放了你的儿子和你的这些族人。怎么样，族长大人？这桩买卖很公平吧？”

哈达终于睁开了眼，他用尽全身力气冲着梅利尼克喝道：“罗刹鬼，你休想……费雅喀人没有一个是孬种！你休想找到那些女人和孩子！”

哈达的话，实际上是在鼓励他的族人。梅利尼克却阴沉沉地道：“你这个不识好歹的族长，死到临头了还如此顽固！你既然不识好歹，那就休怪本将军大人不留情面！”

哈达惨白的脸庞搐动了一下：“罗刹鬼，要杀要剐，随你的便！”

但梅利尼克并没有马上就杀死哈达。他提着长剑，走到一个被捆绑得结结实实的费雅喀人的面前，把长剑架在那费雅喀人的颈脖上问道：“说，那些女人和孩子藏在何处？”

那费雅喀人没言语，只缓缓地合上了眼。梅利尼克冷哼一声，长剑一抹，那费雅喀人便尸首分离。从颈间喷出的血，溅了梅利尼克一身一脸。梅利尼克就像是刚从血水里拎出来的一样。

梅利尼克却不以为意。他还用手蘸了一点血放入嘴里品尝滋味。梅利尼克又走到另一个费雅喀人的面前，用剑抵着他的心窝问道：“说，那些女人和孩子都藏在哪里？”

就听“呸”的一声，一团浓浓的痰，从那个费雅喀人的嘴里，重重地砸在了梅利尼克的脸上。梅利尼克恼羞成怒，长剑一递，便刺入了那个费雅喀人的胸膛。他并不是一刺到底，而是一点一点地慢慢地向深处刺，一边刺还一边绞，一边绞一边还气急败坏地叫道：“你说不说？你到底说不说？”

哈达声嘶力竭狂吼道：“罗刹鬼，大清皇上绝不会放过你们的……”

梅利尼克一边继续折磨那个费雅喀人一边回答哈达道：“族长大人，别做梦了！你们的皇上，岂敢与我们的沙皇陛下作对？我们只要把大炮往京城里一架，你们的皇上，恐怕就要吓得尿裤子了……”

残酷的折磨在继续。悲惨的呼号在继续。突然，一个凄凉的声音传到了就要失聪的哈达的耳里。那凄凉的声音哀求道：“别杀我……我告诉你们那些女人和孩子藏在什么地方……”

第二十五章
侵略军疯狂逞兽性
土著民悲愤辞人寰

许许多多的费雅喀女人都背过脸去流下了悲痛的泪水。许许多多的费雅喀孩子都被沙俄侵略军的这种兽行吓得尖叫起来。然而，兽行仍在继续。梅利尼克一挥手，又有十几个沙俄士兵一边脱裤子一边扑向蒙达……

哈达尽管就要离开这个人世，但他还是即刻就听出，那凄凉的声音正是出自他的儿子海达之口。他猛然睁开双眼，濒临熄灭的双目竟然迸发出两道灼人的光来。他用尽最后一丝气力，悲怆而高亢地呼喊道："海达，不要给费雅喀人丢脸！费雅喀人没有一个是孬种……"

费雅喀人的族长哈达，就这样含冤又含恨地死去。的确，他不是一个孬种。从某种意义上说，他是一个大英雄。尽管这样的英雄死得太过悲壮、太过可惜。然而，老子是英雄儿子未必都是好汉。他哈达英雄一世，却生了一个孬种儿子海达。

梅利尼克将手中的剑死命地向下一插，又迅速地抽出来。剑下那费雅喀人便立即停止了惨叫。梅利尼克用滴着鲜血的长剑一指海达："你，知道那些女人和孩子藏在什么地方?"

海达立刻就惊恐万状："我知道，我知道……求你不要杀我……"

梅利尼克阴险地一笑道："只要你都告诉我，我就不杀你。"

海达慌忙言道："我全都告诉你……女人和孩子，还有粮食财物，全藏在一个大山洞里，猪马牛羊，都圈在一条山沟里……"

梅利尼克朝海达逼近一步："哪个山洞，哪条山沟，你知道在何处?"

"知道，知道，"海达恨不得把自己所有知道的东西全说出来，"它们就在附近，离这儿不远……"

儿个费雅喀人几乎是异口同声地骂道："海达，你这个软骨头，你连你妹妹也要出卖吗？你对得起族长吗？你还是人吗?"

梅利尼克却笑嘻嘻地对海达道："你不要听他们乱嚷。他们都是愚蠢的野蛮人，而你却是一个聪明人。只要你领着我去找到那个山洞、找到那条山沟，那我就以你们皇上的名义保证放你一条生路。怎么样啊?"

一个凶残成性的沙俄侵略军，竟然以大清皇帝的名义作保证，岂不是滑天下之大稽？然而，可怜又可耻的海达却一个劲儿地点头道：“是，是，只要你不杀我，我什么事都愿意去做……”

梅利尼克点了点头，叫过一个士兵言道：“快给这位聪明人松绑，再弄一副担架，抬着他走。”又叫过一个小头目吩咐道：“你领一百个人，守着船只和大炮，千万不可再出差错！”

小头目问道：“还有这些野蛮人怎么办？”

梅利尼克不加思索地回道：“把他们拴在一起，扔到江里喂鱼！”

两个沙俄士兵抬着海达走在前面，梅利尼克带着一百七十多个沙俄士兵跟在后面。这一群强盗，在刚刚干完了一桩血腥的勾当之后，又马不停蹄地去干另一桩更为血腥的勾当了。

大约走了三四里地，前面出现了两座小山峰。海达急忙从担架上欠起屁股，讨好地对着梅利尼克言道：“将军，那些猪马牛羊就在前面两座山之间的山沟里……”

梅利尼克问道：“女人和孩子呢？”

海达迅速用手一指左边的那座山：“那山腰上有一个大山洞，女人和孩子，还有粮食和财物，都藏在那个山洞里……”

梅利尼克立即下令：“目标，左边那座山，前进！”

海达突然望着梅利尼克言道：“将军，小人想请求将军一件事……”

梅利尼克一咧嘴唇：“聪明人的请求，本将军都会答应的。说吧，你向我请求什么事？”

海达吞吞吐吐地言道：“将军，那些女人中间，有小人的妹妹……小人想请求将军大人，也能放小人妹妹一条生路……”

海达虽归于可怜可耻之类，却也还有些许未泯的良心，竟然还能考虑到自己的妹妹。梅利尼克擦了一下唇边尚未风干的血迹问道：“你的妹妹，长得漂亮吗？”

海达赶紧言道：“漂亮、漂亮……小人的妹妹，是全族中公认的美人，今年才十六岁……只是身体有些单薄，不像小人，长得这么结实……”

贪生怕死的海达，竟然还有脸说自己长得结实。梅利尼克淫邪地一笑道：“你放心，既然你的妹妹是个美人，那本将军就决不会亏待她。”

“亏待”一词究竟有几层含义？从沙俄侵略军嘴里说出的“亏待”，又该是何种含义？那海达也许是真的太愚蠢了，居然连连向梅利尼克言道：“多谢将军，多谢将军大人……”

走出里许，便到了左边那座山的山脚下。海达指着半山腰对梅利尼克道：“将军，就在那儿，那儿有一个大山洞……”

抬着海达的那两个沙俄士兵有些不愿意了。因为抬着一个活人爬山确实是一件苦差事。然而，海达的大腿被梅利尼克割去了一大块肉，如果让海达自己爬山，那速度就肯定很慢。所以，梅利尼克就冲着所有的手下叫唤道：“谁愿意抬着这个聪明人上山，本将军到时候就赏给他五个女人!”

梅利尼克这么一说，一百多个沙俄士兵几乎都争着要来抬担架。最后，梅利尼克指着两个跟他一样像狗熊的士兵言道：“就你们两个抬!”

那两个狗熊欢天喜地地跑到担架的两头，抬着担架就朝山上爬去。因为有了巨大的动力，这两个狗熊虽然抬着担架，但爬山的速度却异常地快，竟然把好些士兵都落在了后面。

终于爬到了半山腰，爬到了海达叫“停”的地方。狗熊见任务已完成，就毫不客气地将担架往山坡上一撂。痛得海达止不住地“哎哟、哎哟”叫唤起来，差点滚下山去。

梅利尼克四周张望了一下，然后一步跨到担架近旁，不顾海达正在叫唤，劈脸就给了海达一巴掌，且阴森森地言道：“聪明人，你竟敢耍弄本将军，你不想活了?”

海达即刻止住叫唤，哀求道：“将军大人，你冤枉小人了……”

“冤枉？这里不是石头就是树木，哪来的什么山洞?”

海达挣扎着站起来，用手指了指面前不远处的几块大石头：“将军大人，把这几块石头撬开，便是洞口……”

梅利尼克狐疑地看了看，然后命令道：“快，把这几块石头搬开!”

数十名沙俄士兵一拥而上，好不容易才将那几块大石头搬开。果然，石头搬开，便露出了一个大洞口。

梅利尼克赞许地冲着海达点了点头：“聪明人，你果然聪明，如果没有你，本将军如何能找到这个洞口?”

但旋即，梅利尼克又甩手给了海达一巴掌，打得他原地转了两个圈。海达捂着红肿的脸颊，诚惶诚恐地问道：“将军大人，你为何又打小人?”

梅利尼克一指那几块大石头：“混蛋！你以为本将军跟你一样笨吗？这几块石头如此沉重，我的手下费了这么大的力气才将它们搬开，那些女人和孩子又如何能搬得动?”

梅利尼克说的倒也在理。女人和孩子搬不动这些石头，又如何能进进出出？既不能进进出出，那这山洞里就不可能住有女人和孩子。

海达急忙言道：“将军大人，这洞口是前几天才封上的，是我们费雅喀族男人封的……”

梅利尼克仍旧不相信：“前几天封的？那这几天她们就不出洞了吗?”

海达慌慌地道：“当然要出洞……洞虽大，但里面的人太多，不可能老是呆在里面……”

梅利尼克又顺手给了他一巴掌：“混账！洞口都封上了，怎么出洞?”

海达的脸，整个都肿了起来：“将军大人，小人的话还没说完呢……这洞口虽然封住了，但还有一个小洞口可以容人出入……”

“什么？还有一个小洞口?”梅利尼克一把就将海达揪离了地面，“快说，那小洞口在哪里?”

海达被梅利尼克揪得差点喘不过气来。他只得断断续续地道:“小洞口……在前面的那片小树林里……”

梅利尼克狠狠地将海达摔在了地上,且恶狠狠地道:“如果那些女人和孩子跑了,我就把你碎尸万段!”

紧接着,梅利尼克命令一个手下道:“你带一半人从这里进去,把洞里的人朝那边赶!”又高声吼叫道:“其余的人,跟我到小树林那边去!”

梅利尼克带着八九十名手下,像饿急了的疯狗一般,穷凶极恶地朝着不远处的一片小树林扑去,进去一看,已经有不少女人和孩子正慌里慌张向树林外面跑。梅利尼克急急下令道:“开枪!把朝外跑的人统统打死!”

沙俄士兵的火枪响了。一个费雅喀女人刚刚跑到林边就中弹身亡。一个费雅喀孩子被那中弹身亡的女人绊倒在地,可刚刚爬起,就被一发罪恶的子弹击中脑壳……沙俄士兵的子弹,至少枪杀了上百个费雅喀女人和孩子。已经跑出山洞的费雅喀女人和孩子,见无路可逃,又只得钻回山洞里去。

几个沙俄士兵跟着快要往山洞里钻。梅利尼克制止道:“不要进洞,只需把洞口围住就行!”

因为,山洞里已经有八九十个沙俄官兵了。果然,不一会儿,山洞里传出了枪声,许许多多费雅喀女人和孩子,又不得不拥挤着朝山洞外面钻。

梅利尼克下令道:“年老的都杀死!年轻的女人和孩子留活口!”

沙俄侵略军每侵略一个地方,总是把年老的男女和年轻的男人都杀死,而把年轻的女人和孩子当做战利品带回。他们俘获孩子,主要是运回国内贩卖牟利,而俘获年轻的女人,除了供他们发泄兽欲之外,主要的也是带回国内当商品买卖。

沙俄侵略者的火枪又响了。一个又一个费雅喀老人中弹倒地。最终,大约有三百多个费雅喀年轻女人和一百来个费雅喀孩子被梅利尼克的侵略军用火枪和刺刀团团地围住。

一个侵略军小头目迫不及待地对梅利尼克道:“将军大人,这些野蛮女人都这么年轻漂亮,属下实在是憋不住了……就让属下带人把这些女人的衣裳都扒光了吧……”

梅利尼克威严地训斥道:“你急什么?本将军比你还急!可你要记住,我们只有一百多人,如果我们一哄而上,就肯定会有一些女人和孩子趁机溜掉。你明白吗?”

那小头目赶紧言道:“将军大人高见,将军大人远见!属下一切遵从将军大人吩咐……”

梅利尼克问道:“我们这里有多少士兵?”

小头目回道:“共有一百七十二个……不,还有将军大人,一共是一百七十三个人。”

梅利尼克下令道："留下一百七十三个女人，别的人统统捆在树上！"

几十个沙俄士兵，冲入女人和孩子群中动手捆人。不少女人和孩子又纷纷向树林外面跑。梅利尼克下令道："谁跑就打死谁！"

一阵枪响过后，又有二十多个女人和孩子倒在了血泊中。尽管许多女人和孩子都作了英勇的反抗，但手无寸铁的女人和孩子又哪里是残暴的侵略军的对手？不大一会儿工夫，所有的孩子和一百多个女人被捆绑在了树上。

还有一百七十三个年轻女人被一百七十三个沙俄侵略军围在了中间。许多侵略军士兵都放下了手中的枪，作出一副跃跃欲试的姿式，只等着梅利尼克一声令下，便扑上去发泄兽性。然而，梅利尼克却慢慢悠悠地言道："都不要性急，每人一个女人。但是，作为你们的将军，我要首先挑选，待本将军挑选了之后，你们才可以上前。"

众沙俄士兵虽然很有意见，却也不敢言声，只得眼巴巴地盯着梅利尼克。梅利尼克似乎也不急，拖着双手，一步一步地踱到了那些女人中间，东瞅瞅，西摸摸，看了好一会儿，也没有拿定主意。

一个小头目急道："将军大人，你倒是快点挑选啊！"

梅利尼克刚要回答，一件意外的事情发生了。一个十分年少的费雅喀女人，突然扑向梅利尼克，张嘴就朝着梅利尼克的耳朵咬去，尽管梅利尼克躲得很快，但他的一只耳朵还是被那个的费雅喀少女咬得污血直冒。梅利尼克痛得还没有叫出声来，那少女就用一块早已准备好的石头狠狠地砸在了梅利尼克的头顶上。虽然梅利尼克长得像一只大狗熊，脑袋也如狗熊的脑袋那般坚硬，但还是被那少女一石头砸得头晕目眩。那少女长得虽然弱不禁风，但动作却非常灵活。就在梅利尼克头晕目眩的当口，她"嗖"的一声，拔出了梅利尼克腰下的长剑，并狠狠地向着梅利尼克的胸膛刺来。

如果梅利尼克的胸膛被那位少女的长剑刺中，那么，即使他真的是一只大狗熊，恐怕也不可能再在中国的土地上作恶了。然而，也许这只作恶多端的大狗熊现在命还不该绝，那少女的长剑竟然刺偏了，只将梅利尼克的衣衫刺了一道大口子。吓出一身冷汗的梅利尼克赶紧一缩头一躬身，转身就逃。那少女疾步上前，紧追不舍。尽管早有一些沙俄士兵赶来救援梅利尼克，但因为那少女和梅利尼克挨得太近，他们无论如何也不敢乱开枪。梅利尼克见势不妙，慌忙躲到了一个沙俄士兵的背后。那少女迅即追到，一剑就朝着梅利尼克刺去。只可惜，那少女只把挡在梅利尼克身前的那个沙俄士兵刺了个正着。那沙俄士兵哀叫一声，绝望地死去。

那少女刺死沙俄士兵后，想抽出剑来继续追赶梅利尼克。但已经没有机会了。她还没有将长剑拔出，几个沙俄士兵就已经把她紧紧按在了地上。

惊魂未定的梅利尼克，见那少女已被制服，就马上气势汹汹地嚷道："把那野蛮女人带过来！"

两个沙俄士兵将那少女从地上拖起，推到了梅利尼克的面前。梅利尼克狞笑着言道："你这个野蛮女人，竟敢谋害本将军，本将军今日定要叫你求生不能、求死不得！来人……"

谁知，梅利尼克的话还没有说完，那少女便飞起一脚，恰恰踢中了梅利尼克的裤裆。梅利尼克顿时"啊"的一声惨叫，踉踉跄跄地就双手捂裆，蹲在了地上。如果那少女踢得再精确一些，踢得力气再大一些，那么，梅利尼克就完全有资格去到紫禁城中给康熙皇帝做太监了。饶是如此，梅利尼克也痛得"哎哟、哎哟"地蹲在地上叫个不停。

立时便有几把刺刀对准了那少女的胸膛。一个小头目问梅利尼克道："将军大人，要不要把这野蛮女人给杀了？"

梅利尼克捂着裆哼哼唧唧地道："那太便宜她了……"

在两个沙俄士兵的搀扶下，梅利尼克好不容易地才站了起来。说是站，其实也只是弓着身，而且，他的双手还一直捂着裆部，似乎，他的双手只要一拿开，那少女的脚便就又会踢过来。所以，这回的梅利尼克，就离那少女站得很远。

梅利尼克喘匀了气息，吩咐身边的手下道："去，将那野蛮女人捆在树上，本将军要好好地玩玩她……"

恰在此时，有一个声音颤颤巍巍地传了过来："将军大人，你答应过小人的，你说过要放了小人的妹妹……"

能发出这种颤颤巍巍的声音的，只能是那个海达。这海达，居然一瘸一拐地从山洞的那个洞口走到这个洞口来了。

梅利尼克看见海达，立刻就醒悟了过来。他指着那少女问海达道："这个野蛮女人，就是你的妹妹？"

海达急忙点头道："是的，将军大人，她就是小人的妹妹蒙达……你答应过小人的，只要小人帮你找到这个山洞，你就放了小人的妹妹……"

梅利尼克还没有回答，那少女——蒙达就愕然问道："哥哥，这些罗刹鬼，是你带到这儿的？"

海达嗫嚅着言道："是的，妹妹，如果……我不带他们到这里来，他们……就要杀我……那么多人都被他们杀了，父亲也死了……"

"胆小鬼！你为什么要把罗刹鬼带到这儿来？你为什么不去死？"

海达不敢去正视蒙达的眼睛："妹妹，我不想死，我想活着……"

"软骨头！你不配是一个费雅喀男人，你更不配是父亲的儿子！"

海达急急地道："妹妹，你不要误会我，我是想要救你……"

蒙达坚定地道："你滚吧，我不要你搭救，你去死吧！"

海达又慌忙转向梅利尼克："将军大人，你答应过小人的，你说要放过小人的妹妹的，你不能说话不算数啊……"

可怜而又无知的海达，竟然幻想着凶残暴虐的沙俄侵略军会说话"算数"。如果沙俄侵略军会说话"算数"，那岂不是天下奇闻？

也许，梅利尼克已不再像先前那么疼痛，所以，他的脸上就浮现出了一种让人不寒而栗的笑容。他就带着这种笑容回答海达道："聪明人，本将军只说过要饶你一命，何曾说过要放你妹妹一条生路?"

贪生怕死的海达，竟然有了一种上当受骗的感觉："将军大人，在上山之前，你分明说过不会亏待小人的妹妹的……"

"不错，"梅利尼克的脸上，又浮现出了非常淫荡的笑，"本将军是这么说过。你妹妹长得如此漂亮，本将军岂能亏待于她?"

"聪明"的海达，此时终于悟出了"亏待"的含义。他一把抓住梅利尼克的一只手臂，万般哀求道："将军大人，小人求你了，求你行行好，求你发发慈悲，求你放过小人的妹妹……"

谁知，梅利尼克手臂一挥，将海达摔出老远："混蛋！你这个野蛮的妹妹，不仅杀死了本将军的一个士兵，还差点谋害了本将军的性命。她犯下如此滔天罪行，本将军岂能饶她？你若还敢在此啰嗦，本将军就割下你的卵子塞到你的嘴里去!"

海达恐惧了。梅利尼克既然能从他的腿上割下一块肉来吃，也就自然能从他的腿间把那个玩艺儿割下来塞到他的嘴里去。所以，海达就不敢再靠近梅利尼克，而是可怜兮兮地看着蒙达言道："妹妹，你如何敢杀死他们的人？你这样做，哥哥还如何救你?"

"滚!"蒙达大叫一声。海达吓得差点摔倒。蒙达愤怒至极地道："海达，如果我现在手中有剑，我就一定亲手杀了你!"

梅利尼克阴阳怪气地道："海达，你的妹妹要杀死你呢！待本将军好好地教训教训她，为你出气!"

说着，梅利尼克一招手，过来了十几个沙俄士兵。梅利尼克低低地嘀咕了几句，那十几个沙俄士兵立即就"哈哈"大笑起来。跟着，两个沙俄士兵走向海达，另十多个沙俄士兵一起向蒙达走去。

当两个沙俄士兵架起海达朝蒙达走去时，海达惊恐万状地叫喊道："将军大人，你要干什么？你亲口说过不会杀小人的……"

梅利尼克淫笑道："本将军自然不会杀你。本将军只是想让你看看，你那野蛮的妹妹是如何受到惩罚的。"

海达看见了。他真真切切地看见，十几个沙俄士兵，当着他的面，就在他的眼前，将蒙达的衣衫剥了个精光。尽管蒙达拼命地反抗、挣扎，终也无济于事。四个沙俄士兵将蒙达的手脚死死地摁在地上，另外七八个沙俄士兵，早脱下了裤子，一个接着一个地，狞笑着扑上蒙达的身体……

许许多多的费雅喀女人都背过脸去流下了悲痛的泪水。许许多多的费雅喀孩子都被沙俄侵略军的这种兽行吓得尖叫起来。然而，兽行仍在继续。梅利尼克一挥手，又有十几个沙俄士兵一边脱裤子一边扑向蒙达……

"不——"海达终于叫出了一句人的声音。

“不，不要这样……”海达拼命地扭动着脑袋。他毕竟也还是一个人。他怎能眼睁睁地看着自己的妹妹遭人如此凌辱？

然而，海达的扭动是徒劳的。他的脑袋被两个沙俄士兵紧紧地固定住。海达只得闭上了眼睛。有两滴泪水，从海达的眼睛里落了下来。

有人说过，只要一个人还有泪水，那么他的良心就没有完全泯灭。海达此时所流，是耻辱的泪水，还是后悔的眼泪？

梅利尼克走到了海达的身边。他见海达闭上了眼睛，便抡起巴掌，狠狠地朝着海达的脸颊抽去。梅利尼克这一巴掌太过狠毒，竟然将海达的几颗牙齿抽落。海达“哇”的一声，一股血水就从口里喷了出来。

海达被迫睁开了眼睛。只不过，海达此时的眼睛，已经黯然无光。梅利尼克狰狞地吼道：“海达，如果你不睁眼好好地观瞧，本将军就割下你的那玩意儿塞到你妹妹的裤裆里去！”

毫无人性的梅利尼克是什么事情都可以做得出来的。但海达的眼睛里已经没有了恐惧。确切说，海达的眼睛里，已经没有了任何内容。他只是那么直直地看着，看着一个个沙俄士兵从他的妹妹身上爬起，看着一个个沙俄士兵扑到他的妹妹身上去……

这桩兽行似乎已经结束了。蒙达早已是气息奄奄。一个刚刚从蒙达身上爬起的沙俄士兵走到梅利尼克的身边道：“将军大人，那野蛮女人一动不动地，怕是要死了……”

梅利尼克微微地点了点头，然后迈步向蒙达走去。蓦地，梅利尼克打住了脚。几个沙俄士兵会意，赶紧跑上前，将蒙达的手脚死死地按住。

蒙达的手脚被按住，梅利尼克便大着胆子走到了蒙达的身边。蒙达的双腿间早已是血迹斑斑。梅利尼克“嘿嘿”一笑，然后蹲下身去，伸手试了试蒙达的鼻息。梅利尼克大叫起来：“这野蛮女人没有死！她还活着！把海达拖到这儿来！”

几个沙俄士兵把看起来像是已经痴呆了的海达拖到了梅利尼克的身边。梅利尼克从一个士兵的身上拔出一把刀来，然后十分娴熟地将蒙达胸前那一对尚未完全发育成熟的乳房割了下来，且几乎流着口水言道：“这么鲜嫩的肉，本将军不能不吃！”

说着话，梅利尼克就将蒙达的一只小乳房整个儿地塞进了自己如盆的大嘴里。他还将蒙达的另一只乳房送到海达的唇边，口里含含混混地言道：“你妹妹刚才说要杀你，你现在就吃她的肉！”

但海达已经全无反应。他只茫然地看着血肉模糊的蒙达的尸体。梅利尼克生气了：“来啊，把海达的嘴扒开！”

两个沙俄士兵费了好大的劲儿才终于将海达的嘴扒开。梅利尼克一边将蒙达的那只乳房使劲儿地朝海达的嘴里塞一边兴奋不已地言道：“聪明人，你妹妹的肉这么香甜，不吃上一口岂不太可惜？”

海达的身子一动也不动。梅利尼克终于将蒙达的那只乳房塞入了海达的口中。梅利尼克吩咐手下道："让这个聪明人走吧！本将军说过不杀他，就决不会杀他！"

这一回，海达似乎听懂了梅利尼克的话。沙俄士兵刚一松手，他就趔趔趄趄地站了起来，且谁也没有看，就那么趔趔趄趄地走了。他妹妹蒙达的鲜血，从他的唇角溢出来，滴在他的胸前，并很快染遍了他的全身。

一个沙俄士兵很是疑惑地问梅利尼克道："将军大人，就让这个野蛮男人……这么走了？"

梅利尼克"哈哈"一笑道："本将军说过的话，从来都是算数的！再说了，这个野蛮男人，又能走到哪里去？"

据说，后来清军开到这儿时，看到一个赤身裸体的男人，满山遍野地胡乱狂奔着，一边狂奔一边还歇斯底里地狂叫道："我活下来了！我活下来了……"这个疯狂的男人，便是海达。

只不过，海达再疯狂，也比不上梅利尼克。梅利尼克见海达木呆呆地下山了，就把手中的刀子往早已死去的蒙达的双腿间一插，然后冲着手下吼道："你们还呆站着干什么？这么多野蛮女人，你们都不想玩？"

众沙俄士兵一听，立即就亢奋起来，把手中的火枪一撂，就朝着没有被捆绑的一百多个费雅喀女人扑了过去。顿时，这小小的树林，便变成了人间地狱。女人的悲怆的呜咽，野兽的得意的嚎叫，将这片人间地狱，演绎得极其恐怖，又极端血腥。

一个沙俄小头目一边疯狂地撕扯着一个费雅喀女人的衣服一边气喘吁吁地问梅利尼克道："将军大人，你怎么站在那不动？"

梅利尼克大笑着言道："本将军现在没情趣。本将军想看看你们如何个玩法……"

实际上，梅利尼克的裆部依然十分地疼痛。所以，他说过话之后，就很是气愤地踢了蒙达一脚。许是蒙达的尸体太过僵硬了吧，梅利尼克一脚踢去，竟然踢痛了脚趾，痛得他立即就呲牙咧嘴起来。

终于，小树林内的兽行告一段落。梅利尼克把沙俄士兵分成三部分，一部分钻进山洞搜掠费雅喀人的珍宝财物，一部分去两山之间的山沟里驱赶费雅喀人的猪马牛羊，自己则带着一部分士兵押着费雅喀女人和孩子往黑龙江边而去。来到江边，梅利尼克又让看守船只和大炮的那一百个沙俄士兵在费雅喀女人的身上尽情地发泄了一番，然后便命令凯旋回雅克萨。

梅利尼克虽然损失了二十多个士兵，却俘获了大量的女人、孩子并财物、牲畜，因而得到了雅克萨督军托尔布津的高度赞扬。不过，托尔布津在高度赞扬梅利尼克的同时，也谆谆告诫道："我的将军阁下，你以后行动时，可千万不要低估了那些野蛮人，不然，你就会吃大亏，明白吗？"

梅利尼克异常谦恭地道："督军大人教诲，属下岂敢忘怀！"

梅利尼克所言，应该是他的真心话。如果费雅喀的那个族长哈达率众夜袭那个村庄，那他梅利尼克就很可能再也见不着托尔布津了。更主要的是，在托尔布津和梅利尼克率千余名侵略军窜入中国东北之前十多年，至少有一千五百多名沙俄侵略者陆陆续续地窜入到中国东北，可结果是，这一千五百多名侵略者无一生还，全部死在了中国境内，包括沙俄侵略军的一个大头目斯捷潘诺夫。而消灭这些沙俄侵略军的，主要是中国当地的各族百姓。因而，梅利尼克对托尔布津的谆谆“教诲”，也的确是心悦诚服。

最让梅利尼克得意的一件事，发生在公元1681年的秋暮冬初。因为，他第一次和清朝的军队相遇就打败了清军。

那一次，梅利尼克带了二百名侵略军，从雅克萨出发，先沿着黑龙江向东走，然后再南折，沿嫩江流域侵扰。他之所以窜到嫩江流域，是因为黑龙江下游一带，几乎已经被他侵扰遍了。而黑龙江上游一带，则属于占据尼布楚的沙俄军队的势力范围——尼布楚也是沙俄侵略军的一个大据点。所以，为扩大侵略势力范围，梅利尼克就奉托尔布津之命，开始向嫩江流域一带侵扰。因为嫩江流域一带极有可能驻扎着清朝政府的军队，所以梅利尼克临出发前，托尔布津就再三交待，一定要小心从事，若遇到大批清朝军队，赶紧回撤。梅利尼克向托尔布津保证：定会小心从事，决不空手而归。

梅利尼克率二百名侵略军，乘坐着四条大船沿嫩江南下。因为每条大船的船头都架有一门火炮，所以梅利尼克就显得趾高气扬。他冲着手下扬言道：“一直南下，把我们的战船开到京城去！”

开头几天，梅利尼克南下的速度很快。因为嫩江两岸，没有什么人居住。他们只抢掠了几个小村庄，抢得的粮食只够他们充饥，抢得的一些女人只够梅利尼克和手下军官在路上消遣，所以梅利尼克很不满足。“一直向南！抢得的财物和女人，不把这四条大船装满，本将军就决不回去！”

一个手下提醒道：“将军大人，再往南，就要开到卜魁了……”

卜魁就是今天的齐齐哈尔，为当时清朝在东北的一个军事重镇。既是军事重镇，就一定驻扎着清朝政府的军队。因此，听手下提醒之后，梅利尼克也有些犹豫起来。他尽管非常狂妄，却也非常清楚，他身边只有二百个人，若遭遇大批清军，他定然讨不了便宜。

然而，看着空荡荡的四只大船，他又不甘心就这么回雅克萨。思虑再三，又权衡再三，他最后作出了决定：“再往南开二十里，若仍然一无所获，就掉头回去！回去之后，向督军大人请求多带些兵马，再回这里来！”

就这样，侵略军的四只大船又继续向南行进。从中午时分，行至下午时分，至少已行进了二十里地。梅利尼克下令暂停前进。

行了二十里路，不仅没发现一个村庄，甚至连一个人影也没有碰到。梅利尼克失望了，但仍不死心。他召来两个小头目吩咐道：“你们各带五十人上岸，一个向东，一个向西，仔细地搜索。有无情况，天黑前都必须回来向我报告！”

两个小头目领命而去。天黑之前，向东去的那个小头目带着士兵回来了，说是东岸十数里之内，一个村庄也没有，只碰见两个路人，怕他们去向清军报告，所以把他们杀了。梅利尼克狠狠地抽了小头目一记耳光，严加训斥道："笨蛋！应该仔细盘问那两个人，问清了这里的情况后再杀不迟！"

然而，天黑了之后，往西去的那个小头目却没有按时回来。梅利尼克暗暗地有些担心：莫非，他们碰上了清军？

梅利尼克便把向东去的那个小头目找来，命他带上几个人赶紧向西去侦察一番。那小头目不敢怠慢，慌忙领了五个人向西而去。但很快他们就回来了，队伍里还多了十五个沙俄士兵。

原来，向西去的那个俄军小头目，在走了十数里地之后，被一座很大的土丘挡住了去路。他见天色不早，便想折身回去，但不知是什么原因，他在回去之前，又派了两个士兵去爬那大土丘。这一爬不大要紧，那两个士兵发现，就在大土丘西边不远处，有一个很大的村落，而且村落里的人看起来非常多，人来人往的，中间还杂有一些清军士兵。那小头目闻知，也忘了回去了，赶紧带着所有的手下爬上了那个大土丘，伸颈向下一看，果然有一个大村庄，也果然人来人往的非常热闹。小头目细心地观察了好一会儿，才大致看出，那村庄里至少有八九百人，其中大约有二百多名清军士兵。看清了大致情况之后，那小头目才想起应该回去向梅利尼克报告，但又怕自己走了之后那村庄的情况有变，所以就派了十五个士兵回去向梅利尼克报告，自己则带着三十五个士兵留在大土丘上继续监视。

梅利尼克闻听发现了一个大村庄，立即就兴奋起来。他兴奋得自言自语道："好啊！本将军总算没有白来一趟！"

一个沙俄士兵问道："将军大人，我们现在该怎么办？"

梅利尼克熊眼一瞪道："还怎么办？统统下船，突袭那个村庄！"

那沙俄士兵不无担忧地道："将军大人，那个村庄里有二百多清军……如果突袭不成，恐怕就走不脱了……"

梅利尼克冷冷地一笑道："清军有什么了不起？他们那些大刀长矛，能敌得过我的火枪火炮？再说了，本将军就是要好好地教训一下清军，让他们见识见识我们沙皇陛下军队的威风！"

一个小头目小心翼翼道："将军大人，如此突袭，确实冒险……"

梅利尼克立即言道："战争就是冒险！不冒险，我们国家的领土会扩张得这么快？不冒险，那大清皇帝岂会甘心臣服于我们伟大的沙皇陛下？"

紧接着，梅利尼克就下令道："所有的人，带上大炮，向西开进！"

一个小头目问道："这船只怎么办？还有船上的女人怎么办？"

梅利尼克迅速地回道："船只就放在这儿。女人统统丢到江里去！"

梅利尼克一路上共抢得了十多个女人。在梅利尼克的授意下，沙俄士兵将那十多个女人的手脚捆住，然后丢进了嫩江里。秋暮冬初的嫩江，江水该有多么寒冷？那十多个女人，即使手脚不被捆住，也会被冻死。

将十多个女人丢下江后，梅利尼克就驱赶士兵推着四门大炮向西开进了。梅利尼克把手下分成两部分，一部分人在前面探路，若遇到可疑的人，不管是谁一律处死，另一部分人推着大炮、扛着炮弹在后面跟着。

大约走了一个多时辰，梅利尼克的人马赶到了那座大土丘附近。在大土丘上监视那个村庄的俄军小头目向梅利尼克报告道："将军，那个村庄里的人好像在办什么事情，都在那儿唱啊、跳啊，一直没有停歇。"

梅利尼克赶紧爬上大土丘，瞪大眼睛朝那个村庄这么一看，果然，在村庄中间的一大块空地上，聚集着大约八九百人，其中包括二百来个清军士兵，都围着几堆大火，在那又跳又唱，好不热闹，也好不快乐。

梅利尼克先也有些纳闷：夜都这么深了，他们在那又跳又唱的，干什么呢？但旋即他就明白过来。梅利尼克是哥萨克出身，他记起哥萨克民族也有类似的风俗。所以，他就怪模怪样地对手下言道："这些野蛮人是在办婚事呢！待他们唱够了、跳够了，我们再去收拾他们！"

大约在凌晨前，也就是天快要亮的时候，那个村庄里的人不跳了，也不唱了，好像都在火堆旁边喝酒、吃东西。有些人可能太累了、太倦了，干脆倒在火堆旁边睡着了。

梅利尼克下令道："炮手留在这里，瞄准村庄。其余的人跟我下去！"

梅利尼克的计划是，先用大炮朝村庄里轰，把村庄里的人打乱、打散，然后他带人冲进村里，先枪杀那些清军和年轻力壮的村民，再把那些年老的村民打死，最后将那些年轻的女人和孩子俘获。

梅利尼克一边带着一百八十来个士兵悄悄地向着那个村庄摸去，一边心里美滋滋地想道：如果那些野蛮人真的是在办婚事，那本将军这一回就要尝尝野蛮人新娘的滋味了。

还真的叫梅利尼克猜着了。这个叫地角屯的村庄里，真的是在举行一次婚礼。新郎叫萨果素，是清朝驻东北军队副都统萨布素的弟弟。新娘叫维玛，是地角屯名闻遐迩的美人。

当时清朝驻东北的军队数量并不多，总共也不过两千来人，由两个副都统统领。一个副都统叫彭春，另一个副都统便是萨布素。萨布素的弟弟萨果素也在清军中供职，任一个小头目。

萨果素和维玛成亲的这天，萨布素和彭春原本都打算亲往地角屯的，但因为彭春临时接到康熙皇帝圣旨，要他回京城汇报东北局势。彭春只得匆匆地离开了卜魁城。彭春这一走，萨布素认为自己也不能擅离卜魁，所以，萨果素前往地角屯时，萨布素就没有一同前往。不过，为壮声势和门面，萨布素便让萨果素带了二百兵丁前往地角屯。遗憾的是，萨布素几乎替萨果素把什么问题都考虑到了，但就是没有考虑到，一直在黑龙江流域侵扰的沙俄军队，会这么大胆流窜到嫩江流域来。所谓智者千虑，必有一失，更何况，萨布素也还称不上什么真正的智者。

按当地婚俗，新郎要带着礼物、随从到新娘居住的地方同新娘的家人、族人欢乐一夜，待第二天上午，新郎方可将新娘带回自己的住地举行婚礼。所以，萨果素就带着二百个清军士兵并几大车迎亲彩礼，于这一天的天黑前，赶到了地角屯，同维玛的家人和族人一起狂欢。因为地角屯里的六七百口人几乎都同维玛是一族，故而，这天晚上，几乎地角屯里所有的人都集中在了村中间的一块空地上，燃火狂欢。

也的确是狂欢，维玛一家早就准备好了吃不完的佳肴、喝不尽的美酒。地角屯的男男女女、老老少少，围着几堆熊熊燃烧的柴火，吃着、喝着，尽情地唱、尽情地跳。其乐也融融，其情也切切。

当然，最高兴、最兴奋的还是萨果素。他一边尽情地唱着跳着，一边不时地用火辣辣的目光去瞟近在咫尺的维玛。维玛本来就光彩照人，现在又浓妆艳抹，越发显得绚丽夺目。萨果素一时间都有些不敢相信：近在咫尺的这个维玛，真的就要成为我萨果素的妻子了？

然而，从今日到明日，虽然只有短短的一夜时间，但在这短短的一夜时间里，却是什么事情都可以发生的。包括悲剧。

萨果素和地角屯的男女老少一起尽情地唱啊、跳啊，一直到黎明前，狂欢才告一段落。因为，天亮了之后，萨果素就要带着维玛回卜魁城了。所以，维玛要利用这段时间好好地同家人叙别，而萨果素也可以利用这段时间稍稍地休息一下。

但萨果素不想休息。他精神振奋得很。他甚至这么想，如果允许，他现在就可以抱着维玛一气奔回卜魁城。然而事实是，萨果素的这种想法，已经没有实现的机会了。因为，梅利尼克的大炮已经无情地瞄准了这里。

因为唱了一夜、跳了一夜，大部分人都已很疲倦。二百来个清军士兵三五成群地坐在火堆旁吃着、喝着。女人们则在一边窃窃私语。一百多个小孩依偎着老人已经甜甜地睡去。原本热闹非凡的场面倏然间变得十分恬静。而萨果素，则仰望着夜空，热切地盼望着天亮。

天，终于一点点地亮了。不少地角屯的村民和清军士兵都已经站起身来。他们的脸上，虽然不乏疲倦，却又都充满了喜悦。特别是萨果素，还有那维玛，脸上早荡漾出了一种幸福而又甜蜜的微笑。

然而，就在萨果素和维玛都幸福而又甜蜜地微笑着的时候，沙俄侵略军的炮弹，带着罪恶，带着残忍，开始在地角屯的中间爆炸。一发，二发，三发，四发……罪恶的炮弹，瞬时便将十分恬静的场面变得无比残忍，而残忍的炮弹，又瞬时将幸福和甜蜜化为乌有、变成了一场罪恶。

绝望的惨叫、恐惧的呼号……男人、女人、老人和孩子，都被侵略军的炮弹炸得惊慌失措又胆战心惊。连清军士兵，也都慌慌张张地四处奔逃。

当时最清醒、最冷静的人，恐怕得数萨果素了。虽然他也被突如其来的炮弹炸得不知所措，但他很快就明白过来：这一定是沙俄侵略军打到这里来了。故而，军人的职责使得他顾不上去照看他心爱的维玛，他只能声嘶力竭地呼喊正在四处乱奔的清兵道："都不要跑，快拿起武器，准备同罗刹鬼子战斗！"

萨果素的大声呼喊也还起到了应有的作用。大约有八九十名清军士兵各提刀剑聚集在了萨果素的周围。只是，萨果素还未来得及作出下一步的指示，那梅利尼克就带着一队沙俄士兵气势汹汹地冲了过来。一阵乱枪射过，萨果素身边的清军士兵至少倒下去了一半。亏得萨果素当时的位置站得靠后，不然，沙俄侵略军的第一次射击，萨果素就得饮弹身亡。

那个时候，清军的火枪数量很少，而萨果素带来的二百个清军士兵，连一支火枪也没有。大刀长矛自然敌不过火枪。所以，萨果素就赶紧下令撤退。这样一来，地角屯便成了梅利尼克肆意杀人的场所了。

梅利尼克手下一百八十名侵略军士兵，按照梅利尼克的指示，专拣着清军士兵和年轻力壮的村民枪杀。尽管有不少清军士兵和村民对沙俄侵略军进行了顽强而殊死的反抗，也确曾利用地形地势砍死砍伤了数十名侵略者，但最终，除萨果素领着二十多名清军士兵逃出村子之外，其余清军士兵及年轻力壮的村民，大部被沙俄侵略军打死，只有少部分人逃往别处，包括萨果素和他领着的那二十多名清军士兵。而年老体弱、行动不便的村民，也随后被沙俄侵略军枪杀。剩下两百多名年轻女人和孩子，则全部被沙俄侵略军俘获。这其中，便有萨果素还未娶进家门的新娘维玛。

萨果素虽然逃到了村外，但心却如刀绞。他情知，维玛落在了沙俄侵略军的手里，会有一个什么样的下场。但他更深知，即使他领着身边的二十多个人冲回村里，也是白白送死。所以，萨果素便脸色铁青地吩咐手下道："走！我们回卜魁！"

地角屯距卜魁城约有五十里远。萨果素虽然一夜未睡，但还是在中午之前领着二十多个手下赶回了卜魁城。

见萨果素仓皇地回来，萨布素大为惊讶："兄弟，你如何这般模样？"

当萨果素急急地将前因后果说了一遍之后，萨布素更是震惊："罗刹鬼子竟然打到了地角屯？"

萨果素急道："大哥，快发兵去救维玛和地角屯的那些百姓……"

萨布素既是清军副都统，战事经验当然就比萨果素丰富得多。他冲着萨果素摇了摇头道："兄弟，已经来不及了。待我们赶去，罗刹鬼子早就溜掉了……再说，皇上也没有旨意令军队与罗刹鬼子开仗……"

然而，萨果素却不管什么"旨意"不"旨意"的："大哥，维玛被罗刹鬼子抓去，我总不能见死不救吧？"

萨果素的心情，萨布素自然能够理解。他沉吟了一会儿，然后点了点头道："好吧，兄弟，我们就去地角屯走上一遭。"

于是，萨布素就点起五百人马，同萨果素一起，出卜魁城，向地角屯方向开去。为防止不测，萨布素不仅用马车驮上了几尊大炮，还把卜魁城内仅有的十名火枪手也一起带上了。

然而，当萨布素等人气喘吁吁地赶到地角屯时，梅利尼克和他的侵略军早就不见了踪影。萨布素看到的，只是一幅惨不忍睹的景象：所有的房屋，都被侵略者焚火烧毁。村里村外，满躺着无辜老百姓的尸体，褐色的土地，早已被鲜血染得殷红，有的地方，鲜血还正在凄清地流淌……

目睹眼前的一切，萨布素圆睁二目，一言不发。他仿佛看见，沙俄侵略军正狞笑着践踏中国的土地，狞笑着点燃了一间又一间房屋，狞笑着杀死了一个又一个中国的百姓……“咚”的一声，萨布素一拳重重地击在了身边的一棵大树上。他击得太重了，血都从指间渗了出来，可萨布素全然不觉。

突然，一声凄厉的尖叫传到了萨布素的耳边：“维玛——”

是萨果素。萨布素一惊，急忙朝萨果素奔去。来到近前一看，萨布素不禁惊呆了！

村东头的一棵大树上，绑着一具血肉模糊的人身。这人从上到下，不仅不着寸缕，而且，从头到脚，皮肤尽被剥去……剥去的皮，就扔在地上，旁边，是维玛原先穿着的一身艳装。

萨布素颤抖着问道：“兄弟，这……就是维玛？”

萨果素没有回答萨布素的话。他艰难地蹲下身，将维玛的那身艳装紧紧地搂在怀里。蓦地，他发出了一声震撼天地的呼叫：“狗日的罗刹鬼子！我操你祖宗……”

紧跟着，萨果素就操起一把长剑，直直地向着北方奔去。萨布素急忙叫道：“兄弟，你要去干什么？”

萨果素头也不回地言道：“我要去把那狗日的罗刹鬼子，统统杀光！”

萨布素见萨果素有些失去理智，赶紧命令手下：“把他截回来！快！”

几个手下，追了好长一段路，又费了好大的劲儿，才终于将萨果素拦住，并架到了萨布素的面前。而萨果素则是又蹦又跳又喊又叫：“放开我，快放开我，我要去杀罗刹鬼子……”

萨布素重重地对萨果素言道：“兄弟，就你一个人的心里不好受吗？我们大家，谁的心里好受？但我们要冷静，不能冲动，只凭一时的冲动，能干成什么事？我们都是陛下的臣民，一切都得按陛下的旨意行事。你明白了吗？”

但萨果素依然不听，依然在那儿又蹦又跳又喊又叫：“快放开我，我要去杀狗日的罗刹鬼子，我要报仇……”

萨布素见此情状，只得无奈地吩咐手下道：“把萨果素捆起来，扔到马车上，好好地看管，不要让他跑了！”

接着，萨布素又对所有的手下命令道：“把老百姓的尸体都细心地掩埋，然后，回卜魁城！”

看起来，萨布素显得非常冷静。只是，在掩埋维玛那具血肉模糊的尸体时，他却暗暗地流下了热泪。他在心里言道："维玛，安息吧！我和萨果素，一定会为你、为全体地角屯村民、为所有被沙俄侵略者杀害的无辜同胞，报仇雪恨！"

待回到卜魁城，已是深夜。他召来几个头领，吩咐他们对卜魁城周围严加警戒，并严加看管萨果素。然后，他就骑上一匹快马，连夜向京城驰去。因为，沙俄侵略军打到了地角屯，已经威胁到了大清国整个东北的安全，事关重大，他不敢怠慢，必须当面向朝廷报告。

经过十数日奔波，萨布素到达了京城，并立即找到了彭春，把地角屯的事情大略叙述了一遍。彭春闻言大惊道："前日我向皇上禀告，还说罗刹兵只在黑龙江流域一带骚扰，没想到，他们竟然打到了地角屯……"

萨布素言道："此事非同小可，所以我特地赶到京城来向朝廷汇报！"

彭春言道："理应如此，当速速汇报！"

于是，二人就一起去求见兵部尚书明珠。明珠攻陷了吴世璠的老巢昆明，刚刚回到京城不久，闻听萨布素和彭春所言，觉得事关重大，不敢擅自做主，便即刻去向康熙皇帝禀告。康熙传旨：在乾清宫召见萨布素和彭春。

当时，阿露还在乾清宫内与赵昌一起伺候康熙。萨布素和彭春刚一走进乾清宫，赵昌就神秘兮兮地迎上来问道："两位副都统大人，那罗刹鬼子是不是真的要打到京城来了？"

赵昌的问话虽低，但还是被阿露听到了。阿露对赵昌素无好感，所以就冷冷地言道："赵昌，要不要我把你刚才的问话告知皇上？"

赵昌立即就闭上了口。虽然他很是不满地乜了阿露一眼，但终也没有言语。而阿露却在心里想道：这赵昌，为何与他的兄长赵盛大不相同呢？

萨布素和彭春见了康熙后连忙跪地山呼"万岁"。康熙言道："两位爱卿平身。朕适才听说，那罗刹兵已经打到了卜魁附近？"

萨布素连忙又将地角屯发生的事情详详细细地说了一遍。康熙闻之，不禁动容，不觉脱口而出道："罗刹兵太过残忍，简直欺朕太甚！"但说过这句话后，康熙一时又沉默不语。

是呀，三藩之乱虽然业已平息，但整个大清江山却被三藩之乱搞得千疮百孔。康熙治国的一个基本准则是：不安内就无法攘外。要重整大清江山，该耗去康熙多少精力和时间？还有，解决台湾问题，也已迫在眉睫。康熙要做的事情，确实太多太多。既如此，康熙就很难有多少精力和时间去认真对付罗刹兵的侵扰。

萨布素和彭春虽常年驻扎在东北，但多少也能理解康熙的苦衷。所以，见康熙沉默不语，二人也就对望了一眼，不再发话。

许久，康熙言道："罗刹兵公然南犯，显然是想扩大他们的侵略势力范围，同时，恐也有试探朕的意图。如果对罗刹兵的侵略行为一味地听之任之，恐以后局势的发展，对朕极为不利……"

萨布素和彭春只是认真地聆听，并不问话，更不插话。康熙又言道："但是，对付罗刹兵入侵，不同于朕的平息三藩之乱，也不同于朕去收复台湾。这是两国之间的战事。而罗刹又是一个大国，如果此事处理不妥，朕与罗刹开起战来，要打到什么时候？又要打到什么程度？”

萨布素和彭春依然不言不语。康熙接着言道：“朕这样说，并不是害怕罗刹国，不敢同它开战。恰恰相反，如果罗刹兵一直赖在朕的土地上不走，干那些杀人放火的残忍勾当，那朕就一定会同他们兵戎相见。朕的土地，一毫一厘也不能让别人夺去。台湾如此，东北也是如此！只不过，朕不想把与罗刹国的这场看来难以避免的战争打得太大、进行得太深。只要能将罗刹兵全部赶出朕的领土，并让他们永远不敢再来侵犯，朕的目的便已达到！”

康熙继续言道：“要实现这个目的，就必须在与罗刹国开战前，把一切准备工作做得仔细、做得周到，力争做到万无一失。不战则已，战则必胜。要让罗刹国知道，朕有足够的力量来保卫大清江山！”

康熙说到这里，停顿了一下，然后认真地看着萨布素和彭春道：“两位爱卿回卜魁后，不要轻易地与罗刹兵交战，只需编练军队、加强戒备。只要罗刹兵不再大举南犯，尔等就不要主动出击。待朕安定了天下，处理好了收复台湾的有关事宜后，朕定会认真地去解决罗刹兵入侵的问题。两位爱卿是否明白朕的意思？”

萨布素和彭春一起伏地叩头道：“微臣定会严格按照皇上旨意行事！”

康熙微微地点了点头：“两位爱卿平身。朕知道，两位爱卿对朕一直忠心不二，又对东北的形势地势非常熟悉，所以，与罗刹国战事一开，朕可就全要仰仗两位爱卿了！”

萨布素和彭春又忙着叩首道：“为了皇上，为了大清江山，虽赴汤蹈火，微臣等也在所不辞！”

康熙轻轻一笑道：“有这般忠臣良将，何愁罗刹之患不除？”

第二十六章

谒皇陵车驾巡热土 廓疆域旌旗指狂敌

明珠道："松花黑龙两江相连，皇上北游时若罗刹兵船南入松花，如何是好？"索额图亦道："罗刹兵盘踞黑龙江，如车驾突遇大批罗刹兵，臣等恐难护驾！"康熙重重言道："尔等不敢北上自回京城，何必在此啰嗦絮叨？"

的确，有萨布素和彭春这样的忠臣良将，康熙确实十分放心。然而，并非所有的事情都能令康熙皇帝十分放心。吏部尚书兼领侍卫内大臣索额图向康熙皇帝禀报的一件事，就令康熙很不放心。确切说，康熙皇帝是对自己的皇长子胤禔很不放心起来。

这件事情发生在1681年的年底，是在一天下午的黄昏时分。当时，康熙正在乾清宫内与阿露说笑。准确点说，是康熙在说在笑，而阿露，则不言不语的，既不说，也不笑。阿露越是如此，康熙就越发说笑得厉害。似乎，不把阿露逗乐，康熙就决不罢休。

康熙为何非要把阿露逗乐？阿露为何怎么也乐不起来？原来，就在这之前没多久，阿露在慈宁宫伺候生病的太皇太后博尔济吉特氏，被皇次子、康熙钦定的大清太子胤礽，用嘴、用针将两只乳房咬得、扎得伤痕累累。虽然康熙立即就将阿露从慈宁宫带回了乾清宫，但从此，阿露就变得沉默寡言起来。所以，只要有机会，有可能，康熙就会想方设法地逗阿露开心。

就在康熙以为即将把阿露逗乐的当口，索额图匆匆忙忙地走进了乾清宫。索额图向康熙禀报道："大阿哥把太子从马背上推了下来……"

据索额图称，今日下午，大阿哥胤禔和太子胤礽在皇宫花园内跟着宫中侍卫学骑马，练习途中，胤禔非要胤礽跟他同乘一匹马，胤礽也就同意了，可骑着骑着，胤禔一把就将胤礽从马背上推了下来，幸亏胤礽跌在了一丛枯草上，否则，胤礽至少也要落个断臂折腿的后果。索额图还说，他调查了当时花园内所有的人，所有的人都可以为此事作证。

康熙闻知，勃然大怒。他一指索额图，重重地吩咐道："去，把胤禔和胤礽都叫到这儿来！"

很快，索额图就领着胤禔和胤礽走进了乾清宫。当时，胤禔十岁，胤礽方才八岁。瞧胤礽一手捂头一手捂臂哼哼唧唧的模样，似乎确实摔得不轻，连跪地给康熙请安的动作，都做得十分艰难。

见胤礽这副模样，康熙是看在眼里疼在心里。因为，胤礽是康熙最钟爱的女人孝诚皇后赫舍里氏所生，正因为胤礽是赫舍里氏所生，所以才会被康熙钦定为太子。

十岁的胤禔，跪在康熙的面前不言不语，只是低着头。康熙怒斥道："胤禔，你为何要把胤礽推下马来？你居心何在？"

康熙"居心何在"一语，是有一个很明显的潜台词的。按照惯例，皇帝一位应该传给长子，但康熙因为太过钟爱赫舍里氏，所以就没有立大阿哥胤禔为太子。故而，康熙自觉不自觉地就有了这么一种想法：胤禔把胤礽推下马去，是一种故意行为，其目的是想摔死或摔残胤礽，自己好继太子位。

康熙的这种想法，不能说一点道理也没有，但客观地看来，康熙的这种想法却未免太过偏激了。英明的康熙之所以会有这种偏激的想法，其主要原因，当然是他太过钟爱赫舍里氏的缘故。赫舍里氏不在了，他便把对她的爱有意无意地转移到胤礽身上。这种现象，便是人们常说的"爱屋及乌"。

胤禔闻听康熙的怒斥，立刻就抬起了头："父皇，胤礽他把孩儿的裤裆捏得生疼，孩儿只好推他……"

胤礽马上道："父皇，大阿哥胡说，孩儿根本就没有捏他的裤裆！"

康熙显然站在胤礽一边："胤禔休得胡言乱语！胤礽为何捏你裤裆？"

胤禔愤愤不平地回道："父皇，孩儿如何知道？孩儿骑马骑得好好的，他非要孩儿与他同骑一匹马。可是，孩儿刚刚骑上他的马，他的手就伸到孩儿的裤裆里，使劲地捏，捏得孩儿实在疼痛难忍，只好将他推下马去。"

胤礽急道："父皇，大阿哥在胡说八道，孩儿的手，根本就没有伸到他的裤裆里……"

康熙喝道："胤禔，你竟敢在朕的面前信口雌黄、颠倒是非！分明是你叫胤礽与你同骑一匹马，你为何用谎言骗朕？"

胤禔愕然道："父皇，分明是胤礽叫孩儿与他同骑一匹马，孩儿何来的谎言？"

胤礽大声叫道："父皇，大阿哥他胡说！"

胤禔也不示弱："胤礽，胡说的是你，不是我！"

胤礽、胤禔便在康熙的面前大吵特吵起来。虽二人贵为皇子，但吵架的功夫比寻常人家子弟却毫不逊色，甚至有过之而无不及。只是，寻常人家子弟争吵一番无伤大雅，而两个皇子在一起如此争吵却似乎有失体统。所以，康熙就高声言道："索额图，把胤禔带回去禁闭三日，让他好好地反省！"

索额图立即回道："微臣遵旨！"

但胤禔却哀怨地道："父皇，你为何要冤枉孩儿？一切都是胤礽的错，你为何偏偏惩罚孩儿？孩儿又何错之有？"

胤禔说得真真切切的，只是康熙不愿意听。在康熙的心目中，一切都是胤禔的错，也只能是胤禔的错。

然而，待康熙冷静下来之后，他却隐隐约约、或多或少地感觉到了自己对这件事情的处理有些轻率。因为，存在着这么一种可能性，那就是，胤禔所言一切，都是真的。

胤礽是赫舍里氏所生，而赫舍里氏又是索额图的侄女儿，索额图站在胤礽一边说话当在情理之中。更主要的，胤礽既然能用针扎阿露的乳房，那他就能把手伸到胤禔的裤裆里去。

只不过，康熙没有朝着这条思路深想下去。也许，他对索额图太过信任了；也许，他对死去的赫舍里氏太过挚爱了；更也许，他不敢把年仅八岁的胤礽深想得那么残忍、歹毒。如此残忍、歹毒的人，岂能做大清的太子？

是呀，康熙要做的事情太多了。天下还没有安定，台湾还没有收复，而罗刹国已经对大清江山虎视眈眈了……

1682 年（康熙二十一年）三月的一天，康熙在弘德殿内召集群臣，宣谕道："不日朕将亲往盛京谒陵。"

盛京即今天的沈阳。对康熙这一突如其来的决定，几乎所有的大臣，包括索额图和明珠在内，都持反对意见。索额图禀道："皇上，现在东北不太平静，皇上此时去盛京，恐不太安全！"

明珠也奏道："皇上这个时候去盛京，满朝文武都放心不下……"

康熙"哈哈"一笑道："现在东北是不太平静，但盛京距黑龙江遥遥千里，又哪来的不安全之说？既然安全，众爱卿又为何放心不下？"

是啊，盛京距黑龙江流域确实很遥远，沙俄侵略军无论如何也不会打到盛京来。只是，康熙不早不迟，偏偏要在沙俄侵略军日益猖獗的时候去盛京谒陵，这着实大出群臣的意料。

康熙见群臣无言，便又接着言道："朕意已决。去盛京谒陵一事，由索额图和明珠具体操办。其他大臣，各司其职，不得懈怠！"

散朝后，索额图对明珠道："皇上去盛京，真正用意不是谒陵……"

明珠点头道："我也有同感。我以为，皇上此次去盛京，真正的用意，可能是在去考察东北的地形地势。"

"是呀，"索额图言道，"我正为此事担心呢。如果皇上到盛京谒陵后，不即刻回京，而是继续北上，我等该如何是好？"

明珠言道："我们到时候只能……见机行事了……"

可是，皇上的旨意，为臣的岂能轻易改变？所以，尽管索额图和明珠对康熙去盛京谒陵一事忧心忡忡，但还是尽心尽力地把谒陵一事的准备工作做得非常地充分和周到。

这一年的四月初，康熙带着索额图、明珠等一干大臣及阿露、赵昌等一干侍从，并一千名禁卫军，浩浩荡荡地离开京城，径向东北的盛京而去。本来，索额图和明珠安排了三千禁卫军相随，但康熙不同意。康熙对索额图和明珠言道："朕只是去盛京谒陵，并非要与罗刹兵开仗，带这么多军队何用?"康熙既如此说，索额图和明珠也只得遵旨，只是在行进途中，二人加倍小心谨慎，生怕出什么差错和意外。

一路上倒也顺利。十数天后，康熙一行人抵达盛京。盛京是清王朝的发祥地。这里埋葬着许许多多大清皇帝的列祖列宗。待康熙虔诚地谒陵之后，索额图和明珠一直担心的事情发生了。康熙决定：继续向东北行进。

索额图赶紧奏道："皇上，再往东北去，就很不安全了……"

康熙却道："朕行走在大清的土地上，怎么会不安全?"

明珠禀道："皇上，越往北去，离黑龙江就越近，那罗刹兵就随时有可能打过来……若惊了圣驾，微臣等可万万吃罪不起啊!"

康熙轻轻地一笑道："黑龙江远在千里之外，又哪来的什么罗刹兵？尔等也太过多虑了。"

康熙执意北上，索额图和明珠等人只得跟随。索额图暗暗地对明珠言道："真不知皇上究竟想往何处去……"

明珠也忧心忡忡地道："如果皇上一直北上，我等该如何是好?"

索额图和明珠经过商量，决定立即派人去卜魁，通知萨布素和彭春，赶紧调一支军队过来护卫皇上。

按康熙旨意，一行人离开盛京后，经抚顺、兴京，过哈达城（今西丰），出柳条边，于五月到达船厂（又称吉林乌喇，即今吉林市）。刚好，康熙一行人抵达船厂时，萨布素和彭春也带着一支五百人的军队赶到，并且，萨布素和彭春还带来了十多门大炮。

康熙笑问萨布素和彭春道："你二人为何如此兴师动众啊?"

萨布素回道："皇上亲驾东北，微臣等不敢稍有疏忽……"

彭春接道："东北危机重重，皇上亲驾于此，微臣等实在不放心啊!"

康熙摇了摇头道："彭爱卿此言差矣！尔等常年驻扎东北，时时刻刻都处于危机之中，朕偶尔过来一遭，又有何不可？又有何放心不下?"

萨布素言道："大清国可以没有臣等，但万万不可没有皇上啊!"

康熙笑道："萨爱卿此言又差矣！若朕没有了尔等忠臣，那朕的大清国岂不是名存实亡?"

接着，康熙仔细地询问了近一段时期沙俄侵略军的侵扰情况。萨布素禀道："近一段时期，罗刹兵南犯的次数不是很多。但据报，黑龙江中下游一带，罗刹兵已建了大大小小数十个据点，这大大小小数十个据点里的罗刹兵，统归雅克萨城的托尔布津指挥!"

康熙若有所思地点头道："看来，罗刹兵真的是想赖在这里不走了……朕倒要去看上一看。"

索额图和明珠等人都以为康熙的"要去看上一看"只是说说而已，谁知，康熙却吩咐索额图道："挑几只大船，朕要到松花江上去游一游。"

索额图等人闻言大惊。松花江的上游便从船厂经过，沿松花江北上，就可抵达黑龙江。

索额图小心翼翼地对康熙言道："皇上，松花江只是一条小河，没什么好玩的地方……依微臣之见，不如先回京城，然后南下，到黄河或长江里去游上一游。不知皇上意下如何啊？"

康熙摆手道："不可！朕既来到松花江边，岂能不到江上游玩一番？"

索额图又讪笑着问道："不知皇上准备游到何处？"

康熙回道："朕对这里的地形不很熟悉……这样吧，一直向北，游到哪里算哪里。"

索额图心中大骇："游到哪里算哪里"，如果皇上一直向北游，游到黑龙江，那可怎生是好？这么想着，索额图就不禁哆哆嗦嗦地看了看明珠。

明珠赶紧启奏道："皇上，微臣以为，松花江还是不游为妥……"

康熙"哦"了一声道："明爱卿何出此言？"

明珠言道："松花江与黑龙江连在一起，如果皇上北游时，罗刹兵也派兵船南入松花江，则皇上与臣等，岂不危在旦夕？"

索额图紧接着言道："臣以为明大人言之有理。罗刹兵盘踞在黑龙江一带，其底细我们目前尚不清楚。如果皇上北游时，突遇大批罗刹兵，那臣等可就……"

康熙突然加重了语气言道："尔等如果不敢北上，自回京城便了，何必在此啰嗦絮叨？"

这一天早晨，阳光明媚。波光粼粼的松花江上，早一溜排开了大小船只十数艘。中间的那艘最大的船上，乘坐着康熙和索额图、明珠及阿露、赵昌等人。康熙的大手朝着松花江的北方一指，朗声言道："出发！"于是，大大小小十多只船，便不紧不慢地朝着康熙手指的方向驶去。而岸上，萨布素领一千人马在松花江西岸走着，彭春则领另一千人马在松花江东岸走着。

康熙的兴致看起来特别高。他一直挺立在船头，不时地对着松花江两岸的景致指指点点。他曾对索额图和明珠高声地言道："朕的江山如此锦绣，岂容他国肆意侵扰？"

但索额图和明珠却没有康熙那么好的兴致了。打船队一离开船厂，索额图和明珠便在忧心忡忡地想着这么一个问题：皇上究竟会游到何处去？

第一天过去了。第二天天刚亮，康熙就命令船队继续北上。索额图暗暗地问明珠道："你说，皇上会不会真的一直游到黑龙江去？"

明珠叹道："谁知道呢？如果皇上一直游到黑龙江去，那我们，就只能陪着皇上永远地留在那儿了……"

索额图摇了摇头道："不，不行。我们不能让皇上一直北上！"

天亮了，康熙皇帝在阿露和赵昌等人的簇拥下，出现在了船头。康熙依旧是那么神采奕奕、精神焕发："传朕的旨谕，船队继续北上！"

康熙兴致勃勃地召过索额图言道："索爱卿，如果多造些大的战船，再派出一些精干的陆军，像朕现在这样，水陆齐头并进，岂不就把那些罗刹兵赶出了朕的领土?"

索额图忙着回道："是，皇上说的是，如果有一些大的战船，再有一些精锐的陆军，的确可以将那些罗刹兵赶出大清的领土。但微臣以为，就目前而言，我们并无什么战船，而岸上行走的陆军，也算不上精锐，所以，仅凭现在这点军力，恐实难与罗刹兵相抗衡啊!"

索额图的言外之意，是劝康熙皇帝不要再继续北上了。但康熙未加理会，而是召过明珠问道："明大人，你是兵部尚书，依你之见，应派出多少人马方能将那些罗刹兵击溃?"

明珠诚惶诚恐地回道："皇上，微臣以为，应先将罗刹兵的底细全部摸清楚了才好定论……不过，据微臣看来，就凭目前这点军力，恐很难将罗刹兵击溃……"

"不错!"康熙亮大了嗓门儿，"明爱卿言之有理。不把罗刹兵的底细全部摸清楚，朕就无从决策。"又高声吩咐道："索爱卿、明爱卿，传朕的口谕，船队及岸上军队，全部掉头，南归船厂!"

索额图和明珠闻言，一时都有些不敢相信自己的耳朵。康熙见状，笑问索额图和明珠道："两位爱卿，你们不去传朕的口谕，呆站在这儿作甚?莫非，你们现在就想去同罗刹兵开战?"

很快，康熙的船队就掉头南下。岸上的萨布素和彭春的军队也首变尾、尾变首，沿松花江南归。几乎所有的人，也许包括康熙在内，都不觉长长地松了一口气。

刚一回到船厂，康熙就急急地召来萨布素和彭春道："朕不日就要回京，尔等应亲往黑龙江一带侦察，把罗刹兵的人数及兵力部署摸清楚，然后去京城向朕禀告，供朕决策之用，不得有误!"

萨布素和彭春响亮地回道："微臣一定不辜负皇上的重托!"

选了一个良辰吉日，康熙一行便浩浩荡荡地离开船厂，回归京城。萨布素和彭春则领着自己的手下，向大本营卜魁城进发。

留守卜魁的萨果素，听说萨布素和彭春回来了，急忙迎出城外，并迫不及待地问萨布素和彭春道："皇上此次北巡，可是要决定同罗刹兵开战?"

彭春点头道："皇上北巡，正是此意!"

萨果素又急急地问道："皇上是不是决定，马上就同罗刹兵开战?"

沙俄侵略军残酷地杀害了萨果素的未婚妻维玛，萨果素求战的心情自然十分迫切。萨布素轻轻言道："兄弟，罗刹兵究竟有多少人、具体都分布在哪里，我们知道得并不详细，又如何马上就同罗刹兵开战?"

萨果素急了："现在不开战，那究竟要等到什么时候?"

彭春言道："得先把罗刹兵的底细都摸清楚了，皇上才好决定何时同罗刹兵开战。”

于是，在这一年的九月初，萨布素、彭春及萨果素，率数百人，以捕鹿为名，沿嫩江北上，开始对入侵中国的沙俄侵略军进行军事侦察活动。萨布素和彭春谆谆告诫萨果素等手下：除非迫不得已，不要与罗刹兵发生正面冲突。

沿嫩江一直北上，便可到达黑龙江的一个江边小城呼玛。从呼玛城再向西走三十多里，就是雅克萨了。

那是一个下午，萨布素、彭春和萨果素等人，抬着十几头捕获的鹿，走进了距雅克萨不远的一个小村庄。小村庄里居然有一百多名中国的百姓。这令萨布素、彭春和萨果素等人大感意外。因为，他们以为，沙俄侵略军杀人成性，黑龙江两岸的中国百姓应该早就被侵略军杀光抢光了。殊不知，沙俄侵略军刚刚侵入黑龙江流域的时候，确是见人就杀、见东西就抢，然而，当侵略军在黑龙江流域站稳了脚跟，他们杀人的行为便有所收敛，只要中国百姓不反抗他们，他们也就不再随意杀人。沙俄侵略军不仅要夺取中国的土地，而且还要对这些土地上的中国人实行殖民统治，如果把这些土地上的中国人都杀光了，他们还对谁实行殖民统治？更主要的是，这些土地上的中国人那么多，他们也不可能全都杀光。

萨布素、彭春和萨果素等人用几头鹿同村里人交换了一些食物和布匹。萨布素对彭春言道：“看来，罗刹兵是把这里当做他们自己的土地了！”

彭春回道：“是呀，如果不趁早把罗刹兵赶出去，这里的百姓恐怕会对大清国起异心啊！”

彭春所言，说的是事实。他们进入这个小村庄之后，一个当地老者问清了他们是从南方来的，曾不无失望地对萨布素和彭春言道：“看来，大清皇上是不想要我们这些臣民了……”

那老者说得失望，表情就更加失望。萨布素不便表明身份，只得轻轻地安慰那老者道：“老人家，不要太过灰心，更不能太过失望，因为，大清皇上是不会抛弃他任何一个子民的。只不过，这需要一些时间……”

那老者问道：“皇上究竟要到什么时候才会派军队过来？”

萨布素一时无言。彭春一旁回道：“我以为，要不了多久，皇上就一定会派军队过来！”

萨布素、彭春和萨果素等人一直在那个小村庄里逗留到黄昏，把雅克萨城里的沙俄侵略军的情况全部了解、打探清楚后，方才离开那里。他们刚一离开，便有一队从雅克萨城里出来的沙俄侵略军大摇大摆地开进了那个小村庄。躲在村外的萨果素一见，急忙指着那个领头的沙俄侵略军对萨布素道：“哥，就是那个罗刹鬼子杀害了维玛和地角屯的百姓！”

萨布素和彭春等人都不觉朝那个领头的沙俄侵略军多看了几眼。那家伙长得像一头大狗熊，正是梅利尼克。

萨布素问道：“兄弟，你能肯定那罗刹鬼子就是杀害维玛的凶手？”

萨果素咬牙切齿地道："纵然烧成了灰，我也绝不会认错！"

见萨果素抓起一杆猎枪，已经做出一副跃跃欲试的架势了，萨布素赶紧问道："兄弟，你想干什么？"

萨果素的双眼早已充血，已然红得怕人："哥，我们冲进村里去，把那些罗刹鬼子统统杀死！"

彭春不紧不慢地问萨果素道："兄弟，你有把握能将那些罗刹鬼子统统杀死吗？"

"能！"萨果素肯定又坚定地道，"罗刹鬼子只有几十人，而我们却有三百多人，只要不怕死，我们就一定能把这些罗刹鬼子统统杀死！"

彭春却又言道："兄弟，这儿的罗刹鬼子虽然很少，但这儿距雅克萨很近，如果我们一时不能将这里的罗刹鬼子统统杀死，而雅克萨城里的罗刹鬼子又赶来增援，那我们该怎么办？这里的一百多个百姓又该怎么办？"

萨果素头一扭："我不管那么多！这些罗刹鬼子杀害了我的维玛，我一定要他们血债血偿！"

萨果素一提猎枪，猫腰便想冲出去。萨布素一把按住萨果素的肩，语气严厉地道："兄弟，你切莫冲动！彭大人说得对。我们来这里不是同罗刹兵开战的。我们来这里的主要任务是侦察。还有许多事情等着我们去做。如果我们只凭感情用事，岂不坏了皇上的大计？"

彭春也重重地言道："血海深仇总是要报的，但现在不是时候！"

萨果素无奈，只得重新蹲下了身子。萨布素看见，萨果素的上齿已经把下唇咬得殷红一片。萨果素，心里在想些什么？

萨布素和彭春、萨果素等人，侦察完雅克萨之后，沿着黑龙江南岸，对下游进行军事侦察。他们费时二个多月，一直到达黑龙江的入海口。除在乌扎拉小城的边上同沙俄侵略军发生了一场小规模的冲突外，整个侦察活动，基本上还是很顺利的。

萨布素、彭春及萨果素等人，于这一年的年底返回卜魁城。次年（公元1683年）一月，萨布素、彭春二人结伴来到京城。康熙传旨，在乾清宫召见萨布素和彭春。

1683年一月，施琅和姚启圣正在福建为收复澎湖及台湾紧张地忙碌着。所以，当时的康熙，的确是头绪纷繁，既要确保收复台湾一事万无一失，又要直面日益紧张的东北局势。

萨布素和彭春刚一走进乾清宫，康熙就急急地迎上来言道："两位爱卿辛苦了！请速速将侦察的结果告诉朕。"

萨布素主讲，彭春则在一旁补充。两人详详细细地将两个多月的侦察经过及结果向康熙皇帝作了十分准确的汇报。大致内容如下：黑龙江中下游沿岸，建有三十多个大大小小的沙俄侵略军据点，不过，除雅克萨城内有近千名沙俄官兵外，其他的据点，沙俄士兵都很少，最多的也不过百人，有的只有十数名沙俄士兵。

康熙听完汇报后，默然片刻，然后问道："尼布楚城距雅克萨城有多远？里面有多少罗刹兵？"

当时的清王朝还没有对尼布楚一带实行有效的统治，因此萨布素和彭春没能亲往尼布楚一带，但对那里的情况还是大致了解的。萨布素回道："尼布楚距雅克萨大约有一百多里，城内驻有罗刹兵六百多人。"

康熙点了点头，沉吟片刻后问道："依两位爱卿之见，如果现在就同罗刹兵开战，该如何行动为妥？"

萨布素和彭春对望了一眼，然后萨布素言道："回皇上的话，依微臣之见，发兵三千，便足以赶走罗刹兵。"

康熙又问彭春："彭爱卿意下如何？"

彭春回道："微臣也是如此认为。盘踞在黑龙江中下游的罗刹兵，拢共不到两千人，且非常分散，只要发兵三千，就可以将罗刹兵各个击破！"

康熙不觉笑道："听二位爱卿之言，倒是信心十足、胜券在握啊！"

萨布素和彭春赶紧道："微臣愚见，请皇上训示！"

康熙缓缓地言道："同罗刹兵作战，三千兵确实足矣……东北地形复杂，派大批军队前去，既无多大必要，也无多大用处。但是，罗刹兵人数虽少，可他们的火枪火炮却着实厉害。因此，同罗刹兵作战，既不可轻敌，更不能盲动。不战则已，战则必胜！"

萨布素和彭春又一起言道："皇上圣明，请皇上具体教诲……"

康熙稳稳地从座位上站起，来回踱了几步，又稳稳地回到座位上坐下。"两位爱卿，同罗刹兵作战，须如此如此……"

萨布素和彭春离开京城的时候，兵部尚书明珠按康熙皇上旨意，拨给萨布素和彭春五百藤牌兵（抵挡沙俄侵略军火枪射击的特殊兵种）及四十名火枪手（卜魁城原有十名火枪手，如此，萨布素和彭春共拥有了五十名火枪手）。萨布素对彭春言道："皇上如此厚待，我等切不可辜负皇上的殷殷期望！"

彭春回道："为了皇上，为了大清江山，我等不成功便成仁！"

萨布素和彭春返回卜魁城之后，就加紧扩大和操练军队。至这一年的夏天，也即施琅和姚启圣收复了澎湖和台湾的那个时候，萨布素和彭春已训练出了一支三千人的精锐之师。康熙圣旨传到卜魁：时机已成熟，可以按计划同罗刹兵开战了！

萨果素闻知康熙皇帝已决定同罗刹兵开战，简直是欣喜若狂。他冲着他的手下吼道："弟兄们，报仇雪恨的时候到了！"

萨布素、彭春及萨果素等人，率三千精锐之师，开始了驱逐沙俄侵略军、保卫大清领土的军事行动。

清军并没有马上就沿着嫩江北上，而是向东，取道松花江一直向北，水陆并进。沿途的老百姓闻听清军要同罗刹兵开战，都自发地组织起来，或为清军送衣送粮，或为清军指引方向。彭春高兴地对萨布素言道："百姓如此大力支援，何愁罗刹不除!"

清军很快抵达黑龙江。按既定计划，萨布素、彭春及萨果素率军向东，先着力肃清黑龙江下游的沙俄侵略军势力。在当地百姓的大力帮助下，清军花了约半年时间，基本上肃清了黑龙江下游的侵略军势力，并在古法坛和乌扎拉两座江边小城同沙俄侵略军打了两场较大规模的战斗，共歼灭沙俄官兵二百余人，大大地鼓舞了清军的士气。当然，清军也有较大伤亡，半年时间内，清军共损失官兵数百人，好在各族百姓同仇敌忾、踊跃参军，故而清军的总人数不仅没有下降，反而略有增加。

经过一段时间的休整后，萨布素、彭春及萨果素领着清军挥师西进，开始打击盘踞在黑龙江中游的沙俄侵略军。又经过约半年战斗，清军主力已逼近嫩江与黑龙江的交汇处——呼玛小城。按康熙的旨意，萨布素在距呼玛小城不远处的黑龙江北岸，以一个小渔村为基础，新建了一座城市，名黑龙江城（即旧瑷珲城）。萨布素领两千清军暂驻扎在这里，他也就成了清朝的第一任黑龙江将军。

萨布素留在了黑龙江城，彭春和萨果素率领着一千余名清军继续向西挺进。这一千余名清军内，有火炮数十门、火枪五十支，数百名藤牌兵也悉数在此。可以说，这支清军，才是东北清军的精锐之旅。

彭春和萨果素领着这支精锐清军一路向西打去，并很快就包围了呼玛小城。呼玛小城内的近百名沙俄官兵拒不投降，彭春就下令用火炮猛轰。猛轰过后，萨果素一马当先，率数百清军杀入呼玛城内。经过大半天激战，近百名沙俄官兵全部被清军杀死。仅萨果素一人，就砍倒了五名沙俄侵略军。

彭春下令继续西进。不几日，清军抵达距雅克萨城不到二十里路的江边小城古伊古达儿。盘踞在古伊古达儿城内的八十多名沙俄侵略军见势不妙，仓皇退出古伊古达儿，跑到雅克萨城去投奔雅克萨督军托尔布津去了。清军兵不血刃进驻了古伊古达儿，与雅克萨城的沙俄侵略军遥遥对峙。

清军之所以没有马上就对雅克萨城发动攻击，乃是康熙有旨在先：如果雅克萨城内的沙俄侵略军主动撤出，那清军就不要大动干戈。显然，康熙虽然命令清军同罗刹兵开战了，但这种开战，是有很大程度的保留的。清军之所以沿着黑龙江一点点地肃清沙俄侵略军的势力，其目的就是要迫使雅克萨城内的沙俄侵略军主动地撤出。也就是说，清军虽然同沙俄侵略军开战了，但康熙仍然希望能用比较和平的方式解决东北问题。虽然康熙是这么想的，但沙俄侵略军却未必会这么想。而当地的各族百姓，似乎也不会这么想。他们饱受沙俄侵略军烧杀抢掠之苦，现在清军打过来了，他们岂不急于要为死去的同胞复仇?

在雅克萨城与古伊古达儿之间的江边上，有一个小渔村叫厄尔都。厄尔都村是巴尔虎族人居住的地方，男女老少近二百口人。有一天早晨，萨果素发现百姓们正扶老携幼地要离开这里。萨果素找到一个族长，问其原因。那族长说，今日凌晨，一个沙俄侵略军小头目领着十数名手下从雅克萨城跑到这个村里来，说是要带十名年轻女人和五名儿童回雅克萨。这族长一怒之下，领着村民，将那个沙俄侵略军的小头目杀死，并打死了另外八名侵略军，但有三个沙俄士兵逃跑了。那族长告诉萨果素，为防止沙俄侵略军报复，他正准备领着全村人离开这里。

萨果素虽然有勇无谋，但也并非等闲之辈。此刻，他听了族长的叙说后，灵机一动，头脑里就有了一个很是高明的计策。

萨果素先是让那族长领着村民往古伊古达儿方向去，然后，又派了两个得力手下骑两匹快马火速赶往古伊古达儿去向彭春报告。萨果素在“报告”中称：厄尔都村百姓不多，罗刹兵也就不会派出多少人马前来报复，待罗刹兵来了，他萨果素就且战且退，将罗刹兵引入彭春预先设下的埋伏圈内，力争将这股罗刹兵全部歼灭。

还别说，萨果素“灵机一动”想出来的这条计策，也的确高明。当萨果素派出的那两个手下骑着快马赶到古伊古达儿的时候，一队从雅克萨城里开出来的沙俄侵略军，恰恰逼近了厄尔都渔村。果不出萨果素所料，这队沙俄侵略军的人数并不多，只有一百余人。一百余名全副武装的侵略军，来报复一个不到二百口人的小渔村，似乎也绰绰有余了。

萨果素看到那一百余个侵略军呈扇形向厄尔都村一点点逼近时，兴奋得两眼都放出光来。他之所以如此兴奋，最重要的原因便是，统领那一百多个侵略军的头目，正是那个他永远都不会忘记的梅利尼克。

俗话说，仇人相见，分外眼红。萨果素一看到那个梅利尼克，就恨不得冲上前去一刀宰了他。但让人感到惊讶的是，萨果素此时并没有那么冲动。他当时似乎十分冷静。他不仅自己很冷静，他还很冷静地吩咐数十名手下道：“尔等千万不可恋战，只须且战且退，哪怕我们都死光了，也要把这股罗刹兵引到彭大人的埋伏圈内。”

萨果素相信，彭春接到他的报告后，一定会在某个有利地形处设下埋伏。为避免不必要的伤亡，萨果素还谆谆告诫部下，尽量与罗刹兵保持一定的距离，最好呆在罗刹兵火枪的射程之外。

当时，萨果素的手下有六十多人，其中十名是火枪手，其余的皆为弓箭手。看到梅利尼克和他的侵略军就要冲进村里来了，萨果素一指梅利尼克的方向命令道：“开枪、放箭，然后速速东撤！”

梅利尼克指挥着一百多名侵略军耀武扬威地正要冲进厄尔都村的当口，突然间，枪声大作、箭矢乱飞。有一支箭，恰恰从梅利尼克的耳边射过，吓得梅利尼克出了一身冷汗。他情知，定是遭遇到清军了。所以，他一边慌忙蹲身一边高声下令道：“卧倒、射击！把这些野蛮人统统打死！”

一百多支火枪一起朝着厄尔都村射去。但很快地，村里便没了动静。梅利尼克醒悟过来，连忙跃起身，冲着手下喊道：“野蛮人要逃跑，快冲进村里去!"

一百多个侵略军在梅利尼克的指挥下，一边不停地鸣枪，一边拼命地向村里冲，等冲进村里一看，什么人也没有，只找到几具沙俄侵略军的尸体——是今日凌晨被村中的巴尔虎族人打死的。

梅利尼克气急败坏地叫嚷道："给我搜！把野蛮人统统搜出来，剖腹挖心，一个不留!"

一个手下急急忙忙跑来报告："野蛮人向村东方向逃跑了……"

梅利尼克不假思索："追！就是追到大海边，也要把野蛮人追到!"

如果萨果素等人离开厄尔都村后一直拼命地向东奔跑，那梅利尼克的侵略军是很难追得上的。但萨果素不能这么做。他的目的不是逃跑、更不是逃命。他要把梅利尼克的侵略军引到彭春设下的埋伏圈内。所以，他领着数十个手下沿着黑龙江北岸向东跑的时候，一会儿死命地奔，一会儿又用火枪和弓箭朝身后射击，这样，既牢牢地把梅利尼克吸引在了身后，又为彭春打埋伏赢得了宝贵的时间。只不过，由于黑龙江北岸没有什么障碍物，十分有利于梅利尼克侵略军的火枪射击，故而，待萨果素领着数十手下快要接近古伊古达儿的时候，他那数十名手下，差不多已折损了一半。

萨果素急了，都快要跑到古伊古达儿了，彭春怎么一点动静也没有？莫非彭春没有接到他的报告？或者，彭春不想打这股侵略军一个埋伏？

萨果素一急，便失去了应有的理智。他一咬牙，又一横心，恨恨地冲着手下命令道："都不要跑了，就在这儿同罗刹鬼子拼个你死我活!"

当时，萨果素身边还有三十来名手下。这三十来名手下，是无论如何也拼不过梅利尼克那一百多名侵略军的。一个手下犹犹豫豫地对萨果素言道："我们是不是……撤到古伊古达儿城里去?"

萨果素两眼一翻吼道："怕死你就撤，记得给我收尸!"

三十来名手下无奈，只得按萨果素的命令一起伏在了江边潮湿的土地上，准备与梅利尼克作最后一搏。他们并不是怕死，他们只是以为这样死去有些不大值得。然而萨果素是他们的长官，长官的命令他们只得服从。

梅利尼克的侵略军追上来了。虽然萨果素等人在逃跑的时候用火枪和弓箭也射杀了十多个侵略军，但梅利尼克的身边，依然还有一百多人。见萨果素等人伏在地上作出殊死一搏的架势，梅利尼克就笑着对手下言道："这是找死呢！冲上去，先杀死这些野蛮人，然后再夺回古伊古达儿!"

梅利尼克还想攻下古伊古达儿，口气是何等地狂妄。但很快，他就发现情况有些不对劲儿。因为，萨果素的身边，像是冷不丁地突然冒出了一百多名清军，且那一百多名清军士兵的手上，至少握有四五十支火枪。显然，那一百多名清军是从古伊古达儿城里赶来支援萨果素的。

你道彭春为何直到现在才派出这么一百多人赶来支援萨果素？却原来，萨果素在厄尔都村派出的那两个去向彭春报告的手下，半途之中出了意外，两匹马不知为何突然都受惊了，将萨果素的那两名手下全都摔晕了过去，还是从厄尔都村里撤出的巴尔虎族人发现了他们，将他们抬进了古伊古达儿。巴尔虎族人男女老少近二百口人，行动当然很慢。也就是说，萨果素等人快要撤到古伊古达儿的时候，彭春方才得知这一消息。问清了情况之后，彭春便急急地派了一百多人去增援萨果素。这一百多人中，包括彭春手下所有的火枪手，其余的，皆为藤牌兵和弓箭手。

梅利尼克大笑着对手下言道："野蛮人就这么一点火枪，把他们消灭了，古伊古达儿就唾手可得！"

梅利尼克忽视了这么一个事实，那就是，在这无遮无挡的平原地带作战，虽然很有利于火枪的射击，但清军的那些藤牌兵，却似乎发挥着比火枪更大的威力。

梅利尼克本来并不清楚那些清军士兵手里拿着的藤牌有什么作用，但他催动着士兵向清军发起攻击的时候，他很快就明白过来：那些藤牌，是用来遮挡火枪子弹的。

梅利尼克的士兵一边射击一边向清军发动了冲锋。而清军躲在厚厚的藤牌后面，毫无动静。待梅利尼克的士兵进入清军火枪和弓箭的有效射程内，清军的几十支火枪和几十张硬弓便从藤牌的边上向外射击。清军有藤牌掩护，而梅利尼克的士兵却无遮无挡。这样，几番进攻下来，梅利尼克的士兵至少倒下去了二三十人。

梅利尼克有些清醒了。照这样攻下去，不仅很难攻上去，而且自己的人马也要损伤殆尽。他还想到：为何这一百多个清军只守不攻？还有，据说驻扎在古伊古达儿一带的清军有一千多人，那么多的清军为什么不出现？他们都到哪儿去了？

梅利尼克真正地清醒过来了。他敢和任何人打赌，那么多的清军一定是迂回到了他的北面和背后，对他实施包围。这儿之所以只有一百多个清军，其目的就是要把他梅利尼克拖住，一旦包围圈完全形成，这儿的清军人数肯定会增加。

梅利尼克明白得太迟了。就在他下令西撤的同时，他的对面，清军人数一下子增加到了二百多人，且在藤牌的掩护下，一点点地向他逼近。梅利尼克暗暗心惊道：完了，被清军包围了！

果然，有手下向梅利尼克报告道：西边发现大批清军，北边也发现大批清军。只有南面没有发现清军，因为南面是浩浩荡荡的黑龙江。

梅利尼克吼道："沙皇陛下的勇士们，尽忠尽节的时候到了！"

连梅利尼克在内，当时侵略军还有八九十人。在梅利尼克的嚎叫声中，八九十个侵略军围成一个圆圈，不停地向着逼过来的清军射击。但这一切均是徒劳的。彭春为保证全歼这股沙俄侵略军，除留下足够的炮手镇守古伊古达儿城之外（有了足够的炮手，即使雅克萨城的托尔布津倾巢赶来增援，他彭春也可以率清军安全地撤回古伊古达儿)，他亲率千余名清军，以五百名藤牌兵为掩护，顺利地完成了对梅利尼克的三面合围。

沙俄侵略军的火枪虽然厉害，但击在藤牌上，对清军也就没多大威胁了，且清军一边步步逼近，一边也不时用火枪和弓箭还击。这样时间一长，沙俄侵略军的人数不仅越来越少，子弹也渐渐地打光了。到最后，当清军将梅利尼克团团围住的时候，梅利尼克身边，只有十几名绝望的士兵了。

这个时候，梅利尼克便忘了要“为沙皇陛下尽忠尽节”这档子事了。他率先丢下枪和刀，然后爬起来，把自己的双手高高地举过头顶。如此看来，凶残暴虐成性的梅利尼克，充其量也不过是一个怕死鬼而已。

梅利尼克被俘，萨果素就顿时来了精神。他一个箭步冲到梅利尼克身边，“噼哩啪啦”地就在梅利尼克的脸颊上抽打了起来，一边打一边还骂骂咧咧地道：“狗日的罗刹鬼子，我要扒了你的皮、抽了你的筋……”

萨果素的未婚妻维玛，就是被梅利尼克活生生地扒皮而死的。萨果素是越打越愤怒、越愤怒越死命地打。只片刻工夫，梅利尼克的脸颊便被萨果素打得像一块面包。

围观的清军士兵，也和萨果素一样，对沙俄侵略军充满了无限的仇恨。只有少数几个清兵，还算比较冷静，在一旁小声地劝说萨果素住手，等彭春大人来了再作计较。但萨果素根本就不会住手。他打着打着，猛然间从怀中摸出一把明晃晃的短刀来。他冲着身边的几个清军士兵吼道：“把这个罗刹鬼子按住，我要活剥了他的皮！”

显然，萨果素要用以牙还牙的方式来为维玛复仇了。早跑过来几个清军士兵，将一边求饶一边又拼命挣扎的梅利尼克死死地摁在了地上。萨果素一抖手中的短刀，冷冰冰地冲着梅利尼克笑道：“狗日的罗刹鬼子，你会想到也有今天吗?”

等彭春赶到时，萨果素已经扒开了梅利尼克的衣衫，正用刀子在梅利尼克的胸膛处比划呢。

彭春急忙大喝一声道：“萨果素，你要干什么?”

萨果素头也不回地道：“我要扒了这罗刹鬼子的皮！”

彭春三步并作两步地跨到了萨果素的跟前：“萨果素，这鬼子是个将军，我等无权随意处置他，应把他送到京城交给皇上处置，你明白了吗?”

萨果素硬硬地回道：“我不管那么多，我只要为我的维玛报仇，为地角屯所有的村民报仇！”

彭春情知，此时对萨果素说任何道理也没有用，最要紧的，是赶快下了他手中的刀，不然，萨果素只要捅下一刀，那梅利尼克就小命不保了。

想到此，彭春便大声吆喝道：“来人啊，将萨果素手中的刀子拿下！他若不从，军法从事！”

“军法从事”四个字起了作用，两个清军士兵走上来，很轻松地就从萨果素的手里拿过了刀子。彭春见一场危机已告化解，就又高声命令道："押着俘虏，回古伊古达儿!"

只有萨果素，一边往古伊古达儿走，一边恨恨地自言自语道："下回若再有机会碰上这狗日的罗刹鬼子，我就先一刀宰了他再说!"

萨果素希望出现的那个"机会"，后来还真的出现了。只是那"机会"出现的时候，其结局，恐怕连萨果素本人都没有想到。此是后话。

击毙一百多个罗刹鬼子，还捉住了梅利尼克以下十几个活的，彭春自然高兴。在征得了驻扎在黑龙江城的萨布素的同意后，彭春命萨果素镇守古伊古达儿，并再三嘱咐他：如果大批罗刹兵攻来了，只许守城，不许反攻。情况实在危急了，便去黑龙江城向萨布素求援。而他自己，则带人押着梅利尼克等十几个俘虏，经嫩江南下，再向西去，往京城向康熙皇禀报。

本来，彭春是想派萨果素押送梅利尼克等人回京城的，因为古伊古达儿离雅克萨城很近，而雅克萨城内罗刹兵的实力又确实不容低估，让萨果素负责镇守古伊古达儿，彭春委实有些不放心，但同时，如果让萨果素押送梅利尼克进京，彭春似乎就更加不放心。要是萨果素在押送途中一刀宰了梅利尼克，那该由谁对此事负责？后来，还是萨布素为彭春解决了这个难题：彭春去京城后，萨布素领了一支清军，离开黑龙江城，开进了古伊古达儿。

彭春是在1685年（康熙二十四年）的四月份押着梅利尼克等俘虏抵达京城的。康熙皇帝对彭春、萨布素在过去的一年多时间里所取得的辉煌战绩非常满意，当即将彭春由副都统擢升为都统，并发圣旨到古伊古达儿，对萨布素、萨果素及所有与罗刹兵作战的清军将士表示嘉奖和慰问。只是，在如何处理梅利尼克等俘虏及雅克萨城等问题上，康熙与朝中大臣的意见出现了分歧。

绝大多数朝臣都以为，应将梅利尼克等俘虏悉数杀死，然后再命令彭春、萨布素二人一鼓作气攻下雅克萨，给罗刹国一点颜色瞧瞧，让罗刹国知道，大清国不是那么好惹的。

只有索额图、明珠等少数大臣支持康熙的意见，那就是，优待梅利尼克等俘虏，力争以和平的方式解决雅克萨问题。

事情的最终决定权当然是在康熙皇帝的手里。康熙力排众议，决定宽大处理梅利尼克等俘虏：愿意回沙皇俄国的，发给路费；愿意留在京城为民的，拨给房屋居住。结果，除梅利尼克等二三人表示愿意回沙俄外，其余大多数俘虏，最终都自愿留在了京城，并且后来还都在京城内娶妻生子。

梅利尼克想回沙俄，但没有回成，因为，康熙亲笔写了一封信，让他送给雅克萨城内的托尔布津。在信中，康熙希望托尔布津能够主动地撤出雅克萨，离开中国领土，以避免不必要的流血战争。同时，康熙又让一个愿意回沙俄的俘虏给俄国沙皇捎去了一封信。在这封信中，康熙敦请沙皇撤出他在中国境内的士兵，以和平的方式来解决两国间的边界纠纷。可以说，在东北战事这一问题上，康熙皇帝对俄国沙皇已经做到仁至义尽了。但问题恰恰在于，和平能否获得，往往取决于战争的结果。

梅利尼克不敢独自回雅克萨。康熙只好吩咐彭春一路护送。彭春带着梅利尼克回到古伊古达儿附近时，已是1685年的五月初了。

梅利尼克就要重返雅克萨了。彭春诚心诚意地对梅利尼克言道："雅克萨是大清国不可分割的领土，希望你回到雅克萨之后，多多地劝说托尔布津督军，不要再执迷不悟，还是主动地撤出雅克萨为妥！"

谁知，听了彭春的劝说后，梅利尼克居然一言不发，只"嘿嘿"一笑，就扬长而去。彭春心中不觉一凉。他有一种直觉：自己的这番苦心算是白费了，而康熙皇帝的那番苦心恐怕也只能是白费了。

闻知那梅利尼克又被放回到雅克萨去，萨果素简直就气炸了肺。他什么也不管了，冲着彭春就叫嚷道："你，先阻拦我杀那个狗日的罗刹鬼子，现在，你又亲手把那个狗日的罗刹鬼子放跑了，你，到底是什么意思？"

面对萨果素的大叫大嚷，彭春也并不在意。因为，他知道，有萨果素这种想法的人，绝不止萨果素一个。所以，他只是淡淡地回答萨果素道："放走梅利尼克，并不是我彭春的主意，而是当今圣上的旨意。"

萨果素还要大叫大嚷，一旁的萨布素沉声喝道："萨果素，你如果再敢对都统大人这样无礼，我就以军法处置你！"

萨布素这一喝，萨果素就赶紧噤了声。彭春对着萨布素淡淡地一笑道："萨果素兄弟只是一时愤激之语。其实，放走梅利尼克，我彭某的心里，也多少有些想不通呢。"

萨布素言道："皇上是想力争以和平的方式解决雅克萨问题……"

彭春微微地摇头道："可在我看来，不通过战争，雅克萨的问题就不可能得到解决。"

萨布素言道："是呀，我的心里，也有这种想法。那些罗刹鬼子，你不去打他，他是不会主动跑的！"

第二十七章
斫援虏驰五百铁骑 困孤城发三千雄兵

这真是一场痛快淋漓的砍杀。五百名清军骑兵，将一百多个沙俄侵略者紧紧地围住，手中的马刀，只管朝下劈砍。尽管也有少数沙俄士兵拼命反抗、放乱枪，但一百多个人，怎禁得五百把仇恨马刀的砍杀？

彭春和萨布素所言，一点也没有错。盘踞在雅克萨城内的托尔布津，从来就没有想过什么主动撤出雅克萨的问题。他整天想的只有一件事，那就是，要向哈巴罗夫学习，做沙皇陛下的一个大英雄。

哈巴罗夫于1650年（顺治七年）初，受俄国沙皇派遣，领哥萨克兵越过外兴安岭，侵入中国国境。在二年多的时间里，他对中国各族人民犯下了难以尽数的滔天罪行。然而，就是这么一个双手沾满了中国人民鲜血的刽子手，回到莫斯科后，却受到了俄国沙皇的大加封赏：被封为沙俄贵族称号，得到大片田产。又经沙皇御用文人的大力吹捧，哈巴罗夫便成了替沙皇开发新土地的大英雄，成了许许多多存有勃勃野心的沙俄人的偶像。而托尔布津，便是哈巴罗夫许许多多的崇拜者之一。他率兵侵入中国境内，就是想成为像哈巴罗夫那样的大英雄。尽管沙皇已经封他托尔布津为雅克萨的督军，但他认为自己做得还很不够，他还没有在中国境内捞足资本。所以，无论如何，只要还有一点点可能，他就不会离开中国领土，更不会轻易放弃雅克萨。

当清军从黑龙江下游一点点、一步步地向黑龙江中游推进时，托尔布津多多少少地感觉到了恐慌。他知道，清军这次是善者不来，来者不善。而当梅利尼克全军覆没的消息传到雅克萨时，他心中的那种恐慌就自然而然地加重了。然而，尽管托尔布津心中很是恐慌，但他却从未考虑过什么撤出雅克萨的问题。原因有三：一，如果撤出雅克萨，那他这个雅克萨督军就等于失去了所有的一切；二，清军虽有二三千之众，但雅克萨城堡非常坚固，又加火力猛烈，清军未必能攻得进来；三，他坚定地认为，雅克萨城堡是沙俄军队在中国境内所建造的最大的侵略据点，即使他托尔布津想放弃，沙皇也不会同意，所以，如果清军真的对雅克萨城堡发动进攻，那沙皇是绝不会坐视不救的。

为此，在梅利尼克全军覆灭之后，托尔布津主要做了这么几件事：一，密切监视驻扎在古伊古达儿的清军的动向；二，派人向驻扎在尼布楚的沙俄督军通报这里的情况并派人远赴莫斯科向沙皇求援；三，继续加固雅克萨的城防。

这一天，托尔布津正在雅克萨城内巡视城防加固情况。雅克萨城内除驻有八九百名沙俄士兵外，还拘有二百多名索伦族和巴尔虎族人。这二百多名索伦族和巴尔虎族人，一半是青壮年男性，另一半是年轻的女人，青壮年男性是在城堡内为沙俄侵略军服苦役的，而年轻的女人则主要供沙俄官兵们开心取乐。加固雅克萨城防的任务，自然是那一百多名索伦族和巴尔虎族的青壮年男人担当。

托尔布津在雅克萨城内巡视时发现，有一个索伦族男人，搬着一块大石头，走着走着，忽地蹲下身去不走了。托尔布津对身边的一个小头目言道："去看看，那野蛮人是怎么回事。"

那小头目跑到那个索伦族男人跟前，咋呼了几句，又伸手在索伦族男人的额上摸了摸，然后跑到托尔布津面前报告道："督军大人，那野蛮人发烧了，烧得还很厉害，额上烫得怕人，已经不能再干活了。"

托尔布津沉吟道："既然不能干活了，那还留着他做什么？"

那小头目会意，忙着言道："督军大人，属下马上就派人把这个野蛮人丢到江里去！"

托尔布津缓缓地摇了摇头："不，这野蛮人身材很高大，就这么丢到江里去喂鱼，也实在太浪费了。"

那小头目赶紧问道："不知督军大人何意？"

托尔布津随随便便地吩咐道："把这个野蛮人绑在柱子上，本督军自有区处。"

小头目连忙带上几个人，将那个被高烧烧得迷迷糊糊的索伦族男人结结实实地绑在了一根木柱上。托尔布津叫过二十多个侵略军士兵，高声地吆喝道："大家都看清了，这个野蛮人就快要死了，你们谁能够一拳就将他打死，本督军今晚就赏给他两个女人。听明白了吗？"

本来，沙俄侵略军是从不为女人的事情发愁的，想要玩女人了，随便找一个村庄掳掠一番便可。可自从清军打到了古伊古达儿之后，沙俄侵略军的掳掠行为就不得不有所收敛。而自从梅利尼克全军覆没之后，沙俄侵略军几乎就不敢轻易地走出雅克萨城堡一步了。这样一来，城堡内的女人就一下子变得十分紧张起来。拢共只有百来个女人，却有近千名侵略军官兵。如果一晚上真的能拥有两个女人玩耍，那该是多么快活的事儿？

所以，托尔布津的话音还未落，被托尔布津叫来的那二十多个侵略军士兵就忍不住地摩拳擦掌起来。见身边一副乱哄哄的情景，托尔布津便微笑着言道："大家不要争吵，排好队，一个一个地来。"

二十多个侵略军士兵，好不容易地才排成了一串长队。托尔布津示意道："排在队首的，先上！"

排在队首的那个侵略军士兵，长相很像那个梅利尼克。只见他，大步跨到那个索伦族男人的面前，一蹲身，又发出一声狂叫，右拳就重重地击在了那个索伦族男人的胸前。索伦族男人“哇”的一声惨叫，头猛地一垂，就动也不动了。

那个侵略军士兵顿时就高兴得跳了起来。他乐颠颠地跑到托尔布津的面前，欢天喜地地言道：“督军大人，我一拳便把这个野蛮人打死了，你今晚该赏给我两个女人了！”随即，他又转向那二十多个侵略军士兵，满面红光地叫嚷道：“弟兄们，今晚我有两个女人了……”

那二十多个侵略军士兵的脸上，都显出不平和嫉妒的神色来。谁知，托尔布津却不紧不慢地言道：“我亲爱的勇士，你未免高兴得太早了！”

那个侵略军士兵一听，以为托尔布津想反悔，急忙问道：“督军大人此话何意？”

托尔布津一指索伦族男人：“他只是被你打晕，并未被你打死。”

那个侵略军士兵不信：“督军大人，我分明一拳把他打死了吗……”

托尔布津示意第二个侵略军士兵：“你过去，再打一拳看看。”

第二个侵略军士兵走上前去，卯足了劲儿，一拳又重重地击在了索伦族男人的身上。果然，索伦族男人“啊”的一声哀鸣，竟又抬起了头。

其余的侵略军士兵立即就狂呼起来。因为，只要索伦族男人没死，他们就都还有获得两个女人的机会。托尔布津笑容可掬地道：“你们继续进行，按原来的次序，不要乱……”

第三个侵略军士兵走了上去……接着是第四个、第五个……令人大感意外的是，二十多个侵略军士兵都打完了一遍，索伦族男人尽管已是气息奄奄，但却依然顽强地活着。

托尔布津有些不高兴了。他板着脸教训那些侵略军士兵道：“一个垂死的野蛮人，你们这么多人，竟然都不能将他置于死地，那日后，我们还如何同野蛮人的军队开仗？”

托尔布津如此一教训，那些侵略军士兵一个个都赶紧噤若寒蝉。托尔布津又高声言道：“你们都看好了，对付这些野蛮人，该用什么样的手段！”

众侵略军士兵都瞪大了眼睛盯着托尔布津。托尔布津阴冷地一笑，慢慢悠悠地走到了那个索伦族男人的面前，站稳了，也不蹲身，也不喊叫，只右拳向前一递，索伦族男人就“哇”地喷出一口鲜血，再也没有气息了。

众侵略军士兵先是一愣，继而便山呼海叫起来。有呼托尔布津“神拳盖世”的，也有叫托尔布津是“哈巴罗夫第二”的。听得托尔布津喜笑颜开、心花怒放。

一个小头目连忙叫两个士兵把索伦族男人的尸体丢到黑龙江里去。托尔布津制止道：“这个野蛮人还有用场。”

那小头目不解地问道：“督军大人，这个野蛮人已经被你神拳打死，还能有什么用场？”

托尔布津指了指不远处正在搬石头的那些索伦族和巴尔虎族男人，轻轻淡淡地言道："那些野蛮人太过辛苦，把这个野蛮人放到锅里煮一煮，给那些野蛮人吃了，也好增加些力气。"

那小头目立即言道："督军大人真是英明！属下怎么就想不出这么绝妙的点子来呢？"

托尔布津笑道："以后，野蛮人死了，就把他煮熟给还活着的野蛮人吃，这样会替我们省去不少粮食！"

梅利尼克有吃生人肉的习惯爱好，而托尔布津却想出了这么一个煮人肉的点子。若把这两个人放到一起比较一下，究竟谁更残忍？

恰在此时，一个沙俄士兵匆匆忙忙地走到托尔布津的面前报告道："督军大人，梅利尼克将军回来了……"

"什么？"托尔布津一怔，"梅利尼克回来了……多少人？"

那士兵回道："就梅利尼克将军一个人。"

托尔布津有些明白了。梅利尼克为清军所获，不可能私自逃脱，现在只身归来，定是清军故意放的。而清军这么做，当然就别有意图。

想到此，托尔布津就吩咐那士兵道："带我去见梅利尼克将军。"

托尔布津之所以要亲自见梅利尼克，原因是现在形势非常紧张。不管梅利尼克是如何回来的，他都仍然还是托尔布津手下最得力的干将。要想击溃清军、守住雅克萨，托尔布津还少不了像梅利尼克这样的人。

见到托尔布津之后，梅利尼克脸上显出很羞惭的神色："督军大人，属下不才，竟然让野蛮人给抓住了……属下真是无脸再见督军大人啊！"

托尔布津亲切地拍了拍梅利尼克的肩头："将军阁下何出此言？胜败乃兵家常事，你又何必如此耿耿于怀？"

梅利尼克多少有些犹豫地从怀中摸出一封信来："督军大人，这是大清皇上托我带给你的……"

托尔布津很是惊讶地道："梅利尼克，你见到大清皇上了？"

梅利尼克低低地回道："属下被俘后，他们把我带到京城，大清皇上……召见了我……"

"好，很好！"托尔布津高兴地道，"你既已见过大清皇上，那等我们打进京城的时候，大清皇上就再也逃不掉了！"

看看，托尔布津白日做梦都想打进京城呢，康熙想以和平方式解决雅克萨的问题，恐怕只能是一厢情愿了。

梅利尼克不知出于何种心理，十分小声地自言自语道："那大清皇上，看起来倒也很是威武，很是威严……"

只可惜，托尔布津没能听清梅利尼克这句自言自语的话。他正在看康熙写给他的那封信。看罢，他将信往梅利尼克的手里一塞，语调冰冷地问道："我的将军，你对这封信是怎么看的啊？"

梅利尼克学着托尔布津的样儿，也做出一副冷冰冰的表情言道："督军大人，属下以为，我们的军队打到哪儿，哪儿的土地就属于伟大的沙皇陛下，其他的人，包括大清皇上，均无权干涉！"

"我的将军，你不愧为沙皇陛下最忠诚的勇士。这雅克萨现在已经是沙皇陛下的土地，大清皇上怎可无理地要求我等撤出？"

托尔布津的口里竟然说出"无理"二字，当真非"厚颜无耻"而不能形容了。梅利尼克见托尔布津毫无责怪自己的意思，便也就忘了自己曾经被清军俘虏的事了。他急急地对托尔布津言道："督军大人，清军仗着人多势众，气焰十分嚣张，得好好地教训一下他们才行啊！"

托尔布津点了点头道："就目前而言，好好教训一下野蛮人非常必要。不过，你今日太过辛苦，晚上好好地休息一番，明日我再与你细谈。"

托尔布津这么一说，梅利尼克便觉得自己也真的太过辛苦了。所以，当天晚上，梅利尼克便按托尔布津的嘱咐，"好好地"休息了一番。他把自己"杀人、奸淫、吃人肉"的三大爱好都在当天晚上仔细地复习了一遍。他奸淫了两个女人，奸淫之后，一个女人的乳头被他吃掉，另一个女人的心肝被他掏光。

次日凌晨，梅利尼克精神抖擞地找到托尔布津："督军大人，属下已经恢复如初了，快下命令同清军开战吧！"

托尔布津言道："现在确实需要一场胜利来鼓舞士气。自你被清军俘虏之后，我们的士气大为低落，三五个人，根本就不敢出城堡一步。"

梅利尼克不觉垂首言道："督军大人，这都是属下的不是。属下如果不战败，我们的士气又何至如此？"

托尔布津摇头道："我的将军，我不是在责怪你。我只是在告诉你，现在的形势的确比较严重。"

梅利尼克请求道："督军大人，给属下一支人马，属下一定打个胜仗回来报答督军大人！"

托尔布津笑道："将军求胜心切，自然可喜可贺。但我们的兵力并不充足，万不可再贪功冒进了啊！"

托尔布津虽然面带笑容，但实际上是在委婉地批评梅利尼克之所以失败正是因为贪功冒进。梅利尼克这样的人居然也会脸红。他红着脸向托尔布津保证道："督军大人放心，没有十成把握的事，属下以后决不会去做！"

托尔布津满意地点了点头："清军都龟缩在古伊古达儿城里，要想歼其一部，着实不易。所以我们只能在古伊古达儿城上打主意。"

梅利尼克问道："督军大人莫非想夺取古伊古达儿城？"

托尔布津回道："我确有此意，但不会强取，强取必将招致重大伤亡。只要能在古伊古达儿打一次胜仗，我的目的就算是达到了！"

大概是在梅利尼克被放回雅克萨城后的第三天早晨。清军都统彭春正在古伊古达儿城里同当地的百姓们叙谈，忽然，萨果素急急忙忙地奔来言道："都统大人，罗刹鬼子朝这里开过来了……”

彭春闻言，急急地领着萨果素等人登上城墙。果然，城下远远的地方，尘土飞扬。至少有六百多个罗刹兵正朝古伊古达儿城开来，而且，罗刹兵至少还拖着二十多门大炮。

彭春赶紧吩咐萨果素道：“命令所有的士兵都登上城墙，罗刹鬼子要攻城！叫城内的老百姓都找地方藏好，罗刹鬼子的大炮很厉害！”

萨果素不敢怠慢，忙着按彭春的吩咐去做了。鼓春暗道：和平解决雅克萨城的希望，看来是一点也不存在了。

当时，小小的古伊古达儿城里，有清军官兵千人左右，还有各族百姓三百多人。见清军士兵都爬上了城墙，彭春就高声命令道：“炮手各就各位，准备向罗刹鬼子开火！”

古伊古达儿城墙上，架有清军五十来门火炮。然而，彭春却发现，罗刹兵在距古伊古达儿城墙很远的地方就停止了前进。彭春隐隐地觉得事情有些不妙。他问一个炮手道：“从这儿可以打到罗刹鬼子那儿吗？”

那炮手回道：“太远了，我们的大炮打不着。”

清军的大炮够不上火，但沙俄侵略军的大炮却可以打到古伊古达儿城里来。彭春看见，沙俄侵略军的二十多门大炮已经整整齐齐地排成了一队，炮口直指古伊古达儿方向。彭春赶紧冲着手下喊道：“炮手把炮弹藏好，其他的人都躲好，罗刹鬼子要开炮了！”

彭春话音刚落，沙俄侵略军的二十多门大炮就开火了。炮弹呼啸着落在古伊古达儿的城墙上，落在古伊古达儿城里。因为古伊古达儿太小，而城里的人畜又太多，所以，沙俄侵略军的每一发炮弹，几乎都能造成古伊古达儿城里的人畜伤亡。

古伊古达儿城里顿时慌乱不堪。特别是那些老百姓，被炮弹炸得四处乱跑。彭春对萨果素言道：“快去告诉那些老百姓，不要到处乱跑，这样乱跑，伤亡会更大！”

萨果素却道：“都统大人，你不叫老百姓乱跑，他们又能躲在哪儿？”

彭春想想也是。古伊古达儿城就这么一点大，任你躲在哪儿也都有可能被沙俄侵略军的炮弹击中。于是，彭春就吩咐萨果素道：“你带几十个人，护送老百姓出城，一直向东走，并派人去向你大哥汇报这里的情况。”

萨果素答应一声，便匆匆地离开了。彭春对身边的手下道：“大家都不要惊慌，罗刹鬼子的这些炮弹，没什么了不起的……”

彭春话虽是这么说，但却也暗暗心惊：罗刹鬼子一直这么炸下去，要炸死多少清军士兵？

工夫不大，萨果素又回来了。彭春不禁皱眉道：“我吩咐的事情，你都办妥了吗？”

萨果素回道：“都统大人吩咐的事情，小的全已办妥。老百姓都已出城，也有人去黑龙江城向大哥汇报去了。但小的以为，与罗刹鬼子交战，不能缺少我！"

彭春想了想，也就作罢。确实，如果罗刹鬼子大举攻城，还真的少不了像萨果素这样的勇士来守卫。然而，沙俄侵略军的大炮轰炸了好长时间，却并没有什么攻城的动向。六百多个沙俄侵略军士兵，站在他们大炮的旁边，没有向前迈出一步。

萨果素伸头向城下看了看，然后不解地问彭春道："都统大人，罗刹鬼子这是什么意思？"

彭春沉吟道："如果我所料不差，罗刹鬼子并不想强行攻城。只要罗刹鬼子走到我们的大炮和火枪、弓箭的射程之内，他们的损失就必然很大。雅克萨城内一共才有多少罗刹鬼子？即使他们能够攻下这古伊古达儿，他们也将付出沉重的代价。我以为，他们不会冒这个险！"

"可是，"萨果素还是不解，"既然罗刹鬼子不想强行攻城，那又为什么用大炮一个劲儿地猛轰？"

彭春回道："罗刹鬼子的意思，是想用大炮把我们轰出这里，这样他们便可轻而易举地占领古伊古达儿！"

萨果素不觉睁大了眼睛："都统大人，那我们……就呆在这里让罗刹鬼子炮轰？"

彭春点了点头："是的，我们不能离开这里。如果我们离开了，罗刹鬼子的气焰就会更加嚣张。更主要的，如果我们离开，那我们的这几十门大炮就要悉数丢失。没有了大炮，我们还如何同罗刹鬼子作战？"

萨果素急了："都统大人，我们就呆在这里让罗刹鬼子炮轰，那要被轰死多少人？"

彭春坚定地道："即使我们都被轰死了，也不能离开这里！"

萨果素刚要发话，"轰"的一声，一发炮弹在附近的城墙上爆炸，两个清军士兵惨叫着跌下城去。彭春急忙大叫："弟兄们，都藏好，不要被罗刹鬼子的大炮击中……"

萨果素骂骂咧咧地说了一句道："他妈的，这罗刹鬼子欺人太甚！"说着，仗剑就往城下冲。

彭春赶紧喊道："萨果素，你要干什么？"

萨果素回道："都统大人，与其在这里被罗刹鬼子炸死，还不如冲出去与罗刹鬼子拼个你死我活！"

有不少清军士兵也纷纷向彭春请求出城去与沙俄侵略军拼杀。彭春却十分冷静地道："弟兄们，你们以为我彭某就不想冲出去与罗刹鬼子痛痛快快地大战一场吗？可是不行啊，弟兄们！罗刹鬼子正等着我们这样做呢！我们这里还有多少人？罗刹鬼子又有多少支火枪？我们这样冲出去，恐怕还没有冲到罗刹鬼子的面前，就全部被罗刹鬼子打死了！"

萨果素气呼呼地道："都统大人，我们不是有藤牌兵吗？让他们冲在前面，我们跟在后面，罗刹鬼子的火枪不就打不着我们了吗？”

彭春言道：“藤牌是能挡住一些火枪的射击，但断不能挡住大炮的轰炸。现在，罗刹鬼子不但有几百支火枪，还有二十多门大炮，即使我们的藤牌兵再多上一倍，也起不了多大的作用。弟兄们都明白了吗？”

萨果素还是不明白：“都统大人，我们总不能在此等死吧？”

彭春略略加重了语气道：“萨果素，我们不是在这里等死，我们是在这里保卫古伊古达儿。只要古伊古达儿还在我们的手中，就是我们的最大胜利！弟兄们，不要慌张，罗刹鬼子不可能一直这么轰下去的，他们没有那么多的炮弹！”

忽然，一发炮弹带着凄厉的哨声，直向彭春藏身的地方飞来。萨果素一见，急忙向彭春扑去，一边扑一边叫道：“大人小心……”

萨果素准确地扑到了彭春的身上。那发炮弹就在旁边爆炸。彭春安然无恙。萨果素却受了重伤，浑身被炮弹炸得血淋淋的，尤其是双腿，差不多要给炮弹炸断了。萨果素虽然侥幸拣得了一条命，但至少在相当长的一段时间内，他是不可能再行走了。

彭春抱着萨果素大声呼喊：“兄弟，你快睁开眼啊，你快说话啊！”

萨果素睁开眼也说了话：“大人，我死不了，只是疼得很……”

彭春急令身边几个士兵道：“快把萨果素抬到城下去，找个安全的地方藏起来……还有，快找医生给他止血疗伤！”

一直到中午时分，沙俄侵略军才停止了对古伊古达儿城的炮击。因为清军一直坚守在古伊古达儿城里，沙俄侵略军不敢冒险，也就放弃了占领古伊古达儿城的打算，排着队伍，拖着大炮，撤回了雅克萨。

沙俄侵略军虽然没有攻城，但清军的损失却相当惨重。至少有四百多名清军士兵被沙俄侵略军的炮弹炸死炸伤，还有十多门大炮被炸毁。亏得城内的百姓撤离得较早，只有数十名百姓被炸死在古伊古达儿城内。

看着满目疮痍、尸骨累累的古伊古达儿城，彭春也不禁脱口大骂了一句道：“狗日的罗刹鬼子，这笔血债，我一定要你们加倍偿还！”

但彭春是这里的统帅，他不能太过冲动。所以，他就强迫自己冷静下来，指挥士兵掩埋尸体、收拾城防。末了，他去看望受伤的萨果素等人。

萨果素躺在一张木床上。看见彭春走来，萨果素痛苦而悲愤地叫道：“都统大人，我再也站不起来了，我再也不能去杀罗刹鬼子了！”

彭春安慰萨果素道：“兄弟，你一定会重新站起来，也一定会再去杀罗刹鬼子！不过，你现在却不能性急，要好好地疗伤，只有把伤疗好了，你才能够站起来，才能够去杀罗刹鬼子！”

萨果素又大声叫道：“都统大人，皇上为什么要对罗刹鬼子这么仁慈？为什么还不下令对雅克萨发起攻击？”

许多伤员都紧紧地盯着彭春。显然，他们的心里，都有着和萨果素同样的不解。彭春，该如何回答这个问题呢？

彭春略一思忖，然后言道："各位兄弟，彭某以为，皇上并不是对罗刹鬼子有多么仁慈，皇上一定是从整个大清江山的角度来考虑问题的。皇上不比我们，我们可以只图在战场上把罗刹鬼子杀个痛快，但皇上，却要为整个大清江山的安危着想。不过，依彭某之见，要不了多久，皇上就会下令对雅克萨发起攻击的。"

萨果素立刻叫道："都统大人，你去京城跟皇上说说，叫皇上等小的腿伤好了再下令进攻！"

彭春笑道："萨果素兄弟，我彭春能对皇上发号施令吗？"

众伤员都一齐开心地笑起来。彭春对众伤员道："弟兄们都不要急，安心地养伤，只要罗刹鬼子不退出我们大清的领土，你们就一定有仗打！"

黄昏时分，黑龙江将军萨布素领五百人马赶到了古伊古达儿。彭春将上午发生的事情细说了一遍，然后对着萨布素喟叹道："若不是令弟舍身相救，彭某恐怕就无法站在你的面前了！"

萨布素不禁唏嘘感慨一番，跟着彭春，去看望了一下萨果素等伤员，然后就与彭春独处一室，商讨目前与今后的战局。

第二天一大早，彭春和萨布素就派了几个手下骑着快马向京城驶去。这一年（1685 年）的六月初，康熙皇上的圣旨传到了古伊古达儿城：命彭春为统帅、萨布素为副帅，领兵攻取雅克萨。不几日，五百名骑兵拖着十门重炮抵达古伊古达儿支援。彭春笑对萨布素道："看来，皇上是被罗刹激怒了，要大干一场了！"

萨布素却轻轻地摇了摇头道："也不尽然。皇上还是留有余地的。"

萨布素的意思，是指康熙皇帝在圣旨中还写有这么一条：攻下雅克萨后，应允许罗刹俘虏带武器和财产离开大清领土，但不许再回来。

萨布素言道："皇上是不想把战事扩大啊！"

彭春言道："但不管怎么说，弟兄们这回是可以出出心中的恶气了！"

听说要去攻打雅克萨，清军官兵自然都很高兴。但是，也有人却怎么也高兴不起来。比如那个萨果素，虽然他坚决要求去参加攻打雅克萨的战斗，但无论是彭春还是萨布素，都不同意。因为萨果素的伤虽然好得很快，但就是一时间站不起来。

萨果素向萨布素请求："大哥，你就同意我去参加战斗吧！哪怕是爬，我也会爬到雅克萨！"

萨布素回答萨果素道："兄弟，攻打雅克萨的战斗，彭大人是统帅，我只是副帅。就算我同意了，也是不算数的啊！"

萨果素又去请求彭春。彭春的回答是："虽然我是统帅，但你大哥不想让你去，我岂敢勉强？依我之见，你还是在这儿好好地养伤吧！"

萨果素无奈，只得躺在病床上，在古伊古达儿城里长吁短叹。不过，他虽然不能亲往雅克萨，但他的心，却早已飞到了雅克萨。

公元 1685 年 6 月 23 日，三千清军士兵（藤牌兵五百、骑兵五百、步军两千，并五十门大炮和数十支火枪）在都统彭春和黑龙江将军萨布素的率领下，离开古伊古达儿，乘着夜色向雅克萨开进，于次日凌晨，将沙俄侵略军在中国境内所建的最大的侵略据点雅克萨城团团围住。因为清军行动迅速、隐秘，待清军将雅克萨城团团围住之后，城内的沙俄侵略军方才发觉清军的动向。

根据事先安排，进攻雅克萨的战斗主要由彭春指挥，而萨布素则率五百骑兵防范着沙俄侵略军对雅克萨城的增援，并协助彭春防范着雅克萨城内的敌人的突围。

彭春并没有马上就向雅克萨城发起攻击，而是根据皇上旨意，先命人向雅克萨城内喊话，要托尔布津领着他的军队撤出雅克萨、离开中国领土。彭春并向托尔布津保证：只要沙俄侵略军同意撤出，清军就可以网开一面。

然而，彭春的“好心”并没有得到“好报”。托尔布津站在雅克萨城的城楼上，对着清军狂妄地宣称：“雅克萨是我们伟大的沙皇陛下的领土，你们野蛮人若不速速撤离，本督军就将你们统统消灭在雅克萨城下！”

托尔布津不仅出言不逊，且还命令梅利尼克率二百侵略军出城挑衅。梅利尼克更加狂妄，竟然率着二百兵丁径向彭春的统帅部发起进攻。好在彭春早已把一切都部署妥当，梅利尼克的这次进攻遭到了强有力的反击。在城外丢下二十多具尸体后，梅利尼克只好又缩回城里。

彭春已经看出，雅克萨城内的沙俄侵略军虽然不乏突围的能力，但却没有突围的意思。也就是说，托尔布津和梅利尼克根本就不想放弃雅克萨城。这样一来，彭春便可以安心对雅克萨城发动攻击了。

彭春和萨布素已经商定，对雅克萨城发动攻击的主要方式是炮击。因为沙俄侵略军的火器凶猛，若强行用士兵攻城，必将招致重大损失。又由于沙俄侵略军的大炮射程较远，所以彭春和萨布素就在清军的大炮上安装了轮子，做成了一个又一个“炮车”。这种“炮车”最大的特点是行动自如灵活，可以打一炮换一个地方，或进或退，这样一来，就可以在很大程度上削弱了沙俄侵略军大炮射程较远的优势。

彭春和萨布素的意思是，清军的大炮比侵略军的大炮多出一倍以上，且炮弹十分充足，只要集中火力对雅克萨城连续不断地轰击，轰它个一天、两天，那么，城内的侵略军定将被清军大炮轰得溃不成军。到了那个时候，城内的侵略军即使再想突围，已经是不可能了，而清军趁机攻城，则会变得十分容易。

不过，就在当天晚上——6 月 24 日晚，萨布素接到报告，说是有一股从尼布楚方向开过来的沙俄侵略军，已经到达了鄂尔河西岸，看样子，是想连夜进驻雅克萨。萨布素闻知，急忙找到彭春，共商对策。

得知从尼布楚方向开过来的沙俄侵略军大约在一百二十人左右时，彭春问萨布素道：“不知将军对此有何看法？”

萨布素回道：“从尼布楚过来的罗刹兵可能还不知道我们已经将雅克萨包围，不然不会只派这么点兵力来增援。同样，雅克萨城内的罗刹也不知道正有一支罗刹兵向他们这儿走来。所以，我想先带人把从尼布楚过来的那支罗刹兵击溃，然后都统大人再下令炮击雅克萨。不知都统大人意下如何？”

彭春本来的打算是天一黑就向雅克萨城进行炮击。因为天黑进行炮战显然对清军有利。而听了萨布素的建议后，彭春便言道：“好，待将军击溃了从尼布楚来的罗刹兵后，彭某再下令对雅克萨进行炮击！”又赶紧问了一句道：“将军可有把握取胜？要不要带些火枪手和藤牌兵过去？”

萨布素道：“都统大人要防备城内的罗刹夜袭，比我更需要火枪手和藤牌兵。我有五百骑兵，击溃一百多个罗刹当不成什么问题。”

彭春最后道：“那好吧。将军前去，彭某在此恭候佳音。”

由于时间紧迫，萨布素不敢耽搁，别了彭春之后，便催起五百铁骑，直向鄂尔河方向飞驰而去。

鄂尔河位于雅克萨城西十几里的地方，是黑龙江的一个小岔河。萨布素率五百铁骑没用多少时间就飞抵鄂尔河东岸附近。打探的士兵向萨布素报告，说一百多个罗刹鬼子正在渡河。萨布素下令：所有的人都下马，悄悄地向鄂尔河岸靠近。

这一夜的月色很暗，仿佛是在有意掩护萨布素的行动。渐渐地接近鄂尔河了。萨布素依稀看见，那一百多个罗刹鬼子差不多都已渡过了河，正在河边整顿队伍。萨布素低低地命令道：“所有的人全部上马！听我一声令下，只顾往河边冲，冲到河边之后，只要马上有人，就只顾砍杀！”

五百名骑兵悄悄翻身上马。萨布素长剑一举道：“弟兄们，冲啊！”

五百匹战马，驮着五百名战士，在萨布素率领下，如一股不可遏止的旋风，直向鄂尔河边卷去。“嘚嘚”的马蹄声敲碎了夜的宁静，雪亮的马刀更是照彻了夜的黑暗。这样的气势，这样的勇士，谁能抵挡得住？

一百多个沙俄侵略军，虽然听到了震耳的马蹄声、虽然看到了马刀在黑暗中划出的道道炫目的弧光，但因为太过突然，距离又太近，有些侵略军的火枪刚刚举起，而有些侵略军的火枪还未来得及举起，萨布素和他的五百骑兵就如潮水般地涌到了鄂尔河边。

对萨布素和清军而言，这真是一场痛快淋漓的战斗，确切说，这真是一场痛快淋漓的砍杀。五百个清军骑兵，将一百多个沙俄侵略者紧紧地围住，手中的马刀，只管朝马下劈砍。尽管，也有少数沙俄士兵拼命地反抗、乱放枪，但一百多个人，怎禁得五百把马刀的砍杀？

很快，沙俄侵略军就放弃了抵抗的打算，纷纷朝鄂尔河里逃窜。河水并不深，沙俄侵略军能窜入河里，清军骑兵当然也能追入河里。于是，清军骑兵的马刀又在小小的鄂尔河里大显威风。

因为月色太暗了，有一些沙俄侵略军的士兵逃到了鄂尔河的对岸。有些清军骑兵还想追过河去，萨布素制止道：“穷寇莫追！我们的目的已经达到，应速速回去向彭大人报告！”

这一仗，规模虽不是很大，但清军在萨布素的带领下，打得却异常干净利落，战绩也颇值得称道。清军以伤亡三十多人的代价，砍死了一百来个沙俄侵略军。更主要的，鄂尔河战斗的胜利，为清军攻击雅克萨免除了后顾之忧。这样，彭春和萨布素便可以全力去对付雅克萨城内的侵略军了。

萨布素得胜归来后，彭春连声称赞："萨将军，你们打得太好了、太漂亮了！"

萨布素谦逊地道："彭大人过奖了！只是那些罗刹鬼子毫无防备，萨某才能如此顺利得手。"

彭春言道："萨将军有所不知，你往鄂尔河去的时候，那梅利尼克也带着二百多个罗刹鬼子偷偷地出城来偷袭。若萨将军不及时地把那股罗刹击溃，而让那股罗刹冲到这里来，恐这里的形势就会变得复杂起来。"

萨布素忙着问道："那梅利尼克又出城来侵扰？我们可有多少损失？"

彭春笑道："将军凯旋归来之前，我们已将梅利尼克击退。虽然我们有些损失，但梅利尼克也没讨到便宜。"

萨布素也笑着道："既如此，都统大人便可以下令开炮了！"

彭春回道："此时不开炮，更待何时？"

于是，在彭春和萨布素的指挥下，清军的五十门安上了轮子的大炮，从东南西北四个方向朝雅克萨城推进。由于夜色很暗，清军的炮车行动很是隐秘。

清军的炮车推到了指定位置后，按照彭春的命令，东边的十多门大炮首先向雅克萨城内开火，每门大炮在发射了几发炮弹之后，迅速回撤，撤到侵略军大炮的射程之外。这样，侵略军的二十多门大炮虽然很快地朝着东边开火，但对东边的清军十多门大炮并没有造成什么威胁和损失。而东边的清军大炮刚一撤到安全地带，西边的清军大炮便马上向着城内射击。同样，每门大炮在发射了几枚炮弹之后，西边的清军大炮又迅速地撤离危险区。接着是南边的清军大炮开始射击……然后是北边的清军大炮接着射击……再然后，可能又是南边的清军大炮向城内开火……

清军的这种"游击式"炮击战术，确实十分奏效。侵略军摸不清清军的大炮究竟会在哪个方向发射，只能朝着城外乱打炮。这种乱打炮，不仅很盲目，而且极耗炮弹，根本不可能坚持很久。而只要哪个方向上的侵略军的炮弹打得稀疏了，那个方向上的清军大炮就会推上前去，朝着城内猛轰一阵，待侵略军加强了这个方向的炮击后，清军的大炮便又很快地撤离。而另一个方向（或同时二个方向、三个方向）上的清军大炮则接着推上前去朝着城内猛轰。这样，侵略军的大炮虽然射程较远，但因为大炮和炮弹的数量都很有限，不可能一刻不停地朝着城外的每一个方向炮击，只能被动地挨打。所以，雅克萨战争的主动权，从一开始便掌握在了清军的手里。而战斗的一方掌握了战斗的主动权，那么取胜似乎只是时间上的问题了。

彭春指挥炮击，而萨布素则领着一支由骑兵为主力的机动部队，在雅克萨城四周不停地巡视，既提防侵略军可能有的增援，又防范雅克萨城内的侵略军向外突围。二人配合得十分默契，即使用“天衣无缝”来形容，恐也不算太过分。

一夜过后，雅克萨城已被清军大炮轰击得千疮百孔。彭春兴奋得对萨布素言道：“只要再轰它一夜，罗刹兵恐怕就支撑不住了！”

萨布素点头道：“都统大人说的是。不过，罗刹兵如果支撑不住了，就会狗急跳墙！”

彭春立即言道：“将军大人说的是。对罗刹兵可能有的突围，我们不能不严加提防。”

天亮了之后，雅克萨城的四周突然变得异常地寂静，似乎连一点点声音都没有了。你道为何？原来，清军正在轮流睡觉。

战斗了一夜，清军士兵太过疲惫，需要休息，而天亮了之后，清军的大炮不便向前推进，只得原地不动。所以，彭春和萨布素经过商量后决定，由萨布素领着一半清军休息，而彭春则率另一半清军监视雅克萨的动静。一段时间过后，彭春休息，萨布素则带人监视。清军如此，雅克萨城内的侵略军似乎也如此。故而，雅克萨城白天无战事。

而夜晚一到，情况就大不相同了。清军的炮车顿时就活跃起来。一发发曳着刺目闪光的炮弹从四面八方射向雅克萨城里。而侵略军的炮弹也开始对着城外进行零星的反击。只是，在清军强大的火力下，侵略军的反击显得是那样地苍白、软弱。而到了次日凌晨，侵略军的大炮渐渐地无声无息了。显然，侵略军的二十多门大炮，不是被清军摧毁、就是已经没有了炮弹。

彭春下令：“所有的大炮都推上前去，不顾一切地猛轰！”

四十余门大炮（在炮战中，清军也损失了近十门大炮）在彭春的统一指挥下，从东南西北四个方向，一起推近了雅克萨城，并开始对雅克萨城进行猛烈的轰炸。一时间，炮声隆隆、硝烟弥漫，整个雅克萨城，都笼罩在纷飞的炮火之中。一段时间过后，不算太小的雅克萨城，已经被清军的炮火炸得支离破碎。如果清军继续进行炮击，恐雅克萨就要变成一座废墟了。

但彭春停止了炮击。他对萨布素道：“城内还有不少百姓，如果继续轰炸，那百姓们就会全部被我们炸死！”

萨布素表示同意，且言道：“城内残存的罗刹兵可能要向外突围了！”

彭春笑道：“他们除了向外突围，便无路可走了！”

萨布素也笑着道：“他们即使向外突围，也是无路可走！”

沙俄侵略军向外疯狂地突围了，彭春和萨布素为何还如此地谈笑风生？原来，侵略军向外突围，本就在彭春和萨布素的意料之中，更主要的，侵略军突围的方向，与彭春和萨布素的预料完全一致。侵略军是向西突围的，企图冲过清军的防线，逃到尼布楚去。而彭春和萨布素早就把火枪手和藤牌兵等精锐部队，陈列在西线。成竹在胸，彭春和萨布素当然会谈笑风生了。

彭春首先对炮兵命令道：“瞄准，对着罗刹鬼子开火！”

因早有准备，清军在西线的火炮已经增加到了近二十门。二十门火炮，朝着徒步冲过来的沙俄侵略军进行轰击，当然十分地痛快，更十分地过瘾。一炮打过去，总有侵略军被炸翻、被炸飞。二十多炮一起打过去，该有多少侵略军被炸翻、被炸飞？

但沙俄侵略军好像已经顾不了那么许多了，一排士兵倒了下去，另一排士兵又不要命地一边打枪一边疯狂地冲了过来。因为距离太近了，清军的大炮不便开火，所以彭春又下令道："大炮撤回，藤牌兵上前，火枪手和弓箭手射击！"

清军的藤牌兵挡住了侵略军射来的子弹，而清军的火枪手和弓箭手却在藤牌兵的掩护下，几乎弹无虚发。"砰"！一颗子弹射出去，一个侵略军惨叫着倒下。"嗖"！一支利箭射出去，又一个侵略军哀号着倒下。清军有数十名火枪手、数百名弓箭手，该射倒多少名侵略军？

萨布素见时候已到，便长剑一挥，冲着身边的数百名骑兵命令道："冲上去，把这些罗刹鬼子全部消灭！"

但清军并没有能够把这些侵略军全部消灭。原因是，侥幸存活的托尔布津见突围无望，觉得还是以保命为紧要，所以就率先丢下枪，高高地举起了双手。跟在托尔布津身边的那个梅利尼克，见托尔布津都投降了，便赶紧效仿。其他残存的侵略军，更不敢拖延，纷纷扔下武器，向冲过来的清军骑兵投降。

第一次雅克萨战争，便这样以清军的完全胜利而告终。托尔布津以下，包括梅利尼克在内，共百余名侵略军士兵，成了清军的俘虏。

若依广大清军官兵的意见，托尔布津和梅利尼克等百余名俘虏，至少是难逃一死的。但是，彭春和萨布素却不敢这么冲动。他们不敢忘了康熙皇上的旨意：攻克雅克萨后，应允许罗刹官兵携武器和财产离开雅克萨。所以，尽管彭春和萨布素二人对康熙的这道旨意也多少有些隐隐地不解甚至不满，但他们却只能按照旨意办。

不过，彭春和萨布素经过紧急商量后，还是在执行这道旨意时做了一点小小的"手脚"。他们没有杀托尔布津和梅利尼克等人，并且也把火枪交还给了托尔布津等侵略军俘虏，只是，他们交还给托尔布津等人的，全是一些空枪，而且，他们也没有对托尔布津等人提起什么财产的事。因为，他们认为，托尔布津等人的所谓财产，全是从中国各族百姓那里抢掠来的，理应交还给它真正的主人，所以，彭春和萨布素二人，后来就把托尔布津等人在雅克萨城里的那些财产全部分给了从雅克萨城里被救出来的一百多个索伦族和巴尔虎族百姓。

托尔布津和梅利尼克等侵略军俘虏就要被释放了。萨布素正告托尔布津道："尔等之所以逃得一死，全仰仗于我大清皇上的浩荡皇恩。望尔等回去之后，闭门思过，永远不要再踏上我大清领土一步！"

能免于一死，托尔布津简直是喜出望外。听了萨布素的正告后，托布尔津表面上做出一副唯唯诺诺的模样，但在心里，却咬牙切齿地言道："只要我能够活着回到尼布楚，那我就一定还会打回雅克萨！”

托尔布津是这么想的，后来也真的是这么做的。只不过，当他第二次回到雅克萨之后，就没有现在这般幸运了。

萨布素在一边正告托尔布津，而彭春则在另一边教训那个梅利尼克。说起来，彭春和梅利尼克也算是有缘了。梅利尼克第一次战败被俘，是彭春所为，后来，彭春亲自将他押赴进京去见康熙皇上，又奉康熙旨意，把梅利尼克护送回东北释放。现在，梅利尼克第二次被彭春所俘虏，又第二次被彭春所释放。

彭春教训梅利尼克的话语十分地简单：“将军阁下，我希望在大清国的领土上再也不要看见你的面孔！”

梅利尼克似乎很想说些什么，但嘴唇颤抖了几下，就是什么也没有说出来。也难怪，两次做了彭春的手下败将，又两次被释放，梅利尼克还能说些什么呢？但问题是，作恶多端且凶残成性的梅利尼克，会从这两次中吸取一点有关生与死的教训吗？

托尔布津和梅利尼克带着百余名残兵败将狼狈地西去了。许多清军官兵义愤填膺地质问彭春和萨布素为何要放走那些罗刹强盗。彭春无言。萨布素回道：“这不是我萨某与彭大人的意思。这是皇上的旨意！”

有大胆的士兵继续追问萨布奏：“皇上为什么要放走那些罗刹兵？”

萨布素笑着回答：“皇上的旨意，我萨某岂敢妄加揣测？好在罗刹兵败，我等已胜利地完成了皇上交给的任务，这的确是一件可喜可贺的大事啊！”

因雅克萨城已遭严重破坏，不宜驻扎军队，康熙皇帝也并没有旨意令清军留守雅克萨，所以，彭春和萨布素经过商量后，便领清军离开雅克萨，向东开去。

在东撤的途中，彭春笑问萨布素道：“将军大人，如果令弟参加了这次战斗，并擒住了那个梅利尼克，那梅利尼克还能活着回去吗？”

萨布素言道：“都统大人，萨果素根本不可能擒住梅利尼克。”

“将军大人此话何意？莫非令弟没有擒住梅利尼克的本领？”

“并非萨果素没有擒住梅利尼克的本领，而是萨果素根本就不会再让梅利尼克活在世上！”

萨布素的意思是，萨果素与梅利尼克有不共戴天之仇，上一回彭春按康熙旨意释放了梅利尼克，萨果素就已经气炸了肺，如果再让萨果素面对面地碰见梅利尼克，萨果素还不当即就将梅利尼克杀死？既当即杀死，自然就不可能“擒住”了。

清军撤回到古伊古达儿之后，饱餐了一顿酒饭，然后，除留下少数人驻扎在古伊古达儿之外，萨布素领着萨果素及大队清军，沿黑龙江北岸，撤回到自己的领地黑龙江城。而彭春，则带着一些随从，作别萨布素、萨果素兄弟，径往京城去向康熙皇帝汇报雅克萨战争的结果。后来，彭春又从京城回到嫩江东岸的卜魁城，去行使他清军都统的职权了。从职权这个角度来说，整个东北的清军，都归彭春管辖，而萨布素作为黑龙江将军，则专管黑龙江一带的军事。

看起来，萨布素似乎也归彭春管辖，但实际上，黑龙江将军一职却是独立的，直属朝廷兵部辖制。从此不难看出，清王朝对黑龙江一带的地位和安危，是十分重视的。

康熙得知清军在雅克萨大败沙俄侵略军的消息时，是在一个深夜。当时，他正在坤宁宫内就寝。当康熙的近侍赵昌小心翼翼地走到孝恭仁皇后乌雅氏的寝殿门外，低声地向康熙禀报清军已在雅克萨战争中大获全胜的消息时，康熙一骨碌就从床上翻身坐起来。因乌雅氏赤裸的双臂本来是搂着康熙的身体的，所以康熙这么一坐起来，乌雅氏便也被带着坐了起来。这么一带坐起来不大要紧，可把乌雅氏吓得不轻。她睡眼惺忪又惊魂未定地问康熙道："皇上，莫非你……刚才做了一个……梦？"

显然，乌雅氏并未听见赵昌在门外的低声嘀咕。她本想是说"噩梦"二字的，但又怕会惹康熙不高兴，所以就匆促地将"噩"字省略了。

康熙却大声地言道："不错，皇后，朕刚才是做了一个梦。朕在梦中看见，朕的军队把那些罗刹兵打得落花流水，屁滚尿流！"

乌雅氏还没有反应过来，康熙便又冲着门外叫道："赵昌，速派人去通知索额图和明珠，叫他们到这里来见朕！"

乌雅氏有些清醒过来："皇上，都半夜三更了，还要处理国家大事？"

因为心里着实高兴，所以康熙就不仅吻了她一下，还伸手在她裸露的前胸抚摸了一下："皇后，朕可不能比你啊，你可以在此一天睡到晚，但朕却要去处理许许多多的事啊！"

乌雅氏忙着言道："既如此，就让臣妾为皇上穿衣吧……"

说着话，乌雅氏就伸手去拿康熙的衣衫。康熙阻止道："不劳皇后大驾，朕自会穿衣。"

皇上的任何话似乎都是旨意。所谓"君无戏言"就是这个道理。康熙既然说"不劳皇后大驾"，那乌雅氏也就真的不敢"劳"自己的"大驾"，只能眼巴巴地看着康熙下床，看着康熙自己穿好了衣衫。

只是在康熙穿好了衣衫之后，乌雅氏才低低地问了一句道："要不要臣妾……去伺候皇上？"

康熙的回答是："你自在这里休息，朕现在不需要什么人伺候。"

乌雅氏无奈，只得幽幽地目送着康熙走出屋去。康熙这一走出去，乌雅氏还能睡得着吗？

康熙健步走出了乌雅氏的卧房。赵昌已经不在。却有一个十分年少的姑娘恭恭敬敬地站在门外，无声无息，一动也不动。这年少的姑娘，便是阿露的妹妹阿霖。

阿霖今年该有十六岁了吧？长得不显山不露水的，十分清秀可爱。虽然她也与阿露一样，手脚非常勤快，但其性情，却与阿露有明显的不同，阿露好像是外向的，活泼好动、天真烂漫，而阿霖却似乎是内向的，平日不多说话，一副异常温顺的模样。

对阿露，康熙自然是情有独钟。只要见着阿露，康熙就会热血沸腾、激情荡漾。而对阿霖，康熙虽然也万般欢喜，但这种欢喜，与对阿露的情有独钟有本质的不同。通俗地说，康熙对阿霖，几乎一点邪念都没有。康熙似乎是把阿霖当做自己的一个女儿来看待的。康熙觉得自己有责任、有义务去保护阿霖，不让她受一点点委屈，更不会让她受一点点伤害。康熙为何会对阿霖产生这么一种父女之情，似乎只有康熙自己才能够说清楚了。

见阿霖无声无息地垂手站在乌雅氏的卧房门外，康熙就略略有些惊讶地问道："阿霖，你怎么也起来了？朕不是叫你好好地休息吗？"

阿霖轻轻地一笑，笑得十分地甜，也十分地美。她轻轻地回答康熙道："奴婢正在睡觉，赵公公过来唤我，说是东北发生了一件大事情，皇上一定会起床，所以奴婢就起身赶来伺候皇上了。"

康熙不觉言道："这赵昌，有时候倒也能干……"又面对着阿霖言道："既如此，那你就为朕去泡一杯热茶吧。"

阿霖"哎"了一声，忙着走开。康熙走入一间客厅刚刚坐下，阿霖的一杯热腾腾又香喷喷的茶便放在了康熙的面前。康熙吩咐她道："阿霖，这儿没什么事儿了，你自去休息吧。"

阿霖又"哎"了一声，悄悄地离开了。看着她离去的背影，康熙不禁想起那个阿露来。是啊，阿露出宫已整整二年了。她现在究竟在何处？康熙与阿露，此生还会再见上一面吗？

一杯茶还没有喝完，赵昌就急急地走到了康熙的身边："禀皇上，索大人和明大人已经到来……"

康熙"嗯"一声道："赵昌，今夜之事你做得很不错，朕很高兴。"

赵昌连忙言道："皇上夸奖！奴才今后一定会把事情做得更不错……"

"好了，"康熙摆了摆手，"你可以下去了。记住，以后不要动不动地就把阿霖唤起来。她还很小，需要休息。"

"是，是，奴才谨遵圣旨，以后决不轻易地在半夜三更把阿霖姑娘唤醒……"赵昌一边唯唯诺诺地说着一边躬身退了出去。

赵昌刚一退出，索额图和明珠就双双走了进来。你道索额图和明珠为何来得这么快？原来，自东北形势吃紧之后，康熙便严令六部各衙门昼夜办公。赵昌适才就是去吏部和兵部把索额图和明珠找到的。

给康熙跪安之后，明珠率先问道："皇上，那都统彭春正在兵部休息，要不要把他也找来面见皇上？"

康熙回道："不必了。彭春很辛苦，就让他好好地休息吧。东北雅克萨战事，朕从赵昌的口里已大致了解。彭春和萨布素干得很不错。朕自会好好地嘉奖他们的。明日叫彭春把雅克萨战事写一份奏折呈给朕也就是了。"

明珠点点头。索额图还未来得及开口，康熙就又迫不及待地问道："两位爱卿，依你们之见，经雅克萨一战，东北可会从此变得安宁？"

索额图仿佛是不加思索地脱口而出道："回皇上，依微臣之见，东北边境，恐怕还不会彻底地安宁……"

康熙不觉"哦"了一声道："索爱卿何以见得？"

索额图回道："罗刹军队虽然在雅克萨吃了败仗，也吃了教训，但罗刹国侵略的野心，并未就此死去。他们在尼布楚一带还盘踞着相当数目的官兵，这些官兵，随时都可能卷土重来。最主要的是，皇上曾先后两次致函给罗刹国的沙皇，但罗刹国沙皇至今也没有回音。这就说明罗刹国沙皇根本就没有诚意和平解决两国边界纷争。既如此，罗刹国沙皇就极有可能会在大清的东北重新挑起新的事端……"

康熙沉沉地点了点头："索爱卿所言，确有见地。不过，罗刹兵在雅克萨吃了败仗，应该会有所教训。还有，朕对俘虏的罗刹兵那么宽大，罗刹国沙皇应该会理解朕的良苦用心。两国如此打下去，对谁都没有好处。用和平的方式来解决两国间的边界纷争，岂不比动用武力为好？"

索额图言道："皇上如此想，但那罗刹国的沙皇恐不是这么想。皇上可还记得，那罗刹国沙皇，几番派使者前来，其目的，根本就不是想什么和平解决两国边界纷争，而是狂妄地要我大清国去臣服他们罗刹国！"

康熙回道："朕自然都还记得。罗刹国这么想，只不过是痴人说梦罢了。朕之所以决定在雅克萨对罗刹兵开战，其主要目的，就是想让罗刹国沙皇那狂妄的大脑能够清醒一些。现在，他兵败雅克萨，大脑应该要比过去清醒一些的。"

索额图淡淡地一笑言道："但愿罗刹国沙皇的头脑会比过去清醒一些，但愿微臣适才所言，全是一些杞人忧天之语……"

康熙略一沉吟，然后转向明珠问道："不知明爱卿对此又有何高见？"

明珠稳稳地回道："微臣不敢妄加断言大清东北自雅克萨一役后是否会从此安宁，但微臣以为，只要还有罗刹兵留在大清的土地上，那大清的江山就不能算是安宁的。而目前的情况恰恰是，还有不少罗刹兵仍然留在大清的土地上。比如尼布楚。微臣始终以为，尼布楚也应是大清江山不可分割的一部分……"

康熙问道："爱卿的意思，是不是要朕在尼布楚再同罗刹兵打一仗？"

明珠言道："微臣不敢。皇上既然想以和平的方式解决大清国与罗刹国之间的边界纷争，那就不必再在尼布楚同罗刹国大动干戈。不过，微臣以为，虽然罗刹兵在雅克萨吃了败仗，但大清国东北防务却一刻也不能松懈。否则，若意外事件发生，恐我等会处于一种被动不利的局面……"

康熙点头道："明爱卿言之有理！这样吧，你明日便给萨布素写封信，以朕的名义，叫他在黑龙江城抓紧操练兵马，时时刻刻地提高警惕，以应付不测事件的发生。还有，着彭春回到卜魁城后，与萨布素保持密切的联系，萨布素需要什么，彭春应鼎力支持。朕如此安排，你以为如何？"

第二十八章 虐宫娥太子佯醉酒 收败队洋将重筑城

太子胤礽一点都没醉。如果他真的醉了，哪怕只是稍稍有点醉，他也不会将阿霖的衣衫扒个精光，然后用他手指和牙齿，肆无忌惮地在她洁白、纯净的胴体上，随心所欲地揉着、捻着、啃着、咬着……

天色刚一微明，康熙就带着赵昌和阿霖大步迈出了坤宁宫。离开坤宁宫之前，乌雅氏问康熙："皇上，今夜还来臣妾这儿歇息吗？"

康熙回道："朕今日要带太子和皇四子到南苑去骑马打猎，今夜可能就不回宫了。"

早朝以后，一辆辇车载着康熙和二阿哥胤礽、四阿哥胤禛，另一辆马车乘着赵昌和阿霖等侍从，在数十名骑马的侍卫簇拥下，出午门离开紫禁城，径向京城南苑驰去。

康熙本也想把大阿哥胤禔一同带往南苑的，但因为过去曾发生过胤禔把胤礽从马背上推下去的事情，所以康熙为防再出什么意外，也就没带胤禔同去。现在，胤礽和和胤禛就并肩坐在康熙的对面，康熙左看看，右瞧瞧，心中也着实欢喜。毕竟，这两个阿哥都是康熙的皇后所生，所谓名也正、言也顺，而胤礽还早就被康熙立为了太子，看着他们，康熙能不喜欢吗？

二阿哥胤礽今年应是十二岁了。若不知道他的年龄，一眼看上去，会以为他起码有十五六岁光景了，长得高高大大又结结实实的，眉宇间，透露出一股男子汉的风采。康熙暗自思忖，自己在十二岁的时候，虽也不算矮小，但若与现在的胤礽比起来，则既没有胤礽高大，也没有胤礽结实，似乎，还没有胤礽长得这么英俊潇洒。康熙不禁在心中叹道：胤礽真不愧为朕和孝诚仁皇后赫舍里氏的亲骨肉啊！

四阿哥胤禛尚年幼，方才八岁，看起来很瘦弱，个头也不高。康熙之所以非常喜欢胤禛，倒不是真的因为他是孝恭仁皇后乌雅氏所生，康熙对乌雅氏的感情不深。康熙喜欢胤禛的原因是他年纪虽小，但学习很认真，无论是读书还是骑射，似乎一点就通。而康熙最为欣赏的人，便是武要行，文也要行，文武兼备。从这点上说，胤禛倒也合乎康熙的胃口。不过，康熙略略有些不喜的是，胤禛是很聪明，但似乎也太聪明了。所以，康熙虽然笑眯眯地望着四阿哥胤禛，但心里却在暗暗地言道："四阿哥毕竟是乌雅氏所生啊！"

到了南苑之后，康熙顾不得休息，忙着把胤礽和胤禛带到了练习骑射的场地。这里，为皇室成员豢养了许多匹骏马，也豢养了好多专供皇室成员猎杀取乐的动物。

康熙来到一处空地上，没要人扶持，便背上弓箭，熟练地跨上了一匹高头大马。骑在马上的康熙，显得异常地威武壮观。是呀，他今年刚交三十三岁，正是大有作为的年龄。

康熙在马上冲着马下的胤礽和胤禛叫道："两位皇子看好了，朕现在给你们做一个示范。你们切记，大清江山就是从马背上打出来的。无论你们以后如何，都不能荒废了马上的功夫！"

在胤礽和胤禛应答过了之后，康熙又冲着伺养管理各种动物的奴仆叫道："放一只兔子过来！"

一只灰色毛兔，窜到康熙的马下后，又急速地向着前方窜去。只见康熙一抖缰绳，那匹高头大马就甩开四蹄朝前纵去。好个康熙，骑在马背上，身体竟然纹丝不动。再看康熙，居然松了缰绳，一手弯弓，一手搭箭，只听"嗖"的一声，正向前猛窜的那只灰兔，一头栽在地上，连连抽搐了几下，就一动也不动了。

赵昌乐颠颠地跑过去，又乐颠颠地跑回来，手里提着被康熙射死的那只兔子。箭法真准，力道也真大，一支箭，恰恰从那只兔子的脑袋上穿过。

赵昌将那只死兔高高地举过头顶，对着阿霖嚷道："你见过有像皇上这么高妙的箭法吗？"

阿霖没有说话，却抿着嘴无声地笑了。因为，赵昌把那只死兔举得太高了，从那死兔身上流出的血，一点点地滴在了他的脸上，而他却全然不觉，依然在那儿高声叫嚷。此情此景，实在令阿霖忍俊不禁。

康熙对着胤禛吩咐道："四阿哥，你先上场试上一试。"

胤禛应了一声，迈开小腿，走到了空地的中央。养马的侍从特地为胤禛挑了一匹非常驯顺的矮马，还特地为他选了一副小弓箭。谁知，八岁的胤禛却嘟着小嘴走回到康熙的身边，指着那些养马的侍从道："父皇，他们看不起儿臣……"

康熙有些惊讶地问道："皇儿，他们如何看不起你了？"

胤禛满脸的不高兴："父皇，儿臣每次来这里，他们总是给儿臣挑选那么小的马、那么小的弓箭。这，不是分明看不起儿臣吗？"

康熙笑了："皇儿，你这是误会他们了。因为你还太小，等你长成朕这么大了，他们就一定会为你挑选大马和强弓的。"

胤禛却道："不，父皇，儿臣今日便要骑大马、拉强弓！"

康熙想了想，然后冲着那些养马的侍从们叫道："你们，把朕的马牵过来让四阿哥骑，把朕的箭拿过来让四阿哥射！"

一个侍从慌里慌张地跑到康熙的身边，且忐忑不安地对康熙言道："皇上，恕奴才多嘴，四阿哥这么年幼，如何能骑皇上的马、射皇上的箭？”

这侍从看起来是向康熙提建议，实际上却是在为自己担心：如果胤禛骑康熙的马出了什么意外，那他这养马侍从是肯定脱不了干系的。

康熙自然明了这侍从的心理。他淡淡地一笑对那个侍从道：“四阿哥如此有志气，朕岂能扫了他的兴？你只管把朕的马牵来、把朕的箭取来。若四阿哥不慎从马上摔下来，朕不治你的罪便是。”

康熙既如此说，那侍从便如释重负地去作准备了。康熙叮咛胤禛道：“皇儿，骑在马上，千万不要慌张，只管将身体坐稳，眼视前方……”

胤禛信心十足地道：“父皇放心，儿臣不会有事的！”

胤禛说完，“咚咚咚”地就向空地的中央跑去。康熙不觉在后面喊道：“皇儿小心哦……”

胤禛的个头本来就小，站在康熙的那匹高头大马旁边，就显得更加矮小了。一个侍从匍匐在马前，让胤禛踩着他的背上马，但胤禛叫那侍从走开。只见胤禛，稍稍地向后退了几步，然后猛地向前一跃，竟然跃到了那匹高头大马的背上。看得康熙不禁拍掌叫道：“好！四阿哥是好样的！”

康熙这么一叫“好”，赵昌就马上跟着叫起“好”来。很快，在场的所有的人——应该除去太子胤礽，因为他看一样东西正看得专注入神——都“劈哩啪啦”地鼓起掌来。

康熙又大声叫道：“快放一只兔子出来！”

一只白色大兔子，“嗖”地从胤禛的马下穿过。急得赵昌一个劲儿地喊道：“四阿哥，你倒是快放箭啊！”

众人都紧张地注视着胤禛。八岁的胤禛，如何能拉开康熙用的弓？而胤禛却不慌不忙。反正，这儿四周都圈有篱笆，那兔子怎么跑也是跑不脱的。

胤禛在马上一抖缰绳，那匹高头大马就向前奔跑起来。马虽跑得不快，但小小的胤禛在马背上颠簸却也十分惊险。胤禛拉弓了，他居然拉开了弓。尽管他的弓拉得并不满，但弦上的那只箭却毕竟射了出去。也许今日该他胤禛要在康熙和众人的面前露脸吧，他射出去的箭本来根本就挨不着那兔子的身，但不知为何，许是鬼使神差吧，就在胤禛射出去的箭即将要落地的那一瞬间，那只白兔竟然“呼”地窜到了那支箭的前边儿，让那支箭恰恰地射了个正着。因胤禛的力气太小，那只兔子驮着那支箭一直跑到康熙的眼前才渐渐地断气。那支箭，射进了那只兔子的肚腹中，只是没有穿透。

也没用康熙发话，赵昌就跑过去将那只死兔举到了康熙的面前，且指指点点地言道：“皇上，现在四阿哥的箭术就已经不得了了，假以时日，四阿哥的箭术定然更加了不得！”

胤禛连蹦带跳地跑到了康熙的眼前，小脸上红扑扑地煞是喜人：“父皇，儿臣从此可以骑大马、拉强弓了吧？”

康熙慈爱地看着胤禛，不由得唏嘘感叹道：“皇儿，朕在八岁登基称帝时，自以为骑术和箭术都很出类拔萃了，可现在想想看，朕那时候的骑术和箭术，与此时的皇儿相比，要着实大大地逊色一筹啊！”

康熙此话何意？他登基称帝时刚好八岁，而此时的胤禛也刚好八岁。莫非，胤禛比康熙更具有帝王的资质？果真如此的话，那早已被康熙立为太子的二阿哥胤礽又将如何？

康熙唏嘘感叹了一番之后，便冲着一直站在自己右侧的胤礽道：“皇儿，现在该轮到你出场了！”

二阿哥胤礽却没有回应。康熙只好转过头去：“皇儿，你怎么了？”

胤礽没有怎么了。他只不过是在看一样东西，看得那么专注又看得那么出神。你道胤礽在看什么东西？原来，他看的那个东西并不是什么东西。他看的是不远处的阿霖。自到南苑之后，他几乎一直都在专注而出神地看着她。一个十二岁的男孩，为何会如此专注而出神地看着一个十六岁的女孩呢？

康熙自然不知道胤礽自到南苑以后几乎一直都在注视着阿霖，如果康熙知道，后来那件事情也许就不会发生了。康熙只以为，胤礽对骑马射箭的事情不够专心。所以，康熙就沉声对着胤礽喝道：“皇儿，该你出场了！”

康熙的声音虽不很高，但穿透力极强，震得胤礽不禁打了个哆嗦。胤礽只得恋恋不舍地收回了目光，回答道：“是，父皇！”

胤礽所要骑的，依然是康熙所骑的那匹高头大马。和胤禛、康熙有些不同的是，胤礽的身后，竟然背了一兜子的箭，至少有十数支，而且，胤礽也不是自个儿上马的，而是踩在两个侍从的背上爬上马的。不过，已颇具男人风度的胤礽爬上马背之后，还是显得很光彩照人的。

康熙又叫道：“放一只兔子过来！”

一只兔子慌里慌张地跑到了空地上。这只兔子既不是灰兔也不是白兔，而是那种杂毛兔。杂毛兔看了胤礽一眼，似乎是在请他手下留情，然后就围绕着篱笆墙，胡乱地奔跑起来。显然，杂毛兔已经感觉到了自己即将大祸临头了。

胤礽开始纵马狂奔了。十二岁的他，稳稳当当地骑在马背上，着实有些康熙跃马奔腾的风采。康熙看在眼里，喜在心里，不禁关爱地吆喝道：“皇儿，不要让马跑得太快了！”

站在康熙左侧的胤禛，此时小声地嘀咕了一句道：“父皇，太子阿哥是在逞能呢！”

胤禛所言倒也不虚。胤礽如此纵马狂奔，确有卖弄之嫌。于是康熙就又冲着胤礽喊道：“皇儿，该射箭了……”

胤礽拔出了一支箭，“嗖”的一声就射了出去。看起来，胤礽的箭法的确不错，一箭就将那只杂毛兔射死在地上。众人都以为胤礽该下马了，赵昌都跑过去要拣那只死兔了，谁知，胤礽并没有下马，依然在催马狂奔。赵昌跑到那只死兔的旁边，刚要弯腰去拾，只听“嗖”的一声，一支利箭恰恰从赵昌的面门前穿过，又准确地射在了那只死兔的身上。吓得赵昌脸色惨白、双膝发软，差点跪倒在地。

就在赵昌呆呆地立在那儿的当口，胤礽的第三支箭又射中了那只早已死去的杂毛兔。这回赵昌清醒了，也顾不得再拾什么兔子了，赶紧一缩头、一蹬腿，“噔噔噔”地就向康熙跑去，一边跑一边还心有余悸地叫唤道：“皇上，太子殿下适才差点射中了奴才的脸……”

但康熙没有理睬赵昌，因为康熙的注意力已经完全集中在纵马狂奔的胤礽身上了。只见胤礽，打马从那只死兔的旁边跑过一回，便对着那只死兔狠狠地射上一箭。一直到胤礽身后兜里的箭都射完了，胤礽才兴高采烈地跳下马来，脸上，是掩饰不住的得意和满足。

康熙轻轻地吩咐赵昌道：“去，把太子射死的兔子取来让朕观瞧。”

赵昌“嗯啊”一声，眼见得胤礽确实是下了马，这才放心地朝着那只死兔走去。但很快，赵昌就又空着双手走回到康熙的身边：“皇上……那只兔子，奴才实在没法拿……”

康熙不觉皱了皱眉，真的朝那只死兔走去。待走到近前一看，康熙才明白赵昌所言是何意。原来，胤礽的那十几支箭，全部都命中了那只杂毛兔的身体。那只杂毛兔，早已被胤礽射得支离破碎、血肉绽翻。如此模样，当然就不好拣拾了。胆小的人如果看到这只杂毛兔的死状，说不定会被吓了一大跳。

康熙不觉心中暗道：胤礽啊，你箭法虽准，但如此射法，太残忍了！

胤礽大步跨到康熙的近前，一指地上的那早已不成形状的死兔，高声地问道：“父皇，儿臣的箭法究竟如何？”

康熙的脸上挤出一缕笑容来：“不错！二阿哥的箭法很不错，四阿哥的箭法也很不错。两位阿哥都有如此不错的箭法，朕实在是高兴！”

胤礽见康熙把自己与胤禛并提，心中很有些不快活，不过也没有言语。康熙又对着众人言道：“今日上午的骑射就到这里结束。大家都回去，稍事休息后，准备用膳。”

南苑是专供皇室成员们练习骑射、消遣娱乐的地方，自然一切都应有尽有。不过，在吃午饭前，曾发生过这么一件小事情，康熙并不知道。知道这件小事情的，只有两个人，一个是胤礽，另一个是阿霖。因为他们两个都是当事人。

这件小事情的经过是这样的。胤礽在无人注意的时候，偷偷地走到阿霖的身边低低地道：“阿霖，你跟我来一下。”

太子唤她，她焉能不从？所以，她就跟着胤礽，来到了一个房屋的拐角。这儿比较僻静，没什么人来往。刚一站定，阿霖就怯生生地问道：“殿下……唤奴婢有什么事？”

胤礽虽才十二岁，却似乎比十六岁的阿霖还要高一些。胤礽的目光，肆无忌惮地在阿霖脸上、身上爬行。爬得阿霖浑身地不自在、浑身地难受。

“殿下，”她挣扎着笑了一下，“奴婢……要去伺候皇上了！”

胤礽开口了，全然不像一个十二岁男孩所说的话：“阿霖，我很喜欢你，我一直都很喜欢你，你知道吗?”

阿霖不仅不知道，更不明白：“殿下，奴婢听不懂你的话……”

阿霖确实应该听不懂胤礽的话。尽管阿霖已到了那种情窦初开的年纪，但胤礽才十二岁啊。一个十二岁的男孩，又能懂得些什么呢?

但胤礽却好像很懂，而且还懂得很多。他直直地盯着阿霖，说出来的话有一种勿庸争辩的威严：“阿霖，我不管你懂不懂，你都要记住我的话。我喜欢你，非常地喜欢你。因为我这么喜欢你，所以我就要对你做一些事情。不管我对你做什么事情，你都必须绝对服从，不许叫唤，更不许反抗。你明白了吗?”

阿霖被胤礽这一番话说得发晕：“奴婢……如何敢违背殿下的意愿?”

胤礽不由得笑了，笑得很是怪异：“好，阿霖，你这样说话，我非常满意。现在，我要你把眼睛闭起来!”

阿霖心中虽很惶恐，但却不得不从，更不敢不从。胤礽贵为太子，而她只是一个贱奴。即使胤礽叫她马上去死，她也没有不去死的任何理由。

阿霖慢慢地把眼睛闭起来了。胤礽却显得有些迫不及待了。她刚一闭上眼，他的两只手就抓向了她的前胸。她虽然长得比较含蓄，但在这夏季里，她的前胸也依然隆起了两座十分美妙的小丘。

他的两只手正是抓向她那两座小丘的。女人对自己的乳房总是很敏感的，更何况，他抓的还那么有力、那么毫无顾惜。因此，他刚一抓上去，她就疼得睁开了眼：“殿下，你要对奴婢……做什么?”

胤礽“嘿嘿”一笑道：“我对你做什么，你不都看见了吗?”

有两滴泪，汪在了她的眼窝里：“殿下，你为什么要这么做?”

胤礽眼一瞪：“真是废话！我不喜欢你，我会对你这么做吗？别再啰嗦了，快把眼闭上!”

太子下命令了，奴婢只能无条件服从。再看胤礽，两只手肆意地在她的胸乳上抓呀、揉啊、搓啊，忙得不亦乐乎。小小的胤礽，唇角竟挂着那么长的一溜口水，只是没有往下掉。而阿霖眼窝里的那两滴泪，也始终汪在那儿，也并没有向下滴落。是阿霖的眼泪太少，还是阿霖的眼泪太过沉重?

不知什么时候，阿霖觉得胸前轻松了，睁眼一看，胤礽已不知去向。许是快到开饭的时间了吧，胤礽不敢在此多耽搁。许是有别的人向这里走来了，胤礽一时还不敢太过放肆。反正，胤礽走了，剩着阿霖一个人了，她汪在眼窝里的两滴泪这才“叭嗒”一声摔碎在地上。听这沉甸甸的“叭嗒”声，阿霖的泪水的确很沉重。

吃午饭的时候，阿霖站在康熙的身后，默默地一言不发。平日阿霖就不苟言笑，所以她这副模样，别人也就不以为意。而那个胤礽，同胤禛和赵昌等人有说有笑的，好像在这之前什么事情也没有发生过。康熙呢，手执一壶酒，自斟自饮，兴致倒也很高。

吃着，喝着，胤礽突然对康熙言道：“父皇一个人喝酒，也太没有意思了，就让儿臣陪父皇喝上几杯吧。”

康熙以为胤礽说这番话是出自心中的一种孝敬，所以就淡淡地一笑道：“胤礽，朕很想与你对饮几杯，但你现在还太小，还不适宜饮酒。”

谁知，胤禛却在一边小声地道：“父皇恐怕还不知道吧？太子阿哥可能喝酒呢！”

康熙颇为惊异地问道：“四阿哥，你如何知道太子阿哥很能饮酒？”

胤禛回道：“有一回，儿臣与太子阿哥在太皇祖母（博尔济吉特氏）那儿玩耍，中午，太皇祖母要儿臣与太子阿哥陪她用膳。用膳的时候，太子阿哥一连喝下去两壶酒，还把太皇祖母身边的几个公公都灌醉了……”

康熙即刻便问胤礽道：“四阿哥所言，可有此事？”

胤礽答道：“儿臣曾在太皇祖母那儿饮酒是真，但四阿哥说儿臣喝了两壶酒、还灌醉了几个公公，就是夸张了！”

胤禛急了：“父皇，儿臣一点也没有夸张，儿臣说的都是真话。不信，父皇回宫之后，去问问太皇祖母……”

康熙轻轻一笑道：“四阿哥，这点小事，就不必去麻烦你们的太皇祖母了。不过，胤礽既然能喝，今日就不妨让他陪朕小酌几杯！”

胤礽一听马上眉开眼笑：“儿臣谢父皇成全！儿臣祝父皇万寿无疆！”

说着，胤礽就拿过康熙面前的酒杯，一饮而尽。康熙赶紧言道：“皇儿，饮酒不必如此慌张，当慢慢品尝，方可品出酒中三味。”

赵昌慌慌地拿来一只酒杯。康熙与胤礽父子二人，就你一杯他一盏地对饮起来。一壶酒刚刚喝完，胤礽就摇摇晃晃地站了起来，且结结巴巴地道：“父皇……真是海量，儿臣……已不胜酒力了……”

见胤礽喝成这副模样，康熙就笑问胤禛道：“四阿哥，太子阿哥如何能喝下去两壶酒？”

胤禛也觉得有些莫名其妙：“父皇，那一回，太子阿哥分明喝下去两壶酒，而且什么事也没有，太皇祖母当时还夸太子阿哥是海量呢……”

胤礽似乎还想说什么，但话还没出口，身子就一个踉跄，径向一边倾倒。唬得赵昌急忙一把将胤礽抱住，且冲着康熙叫道：“皇上，殿下真的喝多了，这该如何是好？”

康熙无奈地摇了摇头：“小小年纪，在饮酒上逞强好胜，岂不要吃苦头？赵昌，扶二阿哥回房休息，再弄点醒酒汤。他喝的并不多，休息一下，应该就没什么事了。”

一边的胤禛，依然在那儿大惑不解地自言自语地道：“这是怎么回事呢？太子阿哥明明那么大的酒量，为什么只喝这一点酒就醉了呢？”

殊不知，胤礽根本就没有醉。换句话说，胤礽是在装醉。你道胤礽为何要装醉？却原来，胤礽下午不想跟着康熙到野外去围猎。

以南苑为中心，方圆数十里内不许普通的百姓放牧、砍柴，更不许随意捕猎。所以，这一带的野地里，各种大小动物就非常地多。康熙以为，在苑囿里虽也能练习骑马射箭，但要获得一身真正的本领，则必须到野外去实地捕猎。故而，康熙昨日就已作出决定，今日下午，他要带胤礽、胤禛和众侍卫到野外去进行围猎活动。

你道胤礽为何不想跟康熙围猎？原因是，他想跟那个阿霖呆在一起。胤礽以为，围猎那么辛苦，需要不停地奔波，阿霖是定然不会跟着康熙到野外去的。只要他一装醉，他就能在苑囿里对阿霖做很多事了。平日在皇宫里，阿霖老是跟康熙形影不离的，害得胤礽一直没有动手的机会，今天机会来了，他胤礽岂能轻易放过？

你看看，胤礽才十二岁，竟然有如此的心计，也真不愧为大清国的太子了。待胤礽长大成人，他还会干出什么事情来？

一切还真的如胤礽所料。午睡过后，康熙让赵昌去看看胤礽，是否还能跟他一起到野外去围猎。赵昌回来禀告说，太子依然躺在床上，直嚷头昏脑胀。康熙无奈地道："太子下次恐怕再也不敢喝这么多的酒了！"

康熙果然没带阿霖去野外，而是让她留在苑囿内服侍胤礽。康熙让她留下的时候，她很想说些什么，但她说得太慢了，等她想说的时候，康熙已经带着赵昌及众侍卫远远地离去了。

有一点倒是出乎胤礽的意料，那就是，康熙留下阿霖的同时，也把四阿哥胤禛留了下来。不过，胤礽以为，四阿哥方才八岁，会是很好对付的。然而，正是因为留下了这个四阿哥，康熙后来才得以知晓那桩事情。

该走的都走了，该留下的似乎也都留下了。阿霖虽然一万个不情愿，但还是按照康熙的吩咐走到了胤礽的床边去照料胤礽。而胤禛却早就被胤礽打发到骑射场去练习骑马射箭了。

一间装饰得异常华丽的屋子里，只剩下胤礽和阿霖了。本来，是胤礽躺着阿霖站着，但很快，阿霖就躺在了床上，而胤礽则站在了床边。

胤礽真的没醉，而且一点都没醉。如果他真的醉了，哪怕只是稍稍有点醉，他也不会将阿霖的衣衫扒个精光，然后用他手指和牙齿，肆无忌惮地在她洁白、纯净的胴体上，随心所欲地揉着、捻着、啃着、咬着……

骑射场上的胤禛，许是觉得一个人练习骑射太没有意思，所以练习了一会儿也就跳下了马。又许是觉得二阿哥胤礽今天中午的酒醉有些奇怪，所以，他跳下马之后，便径往胤礽躺着的那间屋子走去。他去的目的，本来只是想当面问问胤礽，为什么那日在慈宁宫喝了两壶酒都没事，而今日只喝了几杯酒就一醉不起？

还没走到胤礽躺着的那间屋子前呢，一个侍卫就忙着跑过来问胤禛道："四阿哥可是要往太子殿下那儿去？"

胤禛点点头："正是。有什么事吗？"

那侍卫点头哈腰地道："四阿哥，太子殿下吩咐过小人，任何人现在都不许靠近那屋子。”

胤禛头一横：“你说的任何人，莫非也包括我四阿哥在内吗？”

“这个……”那侍卫连忙堆上笑，“四阿哥当然例外……”

胤禛哼了一声，又白了那侍卫一眼，然后，就朝着那间屋子走去了。走到门边，他刚想敲门，忽然又住了手。因为他想到了这么一个问题，那就是，太子阿哥为什么不许别人靠近这间屋子？莫非，他在这屋子里正干着什么事情不想让别人知道？

胤禛当然不是一个笨蛋。如果他是笨蛋的话，他后来就不可能登上皇帝的宝座了。只见他，蹑手蹑脚地摸到窗户边，从一条很小的缝里朝屋内看。这么一看可了不得，差点没把他惊得大叫起来。还好，胤禛还算比较冷静。他哆哆嗦嗦地离开了那间屋子，找到先前的那个侍卫，哆哆嗦嗦地言道：“你，快找一匹马来……”

却说康熙领着赵昌及众侍卫驰马来到一处旷野之后，便开始大规模地围猎了。这儿的各种野生动物也真多，天上飞的、地上跑的，甚至是水里游的，真是应有尽有。

康熙的兴致高着呢，左手持弓，右手执箭，正天上一箭地下一箭射得不亦乐乎，赵昌却慌里慌张地跑到他的身边道：“皇上，四阿哥来了……”

康熙一皱眉：“他怎么擅自跑来了？朕不是让他陪伴二阿哥吗？”

康熙刚一说完，胤禛就在一个侍卫的引导下，满头大汗地跑了过来，一边跑一边大声地叫道：“父皇，大事不好了，出了大事情了……”

康熙揪住胤禛的臂膀：“四阿哥，何事惊慌？天塌下来一块不成？”

胤禛倒也知道有些事情不宜公开说：“父皇，这件事情真是了不得啊！你把他们都赶开，儿臣才好向你禀报。”

康熙见胤禛不像是开玩笑的样子，便挥了挥手，将赵昌及众侍卫支开：“说吧，到底是什么了不得的大事情？”

胤禛很是神秘兮兮地问道：“父皇，你知道你走了以后，太子阿哥都干了些什么事情？”

康熙没听明白：“太子阿哥不是喝醉了吗？躺在床上能干什么事情？”

胤禛小嘴一嘟：“父皇，太子阿哥根本没有喝醉，他是在骗你呢……上一回，在太皇祖母那里，他一连喝了……”

“四阿哥，”康熙立即打断胤禛的话，“究竟发生了什么事情？”

胤禛不敢再啰嗦了：“父皇，儿臣看见，阿霖睡在太子阿哥的床上，身上什么也没有穿，太子阿哥呢，趴在阿霖的身上，又是抓又是咬……”

“啊？”一股热血，刹时涌上康熙的脑际。他猛然间便想起，就是那个胤礽，曾在慈宁宫里，用针和牙齿，将阿露的双乳折磨得伤痕累累。

康熙二话没说，纵身跃上一匹马，就向着苑囿驰去。慌得胤禛在后面大叫道："父皇，儿臣刚才所说的，是不是一件了不得的大事情啊……"

说时迟，那时快，康熙纵马飞驰到苑囿之后，"嗖"地就从马上跃了下来，其速度，丝毫不亚于他在野外射出的箭。刚一下马，他就冲着迎上来的几名侍卫喝问道："胤礽何在？阿霖何在？"

那几名侍卫还未及回答，胤礽就不知从何处钻了出来，且恭恭敬敬地问康熙道："父皇去野外围猎，如何这么早就回来了？"

乍见着胤礽一副镇定从容的模样，康熙不觉一怔："胤礽，你不是喝醉了吗？怎么看起来，一点醉意也没有啊？"

胤礽咧了咧嘴道："回父皇的话，儿臣中午是喝醉了，不过喝了几碗醒酒汤后，儿臣已无大碍。这不，儿臣正想到野外去跟父皇一起围猎呢！"

一时间，康熙有些疑惑了：莫非，那四阿哥胤禛说的全是假话？

康熙轻轻地问胤礽道："朕叫阿霖留下服侍你，阿霖现在何处？"

胤礽嘘了一声道："阿霖刚才还在这里，一转眼，跑到哪里去了？"

但康熙马上就看见了阿霖。她站在一个墙角，动也不动，低着头，似乎不知道康熙正在与胤礽说话。她，真的不知道康熙已经回来了吗？她的眼里，是否又汪着两滴沉重的泪？

康熙一步步地朝着阿霖走去。阿霖依旧低着头。直到康熙在她的面前站下了，她才"哦"的一声抬起了头："奴婢不知道皇上已经回来了……"

从阿霖的脸上，似乎也看不出有什么异样。只是她的头发有些零乱，衣衫好像也不够整齐。康熙小声地问道："阿霖，你实话告诉朕，朕离开这里之后，你都做了些什么？"

阿霖似乎想笑，但毕竟没有笑出来："皇上走后，奴婢按皇上吩咐，去服侍太子殿下……"

康熙定定地望着她："你服侍太子，太子有没有对你做过什么……不该做的事情？"

阿霖慌忙言道："没……有。殿下什么也没有做……"

康熙真以为这一切都是四阿哥胤禛在说谎了。他准备离开阿霖去追问胤禛说谎的究竟了。可就在他离开阿霖之前，不知为何，他想为她捋捋头发、整整衣衫。所以，他一边向她伸出手去一边微微摇头道："看你，弄成这么一副懒散的模样……"

为她捋头发也没捋出什么来，然而，在整理她衣衫的时候，他却发现她的颈间有一道明显的伤痕，而且显然还是新近留下的。

康熙的心猛然一紧，头皮顿时就炸开了："阿霖，你适才所言，都是真话吗？胤礽，真的没有对你做过什么吗？"

阿霖急忙掩饰颈项："不，皇上，太子对奴婢，什么也没有做……"

康熙一指她的颈项："说，你这伤痕，是怎么回事？"

她的目光里流露出一丝恐惧："这是奴婢不小心用指甲划破的……"

康熙看了看不远处的众人，包括胤礽、胤禛和赵昌。众人都眼巴巴地望着康熙和阿霖。没有康熙的旨意，他们谁也不敢靠近，也不敢擅自离开。

康熙一咬牙，冲着阿霖言道："你，随朕到屋里来！"

阿霖抖抖颤颤地随着康熙走进了一间屋子。康熙"咣"的一声把门关上，然后指着阿霖道："你，现在把衣服脱了，全部脱光！"

阿霖一听，骇然叫道："皇上，奴婢不能……"

康熙朝着她靠近一步："你若不肯脱，那朕就帮你脱！"

阿霖落泪了。她的眼泪其实也不能算少。她就那么一边流泪一边当着康熙的面脱衣服。她的衣服脱得很慢，但她的眼泪却流得很快，当她的衣服脱完，她的泪水早已把地面流湿了一大块。

她的衣服脱完了，康熙的泪水也流了下来。他流的泪水并不多，但每一颗泪珠，都足以将地面砸出一个坑来。

她的身体，从颈间往下，一直到小腿，几乎没有一处没有伤痕。轻的伤痕，非青即紫，重的伤痕，则早已血迹斑斑。尤其是她的双乳上和两条大腿上，用"惨不忍睹"来形容，一点也不过分。

康熙不敢再去看她的身体。他因过度悲愤连声音都变了调。他就用这种变了调的声音抖抖索索地对阿霖道："你……快把衣裳穿好……"

她也许很能忍受痛苦。那么伤痕累累的身体，她在穿衣服的时候，竟然一声不吭，只是不停地在流泪。待她将衣服穿好，他走过去，轻轻地把她揽在怀里，哽咽着言道："阿霖，是朕不好，朕不该把你留在这里……朕对不起你，更对不起你的姐姐……"

阿霖突然"哇"的一声，放声大哭起来。这号啕大哭的声音，不仅康熙听得真真切切，就是站在屋外的那些人，包括胤礽、包括胤禛，也不会听不真切。但问题是，所有听到她哭声的人，是否都听得明白？

康熙松了阿霖，只一步就跨到了门边，猛地将门拽开，几乎是歇斯底里地冲着屋外吼道："胤礽，你快滚进屋来！"

胤礽当然不会滚着进屋，他只是在走进屋子之后，"扑通"一声跪在了康熙的面前，且抢先言道："父皇，儿臣知错了，儿臣不该把阿霖的身上弄出那么多的伤，儿臣应该下手轻一点……"

看看，胤礽虽然知道"错"了，但却认为自己错在不该下手下口那么重。换句话说，如果他下手、下口稍稍轻一些，他就什么错都没有了。也许，胤礽贵为大清太子，对是非的看法，同普通人相比，就是不一样。

"啪……"一记响亮的耳光，明明白白地抽在了胤礽的脸颊上。因为康熙太气愤了，这一巴掌没有惜力，所以胤礽的脸颊便也就明明白白地肿胀起来。康熙愤而咆哮道："胤礽，把阿霖弄成这个样子，你还是个人吗？"

康熙这话似乎说错了。因为，胤礽本来就不是人，他是一个龙子，假以时日，他登上了大清皇帝的宝座之后，他便也和现在的康熙一样，变成一个真龙天子了。

康熙下手那么重，胤礽却也没有叫唤。他只是显出很委屈的样子，嘀嘀咕咕地道："父皇，你为何如此痛打儿臣？儿臣有什么错？儿臣只是躺在床上，觉得无聊，便同阿霖在一起玩玩，又有什么不是？"

"什么？"康熙抬手又给了胤礽一巴掌。这一回，胤礽的两边脸颊都肿胀了起来。

康熙气得两眼都要冒出绿光来："普天之下，哪有像你这么残忍的人？你如此残忍地折磨阿霖，同那些畜生还有什么分别？"

谁知，胤礽也高声地叫嚷起来："父皇，你为何要如此替一个奴才说话？在父皇的眼里，儿臣难道连一个奴才也不如吗？儿臣只不过与这个奴才在一起随便地玩玩，父皇如何生这么大的气、发这么大的火？父皇，儿臣与这个奴才，究竟谁轻谁重？"

"你——"康熙的手又不自觉地扬了起来，但旋即，他扬起来的那只手，又绵软无力地垂了下去。他记得，当年胤礽在慈宁宫折磨阿露、他准备好好地教训胤礽一顿的时候，皇祖母博尔济吉特氏也说过类似"谁轻谁重"的话。是啊，像阿露、阿霖这样的奴才，天下何止千万？而像胤礽这样的皇太子，大清国却只有这么一个啊！更不用说，胤礽还是孝诚仁皇后赫舍里氏所生。即使胤礽把阿霖折磨致死，他又能把胤礽怎么样呢？他现在把胤礽的脸颊打得如此青肿，博尔济吉特氏要是追问起来，他又该如何向她解释说明？毕竟，大清江山社稷比阿露和阿霖都重要得多啊！

由此不难看出，康熙能治理好一个千疮百孔的国家，却无力治理好自己的一个小家。这就注定了康熙的晚年，必将发生一连串令人扼腕痛惜的悲剧。

康熙无力地指了指胤礽："你，走吧……"

胤礽也没客气，爬起身来，摸了摸隐隐作痛的脸颊，又恶狠狠地瞪了呆若木鸡的阿霖一眼，然后便不紧不慢地离去。

康熙走到阿霖的身边，柔柔地言道："阿霖，今日之错全在朕。朕没有照顾好你。朕向你保证，从此以后，朕决不会再让任何人来欺侮你……"

如果康熙不健忘的话，他应该还记得，在胤礽折磨了阿露之后，他也曾对阿露说过类似这样的话。可结果呢？阿露被赶出宫了。现在，他又对阿霖这么说了。他，真的能够使柔弱的阿霖不再受任何人的欺侮吗？

胤礽折磨阿霖的事情，康熙一直隐隐作痛了很久。直到第二年（公元1686年，即康熙二十五年）的春天，康熙才算是把这件事情淡忘。因为，春天的时候，黑龙江将军萨布素回京向康熙报告：罗刹军队又重新占领了雅克萨。

托尔布津和梅利尼克兵败雅克萨被清军释放后，一路向西，逃到了沙俄侵略军在黑龙江上游所建的一个大据点——尼布楚。尼布楚督军弗拉索夫不冷不热地接待了他们。

托尔布津质问弗拉索夫：为什么不派兵去雅克萨增援？弗拉索夫回道：派去一百二十多人，只回来二十多人。托尔布津又问弗拉索夫：为什么不多派些军队去？弗拉索夫反问托尔布津：如果军队都派去了，尼布楚要是有了什么闪失，谁对沙皇陛下负责？托尔布津无言以对。所谓败军之将不可言勇。托尔布津能够死里逃生已经是莫大的幸运了。哪里还能去讲究弗拉索夫是冷脸还是热脸呢？

这样一来，托尔布津和梅利尼克在尼布楚的日子并不好过。寄人篱下嘛，总是要受一些委屈的。即使别人并非想给你多少委屈受，自己的心里也总是不会太舒服的。所以，托尔布津和梅利尼克在尼布楚的日子，过得似乎就很消沉，不是整天地喝闷酒，就是以打骂中国老百姓为乐。好在弗拉索夫对他们喝酒并不限制，而抓来的中国老百姓也任由他们打骂，只是有时候，弗拉索夫半真半假地问他们道："你们准备什么时候离开这里啊？"

托尔布津和梅利尼克在尼布楚艰难地度过了1685年的冬天。当1686年的早春到来时，托尔布津情不自禁地咧开嘴笑了。他笑着对梅利尼克言道："我的将军，我们的苦日子终于熬到头了！"

这一年的早春，一支由六百人组成的沙俄侵略军拖着二十多门火炮赶到了尼布楚。这支侵略军的头目名叫拜顿，有人说他是一名普鲁士军官，也有人说他是英格兰人。拜顿给托尔布津和梅利尼克带来了俄国沙皇的最新谕令：重占雅克萨，扩大沙俄在中国的势力范围，如有必要，不惜同中国全面开战！

托尔布津简直是兴奋到了极点："伟大的沙皇陛下啊，你是世上最英明的人啊！我朝思暮想，盼的就是这一天的早日到来啊！"

梅利尼克却并不太兴奋。他直接了当地问拜顿道："将军阁下，你就带这么一支军队过来，又如何去征服中国？"

拜顿大言不惭地道："将军，中国虽然地广人多，但却不堪一击！只要我带着这支军队往黑龙江下游一走，那里的中国人必将统统地臣服于我们伟大的沙皇陛下！"

梅利尼克冷冷地对拜顿言道："将军阁下，我与督军大人率千余之众，连一个小小的雅克萨都守不住，你适才之言，是不是太过乐观了？"

拜顿反唇相讥道："将军，你吃了败仗，其他的人也一定吃败仗吗？"

眼看二人就要争吵起来，托尔布津忙着言道："两位将军不要再说了！只要战事一开，伟大的沙皇陛下就一定会派大军驰援！"

拜顿带来了六百人，托尔布津手下还有一百多个残兵败将，又从弗拉索夫那儿借得二三百人，这样，便拼凑成了一支由一千多个士兵、三十来门大炮组成的军队，准备去重新占领雅克萨了。恰在此时，托尔布津得到报告，说是清军攻下了雅克萨以后，根本就没在雅克萨驻兵，早就撤兵东去了。

托尔布津有些疑惑地问梅利尼克和拜顿道："清军这是何意？"

梅利尼克摇头。拜顿却道："我以为，清军虽然在雅克萨取胜，但胜得侥幸，所以不敢久留，只好东逃了！”

梅利尼克大眼一翻拜顿：“胜得侥幸？将军阁下，你要切记，如果不是清军手下留情，我与督军大人恐怕早就身首异处了！”

拜顿冷哼一声道：“将军，你不要总是长他人志气，灭自己威风！”

托尔布津摆了摆手道：“好了，两位将军，既然清军已经撤走，那我们就去占领雅克萨吧！”

当时的黑龙江上游没有任何清军，所以托尔布津的行进速度就很快。不几日，托尔布津的军队就抵达了雅克萨。

托尔布津等人开始大规模地修复雅克萨城。确切说，他们是在重建一座新的雅克萨城堡。因为过去的雅克萨城，几乎已被清军的炮火夷为废墟。所以，重建雅克萨城的工作，耗去了托尔布津等人很多的时间和精力。

托尔布津总结了上一次在雅克萨被清军战败的经验教训，把重建雅克萨的重点放在了防止清军炮火轰击这一方面。比如城墙，两边用木材，中间填土夯实，墙外遍涂泥土，这样既可有效地抵挡炮火，又可防止清军火攻。宽厚的城墙上，筑有三十座炮楼，炮楼上的大炮，能一直打到黑龙江里。城内建造了一座督军衙门和十座军营，无论是衙门还是军营，都建得既结实又隐蔽。托尔布津还在雅克萨周围建了一圈外城，外城之外是一道很深的壕沟。托尔布津这样做的目的，是为了阻止清军炮车的推进。上一次雅克萨之战，托尔布津吃够了清军炮车的苦头。这一回，托尔布津似乎变得聪明了：壕沟可以阻挡清军炮车向前推进，而驻扎在外城里的士兵又可以向试图填补壕沟的人开枪射击，更主要的，托尔布津架在雅克萨城墙上的大炮，恰恰能够打到那道壕沟之外，这样，如果清军来攻打雅克萨，想先攻下外城，那么就必须要进入托尔布津大炮的射程之内。可以说，托尔布津这种环环相扣的防守，也真是煞费苦心了。托尔布津以为，只要清军的大炮越不过那道壕沟，其炮弹就无法打到雅克萨城里，而清军的大炮如果失去了作用，那雅克萨城就固若金汤、牢不可破了。

托尔布津还作了具体分工：外城由梅利尼克负责防守，城墙上的大炮由拜顿负责指挥，他自己，则坐镇督军衙门里，统一调度。

第一个得知侵略军又重占雅克萨城这一消息的清军将领是萨布素的弟弟萨果素。萨果素因为被侵略军的炮弹炸伤身体，未能参加第一次雅克萨战役，心中的窝囊是可想而知的。而清军取得雅克萨战争的胜利后，不仅放弃了雅克萨，同时也放弃了距雅克萨不到三十里地的古伊古达儿城，只在古伊古达儿和黑龙江城之间的呼玛小城里驻扎了一支数百人的军队，这支军队的头儿，便是萨果素。

这一天，即1686年农历三月的一天，萨果素像往常一样，带着几十名手下，离开呼玛城，开始向北巡逻了。与往常不一样的是，他这次带的都是骑兵。而且，临出发前，他再三吩咐，每个人都要带足几天的干粮。

一手下不解地问萨果素道："我们这次要到哪里去?"

萨果素回道："我也不知道。一直向前走，走到哪儿就是哪儿。"

萨果素确实不知道他要去哪儿。不过，他有着一个想法，那就是，越往黑龙江的上游走，就越有可能碰见罗刹兵，而只要碰上罗刹兵，就能杀了他们为维玛报仇，也稍稍弥补一下未能参加雅克萨战争的缺憾。

他们几十个人，没有任何负重，行进速度非常快。不几天，就到达了萨果素曾养伤的那个古伊古达儿小城。

一手下问道："我们要不要进城去?"

萨果素回道："古伊古达儿早已是荒无人烟，不进去也罢。我们还是到雅克萨去吧。"

那手下言道："雅克萨也早已是荒无人烟了!"

萨果素不加思索地道："那我们就去尼布楚!"

众手下闻言，都大吃一惊。萨果素"哈哈"一笑道："你们都怕什么?我们只是去尼布楚看看，又不是去同罗刹兵打仗。若是去开战，就我们这几个人，还不是白白地送死?再说了，上没有皇上的旨意，下没有我哥哥的命令，我也不敢随随便便地就去同罗刹兵交手啊?"

萨果素话虽是这么说，但众手下却依然忐忑不安：提心吊胆。正犹豫着呢，一手下跑来向萨果素报告，说有几个老百姓要见萨果素。

那几个老百姓走过来了。他们是当时住在中国边境的奇勒尔族人。他们告诉萨果素说，罗刹兵已经重占了雅克萨。

萨果素闻听先是一愣，继而竟然大呼小叫起来："太好了！太好了！罗刹兵终于又开过来了!"

一手下问萨果素道："大人，我们现在该怎么办?"

萨果素回道："罗刹鬼子重占了雅克萨，这不是一件小事情，我们应实地侦察一番，然后去向我大哥汇报!"

萨果素这番言论，倒也得体。于是，萨果素谢别那几个奇勒尔人，带着数十手下，策马向雅克萨而去。因为雅克萨已经驻有罗刹兵了，所以萨果素等人不敢跑得太快。下午从古伊古达儿出发，黄昏才到达雅克萨附近。

远远地，萨果素等人就看见雅克萨城果然已焕然一新。不说外城了，单论内城本身，也比原来的雅克萨城要大许多。萨果素不禁自言自语地道："这些狗日的罗刹鬼子，还没有被打怕啊，又开过来了……"

接着，萨果素下令："靠近外城，我要把狗日的罗刹鬼子看个清楚!"

一个手下有些担心地道："大人，再往前就会被鬼子发现了……"

萨果素双目一瞪："怕什么?我们都骑着马呢！纵然鬼子追出来，我们也能够跑得掉!"

萨果素虽然说得很豪气，但在向前靠近的时候，却也是小心翼翼的。他还叮嘱他的手下道："都把眼睛睁大点，不要被罗刹鬼子的火枪和火炮击中。不然，仗还没打就先死了，就太不合算了！”

尽管萨果素等人靠近雅克萨城时很是小心翼翼，但因为几十人骑马，又是白天，不可能行进得那么隐秘，所以，很快便有一队侵略军士兵从雅克萨外城里向他们冲了过来，且一边冲一边不停地鸣枪。一手下连忙冲着萨果素喊道：“大人，快掉转马头，罗刹鬼子打过来了！”

然而，萨果素却动也不动地立马在原地。原来，他清清楚楚、明明白白地看见，冲过来的那队罗刹兵当中，有个长得像头大狗熊的家伙。

俗话说，仇人相见，分外眼红。有一瞬间，萨果素真想跃马直冲过去手刃梅利尼克。但是，侵略军“噼哩啪啦”的火枪声却又提醒了他：现在还不是报仇的时候。俗话又说，君子报仇、十年不晚。更何况，萨果素还用不着等上漫长的十年。所以，这么想着，萨果素便一拨马头，跟着他的手下，逃之夭夭了。

第二十九章

食人魔翻作惊弓鸟
驱鬼将终成守土神

吃人肉的梅利尼克这时绝望地对罗刹兵们说道："没有援兵，一切都完了……外城完了，我完了，你们也完了……"他的话音还未落，一个罗刹兵就跑来报告道："东边战壕里有数百清军正向这里杀过来……"

萨果素并没有径直回呼玛城或黑龙江城，而是带着手下直接向南方飞驰，沿嫩江江岸，朝卜魁城驰去。从雅克萨到卜魁，何止几百里，但萨果素一行人，不几天便赶到了卜魁。待见着正在卜魁城里谈天说地的萨布素和彭春时，萨果素几乎都要累得虚脱了。

闻听沙俄侵略军又重占了雅克萨，萨布素和彭春都深感震惊。萨布素连连自责道："都是我的过错，我不该对此一无所知……"

彭春言道："现在不是追究责任的时候，应速将此事报皇上知道！"

三月底，萨布素赶到京城，即刻向兵部尚书明珠报告。明珠急忙向康熙皇帝禀奏。康熙闻言，龙颜大怒，拍案而起道："这罗刹人也太不知好歹了！朕一而再、再而三地忍让，他们非但不理解朕的一番好意，反而得寸进尺、卷土重来，是可忍孰不可忍！"

随即，康熙就在乾清宫内召见了萨布素。见着康熙，萨布素就跪地谢罪道："微臣之罪！微臣不该轻易放弃雅克萨，致使前番胜果化为乌有……"

康熙却道："萨爱卿，你何罪之有？若其中真有什么过错，那也是朕的考虑不周。朕没有想到，狂妄的罗刹人，野心不死，还对朕的领土有非分之想，朕，岂能容忍这种明目张胆的强盗行径？"

当时在场的明珠轻轻地言道："皇上，微臣以为，第二次雅克萨之战当不可避免，不然，罗刹人将会更加狂妄！"

康熙重重地道："罗刹人既敢重占雅克萨，那朕就再打一次雅克萨战争！"

萨布素急忙言道："请皇上恩准微臣戴罪立功……"

康熙点头道："你是黑龙江将军，此番开战，你全权负责。"

萨布素叩头道："谢皇上恩典！微臣一定会把罗刹兵消灭在雅克萨！"

康熙问道："萨爱卿，你目前的军力如何？"

萨布素回道："微臣尚有两千人马并四十门火炮、五十支火枪，江中还有十艘战船。”

康熙沉吟道：“这些兵力恐怕没有绝对把握取胜……”他转向明珠，“你速速通知彭春，叫他拨一千人马和二十门火炮给萨布素！”

明珠谨诺。康熙又面对着萨布素言道：“爱卿，请记住朕的话，不战则已，战则必胜！不惜一切代价，都要将罗刹人消灭在雅克萨！”

听康熙之言，仿佛他这一次已经痛下决心要好好地、彻底地教训一下沙俄侵略军了。其实则不然。康熙之所以会这么说，乃是因为他被沙俄侵略者这种得寸进尺的行径所激怒，而在他的内心深处，他还是不想把东北的战事扩大，还是希望能用一种和平的方式来解决与罗刹国之间的边界纷争。

萨布素坚定地回答：“皇上，微臣若不能彻底地将罗刹兵消灭在雅克萨，微臣就提着脑袋来向皇上谢罪！”

康熙笑道：“不，朕要你提着罗刹人的脑袋来见朕，你明白了吗？”

萨布素也笑着回道：“微臣决不辜负皇上的期望！”

萨布素没在京城多耽搁。他带着明珠写给彭春的手谕返回了卜魁城。彭春半是羡慕半是无奈地言道：“萨将军，彭春这一回只能在旁边看你了！”

上一次雅克萨之战，彭春是统帅，萨布素是副帅，而这一回，却几乎没有彭春什么事了。萨布素像是在安慰彭春道：“都统大人千万别这么说！若没有你这一千兵马和二十门大炮，萨某岂敢去雅克萨与罗刹兵交战？”

彭春苦笑着道：“你别尽说好听的了！还要什么，尽管从我这里拿。”

因为萨布素和彭春本来同在卜魁城共事，所以萨布素就毫不客气地道：“都统大人，萨某想把这里的炮弹统统带走……”

彭春立刻道：“我就知道你会提这样的要求。不过，你还是留一点炮弹下来，万一有小股罗刹兵流窜过来，我也不至于手忙脚乱啊！”

彭春说的倒也是实情。不怕一万就怕万一嘛。萨布素顿了顿又道：“都统大人，我还有一个请求，我想再顺便带些粮食北上……”

彭春马上道：“这里的粮食你可以统统带走。我这里靠近内地，筹措粮草比你方便多了。还有，我这里的棉衣你也可以全部带去。如果战时过长，捱到冬天，你定会用得着棉衣的。”

萨布素从卜魁城带着一千兵马并二十门火炮，还有大批的粮草和棉衣，六月初抵达黑龙江城。他立即召开下属的副都统、协领、佐领等将官会议，传达圣意，讨论部署对敌作战方略。最后决定，于6月下旬进军雅克萨。

公元1686年（康熙二十五年）6月下旬，萨布素率三千兵马离开黑龙江城，水陆并进，开始了第二次收复雅克萨的战争。7月初，清军抵达古伊古达儿。打前站的萨果素回来报告，说雅克萨城内的罗刹兵并不知晓清军已到来。萨布素下令：大军在古伊古达儿稍事休息后，立即开往雅克萨。

大约是在7月中旬的一天黄昏，清朝军队仿佛是从天而降，突然又一次地包围了雅克萨城。当时，正在雅克萨外城巡视的梅利尼克，看到那么多的清军正朝雅克萨围过来，大为惊骇，慌忙跑进雅克萨城内的督军衙门，向托尔布津报告道："督军大人，不得了了，清军已经包围了雅克萨……"

见梅利尼克如此慌张，托尔布津很是不悦："我的将军，你为何如此害怕那些野蛮人？"

梅利尼克赶紧言道："督军大人，不是属下胆小慌张，而是清军这回来的人太多……"

托尔布津大嘴一撇："清军开来了多少人？"

梅利尼克回道："大约有一万人左右，而且火炮特别多……"

托尔布津也大吃一惊："有这么多的清军？你莫不是看花了眼？"

梅利尼克言道："属下岂敢谎报？督军大人可以自己去观瞧……"

托尔布津哼了一声，忙带着梅利尼克登上了雅克萨的城楼。城楼上，那拜顿正站在一尊大炮的旁边，气愤地自言自语道："他妈的，那些野蛮人也太过狡猾，若再前进一步，我的大炮就能够打得着了……"

托尔布津没顾得上理会拜顿，而是举目向四周看去。果然，在夕阳映照下，雅克萨外城的外面，几乎到处都是清军，看上去没有一万也有八千。

梅利尼克在托尔布津身边嘀咕道："督军大人，属下没有谎报吧？"

托尔布津倒吸一口凉气道："清军这一回真的是大动干戈了……"

只有拜顿不以为然。他恶狠狠地言道："督军大人，不管清军有多少，只要他们敢攻城，我就一个一个地都把他们炸死！"

托尔布津却皱着眉头吩咐道："清军太多，我们不可造次。梅利尼克，你速回外城，令士兵们都睁大眼睛，防止清军趁夜填壕沟。拜顿，你今夜就留在城楼上，如果清军有所图谋，你就开炮轰击！"

清军明明只有三千，为何梅利尼克和托尔布津等人都以为有万人左右？却原来，闻听清军要来收复雅克萨，方圆近百里的中国各族百姓，纷纷主动地、成群结队地带着粮食等物赶到了这里。来的老百姓，几乎是清军人数的二倍。所以，梅利尼克和托尔布津等人从雅克萨的城楼上向外看去，清军确实有万人模样。

不过，萨布素也没有急着向雅克萨发起攻击。因为天色已晚，清军要忙着安营扎寨。更主要的，萨布素已经看出，这次的雅克萨城，攻打起来非常地棘手。所以，萨布素命令清军，除留下足够的人手防备罗刹兵夜袭之外，其余的人全部休息。萨布素和他的将官们，包括萨果素在内，则聚集在萨布素的中军大帐内，共商攻城大计。

绝大多数的将官都以为，这一次的雅克萨城，实在不好攻打。因为，不要说清军的大炮很难推近到有效射程之内，即使清军的炮火能够打到雅克萨城，恐怕也很难起到多大的作用。这一次的雅克萨城，被侵略军修建得太牢固了，清军的大炮，不会对它构成太大的威胁，而若直接攻城，不仅伤亡将很惨重，且也难以攻破城池。绝大多数将官最后的结论是：用炮轰城难，而用士兵攻城则更难。

似乎只有萨果素对雅克萨城的城防不以为然。他在中军大帐内几乎是咆哮着言道："有什么难的？罗刹鬼子有什么了不起？用炮一轰，用人一攻，雅克萨不就拿下来了吗？"又冲着那些默不作声的将官们吼道："这也难、那也难，我看呀，什么都不难，难就难在，你们都是一些贪生怕死之辈！"

萨布素当即喝道："萨果素，你休得在此胡言乱语！在座的每一位，谁不敢上刀山、下火海？难道就你一个人不怕死？"

萨果素争执道："既然都不怕死，为什么不敢攻城？既然不敢攻城，那与怕死又有何异？"

萨布素冷冷地道："萨果素，现在就让你去攻城，你能攻得下来吗？"

萨果素脖子一梗："攻不下城池，我宁愿去死！"

萨布素大声喝道："萨果素，你这说的岂不是混账话？你死了，我们都死了，可雅克萨没有攻下来，怎么办？你又能算作是什么英雄？我们这样死了又有何意义？"

萨布素望了望众人，然后一板一眼地道："各位兄弟，这一次同罗刹兵开战，显然不同于上一回。上一回的炮车战术，这一次恐很难奏效。好在皇上并没有限定我们何时拿下雅克萨，这样，我们就有充足的时间来对付这批罗刹鬼子。我的看法是，这一次我们不需强攻，只需将雅克萨紧紧地围住，看罗刹鬼子能支撑到何时！"

一协领问道："大人是说，我们围而不攻，把罗刹鬼子困死在这里？"

萨布素点头道："正是这样！罗刹鬼子能储存多少粮食？夏天一过，秋冬降临，罗刹鬼子又能准备多少棉衣？到时候，我们不进攻，罗刹鬼子恐怕就要主动地向我们发起进攻了！"

一佐领接道："只要罗刹鬼子向我们发起进攻了，那我们的几十门大炮可就能派上用场了！"

萨果素却道："将军大人，把罗刹鬼子困死在这里，要多长时间？"

萨布素回道："管他多长时间！半年不行，我们就围他一年。正好这里来了许多百姓，我准备明天就让他们帮助我们在这里盖房造屋，作长期围困的准备。不知各位可有其他的什么想法？"

除萨果素一声不吭外，其他的将官，都表示同意。一副都统起身言道："大人，现在除了围困之外，也确实找不到别的好办法了。不过，雅克萨连同它的外城，那么大的范围，就我们目前的三千兵马，恐怕围不住啊！"

的确，雅克萨的外城很大，而清军又只能驻扎在雅克萨外城之外的很远的地方。这么大的一个范围，清军只三千兵马，确实很难围得拢，即使勉强围拢了，也不会很严密。侵略军只要派出一支军队，随便往哪个方向一冲，就会很轻易地冲开清军的防线。虽然前来助战的百姓很多，但百姓毕竟不是训练有素的士兵。如果围而不拢、围而不严，那就等于没围，更不可能困死侵略军。

萨布素默然有顷，他抬起头来道："这里只有一千多罗刹鬼子，朝廷不太可能再给我们增派更多的军队来。实际上，军队太多了，后勤供应也会增加更多的困难。所以，我们不能再向朝廷请求增兵。我们只能靠我们自己。因此，我们急着要做的，就是力争把我们的包围圈缩小到最低限度。这样，虽然我们只有三千人马，但也绰绰有余了……"

这一回，萨果素倒是听明白了萨布素的话。他急急地言道："将军大人，要想把我们的包围圈缩小到最低限度，那就必须摧毁雅克萨的外城……"

萨布素回道："正是！如果摧毁了雅克萨的外城，那我们的三千人马就能够将雅克萨紧紧地包围住！"

如果摧毁了雅克萨的外城，那清军的包围圈就能够推进到侵略军挖掘的壕沟附近，甚至，清军还可以越过壕沟，就依托雅克萨的外城工事对雅克萨实施围困。

"只是，"萨布素缓缓道，"要想摧毁雅克萨外城，并不容易……"

雅克萨外城主要由一条与那条壕沟同步的战壕及战壕边上的一些零星小屋构成。平时，驻扎在外城里的侵略军都呆在那些小屋中，但战事一开，那些侵略军肯定都会钻到战壕里，而战壕之上，覆盖着一层厚厚的泥土，寻常的炮弹，很难将那些泥土炸开。也就是说，清军仅依靠大炮，是很难摧毁外城的，只有派出士兵冲到那条战壕里，与侵略军逐段逐段地争夺。这样一来，清军就要面对着驻扎在外城的侵略军的火枪射击，更要面对着雅克萨城墙上的侵略军的大炮的轰击。

萨布素接着言道："攻取外城，我军必将招致重大伤亡。但是，不管有多大伤亡，我军又必须攻取外城！"

攻下外城，清军就能大大地缩小自己的包围圈。同时，攻下了外城之后，清军还可以依托外城的那条战壕，对雅克萨城进行封锁。

萨布素最后决定道："明日上午，对罗刹兵的外城进行仔细侦察。如果条件成熟，明日下午便对外城发起攻击！"

第二天很快地就到来了。太阳刚一跃出地平线，萨布素就带着众将官围绕着雅克萨开始对外城进行观察。观察的重点有两个，一是外城里大致有多少罗刹兵，二是哪个地段可以作为发起攻击的突破口。清军在观察敌情，沙俄侵略军似乎也在揣摩清军的意图。整个上午雅克萨平静无事。

观察了一个上午，萨布素等人大致把雅克萨外城的情况看了个大概。雅克萨外城内，大约驻有侵略军三百余人，这三百余侵略军，几乎平均分布在外城的那条战壕里。如果不是战壕前的那条壕沟，如果不是雅克萨城墙上的那些大炮，那么，清军要想攻取外城也并不是太难的事，因为，那三百来个侵略军分布在那么长的一条战壕里，火力就显得十分分散。

最令萨果素高兴的则是，他已经观察得清清楚楚，罗刹兵在外城里的指挥官，就是那个梅利尼克。所以，整个一上午，萨果素都这么激动地想着：维玛，我就要为你报仇了！

中午，萨布素和众将官一边吃饭一边在一起商议。萨布素言道："现在情况已经很清楚了。若想攻取外城，首先得准备好通过那道壕沟的木板，其次要尽力阻止雅克萨城内的罗刹兵向外城增援。"

一协领言道："木板不成问题，这儿的树木很多，只要发动老百姓，这事儿并不难。"

一副都统接着道："阻止增援也不是太难的事。我们的大炮多，只要罗刹兵从雅克萨城里出来向外城靠近了，我们就用大炮轰他们！"

虽然清军的大炮在壕沟之外打不进雅克萨城里，但打到雅克萨和外城之间却也不是难事，而且，只要清军炮兵不怕侵略军大炮的轰击，勇敢地把大炮向壕沟处推进，就可以封锁雅克萨的城门了。

萨布素静静地道："解决了木板和阻止增援的问题，剩下的，就要考虑该从哪个地方向外城发起攻击了！"

萨果素立刻道："我以为，就从梅利尼克的指挥部那儿发起攻击！"

一副都统赞成道："萨果素兄弟言之有理！所谓擒贼先擒王，如果一开始就捣毁了梅利尼克的指挥部，那外城的罗刹兵就陷入一种群龙无首的状态，便于我军攻战。"

萨布素言道："把梅利尼克的指挥部作为进攻的突破口，我没有意见；但是，如果仅仅从这一个地方发起进攻，那么，外城的三百多个罗刹鬼子就会很快地都集中到这儿来。这样，我们就恐怕很难攻进外城呢！"

听了萨布素的话，众将官都纷纷点头称是。是啊，如果三百多个罗刹鬼子都集中到一块儿，也甭说还有雅克萨城墙上的那些大炮了，就那三百多个罗刹鬼子手中的三百多条火枪，也能给清军造成重大伤亡。

"所以，"萨布素接着道，"我们可以把梅利尼克的指挥部作为攻击的突破口，只不过，当这里打起来之后，当外城里的罗刹兵都朝这里集中了之后，我们再从东西两个方向对外城同时发起攻击，这样，外城的罗刹兵就只能顾此失彼了！"

众将官立即就明白了萨布素的意图。以攻击梅利尼克的指挥部来吸引侵略军的注意力，这样，从东西两个方向发起攻击的清军就会相对轻松地攻入外城。只不过，向梅利尼克指挥部发起攻击的这路清军，定会遭受到惨重的损失，因为不仅外城的三百多个侵略军大都会集中在这里，而且雅克萨城墙上的侵略军大炮也会集中火力朝这里开炮。

萨布素的手下都是一些奋不顾身的勇士，萨布素的话音刚落，众将官便纷纷向萨布素请求带兵向梅利尼克的指挥部发起攻击。谁知，萨布素大手一摆道："大家都不要争了！这路军队的指挥官我早有了合适的人选！"

众将官闻言都眼巴巴地看着萨布素。萨布素一指萨果素："就是他！"

众将官似乎还没反应过来，萨布素又用手指着一个协领道："你，率队从西路发起进攻！”再用手一指一个副都统：“你，率队从东路发起进攻。攻下外城后，三路清军由你统一指挥，牢牢地守住外城的战壕！只要能够守住，雅克萨城的罗刹鬼子就成了瓮中之鳖！”

众将官一时都默不作声。萨布素知道这是为何，就轻轻地问道：“弟兄们，你们是不是以为，萨果素不能胜任攻城的重任？”

萨果素急忙言道：“各位兄弟，如果我萨果素完不成攻城的任务，我就死在你们的面前！”

一个副都统走到萨布素的跟前，低声地言道：“大人，属下记得，大人就萨果素这么一个兄弟，万一……属下请大人再行斟酌……”

萨布素拍了拍那副都统的肩：“我已经斟酌了一个晚上了。俗话说，打仗亲兄弟，上阵父子兵。我不派萨果素上阵，我还派谁？”

那副都统忙着道：“大人，话虽是这么说，但属下等，也绝非孬种和无能之辈……”

萨布素微微一笑道：“你说得不错，但你们不都是我的好兄弟吗？”

那副都统还要说什么，萨布素却冲着众人高声地言道：“大家都回去各司其职。黄昏时分，开始向外城发起攻击！争取在明日凌晨，完全彻底地占领外城！”

萨布素既然下了命令，众将官也就不好再多言，各自回营，准备木板，准备大炮，准备军队。

萨布素留下了萨果素。见萨布素一时没言语，萨果素就小声地言道：“大哥，有什么话你就直说吧。”

萨布素盯着萨果素：“兄弟，你知道你肩上的担子吗？”

萨果素点头：“我知道，大哥。如果我这边攻得不顺利，就会影响到整个战局！”

萨布素缓缓地摇了摇头：“兄弟，你理解错了！你不是攻得顺利不顺利的问题，你最主要的任务，是把外城里的罗刹兵都吸引到你这里来，把雅克萨城墙上的炮火，也都吸引到你这里来。兄弟，你知道该怎么做了吗？”

萨果素脸色铁青地言道：“大哥，兄弟我知道该怎么做了……不管有多大牺牲，我都一直向前冲！”

萨布素竟然笑了：“兄弟，你只有拼命地向前冲，才能最大程度地吸引敌人……”

萨果素也笑了：“大哥，你放心吧，我决不会给你丢脸！”

萨布素不再笑了：“兄弟，你回营吧，把准备工作做好！”

萨果素也不笑了：“大哥，兄弟我早就做好了一切准备！”

仿佛是转眼间，黄昏就来临了。面对着梅利尼克指挥部的方向，也即面对着雅克萨城堡的城门的方向，清军排列了四十余门大炮和萨果素率领的六百名官兵。而在另外东西两个方向，清军还暂时隐藏了各十门大炮和二百名官兵。

也就是说，萨布素为了夺取雅克萨外城，动用了全部大炮和一千名官兵。

萨布素亲自对炮兵下令："瞄准！开炮！"

四十余门大炮，一起朝着梅利尼克的指挥部轰去。尽管那里的侵略军早就看出了情况不妙，大都已躲入战壕，但还是有几个侵略军士兵跑得慢了一些，连同战壕边上的几间木屋，一起被清军的炮火炸上了天。亏得梅利尼克的动作比较灵活，他原来也是站在战壕外边的，但当清军的大炮响起的时候，他还是狼狈不堪地钻到了战壕里。不过，虽然他侥幸拣得了一条命，但右手却被炸伤，连握着手枪都感到十分地吃力。

萨布素见梅利尼克指挥部一带，已被清军的炮火所笼罩，于是就凝重地对萨果素道："兄弟，现在就看你的了！"

萨果素举起早已握在手中的长剑，冲着身边的官兵们喊道："弟兄们！为了皇上，为了大清江山，为了死去的百姓，冲啊！"

萨果素这一番豪言壮语，倒也颇为奏效。六百名清军官兵，跟在他的身后，就像疯了似的，一个劲儿地向着梅利尼克的指挥部方向冲了过去。看得萨布素不禁击掌叫道："兄弟，好样的！"

沙俄侵略军终于清醒了过来。躲在战壕里的梅利尼克一边用手枪不停地朝外射击一边大呼小叫道："快，把人手都调过来，野蛮人开始攻城了！"结果，外城里的三百多名侵略军，至少有二百多名集中在了梅利尼克身边。

站在雅克萨城楼上的托尔布津和拜顿，一开始也以为清军是要攻城，所以，托尔布津就命令拜顿指挥城墙上的大炮向冲过来的萨果素等人轰击。侵略军一共只有三十来门大炮，经过紧急调运，差不多有二十多门大炮都集中在了城门一带。

但很快，托尔布津便觉察到清军并非是要进攻雅克萨城，因为，清军如果要攻雅克萨城的话，不会只派那么几百个人。几百个人，无论如何也是攻不下雅克萨城的。所以，托尔布津就急急忙忙地命令拜顿道："你，速带二百个人去支援梅利尼克！外城一失，我们就很难出得去了！"

拜顿闻言，赶紧跑下城墙，纠集了二百兵丁，打开城门，一窝蜂地冲了出去。

一协领慌忙向萨布素报告道："大人，有一股罗刹兵冲出城来了！"

萨布素急对炮兵命令道："炮火延伸，把那股罗刹兵赶回城里去！"

"炮火延伸"四个字好讲，但要做到这一点，却非常地危险。因为，清军的火炮虽然名字叫"神威无敌大将军炮"（康熙十五年造），但射程比较近，要想堵住拜顿那股侵略军，就必须把大炮向前推进，而若把大炮向前推进，则就进入了侵略军大炮的射程之内。也就是说，如果要把拜顿那股侵略军赶回到雅克萨城里，那么，清军的炮兵就要冒着被侵略军大炮炸死的危险。

尽管绝大多数清军官兵都具有视死如归的精神，但毕竟也有极少数的畏首畏尾之辈。萨布素的命令下达后，大多数炮兵都推着大炮向前进了，却也有十来个炮手迟迟不动身。萨布素指着一个炮兵佐领道："你，把这几个贪生怕死的家伙带下去，待此战结束后，再军法处置！"

说完，萨布素就跨到一尊大炮前，推起大炮就向前迈进。慌得两个炮兵佐领赶紧一左一右地拉住了萨布素："大人，你万万不可前去，你若是出了什么意外，这仗还怎么打？"

萨布素气呼呼地道："那股罗刹兵就要冲到外城了，我不前去谁去？"

原先那十来个畏首畏尾的炮手见萨布素如此情状，很觉惭愧，赶紧一起跑到萨布素跟前。其中一个嗫嚅着言道："大人，小的们知错了！请允许小的们戴罪立功吧！"

萨布素重重地道："只要你们把那股罗刹兵打回去，那你们就只有功、没有罪！"

四十余门清军大炮，很快地推上前去，并很快地发出了怒吼。四十多发炮弹一起砸向雅克萨城门附近。刚刚跑出城门没多远的拜顿和二百名侵略军士兵，被清军的这一顿突如其来的炮击打得魂飞魄散，丢下十几具尸体之后，慌忙退入城里。

城楼上的托尔布津见状，急忙调过十多门大炮向清军的炮队射击。但他不可能把所有的大炮都调过来，因为他还要去阻止萨果素等人的冲锋。拜顿见清军的炮队受到轰击，忙着又率队冲出了城门。谁知，指挥清军炮队的那几个佐领非常聪明，他们见侵略军的炮弹打过来了，就命令炮队化整为零、疏散开来，这样，侵略军的大炮就对清军的炮队构不成太大的威胁了。尽管最终清军的大炮被侵略军的大炮炸翻了几门，清军也死伤了一些炮手，但拜顿的侵略军虽丢下二三十具尸体，却没能跨出雅克萨城门一步。

萨布素见时候已到，吩咐身边的一个协领道："通知东西两路人马，同时对罗刹的外城发起攻击！"

东西两路清军，各有十门大炮和二百名士兵。因为那里的外城中，已经没有什么侵略军把守，而雅克萨城墙上的大炮，多已调至城门一带，所以，东西两路清军的数百名官兵，在炮火的掩护下，很快地就冲入了外城的战壕里，与数量不多的侵略军，逐段逐段地厮杀起来，并一点一点地朝着城门方向逼近。

萨布素闻知东西两路清军进攻很顺利，心中自然高兴。然而，当他抬头观看，正前方依然是炮火连天、枪声不断时，他的心中却又沉甸甸的：兄弟，你现在究竟怎么样了？

萨果素在夜幕降临的时候，也终于率队攻进了雅克萨外城的战壕里。不过，萨果素和他的六百名弟兄是经历了一场极其惨烈的血战才攻进来的。

清军的炮火打响了。萨果素领着六百名士兵冲上去了。刚开始的时候，一切都还顺利。但很快，梅利尼克的侵略军就向他们疯狂地射击了，而且火力越来越密集、越来越凶猛。萨果素眼睁睁地看着自己的弟兄在自己的前后左右惨叫着倒下。他急令手下："快卧倒！尽力向前爬！"

趴在地上前进，能减少侵略军火枪射击的伤亡。但是，萨果素和他的手下刚一卧倒，侵略军的大炮又无情地开始向这里轰炸。一个又一个士兵，在萨果素的身边，被侵略军的炮弹炸飞。有些士兵被炸红了眼，爬起身来向前冲，可冲了没几步，却又被侵略军的火枪射倒……一颗子弹，擦着萨果素的头皮掠过，他全然不觉。一发炮弹，将萨果素掀翻，他转过身来，继续向前爬。许许多多士兵，都在萨果素的身边死去，但萨果素却一直顽强地活着。也许，大仇未报，萨果素还不能死。即使他死了，他也会死不瞑目。

萨果素一边不停地向前爬一边不停地冲着手下喊道："弟兄们，一直向前进！哪怕我们只剩下一个人，也决不能后退一步！我们要把罗刹鬼子的火力都吸引到这里来！"

萨果素的目的达到了。沙俄侵略军的火力大部分都被吸引到他这儿来了。这样，就为东西两路清军的攻击创造了极其有利的条件。只不过，萨果素和他的六百名士兵却伤亡极其惨重。接近那道壕沟的时候，萨果素的手下，至少有二百多人倒在地下，再也爬不起来了。好在萨果素所率的那六百名手下，都是精心挑选出来的勇士，尽管伤亡累累，却没有一个人后退。

萨果素率先爬到了那道壕沟的近前。他冲着跟上来的手下吆喝道："快，把木板架过去，爬过这条壕沟，就能够冲进罗刹鬼子的战壕了！"

十多块宽大的木板将壕沟的两端连接了起来。木板上，早已是血迹斑斑。显然，为携带这些木板，也不知有多少清军士兵付出了生命。

萨果素朝着一块木板就爬去。一个士兵抢到他的前头道："大人，让小人先爬！"

那士兵晃晃悠悠地爬到了壕沟的对面。也许，他想对萨果素说些什么吧，可他的头刚一翘起，一阵子弹就射在了他的头颅上。他哼都没来得及哼一下，就永远地伏在了地上。

萨果素大骂了一声"他妈的罗刹鬼子"，躬身就要往木板上冲。一士兵赶紧扑在他的身上："大人，卧倒……"

一发炮弹，"轰"的一声将萨果素面前的木板炸成碎片。萨果素安然无恙，可扑倒在他身上的那名士兵却再也不能动弹了。萨果素紧紧地抱着那名士兵的尸体，悲怆地言道："兄弟，你是为我而死的呀……"

一小头目爬到萨果素的身边道："大人，罗刹鬼子好像要炸碎我们所有的木板……"

果然，侵略军的炮弹全集中在了壕沟左右爆炸。萨果素等人只剩下十几条木板了。如果木板全被侵略军的炮火炸断，萨果素等人就无法冲进外城里去了。

萨果素一瞪血红的双眼，一蹬双腿，身子便弓了起来。他冲着身边的人喊道："弟兄们，不要命的就跟着我冲！"

此时，天就要黑了。萨果素一个箭步就冲上了木板，并随即就滚到了壕沟的对面伏倒。侵略军一排子弹射来，竟然没有伤着萨果素。其他清军士兵，仿着萨果素的样，先是跳到木板上，再迅速地滚向前方。尽管，许多清军士兵在跳上木板的时候或在向前滚动的时候，被侵略军的火枪射中、被侵略军的火炮炸飞，但最终，却有二百多人和萨果素一样，安全地越过了壕沟。

过了壕沟，就距离侵略军的外城战壕不远了。因为天已经黑了，侵略军的大炮就很难准确地捕捉目标了，加上萨布素还在后方指挥着清军炮队不时地向着雅克萨的城墙和城门射击，侵略军的大炮还要抽出相当一部分来还击清军炮队，所以，萨果素等人跃过壕沟之后，受到侵略军炮火的威胁，就相对小多了。

萨果素吩咐手下道："一直朝前爬，一直爬到罗刹鬼子的面前！"

沙俄侵略军的那道外城战壕，几乎环绕了雅克萨城一周。战壕大约有一人左右深、二人左右宽，上面覆盖着厚厚的泥土，只隔一段距离，有一个出入口。所以，这样的战壕，基本上是能够挡得住炮火的轰击的。

梅利尼克就躲在这样的战壕里，指挥着手下从枪眼往外射击，企图阻止萨果素等人接近战壕。他很明白，如果清军攻入了战壕，那他手下的那些火枪就发挥不了作用了，倒是清军手中的刀剑很有威力。然而，天黑了之后，外面的东西看不清楚，梅利尼克的手下只能胡乱地向外射击。

梅利尼克总算明白过来了，清军并非是想攻取雅克萨，而是想夺取他的外城。虽然他的手下还有近三百人——被清军炮火炸死了数十人——但他的心中却一直惴惴不安。他领教过清军的厉害。他几乎敢肯定，凭他和他的近三百名手下，是不可能守住外城这么长的一条战壕的。

梅利尼克被清军炮火炸伤的右臂一直在隐隐作痛。他焦躁不安地问身边的人道："城内的援军怎么还没有冲过来？"

一手下战战兢兢地回道："清军的炮火封锁了城门，城内的人冲不出来……"

梅利尼克破口大骂道："他妈的！城门冲不出来，就不能从别的地方从城墙上吊一支人马过来增援？"

梅利尼克的话听起来不无道理。但是，那手下马上又言道："将军，四面八方都有清军的大炮，从哪儿也出不来啊！"

这手下的话似乎有些夸张，却也是事实。清军除在正面放有四十余门大炮外，东西两侧还各有十门大炮。这些大炮，在完成了掩护任务后，其主要作用，就是防备着雅克萨城内的敌人向外城增援。当然了，如果雅克萨城内的托尔布津和拜顿不顾一切地向外冲，趁着天黑，是完全有可能冲到外城的战壕里去的，但托尔布津没有这么做，原因是，这样硬冲出去代价太大，如果侵略军死伤太多，靠什么固守雅克萨？而只要能够守住雅克萨，他托尔布津就有希望和时间等到从别处开来的援兵。他坚信，他那伟大的沙皇陛下是决不会丢下他和雅克萨的。所以，基于这种想法，托尔布津和拜顿就在雅克萨城内按兵不动，让那个梅利尼克在战壕里听天由命了。

梅利尼克虽然不知道托尔布津的真实想法，却也十分清楚自己目前的处境。

他从清军的大炮不断地轰击雅克萨的城门已经看出，清军不仅要攻取他的外城战壕，而且还要歼灭他及他的手下，因为，他逃回雅克萨城的路已经被清军炮火封死。

梅利尼克几乎是绝望地对着身边的人道："没有援兵，一切都完了……外城完了，我完了，你们也完了……"

仿佛是要验证梅利尼克的话似的，他的话音还未落，一个侵略军士兵就慌慌张张地跑来向他报告道："将军，东边战壕里有数百清军正向这里杀过来……"

梅利尼克闻言，大惊失色，连忙用颤抖的声音吩咐道："快，抽调五十个人，去堵住东边的清军……"

战壕不是那么宽敞，侵略军的火枪又特别地长，五十来个侵略军士兵一边把长枪从枪眼里拽出来一边朝东边跑去，就显得十分地拥挤和混乱。

梅利尼克还没有喘过一口气来，又一个士兵满脸血污地跑来报告道："将军，西边战壕杀过来一支清军，我们十几个人都被他们杀死了……"

梅利尼克简直如五雷轰顶。东边有清军已经杀来，西边有清军已经杀来，而正面的清军正向这里杀来……这回真的是彻底地完了。

尽管如此，梅利尼克还是挣扎着命令道："快，再抽几十个人到西边去，挡住清军……"

又有六七十个侵略军士兵推推搡搡地向西边跑去。萨果素等人的压力顿时减轻了许多。而实际上，此时的萨果素和手下的二百多个士兵，已经爬到了战壕的边上。

萨果素对左右的手下道："吩咐弟兄们，各自找战壕的出入口，找着了之后，就往下冲，哪里有罗刹鬼子，就朝哪里杀！只要和罗刹鬼子纠缠在一起，罗刹鬼子的火枪就一点用也没有了！"

二百多个清军士兵，以二十人左右为一组，找着战壕的出入口，纷纷向战壕里冲去。战壕里几乎什么也看不见，只看见清军士兵手中的大刀和长剑在黑暗中闪烁着令人不寒而栗的光芒。有的侵略军的士兵还未来得及把枪从枪眼里抽出，就做了清军士兵的刀下怨鬼和剑底游魂。一时间，厚厚泥土覆盖下的战壕里，喊声不断，叫声不断，零星的，还有几声枪响。只不过，战壕里的一切声音，都被地面上的炮弹轰炸声给淹没了。

萨果素率二十来个手下冲进战壕里的时候，迎面正碰上一队慌里慌张的侵略军士兵。萨果素不敢怠慢，在侵略军开枪之前，仗剑就扑了上去，一剑便把领头的那个侵略军给刺死了。因为战壕空间比较狭小，萨果素用的力气又太大，领头的那个侵略军一死，后面的那些侵略军士兵竟然都被撞倒了。所以，尽管有几个侵略军士兵在慌乱中开枪了，可因为身体失去了平衡，那些子弹都是朝上方放的。萨果素身后的那些清军士兵自然不会错过这一良机，争先恐后地拥上前去，你一刀、我一剑，像切豆腐切西瓜，三下五除二地便将这一队十来个侵略军士兵给解决了。

一手下高声地对萨果素道："大人，这样杀罗刹鬼子着实过瘾……"

可"过瘾"刚说出口，只见前面火光一闪，接着"砰"的一声，一发子弹就朝着那手下射来，正中那手下胸膛。那手下"啊"的一声，一个踉跄，就缓缓地向后仰倒，他一边倒地一边痛苦地对萨果素道："大人，我再也不能……过瘾了……"

萨果素明明白白地看见，一个像狗熊一样的身影正朝着战壕外面爬去。就是这个罗刹鬼子，刚才射倒了萨果素的手下。现在这家伙想要逃跑了。

萨果素大喝一声："梅利尼克，你往哪里逃?"说着，一个鱼跃，人和剑一起朝着那黑影撞去。

战壕里黑乎乎的，萨果素如何敢断定那黑影就是梅利尼克？原因是，那黑影的形状轮廓很像一只大狗熊，再者，那黑影使用的是一把手枪。

像大狗熊又使用手枪的，岂不就是梅利尼克？还真的让萨果素猜中了，那黑影正是梅利尼克。梅利尼克射倒了一个清军士兵之后，见对方人多，不敢在此久留，便慌慌忙忙地想爬到战壕外面去。正朝外爬着呢，猛听得有人叫出"梅利尼克"几个字，不由得一愣。就在他发愣的当口，萨果素连人带剑一起朝他撞了过来。他赶紧转身，向着撞过来的萨果素就开了一枪，但因为心中过于慌乱，右手臂又被清军的炮火炸伤，他这一枪，竟然没能击中萨果素。而萨果素手中的剑，则"嗤"的一声，直直地刺进了梅利尼克的腹部。恰好，一发炮弹就在附近爆炸，梅利尼克那张扭曲的脸和萨果素那张坚毅的脸，都被炮火映照得清清楚楚。

果然是萨果素朝思暮想的那个梅利尼克。萨果素不由得高声叫道："维玛，我终于把这个狗日的罗刹鬼子杀死了……"

但萨果素犯错了，而且犯的是致命的错。他一剑虽然刺中了梅利尼克的腹部，但梅利尼克却真的像一只大狗熊一样，并没有马上就咽气。在萨果素深情地呼唤"维玛"的时候，梅利尼克的右手一点点地抬了起来。当萨果素以为维玛的大仇已报、正欲转身离去时，梅利尼克的手枪响了。这一枪，不偏不斜地正击中萨果素的胸膛。萨果素就像被人死死地砸了一铁锤似的，慢慢地倒在了地上。死前，萨果素还说了这么一句话："维玛，等等我，我来接你去成亲了……"

十几个清军士兵拥过来，将萨果素抱离了地面，但萨果素再也不能开口说话了。而那个梅利尼克在死的时候，身上至少又被清军士兵砍了十刀、刺了十剑……

半夜时分，清军完全占领了战壕。战壕里的三百多个沙俄侵略军官兵，包括梅利尼克在内，除数十人侥幸逃回雅克萨城里外，其余的，全部被清军杀死。但清军也为此付出了沉重的代价。萨果素以下，大约有六百名清军官兵在这场夺取外城的战斗中身亡。

侵略军知道外城尽失，便停止了炮击。侵略军不打炮了，清军也停止了炮击。故而，刚才还是炮火连天的战场，一时间竟然变得十分安静。只不过，这种安静也太过于沉寂了，沉寂得令人恐怖。

天亮之后，一切看起来依然是那么地平静。雅克萨城门紧闭，只城墙上，侵略军在不停地来回走动。显然，侵略军是在严密提防着清军可能会对雅克萨城发起的攻击。

只是清军根本就不想对雅克萨发起什么攻击。在萨布素的统一部署下，清军士兵和赶来助战的各族老百姓一起，开始在雅克萨城的四周筑土建屋。因为老百姓人手多，当地的木材又便于砍伐，所以清军建屋的速度很快。只一天工夫，便有许多漂亮的小木屋在雅克萨城的四周出现。有的小木屋，甚至还升起了袅袅的炊烟。

站在雅克萨城楼上的托尔布津和拜顿等人对清军这一举动很是大惑不解。拜顿对托尔布津言道："督军大人，这些野蛮人不像是来攻城，倒像是来这里过日子的……"

托尔布津皱着眉头言道："莫非，清军是想把我们一直围困在这里?"

拜顿笑了："督军大人，清军能围得住吗？我们城堡里有充足的粮食，还有充足的水井，清军又能围困到何时?"

托尔布津也笑了："我敢肯定，不出三个月，伟大的沙皇陛下一定会派援兵到来!"

托尔布津为何说出"不出三个月"之语？原来，雅克萨城堡里的粮食虽然很"充足"，但充其量，也只能勉强维持三个月左右。于是便出现了这么一个问题，如果三个月之后，没有援兵到来，托尔布津和拜顿又将如何？

于是，第二次雅克萨之战便出现了这么一种奇怪的现象：沙俄侵略军紧闭雅克萨城门，高低不出来，而清军也只是紧紧地围住雅克萨，始终不攻城。如果不是清军的那些大炮和雅克萨城墙上的那些炮楼，这里几乎没有丝毫的战争气氛。甚至，有些老百姓都开始在小木屋的四周养起鸡、种起菜，过起日子来。

然而，战争又毕竟是残酷的。不说别的，单以守战壕的那一千名清军官兵为例，整天地呆在那狭小的战壕里，吃喝拉撒睡都在里面，只是晚上，才能分散地悄悄地偷偷爬出战壕吸一口夜气看一眼夜空，其滋味儿又当如何？而在后方的萨布素，也只能利用夜间悄悄地派人去给战壕里的清军送吃的喝的。好在战壕里的清军官兵士气都很高昂，那种苦、那种闷，他们全然不放在心上。有一回，萨布素亲自带人给战壕里的清军送给养。战壕里的清军官兵纷纷向萨布素表示，只要能够困死罗刹鬼子，他们就是在战壕里呆上十年八年，也心甘情愿。听得萨布素差点当着众人的面热泪盈眶。

相比较而言，雅克萨城里的沙俄侵略军似乎过得十分舒服，不愁吃的，也不愁喝的。托尔布津和拜顿等人，几乎整日地呆在城楼上晒太阳看风景。晒得烦了、看得累了，托尔布津和拜顿还会命手下朝城外轰他几炮。有一回，清军停泊在黑龙江上的战船没留神靠北岸太近了，被侵略军的大炮击中了一艘，燃起火来，乐得那个拜顿差点从城楼上摔下来。

当然，无论是托尔布津还是拜顿，其内心都是相当焦急的。雅克萨已经被清军围困一个多月了，他们不敢轻易出去，又始终没有援兵到来，这种僵持局面，到底要持续多久？

而实际上，侵略军是有"援兵"往雅克萨来的，只是这些"援兵"来得人数太少，全被清军和老百姓给打跑了。一次是从尼布楚方向来的，大约七八十个侵略军，好像是来侦察雅克萨动静的。萨布素对此早已察觉，便调出几门大炮和二百余名清军在半路上截击，一顿炮轰之后，那七八十个侵略军士兵魂飞胆丧，狼狈地向西逃去。从此，尼布楚方向，再也没有向雅克萨派出什么"援兵"。还有一次，也不知道是从什么地方流窜过来六十多个侵略军士兵，可能是迷了路，又累又饿，竟误闯入清军和老百姓驻扎的营地里，清军士兵还未来得及动手，那些愤怒的老百姓就群起而攻之，将那六十多个侵略军士兵活活打死了一多半，少数腿长跑得快的侵略军，才侥幸逃生。尽管这些流窜过来的侵略军并未给清军营地造成什么威胁，但萨布素却从中得出一个教训：不能只派人监视尼布楚方向的动静，应当全方位地提高警惕。好在上面两件事情发生之后，再也没有别的什么侵略军来骚扰清军和老百姓。这样，萨布素和清军便可以一心一意地围困雅克萨了。

围困一个多月之后，萨布素命人用弓箭向雅克萨城里射进了一封"劝降书"，大意如下：雅克萨是大清神圣的土地，你们去而复返、用心险恶，虽千刀万剐也实不为过，但是，如果你们缴械投降、主动撤出城堡，则大清军队可以放你们一条生路，云云。

萨布素此举本是一番"好意"，但托尔布津等人却误会了萨布素的意思。那拜顿言道："督军大人，野蛮人攻不下城池，无可奈何了……"

托尔布津想得似乎就更"深远"："定是沙皇陛下就要派援军到来，清军感到害怕了……只要我们再坚持一段时间，清军之围，不攻自解！"

然而，"坚持"一语，说虽好说，做却难做。二个多月过去了，清军依然牢牢地包围着雅克萨，而托尔布津苦苦等待的伟大的沙皇陛下的援军却仍然渺无踪影。托尔布津急了，拜顿急了，雅克萨城堡里的所有侵略军都急了。因为，城堡里储存的粮食眼看就要吃完，而且天气也越来越凉、越来越冷，侵略军根本就没有预备过冬的棉衣。

你道托尔布津心目中那伟大的沙皇陛下为何不派军队来解雅克萨之围？个中原因，后书中自有交待，这里暂且搁下不提。

托尔布津眼见城堡里的粮食越来越少，便开始对手下实行粮食定量供应。纵是如此，三个月一过，城堡里的粮食也所剩无几，时常发生侵略军士兵因争夺粮食而互相残杀的事情。所有的侵略军士兵，甚至包括托尔布津和拜顿等人，一个个饿得头昏眼花、四肢无力。加上天气已进入秋冬之际，雅克萨城堡里的侵略军官兵，当真是苦不堪言又一言难尽了。

拜顿沮丧地对托尔布津道："督军大人，那些野蛮人真是太残忍了！他们要把我们活活地饿死在这里、冻死在这里啊！"

托尔布津铁青着脸言道："沙皇陛下迟迟不派援兵到来，再这么下去，即使清军不发动进攻，我等也无力守城了……"

拜顿问道："督军大人，我们怎么办？难道真要饿死、冻死在这里？"

托尔布津的眼睛里冒出了两道凶恶的光："不，我们决不能在这里坐以待毙！我们要主动出击，到清军的营地里去抢粮食、抢衣服，只要抢到了粮食、抢到了衣服，我们就能够守住雅克萨，等待沙皇陛下的援兵到来！"

于是，在一个月黑风高的夜晚，托尔布津开始行动了。雅克萨城堡内还有七八百名侵略军，托尔布津亲率五百名侵略军，悄悄地打开了城门，开始向清军把守的战壕摸去。他并不想夺取战壕，而是想越过战壕，对萨布素的中军大营进行袭击。托尔布津以为，只要能够冲进萨布素的中军大营，就定会抢到足够的粮食和衣物，甚至，还能将清军的包围一举打破。

托尔布津的这种想法未免太狂妄了。不过，在走投无路之际，托尔布津有这种狂妄的想法，似乎也是很正常的。而且，如果他真的能够越过清军把守的那道战壕，那他的狂妄的想法也许就真的能够变为现实了。

只是，想越过清军把守的那道战壕又谈何容易？清军花了那么沉重的代价夺取那道战壕，其目的就是要严密监视侵略军的一举一动。尽管托尔布津率队出城的时候是月黑风高天气，便于部队秘密前进，但同时，这样的天气也增加了部队行进的难度。好长时间，托尔布津才率着五百名侵略军摸到了那道战壕的边上。而就在这个时候，清军发现了托尔布津的动向。

据守战壕的清军官兵，白天大都是躲在战壕里的，以防侵略军的炮击，而到了晚上，则有许多官兵悄悄地爬出战壕，呼吸一下新鲜空气，活动一下腰身手脚。更有一些值勤的清军官兵，一动不动地趴在壕沟的边上，眼睛一眨不眨地监视着雅克萨的动静。虽然托尔布津率队出城的时候，由于天黑风大，值勤的清军官兵一时没有察觉，但当托尔布津率五百人接近战壕的时候，那些值勤的清军官兵还是感觉到了异样。其中有一个清军小头目很聪明，他见前面黑乎乎的地方好像有些不对劲儿，他手中有一支火枪，他本来是想放上一枪的，但又怕什么事情也没有惊吓了战壕里正在睡觉的人，于是就钻回战壕里，找着一副弓箭，对着自己认为不对劲儿的地方使劲儿地放了一箭。而那"不对劲儿"的地方恰恰就是偷偷摸上来的侵略军。清军小头目的那一箭，正好射在一个侵略军的肩膀上，那侵略军疼痛难忍，不自觉地就"啊"地叫出来。这"啊"的一声，便彻底暴露了托尔布津的行踪。

那清军小头目听见"啊"声，赶紧朝发出声音的地方放了一枪，一边放一边还大呼小叫道："快开枪啊！罗刹鬼子冲出城来了！"

他这一叫不大要紧，战壕里的清军官兵一起都爬将起来。这一段战壕里共有四百多名清军。虽然他们看不清外面的情况，但闻听“罗刹鬼子冲出城来了”，便“砰砰砰”地向外开枪、“嗖嗖嗖”地朝外射箭。尽管他们的火枪和弓箭很难大量杀伤趴在地上的侵略军，但他们的枪声却足以提示清军的炮队：罗刹鬼子来了，朝这个地方开炮吧！

清军的大炮当然不会客气。那边清军的火枪一响，这边清军的火炮就开始怒吼了。闻讯赶来的萨布素冲着炮手们喝道：“打，狠狠地打！一定要把罗刹鬼子打回城里去！”

第三十章

中炮弹虏酋丧狗命
订条约清帝存仁心

康熙微微叹息道：“索爱卿，叛贼噶尔丹气焰日盛，若不尽快剿灭，后患无穷啊！因此，朕只能对罗刹人作出些许的让步。如若不然，大清与罗刹两国一时就不可能有和平。而朕现在最需要的，就是和平啊！”

即使萨布素不下达这样的命令，清军的那些炮手们也绝不会心慈手软的。不说别的，三个多月了，这些炮手几乎一炮未发，手心该有多么痒痒？现在终于有了这么一个尽情发泄的机会，他们谁肯轻易放弃？所以，这些清军炮手就像比赛似的，你的炮弹刚刚填入炮膛，他的炮弹却早已从炮膛里飞了出去。

清军的大炮一响，威力自然不可小觑。趴在地上的侵略军顿时就被炸得鬼哭狼嚎，也顾不得什么隐蔽了，纷纷爬起身来到处乱窜。而清军的炮火，不仅给了侵略军以沉重打击，而且还为战壕里的清军提供了射击的目标。炮弹一炸开，火光四起，侵略军狼奔犬突的身影便看得清清楚楚。这样，掩在战壕里的清军官兵就看准一个、瞄准一个，瞄准一个、射准一个。总共只有五百来个侵略军，哪经得清军这样的瞄、这样的射？所以，也没等托尔布津下令，那些侵略军士兵就主动地朝着雅克萨城内逃去。其逃进城里的速度，比冲出城外的速度要快许多倍。

托尔布津也知道再提抢清军的粮食和衣物，完全等同于痴人说梦了。不过，他身为侵略军的头子，考虑问题似乎比一般的侵略军要深远些。他是这样考虑的：抢不到清军的粮食和衣物，逃回到城里，依然要忍饥挨冻，那种忍饥挨冻的生活，与死又有何异？

也就是说，托尔布津往雅克萨城里逃的时候，不由自主地想到了“死”字。而一想到“死”字，托尔布津就又不由自主地停下了逃跑的脚步。是呀，一个人既然想到了死，那就很难再有迈动脚步的力气了。当时，托尔布津就站在雅克萨的城门边上，如果他再向后退几步，就可以退到雅克萨的城里了，退到了雅克萨城里，就意味着比较安全了，因为，在侵略军炮火的轰击下，清军的大炮是很难向前推进的，而不向前推进，清军的大炮就很难打到雅克萨城里。

也许，是那个梅利尼克在冥冥之中急切地呼唤托尔布津吧，有两个清军炮手，眼见侵略军士兵都要逃进雅克萨城了，觉得还没有打过瘾，心里十分着急，忽然透过炮火，看到雅克萨城门附近，好像还有几个侵略军，便一时激动，推着一门大炮就向前进。侵略军的炮弹不时在前后左右爆炸，但这两个清军炮手全然不顾，只顾将大炮向前推得更近些、再近些。

巧事发生了。一发侵略军的炮弹直直地向着那两个清军炮手飞来，可就在那发侵略军的炮弹落地爆炸之前，那两个清军炮手也打出去了一发炮弹。侵略军的炮弹将两个清军炮手炸翻在地，但两个清军炮手打出去的那发炮弹，刚好落在雅克萨的城门边，而且不偏不斜的，正巧落在那个托尔布津的脚边。只听"轰"的一声爆响，托尔布津惨叫一声倒地。城门内的几个侵略军士兵吓坏了，赶紧跑出来，抬着倒地的托尔布津就往城里奔。奔着、奔着，那几个侵略军士兵觉得有些不对头：托尔布津的身体怎么这么轻这么短？好不容易地找着一点光线仔细地一看，可了不得了，他们的督军大人没了双腿，变成督军小人了。

那几个侵略军士兵着实被吓得不轻，但又不敢怠慢，硬是支撑着将轻飘飘的托尔布津抬到了城墙上、抬到了拜顿的面前。

拜顿刚刚下令停止炮击，冷不丁地见几个士兵抬着一个人不像人、鬼不像鬼的东西进来，不觉被吓了一跳，连忙指着托尔布津问道："这……是什么东西？"

一个侵略军士兵颤颤抖抖地回道："将军大人，他不是什么东西，他是督军大人……"

"什么？督军大人？"拜顿更觉心惊，仔细这么一端详，正是托尔布津！"他……督军大人怎么会……弄成这种光景？"

一士兵回道："督军大人是被清军的炮弹炸的。当时，督军大人正站在城门边上……"

"好了……"拜顿无力地挥挥手，"把督军大人抬下去……好好地安葬。督军大人朝思暮想的就是能在雅克萨为伟大的沙皇陛下建功立业，现在，督军大人总算是……为伟大的沙皇陛下……鞠躬尽瘁了……"

说着话，拜顿还挤出几滴眼泪来。就在拜顿的眼泪即将落到地面上的那一刻，忽然，一个熟悉的声音在拜顿耳边响起："拜顿，你过来，我有话对你说……"

尽管那声音相当微弱，但拜顿听了，却不啻是晴天霹雳。因为，在雅克萨城堡里，敢唤出"拜顿"这一名字的，只有一个人，那就是托尔布津。

果然，躺在地上的托尔布津，此时居然睁开了眼睛。惊得拜顿愕然问道："督军大人，你……还没有死？"

此时的托尔布津，竟然还能现出笑容来："将军阁下，你是不是盼望着我早点死去？"

"不，"拜顿慌忙回道，"属下只是以为你刚才已经死了……"

托尔布津吃力地言道："我还有些话没有向你交待，如何能这么快地就死去？"

“是，是！”拜顿大着胆子，勉强朝着托尔布津挪了一小步，“督军大人有什么话尽管吩咐，属下正洗耳恭听……”

托尔布津一个字一个字地道：“拜顿，你听好了，我已经不行了，要去见梅利尼克将军了，但你还活着，你既然还活着，那就要肩负起保卫雅克萨的重任……你要切记，伟大的沙皇陛下，一定不会丢下雅克萨不管……”

这一番对拜顿的谆谆教导，耗尽了托尔布津所有的精力。拜顿还未来得及应答，托尔布津就心有不甘地咽了气。这一回，托尔布津是真正地死了。（历史的真实是：托尔布津被清军炮弹炸断双腿后，并没有马上就死去，而是在雅克萨城堡里支撑了数日后方告不治。为尊重历史，特此补缀。）

沙俄侵略军本想趁夜色摸出城去抢点粮食和衣物以解燃眉之急，没料想，偷鸡不成还蚀把米，不仅什么东西也没有抢到，反而折损了托尔布津以下一百几十名官兵。从此，拜顿率着六百多名侵略军，一直不敢再走出雅克萨城堡一步。而清军，也始终没有强行攻城。第二次雅克萨之战，就这么十分平静地向前进行着。

清军不发动进攻，呆在雅克萨城堡里的沙俄侵略军自然就十分安全。但是，既没有吃的又缺少过冬的衣服，他们便又一点安全感也没有了。

清军围困雅克萨四个多月后，时令已进入冬季。雅克萨城堡内，只要是能果腹的，已全部被侵略军吃光，只要是能取暖的，也全部被侵略军烧光。纵是如此，雅克萨城堡内，开始出现了饿死人、冻死人的现象。那些体弱多病的侵略军，一个个相继地被饿死、被冻死。

一开始，拜顿还命人将那些饿死或冻死的人掩埋起来，但很快，就无人再去掩埋了，因为，即使活着的人，也早已被饿得、冻得气息奄奄，谁还能去干掩埋那样的力气活？更主要的，那些被饿死、冻死的人，虽然早已骨瘦如柴，但在如柴的骨头上，总还粘附着一些血肉，这些血肉被掩埋在泥土里，岂不是太可惜了？所以，雅克萨城堡里的沙俄侵略军，便开始活人吃起死人来。一开始，死人比较少，不够活人吃的，但紧接着，死人越来越多，活人似乎怎么吃也吃不完了。原来，雅克萨城堡里的沙俄士兵，不知从什么时候开始，流行起了一种致命的坏血病。这样一来，沙俄侵略军死亡的速度便越来越快，死亡的人数当然也就越来越多。

到公元 1687 年 1 月（清军整整围困雅克萨城达五六个月之久），雅克萨城堡内的沙俄侵略军，连拜顿在内只剩下二十二人。拜顿已病危，其他的人也都染病在身（据俄国有关史书记载，到清军完全撤围为止，雅克萨城内幸存的俄军共六十六人，1687 年 10 月，俄国政府奖赏了这六十六个人）。

然而，就在雅克萨城堡唾手可得的时候，大清国兵部尚书明珠赶到了卜魁城，然后同彭春一道，又赶到了雅克萨城外萨布素的大营里。萨布素本以为，明珠定是奉康熙皇帝之命来催他早日攻下雅克萨，可萨布素万没有想到，明珠虽是奉康熙皇帝之命而来，但康熙皇帝的命令却是：清军立即停止攻城，速速撤离雅克萨一带。

萨布素对康熙皇帝的这道旨意大为困惑。他几乎是在质问明珠道："明大人，雅克萨眼看就要全取，为什么皇上又要下令撤兵?"

萨布素口中的"又要"二字，乃是指第一次雅克萨之战时康熙皇帝下令释放托尔布津和梅利尼克等俘虏。那一次，萨布素等人虽然自己也有困惑，但还是遵照康熙旨意而行，而且还对手下进行开导教育。可这一回，萨布素的心中却着实有些沉不住气又包不住火了。

尽管萨布素的态度不是那么温和，但明珠却耐心地向他解释道："萨将军，你的心情我可以理解，但是，你我作为臣子的，却都要理解皇上的旨意。皇上的意思，是不想把这场战争扩大，尽量用一种和平的方式来解决边界纷争。明某来东北前，罗刹国的使者已经到达京城，说是罗刹国的沙皇已经派了一个谈判使团正在来京城的路上，希望我们大清国暂时停止在雅克萨的军事行动。萨将军，罗刹国既已如此，皇上当然就不会让你再攻取雅克萨了！不然，皇上还如何同罗刹国进行和平谈判?"

明珠的一番言论说得温尔文雅，但萨布素的怒气却似乎依然未消："明大人，皇上的意思下官自然能理解，皇上的旨意下官也不敢不遵行。但是，下官围攻雅克萨这么多天，死了那么多的弟兄，眼看着雅克萨城就要得手，可突然间，一切都前功尽弃，这叫下官……如何能心甘?"

明珠不紧不慢又不高不低地对萨布素道："萨将军，你心甘也好，心不甘也罢，皇上的旨意，你只能不折不扣地遵照执行!"

萨布素独自来到黑龙江边萨果素的坟墓前，眼含着热泪对九泉之下的萨果素告了别，然后便率清军撤离了雅克萨。因为天寒地冻，道路不畅，清军先撤至古伊古达儿一带休整。天气渐暖之后，清军才陆续地全部撤到了黑龙江城。第二次雅克萨之战，就这么草草地结束了。

萨布素撤了，明珠也回京复命了。剩下彭春等人，遵照明珠的命令，派人给雅克萨城内残存的侵略军士兵，送去了粮食、衣物和干柴，还找了几个医生进城给侵略军士兵治病。直到从尼布楚方向过来一队沙俄士兵来雅克萨接应拜顿等人，彭春才如释重负地返回卜魁城。

康熙之所以下令萨布素和清军不要攻取雅克萨，自然与俄国沙皇派使者来到京城有关。不过，这期间发生的另一件事情，似乎与康熙下令萨布素撤军也不无关联，那就是，在这一年（公元1687年）的早春，康熙的皇祖母博尔济吉特氏，病逝于慈宁宫。

博尔济吉特氏弥留之际，只反反复复地念叨着两个人的名字，一个是"福临"，一个是"玄烨"。"福临"即"爱新觉罗·福临"，也即康熙的父亲顺治皇帝，年仅二十四岁便死去。"玄烨"当然就是康熙，是顺治帝的第三子。博尔济吉特氏在死前反反复复念叨着这么两个人的名字，自然大有深意。

博尔济吉特氏是清太宗皇太极的妻子。从历史的角度来看，完全可以这么说，如果没有博尔济吉特氏，那顺治就不可能坐上大清皇帝的宝座。更主要的是，如果没有博尔济吉特氏，顺治即使当上了大清国的皇帝，也当不安稳，甚至还有性命之危。因为皇太极死后，其兄弟睿亲王多尔衮把持着朝政，为所欲为，是博尔济吉特氏委屈求全，巧妙与多尔衮周旋，甚至以自己的身体去消磨多尔衮的勃勃野心。然后，待顺治羽翼丰满，她又放手让顺治一举铲除了多尔衮集团——尽管，博尔济吉特氏对多尔衮确乎有一些真情实意。也就是说，如果没有博尔济吉特氏，就不会有顺治一朝。同样的事情在康熙的身上也发生了。是博尔济吉特氏坚定了顺治立康熙为太子的决心，是博尔济吉特氏帮助康熙清除了鳌拜集团。也可以这么说，如果没有博尔济吉特氏，也就不可能有康熙一朝。博尔济吉特氏的一生，是与顺治和康熙紧密地联系在一起的。这就是她死前为什么要反反复复地念叨着顺治和康熙的名字的根本原因。

康熙心中对博尔济吉特氏的感激，虽千言万语，恐也不能尽诉。故而，对博尔济吉特氏的死，他感到无限的悲痛。悲痛之余，康熙便为博尔济吉特氏举行了一次有清以来最为浩大、最为隆重的葬礼。无限悲痛之下的康熙，不管是有意还是无意，自然就会对东北战事有所松懈。当然，使得康熙下令萨布素及清军从雅克萨一带撤离的根本原因，还是俄国的沙皇确乎有了和平解决中俄两国边境纷争的诚意。

贪得无厌又侵略成性的俄国沙皇政府，为什么会接受清朝政府和平谈判的倡议？原因是，当时俄国的国际、国内形势，不允许它再增派大量军队到中国来进行大规模战争。当时，俄国正由彼得一世的姐姐索菲亚公主执政，统治阶级内部矛盾重重，权力斗争十分激烈，政局很不稳定。国际上，俄国那时候在西方还没有一个出海口，波罗的海沿岸被瑞典控制着，一时无法打通。黑海沿岸是克里米亚汗国的土地，也不能通过。为使自己能有一个出海口，俄国一直想吞并克里米亚汗国，但克里米亚汗国背后有土耳其的支持，所以俄国和土耳其的关系也就变得紧张起来。1676 至 1681 年，终于爆发了俄土战争。虽然这次战争俄国取得了胜利，但却并没有解决出海口问题，故而，俄国很不甘心，便去拉拢波兰，准备成立同盟对土耳其发动一次新的战争。俄军在雅克萨城被围的消息传到莫斯科的时候，俄国正准备对土耳其发动战争，这样，俄国就很难把大量的人力、物力移于远东同大清国全面开战。为保持和扩大俄国在远东既得的侵略利益，沙皇政府就不得不暂时接受清朝政府关于和平谈判的倡议，决定派使团前往中国同清政府谈判。

俄国沙皇政府担心的是，如果清军攻克了雅克萨，再进而逼近尼布楚，那沙皇俄国在远东多年的侵略利益就将化为乌有。所以，沙皇俄国政府在派出谈判使团之前，先派了文纽科夫和法沃罗夫等人为先遣信使，携带沙皇书信，火速驰往京城，申明俄国政府愿意接受清朝政府和平谈判的建议，要求清朝政府停止围困雅克萨。康熙皇帝同意了俄国政府的要求。

俄国沙皇政府虽然决定派出一个谈判使团前往中国，但这并不意味着沙皇俄国就已经改变了它对中国的侵略方针。这从以下几个方面可以明显地看出来。一，沙皇俄国组成的那个谈判使团，除了必要的一些文职人员和少量军官外，还随行着一支多达一千九百三十八人的军队。既是去和平谈判，为何要带着这么一支数量众多的军队？二，沙皇政府给这支谈判使团的全权大使戈洛文规定了这么三种谈判方案。其一，中俄两国以黑龙江为界，黑龙江的整个北岸，属沙皇俄国。其二，以牛满河或精奇里江为界，俄国占领黑龙江中上游北岸。其三，以雅克萨为界，俄国占领黑龙江上游北岸，但要在牛满河和精奇里江保留中俄两国共同的渔猎场。对俄国沙皇而言，第一种方案是最“理想”的，而第三种方案则是“最低要求”。但无论哪一种方案，都可明显地看出沙皇俄国的扩张主义野心，因为黑龙江流域本来就是中国的领土，正是由于沙皇俄国侵占了黑龙江上游的尼布楚、雅克萨等地，才引发了中俄雅克萨战争，现在，俄军在雅克萨吃了败仗，沙皇政府竟然还要在谈判桌上把雅克萨占为己有，这就不难看出，沙皇俄国由于国际、国内形势的逼迫，单纯地用军事手段已经不可能再从中国抢占更多的土地了，于是就企图用外交手段去抢占用军事手段抢占不到的东西。当然，俄国政府也深知，中国的清朝政府是不可能轻易地就让它的企图得逞的，所以，俄国沙皇还对戈洛文颁发了这么一条秘密训令：如果清朝政府坚持原有主张，毫不让步，如果俄国连最低要求的谈判方案也不能实现，那么，你就可以调动自己的和整个西伯利亚地区的军队，对清朝政府开战。这就赤裸裸地说明了，谈判也好，开战也好，沙皇俄国的侵略本质是永远不会改变的。

实际上，从俄国沙皇政府选定戈洛文为谈判使团的全权大使这件事也不难看出，俄国沙皇虽然名义上接受了中国清朝政府和平谈判的建议，但并没有放弃使用战争手段。这里就有必要简单地介绍一下戈洛文的为人及以他为首的沙俄谈判使团前往中国的历程。

戈洛文，全名为费多尔·阿列克谢耶维奇·戈洛文（1650—1706），出身沙俄贵族，他的父亲和叔父都是俄国大官僚。其祖父老戈洛文四十多年前曾任沙俄远东地区雅库次克督军。就是这个老戈洛文，派出了以波雅科夫为首的一批沙俄匪帮第一次入侵中国的黑龙江流域（1643 年至 1646 年间）。可以这么说，戈洛文一家就是以侵略中国起家的。而到了戈洛文身上，其侵略野心（尤其是侵略中国的野心），比起其祖辈父辈，简直是有过之而无不及。戈洛文之所以就任谈判使团的全权大使，其主要目的，就是想率军队到中国来同清朝政府打一场外交仗。沙俄政府选定戈洛文这么一个野心勃勃的家伙充任谈判使团的全权大使，其真实意图还不一目了然吗？

沙皇俄国政府于 1686 年 1 月 30 日，正式任命戈洛文为谈判使团的全权大使，同时任命俄国驻尼布楚督军弗拉索夫为副大使（弗拉索夫当时依然驻扎在尼布楚）。待一切准备就绪后，戈洛文于 1686 年 2 月 5 日，率领那支庞大的军事意图很明显的谈判使团，从莫斯科出发，开始了远东之行。

俄国派出这样庞大的使团和军队穿行西伯利亚，还是有史以来的第一次。由于俄国占领西伯利亚仅仅只有几十年的时间，沿途只有一些稀疏的据点，无法为使团提供粮食和运输工具，戈洛文一路上只好命令军队强征粮食物资和夫役差马，使得西伯利亚当地居民或则逃亡、或则起而反抗，加上路途上多是急流浅滩，戈洛文携带的大炮等辎重很难通过，故而，戈洛文使团的前进速度就十分地缓慢。直到1686年的10月8日，戈洛文的使团才抵达安加拉河边的雷宾斯克。

这个时候，戈洛文已经接到了尼布楚督军弗拉索夫连续发来的求援文报，知道了俄军在雅克萨被围困、情况十分地危急，于是，戈洛文就决定，先和中国打上一仗，给清朝政府来个下马威。由此不难看出，戈洛文来中国，是想扩大和中国的战争，而不是和中国进行和平谈判。

戈洛文先后数次派军队赶往雅克萨。第一次派鲍加蒂廖夫中校征召三百名哥萨克前往雅克萨，第二次派施马伦贝格上校率二百名火枪手赶往雅克萨，第三次派别查利德大尉领二百一十人驰援雅克萨。戈洛文命令这些增援雅克萨的俄军，务必在年底赶到雅克萨，和中国军队交锋，但是，由于冰雪封冻、道路泥泞，戈洛文派出的各批援军在1686年底只到达贝加尔湖东西两岸，没有赶到雅克萨。后来，清军主动停战，从雅克萨一带撤离，这样，戈洛文想扩大事态、同清朝政府全面开战的企图就未能得逞。

由于气候恶劣，戈洛文的使团只好滞留在雷宾斯克。1687年3月，俄国先遣使文纽科夫和法沃罗夫从京城返回俄国，途经雷宾斯克和戈洛文会面。文纽科夫向戈洛文报告说，清朝康熙皇帝愿意就边界问题同沙皇陛下进行和平谈判，康熙皇帝并许诺，在俄国谈判使团到达京城之前，清军将不对雅克萨等地采取军事行动。文纽科夫同时还向戈洛文报告说，中国喀尔喀蒙古地区的局势非常地严重，侵入那里的俄军经常遭到喀尔喀蒙古人和布利亚特蒙古人、索伦人等中国人的袭击。戈洛文大感意外道："看来，我得先收拾喀尔喀蒙古地区的局面了！"

喀尔喀蒙古，即漠北蒙古（外蒙古），自古以来就是中国领土的一部分，其管辖范围，东至额尔古纳河和呼伦贝尔，西达阿尔泰山，与厄鲁特蒙古相邻，南临沙漠，连接漠南蒙古（内蒙古），北面包括贝加尔湖周围地区。从十七世纪中叶开始，沙皇俄国的军队在窜入黑龙江流域的同时，也侵入了贝加尔湖以东地区，并在建立尼布楚、雅克萨等侵略据点的同时，又在贝加尔湖以东地区相继建立了乌的柏兴和楚库柏兴等侵略据点，其中以楚库柏兴为最大。然而，勤劳勇敢的喀尔喀蒙古人民，自俄军侵入贝加尔湖以东地区的那一天起，就对残暴的沙俄军队进行了不屈不挠的反抗，而且这种反抗的势头愈演愈烈、反抗的规模也越来越大。

戈洛文深知喀尔喀蒙古人的这种反抗会有什么样的严重后果。如果这种反抗斗争进一步发展，不仅会使俄国在贝加尔湖以东地区的侵略利益化为乌有，而且将严重威胁尼布楚和雅克萨等侵略据点——这也是尼布楚的俄军为什么不能全力去支援雅克萨俄军的主要原因。所以，戈洛文便决定，在中俄谈判之前，集中力量，把喀尔喀蒙古人抗俄斗争的火焰扑灭下去，加强对贝加尔湖以东地区的占领，使俄国在未来的谈判中处于有利地位。

实际上，自俄军侵入贝加尔湖以东地区的那一天起，沙皇政府便开始拉拢、引诱喀尔喀蒙古的上层领袖，企图把喀尔喀蒙古从大清国分裂出去，为俄国沙皇所用。这一次，戈洛文从莫斯科东行，身上便携带了一封沙皇给喀尔喀蒙古领袖土谢图汗的信，信中，沙皇用赤裸裸的语言，唆使、挑拨土谢图汗背叛大清国。沙皇政府之所以要这么一而再、再而三地拉拢土谢图汗，是因为俄国沙皇已经看出，剽悍英勇的喀尔喀蒙古人，仅靠武力是难以征服的。只不过，喀尔喀蒙古人在土谢图汗等人的领导下，对沙皇政府的拉拢、引诱根本不为所动，依然高举抗俄大旗，同入侵的沙俄军队进行了顽强而不懈的斗争。而这一次，戈洛文自恃军力强大，更主要的，还要同清朝政府进行谈判、时间有限，故而，戈洛文便想凭借武力从速把喀尔喀蒙古人的抗俄斗争镇压下去。

这一年（公元1687年），西伯利亚的春天仿佛来得特别迟，到5月中旬，安加拉河面上的坚冰才开始解冻。5月25日，戈洛文的使团从雷宾斯克启程，至9月21日，使团到达贝加尔湖东岸的乌的柏兴，不久，又继续南下，到达楚库柏兴。

戈洛文为大规模镇压喀尔喀蒙古人而制造借口说：喀尔喀蒙古人偷去了俄军一百匹马和五十头牛羊。随即，戈洛文便派遣军队窜到喀尔喀蒙古人的各个牧场，闯进帐篷，随意搜捕蒙民，还逼迫一些蒙民头领发誓不再反抗俄国的入侵。喀尔喀蒙古人民实在忍无可忍，他们在土谢图汗等领袖的率领下，于1688年1月底，在楚库柏兴周围的要道上，密布岗哨，制止俄军出城骚扰。戈洛文命令俄军出城攻击。喀尔喀蒙古人沉着应战。从1月到4月，戈洛文的俄军虽有火枪、火炮等精利武器，但却连吃败仗，损失严重。戈洛文心惊胆战、束手无策，甚至都不敢走出楚库柏兴一步。

尽管戈洛文故意隐瞒自己的行踪好全力镇压喀尔喀蒙古人的反俄斗争，但康熙的清朝政府还是得知了戈洛文使团已经到达贝加尔湖以东地区。康熙皇帝便即刻派人去通知土谢图汗等人，不要对楚库柏兴发起攻击，等待清朝政府与戈洛文使团的和平谈判。这边刀枪相见，那边却要和平谈判，康熙皇帝对沙俄侵略军是不是太过仁慈了？

土谢图汗等人虽心有不甘，可康熙皇帝和清朝政府的命令却不能不执行，所以只好在楚库柏兴城外远远地安营扎寨，进行戒备。

如果，喀尔喀蒙古人就这么团团地包围着楚库柏兴，那么，清朝政府在与戈洛文进行谈判的时候，必定占有极其有利的地位。然而，就在这紧要关头，一件似乎很意外的事情发生了。这件意外事情的发生，使得喀尔喀蒙古地区的形势出现了不利于中国的急剧变化，直接影响到清朝政府在与沙皇俄国谈判中的政策，使清朝政府不得不对沙俄作出重大的领土让步。

中国的蒙古民族，在清朝初期主要分为两部分，一部分是喀尔喀蒙古，另一部分是厄鲁特蒙古。后来，由于种种原因，厄鲁特蒙古又分为和硕特、准噶尔、杜尔伯特和土尔扈特四部，占据着中国西北地区的天山以北、阿尔泰山以南、西至巴尔喀什湖的大片地区。不过，至少从明朝开始，厄鲁特蒙古就一直臣服于京城的中央政府。

准噶尔蒙古一直游牧在伊犁河流域的肥沃牧场上，且和中原、西藏及中亚细亚的贸易较发达，力量逐渐强大，其首领巴图尔·珲台吉渐渐地成为了厄鲁特蒙古四部的共同领袖。1653年，巴图尔·珲台吉死，他的儿子僧格继位。不久，准噶尔内部发生权力斗争，僧格被杀。僧格的弟弟噶尔丹，本来在西藏当喇嘛，听说僧格死了，便马上从西藏赶回伊犁，打着西藏达赖喇嘛的旗号，以替僧格复仇为名，采用种种阴险狡诈的手段，击败了自己政敌，掌握了准噶尔部蒙古实际的统治权——准噶尔部名义的统治者是僧格的儿子索诺木阿拉布坦。

噶尔丹的确是一个阴险狡诈的野心家。他取得准噶尔部实际统治权之后，在内部加紧专制集权，在外，则对邻近部族发动了一系列的兼并战争。1676年，他进攻青海和硕特部蒙古，杀掉了自己的岳父鄂齐尔图车臣汗，又打败了自己的叔父楚琥尔乌巴什。1678年，噶尔丹吞并了天山南路，后来又谋杀了僧格的儿子索诺木阿拉布坦。从此，噶尔丹统治着天山南北，控制了青海和西藏，野心勃勃，企图进一步扩大地盘，与大清王朝分庭抗礼、甚至将大清王朝取而代之。

不过，噶尔丹也还算是有些自知之明的。他情知，凭他准噶尔蒙古一部之力，是很难与大清国一争长短的。也甭说大清国了，就是那个喀尔喀部蒙古，也足以让他噶尔丹感到头疼万分了。所以，为了实现自己那勃勃的野心，噶尔丹就必须要找一个强有力的靠山。而对噶尔丹而言，最理想的靠山当然就是沙皇俄国了。因为沙皇俄国也正想找一个侵略中国的代理人。可以这么说，噶尔丹与沙皇俄国一拍即合。自1674年起，噶尔丹就多次派使者秘密赴俄联络。俄国沙皇出于自己侵略中国的需要，向噶尔丹提供了大量的武器装备。这也就是噶尔丹为什么能在较短的时间内就统治了天山南北、控制了青海和西藏的一个重要的原因。不过，在戈洛文使团到达贝加尔湖以东之前，噶尔丹的一切背叛行为还是比较隐秘的，他在表面上，依然臣服于清朝中央政府。

当得知戈洛文使团到达了贝加尔湖以东、并对喀尔喀蒙古人进行大规模镇压的时候，噶尔丹以为，他大显身手的时候到了。只要他派兵去帮助戈洛文，那么，他既可以讨好俄国沙皇，同时又可借俄国军队的手来彻底击溃喀尔喀蒙古。到了那个时候，整个大清国的北方和西方就都是他噶尔丹的天下了，他噶尔丹就可以公开地与大清王朝撕破脸皮了。

于是，噶尔丹就找来他的妻子阿奴言道："你亲自去一趟楚库柏兴，告诉戈洛文大使，叫他准备兵力，与我里应外合，彻底击溃土谢图汗！"

噶尔丹的妻子阿奴，长得精悍俏丽。她大大咧咧地回答噶尔丹道："你就准备行动吧！我一定会把你的意思原原本本地转告戈洛文大使。"

噶尔丹嘱咐道："此去山重水远，你一定要注意安全。"

阿奴爽朗地大笑道："你就放心吧！大业未成，我还不想死！"

就这样，阿奴带了几个随从，乔装打扮一番之后，就直奔楚库柏兴而去。她这一走，噶尔丹便催起两万人马，越过杭爱山，气势汹汹地向着喀尔喀蒙古辖地开去。

喀尔喀蒙古领袖土谢图汗闻听噶尔丹大兵前来，颇感震惊，连忙从楚库柏兴一带抽调兵力，在鄂罗会淖尔抵挡噶尔丹的叛军。而楚库柏兴城内的戈洛文，接到噶尔丹妻子阿奴的密报后，早就在楚库柏兴、乌的柏兴等地准备了两千人左右的一支军队，土谢图汗的人马刚一撤走，戈洛文就带着这支沙俄军队径向鄂罗会淖尔扑来。土谢图汗遭到两面夹击，情形顿时危急万分。苦战了三天三夜后，喀尔喀蒙古人的战线全部崩溃。土谢图汗只得带着一些人向南奔逃，请求康熙皇上保护。史书上记载土谢图汗这次溃败的情景是："各弃其庐帐器物，马驼牛羊，纷纷南窜"，"溃卒布满山谷，行五昼夜不绝"，"迁徙者蚁聚蜂屯，其色惊惶"。轰轰烈烈的喀尔喀蒙古人反抗沙俄侵略军的斗争，在噶尔丹叛军和沙俄侵略者的联合镇压下，终告失败。

土谢图汗南逃，喀尔喀蒙古辖地似乎就真的成了噶尔丹叛军的天下了。噶尔丹叛军在喀尔喀蒙古辖地内，四处侵扰，随意烧杀，并大言不惭地要求清朝政府交出土谢图汗等人。而戈洛文又趁火打劫，胁迫一些喀尔喀蒙古的上层人物，要他们发誓效忠俄国沙皇陛下。少数喀尔喀蒙古的上层人物，经不起戈洛文的威逼利诱，开始与大清国貌合神离。一时间，大清国的北疆，狼烟四起，危机重重。

康熙得知此事后，既震惊又不安。他连忙在乾清宫召来索额图、明珠等一干亲信大臣商议对策。

有大臣提出：既然罗刹人如此嚣张，那就派大军北上，狠狠地教训一下戈洛文等人。

明珠等人不同意：戈洛文是罗刹国派来和平谈判的全权大使，如果直接与他开战，恐和平谈判的意愿就将化为泡影。

索额图向康熙问道："不知皇上以为如何？"

康熙面色凝重地道："朕以为，应速速派人北上与戈洛文进行谈判……噶尔丹叛乱的迹象已很明显，如果不尽快地与罗刹国达成一个和平的协议，那噶尔丹的势力就会越来越强大，控制的土地也就会越来越多。到了那个时候，叛贼噶尔丹恐怕就不好对付了……"

显然，康熙是急于要同沙俄停战，好集中全力去对付噶尔丹的叛乱。康熙这么一说，众大臣便纷纷表示同意。因为，众大臣都很清楚，如果不马上同沙俄达成一个和平协议，那大清国就面临着同时与沙俄和噶尔丹两线开战的局面，而如果与沙俄达成了和平协议，那沙俄侵略军就至少不便直接参与噶尔丹的叛乱。

于是，在康熙皇帝直接安排下，戈洛文从楚库柏兴派到京城来的一个使者科罗文，又从京城返回了楚库柏兴。科罗文为戈洛文带去了康熙皇帝的旨意：清朝政府愿意在楚库柏兴与戈洛文使团举行谈判事宜。科罗文还告诉戈洛文：清朝政府的谈判代表团已经离开京城向楚库柏兴而来。

戈洛文对康熙皇帝及清朝政府这么迅速的行动很觉意外。他本来的打算是，利用噶尔丹的公开叛乱，扩大沙俄在贝加尔湖以东的侵略势力范围，同时也可以大大增加在未来谈判中的筹码。但没想到，清朝政府的谈判使团这么快地就朝楚库柏兴开来，而戈洛文又没有任何理由加以拒绝，这该如何是好呢？

戈洛文毕竟属于那种老奸巨滑之辈。他一边命令沙俄军队在乌的柏兴、楚库柏兴一带集结、戒备，打算万一清朝政府的谈判使团如期到来后，利用这一带的军事力量胁迫清朝使团在谈判中就范，一边派人把那个噶尔丹叫到了楚库柏兴。

你道戈洛文找噶尔丹作什么？却原来，戈洛文要噶尔丹的叛军设法阻止清朝政府的谈判使团到楚库柏兴来。戈洛文毫不掩饰地对噶尔丹道："如果清朝政府的谈判使团顺利到达这里，那我的军队就无法配合你行动了！"

戈洛文口中的"配合"二字，是指帮助噶尔丹大肆镇压、屠杀喀尔喀蒙古人。土谢图汗虽然战败，但喀尔喀蒙古人却还有很多，凭噶尔丹的力量，是很难完全控制喀尔喀蒙古的。故而，听了戈洛文的话后，噶尔丹马上就心领神会地道："大使阁下放心，清朝的谈判使团，绝不可能到达这里！"

戈洛文"哈哈"一笑道："待博硕克图汗（指噶尔丹）完全统治了这里，我愿意向沙皇陛下建议，与你结成联盟。"

噶尔丹感激涕零地道："大使阁下果能玉成此事，那我的一切，不仅伟大的沙皇陛下可以任意支配，就是大使阁下，也可以任意支配！"

噶尔丹这一番言论，已经是一个彻头彻尾的叛国贼、卖国贼了。后来，戈洛文还真的向俄国沙皇提议与噶尔丹结盟，只是由于种种原因，俄国沙皇并没有同意。

清朝政府的谈判使团，于1688年5月30日，出京城德胜门，浩浩荡荡地向北而去。

清朝政府谈判使团的首席代表，是领侍卫内大臣兼吏部尚书索额图。第二谈判代表是都统、国舅佟国纲。其他的谈判代表有：理藩院尚书阿尔尼、左都御史马齐、护军统领马喇。使团中还有两个汉族官员，一个是兵部督捕理事官张鹏翮，一个是兵科给事中陈世安。另外，还有两个外国传教士充当译员。

清朝政府谈判使团除了谈判代表、官员及译员外，还携带护卫部队八百人，由都统郎谈（曾参加过两次雅克萨战争）、班达尔善等人率领。此外，还有一支庞大的后勤队伍，携带着大批粮食物资及驼马牛羊。因为从京城到楚库柏兴，相距数千里，沿途大多是山岭和沙漠，人烟稀少，缺粮缺水。

谈判使团离开京城前，康熙皇帝对索额图等人作了一番重要指示。这番指示，也就是索额图等人和戈洛文谈判的纲领和前提。其关键内容如下："尼布潮（尼布楚）、雅克萨、黑龙江上下，及通此江之一河一溪，皆我所属之地，不可少弃之于鄂罗斯（俄罗斯）。"

当索额图问起：如果戈洛文不同意，怎么办？康熙回道："尔等即还，不便更与彼议和矣！"

康熙的意思是，如果戈洛文不同意清朝政府的谈判条件，索额图等人就马上返京，不要与戈洛文再进行谈判。

从此不难看出，虽然康熙当时很想尽快地与沙皇俄国达成一项和平协议，但收复失地、保卫国家领土完整的决心却非常地大。只可惜，由于后来喀尔喀蒙古一带的局势进一步恶化，康熙又不得不修正自己的这种决心。

康熙十分重视这次谈判使团的派出，亲自将索额图等人送出了京城的德胜门，又特派自己的大阿哥胤禔代替自己在德胜门外的清河镇设座赐茶，为谈判使团饯行，使得索额图等人大受感动。

清朝政府谈判使团于离开京城后，一路北上，开始的二十多天还比较顺利，6 月 15 日便到达归化城（今呼和浩特），但接着，使团的行程就比较艰难了，因为由归化城往北，就进入喀尔喀蒙古的辖地，这一带多是广阔的沙漠，饮水就成了使团一个非常难解决的问题，加上当时的天气又十分炎热，清朝使团中几乎每天都有人马死亡。尽管如此，清朝谈判使团在索额图的指挥下，依然顽强地不屈不挠地向前跋涉着，并于 7 月 5 日到达了克勒阿祭拉漠。再往前走不远，便是土谢图汗的兄弟哲布尊丹巴·呼图克图的驻地库伦。

索额图对国舅佟国纲等人言道："只要到了库伦，我们缺水少粮的状况就会得到改善！"

清朝使团上下数千之众，一起鼓足精神，向库伦开去。然而，索额图等人没行多远，便碰上了一批又一批向南逃徙的喀尔喀蒙古人。原来，噶尔丹在清朝使团到达库伦之前，率叛军抢先攻占了库伦，打败了呼图克图，大肆烧杀，已经将库伦变成了一座废墟。

巧得很，索额图一行还遇见了呼图克图。呼图克图悲怆地对索额图道："大人，那叛贼噶尔丹，勾结罗刹，杀我同胞，裂我土地，吾皇陛下不能不闻不问啊！"

索额图安慰呼图克图道："你就放心地率众南下吧！吾皇陛下不会不闻不问的。你和土谢图汗的土地，那叛贼噶尔丹抢不去！"

呼图克图率众凄凄惨惨地南下了。但索额图一行人却陷入了进退维谷的境地。继续前进，势必遭遇噶尔丹叛军，丧心病狂的噶尔丹，什么事情做不出来？清朝使团虽然有数千之众，但大多是后勤人员，真正的军队只有八百人，以八百人去闯噶尔丹叛军营地，无疑是以卵击石。可不继续前进，又不便折头南归，使团的任务就是北上楚库柏兴去和戈洛文谈判的，怎能半途而返？进也不能，退也不能，索额图等人可真是一筹莫展了。

一筹莫展中，索额图只得命令使团在原地待命，一边又急派人火速赶回京城向康熙皇帝禀明情况。7月22日，康熙的使者赶到使团驻地，命令谈判使团折返京城。索额图遵照康熙皇帝旨意，派参领索罗希带少数人手绕过库伦前往楚库柏兴，向戈洛文通报清朝政府谈判使团受阻一事，建议中俄谈判日期推迟，具体的谈判日期和地点由戈洛文派人到京城商定。清朝政府的谈判使团第一次出行就这样无功而返了。

戈洛文对此当然极为兴奋。他根本就没去考虑什么与清朝政府举行谈判的问题，而是集中全力，和噶尔丹互相配合，对喀尔喀蒙古人进行残酷的屠杀。

1688年10月10日夜，戈洛文亲率侵略军，偷渡希洛克河，对喀尔喀蒙古塔邦古特部的牧民进行突然袭击。据戈洛文后来自己供认："战斗十分激烈。赖上帝恩佑，托陛下洪福，击毙约二百名蒙古人，俘虏多人，缴获大批马匹牛羊。"10月20日，戈洛文的侵略军在泽德河口又袭击了另一批喀尔喀蒙古人。11月13日，戈洛文的侵略军在色楞格河附近突袭了二十二座喀尔喀蒙古人的帐幕。据那些侵略军回来向戈洛文报告说：打死蒙古人三十名，俘虏了他们的妻孥，缴获了马群、牛羊和帐幕。

喀尔喀蒙古地区的形势进一步恶化，使得康熙皇帝非常地担忧。他常常对索额图等人言道："如果叛贼噶尔丹与罗刹国公开勾结，那朕的处境就会相当地艰难！"

是呀，如果噶尔丹公开投靠沙皇俄国，那整个喀尔喀蒙古地区和整个大西北，就极有可能从大清国分裂出去。如果真的是那种结局的话，康熙要想保全领土完整，就必须与沙皇俄国全面开战。而康熙深知，大清国与沙皇俄国都是大国，靠军事武力谁也征服不了谁，如果两国真的爆发全面战争，那必将是一场旷日持久的战争，这种耗时耗力的战争，康熙不想打。所以，在康熙的授意下，清朝政府就一次又一次地派使者去楚库柏兴催促戈洛文速派人来京商定谈判时间及地点。清朝政府的用意很明显：与沙皇俄国达成一项和平协议，尽快地腾出手来，全力去平定噶尔丹的叛乱，制止噶尔丹分裂中国的行为。但是，侵略成性的戈洛文，正忙于屠杀喀尔喀蒙古人，帮助噶尔丹完全控制喀尔喀蒙古地区，对清朝政府的一次又一次建议，不是不予理睬，就是借故推托。

这一年（1688年）的12月，康熙派兵部尚书明珠亲往楚库柏兴，敦促戈洛文尽快派使者来京商定。这一回，戈洛文尽管闪烁其辞，但最终还是答应明珠：一定尽快派使者去京城。

你道戈洛文为何会答应明珠？却原来，沙皇俄国在西方同土耳其的第二次战争中，吃了败仗，在克里米亚半岛，沙俄军队被土耳其军队打得人仰马翻、溃不成军。俄国沙皇深恐戈洛文在中国做得太"过火"而激怒了清朝政府，那俄国军队就要同时在东、西两线开战，所以，俄国沙皇就急急地通知戈洛文：

可以同清朝政府谈判了，还可以考虑让出雅克萨。

只可惜，康熙皇帝及清朝政府并不知道沙俄军队在克里米亚半岛吃了大败仗，而狡猾的戈洛文又一直装腔作势，不然的话，康熙就不会对沙皇俄国作出那么大的领土让步了。

1689年初，戈洛文派洛吉诺夫作为自己的使者前往京城。洛吉诺夫领数十随从取道尼布楚、卜魁等地，于5月23日抵达京城。康熙皇帝派索额图接见洛吉诺夫。因为康熙皇帝只想着尽早地与俄国举行谈判，所以谈判的时间和地点均由洛吉诺夫选定。洛吉诺夫依照戈洛文的指令，将中俄双方谈判的地点定在了尼布楚。谈判的时间没有确定，洛吉诺夫只是说："戈洛文大使阁下已经前往尼布楚，希望贵国也尽快组团从速前往。"索额图把与洛吉诺夫商谈的结果禀告康熙皇帝，康熙没有异议。

清朝政府很快就组建了一支庞大的谈判使团。这支谈判使团与上一次的谈判使团没有多大的变化，依然由索额图任首席谈判代表。不同的是，因为这次谈判的地点是在尼布楚，所以康熙就特地钦定黑龙江将军萨布素也作为谈判使团的一员。还有一点不同是，康熙听说尼布楚一带已集结了大批沙俄军队，所以康熙就大大地增加了随使团前往的清军人数，以确保使团成员人身安全。上一次使团出发只携带了八百名军人，而这一次，随使团前往尼布楚的清军，步军有一千多人，水军也有一千多人，水步军合计约三千人。而庞大的后勤队伍，人数至少是军队的二倍以上。整个清朝政府的使团，总人数几近万人。康熙派这么庞大的一个使团前往尼布楚，自然是有炫耀大清国力的意思。

不过，索额图此次前往尼布楚，心中多少有些不踏实。因为，他在离开京城前，曾和康熙皇帝有过这么一段对话：

索额图问康熙道："皇上，微臣此次前往，该如何与罗刹人谈判？"

康熙轻轻地反问道："以索爱卿之见，当如何？"

索额图不加思索地回道："依微臣所见，一切当以皇上前次所定，以尼布楚为界，尼布楚以下，都是大清领土。罗刹若不同意，臣请即刻回京！"

康熙却默然。稍顷，康熙缓缓地言道："索爱卿，如果以尼布楚为界，那罗刹人想与大清贸易往来，就没了栖身之地，罗刹人未必愿意……"

索额图不由一怔："这……请皇上明示！"

康熙低低地言道："朕以为，爱卿与罗刹人谈判时，可以先要求以尼布楚为界，如果罗刹人坚持索要尼布楚，爱卿可以退而要求以额尔古纳河为界……爱卿切记，如果罗刹人还要得寸进尺，则爱卿一定寸土不让！朕虽迫切需要与罗刹人化干戈为玉帛，但朕决不会割让朕的大片领土！"

额尔古纳河从南边流入黑龙江，大约位于尼布楚和雅克萨的中间。索额图略略惊讶道："皇上，尼布楚乃大清固有领土，怎可白白让与罗刹？"

康熙微微叹息道："索爱卿，那叛贼噶尔丹气焰日盛，若不尽快剿灭，则后患无穷啊！为此，朕只能对罗刹人作出些许的让步。如若不然，大清与罗刹两国一时就不可能有和平。而朕现在最需要的，就是和平啊！”

不难看出，康熙之所以会对沙皇俄国作出如此重大的领土让步，主要的原因，就是那噶尔丹已经在开始分裂大清王朝了。换句话说，康熙对沙皇俄国让步，确实是出于无奈。

索额图冲着康熙重重地点头道：“皇上既如此说，微臣便全明白了。请皇上放心，微臣此番前往尼布楚，一定不辱使命！”

索额图率众于这一年（1689年）的6月13日离开京城，前往黑龙江上游的尼布楚，而黑龙江将军萨布素等人则于6月11日由黑龙江城乘船往尼布楚而去。萨布素等人是7月26日到达尼布楚的，而索额图等人则晚了几天，于7月31日抵达尼布楚。然而，沙皇俄国谈判团的全权大使戈洛文却不见踪影。索额图质问沙俄谈判团副大使、尼布楚督军弗拉索夫道：“我等已经来此，贵国戈洛文大使为何迟迟不到？”

弗拉索夫搪塞道：“定是路途太过遥远，所以戈洛文大使才迟迟未到……”

索额图冷冷地驳斥道：“从楚库柏兴到尼布楚，不过数百里，而我等来此，又何止千里之遥，究竟什么才叫路途遥远？”

弗拉索夫只得讪讪地回道：“具体情况，我也不知，还是等戈洛文大使来了之后，你再去问他吧……”

实际上，戈洛文是故意姗姗来迟的，目的是想在清朝政府代表团的面前摆摆架子。一直到8月19日，戈洛文才带着他的使团及两千名左右士兵，慢腾腾地来到了尼布楚。

到了尼布楚之后，戈洛文并不想马上就进行谈判。索额图义正辞严地对戈洛文道：“贵国使团姗姗来迟于先，又推三阻四在后，显然没有多少谈判的诚意，既如此，我等也就没有必要再呆在这里了！”

听索额图如此说，戈洛文心中着实有些惊慌。尽管就戈洛文本人来说，他根本就不想与清朝政府举行什么和平谈判，但沙皇的旨意，他终究也不敢违抗。所以，权衡再三，戈洛文还是在到达尼布楚的当天就与索额图进行了第一轮正式会谈。

第一轮会谈，主要是双方各自摆明观点和意见。这种观点和意见自然出入很大。最大的出入点便是，戈洛文坚持在黑龙江流域以雅克萨为中俄分界线，而索额图则坚持以尼布楚为中俄分界线。因为是第一次会谈，双方也没怎么太过争执，只戈洛文时不时说出一些武力相威胁的话，但索额图却对此一笑了之。

休息了几天后，双方进行第二轮谈判。看起来，双方都对自己的观点和意见作了一些修改，但关键的问题，也即在黑龙江流域到底以什么地方为分界线的问题，双方却依然故我，各不相让。中俄双方的第二轮会谈，以不欢而散告终。

在这之后的十多天里，虽然中俄双方的首席代表索额图、戈洛文没有举行正式谈判，但中俄双方代表团的其他成员却频频接触。最后，清朝政府代表团表示可以让出尼布楚。而沙俄政府代表团也表示愿意让出雅克萨。

关键的问题解决了，中俄双方的首席代表索额图和戈洛文便又面对面地坐在了一起。这是公元1689年的9月7日，即康熙二十八年农历七月二十四日，由索额图和戈洛文分别代表康熙清朝政府和沙皇俄国政府，在《中俄尼布楚条约》上签字。

《中俄尼布楚条约》具体内容如下（依满文汉译本抄录）：

中国大圣皇帝钦差分界大臣议政大臣领侍卫内大臣索额图、内大臣都统一等公国舅佟国纲、都统郎谈、都统班达尔善、镇守黑龙江等处将军萨布素、护军统领玛喇、理藩院侍郎温达，会同俄罗斯察罕汗钦差全权大臣内大臣勃良斯克总督费多尔·阿列克谢耶维奇·戈洛文等，于康熙二十八年己巳七月二十四日，在尼布楚地方，为约束两国猎户宵小越境打牲、彼此劫杀、滋生事端，并明定中俄两国边界，以期永久和好，共同议定：

一，将由北流入黑龙江之绰尔纳，即乌鲁木河附近之格尔毕齐河为界，沿此河源之石大兴安岭至海：凡岭阳流入黑龙江之河溪尽属中国，其岭阴河溪悉属俄罗斯。惟乌第河以南、兴安岭以北中间所有地方河溪暂行存放，俟各自回国察明后，或遣使，或行文，再行定议。

二，将流入黑龙江之额尔古纳为界：南岸属中国，北岸属俄。其南岸墨里勒克河口现有俄罗斯庐舍，着徙于北岸。

三，雅克萨地方俄罗斯所筑城垣，尽行拆毁，居民诸物悉行撤回察罕汗处。

四，已定疆界，两国猎户不得越过。如有一二宵小私行越境打牲、偷窃者，拿送该管官分别轻重治罪。此外，十人或十五人合伙持械打牲、杀人、劫物者，务必奏闻，即行正法。其一二人误犯者，两国照常和好，不得擅动兵戈。

五，除从前一切旧事不议外，中国现有之俄罗斯人及俄罗斯现有中国之人免其互相索还，着即存留。

六，两国既永远和好，嗣后往来行旅，如有路票，准其交易。

七，自会盟日起，逃亡者不得收纳，拿获送还。

八，两国大臣相会议定，永息兵戈，永远和好之处奉行不得违误。

照此各将缮定文本盖印互换，又以满文、俄罗斯文、拉丁文刊之于石，置于两国交界之处，永为标记。

《中俄尼布楚条约》是中国和俄国签订的第一个条约。正式的文本是拉丁文本，由双方代表签字盖章，共六条。另有满文本和俄文本，都不是正式文本，但三种文本的内容大同小异。

今天看来，虽然康熙皇帝对沙皇俄国作出了重大的领土让步，但就实质而言，《中俄尼布楚条约》应该是一个平等的条约。中俄双方代表都是在各自政府事先指定的范围之内进行谈判交涉，谁也没有把自己的意志强加于对方。连后来苏联的一些书籍中也说："尼布楚谈判是正式的、平等的谈判"，"该条约巩固并扩大了两国人民的和睦关系"。

的确，在《中俄尼布楚条约》签订后的一段较长的时间内，中俄两国的东段边界稳定了下来，边境相对地比较平静，两国人民之间的和平往来和贸易也确实有所发展。

更主要的，《中俄尼布楚条约》签订之后，康熙皇帝就可以腾出手来去全力平定噶尔丹阴谋分裂中国的叛乱了。

第三十一章
倚沙俄噶尔丹造反 统大军康熙帝亲征

康熙用炯炯有神的目光环视了一下众人，然后稳稳地站了起来，声如洪钟般地言道："噶尔丹叛匪两次大败清军，气焰无比嚣张！叛匪一日不灭，朕便一日不安！此次平叛，朕当亲征。任何人都不得劝阻！"

伊犁是一个美丽富饶的地方，但在当时，却是噶尔丹叛军的根据地和大本营。噶尔丹和他的妻子阿奴就居住在这里。

噶尔丹叛军早就侵入到喀尔喀蒙古腹地，为何又退回到了西北的伊犁？只因为，《中俄尼布楚条约》签订得似乎太快了。《条约》签订后，噶尔丹还未能完全控制喀尔喀蒙古地区，沙俄军队一撤，清军就大批开进，随即，土谢图汗又带着喀尔喀蒙古人返回了家园。噶尔丹虽然兵马众多，但失去了沙俄军队的直接配合，他也不敢留在喀尔喀蒙古地区与清军和喀尔喀蒙古人抗衡，故而，噶尔丹只得咬牙切齿又灰心丧气地和妻子阿奴一起撤回到了伊犁一带。当然，噶尔丹虽然离开了喀尔喀蒙古，但霸占喀尔喀蒙古的野心却从未消失。回到伊犁之后，噶尔丹一边在新疆等地招兵买马，一边屡次派人去沙皇俄国求荣求助。

若就"野心"而言，噶尔丹的妻子阿奴是远远不能同噶尔丹相提并论的。噶尔丹曾当着他的侄子策妄阿拉布坦等人的面公开叫嚷道："新疆、青海、西藏，乃至整个喀尔喀蒙古，都应该是我噶尔丹的，康熙凭什么对我指手划脚？"

如果新疆、青海、西藏和喀尔喀蒙古地区真的都归噶尔丹所有，那噶尔丹岂不是占去了大清国的半壁江山？策妄阿拉布坦等人闻言，竟然冲着噶尔丹山呼起"万岁"来。

而阿奴的"理想"却很单纯，很渺小。她只是当着噶尔丹一个人的面，柔柔地对着噶尔丹道："你指向哪里，我就一直打到哪里！"

的确，若论英勇善战，甭看阿奴是个女流之辈，却明显地要高出噶尔丹一筹。尽管阿奴从未提及这一点，但噶尔丹在心里却是绝对承认的。也甭说"英勇善战"了，单就武功身手而言，噶尔丹也要逊于阿奴。

有一回，噶尔丹打了一次胜仗回来，其侄策妄阿拉布坦摆了一桌丰盛的酒席为噶尔丹洗尘庆功。席间，噶尔丹因为高兴，多喝了几杯，迷离的双眼便盯上了一个女侍。策妄阿拉布坦是一个十分精明的人，连忙叫那个女侍搀扶噶尔丹到内屋去休息。当时阿奴并不在场。可当噶尔丹与那个女侍刚刚“休息”完毕，阿奴却堵在了门外。噶尔丹也没抵赖，而且还显出一副“好汉做事好汉当”的英雄气概。阿奴实在气愤不过，就上前打了噶尔丹一掌。当时策妄阿拉布坦等人都在场。噶尔丹觉得被一个女人打了着实没脸面，就大步上前还了阿奴一拳。阿奴仿佛得理不饶人的样子，又打了噶尔丹一掌。噶尔丹自然不会罢休，便又还了阿奴一拳。就这样，噶尔丹和阿奴你一拳、她一掌，大打出手。在场的策妄阿拉布坦等人都以为阿奴绝不可能是噶尔丹的对手，因为阿奴虽然长得十分俏丽，但瘦弱得就像是沙漠中的一棵小草。而噶尔丹虽然也算不上有多么高大，但却异常地粗壮结实，直如沙漠中的一头骆驼。只不过，不知是有意还是不能，策妄阿拉布坦等人只是在一旁观战，并未上前劝阻。但结果，却大出策妄阿拉布坦等人的意料，瘦弱如小草的阿奴毫发无损地立在了地面上，而粗壮如骆驼的噶尔丹却四腿八叉地仰在地上，眼眶乌紫、鼻孔流血，极其狼狈凄惨。

策妄阿拉布坦等人吓坏了，但又不敢乱说乱动，只可怜巴巴地望着阿奴。阿奴只轻描淡写地吩咐策妄阿拉布坦等人道：“把他抬到屋里去，让他好好地睡上一觉！”

策妄阿拉布坦等人手忙脚乱地将噶尔丹又抬回了屋里。那个先前与噶尔丹一起“休息”的侍女还在，只是脸色比天山上的雪还要白。阿奴对那个侍女言道：“你刚才服侍老爷服侍得很好，你跟我来，我要好好地奖赏你！”

“奖赏你”三个字是从阿奴的牙缝儿里挤出来的，可怜的侍女，只得跟着阿奴走出了屋子。

阿奴确实是好好地“奖赏”了那个侍女。她把那个侍女带到一个空旷处，双手抓住那侍女的脖颈只轻轻一扭，那侍女就永远地“休息”了。

杀了侍女之后，阿奴就像什么事儿也没发生过似的，重新走回了那间屋子——当时的游牧民族，包括噶尔丹的准噶尔蒙古在内，固定的房屋很少，多为流动的帐篷——噶尔丹已经在床上沉沉地睡着了。

阿奴就静静地坐在噶尔丹的身边，一动也不动。她还真的有耐性，一直坐到噶尔丹悠悠地醒来。噶尔丹醒来之后，她问的第一句话是：“你还记得发生了什么事吗？”

噶尔丹揉揉眼，又摸了摸鼻子，然后回答道：“记得，你把我狠狠地揍了一顿。”

她继续问道：“你说，你刚才该不该打？”

他认真地言道：“我说，我该打，我真的该打，你打得对！”

她双眉挑动了一下：“你为什么该打？”

他就像是一个学生在回答老师的提问：“我不该借酒发疯，与别的女人乱搞。大业未成，我岂能如此贪恋酒色？所以该打！”

她的眼眶里，竟然有泪花在闪烁：“你，终于明白这个道理了？”

他竟然也噙着眼泪回道："我本来是有点不明白，但经你这一打，我就全明白过来了！"

跟着，这一男一女"哇"的一声，互相紧紧地拥抱在了一起，随即便嚎啕大哭起来。

还别说，自此以后，噶尔丹除了阿奴之外，还真的没怎么去玩弄别的什么女人。而阿奴也从此没在噶尔丹的身体上锻炼自己的拳脚了。若从寻常的角度来看，这一对男女也算得上是一对恩爱夫妻了。如果噶尔丹真的是一个干大事业的人，阿奴就可称得上是一个贤内助。只不过，噶尔丹追求的"事业"虽然很大，但却是叛国、卖国的勾当，这就注定了阿奴这个"内助"不可能有一个好下场。

阿奴的"野心"虽没有噶尔丹大，但在卖国求荣这一方面，她却比噶尔丹毫不逊色。噶尔丹屡次派自己的使者去沙皇俄国乞援，最支持噶尔丹这么做的人，便是阿奴。

噶尔丹经常对自己的使者说："你去对沙皇陛下讲，只要他支持我夺取了喀尔喀蒙古，他愿意在那儿建多少城堡就建多少城堡。如果沙皇陛下需要那片土地，我可以全部让给他！"

而阿奴则常常对噶尔丹说："给沙皇一些好处我们不会吃亏。我们给他土地，他会给我们枪炮。我们有了枪炮，还怕夺不到土地？"

看看，噶尔丹和阿奴的卖国逻辑就这么简单：把土地让给沙俄，从沙俄那里换取枪炮，然后再从康熙的手里抢夺土地。这种直接了当的卖国行径，也真的让每一个中国人感到齿冷和心寒了。

但是，对噶尔丹如此的所作所为，沙俄侵略者却感到由衷的高兴和热烈的欢迎。尽管自《中俄尼布楚条约》签订之后，沙俄政府不便直接出兵侵略中国领土，但沙俄政府侵略中国的野心却始终未灭，而噶尔丹这种变本加厉的卖国行径正与沙俄政府的侵略野心相吻合。所以，从《中俄尼布楚条约》签订之后的第二年（1690年）的5月，沙俄政府至少偷偷摸摸地向噶尔丹叛军提供了上千支火枪和近百门火炮。沙俄政府这样做的意图很明显，借噶尔丹的手，间接地从大清国抢夺土地。

有了沙俄政府的暗中支持，噶尔丹的气粗了，腰也粗了。他对着阿奴和策妄阿拉布坦等人狂妄地叫嚣道："建大功立大业的时机到了！我要举兵东进，重新占领喀尔喀蒙古，让康熙和土谢图汗知道，我噶尔丹不是好惹的，喀尔喀蒙古只能臣服于我噶尔丹的统治之下！"

策妄阿拉布坦乘机恭维道："大王只要放马东去，那土谢图汗定将束手就擒！"

更有人对着噶尔丹振臂高呼道："大王万岁！大王万万岁！"

而阿奴，也真不愧为噶尔丹的"贤内助"。她竟然在三个月的时间内，为噶尔丹组建成了一种非常特殊的武器装备：驼城。

所谓“驼城”，是由一万头左右的骆驼组成。这些骆驼都是经过特殊训练的，枪炮不惊。作战时，上万头骆驼一起卧地，卧成一个半圆形，骆驼背上加上箱垛，箱垛也蒙着湿毡，远远地看去，这上万头骆驼组成的阵式，很像一个小城市，更像一段长城，故曰“驼城”。

“驼城”最大的优点是利于防守。士兵躲在驼城的后面，敌人若在远处，就于驼背箱垛的缝隙中向敌人放枪放箭，而敌人的枪弹和箭矢则大都会被驼背上蒙着的湿毡挡住，若敌人攻得近了，士兵们就可以用早已准备好的刀剑和挠钩等将敌人砍倒抓翻，而敌人却很难冲到驼城的这边来。

在沙皇俄国的支持和武装下，噶尔丹的军事实力迅速膨胀。噶尔丹以为，自己的力量已经足以与大清国和喀尔喀蒙古一决雌雄了。1690 年的 6 月，噶尔丹和阿奴带着三万骑兵和一万骆驼兵（一名士兵管一头骆驼组成驼城），踌躇满志地离开伊犁，径向东方开去。噶尔丹的女儿钟齐海和侄子策妄阿拉布坦等人，一直把噶尔丹和阿奴送出很远。

噶尔丹离开伊犁前，曾仔细叮嘱策妄阿拉布坦：“我走后，你要做好两件事。第一，好好地照顾我的女儿。第二，如果伊犁周围有人敢趁我离开时图谋不轨，你就毫不客气地镇压！”

策妄阿拉布坦恭恭敬敬地回道：“叔叔放心！叔叔叮嘱的两件事，侄儿一定都会做得妥当。如果侄儿做得稍有差错，待叔叔回来，唯侄儿是问！”

噶尔丹放心地离去了。他以为，此番他与阿奴一起远征喀尔喀蒙古，一定会像策妄阿拉布坦所预祝的那样：旗开得胜，马到成功！

往日征战，总是阿奴带一队人马做前哨，噶尔丹则率大队人马跟在后面。这一次也不例外。阿奴率五千骑兵远远地走在前边，噶尔丹领着两万五千骑兵及驼城、炮队慢慢腾腾地跟在后边。阿奴走在前边的目的有两个，一是为了侦察敌情，二是为了强抢粮食物资。噶尔丹叛军征战，总是带很少的粮草，军队的粮草供应，几乎全靠强抢。

6 月底，噶尔丹叛军一路抢掠，开到了喀尔喀蒙古的辖地乌珠穆沁。噶尔丹叛军几乎没有遇到任何的抵抗，只有少数清军和喀尔喀蒙古武装稍作抵抗后便仓皇溃散。噶尔丹不禁得意忘形地道：“如此看来，只要一路东进，便可以开进京城了！”

而阿奴的动作更快。她率领五千骑兵已经逼近了乌尔会河。那是一个黎明时分。阿奴本想带着手下赶到乌尔会河西岸扎营的，却听得手下报告道：“乌尔会河东岸发现一支清军骑兵！”

阿奴一惊，急忙问道：“清军有多少骑兵？可曾携带大炮？”

手下回道：“清军骑兵约有万人左右，不曾携带大炮，不过，有不少火枪。”

阿奴眼珠一转，找着一个亲信吩咐道：“你速西去，见着大王，当如此如此说……”然后，命令手下五千骑兵全速前进与清军交战！

五千叛军骑兵，在阿奴的带领下，几乎是一窝蜂地就拥到了乌尔会河西岸。黎明的霞光，将乌尔会河东岸映得一片通红。霞光映照下，大批清军骑兵正在河边饮马，显然并未发觉阿奴的叛军已经到来。

乌尔会河很窄，一支箭能贯穿东西两岸。乌尔会河也很浅，一匹马可以很轻松地在河水里跳跃。阿奴的脸冷峻得就像是天山上的一块石头。她尖起嗓子高声吼叫道："开枪！放箭！"

数百条火枪，数百支火铳，还有上千架弓箭，一起朝着乌尔会河东岸射去。那些正在饮马的清军，冷不丁地遭到阿奴的突然袭击，阵脚大乱，纷纷向东逃去。而阿奴的叛军，只是不停地射击，并未过河追杀。

很快，清军就稳定了阵脚。他们已经看出，叛军只有数千人，且火枪也不是特别地多，更没有大炮。于是，清军就列好队形，一边向叛军开枪还击，一边强行横渡乌尔会河。看清军三路纵队强渡乌尔会河的模样，显然是想把这股叛军围歼在乌尔会河边。

自清军在东北与沙俄军队开过仗之后，康熙便深深认识到火枪火炮在战争中的重要作用。所以，清军队伍中的火器数量便明显地增多。比如这支正在强渡乌尔会河的清军骑兵，就至少配备了上千支火枪火铳。

阿奴当然看出了清军的意图。她冷笑一声吩咐手下道："往后撤，一边撤一边射击！"

叛军向后撤了，一边撤一边向清军开枪放箭。清军似乎被阿奴惹火了，渡过乌尔会河之后，一边向叛军射击一边穷追不舍。清军追得急，阿奴撤得快。清军追得慢，阿奴便撤得缓。就这么着，这支清军骑兵被阿奴牵引着一点点地向西追击。

清军追着追着，猛然间觉得情况不妙。因为，阿奴那股叛军，不知何时突然消失了。又不知何时，清军的北、西、南三面，突然出现了大批的骆驼，这些骆驼，安安稳稳地伏卧于地，骆驼的背上，覆着一层厚厚的油毡，油毡之内，掩有一个又一个的箱子，这些箱子，加上骆驼的驼峰，在油毡的覆盖下，远远地望去，就像城墙上的墙垛儿。

清军没见过这玩艺儿，大感诧异，一时有些不知所措起来。就在清军官兵面面相觑的当口，猛然间，从那些骆驼的背后，射出一发发的炮弹来。随着一阵"轰隆隆"的巨响，清军骑兵顿时人仰马翻。显然，这支清军骑兵已经被阿奴苦心练就的"驼城"三面包围了。看来，阿奴的这个"驼城"，不但可以用来防守，而且也可以用来进攻。

不过，这支清军骑兵虽然遭到了猛烈的炮击，却很快就镇定了下来。不难看出，这支清军骑兵和它的指挥官，都是训练有素的。清军很快就组织起数千人马，顶着炮火，向西边的驼城发动了勇猛的进攻。可是，尽管清军官兵前赴后继、攻势如潮，但还没有接近驼城，就又被驼城后面的叛军用火枪、弓箭给射了回来。有少数清军士兵，好不容易地靠近了驼城，可还没等看明白是怎么一回事，便被驼城后面的叛军用刀剑给砍死了。

清军知道再支撑下去只能是全军覆灭，于是就集合起残兵败将开始向东边撤退。但清军撤退得太晚了，阿奴早已带着万余名叛军骑兵堵住了清军的退路，并迅即向清军发动了进攻。清军本有万余人马，但经叛军驼城一击，死伤业已累半，再经阿奴这凶猛的一攻，清军就更无还手之力。好在清军已经无心恋战，只顾向东逃跑。因为清军官兵很明白，只有向东逃跑，才能逃出一条生路。所以，尽管阿奴围得很严、攻得很猛，但依然有二三千清军官兵冲出了阿奴的围堵，没命地向东逃去。

若依噶尔丹的意思，既然击溃了这股清军，缴获了大量的马匹和武器，那就应好好地休整一下，然后再稳步向东推进。穷寇莫追嘛！但阿奴不同意。阿奴以为，大败这支清军，正好可以挟胜利之威，一鼓作气地快速向东推进。噶尔丹拗不过阿奴，最终只得同意。

于是，阿奴就亲率一万名叛军，跟着那支溃败的清军穷追猛打。清军溃逃的速度很快，但阿奴追击的速度更快。一路上，不断地有落伍的清军官兵被阿奴活捉。但阿奴根本无心照看那些清军俘虏，捉住一个杀掉一个，捉住一对杀掉一双，然后继续催军东追。

阿奴带着她的手下，竟然一口气地穷追了十天十夜。穷追途中，她至少又砍杀了千余名清军官兵。十天十夜之后，她追到了乌兰布通。

乌兰布通是喀尔喀蒙古的一个重要领地，有点类似军事重镇。从这里到京城，不过七百里耳。所以，这里不仅驻扎着数千名清军，还驻扎着土谢图汗的一支精锐武装。不仅如此，因为清朝政府已经下定决心要平定噶尔丹叛乱，所以，清廷中许多重臣都被康熙派到了喀尔喀蒙古地区。像驻扎在乌兰布通一带的那数千名清军，便是由清廷理藩院尚书阿尔尼率领。而那支喀尔喀蒙古精锐武装，则是由土谢图汗本人亲率。实际上，被噶尔丹和阿奴打败的那支清军骑兵，本来也就是从乌兰布通向西开去的。而那支清军骑兵的统帅，不是别人，是康熙的国舅佟国纲。

佟国纲、阿尔尼和土谢图汗本来都驻扎在乌兰布通。三人的手下加在一起，有近两万人。以佟国纲的部队最为强大，一万一千多人，且还都是骑兵。他们是康熙决心平定噶尔丹叛乱的先头部队。

本来，佟国纲也不会离开乌兰布通西去。只是一批又一批被阿奴的骑兵追杀的喀尔喀蒙古人不断地从乌兰布通经过，佟国纲这才动了心。因为，经询问，叛军只有数千人。佟国纲想：以我万余人马，定能将这股叛军歼灭。殊不知，阿奴那五千骑兵，只不过是大队叛军的前哨。

阿尔尼和土谢图汗都不希望佟国纲独自西去。他们以为，既然叛军东犯，就决不会只是这区区数千人马。但佟国纲也许是立功心切，执意西去迎击叛军。阿尔尼和土谢图汗见劝阻不成，只得嘱咐佟国纲倍加小心。

佟国纲率一万一千余骑兵踌躇满志地西去，东逃回来的时候，只剩下二三千人。待逃到乌兰布通，见着阿尔尼和土谢图汗时，佟国纲的身边，只有一千多人了。

阿尔尼和土谢图汗见佟国纲如此惨败，大为震惊。震惊之余，便有手下报道："叛匪追到这里来了……"

原来，佟国纲前脚刚踏进乌兰布通，阿奴后脚就追了过来。佟国纲气急败坏地叫道："这女匪，欺人太甚！我冲出去跟她拼了！"

阿尔尼和土谢图汗连忙劝佟国纲冷静。阿尔尼言道："国舅大人，叛匪虽然嚣张，但却是疲惫之师，只要我等安排妥当，定可与叛匪在此一战！"

土谢图汗也道："是呀，国舅大人，我等目前尚有八九千之众，又有大炮数门，叛匪劳师远征，未必能占得了便宜！"

佟国纲气呼呼地道："就依二位。不过，要尽快报与皇上知道。"

于是，佟国纲、阿尔尼和土谢图汗等人，一边派人回京城向康熙皇帝报告，一边急急地安排兵力准备与阿奴的叛军一决雌雄。

当时，清军与喀尔喀蒙古人的武装共有九千余人，而阿奴的叛军却有一万。不过正如阿尔尼所说，阿奴的叛军是疲惫之师，清军却是以逸待劳，且还有好几门大炮。如果清军部署得当，是完全可能将阿奴的叛军击溃的。

然而，清军却犯了一个重大的错误。佟国纲也好，阿尔尼、土谢图汗也罢，他们都只注意防备阿奴叛军的正面进攻，几乎把所有的兵力和大炮都摆放在了正面，而忽视了阿奴的叛军都是骑兵、机动性很强这一关键点。清军尤其不该忽视的是，阿奴不是一个寻常女流之辈，她确可以称得上是一个能征惯战的巾帼大将军。

阿奴的叛军追到乌兰布通附近时正是黄昏。草原和沙漠里的黄昏是别有一番风味的，尤其是在这样的夏季里，那说明不明说暗又不暗的黄昏景致，格外地令人遐想不已、回味无穷。

阿奴当时也的确是在遐想不已。只不过她想的不是什么黄昏，而是想着如何打败那个土谢图汗。当得知土谢图汗就在前面不远处时，她就暗暗地发誓道："这一次，一定不要再让土谢图汗逃脱了！"

噶尔丹一心想抓住土谢图汗，这一回，阿奴便想满足噶尔丹的这个心愿。为保证不让土谢图汗跑掉，阿奴就郑重地对着手下许诺道："谁抓住土谢图汗，我就把女儿钟齐海嫁给他！"

能做上噶尔丹和阿奴的女婿，那该是何等的荣耀、何等的威风？故而，阿奴这么一说，那些叛军官兵一个个都欢呼雀跃起来。那连续奔袭十数天的疲惫便云消雾散。看来，阿奴不仅英勇善战，对如何鼓舞士气，也不是外行。

但阿奴并没有马上就对清军发起进攻。她命令部队一边加强戒备一边吃东西休息。待黄昏退去、夜幕降临了之后，她便开始行动了。

阿奴将一万人马分成两部分。一部分六千人，一部分四千人。六千人的那部分骑兵原地待命，准备从正面向清军营地发动攻击。而四千人的那部分骑兵，则偷偷摸摸地离开，绕到清军的背后。

阿奴吩咐那四千个骑兵：圈子尽量绕大点，千万不要被清军发觉，待正面进攻开始之后，就从背后袭击清军。

阿奴又将留在原地的六千个骑兵分成三组，每组两千人。阿奴叮嘱手下道："进攻开始后，三组人马轮番冲击！伤亡再大也不能停止进攻！"

阿奴的战术意图是：六千个骑兵不停地冲击，将清军的注意力全部吸引到正面战场来，为绕道偷袭的那四千个骑兵创造有利的条件。

这样，正面进攻的那六千人马肯定损失较大，但阿奴不管，她只想取得这场战斗的胜利，只想能够抓住喀尔喀蒙古领袖土谢图汗。

月亮慢慢悠悠地升起来了。草原上的月亮总是显得那么寂寥、冷清。阿奴估计那四千个骑兵应该绕到清军营地的背后了，于是就大声地命令手下道："向清军营地，进攻！"

第一组两千个叛军骑兵，乱叫乱嚷着，踏着草地和月光，向着清军营地发起了疯狂的冲锋。清军自然早有防备。一时间，清军的大炮、火枪、火铳及弓箭，一起向疯狂冲上来的叛军骑兵射去。

顿时，炮声轰鸣、枪声大作。叛军的骑兵一排排地倒下，但又一排排地冲了上来。清朝国舅佟国纲亲操一支火枪，一边不停地射击一边骂骂咧咧地道："他妈的女叛匪！你尽管往这儿冲吧！你冲上来多少我就打死你多少！"

理藩院尚书阿尔尼，指挥着几门大炮轮番向叛军轰击。他看着一排排倒下又一排排冲上来的叛军，不禁对土谢图汗咂舌言道："乖乖，这叛匪果然骁勇异常……"

土谢图汗也不禁点头道："尚书大人，阿奴实比噶尔丹更难对付！"

尽管清军的枪炮弓箭异常地密集，但因为叛军骑兵的速度极快，所以便有数百个叛军冲进了清军的营地。土谢图汗一见，急忙亲率千余喀尔喀蒙古战士，硬是用大刀长矛将那股叛军骑兵砍出了营地。

叛军的第一次进攻被打退了。惨淡的月光下，清军的营地前，横陈着一具又一具叛军官兵的尸体。有一匹尚未断气的马，艰难地在几具尸体中间挣扎着，可无论它怎么挣扎，也始终爬不起身来。有一个叛军士兵，当时也没有咽气，他拼着最后一丝力量，终于翻过身来，可刚一翻过身，他就在凄清的月色浸润下，缓缓地合上了眼，再也没有睁开。

佟国纲心中的一口闷气还没来得及完全吐出来，一个清军士兵就慌慌忙忙地跑到他的身边道："大人，叛军又攻上来了！"

佟国纲一听，连忙抓起身边的火枪，冲着左右的清军官兵喊道："给我打！狠狠地打！把这些该死的叛匪统统打死！"

顿时，清军的枪炮又一起发作起来。叛军的第二次进攻刚刚被打退，叛军的第三次进攻就接着又开始了。

阿尔尼多少有些惊异地对土谢图汗言道："这女叛匪，好像在和我们拼命啊！”

土谢图汗也疑惑道：“这女叛匪有多少兵马，经得住这样硬拼？”

阿尔尼和土谢图汗正在嘀咕呢，佟国纲气喘吁吁地跑过来道：“我以为，今夜战况有些异常……”

阿尔尼忙着应道：“我和土谢图汗也有这种疑虑……”

佟国纲道：“那女匪十分地狡猾，十数天前，我在乌尔会河边便是中了她的诡计，可现在，她如何会如此一味地蛮打蛮冲？莫非……”

土谢图汗接道：“莫非这女匪另有图谋？”

“糟了！”佟国纲不禁失声叫道，“这女匪一定是另派了一支军队绕到我们的后面来了！”

阿尔尼恍然大悟道：“这女匪蛮打蛮冲，是吸引我们注意力……”

土谢图汗急急地道：“两位大人，赶快派兵到后面去拦截叛军……”

但已经来不及了。尽管佟国纲、阿尔尼和土谢图汗最终都明白过来了，但已经太迟。阿奴的四千叛军骑兵早就从清军的背后掩杀了过来。茫茫草原，茫茫月光，正是骑兵大显身手的好地方。尽管清军官兵和喀尔喀蒙古勇士对叛军骑兵作了殊死的抵抗，尽管阿奴身边的叛军骑兵在向清军营地发起冲锋时至少战死千人左右，但东西两路叛军一夹击，清军和喀尔喀蒙古人还是招架不住。一个时辰左右，清军和喀尔喀蒙古人便败下阵来。

叛军骑兵一边疯狂地砍杀一边大呼小叫道：“冲呀，杀呀，活捉土谢图汗呀！”

叛军官兵这么一大呼小叫，反而提醒了佟国纲和阿尔尼。是呀，如果土谢图汗被叛军抓去或被叛军杀死，那对喀尔喀蒙古族的打击可就大了。所以，佟国纲和阿尔尼就赶紧收拢起一批四处溃散的清军官兵，竭力保护土谢图汗的安全。好在清军和喀尔喀蒙古人也还有不少马匹，不然，甭说土谢图汗了，就连佟国纲和阿尔尼，恐怕也难逃活命。

叛军认出了土谢图汗，便成群结队地向着土谢图汗的方向冲了过来，一边猛冲一边大叫道：“不要让土谢图汗跑了！快抓住他啊！”

佟国纲自然不会让叛军抓住土谢图汗。阿尔尼甚至这么想：即使我让叛军杀死，也绝不能让土谢图汗受到损伤。所以，佟国纲和阿尔尼就一边拼命地抵抗一边拼命地向东败退。

蓦地，一彪叛军骑兵，几乎像闪电一般，霎时就冲到了佟国纲和阿尔尼的近前，为首一人，正是噶尔丹的妻子阿奴。只见她圆睁二目，一马当先，左手执剑、右手横刀，当真是挡她者死，拦她者亡。有几个清军士兵，见她如此威风霸道，根本就不敢向她靠近一步。而她，剑来刀往，径向土谢图汗冲去，一边冲一边大叫道：“土谢图汗，哪里逃？还不快快下马就擒？”

土谢图汗闻言，当真是气炸了肺。一个堂堂须眉男子，又是喀尔喀蒙古族的领袖，怎能被一个看起来十分瘦小的女人追得如此狼狈？故而，土谢图汗一咬牙一横心，把手中大刀“咣”地一抬，一边勒转马头一边义愤填膺地叫道：“阿奴女匪，休得猖狂，我土谢图汗来也！”

慌得佟国纲和阿尔尼赶紧拦住土谢图汗道：“土谢图汗，你不能回头……”

土谢图汗气哼哼地道：“这女匪欺人太甚，我去与她拼个鱼死网破！”

佟国纲急道：“土谢图汗，现在不是斗气的时候，还是逃命要紧啊！”

阿尔尼连忙吩咐手下道：“快，你们保护土谢图汗东去！”

土谢图汗无奈，只得在一干人马保护下落荒而逃。阿奴一见，急忙催动胯下之马，一边朝土谢图汗追去一边狂叫道：“土谢图汗，你就是逃到京城，我也要把你抓回来！”

佟国纲和阿尔尼赶紧带上一支人马挡住了阿奴的去路。阿奴瞪着佟国纲和阿尔尼怒道：“你们如果不想死，就快点让开！”

佟国纲摆出一副豁出去的架势道：“女叛匪，我虽然不想死，但也绝不会让开！”

阿尔尼紧接着言道：“我也不想死，但我也不会让开！”

阿奴气得“哇呀呀”一阵怪叫。怪叫声中，她左手长剑似蛟龙出海，“嗖”地就朝佟国纲刺去，与此同时，她右手大刀又如猛虎下山，“呼”地便向阿尔尼砍去。一左一右，一剑一刀，同时击向两人，且又配合得天衣无缝儿，这阿奴的武功身手，当真可以称得上是炉火纯青了。

见阿奴长剑迅疾刺来，佟国纲不敢怠慢，忙着用手中的剑去封堵阿奴的长剑。只听“当”的一声脆响，阿奴的长剑是封回去了，但佟国纲的右臂却震得一阵酸疼。佟国纲大惊失色地叫道：“尚书大人，千万小心，这女匪果然厉害！”

那边的阿尔尼，也刚刚勉强地架住了阿奴砍来的一刀。闻听佟国纲之言，阿尔尼便心有余悸地回道：“这女匪果真难缠，国舅大人千万小心！”

阿奴一刀一剑不中，真是怒从心头起、恶向胆边生。她两臂一挫，双手便交换了刀剑。跟着，她双臂在马背上微微一翘，就要对佟国纲和阿尔尼进行致命的一击。然而，就在这当口，天上的月亮不知何故钻进了一层厚厚的云里。霎时，地面上就变得一片黑暗。

佟国纲心里道：这正是逃跑的大好时机。这么想着，他便一勒马头，向着东方就逃之夭夭。跑出多远，他才想起那个阿尔尼来。于是，他就在马背上自言自语地道：“也不知尚书大人逃出来没有……”

佟国纲的话音未落，就听黑暗中有一个声音应道：“国舅大人，此时不逃，更待何时？”

佟国纲不用看也知道那是阿尔尼，而且是在佟国纲前方说的。佟国纲高兴地叫道：“尚书大人，真没想到，你跑得比我还快啊！”

阿尔尼回道：“国舅大人，跟这样的女匪交手，如果跑得慢一慢，恐怕就再也跑不掉了！”

"尚书大人说的是，"佟国纲不禁又回头看了一眼，"这女叛匪，一身功夫出神入化，着实不好对付！"

这时，月亮又从云层里钻了出来。佟国纲和阿尔尼的身边，不断有残兵败将跑过。佟国纲又不禁长叹道："想不到我等竟然会败得如此凄凉！"

阿尔尼似乎是在安慰佟国纲道："国舅大人，现在不要想那么多了，还是抓紧时间逃命吧！如果那女匪追将过来，麻烦可就大了！"

佟国纲赶紧言道："尚书大人言之有理，还是以逃命为紧要！"双腿一夹马肚，就赶上了阿尔尼。随即，两人裹在残兵败将中，一路向东逃去。

但阿奴并没有追来。虽然她很想一直追上去，杀死佟国纲和阿尔尼、擒住那个土谢图汗，但她只是这么想，却没有这么做。因为，她的手下确实太过疲惫，且乌兰布通一仗，她尽管击溃了清军，但自己的损失也很惨重，至少有五千叛军阵亡。更主要的，从乌兰布通往东，距京城越来越近，距京城越近，清军的力量自然就会越强，她若以五千劳顿之师穷追下去，结局只能是自取灭亡。故而，尽管没能抓住那个土谢图汗，阿奴心中很是失望和遗憾，但她却也很冷静很理智地鸣金收兵，在乌兰布通一带打扫战场、安营扎寨，等候着噶尔丹大军的到来。

佟国纲和阿尔尼，一连狂奔数日，终于逃回到了京城。回京见驾的时候，康熙宣布了对他们的处分决定：佟国纲被革去都统之职，阿尔尼被迁为理藩院侍郎。

佟国纲和阿尔尼双双退去之后，康熙吩咐："文武百官弘德殿候驾！"

满朝文武很快齐聚弘德殿内。尽管并不知晓康熙皇上要作什么重要指示，但他们却也明白，此次皇上召集群臣，定与平叛有关。

康熙稳稳地坐在皇帝的宝座上。他先用炯炯有神的目光环视了一下众人，然后便稳稳地站了起来，声如洪钟般地言道："噶尔丹叛匪两次大败清军，气焰无比嚣张！叛匪一日不灭，朕便一日不安！此次平叛，朕当亲征。任何人都不得劝阻！"

康熙既如此说，文武百官，包括索额图和明珠等人，谁也不敢轻易开口。康熙又重重地道："噶尔丹叛匪，胆大包天、狂妄至极，竟然进逼到了乌兰布通！既如此，朕即使倾全国之力，也要将噶尔丹叛匪悉数歼灭在乌兰布通！乌兰布通是叛匪猖狂得意所在，也定将是叛匪灭亡的坟墓！"

康熙口中"倾全国之力"并非夸张。因为当时的清朝政府并没有太多的武装力量。"三藩之乱"给康熙的深刻教训是：如果地方上的武装势力过于强大，则清廷就必然有后顾之忧。故而，"三藩之乱"被平息后，除东北、福建等处仍驻有大批的清军外，清朝其他各省各地，清军数量寥寥无几。这样一来，清廷似乎是高枕无忧了，但清军的总人数却大大地减少。亏得康熙自决定要彻底平定噶尔丹叛乱之后，已经从全国各地抽调了不少军队进京，京畿一带，大约集结了近十万清军，不然的话，噶尔丹叛军兵犯乌兰布通，康熙就只能手足无措。尽管如此，除东北尚有三万多清军、福建等地尚有万余清军外，京畿一带集结的近十万清军，也真的几乎就等同于大清国的“全国之力”了。由此不难看出，为平定噶尔丹叛乱，康熙是下了多么大的决心。

康熙又高声地吩咐道：“裕亲王福全、兵部尚书明珠听令！”

康熙的哥哥裕亲王福全和明珠双双走出朝臣队列。康熙言道：“朕封裕亲王福全为抚远大将军、兵部尚书明珠为副将，率两万清军出古北口，从南面包围乌兰布通，不得有误！”

福全和明珠领命而去。康熙接着大声吩咐道：“恭亲王常宁和吏部尚书索额图听令！”

康熙的弟弟恭亲王常宁和索额图一前一后走出。康熙命令道：“朕封恭亲王常宁为安北大将军、吏部尚书索额图为副将，率两万清军出喜峰口，从北面包围乌兰布通，不得有误！”

常宁和索额图“喳”了一声，各各离去。康熙又面对着众大臣言道：“朕将亲率三万大军，从正面直接向乌兰布通开进，待三路大军会合，定将噶尔丹叛匪一举歼灭在乌兰布通！”

看看，为平定噶尔丹叛乱，康熙不仅亲自披挂上阵，还把自己的两个弟兄和两个最亲近的大臣也一并捎上了。噶尔丹叛军能获此殊荣，也着实不易。想当年，“三藩之乱”在大清国南方乱得如火如荼之际，康熙也没有走出京城一步。现如今，噶尔丹叛军的实力应该说远不如吴三桂当年，康熙为何要亲自西征？却原来，在康熙的心目中，噶尔丹叛乱比当年的“三藩之乱”要严重得多、更危险得多。原因是，康熙早已经看出，噶尔丹叛乱得到沙皇俄国的暗中支持，若不尽快平定，恐将后患无穷。从这个意义上说，康熙以为，同噶尔丹叛军作战，也就是在同沙皇俄国作战。既是在同沙皇俄国作战，康熙当然要格外地重视了。

这一年（1690年）的7月底，“抚远大将军”福全和副将明珠，率两万清军西去。与此同时，“安北大将军”常宁和副将索额图也率两万清军西去。而康熙，则亲率三万清军浩浩荡荡地离开了京城，准备亲往乌兰布通，与噶尔丹叛军一决高低。

随同康熙一起西去的，除赵昌、阿霖等一干侍从外，还有朝中十几位大臣。另有两个人也不能不提。一个是已经被康熙革去都统之职的国舅佟国纲，一个是康熙钦定的大清太子二阿哥胤礽。佟国纲是奉康熙之旨前去戴罪立功。而胤礽则是向康熙主动请缨要去参加平叛战斗。康熙考虑到胤礽已经十七岁了，是个大人了，作为大清国的太子，应该到战场上去锻炼锻炼，所以就同意了胤礽的请求。不过，在离开京城前，康熙曾再三叮嘱佟国纲：在战斗中，一定要确保二阿哥的安全。

然而，康熙未能亲往乌兰布通。在走到一个叫波罗和屯（今天河北省的隆化县城境内）的地方时，他突然发起高烧来，且一连三日，高烧不止。康熙这一发烧，不仅把赵昌、阿霖等侍从及十几位朝中大臣吓得不轻，而且那三万清军也只得在波罗和屯一带滞留了下来。

清军这一停留下来，可急坏了太子胤礽。胤礽此番积极主动请战，就是听了索额图的劝告，要改变自己在康熙心目中的不良印象。可是，清军滞留在波罗和屯，胤礽还如何表现自己？

所以，这一天，也就是康熙抵达波罗和屯的第三天，晚上，康熙经御医调治之后，高烧略有下降，正与环伺榻边的众大臣小声议论着什么的时候，胤礽大踏步地跨进了康熙的临时住房，且大声地言道："父皇，儿臣的皇伯皇叔早已领兵西去，我等这般滞留于此，岂不要贻误了战机？"

应该说，康熙染病在身，又正与众大臣在说话，而胤礽如此冒失地闯进来又如此冒失地发问（实际上几近于质问了），确实是很不礼貌的。然而，康熙对此却大为赞赏。

"皇儿，问得好！朕正与众爱卿在商谈此事呢！皇儿你说说看，却待如何？"

胤礽高声言道："儿臣以为，父皇有疾，可以在此停留，但三万大军，却不可在此停留一日，当速速西去，与皇伯皇叔会合，一举歼灭叛军！"

"好！"康熙的声音竟然十分宏亮。显然，他对胤礽的这一番话相当满意。他召过佟国纲，轻声地言道："国舅，朕染病在身，看来是不可能再去乌兰布通了。朕现在决定，就由你和太子一起，率军快马加鞭火速西往，早日和南北两路人马一道，将噶尔丹叛军，在乌兰布通，围而歼之！"

因为康熙连续高烧，身体十分虚弱，说起话来就难免有些断断续续的。佟国纲非常凝重地回道："皇上放心，臣定与太子如期赶到乌兰布通！"

康熙点点头，又低低地吩咐道："国舅，太子年轻，定然气盛，你要多多地加以劝导！"

佟国纲应道："臣一定会设法保护太子的安全的！"

康熙又召过胤礽，先是仔细地端详了一番，然后笑吟吟地言道："皇儿，朕不能亲往乌兰布通，你就替朕多杀死几个叛匪吧！朕会在这里，等候皇儿你凯旋！"

胤礽腰板一挺，硬硬地回道："父皇，儿臣此一去，那噶尔丹叛匪，定将作鸟兽散！"

康熙看见的是，胤礽气宇轩昂地跟着佟国纲走了。康熙没有看见的是，胤礽在离开前，曾定定地瞟了那个站在康熙榻侧的阿霖一眼，而且还瞟得阿霖从头到脚都一阵寒冷。

康熙第一次亲征噶尔丹叛军，因为生病，只得暂留在波罗和屯。后来，康熙的病虽然好了，但身体很弱，也就放弃了亲赴前线的念头。不过，在乌兰布通战役期间，康熙哪儿也没去，更没有返回京城，而是一直呆在波罗和屯，密切关注和及时了解清军与噶尔丹叛军交战的情况。乌兰布通战役的结果，令康熙很高兴，但也有些遗憾，同时，还有一种深切的悲伤。

中路清军在佟国纲和胤礽的率领下，西去的速度非常快。因为他们在波罗和屯耽搁了二三天，如果不日夜兼程，就不能够如期和南路北路的清军一道完成对乌兰布通的合围。合围乌兰布通，是康熙皇帝亲自拟定的战术。康熙的意图很明显，此次清军西征，不仅要将噶尔丹叛军击溃，而且还要力争在乌兰布通将噶尔丹叛军一举全歼。

还算不错，中路清军在佟国纲和胤礽的督促下，如期地赶到了乌兰布通附近，与南路和北路的清军一道，完成了对乌兰布通的战略合围。而盘据在乌兰布通的噶尔丹和阿奴，本来正准备继续向东侵犯，闻知清军大队人马已开来，就放弃了东犯的打算，而是固守在原地，准备与清军进行决战。这时节，正是秋天。

秋天的内蒙草原，景致十分美丽。河水清澈无比，草地碧绿无边，牛也肥来羊也壮。然而，在当时的乌兰布通一带，虽也有河水，也有草地，甚至还有牛羊和数以千计的马匹，但其景致，却即将与美丽无缘。因为，七万名清军，正一点一点地缩小他们的包围圈，而清军的包围圈内，又盘踞着三万五千多名噶尔丹叛军。如果这种场面也可以称得上是一道风景的话，那这道风景，就即将被血与火所涂抹。

看起来，清军的人数是叛军的两倍，取胜当在情理之中，但实际上，事情并非这么简单。一，清军人数虽多，但是仓促而至，而叛军却在乌兰布通经营多日，准备工作相当充分，尤其是阿奴精心训练成的那个驼城，围成一个大圆圈，将叛军牢牢地圈在里面，着实易守难攻。二，清军人数多达七万，却没有相应的后勤部队——实际上，如此庞大的军队远征，又行进在广袤的草原和沙漠里，即使想组建一支相应的后勤部队，也有极大的难度——每人只携带了数天的粮草。也就是说，如果在数天之内，清军不能取胜，当不战自退。而叛军盘踞在乌兰布通多日，粮草囤积得十分充足，即使打上个一月时间，叛军也无粮草之虑。三，清军不仅要击溃叛军，而且还要力争全歼叛军，这无疑给清军取胜又增加了更大的难度。

其实，如果噶尔丹和阿奴不是考虑到了自己一方占有很大的优势和胜算，恐怕在清军合围之前，就早早地带着叛军溜掉了。噶尔丹和阿奴想的是，如果能在乌兰布通打垮这支清军，那以后，叛军就可以长驱直入了，说不定，叛军可以一直轻松地打进京城里去。

噶尔丹和阿奴的防线分为内外两层。外层防线驼城的后面，潜伏着一万五千名叛军官兵，由阿奴指挥。内层防线由一些建筑物和新挖掘的战壕工事组成，里面掩藏着两万名叛军骑兵，由噶尔丹指挥。

噶尔丹和阿奴的意图是，利用驼城来消耗清军的兵力和锐气，待清军攻也不得退也不能之时，噶尔丹便率那两万名养精蓄锐的叛军骑兵，倾巢出动，一举将清军打垮。

从战术构思上来看，噶尔丹和阿奴的这种想法不乏可取之处。因为要以少胜多，就必须要出奇招和险招。但这却需要一个必要的前提，那就是，噶尔丹和阿奴的驼城，是否能够消耗清军的兵力和锐气，如果答案是否定的，那噶尔丹和阿奴的一切计划就只能化为泡影。

噶尔丹和阿奴本来以为，他们的驼城，至少可以抵挡清军五天的进攻，而五天之后，清军所携带的粮草恐怕就岌岌可危了。但战斗的结果，却大大出乎噶尔丹和阿奴的意料。

清军完成了对叛军的战略包围之后，已是到达乌兰布通的第二天。各路清军统帅马上就召开了联合会议。会上，佟国纲比较详细地叙述了上次在乌尔会河兵败的经过，末了，佟国纲深有感触地言道："叛匪的那些骆驼，确实不可小觑，稍稍处理不当，我军必吃大亏！"

参加会议的裕亲王福全、恭亲王常宁，还有索额图和明珠等人，一时都不知该如何去对付叛军的那些骆驼。裕亲王福全——各路清军总统帅——不无忧虑地道："如果不能想出一个好办法来去对付叛军的那些骆驼，那我们就很难速战速决……"

索额图接道："不解决好叛军骆驼的问题，我们就不能缩小包围圈，这样，叛军就很容易溜掉！"

可是，几个人议论来议论去，就是找不到一个可以让大家都满意的方法。一直默不作声的胤礽开口了。他开口的时候，脸上是一副很不屑的表情。胤礽是这样开口的："我看你们几个都是被叛军的那些骆驼给蒙住了。那些骆驼有什么了不得的？架起大炮一轰，什么样的骆驼还不都被炸飞？骆驼一炸飞了，叛军还能往哪里逃？这么简单的问题，值得如此大惊小怪吗？"

胤礽此番话的口气，应该说是极不妥当又极不礼貌的。因为，撇开明珠不说，裕亲王福全和恭亲王常宁都是他的父辈，而佟国纲和索额图则更是他的爷爷辈，佟国纲是康熙皇帝生母的兄弟，索额图则是胤礽生母的叔叔。按一般情理，胤礽是无论如何也不该用这种不屑和教训的语气对他的几位长辈说话的。但胤礽是康熙皇帝钦定的大清太子，既是太子，当然就不能以一般的情理来论了。不过，听了胤礽的话后，明珠却是不禁暗暗地皱了皱眉。

福全、常宁、佟国纲，包括明珠在内，都对胤礽的方法没有异议。众人商定：先集中清军所有大炮对着一个地方猛轰，待那个地方的骆驼被炸开一条通道之后，再派一支清军精锐骑兵冲进骆驼圈里，把躲在骆驼背后的叛军消灭掉，然后，所有清军迅速收拢包围圈，将剩余叛军紧紧地包围在第二道防线里，力争全歼。

剩下的问题是，该由谁去率领那支精锐骑兵。这一点非常关键。因为清军的大炮将叛军的骆驼炸开一条通道之后，那支精锐骑兵应当迅速地将骆驼后面的叛军解决掉，不然的话，清军就很难迅速地收拢包围圈，而包围圈若不能压缩到最小限度，那叛军就极有可能溜掉。

几个人当中，以佟国纲和福全的年龄偏大一些。所以，索额图和明珠，包括恭亲王常宁在内，都争着向福全请求去率领那支骑兵。几个人这么一争，便弄得福全很是为难。是呀，福全究竟该同意谁好呢？

但很快，福全就不再感到左右为难了。因为，胤礽这时候开口了。他是用一种勿庸争辩的语气开口的。他冲着众人开口道："你们都不用再争了！那支骑兵，由我去统帅！"

胤礽此言一出，众皆愕然。因为，胤礽是大清太子，让他去冲锋陷阵，万一出了什么意外，谁敢承担这天大的责任？

胤礽见众人一个个都默然不言，于是便自顾一笑道："各位大人不必惊慌，我向父皇请求来此参加战斗的目的，就是要杀敌立功的。如果不能杀敌立功，我又何必离开京城？"

胤礽向康熙请求来此参战，本是索额图在暗中向胤礽建议的，但索额图的原意，是叫胤礽一直跟在康熙皇帝的身边，并非真的想让胤礽去冲锋陷阵。胤礽没有一点点实战的经验，如果真的发生什么意外，那对索额图而言，该是多么巨大的危险？

想到此，索额图重重咳嗽一声，然后含笑对胤礽言道："殿下，你能亲赴平叛第一线，本身就是大功一件，不一定非得要冲锋陷阵啊？"

"对，对！"福全马上道，"索大人说得对！殿下不必冲锋陷阵，只需坐阵指挥便可！"

福全虽是康熙的哥哥，但也不敢承担让胤礽去冒险的责任。谁知，胤礽把脖子一梗，异常生硬地道："不！那支骑兵的统帅，非我莫属！"

第三十二章
护储君国舅爷殉难
固边防大清帝会盟

康熙皇帝看到佟国纲的遗体时，眼泪止不住地往下流，半晌，康熙才一边流泪一边自言自语地道：“朕应该把他留在京城的……”可是，如果佟国纲和胤礽二人必死一个，叫康熙来选择，康熙会选择谁呢？

胤礽执意如此，福全只能无奈地答应。但福全最后决定：拨给胤礽两万名骑兵，其他人等，准备收拢包围圈。在胤礽的两万名骑兵里面，还有佟国纲。因为，佟国纲不敢忘了康熙的嘱咐，要竭尽全力地保护胤礽的安全。事实是，在战斗打响之后，为了保护胤礽的安全，大清国舅佟国纲，也确实是竭尽了自己的全力。

尽管清军长途奔袭、跋涉数百里，但也还是携带了数十门大炮。也亏得有这数十门大炮，不然，清军对叛军的那道驼城，还真的没有什么好办法。虽然叛军也有数十门大炮，但那数十门大炮是分散在驼城里面的，不可能像清军炮队一样，把所有大炮都集中在一处。

当天（清军抵达乌兰布通的第二天）黄昏时，清军已经做好了一切战斗准备，但并没有马上就对叛军发动进攻，只等天黑。天黑下来之后，清军便把数十门大炮悄悄地集中在叛军防线的南端。

南端清军由裕亲王福全指挥。他叫过胤礽，仔细叮嘱道：“待大炮将骆驼炸开一截之后，你便率队猛冲进去。切记，只需将骆驼背后的叛军打垮便可，千万不要再往里面攻。里面的叛军工事比较复杂，得等天亮了之后再行进攻！”

胤礽大大咧咧地回答福全道：“皇伯放心，我只会取胜，不会误事！”

胤礽说得信心十足，但福全不放心，又找来佟国纲言道：“国舅大人，如果太子只一味地往里冲，你可要百般地劝阻啊！”

佟国纲回道：“王爷放心，我一定会让太子按王爷的吩咐去做的！”

这晚的月亮好像是在故意帮清军的忙。月亮虽很大，也很圆，但就是朦朦胧胧的，照得地上模模糊糊。这样的月光，似乎最适合于夜袭。

福全来到炮兵阵地。他抬头看了看天，又低头看了看地，再举目望一望不远处的那些朦朦胧胧的骆驼，然后大手往上一扬，又猛地向下一劈，高声吼道：“全体炮兵，开炮！”

清军炮兵早已一切准备停当。福全的“开炮”刚一脱口，数十发炮弹就几乎在同一时间内一起飞离了炮膛。数十道闪亮的光束，划出数十道闪光的弧线，煞是好看，而当数十发炮弹一起在那些骆驼的周围爆炸时，其景就更为壮观。

福全几乎是拼着性命吼叫道：“打！狠狠地打！在叛匪还没有回过神来之前，炸开一条通道！”

清军炮兵个个卯足了劲儿。他们恨不得把所有的炮弹都在一瞬间发射出去。他们是在争时间，争取在叛军把所有大炮都集中在这一方向之前，就把叛军的骆驼阵炸开一大段，为太子胤礽的骑兵开辟道路。

客观地说，胤礽亲自要带队冲锋，对清军官兵的鼓舞是非常大的。太子都要真刀实枪地干了，那些清军官兵还有什么理由不更加卖力？

一发发炮弹，准确地落在预定的目标处。叛军的炮兵虽也有零星的还击，但因为叛军的大炮太过分散，并不能对清军大炮构成什么威胁。甚至，叛军设在南面的十多门大炮，还没怎么进行还击，便至少有半数已被清军猛烈的炮火所摧毁。

清军主帅福全看见，一发发炮弹落在那些骆驼的左边、右边、上面、下面，直炸得那些骆驼血肉横飞、支离破碎。但福全发现，尽管有许多骆驼被清军的炮火将躯体炸得粉碎，但那些没有被炮火击中的骆驼，甚至包括那些已经被炮火炸伤的骆驼，却依然首尾相连、一动不动地卧在地上。

福全不禁大为惊叹：“谁训练了这些骆驼，定然是旷世奇才！”

福全看着、看着，一个念头忽然萌生出来：既然这些骆驼如此经得住炮轰，为何不可以为我所用？

想到此，福全便马上召来几个亲兵，吩咐道：“速去通知恭亲王爷和索大人、明大人，叫他们在太子冲进骆驼阵之后，立即领兵向骆驼靠近！”

福全的意思，是要把叛军的驼城当做清军围困叛军的工事。训练了这些骆驼的阿奴，对此恐怕始料未及。

叛军还击的炮火渐渐地猛烈起来。显然，叛军的大炮已经大都移到了南面。只不过，叛军的动作虽然快，但还是迟了一步。因为，经清军炮火一顿狂轰滥炸之后，叛军的驼城已经被清军炮火撕开了一个缺口。那缺口不算很大，用今天的眼光来看，大约有一百五十米左右的宽度。但这已经足够清军的骑兵发起冲锋了。

福全还没来得及下令，早已等得很不耐烦的胤礽，就迫不及待地催马向那道缺口冲去。慌得佟国纲赶紧冲着左右喝道：“快！上前保护太子！冲！”

两万名清军骑兵，奋不顾身地就跟着胤礽向前冲。佟国纲更是一马当先，带着一些亲兵，紧紧地护定胤礽。胤礽似乎不理会佟国纲的好意，跃马横刀，冲在队伍的最前面。这使得佟国纲，一边冲锋一边提心吊胆。

叛军虽已在南面集中了不少大炮，但这些大炮都是用来对付清军炮兵的。待叛军慌慌忙忙地降低炮口准备向冲过来的清军骑兵轰击时已然太晚，因为，清军骑兵早已经冲到了那个缺口附近。

叛军只想尽力堵住那个缺口。巧的是，坐镇南面防线指挥的叛军首领，正是那个阿奴。阿奴见自己苦心练就的驼城被清军炮火炸开了一个缺口，大惊失色，赶紧率着数千人向缺口扑来，企图把冲过来的清军骑兵给堵回去。

胤礽双腿一夹马肚，胯下之马便“嗖”地跃入驼城里。一个叛军士兵慌忙举枪向胤礽瞄准，可还没等他瞄准好呢，胤礽便手起刀落。那叛军士兵的脑袋，就骨碌碌地滚落在地。殊不知，为了使杀人更过瘾，胤礽早在离开京城之前，就特地准备了一柄锋利的大砍刀。

其他清军骑兵，见太子胤礽如此神勇，便也把生死抛诸脑后，一个催着一个地冲入缺口，迎着扑过来的叛军官兵就杀了过去。

这晚的月亮也真的是在帮清军的忙。清军的骑兵刚一冲入到驼城里面，原先模模糊糊的月光，突然间变得异常皎洁起来。皎洁的月光下，清军的骑兵就可以任意驰骋、肆意砍杀？

两万名清军骑兵已经全部冲入到驼城里面，开始分东西两路向躲在骆驼背后的叛军发起攻击。福全看得真切，忙着吩咐手下道：“快，都冲到骆驼跟前去！”又命令炮兵道：“把大炮推向前，如果里面的叛匪出来增援，就用大炮轰他们！”

因为骆驼后面的叛军已经被胤礽、佟国纲率领的骑兵冲得七零八落，根本不可能再对福全、常宁及索额图、明珠等人指挥的清军进行有效的射击、拦阻，所以，清军收拢包围圈的行动就十分顺利。

而驼城之内，战斗进行得异常激烈。尽管胤礽、佟国纲的骑兵在人数上占优势，速度也快，但阿奴所率的那一万多名叛军官兵却十分顽强。虽然清军骑兵不时地将一个个叛军砍翻在地，但叛军却用火枪、火铳又不时地把一个个清军打下马来。

胤礽杀得性起，不顾一发发子弹从耳边射过，哪里叛军多，就催马往哪里冲。佟国纲则带着一队亲兵，始终不离胤礽左右。

胤礽正不顾一切地向前冲，突然，一干叛军挡在了前面。这干叛军有二百多人，全骑着高头大马。为首的一人，正是噶尔丹的妻子阿奴。

月光如水，静静地泻在阿奴的身上。一身戎装的阿奴，在如水的月光映照下，竟然显得是那样的楚楚动人。只不过，当时的胤礽，可没有闲情逸致去欣赏什么阿奴的美妙，更何况，阿奴再俏丽，终也是半老徐娘，胤礽是不会感兴趣的。所以，见阿奴挡在了前面，胤礽便忙着把大刀往怀中一带，一抖缰绳，就要冲杀过去。

而此时的阿奴，却不想在这里久留。若在这里久留，恐怕就难以脱身了。她万没有想到她以为牢不可破、坚不可摧的驼城，似乎只是片刻工夫，就被清军的炮火炸开了一个缺口。当清军骑兵大批向缺口涌来时，她曾带着数千人手企图堵住那个缺口，可她的手下刚一扑向那个缺口，就被清军骑兵冲了个七零八落。没办法，她只好命令手下各自为战、顽强抵抗。

阿奴本想带着身边的二百多人撤回里层防线与噶尔丹会合的。她怕噶尔丹不冷静，带着那两万名骑兵冲出来，那样的话，已经缩小了包围圈的清军大队人马就很容易打一个歼灭战。尽管阿奴也不知道如何才能冲出清军的包围，但有那两万叛军骑兵在，便有了突围的资本，只要能够突围出去，就有东山再起、卷土重来的机会和希望。

阿奴既已想撤回里层防线，为何又拦在了胤礽的面前？因为她已经看出胤礽的身份地位非同一般。虽然她并不知道这个胤礽就是大清国的太子，但她却知道，如果能把这个人打死，那清军的士气就将大为低落。也就是说，阿奴挡在胤礽的面前，其目的，就是要杀死胤礽。

阿奴可以肯定，如果让她与胤礽单打独斗，她可以在十个回合内打败胤礽。但战场上不行。胤礽的身边簇拥着那么多的清军骑兵，如果她冲上去与他搏杀，那些清军骑兵是绝不会袖手旁观的，弄得不好，她不仅杀不了胤礽，而且连自己的性命也要丢掉。她不能就这么轻易地死去。

既要保全自己，又要很快地杀死胤礽，难度自然很大。不过，在纵马拦住胤礽之前，阿奴早已经准备妥当。她自以为，她此番格杀胤礽，绝不会失手。因为她已经看出，胤礽虽很勇猛，但却是一种匹夫之勇。既是匹夫之勇，她就有办法来对付他。事实是，如果没有那个佟国纲在，大清太子胤礽就真的要血洒疆场了。

佟国纲虽然武功平平，但经验却十分丰富。他见阿奴只是拦在胤礽的马前，并不主动出手，便觉事情有些蹊跷。所以，他一边提醒胤礽多加留神，一边密切地注意着阿奴的一举一动。

这些在当时只是一瞬间的事情。胤礽对佟国纲说过话之后，就大刀一横，催动了胯下之马。胤礽的坐骑刚一举起前蹄，阿奴右手的长剑就朝着胤礽掷了过来。那长剑挟着一股寒风，直直地朝着胤礽的胸膛射去。胤礽虽然识得厉害，但马已扬蹄，身体不稳，只得慌慌张张地用大刀去封架来剑。胤礽的大刀还没有架到飞来的长剑，阿奴左手的长刀就又脱手，并旋转着向胤礽飞来。阿奴这飞刀飞剑，的确是很厉害的杀招，只要胤礽被飞刀飞剑击中，不死也得重伤。所以，正准备跟着胤礽一起冲锋的那些清军骑兵，顿时就傻了眼又慌了神，一时都不知道该怎么办，一个个呆骑在马上，手足无措。

只有佟国纲看得最为真切，反应也最快。阿奴的飞刀飞剑并不是最厉害的杀招，最厉害的杀招还在后面。佟国纲看得清清楚楚，就在阿奴左手的刀向胤礽飞去的同时，阿奴的右手中，仿佛是突然间就多出了一把手枪，并且，那手枪已经迅速地向着胤礽瞄准。

试想想，这么近的距离，阿奴一枪打来，胤礽岂还有命在？更何况，胤礽早已经被飞刀飞剑逼得手忙脚乱、心惊胆寒。如果没有人及时救助，胤礽只能是死路一条了。

救助胤礽的人只能是佟国纲。阿奴的枪响了。胤礽从马背上摔了下来。只是，胤礽不是被枪打下来的，他是被佟国纲用双手推下马背的。佟国纲当时惟一能做的，就是从自己的马背上纵起身来，然后不顾一切地扑到胤礽的马上，把胤礽推下去。胤礽摔下马去，佟国纲也随即摔下马去，而且，不偏不斜的，佟国纲正摔在胤礽的身上，压得胤礽禁不住地“哎哟”一声。

阿奴打完枪之后就带人匆匆地跑了。清军骑兵没有一个人上去追赶。因为，大清国舅和大清太子一起都摔下马来，早已把他们吓得魂飞魄散。被佟国纲压在身下的胤礽一连叫唤了几声，那些清军骑兵也没有回过神来。

后来，还是福全带人跑过来，那些清军骑兵才稍稍清醒，忙着七嘴八舌地向福全报告，说是国舅爷和太子殿下都被叛匪用枪给打到马下了。

福全之所以会跑到这里来，是因为驼城一带的战斗已接近尾声，守驼城的叛军官兵大都被歼灭，只有少数人逃到里面去了。清军遵照福全的命令，并没有追赶，而是牢牢地守着驼城，将叛军的驼城防线变作自己的防线，把剩余的叛军牢牢地困在里面。福全是因为不放心太子胤礽，这才匆匆带着人跑到这里来的。

闻听佟国纲和胤礽都被叛军用枪打下马来，福全的脑袋顿时就“嗡”地炸开了，连声音都变得像太监嗓门儿那般尖细：“他们，在哪儿?”

福全刚一问话，就有一个声音回道：“皇伯，我在这儿呢……”

福全不觉松了口气，然后问身边的人道：“国舅大人安在?”

几个清军士兵七手八脚地将依然躺在地上的佟国纲抬到了福全的面前。佟国纲早已是气息奄奄。原来，佟国纲在奋起把胤礽推下马去的时候，他的背部被阿奴的枪弹击中，那是足以致命的一击。

福全急忙一把将佟国纲抱住，颤抖着声音问道：“国舅大人，你……怎么样?”

佟国纲异常艰难地言道：“请王爷转告皇上，太子杀敌实在英勇……还有，我再也不能保护太子了……”话没说完，佟国纲就咽了气。

大清国舅战死在平叛的战争中，当然不是一件小事情。福全忙着把常宁、索额图和明珠等人召到一起，共商对策。常宁、索额图和明珠等人对佟国纲的战死大感震惊。众人最后商定，尽量把佟国纲的死讯控制在最小范围内，以免影响清军士气；迅速把佟国纲的遗体送到波罗和屯，报与康熙皇帝知道。

据说，康熙看到佟国纲的遗体时，眼泪止不住地往下流，半晌，康熙才一边流泪一边自言自语地道：“朕应该把他留在京城的……”

是呀，如果不是康熙叫佟国纲去乌兰布通“戴罪立功”，佟国纲岂会丢了性命？不过话又说回来，如果康熙不失去佟国纲，恐怕就要失去太子胤礽。如果佟国纲和胤礽二人必死一个，叫康熙来选择，康熙会选择谁呢?

佟国纲死了，乌兰布通的战斗仍在继续。在清军夺取了叛军驼城之后的第二天早晨，清军又对剩下的叛军发起了猛烈的攻势。

守卫驼城的叛军本来有一万五千人，大约被清军杀死万余，剩下的三四千人和阿奴一样，都跑到叛军内层防线里与噶尔丹的两万叛军骑兵会合。也就是说，盘踞在内层防线里的叛军总人数，尚有两万四千人左右。

叛军的内层防线，主要是由一条条壕沟和一座座建筑物组成，中间还有一座小山包，噶尔丹的叛军统帅部就设在那座小山包上。总起来看，叛军内层防线虽不是很坚固，但地形较复杂，不易攻打。

清军为了尽快地结束这场战斗，集中了近四万兵力，对叛军内层防线发动了不停歇的进攻。清军的进攻由索额图和明珠负责指挥。他们先用大炮轰，然后便与叛军一条壕沟一座建筑物地进行争夺。这样的争夺战，清军的伤亡自然很大。好在叛军的大炮几乎已全部被清军缴获，这样，清军便占有绝对的火力优势。所以，清军的伤亡很大，而叛军的伤亡就更大。

而福全、常宁和胤礽等人，则率领剩下的清军负责防守。所谓“防守”，就是密切地注视着叛军可能有的突围。如果叛军企图在哪个方向突围，他们就会率军加以封堵。不过，在索额图和明珠的强大攻势下，叛军即使想突围，恐怕也抽不出时间来。况且，福全、常宁等人牢牢地守卫着那道驼城，即使叛军能腾出时间来突围，恐怕也很难越过那道驼城。驼城本来是叛军用来防御清军的，可现在，却变成叛军突围的一个很大障碍了。

这里有必要简单地提一下胤礽。清军在向叛军内层防线发起进攻之前，曾召开过一个军事会议。会议上，胤礽不再积极地要求领兵去冲锋陷阵了，而是主动提出留下来防守。个中原因，胤礽虽没有明说，但众人的心里却也清楚，佟国纲的死，对胤礽的影响甚大。胤礽再也不想（或是不敢?）在战场上建什么功立什么业了。不过，这样一来，倒省去了福全等人的一块心病。如果胤礽依然执意要领兵冲锋，福全等人还真的不太好办。于是，福全就拨给胤礽五千人马，让胤礽负责守卫驼城的那道缺口。然而事实证明，福全的这一决定是极其错误的。

索额图和明珠率清军对叛军的内层防线猛攻了一整天，尽管伤亡很大，但却完成了预定的任务。叛军的一条条壕沟和一座座建筑物，几乎全为清军所夺、所毁。叛军的残余人马已经被清军压缩在了仅有的那座山包上。换句话说，噶尔丹和阿奴的叛军已经成了瓮中之鳖。清军全歼叛军，只是个时间上的问题。

夜幕降临之后，索额图和明珠便停止了进攻。一来进攻了一整天，官兵们很累，需要好好地休息，二来那座山包上地势比较险要，不利于清军夜攻。所以，索额图和明珠便把进攻部队撤到驼城之外的福全负责防守的区域内进行休整，待明天日出之后，再对叛军发动最后的一击。无论是福全还是索额图和明珠，都对明天的最后胜利充满了信心。他们甚至都这么想，如果明天，噶尔丹和阿奴拒绝投降，就把他们双双打死。

然而，就在这天夜里，噶尔丹和阿奴却率领他们的残兵败将顺利地突围了。他们突围的地点，便是胤礽负责把守的那道缺口。

胤礽当然不会故意放噶尔丹和阿奴逃走。只是因为在夜里的时候，噶尔丹和阿奴的一个使者来到了胤礽的营地，说是噶尔丹和阿奴要向清军投降，永远臣服大清康熙皇帝。胤礽闻言，大喜过望。胤礽想，如果自己亲手捉住了噶尔丹和阿奴，把这两个叛匪头子献给父皇，自己岂不就成了乌兰布通战役的头号功臣？故而，胤礽为了独占头功，便同意了那个使者的投降请求，而且也没有将此事报告福全等人知晓。殊不知，噶尔丹和阿奴从来就没有什么投降归顺的念头。他们派使者去胤礽处请降，目的是想麻痹胤礽，因为只有胤礽的防区是最利于叛军突围的。噶尔丹和阿奴的目的达到了。

夜半时分，一支千余人的叛军队伍来到胤礽的防区缴械投降。这些叛军对胤礽说，噶尔丹和阿奴马上就带着剩下的人赶来归降。胤礽对叛军的话深信不疑，他甚至这么想，待会儿生擒了噶尔丹和阿奴之后，先好好地折磨他们一番，然后再把他们献给父皇康熙。

就这样，胤礽便端坐在自己的大帐里等待着噶尔丹和阿奴来投降了。很快，就有手下向胤礽报告道：大队叛军开过来了。

胤礽问开过来的叛军有多少人。手下回答说共有五六千人。胤礽心中的这个乐啊，简直没法形容。他想，自己不仅生擒了噶尔丹和阿奴，还俘虏了这么多的叛军官兵，乌兰布通战役中，还有谁的功劳会比他太子胤礽大？即使佟国纲还活着，恐怕也要对他胤礽赞不绝口呢。

胤礽左等右等，却不见那噶尔丹和阿奴来投降。胤礽正暗自纳闷呢，突然，帐外人声鼎沸、枪声乱起。胤礽赶紧跑出大帐，一手下慌里慌张地跑来向他禀报道：“殿下，叛匪不是来投降，而是来突围的……”

“啊？”胤礽大惊失色，刚才在帐内所做的那个黄粱美梦顿时化为乌有。他气急败坏地冲着手下吼道：“快，快去把叛匪堵住！”

然而，哪里还能堵得住？胤礽只想着美滋滋地受降了，根本就没作任何防止叛军突围的准备。如果他稍有准备，他手下的五千人马是完全有可能将叛军堵在驼城里的，因为福全就在他西边不远处，福全的防区里还驻扎着索额图和明珠的大队清军，只要他胤礽能够坚持一会儿，福全等人就会火速赶来支援。

然而，胤礽一会儿也没坚持住。他的部下完全处于一种松懈状态中。噶尔丹和阿奴带着五六千叛军骑兵冲过来了，胤礽的部下一点防范也没有。噶尔丹和阿奴带着叛军骑兵突然这么一冲，胤礽的部下就乱了套。几乎只是一眨眼的工夫，噶尔丹和阿奴便带着叛军冲出了驼城。这时候，胤礽的部下方才如梦初醒，纷纷追着叛军开枪放箭。可噶尔丹和阿奴的叛军，早已经消失在茫茫夜色中。

福全等人听到枪声后迅速带兵赶了过来，可除了截住几百名跑得稍慢些的叛军士兵外，大部叛军还是逃之夭夭，包括那个噶尔丹和阿奴。

福全一时追悔莫及。是呀，驼城缺口那么一个重要的地方，为什么自己不去把守而要让胤礽去守卫？

福全对常宁和索额图、明珠言道："叛匪逃窜，责只在我！"

的确，太子胤礽是不会有什么错的。即使有错，福全作为清军主帅，不能够全歼叛军，也应付完全的责任。

福全又对常宁和索额图、明珠言道："如果皇上严加追究，我承担全部的责任！"

好在康熙并没有"严加追究"。虽然清军未能逮住噶尔丹和阿奴，康熙多少有些失望，但清军在乌兰布通一役中，至少歼灭了三万名叛军官兵，这无论如何也是一件值得庆贺的事。尤其让康熙感到高兴的是，清军从乌兰布通返回到波罗和屯之后，全军上下，几乎没有人不说太子胤礽在战斗中是如何如何地英勇，简直到了"有口皆碑"的程度。虽然国舅佟国纲正是为了保护胤礽而死，康熙一时难释心中莫大的伤悲，但太子胤礽受到三军上下如此一致的高度赞扬，康熙也的确是感到由衷的高兴。毕竟，胤礽是他康熙钦定的储君啊！

康熙对索额图和明珠等人言道："朕敢肯定，经此乌兰布通一役，噶尔丹叛匪元气大伤，三年之内，断然不会东犯！"

不过，康熙并没有因为噶尔丹叛军元气大伤就停止了彻底平定噶尔丹叛乱的步伐。相反，康熙正在为第二次平叛行动做着积极的准备。

噶尔丹兵败乌兰布通之后，逃到了一个叫科布多的地方。科布多在伊犁东北部，距伊犁有数百里之遥。那里多为沙漠，地形极其空旷，许多地方寸草不生，十分荒芜。如果清军远征于此，显然有诸多的不便。

为了加强对漠北地区的统治，也是为了准备第二次平叛，康熙一面命令清军在木兰地区行围习武，提高清军的战斗力，一面又亲自与内外蒙古各部首领于多伦淖尔会盟，联合除准噶尔蒙古之外的其他蒙古各部力量，共同来对付噶尔丹叛乱。

1691年5月，康熙带着索额图、明珠等大臣和赵昌、阿霖等侍从并大批军队，离开京城，出古北口，溯滦河而上，到达多伦淖尔。

多伦淖尔，又名七星潭，在今承德市西北处，是当时漠北地区比较富饶的地方。康熙到达多伦淖尔之后，内外蒙古各部首领，包括喀尔喀蒙古首领土谢图汗，都纷纷赶到这里，听候康熙皇上的传谕。蒙古各部首领在清廷理藩院大臣及鸿胪寺官员的引导下，逐次被引进康熙的御帐，朝见康熙。康熙与三十多个蒙古各部首领共进御宴，在隆重而友好的气氛中举行了会盟大典。康熙首先调解了蒙古各部首领间原有的纠纷及分歧，明确了各自的领地和职责，然后郑重宣布：保留蒙古各部原有的"汗"号，取消蒙古贵族原来的济农、诺颜等名号，按满洲贵族的封号，各赐以亲王、郡王、贝勒、贝子、镇国公、辅国公等爵位。

多伦淖尔会盟，结束了内外蒙古各部长期以来的分裂混乱局面，加强和巩固了清朝政府对内外蒙古各部的统治和管辖，也为后来清朝军队远征噶尔丹叛军解决了十分棘手的粮草供应问题。当然，若从国防角度而言，多伦淖尔会盟，对加强和巩固大清国的北部边防，也有着十分重大的意义。

在多伦淖尔会盟期间，康熙曾屡次派人去约远在科布多的噶尔丹来此会盟、服从清廷的统治。这就不难看出，康熙虽然早就下定决心要彻底平息准噶尔部蒙古的叛乱行为，但在康熙的心中，却依然抱有一丝和平解决叛乱的希望和念头。这固然与康熙早年的“仁慈”性格有关。然而，噶尔丹根本就不理会康熙的屡次约请，反而数次致书康熙要康熙交出喀尔喀蒙古领袖土谢图汗及土谢图汗的兄弟哲布尊丹巴·呼图克图，并密派使者去策动内外蒙古各部领袖叛离清朝。

康熙异常愤怒地对索额图和明珠等人道：“那叛匪噶尔丹，不仅一点不思悔改，反而变本加厉地与朕为敌，是可忍孰不可忍！”

于是，会盟之后，康熙并没有马上就回京城，而是在清军练兵的木兰地区停留了很长时间。以后的几年内，康熙又屡次出巡漠北地区，巡视部队，熟悉地形，为第二次大规模的平叛行动作充分的准备。至1694年底，集结在木兰地区的清军已多达十万，这其中，包括黑龙江将军萨布素所率的东北清军，包括大将军费扬古等人率领的陕西、甘肃等地的清军，还有内外蒙古各部的武装力量。可以这么说，清朝政府的第二次平叛行动，康熙几乎调动了全国可以调动的一切军事力量。这十万清军中，有骑兵半数，大炮一百多门。

康熙决定：第二年春天，清军向噶尔丹盘踞的科布多开进，力争一举剿灭叛军。巧的是，1695年春天到来的时候，清军还未及向西北开进，那噶尔丹和阿奴就带着叛军主动地向东南进犯了。

原来，噶尔丹和阿奴逃到科布多之后，一边广集残部组建军队，一边屡屡派人赴俄国乞求沙皇给予军事援助。沙皇俄国看到噶尔丹仍然有利用价值，便决定继续支持噶尔丹叛乱。除给噶尔丹运去大批枪炮外，沙皇俄国还派了不少哥萨克骑兵加入到噶尔丹的叛军队伍中，直接参与叛乱。

1695年春，噶尔丹拼凑成了一支由三万名骑兵和三万名步兵组成的军队，扛着沙皇俄国给的火枪，推着沙皇俄国给的大炮，同他心爱的妻子阿奴一道，又重新燃起了叛乱的战火。

噶尔丹和阿奴离开科布多前，策妄阿拉布坦带着钟齐海特地从伊犁赶到科布多为他们送行，并预祝他们凯旋。噶尔丹和阿奴为策妄阿拉布坦的这种行为大受感动。他们以为，除了钟齐海之外，策妄阿拉布坦便是他们在世间最亲近、最值得信赖的人了。然而，噶尔丹万万没有想到的是，就是这个最亲近、最值得信赖的策妄阿拉布坦，在他最需要拉他一把的时候，却投石下井，断了他噶尔丹的后路。

噶尔丹和阿奴领六万叛军离开科布多之后，沿克鲁伦河南下，并于这一年的年底，打到了巴颜乌兰。噶尔丹扬言道：“此次出兵，不打到京城誓不罢休！”

而那个阿奴则在一边柔柔地对噶尔丹道：“王爷（实际上，当时的人称噶尔丹为“博硕克图汗”），你打到哪里，妾身就冲到哪里！”

这一男一女的夫唱妇随还没有完全结束，便有手下匆忙报告：大清康熙皇帝亲率军队已经逼近了巴颜乌兰。

噶尔丹和阿奴一听，不敢怠慢，忙着在巴颜乌兰摆好阵势，欲与康熙决一死战。

康熙确实亲率大军逼近了巴颜乌兰。当得知噶尔丹的叛军已经南犯了之后，康熙便命令驻扎在木兰一带的十万清军迅速北上，迎击叛军。在逼近巴颜乌兰之前，康熙把索额图、明珠、费扬古和萨布素等人召到一起，布置了与噶尔丹叛军作战的方略。

康熙问众人道：“各位爱卿，你们说，如果朕在巴颜乌兰将叛军击溃，叛军会逃往何处？”

索额图和明珠等人跟着康熙在漠北地区呆了很长时间，对漠北一带的地形地势自然不陌生。尤其是明珠，身为兵部尚书，对漠北的地理特征更是了若指掌。所以，明珠便马上回道：“皇上，臣以为，如果我们在巴颜乌兰将叛军击溃，则叛军不管逃往何处，都必须经过昭莫多。”

“明爱卿说得对！”康熙重重地道，“昭莫多是叛军北撤的必经之地。如果我军预先在此地设下埋伏，那叛匪噶尔丹岂不就无路可逃了吗？”

众人闻言，都不觉为之一振。不难看出，康熙对第二次平叛行动，不仅信心十足，而且也早已成竹在胸了。但众人在为之一振之后，又不免隐隐地有些担心：如果都去昭莫多一带设伏了，那由谁在巴颜乌兰迎击叛军？要知道，叛军有六万之众，且武器精良，不是轻易地就可以击溃的，而如果不能在巴颜乌兰击溃叛军，那清军在昭莫多设伏，岂不是就形同虚设？众人一时便很感慨：如果再能有数万军队，那该有多好？

然而康熙似乎与众人想的不一样。他以为，以十万清军去对付六万叛军，当绰绰有余了。只听康熙仿佛漫不经心地吩咐道：“费扬古大将军，你带两万人马，绕过巴颜乌兰，赶到昭莫多的西面埋伏。索额图和明珠，各带一万人马，分别赶到昭莫多的南面和北面设伏。昭莫多一带，多为树林和山峦，只要尔等精心设计，是完全有可能将叛军堵住的！”

众人闻言，又不觉大吃一惊。听康熙的意思，康熙是想留下来，亲自在巴颜乌兰与叛军正面交锋。故而，听了康熙的话后，众人一时都默然不语，只定定地望着康熙。

康熙当然知道众人的心理。他微笑着问道：“各位爱卿，你们是不是不相信朕能够在这里将叛军击溃啊？”

索额图马上道：“皇上，微臣等不是不相信，而是不放心。皇上是万乘之躯，万万不可冒此风险。微臣等实在是放心不下啊！”

索额图这么一说，明珠和费扬古等人便立即跟着附和，都以为不应由康熙皇帝留在这里与叛军正面交锋。康熙却不以为然地笑着道：“朕会有什么风险？

叛军人多势众，朕的人也不少。朕的大炮比叛军的还多。更重要的是，朕的身边有萨布素将军在！萨爱卿连凶狠的罗刹鬼子都能打得落花流水，岂还会怕噶尔丹的这些乌合之众?”

见众人似乎还想说什么，康熙大手一摆道：“都不要再说了！朕意已决！尔等速速领兵北上。尔等切记，一不要被叛军发觉意图，二要一定将叛军堵在昭莫多一带。如果朕在这里将叛军击溃了而尔等却让叛军跑了，那朕就要唯尔等是问，至少治尔等一个作战不力之罪。尔等是否听得明白?”

康熙既如此说，众人只能唯唯诺诺。不过，在众人领兵北上之前，他们又几乎不约而同地一起找到萨布素，要萨布素一定要切实保护康熙皇帝的安全。萨布素向众人保证道：“各位大人放心，下官不仅能够保护皇上的安全，还能够与皇上一道，在这里将叛军击溃!”

众人不管是否完全相信萨布素的话，却也只能各自领兵北去。待索额图等人走后，康熙郑重地问萨布素道：“爱卿，依你之见，清军在这里击溃叛军的把握有几成?”

萨布素毫不犹豫地回道：“只要皇上想击溃叛军，那臣在这里击溃叛军的把握就有十成!”

“好!”康熙高兴地道，“爱卿，现在你是这里的主帅，朕做你的副将。你命令朕冲向哪里，朕就冲向哪里!”

康熙自然说的是玩笑话。只有君指挥臣、哪有臣指挥君的道理？然而萨布素却仿佛是拿了鸡毛便当令箭，很是一本正经地对康熙道：“皇上，自古君子无戏言。皇上适才讲的话，微臣都已铭记在心。虽然微臣万不敢对皇上发号施令，但在这战场之上，恳望皇上能够听从微臣的安排。不然，微臣击溃叛军的把握，只有五成!”

所谓“五成”的意思便是，清军有可能将叛军击溃，但同时也有可能被叛军击溃。故而康熙马上就言道：“爱卿，如何作战，由你全权指挥，朕决不武断干涉!”

康熙说的是实话。虽然他颇有韬略，却只是运用在方略的制定上，至于具体战术，他就不能与像萨布素这样富有战斗经验的将军相提并论了。就像先前，他虽然制定了在昭莫多设伏的战略，但至于如何设伏、如何才能堵住叛军的退路，那就是索额图、明珠和费扬古等人的事了。

萨布素一声令下，清军大队人马开始向噶尔丹的叛军逼进。当时，叛军有六万人马，半数骑兵、半数步军，还有七八十门大炮。而康熙和萨布素的身边也有六万人马，也是半数骑兵、半数步军，只是大炮却有一百多门。总起来看，当时巴颜乌兰一带的清军和叛军，无论是从人数还是从实力上来看，用“旗鼓相当”来形容，当不算偏颇。

萨布素指挥着清军一直推进到距噶尔丹叛军不足二里远的地方。若再向前推进，就要进入叛军大炮的射程了。当时是上午，天气很好，清军和叛军都能把对方阵地看得清清楚楚。萨布素看见，叛军把七八十门大炮一溜儿摆在阵地的最前面，大炮的后面是骑兵，骑兵的后面是步军。显然，叛军是想先用大炮与清军对轰，然后用骑兵发动冲锋，最后用步兵向前推进。

于是，萨布素找到康熙问道："皇上，索大人、明大人和费大将军，大约需要几天能抵达昭莫多并设下埋伏？"

"朕以为，两天赶路、一天设伏，三天足矣！"

"那好，微臣就等待三天。三天后微臣再发动进攻。"

"爱卿，为何要等待三天？现在不可以发动进攻吗？"

萨布素回道："皇上，如果微臣现在就发起进攻，叛军被击溃，逃向昭莫多，索大人他们岂不是还没有赶到昭莫多？"

索额图等人是绕道而行，至少需要两天的时间才能赶到昭莫多，加上设伏准备，没有三天的时间是不够的。而如果从巴颜乌兰直接往昭莫多而去，则只需要不到一天的时间。

康熙大为惊讶道："爱卿，你一发起进攻，叛军就会被击溃？"

萨布素信心十足地回道："皇上，微臣不能迅速打败这支叛军，但迅速击溃这支叛军，料也不是难事！"

康熙将信将疑地问道："爱卿，你就这么有把握？"

萨布素静静地言道："皇上，那噶尔丹叛匪，看起来来势汹汹、不可一世，但充其量，正如皇上所言，他们只不过是一群乌合之众。更何况，自古以来，邪不压正。皇上所率，乃正义之师，而噶尔丹叛匪，却是邪恶之旅，以正义之师去击邪恶之旅，焉有不一战而胜的道理？"

尽管萨布素并没有说出如何作战的方法，但他的这一番话，却说得康熙心花怒放："好，萨爱卿，就依你的，三天之后，再行进攻！"

虽然萨布素对击溃叛军充满了信心，但为了万无一失，还是特地拨了两千骑兵专门保护康熙。他吩咐那两千骑兵的清军头领道："事有不测，你就赶紧护卫皇上向东撤。如果皇上不愿意撤，你就是捆也要把皇上捆走！"

尽管"捆"字多少有些"大不敬"的意味，但由此不难看出，萨布素对康熙皇上，的确是忠心耿耿的。好在康熙这次远赴大漠亲征，并没有带什么女眷侍从，连赵昌和阿霖这样的贴身侍从都留在了乾清宫，所以，如果真的出现了什么意外情况，康熙想撤退，也还是十分轻松和便捷的。更何况，萨布素一直坚持叫康熙留在军队的最后面，高低不让康熙到最前沿去。这样，萨布素在与叛军交战时，就没有了后顾之忧。

萨布素之所以对击溃叛军充满了莫大的信心，原因固然很多，但有这么两点至关重要。一是，康熙皇帝亲征，清军官兵的士气显然十分高涨、饱满，有这样高涨、饱满的士气，清军官兵还不个个都能以一当十？二是，萨布素手下的那六万清军，其中大半来自东北，有不少人都曾经参加过两次雅克萨战争，特别是那些炮兵，几乎全是萨布素在东北的旧部下。除去东北清军之外，剩下的，便都是些内外蒙古各部派出的勇士了。换句话说，当时萨布素手下的六万清军，全是能征惯战和不怕死的人。有这样一支精锐军队，萨布素还怕不能击溃噶尔丹叛军?

当然，萨布素并不是想同噶尔丹叛军硬拼。拼个你死我活的，定然要两败俱伤。萨布素不想这样。他想的是，只要能够将叛军从这里打跑就行了。把叛军打跑到昭莫多，然后紧紧追赶，将叛军追赶到索额图等人设下的埋伏圈内，几路清军一合围，便可以将叛军聚而歼之。

在萨布素的指挥和安排下，清军一连三天按兵不动。清军不动，噶尔丹的叛军也没有动静。两支军队，相距不足二里，就那么互相对峙着，确实有些奇怪。

你道噶尔丹和阿奴为何也连着三天按兵不动?却原来，许许多多的叛军官兵，见到大清康熙皇帝亲自征战，不由得萌生了许许多多的怯意。加上噶尔丹和阿奴也着实弄不清萨布素和清军的意图，所以就没敢轻举妄动。

也就是说，虽然在三天之内，清军和叛军都没有主动进攻，但双方力量的对比，却发生了一种微妙的变化。有史书说，噶尔丹的叛军开到了巴颜乌兰，当听说康熙皇帝亲自率兵来征讨时，吓得“尽弃庐帐、器械，乘夜逃去”。史书上的记载虽然有些夸张，但有一个事实却是肯定的，那就是，当清军与叛军在巴颜乌兰对垒时，清军官兵个个摩拳擦掌、跃跃欲试，而叛军官兵，看到了康熙皇帝身边的龙旗在风中招展、飘扬，陡然便军心浮动、无心恋战。这样一来，两军虽还未交手，而清军就已经占了上风。这，也许就是康熙皇帝那无与伦比的“龙威”在起作用吧。但不管怎么说，清军这一占了上风，就为萨布素一举击溃叛军创造了极其有利的条件。

三天过去了。萨布素要开始行动了。他将近千名炮兵集合在一起，神情凝重地言道:“弟兄们，你们在雅克萨，为皇上建立了不朽的功业，今天，我希望你们当着皇上的面，再立新功!只要我一声令下，你们就推着所有大炮，勇往直前，把叛军的骑兵部队轰他个稀巴烂!你们听明白了吗?”

全体炮兵一起响亮地回道:“明白了!”

这些炮兵都是萨布素的旧部下，对萨布素的战术自然心领神会。萨布素不想用清军的炮兵与叛军的炮兵互相对轰——尽管清军的炮兵在数量上占优势——而是叫清军炮兵不顾一切地将大炮向前推，去轰击叛军的骑兵部队。这种战术，萨布素在第二次雅克萨战争中曾经运用过。当时，为了夺取雅克萨外城，萨布素命令清军炮兵不顾俄军大炮的轰炸，将大炮推到前沿，硬是轰得雅克萨内城的俄军不敢也不能出来增援外城，为清军夺取雅克萨外城创造了条件。今天，在平叛战场上，萨布素又要故伎重演。这一次，萨布素的这种战术还能够奏效吗?

萨布素又把两个骑兵头领叫到自己身边仔细吩咐道:“待我军大炮将叛军的骑兵部队轰得一片混乱时，你二人各率一万骑兵从左右两侧径向叛军阵地冲去!

注意，你们只需夺取叛军的大炮，并不要去掩杀叛军。只要能将叛军大炮夺过来，则叛军必然不敢在此久留！"

原来，萨布素是想以迅雷不及掩耳之势夺取叛军的炮兵阵地，借此一举将叛军击溃。应该说，萨布素的这种想法，是非常富有创意的。问题就在于，如果他真的夺取了噶尔丹的炮兵阵地，噶尔丹的叛军是否会全线溃逃，如果答案是否定的，那清军与叛军就只能在巴颜乌兰一带厮杀得昏天黑地了，因为，叛军丢失了炮兵阵地，是会不惜任何代价要把它重新夺回来的。只是萨布素以为，这种昏天黑地的场面是不可能出现的。

第四天的早晨，清军的一百多门大炮突然都出现在了阵地的最前沿。萨布素一声令下，近千名清军炮兵推着大炮、扛着炮弹，旁若无人地径直向噶尔丹的阵地走去。两军本来相距只有不到二里，清军炮兵这么大模大样地一走，使得噶尔丹的炮兵一时间大为诧异。当噶尔丹的炮兵终于回过神来、手忙脚乱地向着清军的炮兵开火时，清军的炮兵距噶尔丹的阵地只有不到一里的路程了。

尽管噶尔丹的炮兵手忙脚乱，但还是有几架清军炮车顿时被炸翻在地。可清军炮兵就像什么也没看见、什么也没发生似的，依然一步步地推着大炮向前走去。清军这一有违常规的举动，竟然唬得很多噶尔丹的炮兵惊慌失措，甚而忘了向步步进逼的清军炮兵开炮。

不仅是噶尔丹的炮兵，就连康熙，一开始也被萨布素的这一举措弄得有些莫名其妙。

康熙本来被萨布素"安排"到部队的最后面，战斗开始后，康熙不顾左右的劝阻，跑到阵地的前沿来了。萨布素一见，很是惊讶地问道："皇上，两军已交锋，你怎么能到这儿来?"

康熙本想回答萨布素的，可看到清军炮兵正冒着叛军的炮火向前推进时，便立即也大为惊讶地问道："爱卿，你这是作什么?"

萨布素只得回道："微臣是想用我们的炮火去轰炸叛军的骑兵。"

"哦……"康熙略一思索，便马上明白过来，"爱卿是想夺取叛军的炮兵阵地啊!"

萨布素急道："皇上，这里太危险，你还是回到后面去吧……"

但康熙对萨布素的关心一点也不理会。他反而继续问萨布素道："爱卿，叛军的炮火看来不够猛烈……你为何不命令炮兵还击?"

萨布素又只得回道："皇上，如果命令炮兵还击，必然影响推进速度，还有，我们携带的炮弹有限，要全用在叛军的骑兵身上……"

康熙点点头："爱卿用兵果然高明……炮兵开火了!"

原来，清军炮兵以损失十多门大炮的代价，终于推进到了噶尔丹叛军阵地的前沿。确切说，是推进到了距噶尔丹叛军炮兵阵地近在咫尺的地方。近到什么程度？几乎两军的炮兵只要一抬腿，便可以跨到对方的大炮中间了。清军的大炮只有推得这么近，才可以将炮弹送到叛军的骑兵阵地上去。

这个时候，清军的炮兵就不会再沉默了。他们急急地瞄准、填弹，然后毫不客气地将炮弹和怒火一起发泄到叛军的骑兵阵地上。霎时间，噶尔丹的骑兵阵地上，火光冲天、硝烟四起。被清军炮火击中的叛军骑兵，要么一命呜呼，要么鬼哭狼嚎，而没有被清军炮火击中的叛军骑兵，则争先恐后地勒转马头朝着后面的步兵阵地跑去。

萨布素见时机已到，急忙命令身边的两个手下道："快！领着你们的骑兵，包抄过去，迅速占领叛军的炮兵阵地！"

顷刻，便有两支清军骑兵，从清军阵地中冲出，如两支利箭，一左一右地向着噶尔丹的炮兵阵地射去。

康熙几乎高兴得手舞足蹈道："萨爱卿，你真的是用兵如神啊！"

萨布素却几乎是在乞求道："皇上，你还是到后面去吧……如果叛军发起反击，微臣可实在是放心不下啊！"

康熙淡淡地一笑道："萨爱卿不必多虑。如果叛军发起反击，朕马上就躲到后面去。不过现在，叛军并没有发起反击，所以朕便要在这里看看热闹。爱卿用兵如此大胆，朕岂能不好好地欣赏一番？"

萨布素正想再好好地恳求皇上几句，冷不丁地，一个骑兵头领匆匆忙忙地催马过来道："禀皇上，报将军大人，那些叛军丢下了炮兵阵地后，已经全部北撤！"

"跑了？"萨布素不觉睁大了眼，"叛军……全部都跑了？"

康熙微微一笑道："萨爱卿，你果然有神机妙算的本领啊！你说叛军只是一群乌合之众，一触即溃，这不，刚一发起进攻，叛匪就都被你吓跑了！"

萨布素赶紧摇了摇头道："不……皇上，微臣却以为，叛军跑得似乎太快了些……微臣本以为，叛军至少是要反击一下的，微臣把火枪手和弓箭手都集中起来了，准备马上就冲过去，可……叛军却全跑了……皇上，叛军溜得这么快，是不是有点奇怪？"

经萨布素这么一说，康熙的双眉也不由得微微皱了一下。随即，康熙问那个骑兵头领道："叛军北撤时，队伍是否很有组织？还有，叛军的骑兵是否跑在最前头？"

骑兵头领回道："一切都如皇上所料。叛军北撤时，很有组织，步兵殿后，骑兵早已北上！"

康熙急对萨布素道："快，命令三军，轻装前进，跟上叛军步兵！"

萨布素不敢怠慢，先派一支骑兵小分队跟踪叛军，然后指挥三军迅速北上。萨布素还悄悄地吩咐一个炮兵佐领："你不要急着北上。你领你的手下想办法弄些大炮带上，到时候围歼叛军用得着。"

那佐领问道："要弄多少大炮？"

萨布素回道："你能弄多少就弄多少吧，不过，要快点跟上来。还有，炮弹要尽量多带些！"

萨布素虽然指挥着清军跟在了叛军的后面，但对叛军为什么会跑得这么快还是没弄明白。突然，一个手下跑来报告道："我们的骑兵小分队遭到叛军的袭击……"

萨布素一惊："我们可有多少损失？"

那手下回道："没多大损失。是叛军的一些火枪手，袭击了一下之后就又向北跑了。"

萨布素赶紧找着康熙，将骑兵小分队遭袭击的事情禀告了。康熙吩咐萨布素道："派一支大规模的骑兵部队去突袭一下叛军的步兵，让他们知道，清军大队人马正在追击他们。"

萨布素忙着派手下照康熙的话去做了，但心中却依然很不明白。康熙笑问萨布素道："爱卿是否知道叛军的步兵为何要袭击你的骑兵小分队吗？"

萨布素摇头："微臣实不知晓。微臣正想请教皇上……"

康熙"哈哈"一乐："叛军是在引我们向北追击呢！"

萨布素更不解："皇上，叛军为何这么做？"

康熙指了指北方："叛军的骑兵正赶往昭莫多设埋伏呢！"

萨布素立刻就恍然大悟过来："皇上，原来叛军是想在昭莫多打我们的伏击啊！难怪他们会跑得这么快……"

康熙大笑道："叛军比朕更了解昭莫多的地形地势，朕能想到在那儿设伏，叛军理应也会想到这一点。只不过他们稍稍晚了一些罢了！"

萨布素言道："皇上，既如此，那我们就应加快追击的速度。不然，叛军的骑兵发现昭莫多一带已有我们的埋伏后，是有可能逃回来的。"

康熙摆手道："萨爱卿不必慌忙。虽然朕不会打仗，但朕却也知道，只要叛军的骑兵跑进了索额图等人的埋伏圈，恐怕就很难再跑出来了。所以，萨爱卿只需集中力量把殿后的这些叛军步兵追到昭莫多就行了！"

昭莫多，蒙古语是"大树林"的意思。那里多为山岭和树木，地势极其险要。骑兵到了那儿，就不再有什么马匹的优势了。可以这么说，昭莫多是一个天然的打埋伏的战场。

诚如康熙所料，那噶尔丹和阿奴，见叛军不敢在巴颜乌兰与康熙亲率的清军交战，就不惜丢弃所有大炮，主动撤出巴颜乌兰，准备在昭莫多一带设伏击溃康熙所率的清军。由噶尔丹率大部骑兵先去昭莫多，阿奴则率步兵及小部骑兵在后面牵引着清军。只是噶尔丹和阿奴没有料到，康熙早就派了清军在昭莫多一带等着他们呢。

从早晨追到下午，肯定已经接近昭莫多了。确切说，噶尔丹的叛军骑兵肯定已经在昭莫多一带与设伏的清军交上了手。康熙对萨布素言道："爱卿，你现在可以加快追击速度了！"

于是，萨布素就集中所有的骑兵，对着殿后的叛军步兵发起了凶猛的冲击。一来叛军步兵和少量骑兵很难抵挡得住清军骑兵的进攻，二来阿奴以为那噶尔丹肯定已经在昭莫多一带设下了埋伏，所以，清军骑兵这么一攻，阿奴便带着手下且战且退，战得少，而退得却特别快，快到清军的骑兵都几乎追不上的地步了。

然而，到黄昏时分，阿奴便发觉事情不妙了。她正领兵往北边跑呢，却看见从北边陆陆续续地跑过来一些噶尔丹的骑兵。一经打听，阿奴差点当场晕倒：噶尔丹已经被清军包围了！

一手下大惊失色地问道："我们现在怎么办？"

后有清军追兵，前有清军埋伏，阿奴会怎么办？只见阿奴一咬牙、一瞪眼，几乎是恶狠狠地道："继续向前，冲进清军的包围圈，救大王要紧！"

于是，阿奴就带着叛军步兵和少量骑兵一窝蜂地向前冲去。索额图、明珠和费扬古的包围圈，似乎经不住阿奴的冲击，很快地让开一条道，让阿奴冲进去与噶尔丹会合了。但旋即，康熙和萨布素率领的清军人马，立即就将索额图等人让出的那条道严严实实地堵住。这样一来，清军的包围圈就变得更加牢固了。十万清军，依仗有利地形，将六万叛军紧紧地包围在昭莫多一带，顺利地实现了康熙皇帝预定的战略目标。

再说阿奴，率队冲入清军的包围圈之后，很快地就与噶尔丹见了面。噶尔丹颇为沮丧地对阿奴道："万没想到，那大清皇上棋高一着……看来，我等今日是到了山穷水尽的地步了！"

的确，噶尔丹和阿奴这次南犯所率的六万叛军，几乎是他们全部的军事力量。如此落入清军的包围圈内，噶尔丹似乎也就真的叫天天不灵、叫地地不应了。

但阿奴却不这么看。尽管她也知道此次叛军失败，她和噶尔丹就没有什么看家本钱了，但她却固执地以为，只要能够从这里冲出去，她和噶尔丹就还有东山再起的希望。所以，她重重地对噶尔丹言道："大王，不要灰心，只要能够冲出去，只要能够回到伊犁，我们就东山再起能够算完！"

伊犁是噶尔丹的大本营和根据地，现为噶尔丹的侄子策妄阿拉布坦把守着。如果噶尔丹能够冲出清军包围圈，回到伊犁，清军只能鞭长莫及了。

"可是，"噶尔丹忧心忡忡地道，"清军已经将我的骑兵打得七零八落，我现在已经很难再把他们组织在一起了！"

阿奴回道："大王不要焦急。骑兵散了，正好可以牵制东、西、北三面清军，这样我们就可以集中所有步兵，从南面杀开一条血路，突围出去！"

阿奴口中的"南面"，便是康熙和萨布素所统率的清军。噶尔丹满脸忧郁地道："南面清军如此强大，我们如何才能突得出去？"

阿奴却一脸坚毅地道："大王不必多虑！待妾身率步兵冲开一道缺口之后，大王就领着骑兵突出去！"

噶尔丹将信将疑地问道："这，能成功吗？"

阿奴坚定地回道："只要想冲，就一定能够冲得出去！"

噶尔丹很是无可奈何地道："好吧，就冲一次试试!"

当时，天已近薄暮。索额图、明珠和费扬古等人正忙于围歼被打散的叛军骑兵，一时还不可能冲到南面来与康熙和萨布素会合。于是，阿奴就集中了近三万名步兵和五千多名骑兵，要对南面的清军发起最后冲击了。

阿奴对噶尔丹言道："待妾身将清军的防线冲散之后，你就带着骑兵迅速地冲出去!"

噶尔丹似乎直到此时方才明白阿奴的用意。他连忙问道："夫人，我若是冲出去了，你可怎么办?"

阿奴异常深情地道："大王，即使妾身冲了出去，也无什么用处。但大王若是冲了出去，便可以高举大旗，招兵买马，与大清皇上再决高低!"

噶尔丹也不禁动容道："夫人，你我恩爱多年，叫我如何能忍心抛下你不管?"

阿奴一下子显出一种非常温柔的表情来："大王，如果你真惦记着你我多年的恩爱，那就一定要从这里冲出去，日后来为妾身报仇!"

噶尔丹似乎真真切切地落下了两滴泪："夫人，如果我真的能够从这里冲出去，一定会再打回来为你报仇雪恨!"

阿奴嘱咐道："大王，时间不容耽搁。如果东、西、北三面的清军包抄过来，那我们就没有任何机会了! 大王还是速速地去准备突围吧!"

噶尔丹应诺一声，不敢怠慢，忙着去指挥那五千多个叛军骑兵了。再看阿奴，恶狠狠地冲着身边的人吼道："目标，大清皇帝，前进!"

第三十三章

追穷寇大帝三起驾
抢头功宠臣两争锋

索额图和明珠都说是自己首先发现噶尔丹的尸体的，甚至还当着康熙的面，大吵大闹起来。康熙愕然问道："你们两个平日里情投意合、从不计较，为何今日，为了一个叛贼的首级争得不可开交啊？"

到底是阿奴，为了鼓舞士气，竟然一马当先，冲在最前面。她的表率垂范，还真起了作用。那近三万名叛军步兵，一起强打精神，声嘶力竭地呐喊狂叫着，向着康熙的方向，发起了几乎是自杀式的进攻。

阿奴采用的是"射人先射马、擒贼先擒王"的战术。尽管，阿奴也清楚，想要把康熙皇帝怎么样，几乎是完全不可能的事情，但她同时却又知道，只要集中力量对康熙所在的位置发动猛烈的进攻，则清军必将调集重兵来全力护卫康熙，这样，南面清军的防线就会出现松动，就会出现薄弱的环节，如此一来，那噶尔丹就有机会冲出包围圈了。

阿奴的这种想法还真的实现了。本来，在康熙皇帝的周围，有近两万名清军护卫，可经阿奴这么拼命地一冲，康熙周围的形势便马上吃紧。萨布素自然不敢大意，急忙从附近抽调了一万多名官兵赶到了康熙的周围。恰在此时，萨布素留在巴颜乌兰的那个炮兵佐领及时赶到，他为萨布素带来了三十多门大炮。这些大炮很快就投入战斗，且也的确起到了很大的威慑作用。

一发发炮弹准确地在叛军群中爆炸，炸得叛军哭爹叫娘、心惊胆寒。一时间，许多叛军官兵不敢再往前进攻，有的已经开始向后败退。

阿奴对清军防线中突然出现的大炮也深感意外和吃惊。那些大炮，清军都丢在了巴颜乌兰，怎么又会在这里出现？看来，大清康熙皇帝的确是一个料事如神的人。其实这全是萨布素所为，与康熙几乎没有任何关系。

清军大炮的突然出现，着实让叛军锐气大消。但阿奴深知，如果不把南线清军大部都吸引到这里来，那噶尔丹就没有什么机会冲出包围。所以，阿奴一边组织敢死队继续向前猛冲，一边用自己的亲兵组织了许多支督战队。阿奴给督战队下达的命令是：无论何人，只要畏缩不前，一律格杀勿论。

叛军的攻势顿时猛烈起来。尽管清军的炮兵、火枪手和弓箭手不时地将一排排的叛军撂倒，但更多的叛军却又蜂拥而上。有一次，一股叛军竟然冲到了距康熙皇帝不足两百米远的地方，着实让萨布素惊出了一身冷汗。

这时候，天已经黑下来了。透过清军的炮火，可以看到一股又一股的叛军依然拼命地往上冲。萨布素情知，如果再从附近抽调大批清军过来，那整个南线防守，就会变得十分稀松，别处的叛军就会很容易趁黑夜冲出去。但萨布素同时又深知，一切还是以保护皇上为紧要，如果皇上有个什么闪失，那即使将叛军一个不漏地全歼，也是得不偿失的。还有，萨布素已经看出，向康熙皇上这儿发动攻击的叛军，至少在三万人左右，如果把这股叛军歼灭了，再加上被索额图、明珠和费扬古围着的叛军骑兵，则叛军的主力基本上就没有了，即使一些叛军漏网，也不会影响大局。

于是，萨布素便以从附近调来了两万名清军官兵，分左右两路，向阿奴所率的叛军包抄过去。这样一来，阿奴和她所率的叛军，纵然插上翅膀，恐也是插翅难逃了。但同时，康熙左右两侧的清军防线，只有不到一万名清军官兵把守了。而噶尔丹身边的叛军骑兵，则还有五千多人，五千多个骑兵，加上夜色掩护，是不难冲破清军左右防线的。阿奴以自己和近三万名叛军步兵的性命为代价，为噶尔丹脱逃，创造了充分而又必要的条件。

战至午夜，阿奴所率的三万名叛军步兵至少已死伤过半。而索额图、明珠和费扬古等人也早歼灭了叛军骑兵，开始与康熙、萨布素一起，合围阿奴。到次日黎明，除数千叛军投降外，其余叛军全部被清军所歼。

然而，噶尔丹却乘着夜色逃跑了。不过，让清军略略感到欣慰的是，在一处山坡的凹地里，发现了噶尔丹的妻子阿奴的尸体。她显然是被炮弹炸死的，浑身上下血肉模糊，只一张俏丽的脸蛋似乎丝毫无损。她仰卧在地，一手握刀，一手执剑，一对水灵灵的眼睛睁得溜圆，仿佛在深情地凝望着已经逃走的噶尔丹。

康熙特意走到阿奴的尸体旁，默默地看了看她的死状，吩咐萨布素道："就地掩埋了吧……虽然她是个叛匪，但她的英勇无畏，朕却也欣赏！"

康熙又面对着索额图、明珠和费扬古道："朕向你们保证，只要那噶尔丹还活着，朕就一定还会亲征！"

昭莫多一役，虽然噶尔丹逃跑了，但噶尔丹的叛军主力，却基本上被清军歼灭。噶尔丹便再也没有力量举兵东犯或南犯了。

实际上，噶尔丹自兵败昭莫多后，已经处于一种垂死挣扎的境地。他本想逃回自己的大本营伊犁的，可据守伊犁的他的侄子策妄阿拉布坦却布下重兵，要活捉他解送清廷。原来，策妄阿拉布坦听说噶尔丹在昭莫多惨败后，马上就派人赴京城向清廷表示归顺之意，还将噶尔丹和阿奴的女儿钟齐海也押往京城，表明他与噶尔丹彻底决裂的立场。这样，噶尔丹最后的退路便被策妄阿拉布坦彻底地断了。

这里有必要补充一点的是，策妄阿拉布坦虽然当时明确地表示臣服于大清朝廷，但在康熙末年和雍正年间，当准噶尔部又逐渐强大起来之后，策妄阿拉布坦便又与大清朝廷为敌，重燃内战烽火，最终为清军所败。这里还有必要补充一点的是，策妄阿拉布坦虽然与噶尔丹一样，都曾与大清朝廷开战，但开战的性质却有着本质的不同。噶尔丹是在沙俄侵略者的支持下发动叛乱的，他的行为，是一种分裂祖国的可耻行为。而策妄阿拉布坦与清廷开战，则属于一国之间的民族矛盾和冲突。后来，沙俄侵略者乘策妄阿拉布坦与清廷交战兵败之际，竭力拉拢引诱策妄阿拉布坦，甚至劝说策妄阿拉布坦加入俄罗斯国籍，遭到了策妄阿拉布坦的严词拒绝。而且，当沙俄侵略军对准噶尔地区发动武装入侵时，策妄阿拉布坦还率领准噶尔军民对沙俄侵略军进行了英勇的反击。当然，这些都是后话。

噶尔丹不能再回伊犁，自然对策妄阿拉布坦非常地气愤，可是，噶尔丹当时的身边，只剩下四千多个残兵败将，根本不可能远赴伊犁与策妄阿拉布坦一较长短。万般无奈之下，噶尔丹只好把最后的希望寄托在沙俄政府身上，乞求沙俄政府的庇护。因为，噶尔丹深知，就他身边这几千个人，只要清朝大军一到，他就再也没有生还的机会了。然而，令噶尔丹大失所望的是，沙俄政府根本就不愿庇护他，甚至拒绝他进入俄罗斯境内。噶尔丹对沙俄政府的这种“背信弃义”的作法自然是非常愤慨，可除了“愤慨”之外，他只能是无可奈何。

既不能去伊犁，又不能去沙俄，噶尔丹只能带着残兵败将流窜于塔米尔河一带，成了一股名副其实的流匪、流寇。据沙俄有关书籍记载，当时的噶尔丹，“士兵不到五千人，牲畜寥寥无几，许多人连帐篷也没有……在即将到来的严冬，他们的处境非常艰难，没有食物，没有住处，没有可靠的供应来源……”噶尔丹就像一条丧家之犬，带着他的残部，整年累月地在塔米尔河一带流窜，苟延残喘。

然而，康熙皇帝却不想让噶尔丹继续苟延残喘下去。在康熙的心目中，大逆不道的噶尔丹，其罪恶只有当年犯上作乱的吴三桂才可以比拟，甚至，康熙以为，噶尔丹比吴三桂还要让人切齿痛恨三分。对吴三桂，康熙是不诛不快，对噶尔丹，康熙就更不会网开一面了。康熙曾对索额图和明珠等人道：“朕不愿妄杀人，更不想乱杀人，但该杀可诛之人，朕也决不会手软！”

本来，康熙对远征西北大漠还存有不少的顾虑。从京城到伊犁，路途太过遥远，且多荒漠野岭，大军出征，极为不便。现在可好了，康熙把一切都打探得清清楚楚，策妄阿拉布坦已经正式归顺朝廷，沙俄政府见噶尔丹已无利用价值明确表示放弃，噶尔丹因为平日树敌太多、无路可走，只能流窜于塔米尔河流域。此是彻底剿灭噶尔丹叛匪的最佳时机，康熙岂会轻易放过？故而，康熙决定，第三次亲征平叛。

公元1697年（康熙三十六年）春天，康熙带着索额图、明珠并三万精锐清军，浩浩荡荡地开到了宁夏。然后，康熙领一万人驻扎在宁夏，而派索额图和明珠各率一万精兵向北，从东西两侧夹击噶尔丹残匪。以当时噶尔丹的力量，康熙带来如此大军，也真的有些杀鸡用牛刀的意味了。

在索额图和明珠出征前，康熙笑谓二人道：“你们谁能献上噶尔丹的首级，朕就重重地封赏谁!”

康熙本来也许说的是笑话，但索额图和明珠却当了真。他们本来就是康熙的近臣、朝中的权臣，若再能得到康熙“重重地封赏”，岂不就成了一人之下、万人之上的炙手可热的人物了吗？所以，索额图和明珠别了康熙之后，就像发了疯似的迅速北上。你夜行八百里，他日走一千里，两人就像比赛似的几乎同时赶到了塔米尔河流域，并立即向噶尔丹残匪发动了猛烈进攻。

客观地讲，清军在塔米尔河流域并没有遇到过什么抵抗。噶尔丹身边本来是有四五千人，可闻知清军要来进剿，大部作鸟兽散，待清军开始从东西两路对塔米尔河流域进行扫荡时，噶尔丹的身边，只剩下数百名死心塌地的亲兵了。亲兵再忠诚、再英勇，毕竟只有数百名，怎禁得两万清军的横扫竖荡？所以，清军扫荡塔米尔河流域，并不是进剿什么叛军，而是奉索额图或明珠之命，仔细搜寻噶尔丹的下落。但不知为何，清军在塔米尔河流域整整搜寻了一天一夜，也没有发现噶尔丹的影踪。索额图和明珠都不禁大失所望地想：莫非，噶尔丹又逃跑了？或者，噶尔丹已经投河自尽?

噶尔丹确是自尽的，不过不是跳河而死，而是服毒自杀。他知道自己早晚会有这么一天，所以就早早地替自己预备了毒药。在清军打到这里之前，他就饮药自尽。他死后，他的亲兵依据他的遗嘱，将他的尸体埋在了河边的沙地里。而掩埋他尸体的那几个亲兵也的确很忠诚，在掩埋了他的尸体之后，那几个亲兵也各各自杀。这样，便无人知道噶尔丹的下落了。

但是，也许是噶尔丹的那几个亲兵太过匆忙，没能将噶尔丹的尸体埋得深些，更也许，是苍天不想让噶尔丹的尸体长埋地下，所以，在清军到达塔米尔河流域的第二天上午，清军的骑兵在河边上跑来跑去的，马蹄子在沙滩上刨来刨去的，不知怎么，就把噶尔丹的尸体给刨了出来。这一下子可了不得了，索额图和明珠的手下，马上飞奔过去向各自的主子报告。

可以想像得出，索额图和明珠在听到发现噶尔丹的尸体后是何等的欣喜万分。两人就像是射出弓的箭一般，“嗖”的一声就几乎同时冲到了噶尔丹尸体的旁边。

明珠的岁数虽然比索额图大二三岁，但动作却似乎比索额图快捷。刚到噶尔丹的尸体旁，他就“呼”的一声跃下马来，仗剑便要去割噶尔丹的脑袋。但明珠的剑碰到的并不是噶尔丹的首级，而是索额图从对面伸过来的剑。显然，索额图的动作也不慢。

明珠似乎很是愕然地问道：“索大人，你这是何意?”

索额图冷冷地反问道：“明大人，你这又是何意?”

明珠哼道：“明某的手下发现了这叛贼的尸体，明某来取他首级，天经地义!”

索额图也哼道：“分明是索某的手下发现的这具尸体，明大人又何必强词夺理?”

明珠回头冲着自己的亲信们吼道："你们说，究竟是谁先发现的这具尸体?"

那些亲信们齐声回道："是属下首先发现的!"

明珠笑问索额图道："索大人，你可曾听见?"

索额图不甘示弱地也回头冲着自己的亲信们喝道："你们说，到底是谁先发现这具尸体的?"

那些亲信们同声应道："是属下首先发现的!"

索额图笑问明珠道："明大人，你可曾听见?"

明珠的剑动弹了一下："索大人，你今日成心与我明某过不去啊!"

索额图的剑也动弹了一下："明大人，是你成心跟我索某过不去!"

明珠手一挥，他身后的亲信们便"呼啦啦"地向前围拢了过来："索大人，我就不信，你今日能在我的眼皮底下把这叛贼的首级取去!"

索额图见明珠似乎要动真格的，便赶紧摆了摆手。他的那些亲信也"呼啦啦"地冲上前来。索额图冷笑着言道："明大人，我取不了这叛贼的首级，谅你也不能!"

两边的亲信一个个都剑拔弩张。只要索额图或明珠再挥挥手，一场流血冲突便不可避免。清军中几个将领闻讯，慌忙一起跑过来，劝索额图和明珠千万要冷静。末了，几个将领在征得了索额图和明珠的同意后决定，由他们另派人手，将噶尔丹的尸体完整地抬回去，恭请皇上圣裁。

就这样，叛乱头子噶尔丹的尸体，竟然被清军从塔米尔河畔用马一直驮到宁夏康熙的行营。一路上，索额图和明珠，居然没说一句话。

见了康熙，索额图和明珠各执一辞，互不相让，都说是自己首先发现噶尔丹的尸体的，甚至，二人还当着康熙的面，大吵大闹起来。

康熙愕然问道："两位爱卿，你们一个是朕的左臂，一个是朕的右膀，平日里情投意合、从不计较，为何今日，为了一个叛贼的首级而争得不可开交啊?"

索额图的脸上，满布委屈之色："皇上，不是微臣想与明大人抢这份功劳，实是微臣首先发现的噶尔丹，当立头功啊!"

明珠立即言道："皇上，索大人强抢功劳不说，还当着皇上的面冤枉微臣，微臣恳请皇上明察……"

索额图刚想说些什么，康熙制止了："好了，两位爱卿，你们不要再争了。叛匪噶尔丹残部已经全部剿灭，这份功劳，朕给你们一人记上一半如何?"

康熙既如此说，索额图和明珠就是心中再有不满，也不便当面说。不过，从此以后，索额图和明珠之间的关系，就再也不像过去那般融洽了。

而实际上，自平定了噶尔丹叛乱之后，康熙的为人，似乎也发生了一个重大的变化。在这之前，康熙作为一个皇帝，还称得上是开明和英明的，可在这之后，作为皇帝的康熙，就变得不那么开明和英明了，甚至，康熙还走上了一条糊涂和昏庸之路。这，究竟是什么原因造成的呢?

若从另一个角度来看，也正是因为康熙晚年渐入糊涂和昏庸，才造就了大清国的另一个皇帝：雍正。

这一年（公元1697年）的年底，在奏请了康熙皇帝的恩准后，明珠在京城为自己过了五十大寿。

明珠做寿，自然不是一件小事。说整个京城都被惊动了、轰动了，是一点也不夸张的。虽然明珠在向康熙奏请时言称："微臣过寿，绝无声张之意。"但实际上，满朝文武，包括京畿一带的大小官员，哪个不得向他明珠送一份厚厚的寿礼？就是那些大大小小的皇阿哥，也不敢怠慢，或派人去明珠府上献礼，或亲自到明珠府中恭贺。这其中，以四阿哥胤禛给明珠的印象最深。这倒不是说，四阿哥胤禛给明珠送的寿礼有多么多么贵重，而是因为，在明珠做寿的日子里，胤禛为明珠鞍前马后、跑上跑下的，着实勤劳，也着实让明珠感动。不知情的人还会以为，胤禛不是什么皇子，而是明珠的一个仆役。这个"仆役"，今年刚交二十岁。

当然，在所有给明珠送的寿礼中，最特别也最贵重且让明珠最爱不释手的礼物，是康熙皇帝所送。康熙曾问明珠道："爱卿，你即将过寿，朕究竟送你一件什么礼物好呢？"

明珠回道："微臣过寿，岂敢让皇上送礼？皇上能恩准微臣办事，微臣就已经感激不尽了！"

但康熙最终还是赏给了明珠一件礼物。这件礼物不是别的，而是一件黄马褂。明珠心中这个高兴啊！放眼满朝文武，包括那个索额图在内，除了他明珠，谁还拥有康熙皇帝的这份殊荣？拥有康熙皇帝亲赐的黄马褂，其身份地位，不就仅次于康熙皇上了吗？

按常理，明珠的这个五十大寿，虽然"绝无声张之意"，但最终的结果，明珠应该是相当满意的。不说别的，就康熙皇帝所送的那件黄马褂，也足以让明珠有充分的理由感到风光和自豪了。然而，不知何故，五十大寿一过，明珠就显出闷闷不乐的神情来。

这一日，大概是明珠过了五十大寿后的第三天，晚上，明珠在几个侍从的搀扶下，醉醺醺地回府。黄昏时候，有几个亲信邀明珠上街喝酒，明珠因为心中有些不快，就多喝了几杯，喝成了一副醉眼朦胧、踉踉跄跄的模样。

快到府宅门口时，明珠突然打住了步。他对搀扶他的那几个侍从道："你们快看，前面有一个人，鬼鬼祟祟的，莫不是……刺客？"

一个人的身份地位太高了，就总会怀疑别人要谋害他。那几个侍从一听，赶紧将明珠护住，并四处地观瞧，可观来瞧去，除了不远处有一株枯瘦的老树外，并无任何人的影踪。

一侍从紧张兮兮地问明珠道："大人，那刺客何在？"

明珠眨巴眨巴眼："我刚刚分明看见那刺客就在前面，怎么这会儿……不见了？"

几个侍从紧急商量后，由三四个侍从护定明珠，另一个侍从蹑手蹑脚地朝明珠府宅的大门摸去，准备叫府内的侍卫出门来迎接。可那个侍从刚走到那株枯瘦的老树边，一个人影便从那树后走出，那个侍从一下子就吓瘫在了地上。那个人影，显然比那一株老树还要枯瘦。

护定明珠的那几个侍从一见，急忙颤抖着向明珠报告道："大人，果然有刺客……"

因为是冬天，虽然明珠饮酒有些过量，但经大街上冷风这么一吹，他的大脑便多少有些清醒。只见他，推开几个侍从，一个箭步就向那株老树跃去，一边跃一边叫道："大胆刺客，竟敢来行刺本大人，看本大人不好好地教训你！"

甭看明珠已经五十岁了，但手脚却异常地利索。要知道，在康熙年少时，明珠和索额图都是康熙身边数一数二的高手侍卫，为康熙生擒鳌拜立下了汗马功劳。只是此刻，因为酒喝多了，明珠的手脚虽仍很利索，但身形却未免有些飘忽，远远地看去，明珠就像是在打醉拳一般。

眼看就要冲到那株老树边了，可站在老树边的那个人影却纹丝不动。明珠也不搭话，借着冲势，一拳击向那人影的面门，一脚又踢向那人影的裆部。如果那人影被明珠击中，纵然不死，也跟死差不了多少了。而如果明珠真的将那人击死或击伤，明珠的结果恐怕只能有一个：死。

就在明珠的拳脚即将击中那人之前的一刹那，一个身影飞快地介入，硬是将明珠的拳脚隔开，并迅速地站在了明珠和那个人的中间。

明珠定睛这么一看，隔开他拳脚的不是别人，正是他府内的侍卫头目固里。许是固里听到了府外有动静，便迅速打开府门，冲到了明珠的身前。仅固里这一手快捷如飞的动作，便可以看出，在武功造诣方面，固里绝不是等闲之辈。

但明珠一时却很是不解。他费力地打了个酒嗝问道："固里，你为何拦我击杀刺客？"

固里也没言语，只是微微一弯腰，默默地退到一边去了。站在固里身后的那人上前一步道："明大人，莫非我就是你要击杀的那个刺客？"

明珠即使喝得烂醉如泥，恐怕也不会认不出站在自己面前的那人是谁。明珠竭力遏止住又一个向上翻涌的酒嗝，慌忙躬身言道："明某贪酒误事，险些误伤了四阿哥，乞望四阿哥恕罪！"

原来，一直躲在老树背后之人，正是康熙的皇四子胤禛。按常理，胤禛被明珠拳脚这么一惊一吓，至少应该有些慌乱，若不是固里及时拦阻，他恐怕就要一命呜呼了。然而，纵然现在是白天，也看不见胤禛的脸上有什么慌乱之色。这份处变不惊、镇定自若的功力，寻常人确实难以企及。

只见，胤禛"哈哈"一笑道："明大人，你何罪之有？你只不过是趁着酒劲儿，同我开了一个不大不小的玩笑而已！"

胤禛所言，显然是给了明珠一个台阶下："四阿哥说的是！明珠纵然有天大的胆子，也绝不敢伤害四阿哥一根毫毛！"

胤禛却似乎很不经意地回道："明大人宽厚仁慈，是不会轻易伤害别人一分一毫的。但是，别人是否会这么想，是否也会不轻易地伤害明大人的一分一毫，好像就不得而知了！"

明珠不由得打了个激灵。这不是冷的，这是因为明珠听出了胤禛的言外之意："四阿哥……能否对明某说得清楚一些？"

胤禛微微一笑道："明大人不想邀我入府内喝杯热茶暖暖身子吗？"

明珠悟道："明某该死，竟让四阿哥一直立此树下受风寒侵扰……"

由固里引路，明珠相陪，胤禛笑容可掬地迈进了明珠的府宅。来到一间客厅，分宾主坐下，仆人敬上香茶之后，明珠便迫不及待地问道："四阿哥，究竟是谁想在背后伤害于我？"

明珠迫不及待，胤禛却不紧不慢。胤禛先是呷了一口茶，然后轻轻地反问明珠道："明大人过完五十大寿后的这两天来，为何闷闷不乐？"

明珠闻言一怔，继而微微叹息道："四阿哥，明某虽不才，但承蒙皇上和满朝文武错爱，明某的五十大寿过得倒也有模有样。尤其是四阿哥，为明某忙上忙下，明某实在感激不尽！可是，有那么一些人，对明某简直是不屑一顾。明某事前早就派人去邀请他们来参加寿宴，可他们根本置之不理，甚至连个招呼也不打。他们这样做，分明是瞧不起我明某啊！既有人瞧不起我明某，我明某又如何能开心起来？"

胤禛又呷了一口茶，然后问道："明大人口中的他们，所指何人啊？"

明珠一脸的苦笑："四阿哥，你这岂不是明知故问？明某的寿宴，自始至终你都在场。哪些人看不起我明某，四阿哥还不清清楚楚？"

胤禛淡淡一笑道："明大人莫非说的是索大人和太子殿下？"

明珠深深地叹了口气，但没有言语。原来，明珠之所以在过完五十大寿后有些闷闷不乐，其原因，正是由于索额图和胤礽。索额图和胤礽，就像不知道明珠要过寿似的，既没有送来什么贺礼，更没有前来赴什么寿宴。这不能不让明珠感到，在索额图和胤礽的眼里，他明珠是算不上什么的。

然而，明珠只知道索额图和胤礽对他的五十大寿不闻不问，却不知道索额图和胤礽这么做的原因。实际上，明珠只要仔细地想一想便会发现：连康熙皇上都给他明珠送礼了，索额图和胤礽又何必公开与他明珠过不去？

事实是，索额图和胤礽本来都是准备给明珠送礼的，甚至，索额图还准备去参加明珠的寿宴。只是后来有一个人既含蓄又巧妙地向索额图暗示：明珠不欢迎索额图和胤礽去祝寿。索额图想想自己与明珠之间的过节，觉得此话非常可靠，一气之下，便和胤礽取消了准备给明珠送寿礼的打算。

明珠当然不会知道这其中的缘故。明珠更不知道的是，既含蓄又巧妙地向索额图暗示的人，不是别人，正是此刻与他品茗相对的四阿哥胤禛。

胤禛为何要这么做？这自然有他的目的。法国派往清朝的传教士白晋，在回国后向法国皇帝路易十四上的奏折中称：康熙皇帝的儿子，个个英俊倜傥、聪明异常。从某种角度上说，法国人白晋的话固然没错，因为康熙的儿子们——康熙一共生了三十五个儿子和二十多个女儿，其中长大成人的儿子有二十个，长大成人的女儿有八个——的确个个非常英俊，只四阿哥胤禛略显瘦弱些。但是，白晋说康熙的儿子们个个都聪明异常，就显然太过偏颇和笼统了。诚然，康熙的儿子们都不能算太笨，但真正能称得上聪明异常的，恐怕只有四阿哥胤禛一个人。因为，只有胤禛，才知道如何一步步地向着权力的最高峰攀登，且在攀登的过程中，只要认为对自己有利的事，胤禛就去做。加上胤禛似乎生就的一副诚实的面孔，他所说的话、所做的事，别人好像还不能不信。

比如此刻，胤禛见明珠深深地叹了口气后不言不语，便很诚心诚意地问道："明大人，既然索大人和太子殿下如此瞧你不起，你何不找他们好好地理论一番？在我看来，明大人是当朝的栋梁，为大清国立下了不朽的功勋，索大人和太子殿下应该是没有什么理由轻视明大人你的……"

胤禛所言，明珠大受感动："四阿哥，明某何尝不想找他们好好地理论一番？可是，他们一个是当朝的太子，一个是太子的叔爷，又都同皇上有着非常密切的关系，明某纵然去找他们理论，又能理论出什么结果来？"

胤禛理解似的点了点头："明大人所言，虽有些无奈，却也是实情。看来，我今夜在此，也纯属多余了……"

明珠被酒烧得混混沌沌的大脑，忽然间清醒了许多："对了，四阿哥，你先前说过，有些人要伤害明某……此话当真？"

胤禛撇了一下双唇："明大人，我只是开个玩笑，你又何必当真呢？"

明珠许是真的清醒了："四阿哥，如果你只是要跟明某开个玩笑，又何必在明某的宅前等候许久？"

胤禛似是无奈地摇了摇头："明大人真是太聪明了！我即使想隐瞒也是瞒不住的。跟你说实话吧，我此番前来，正是想告诉明大人一些事情，但现在看来，就是我把这些事情告诉明大人，恐怕也没有多大的意义了……"

明珠赶紧问道："四阿哥此话怎讲？"

胤禛低低地道："因为，此事依然涉及到索大人和太子殿下，而明大人对索大人和太子殿下……几乎毫无办法……"

明珠一震："莫非，正是他们二人要伤害于我？"

胤禛吞吞吐吐地道："明大人，这件事情……还是不说也罢！"

明珠急了："四阿哥，这件事情，请你务必说清楚。索额图和太子，是如何在背后说我的不是？"

胤禛顿了一下，煞有介事地道："明大人，他们不是在背后说你的不是，而是在我的父皇面前公开说你的不是！"

明珠"啊呀"一声："四阿哥，他们在皇上的面前，究竟如何说我？"

胤禛慢慢地将茶杯放下。他望着明珠的那一对目光，居然那么地诚实、可信："明大人，他们在皇上的面前，主要说了你两点，一是说你太贪，是个大贪官，一是说你太奸，是个大奸臣……”

“这……”明珠满腔的酒气和怒气似乎都要从眼睛里和鼻孔里喷出来、冒出来，“他们，怎么敢在皇上的面前如此无中生有、造谣诽谤？他们如此做，岂不是想把我明某置于死地？”

胤禛也站起身来，多少有些诚惶诚恐地言道：“明大人可千万要冷静哦！如果此事张扬出去，我的脑袋恐怕就不会安稳了！”

但实际上，胤禛很清楚，像明珠这般权重位高的人，是绝不会出卖他这个“朋友”的。果然，明珠一咧嘴言道：“四阿哥许是太多虑了！你对我如此真诚，我岂能让你受到牵连？不然，我明某与猪狗还有何异？”

自与胤禛“密谈”之后，明珠对索额图和太子胤礽一直耿耿于怀。但明珠同时又知道，凭他目前的实力，还不能把索额图怎么样，更不能对太子胤礽如何了。如果直接去面见康熙皇上，自己却无真凭实据，也不好向皇上开口。更主要的，如果索额图和胤礽真的在皇上面前对他明珠说三道四，而康熙又不对他明珠提及，那就说明，康熙对他明珠，的确是存有某种偏见了，至少，康熙对索额图和胤礽要比对他明珠信任得多。所以，明珠对索额图和胤礽，可以说是充满了怨恨，又充满了愤怒。而这一点，又恰恰是胤禛所要追求和达到的效果。

一个人的心中若是有了极大的怨恨和愤怒，那总是要找机会发泄的。平时，明珠还能克制得住自己，但酒后，特别是当饮酒过量的时候，明珠对他心中的那种怨恨和愤怒，就有些拿捏不住了。

大概是第二年（公元1698年）的春天，春寒料峭的一天夜里。明珠在侍卫头目固里及一干侍从的簇拥下，摇摇晃晃地从大街上往自家转悠。今日是固里的大喜之日，固里的新娘便是明珠的一个贴身女侍。明珠特地在大街上包了一家上等饭庄，又特地邀请了数十位朝中大臣，为固里的喜宴增光添彩。席间，几个大臣向明珠谈起，说是当今皇上越来越倚重索额图了，甚至到了唯索额图之言是听的地步。明珠是越听越气，越气就越喝酒。至喜宴席散，明珠早已是头重脚轻了。

一般的朝中大臣上街走动，或坐轿，或乘车，或骑马，但明珠却不同。在这一点上，明珠和当年的鳌拜有些类似，他喜欢步行。和鳌拜有些不同的是，鳌拜走动喜欢独来独往，而明珠却习惯带上几个侍从。也许，明珠的酒量远不如鳌拜，几乎逢饮必醉，如果不带上几个侍从，他是很难安稳地步行回家的。

不过，在固里的喜宴上，明珠虽然喝得头重脚轻，却也还能行走。甚至，明珠的头脑还比较清醒。因为，他在走到一个宽大的巷口时，还停下脚步，对固里言道：“时间不早了，你先回府，新娘还在等着你呢！”

固里自然不会愿意，尽管，固里的内心恨不得一步就跨回明珠的府内，跨入自己的洞房之中，将那娇滴滴的新娘迅即地搂入怀中。

“大人，”固里言道，“还是让小人护送大人一起回府吧。”

"不，"明珠就立定在那道巷口边上，"固里，今天对你来说，是个不寻常的日子。洞房花烛夜，自古就是人生的一件大事，也是人生的一大乐事。你怎么能忍心让你的新娘在洞房内久候呢？"

固里吞吞吐吐地道："大人所言甚是。新娘在洞房内久候，小人当然不会忍心，但是，小人也决不会因为新娘就丢下大人先行……"

"好了，固里，"明珠一摆手，"叫你先走，是本大人的命令，你不想执行也得执行！"

听明珠如此说，固里就只得冲着明珠哈了哈腰道："小人这里先行谢过大人……"话音未落，人已在一丈开外。

固里走后，明珠对身边的一干侍从吩咐道："你们就在这里等我！"说着，便趔趔趄趄地走进了身边的那条宽大的巷道。

明珠为何要在这么一个春寒料峭的夜晚走进那条巷道？原来，明珠趁着酒劲儿，要去索额图的府宅"拜访"一下。索额图的府宅就在这条巷道之内。索宅和明宅，都是康熙皇上所赐。

明珠为何要在夜里去索额图的宅内走动？却原来，自明珠的五十大寿之后，明珠和索额图在白天里见面，顶多敷衍了事地寒暄几句，然后各自走人。而今日，明珠的大脑被酒精烧得滚烫，他要去索额图的家中看看，看看索额图在夜里、在家中究竟会干些什么。殊不料，此一去，就使得明珠和索额图之间的矛盾变得公开化了，尖锐化了。

夜还不算太深。索宅大门的两边，两只高悬的大红灯笼几乎亮得耀眼。灯笼之下，分立着四个家人。四个家人的腰板挺得笔直，就像四根木柱。四个家人的中间，是两扇宽大厚重的仿佛是血染的铁门。乍看上去，索宅的府门的确十分气派。只不过，对明珠来说，却是看在眼里，气在心里。

明珠走到了那两扇红彤彤的大铁门近前，两只同样红彤彤的灯笼几乎把明珠映得一片红。一个家人识得明珠，赶忙趋前一步，冲着明珠躬身问道："明大人是否要找我家大人？"

明珠没好气地道："不错！你快把大门打开！"

那家人陪着笑脸道："请明大人稍候，我家大人说了，任何人来此，都要先行通报一声……"

明珠哼道："你家大人好大的架子！莫非，当今皇上来此，你也要先行通报一声？"

那家人慌忙言道："明大人误会了……只是我家大人正在忙碌，小人先行通报一声的目的，是想让我家大人前来迎接明大人……"

明珠冷冷地道："不必了！我明珠没有你家大人那么大的架子。你只需打开大门，领我去见你家大人便是。"

那家人虽是索府中人，但明珠在朝中的显赫地位，他却非常清楚。所以，听到明珠如此说，那家人便不敢怠慢，忙着推开大铁门，领着明珠走进去。

虽是夜晚，但索府的大院内却灯火通明、亮如白昼。尽管明珠对索府大院内的景致不感兴趣，但明珠却也看出，今晚索府内定有什么不寻常之事。因为，明珠看见，亮如白昼的索府大院内，几乎人来人往、络绎不绝，且多是索府的家人领着一二年轻女子在来回地走动。明珠看得真切，有些年轻女子的腮边，还分明挂着泪水。

明珠不由得暗自思忖道："索额图一下子变得如此好色了？不然，索府内的这些年轻女子又来作什么？为何有些年轻女子的表情会那么痛苦？"

明珠越想越觉得今夜自己来对了。索府内肯定正在进行着一件十分重大的事情，而这件事情，又恰巧被他明珠碰上了。

于是，明珠就催促那个领路的家人道："快带我去见你家大人！"

那家人唯唯诺诺，几乎一溜小跑起来。明珠不顾，甩开大步，寸步不离地跟上。纵然如此，明珠还是嫌那家人走得太慢。

终于，那家人在一间屋子的门口止住了脚步，扯开嗓门吆喝道："明珠明大人到！"

明珠索性两步就跨入屋内，生怕索额图会在屋里藏起什么似的。

只见索额图，斜倚在一张太师椅上。他的对面，抖抖索索地站着两个年少的女子。听见那家人吆喝，索额图不觉一怔。可还没等索额图欠起身来，明珠就早跨进了屋内。

跨进屋内的明珠，先是瞟了一眼那两个女子，然后笑嘻嘻地问索额图道："索大人，明某不期而至，该不会打搅你吧？"

索额图欠了一下屁股，算是对明珠的回礼："明大人，打搅倒谈不上，只是索某略有惊讶，你明大人酒气熏天的，跑到敝宅来有何贵干？"

明珠一愣。是呀，我有何借口跑到这索府里来？但旋即，明珠就反应过来："哦……索大人，是这么回事，今日我府内的一个家人办婚事，由我明某一手张罗操办。我本想邀请索大人一同去喝杯喜酒、凑凑热闹，但又想，去年的年底，我明某自己做事，索大人都不肯光临，现在只是一个家人办婚事，索大人又岂肯屈就？故而，明某后来又打消了邀请索大人的念头……"

明珠口中的"自己做事"，显然指的是他过五十大寿一事。索额图不冷不热地言道："既如此，明大人为何又走进敝宅？"

明珠回道："索大人许是太多虑了吧？明某只是路过，顺便到贵府来与索大人打个招呼，并无别样意图。"

索额图"嘿嘿"一笑道："索某感谢明大人的这番盛情厚意。只是招呼已经打过，明大人应该打道回府了！"

索额图是在下逐客令。但明珠却一屁股坐在了一张椅子上，口中称道："明某回去也无甚大事。倒是见贵府内仕女如云，想留下来看看热闹！"

索额图有些不耐烦了，更有些不高兴了："明大人，莫非在你的眼里，我索宅只是一个看热闹的地方？"

明珠打了个“哈哈”道：“索大人误会了吧？明某的意思是，贵府今夜着实热闹，不然，何来的这么多年少美貌的女子？”

索额图懒洋洋地在太师椅上动了动身子，然后一指面前的那两个少女，斜视着明珠道：“明大人要看热闹，尽管看好了，索某决不会干涉！”

然而，两个哆哆嗦嗦的少女，直愣愣地站在那里，又有什么“热闹”可看？明珠睒睒眼，又揉了揉鼻尖，然后讪笑着问道：“索大人，今夜贵府来了这么多妙龄女子，莫非……都是索大人自己享用？”

索额图挤了挤眼珠：“明大人，说话可不能如此唐突哦？你好好地看看，这些女子一个个皆天姿国色，我索某岂有资格享用？”

“那是，那是。”明珠赶紧应道，“就明某所知，索大人好像也不是这等好色之人啊……”

索额图的脸色顿时变得十分难看，声音也变得十分难听：“明大人说话可否多多地斟酌些？你适才究竟是在说谁好色？你就不怕闪了你明大人的舌头？”

索额图的话说得虽很难听，但明珠一时却未敢反唇相讥。因为，明珠朦朦胧胧地意识到，索额图既然不是在为自己选美女，那就一定是在为别人选美女，而能让索额图为之选美女的人，当然不会是一般的人。莫非……

明珠不觉一惊。如果是当今皇上让索额图为之选美女而又不让他明珠知道，那就充分说明，在康熙的心目中，索额图远比明珠重要。或者说，康熙以为，索额图要比明珠值得信赖。

这么想着，明珠就又不觉出了一身冷汗。如果真的失去了皇上的信任，那他明珠就永远没有前途了。

索额图见明珠默然不语，便笑哈哈地问道：“明大人，这热闹，你还看不看了？”

明珠勉力挤出一丝笑容：“索大人为皇上办事，明某岂敢耽误？明某这就告辞……”

明珠说罢，匆忙离座，就要往屋外走。索额图却道：“明大人，谁跟你说索某是在为皇上办事了？”

明珠闻言，一下子就停住了脚：“索大人不是在为皇上挑选美女？”

索额图反问道：“除了皇上，其他的人就不能挑选美女了吗？”

明珠马上便醒悟过来。索额图口中的“其他的人”，不会是别人，只能是太子胤礽。所以，明珠就“哈哈”一笑道：“索大人，闹了半天，原来你只是在为太子挑选美女啊！”

明珠的“只是”二字，索额图听了很觉不快：“明大人，当今太子殿下，莫非就不能挑选美女？”

明珠翻了翻眼皮：“明某不是说太子不能挑选美女。明某的意思是，太子挑选美女，用不着索大人亲自操办，更用不着如此地兴师动众啊！”

索额图当即喝道：“明大人，你说话休得狂妄。索某为当今太子挑选王妃，如何叫兴师动众？你明大人眼里，还有没有当朝太子？”

若是平日，明珠对索额图的这种严厉语气恐多少还有点顾忌，可现在，他浑身上下都被酒精烤得炽热，所以，面对索额图咄咄逼人的口气，明珠就毫无顾忌了。

“索大人，”明珠重重地道，“太子挑选王妃，本来无可厚非，但此事宫中自有安排，又何劳索大人亲自过问？索大人如此做，岂不有小题大做，越俎代庖之嫌？”

索额图冷冷地问道：“明大人，你适才说，太子殿下挑选王妃，是小题大做之举？”

实际上，明珠只是说索额图为太子挑选王妃是小题大做，并未说太子挑选王妃一事本身。但明珠却顾不了那么多了，头一扬，脖子一梗，毫不拖泥带水地回道：“便这样说了又待怎的？就是面见皇上，明某也不惧！”

索额图厉声喝道：“明大人，难道你连当今皇上也不放在眼里吗？”

明珠毫不示弱地回道：“不把当今皇上放在眼里的人不是我明某，而正是你索大人。你索大人背着皇上在自己的家中偷偷摸摸地为太子挑选美女，岂是把皇上放在眼里的做法？如果皇上知道了这一切，会作何感想？又会如何处置你索大人？”

索额图颇有意味地问道：“这么说，明大人是想在皇上的面前告我索某一状了？”

明珠豪气十足地回道：“不错，明某正有此意！明某不仅要告你索大人一状，而且还要参太子一本！”

“哦？”索额图眉头一皱，“明大人的口气不小啊！你果真要在皇上的面前状告索某和太子殿下？”

明珠义正辞严地道：“明某身为朝中大臣，不能对今日之事视若无睹，更不能不闻不问！”

索额图一本正经地点了点头：“那好，明大人，如果索某现在把太子殿下请来，你可敢当面与他论说？”

明珠一怔。莫非，太子胤礽现也在索府之中？许是索额图在虚张声势吧？明珠酒劲儿一涌，硬硬地想道：纵然太子胤礽现在真的就在索府之中，我明珠又何惧之有？

想到此，明珠便大声地言道：“索大人，你去把太子叫来，看我明某可敢与他论说！”

谁知，明珠刚一说完，便从门外踉踉跄跄地闯进一个人来。确切说，是同时闯进三个人来，一男二女。那男的满嘴酒气，看模样，今晚所喝的酒，绝不会比明珠少，而且，从他嘴里喷出来的酒气，那么浓烈、那么新鲜，说不定，他一直在不停地饮酒。那两个女人倒不是什么“闯”进屋里来的，而是那男人的两只手臂完全扒在她们的肩头，那男人一个跄地闯进来，她们也只好跟着他一同踉跄地闯进来了。看得出，那两个女人太过年少，被那男人压得满脸透红、气喘吁吁。

那男人刚一闯进屋内，便瞪着血红的双眼喝问道："刚才是谁人……要与本宫论说?"

明珠本能地一惊。因为，这踉踉跄跄闯进屋里来的男人，正是当朝太子胤礽。看来，胤礽果真一直是在索府之中。

却原来，索额图今夜为胤礽挑选美女——并非是为胤礽挑选王妃——是分两个步骤进行的。第一个步骤由索额图粗选。第二个步骤便是由胤礽亲自把关。首先，把待选的年少女子分成两个人一组，然后一组一组地带到索额图的面前，索额图认为哪个女子的相貌身段比较尽如人意，那么，这个女子就算是"粗选"合格了。粗选合格的女子以一人为单位，依次走入胤礽所在的房屋，让大清太子胤礽做彻底的观察和检查。如果哪个女子经胤礽观察和检查后也合格了，那这个女子便成为东宫里的人了。至于进了东宫后可否成为"王妃"，那就另当别论了。不过，能让胤礽认为合格的女子并不多，因为，胤礽观察得太过仔细、检查得太过彻底。胤礽观察和检查的程序通常是这样的：先观察，后检查。一个粗选合格的女子进来了，胤礽先叫她把衣服全部脱光——冷倒也不冷，因为胤礽所在的房间内炉火熊熊——然后，胤礽便对那女子的胴体进行上上下下、左左右右、前前后后的观察。胤礽观察得确实很仔细，他甚至能观察出一个女人的身上共有多少根毛发，而且有多少根毛发是粗的、多少根毛发是细的、多少根毛发是卷的、多少根毛发是直的，他都能观察得一清二楚。在胤礽如此仔细地观察下，不少女子"惨"遭淘汰。而若"幸运"地通过了观察这一关的女子，则进入到最后的检查阶段。胤礽观察时主要用的是视觉，而在检查时则综合利用其他感觉。比如，他会用鼻子去嗅一个女人身体各部位的气味，会用手指去摸捏一个女人身体各部位的弹性，甚至，有几回，他检查得兴起，干脆将那被检查的女人捺倒在地，用自己的眼、耳、鼻、舌、身，对那女人作了一番全方位的立体检查。如此，不管经索额图粗选合格的女子是否最终能通过胤礽的观察、检查关，反正，从胤礽房间里走出来的女子，十有八九是眼泪婆娑、悲戚满面的。这也就是明珠初进索府时，看到由索府家人领着的一二女子、脸上为何分明有泪水的缘故。

以上所述，并非笔者肆意虚构、发挥。据当时朝鲜人的有关记载："太子性本残酷，百姓公传道之曰不忠不孝……"又云："太子沉迷酒色，常习未悛，分遣私人于十三省富饶之处，勒征货赂，责纳美姝，小不如意，诉谗递罢……"可见，太子胤礽，至少是一个"性本残酷"又"沉迷酒色"之徒。可惜的是，半世英明的康熙未能及时地、明智地认识到这一点。更为可惜的是，当康熙最终认识到这一点之时，又未能及时采取一种比较明智的举措。以致于，整个康熙的晚年时光，都被这"太子"之事，搅得沸沸扬扬、一刻也不得安宁，乃至悲惨地死去。

康熙一时未能明察胤礽的为人，明珠当时也不可能知道胤礽究竟在索府之中做了些什么。不过，明珠却也知道，胤礽是当朝的太子殿下，除了皇帝，任何人见了太子殿下，都要以相应的礼节参见。故而，当胤礽踉跄地扒着两个少女的肩膀闯入这间屋子之后，明珠便趋步上前、躬身施礼道："明珠参见殿下……"

看来胤礽确实喝了不少酒，若不是两个少女倾力搀扶，他定然走不了半步便要摔倒在地。然而，胤礽似乎又很清醒。他盯着明珠的那一对目光，虽有些混沌，却又非常逼真。他就这么盯着明珠问道："刚才，是你……要与本宫论说一番吗？"

明珠未及回答，一旁的索额图却低低而又清晰地道："殿下，刚才明大人说，你选妃纯属小题大做！"

"什么？"胤礽几乎是抱着两个少女一起朝着明珠踉跄地逼近了一步，"明珠，小题大做之语，是你说的吗？"

明珠不自觉地向后一退。索额图又在一边言道："殿下，这明大人还说要在皇上面前参你一本呢！"

"混蛋！"胤礽双手一推，搀扶他的那两个少女就应身倒地。失去了搀扶的胤礽，向前一栽，也差点摔倒，但毕竟最终站住了。他一指明珠，双目暴睁，喝道："你这老混蛋，竟敢来干涉本宫的闲事，他妈的活够了？"

明珠本还想与胤礽好好地理论一番的，可胤礽口中的一句"老混蛋"，却把明珠惹恼了。是呀，明珠才五十岁多一点，并不算老，即使真的是一个混蛋，也不是什么"老混蛋"啊？再经胤礽口中"他妈的"一点缀，明珠就真的是气不打一处来了。

故而，见胤礽用手指着自己，明珠也就反用手指着胤礽言道："你身为大清储君，不思垂范楷模，却贪杯渔色，无端扰民，这还成何体统？"

胤礽没开口，索额图却接上了茬："殿下，这明大人是在教训你呢！"

胤礽"呃"地喷出一个酒嗝："明珠，除了皇上，谁也不敢对我指手划脚！你算老几？竟敢来教训我？"

明珠正想说"我今日就是要好好地教训教训你"，可话还未出口，只听"啪"的一声，胤礽的一只手掌就重重地甩在了他的大嘴巴上。

胤礽身形都不稳了，却还能在转瞬之间就准确地抽了明珠一记耳光，这份功力，虽不敢讲惊世骇俗，但就明珠而言，却只有自叹弗如了。更主要的，明珠乃堂堂的朝廷命官，被人当众抽了一记响亮的耳光，该有多么的难堪？就是皇上，也没有对明珠这么做过。故而，明珠仿佛不相信似的瞪着胤礽道："你，居然用你的手，打在我堂堂朝廷命官的脸上？"

胤礽一声冷笑："明珠，你个老混蛋！本宫不仅打你，还要宰了你！"

第三十四章
藐太子险丧三尺剑 信胤禛误听一席谈

明珠咬牙切齿对胤禛言道："四阿哥，我已经作出决定，就在今天晚上……"胤禛真诚地道："预祝明大人马到成功！"转过脸来，胤禛就偷偷对索额图道："明珠今夜将派固里来刺杀索大人，望多加防范！"

明珠刚想说"你敢"之类的话，却见胤礽不知从身体的什么地方拔出一把短剑来。那短剑亮闪闪、寒嗖嗖，在灯光映照下，着实怕人。所以，明珠便忙着又把想说的话一口吞了下去。

想当年，鳌拜倾权时，身上总不离一把短刀。现如今，太子胤礽，不论到什么地方，身上也总不离一把短剑。这一把短刀、一把短剑，其意义和目的是否相同？

看到胤礽拔出了短剑，明珠立刻就被吓得清醒了。明珠这一清醒，说话便开始哆嗦起来："太子……你……想把我怎么样？"

胤礽歪歪斜斜地向前走了二步，一边走一边言道："我要杀了你这个不识好歹的老混蛋！"

明珠害怕了。胤礽既然敢打他，也就敢杀他。所以，明珠一边紧张地向后退着，一边不时地朝着屋门的方向瞅。显然，明珠想开溜了。所谓识时务者为俊杰，又所谓三十六计走为上。明珠情知，如果此时开溜不掉，那后果就不堪设想了。

亏得胤礽酒喝得太多，不然的话，明珠就实难逃掉。胤礽"哇呀"一声怪叫，身体一矬，手中的剑便向明珠刺去。胤礽这一动作很快，明珠很难躲避，但因为胤礽双脚不稳，这一剑刺偏了。

明珠一惊，心中暗道：此时不溜，还待何时？胤礽一剑刺偏，明珠就向屋门方向窜去。明珠的武功身手也自不弱，逃跑的速度也不慢。胤礽一击不中刚刚回过头来，明珠就已经蹿到屋门的近前了。

如果索额图起身拦阻，明珠是决计逃不掉的。因为索额图的身手，至少不比明珠差，他们都曾是康熙皇帝的御前侍卫。但索额图并没有起身，他只是在明珠从他身边蹿过时，不浓不淡地说了一句道："明大人好走，欢迎下次再来看热闹！"

而胤礽就没有索额图那般大度和幽默了。他见明珠已逃至门边，一边气急败坏地大叫“老混蛋，你往哪里逃”，一边就将短剑朝明珠掷去。

若是胤礽没有喝酒，他这一剑掷出去，明珠十有八九在劫难逃了。许是明珠命大吧，胤礽常常喝得东倒西歪的，所以，胤礽掷出去的剑，就没能击中明珠的后背，而是击在了一边的门框上。饶是如此，明珠也被吓出了一身冷汗。当然，明珠顾不上去擦冷汗，而是不顾一切地蹿出了门外。那把短剑，直直地插在门框上，本来也没有什么动静，但随着明珠的出逃，剑身却奇怪地发出了一阵的颤抖。

如果不是索额图从中劝阻，胤礽肯定要对明珠穷追下去。胤礽气呼呼地走到门边，拔下剑，刚要追出门去，索额图急忙走过来道：“殿下且慢！不要追了……”

胤礽双目一瞪道：“就让这混蛋这么给逃了？”

索额图微笑着道：“那老混蛋不足为虑。我们还是办正事要紧！”

胤礽挥了一下手道：“好，我问你，还有多少女人未经挑选？”

索额图很是恭敬地回道：“未经我粗选的女子已所剩无几，但未经殿下挑选的女子却还有二十多个……殿下是不是可以稍稍快些？”

胤礽不满地瞪了索额图一眼：“你这不是废话吗？我不想快些吗？可我能快吗？我得认真地一个一个地仔细地观察和严格地检查。不然，挑选出来的女人，怎能配得上我这个大清太子？”

“那是、那是，”索额图道，“太子着实辛苦，我却着实轻松……”

“那是自然！”胤礽不由自主地一连打了两个酒嗝，“你坐在这里，只需用眼睛看，是何等的轻松自在。可我呢？不仅要看她们的身体上有无疤痕，而且还要检查她们的身体是否柔软、是否细嫩……着实辛苦得很呐！”

说完，胤礽还深深地叹了一口气，似乎，他这么辛苦，也确实是出于无奈。索额图赶紧冲着那两个曾经搀扶胤礽进屋来的年少女子吩咐道：“还不快些伺候殿下去干正经事？”

那两个年少女子诚惶诚恐地走到胤礽的两侧。胤礽双臂一张，就几乎完全趴在了那两个少女的身上，出去干索额图口中的所谓“正经事”了。

胤礽一走，索额图便重新回到了太师椅上坐下。不过，在开始他的“粗选”工作前，他曾经想到过这么一个问题，那就是，明珠明大人经太子胤礽这么一惊一吓，回到家中之后，会有什么样的感想？

是呀，胤礽对明珠，又是打耳光、又要用短剑杀他，明珠心中的滋味，肯定是不会好受的。所以，明珠丧魂落魄地逃离了索府之后，并没有直接回家，而是径自去皇宫找皇上，因为他知道整个大清国只有康熙能够替他在太子胤礽的身上出这口气。

虽是夜深，但像明珠这般身份地位的人要进入皇宫也不是什么难事。问题是，进了皇宫之后，该到何处去找皇上，就不是一件很容易的事了。好在明珠在宫中有不少熟人，几经打听之后，明珠终于弄清，康熙皇上今晚宿在乾清宫。于是，明珠就又直奔乾清宫而去。

对明珠来说，乾清宫当然是十分地熟悉了。明珠做康熙御前侍卫的时候，乾清宫的哪个角落他没去过？但是，如此深夜，明珠怎么也不敢径闯康熙的寝殿。所以，走到乾清宫的宫门前，明珠就在原地徘徊起来。若不是那个赵昌不知何故走出了宫门，明珠还不知道要在宫外徘徊多久。

明珠见赵昌走出了宫门，真是大喜过望，急忙迎上前去施礼道："赵公公一向可好？"

赵昌一怔："原来是……明大人啊！莫非，明大人此时要进见皇上？"

"正是！"明珠迫不及待地道，"明某有急事要进见皇上，烦公公入内通报一声……"

赵昌立即就紧锁双眉："明大人，这事儿可不太好办啊！如此深更半夜的，奴才若是去打搅皇上，准保被皇上骂个狗血喷头，说不定，皇上还会狠狠地踹奴才一脚啊！"

明珠像想起什么似的，忙从怀中摸出一锭银子塞入赵昌的手中："明某知道又让公公作难了，但明某确实有紧急大事，敢劳公公体谅……"

有一锭银子在手，赵昌紧锁的双眉便有些明显的松动，但依然是一副十分为难的脸色："明大人，不是奴才不愿进去为你通报，而是今夜之事，确实非同寻常……"

只是如何"非同寻常"，赵昌在犹豫了一下之后，终没有说。明珠见状，便又从怀中摸出一锭银子塞入赵昌手中，口里言道："明某来得匆忙，身上并未备有多少银两，待今夜过后，明某定另有酬谢！"

赵昌一手握着一锭银子，但脸色却还是不够明朗。明珠急道："赵公公，明某身上，确实只有这两锭银子……"

末了，赵昌叹了口气道："好吧，明大人，你既然有紧急大事，那奴才就是冒被杀头的危险，也要进去为你通报一声……不过，皇上愿不愿意见你，奴才就不敢保证了！"

明珠赶紧拱手道："明某这里先行谢过公公！"

而当赵昌入宫之后，明珠却又忿忿然地想道：胤礽仗势欺负我，这赵昌也如此刁难我，如果今日身上不曾携带这两锭银子，赵昌岂肯入内通报？

赵昌的确十分贪财，然而今天夜里明珠却多少有些冤枉了赵昌。因为今天夜里的乾清宫内，确实如赵昌所言，有一件"非同寻常"的事情。这就有必要把时间稍稍地向前提一些，作点简要的补充交待。

康熙自八岁登基后，一直受着鳌拜的要挟和轻视，虽是大清皇帝，却也有名无实。后来，在皇祖母博尔济吉特氏及索额图之父索尼等人的大力帮助下，一举清除了鳌拜集团，开始了自己真正的皇帝生涯。这以后，年轻气盛的康熙，英姿勃发，尽展雄才大略，在清朝的历史上，留下了一连串的光辉足迹，足以让时人和后人刮目相看。他力排众议，花了八年时间，终于平定了以吴三桂为首的“三藩之乱”，又不顾别人反对，重用施琅等人，收复了被郑氏割据多年的台湾。再多方谋划，权衡再三，与侵略成性的沙俄政府签订了《中俄尼布楚条约》，稳定了大清东北岌岌可危的形势。后又三次亲征，果断出击，粉碎了噶尔丹妄图依靠沙俄的支持来分裂大清江山的阴谋。这一个又一个的辉煌业绩，使得康熙足以笑傲整个的大清历史，就是在整个中国的历史长河中，康熙涌起的这一朵又一朵的浪花，也十分地耀眼、十分地炫目。然而，当这一连串的壮举都完成了之后，康熙忽然感到，他似乎失去了继续前进、继续奋斗的目标。换句话说，康熙在前进、奋斗了大半辈子之后，猛然间觉得，自己竟然是那么地疲倦、那么地空虚。于是，康熙的晚年生活，便突然间变得黯淡无光起来。他不仅没再给后人留下什么足以让人引为自豪的东西，而且，他还给他自己，留下了许许多多让人扼腕叹息的遗憾。莫非，这就是不以人的意志为转移的历史发展的客观规律？

一个人若是太疲倦了，那就要好好地休息。一个人若是太空虚了，那就要好好地充实自己。康熙自平定了噶尔丹叛乱之后，似乎就处于这种“充实”和“休息”的状态中，一下子变得无所事事起来。

当然，作为一个皇帝，康熙是不可能真的无所事事的。单后宫中那么多如花似玉的女人，就够他忙碌的了。所以，康熙便常常在乾清宫里“充实”了一下自己之后，就跑到花团锦簇的后宫里去“休息”了。后来，康熙觉得这样“休息”还是有点疲倦，就干脆躺在乾清宫里，叫赵昌叫阿霖或叫其他什么人，把后宫中的那些女人，一个个地唤来侍寝。甚至，连常住坤宁宫的孝恭仁皇后乌雅氏，也曾被康熙派人唤来乾清宫两次。这似乎有些不合规矩，但自康熙的皇祖母博尔济吉特氏撒手西去后，便无人再来用什么宫内的规矩去约束康熙，所以康熙在宫内就可以为所欲为了。只是因为孝恭仁皇后乌雅氏已年岁渐大，康熙对她不可能再有多大兴趣，所以，康熙“休息”的重点，多是后宫中那些新被授封的年轻妃嫔们。康熙如此“休息”，当然就会觉得越来越“充实”了。

不过，尽管孝恭仁皇后乌雅氏已处于那种徐娘半老状态，但毕竟还是大清国的皇后，所以，康熙为顾“面子”计，便有事没事地也常到坤宁宫里去走走。他也真的是去“走走”，到坤宁宫之后，跟乌雅氏点点头，算是打了招呼，然后就悠哉游哉地又离开了坤宁宫，弄得乌雅氏好不伤心。然而，就因为康熙常到坤宁宫里去走走，所以便走出一桩不大不小的事情来。

这天下午——也就是明珠在索额图家中被胤礽打了一记耳光的那天下午，康熙不知为何来了兴趣，带着赵昌和阿霖从乾清宫走到了坤宁宫里。当时，乌雅氏正在午休。闻听康熙来到，乌雅氏也顾不得梳洗，慌忙跑出卧房迎驾，口中称道：“不知皇上驾到，臣妾有失体面，恳望皇上海涵……”

乌雅氏口中的“有失体面”自然指的是未及梳妆打扮。但康熙根本就没有正眼看她，只是淡淡地说道：“朕只是来随便转转，你不用这么多礼！”

康熙也确实是来"随便转转"，因为连他自己都说不清为何要在这个时候到坤宁宫来。转了一圈之后，康熙觉得了无兴味，便准备离开坤宁宫了。可就在康熙即将走出坤宁宫的宫门时，他却突然停住了脚。他停住脚的原因是，有一个宫女袅袅娜娜地走入了他的视线。

能走入康熙皇帝的视线并能叫康熙皇帝停住脚的宫女，应该说并不多见。除非，这个宫女不仅长得倾国倾城而且还有其独到非凡之处。那么，在坤宁宫内走入康熙视线并让康熙停住脚的这个宫女，究竟是何许人也？

那宫女是个汉人，姓陈。如果陈氏换了普通衣衫走在京城的大街上，人们顶多说她是个非常漂亮的少女。然而，在当时康熙的眼里，这个叫陈氏的宫女却非同一般。康熙看到她时，不仅觉得眼前一亮，而且内心还跟着震动了一下。

你道康熙见了陈氏为何会有如此的表现？原来，康熙第一眼见到陈氏时，还以为自己见到了已死去多年的孝诚仁皇后赫舍里氏，再看陈氏第二眼时，又以为自己见到了早已出宫而去的阿露。康熙见到了赫舍里氏和阿露，眼睛能不为之一亮、内心能不为之一震吗？

这个叫陈氏的宫女，其相貌确实十分独特——至少在康熙的眼里是这样——乍一看，她长得像赫舍里氏，再一看，她又长得像阿露。确实，不管康熙年岁几许、性情如何改变，但他对赫舍里氏和阿露的思念，却是永恒的。

故而，康熙看到那个叫陈氏的宫女后，马上就想大步跨到她的身边，但最终，他还是克制住了这种冲动。他只是悄悄地问赵昌和阿霖道："你们，可认得那边的那个女子？"

阿霖摇头。赵昌却道："禀皇上，奴才认识那女子，那女子名唤陈氏，在皇后娘娘身边伺候着，今年芳龄二八……"

康熙重重地点了点头："好，赵昌，你既全都知晓，那事情就好办！"

康熙要办什么事情？赵昌不知道，阿霖也不知道。但赵昌和阿霖知道的是，康熙自坤宁宫回到乾清宫后，心绪一直都不安宁，常常顾左右而言他。好不容易等到天黑，康熙匆匆地用了晚膳，然后便单独找到赵昌，很有些神秘兮兮地道："赵昌，朕现在准备叫你去办一件重要的事情……"

赵昌迅即回道："请皇上吩咐！奴才定万死不辞！"

康熙不知从哪里摸出一道圣旨来："速去坤宁宫，如此如此……"

赵昌"喳"了一声，双手恭恭敬敬地接过圣旨，就径向坤宁宫而去。你道赵昌接过的是一道什么圣旨？却原来，康熙已经册封那宫女陈氏为穆嫔，并要她立即到乾清宫里来侍驾。

对陈氏而言，几乎是在转瞬之间便由一个宫女变成了皇上的妃嫔，这无疑是一件天上掉馅饼的大喜事儿。对康熙而言，终于找到了一个既像赫舍里氏又像阿露的女人，便也或多或少地减轻了些许心中的那种刻骨难忘的相思。这种两全其美的大好事，别人也实难对康熙有非议的。

有康熙圣旨在手，赵昌办事自然不会含糊。尽管孝恭仁皇后乌雅氏对康熙的这道圣旨很是有些自己的看法，但那宫女陈氏——应该称穆嫔陈氏了——还是迅速地被几个执事太监抬到了康熙的住处乾清宫。

那时候被皇帝召幸的女子，总是先用香露沐浴一番，然后用一大块净布裹住裸体，再由几个太监将其抬到皇帝的寝殿。穆嫔陈氏也不例外。几个太监将她直直地抬入康熙的寝殿时，康熙早已经坐在龙床上等候了。

几个太监小心翼翼地把陈氏的身体放在龙床之上。康熙一挥手，那几个太监便躬身退去。陈氏的身体虽被净布裹拥，但面目却是露在外面的。所以，康熙就端详着她的脸蛋问道："朕封你为嫔，你可高兴？"

陈氏许是太高兴了，或许是太过紧张了，康熙问她的话，她竟然没有回答，而且，两只眼睛里，依稀还有点点的泪花。

康熙不觉皱了一下眉，似是不悦地言道："如果你不高兴，朕马上便唤人送你回去。朕决不会勉强于你！"

陈氏慌忙开了口："不……臣妾高兴，臣妾太高兴了……臣妾高兴得都不知道该对皇上说什么好了……"

康熙的眉舒展开来，脸上也不自觉地有了笑容："你高兴就好。你高兴了，朕也就会高兴！"

说着话，康熙的手就抚上她的脸颊，细心地摩娑着。摩娑得那么投入，摩娑得那么动情，仿佛，康熙不是在抚摸这个陈氏，而是在抚摸赫舍里氏或是在抚摸阿露。

陈氏刚交十六岁，正是那种含苞又吐蕊的年龄。不要说是皇上的手了，就是一般男人的手这么细心地触摸她的脸颊，她也会激动不已的。所以，康熙的手刚一抚上她的脸，她的身体就不由自主地颤栗起来。

康熙当然能感觉到她的颤栗。大凡皇帝，对女人的身体总是很敏锐的。所以，康熙就轻轻地对她言道："你不要动，一切自有朕来安排……"

一个小小的寻常的妃嫔，在清朝的历史中，是微不足道的。不过，穆嫔陈氏与一般的妃嫔相比，又着实不太寻常，至少，在康熙晚年的生活中，她是被康熙常常召幸的妃嫔之一，而且，在康熙五十五年——康熙那时已满六十四岁了——她还幸运地为康熙生下了二十四阿哥胤祕。如果从这个角度来说，穆嫔陈氏未来的日子，也的确是充满阳光的，至少，康熙皇帝的阳光雨露，是经常地洒在她的身上的。

这似乎就活该明珠倒霉了。明珠被太子胤礽打了一记耳光之后，心里羞辱气愤不过，便跑到皇宫里来准备向康熙皇帝告御状。可他来得太不是时候了。他来的时候，正是康熙皇帝把自己的阳光雨露播洒在穆嫔陈氏身体上的时候。这个时候对康熙而言该有多么地重要？在这么一个重要的时候，明珠跑来打搅康熙，岂不是要自讨苦吃？这也就是赵昌为什么拿了明珠两锭银子还不太情愿替明珠通报的根本原因。

但既然收了别人的银子，那就要尽力为别人办事。尽管这事儿不大好办，但若叫赵昌把银子退还给明珠，赵昌又实在舍不得。所以，赵昌别了明珠之后，一边朝乾清宫内走一边暗自思忖道：只要我赵某为明珠尽了力，那我就对得起那两锭银子了。

赵昌“尽了力”的意思是，如果康熙和穆嫔陈氏正在做那勾当，或者康熙早已睡熟，那自己就当今夜根本没遇见过明珠，而如果康熙现在还没有睡觉，只是在同陈氏说笑，那自己就壮着胆子为明珠通报一声。

赵昌蹑手蹑脚走到了康熙的寝殿门前。他当然没敢径直闯进去，而是屏气凝神仔细地谛听室内的动静。果然，不出赵昌所料，康熙皇帝正在与那陈氏轻声说笑。赵昌不由得感叹道：不愧为皇上啊，几乎天一黑就与那陈氏在床上玩耍，现在都深更半夜了，居然还有兴致和精神与那陈氏说笑逗乐，若是寻常人，岂能企及？莫非，康熙皇上要与那陈氏就这么在床上玩耍一宿？

当然，赵昌不会只是站在室外感慨。他还有正儿八经的事情要做。所以，赵昌就先是不轻不重地咳嗽一声，然后又不重不轻地言道：“启禀皇上，明珠明大人求见……”

康熙正将那陈氏搂在怀里尽情地嬉戏呢，闻听赵昌所言，心中很是不快：“赵昌，什么时候了，还来打搅朕？你们存心不想让朕好好安歇？”

“奴才不敢！”赵昌赶紧道，“奴才这就去传达皇上旨意，叫明大人即刻回转……只不过，明大人对奴才说，他有紧急大事要求见皇上……”

赵昌说完，静静地站在原地等候。稍顷，只听康熙忽然大声言道：“赵昌，叫明珠到这儿来见朕！”

“喳！”赵昌应了一声，如释重负地向外跑去。毕竟，他完成了他答应明珠的事情。至于康熙是否生气、明珠见了康熙会有什么结果，那就不关他赵昌什么事了。

却说明珠在赵昌引导下，快步如飞地向康熙寝殿奔去。人还未进寝殿，明珠的双膝就直直地跪了下去：“微臣明珠，给皇上请安，祝吾皇万岁万岁万万岁……”

“好了！”康熙的口气，显然不太耐烦，“你起来吧。明珠，朕且问你，你有什么紧急大事要在此时打搅于朕？是罗刹兵又打过来了还是又有哪个反贼兴兵作乱？”

明珠心中一凉。康熙如此跟他说话着实出乎他的意料。看来，自己今天来得好像不是时候。这么想着，明珠便用目的余光去瞟康熙。却见康熙斜斜地躺在床上，康熙的怀中，赫然有一位年少的女子。明珠一惊，今日果然来得不是时候啊！

可是，明珠这么一想、一瞟又一惊，便忘了回答康熙的话了。康熙不禁有些动怒：“明珠，你怎么不说话啊？你半夜三更地跑到这里，就是想叫朕看你这么一副呆头呆脑的样子吗？”

忆往昔，康熙何曾用过“呆头呆脑”一词来形容明珠？明珠慌忙言道：

“启禀皇上，微臣之所以敢斗胆来惊扰圣驾，实是因为微臣有一紧要之事必须向皇上禀告……”

康熙一边看着明珠一边却在被下抚摸着那陈氏的身体。康熙如此作为，已实难与“明君”相提并论了：“明珠，你有紧要之事那就快点说，莫非，要朕等你到天亮?”

明珠赶紧道：“回皇上，微臣今夜去索额图家看望，不期太子殿下也在那里。微臣更没有想到的是，微臣还未与太子殿下说笑两句，那太子殿下就抬手打了微臣一个耳光，还要用剑杀死微臣，如果不是微臣跑得快，皇上恐怕就再也见不到微臣了……微臣恳请皇上替微臣做主啊!”

明珠本以为，康熙听了他的话之后，至少也该详细问他事情原委。谁知，康熙只是淡淡地问道：“明珠，你跑来扰朕，就是为的这点事?”

明珠不觉一怔：“启禀皇上，微臣以为，太子殿下无论如何也不该随随便便地就打一个朝廷命官的嘴巴，更何况……”

明珠的“更何况”还没有说出下文，康熙便道：“明珠，太子既然打你，那就定然是你犯了什么大错，你若不犯下大错，太子岂会又要打你又要杀你?”

明珠愕然道：“皇上，微臣扪心自问，并没有犯下什么错啊……”

康熙倏地大声言道：“明珠，朕在这边儿，便能闻到你口中冲天的酒气，你怎么可能没有犯错?”

康熙的逻辑是：喝酒的人是肯定要犯错的，现在你明珠明明白白地喝了酒，那就一定是犯了错，而且，酒喝得越多，所犯的错就越大。

明珠一时被康熙的这种逻辑给弄糊涂了：“皇上，微臣今日，是喝了一点酒，可微臣喝酒，又何错之有?”

康熙冷冷地道：“定是你喝了酒之后，借酒发疯，跑到索额图家中惹事生非，太子实在气愤不过，便动手打了你一个耳光，你觉得受不了这种奇耻大辱，就和太子对打起来，太子一怒之下，当然要拔出剑来吓唬你了!”

康熙的想象力也真够丰富的，经他这绘声绘色地一描述，一切便都跟真的一样。然而明珠却被康熙的这番叙述吓得不轻：“皇上圣明，请皇上明察，微臣既没有到索额图家中惹事生非，更没有与太子殿下互相对打，倒是索额图，在自己的府中强行掳来大批年少女子，以为太子挑选王妃为名，行侮辱淫荡之实，这种目无法纪、无端扰民之举，皇上可不能不问啊！微臣正是仗义直言，太子才在索额图的挑唆下对微臣又是痛殴又是追逐的啊!”

明珠以为，康熙听了他的陈述后，定会对索额图“扰民”之举严加盘问。但是，明珠又一次想错了。明珠更没有想到的是，康熙竟然会这么来反问他：“明珠，你是在说朕目无法纪、无端扰民吗?”

明珠大为惑然：“皇上，微臣只是说索额图，并未言及皇上……”

康熙忿然言道：“索额图在家中作为，乃是朕钦定指派，你口口声声历数索额图的不是，岂不就是在指责于朕?”

明珠大惊失色。他万没有想到，索额图在家中的所作所为，竟然是康熙皇上事先谕定了的。这样一来，他明珠就真的是在指责康熙皇上“目无法纪”和“无端扰民”了。而一个皇帝，本来就是“法纪”的化身，既如此，皇帝就根本不存在什么“无端扰民”的问题。既然不存在，明珠就犯了欺君之罪，而犯了欺君之罪的人，则无疑是要斩首的。

明珠“扑通”一声跪倒在地，一边叩头一边言道：“微臣即使吃了豹子胆，也不敢妄加非议皇上，请皇上明察……”

康熙哼了一声道：“明珠，朕看你真的是吃了豹子胆了！去年你做寿，朕送了你一件黄马褂。朕的本意，是想你在朝中好好地做官，不要辜负了朕的殷切期望。可你呢？欺上瞒下、结党营私、胡作非为！朕早就想找你好好地谈上一谈了！”

明珠的冷汗不自觉地就流了下来。看来，四阿哥胤禛说得没错，索额图和胤礽仗着与康熙皇帝有裙带关系，定是常在康熙的面前诬告他明珠。既如此，他明珠又该怎么办呢？

明珠正在不停地流冷汗呢，康熙忽又问道：“明珠，你告诉朕，现在大清国库里，还有多少银两？”

明珠不知康熙为何要问这个问题，只得期期艾艾地道：“具体数目，臣也不知，臣只是听别人说，大清国库里，现在还有几百万两银子。”

康熙顿了一下，继而又问道：“明珠，你再告诉朕，如果朕派人到你的府里去搜一搜，又能搜出多少银两？”

明珠不仅流冷汗了，连热汗也流了出来：“回皇上，微臣府内，并没有多少银两……”

康熙立即道：“朕明日便派人去你家中彻底搜查，如何？”

明珠慌忙道：“皇上不必……微臣回去后定会仔细地自查一番，如果家中确有多余银两，微臣一定悉数拿出上缴国库……”

明珠之所以会如此慌忙，乃是因为他的府中确存有大批银两。也就是说，索额图等人在康熙的面前告明珠贪婪，却也不虚。至于索额图等人的家中是否也存有大批银两，那似乎就是另外一回事了。后来，明珠被迫无奈，只得从家中“找”出“多余的”一百万两银子，心有不甘又无可奈何地上缴到大清国库。

“明珠，”康熙又开了口：“你今日无端扰朕于先，又胡言乱语、欺君犯上于后，论律该斩，但朕一向以宽厚仁慈为怀，不想与你过分计较，所以，朕今日且饶你一回，如果你日后不思悔改，故态复萌，朕定一并惩处，决不再轻饶！”

明珠赶忙叩首道：“谢皇上恩典！微臣一定重新做人！”

“你走吧，”康熙说着话，一只手就已经向陈氏的大腿纵深处探去，“朕还有正事要做，没时间跟你啰嗦！”

明珠应诺一声，诚惶诚恐地退出了康熙的寝殿，来到乾清宫的大门边，迎面撞上赵昌。赵昌笑嘻嘻地问道："明大人，适才与皇上谈得如何？"

明珠这样回道："明某适才进见皇上，与皇上谈得非常投机！明某今日……实在是明白了许多的事情啊！"

明珠说与康熙谈得非常"投机"，自然是胡扯，但他说今日"明白"了许多事情，倒也不虚。至少，他明白了这么两件事情。第一，他在索额图的家中，差点被太子胤礽取了性命。第二，他在乾清宫里，又差点被康熙皇帝砍下脑袋。试想想，明珠到皇宫里来，本是想找康熙皇帝为他出出气的，可事与愿违，不但什么气也没有出，反而又重装了一肚子的提心吊胆、担惊受怕。明珠，会是一种什么样的心情呢？

实际上，明珠只要稍稍认真地想一想，便会明白过来这个道理。索额图、胤礽和康熙是什么关系？他明珠和康熙又是什么关系？如果康熙是一架天平的话——这应该是不可能的事情——一头放着索额图和胤礽，另一头放着他明珠，那天平会向哪一头倾斜？

明珠似乎没有去认真思考。他只是觉得，康熙皇帝已经不再像过去那样器重他了，他与康熙皇帝的距离是越来越遥远了。故而，自与康熙在乾清宫谈过这次话之后，明珠好像一下子变得沉默寡言起来。无论是朝上朝下、家里家外，明珠很少与人主动地搭话，更很少看见明珠的脸上有什么笑容。明珠，真的变成另外一个人了吗？

似乎只有一个人在密切地注视着明珠的变化。这个人便是康熙的皇四子胤禛。胤禛注视着明珠的一举一动，当然不是关心他，而是要把明珠往灾难的边缘再推前一步。

那是一个淅淅沥沥的雨天。晚上，明珠正在家中独自喝着闷酒。所谓抽刀断水水更流，举杯浇愁愁更愁。就在明珠愁闷不已、惆怅弥天之际，侍卫头目固里跑来报道："大人，四阿哥贝勒来了！"

四阿哥当然指的是胤禛。而"贝勒"是胤禛的爵位。"贝勒"以上的爵位叫"郡王"。当时，除二阿哥胤礽被钦定为太子外，大阿哥胤禔和三阿哥胤祉都被康熙封为"郡王"。前者叫"直郡王"，后者唤"诚郡王"。而四阿哥胤禛、五阿哥胤祺、七阿哥胤祐和八阿哥胤禩，则全被康熙封为"贝勒"（六阿哥胤祚为孝恭仁皇后乌雅氏所生，但不幸夭折）。其他皇阿哥因年岁尚幼，康熙未及封爵。

明珠闻听胤禛到来，简直是喜出望外，连忙吩咐固里道："快，快把四阿哥请到这里来！"

明珠话音刚落，胤禛就已经出现在了明珠的眼前，且笑容可掬地言道："我只是顺道而来，何劳明大人邀请？"

明珠迎上去道："四阿哥冒雨前来看望明某，明某真是无言称谢啊！"

不难看出，明珠是把胤禛看作是自己的知心朋友。这就注定了明珠不会有一个什么好的下场。

固里默默地离开了。胤禛坐在了明珠的对面。明珠殷勤地要为胤禛斟酒，胤禛摆手道："明大人岂不知我从不饮酒？"

明珠"哦"道："这阵子，明某整天糊里糊涂的，把四阿哥从不饮酒这档子事都给忘了！"

实际上，胤禛并非真的从不饮酒。他只是强迫自己，无论在什么场合，只要能不饮酒，就绝对不沾一滴酒。因为胤禛深知，酒能误事，而他要想向权力的最高峰攀登，就绝对不能误一点事，所以，胤禛就必须时时刻刻保持清醒的头脑，而尽力不喝酒则是保持头脑清醒的一个很重要的环节。由此不难看出，胤禛为了实现自己崇高的目标，对自己的要求是非常苛刻的，而这种苛刻要求所体现出来的一种毅力，绝非常人所能具备。

明珠见胤禛不喝酒，自己便也撂下了酒杯。胤禛笑着道："看来我是不该来打搅明大人啊！我来了，明大人连酒都不想喝了！"

明珠连忙道："四阿哥误会了！并非四阿哥来了我不想喝酒，而是这酒喝到肚子里不是个滋味啊！"

"是啊，"胤禛接道，"我正是看到明大人这阵子好像闷闷不乐的，所以才到这里来陪明大人聊聊。"

明珠叹道："满朝文武，只有四阿哥最关心我明某啊！"

胤禛言道："关心谈不上，只是看着明大人难受，我心里也不好受！"

明珠挣扎着笑了一下道："有四阿哥这句话，我的心里确实好受多了。可一想起那些窝窝囊囊的事情，我的心里又怎么也好受不起来！"

胤禛的脸上，适时地呈现出了一种深表同情和理解的神色："是啊，明大人的心情，我不会不知道，明大人那些窝窝囊囊的事情，我也略知一二。那些事情如果搁在我的身上，我的心里也是不会好受的。不过，我以为，明大人不能老是这么一个人在家喝闷酒、独自难受，明大人应该好好地想一想，这些事情究竟是怎么发生的、根源在哪儿，以后应该怎么办……"

明珠现出一脸的苦笑道："四阿哥，我早已经好好地想过了……我与太子本没有什么过节，皇上也曾十分地信任于我，可现在，一切都改变了……太子要杀我，皇上也要取我脑袋。个中原因，我就是不说四阿哥也会知道。这一切全是因为那个人在背后搞我的鬼。太子与我翻脸，是他从中挑拨，皇上不信任我，是他从中栽赃诬陷，可是，那个人现在却深得皇上宠信，我明某……又能想出什么好办法来？"

胤禛深深地点了点头道："明大人所言，句句属实，句句中肯。不过，如果明大人能够重新博得皇上的信任，那一切不都彻底改变了吗？"

明珠"唉"道："四阿哥，明某何尝不想如此？可这委实比登天还难啊！只要那个人依旧深得皇上宠信，那明某就永无翻身之日！"

胤禛一时无言。明珠则又不自觉地自斟自饮起来。待明珠几大杯酒下肚、酒嗝泛起的时候，胤禛轻轻地问道："明大人，近日我听得一个故事，现在就说与你听听，如何？"

明珠回道："四阿哥，我现在哪有心绪听什么故事啊！"

胤禛微微一笑道："明大人此言差矣！你饮你的酒，我说我的故事，两不相扰。说不定，我的这个故事，还能佐明大人多喝几杯酒呢！"

明珠以为，胤禛定是要讲一个十分有趣的故事来逗他开心。人家这番美意，自己岂能辜负？于是，明珠就言道："四阿哥但讲无妨。明某一边饮酒一边认真听着！"

然而明珠错了。胤禛说出来的故事并非十分有趣，甚至连一点趣味都没有。但是，明珠却听得津津有味，确切说，明珠是听得入迷了，因为，明珠听着听着，就不自觉地忘记了饮酒。

你道胤禛对明珠讲了一个什么故事？原来，这个故事没有任何出处，如果真要探究这个故事出自何典，那只能有这么一个答案：这个故事出自胤禛那张看起来十分诚实的嘴。

胤禛所讲的故事大致内容如下（只叙述故事梗概，胤禛绘声绘色的描写大都省略）：春秋时代，亦即秦始皇统一天下之前的那个时候，有一个小国家叫邹国，百姓不很多，疆域也不很大。不过，其统治机构倒也俱全，有国王，还有各管一摊的诸大臣，其中，以一个文官和一个武将最得国王宠信。本来，国王对那个文官和那个武将不偏不倚、都极为信任。后来，不知从哪天开始，国王对那个武将越来越疏远，越来越不信任。武将起初不明白是怎么回事，经多方打探方才知晓，这一切全是那个文官在作怪。文官想独霸国王的信任，便经常在国王的面前栽赃诬陷那个武将，说武将是个奸臣，既贪又虐。武将得知事情的原委后，非常地气恼，可一时间又想不出什么好的办法来对付那个文官，因为他自己已经失去国王的信任了。但武将没有气馁，更没有一味地消沉下去，而是在暗中筹划谋略，准备给那文官以致命的一击。终于，武将找到了一个忠诚而又英勇的刺客，他要派这个刺客去把那个文官杀掉。在派出刺客前，那武将也确曾犹豫过，因为他与那个文官，过去一直是好朋友，都为保卫邹国立下了汗马功劳。可最终，那武将还是将刺客派了出去。武将想的是，对方既然不仁，我又何必要义？结果是，武将派出去的刺客，神不知鬼不觉地将那个文官杀死在家中。那武将重新博得了国王的宠信，成为当时邹国一人之下万人之上的权臣。

胤禛给明珠讲故事的时候，讲得非常投入、非常传神，似乎历史上确曾有过这么一个故事。然而事实是，中国的历史上虽然有过那么一个邹国，但邹国的历史里却从未有过胤禛所讲的这个关于文官和武官的故事。

胤禛杜撰这个故事的意图应该说非常地明显。他所说的那个文官和武将，岂不就是索额图和明珠的化身？所以，胤禛故事讲罢，明珠呆愣愣地坐在桌边，半天没吭声。但谁都可以看出，明珠虽然不言不语，却是在回味着那个故事里的情节和人物。

胤禛低低地问道："不知明大人以为那文官如何、武将又如何？"

明珠还是没说话，只定定地看着胤禛。胤禛仿佛是自言自语地道："我听说，明大人府内的那个侍卫头领固里，不仅武功出神入化，而且对明大人更是忠心耿耿……这样一个人才，只让他呆在府内，岂不是太过浪费？"

是呀，如果明珠把固里派去刺杀索额图，那固里便是人尽其才、物尽其用了。胤禛如此"自言自语"，岂不是在赤裸裸地煽动明珠？而明珠，是否会被胤禛一煽就动呢？

明珠终于开口了。他也仿佛自言自语地道："他确实是个人才……"

明珠所言，是何意思？胤禛微微一笑道："时候不早，我这就告辞！"

明珠依旧呆愣愣地坐着，好像没有听见胤禛的话。胤禛也不以为意，冒着渐下渐大的雨滴离去。他冒雨而来，又冒雨而去，其心也的确够诚的。

两天之后的上午，明珠散朝后找到胤禛，几乎是咬牙切齿地言道："四阿哥，我已经作出决定，就在今天晚上……"

胤禛不由得一阵窃喜，但口中却很是真诚地道："量小非君子，无毒不丈夫！我这里先行预祝明大人马到成功！"

明珠究竟做出了什么决定？胤禛为何会暗暗地窃喜？当天下午，胤禛像一只老鼠般，偷偷地溜进了索额图的家中，见到了索额图，还有太子胤礽。

胤禛毫不掩饰地对索额图道："明珠今夜将派固里到这儿来刺杀索大人，望索大人加强戒备，不要让明珠的阴谋得逞！"

索额图一惊："明珠胆子也忒大了，竟敢对我用如此狠毒手段……"

胤礽大声叫道："那个老混蛋，本宫饶他不死，他倒得寸进尺了！"

索额图问胤禛道："那个固里，武功身手究竟如何？"

胤禛回道："在我看来，那个固里的武功，京城之内，恐怕无人能出其右……"

胤礽不满地盯着胤禛道："本宫的武功，比那固里，如何？"

胤禛忙着回道："皇兄武功盖世，小小固里，怎能与皇兄相提并论？"

胤礽目露凶光言道："今夜，本宫就在这里等候，看那固里的脑袋，究竟是铜打的还是铁铸的，究竟是他的脑袋硬还是我的拳头硬！"

胤禛却转向索额图道："索大人，性命攸关之事，万万大意不得啊！"

索额图轻轻一笑道："四阿哥休得多虑！那固里不可怕，明珠也不可怕，固里如果真的来了，明珠也就彻底地完蛋了！"

胤礽大大咧咧地拍了拍胤禛的肩膀言道："你不用担心，待我今夜生擒了固里之后，明日便请你喝酒！"

胤禛赶紧回道："多谢太子皇兄美意！明日那顿酒，我是喝定了！"

当晚，胤礽果然留在了索额图的府中。他见索额图紧张地忙来忙去，很是不以为然。他以为，凭他一人一剑，便足以对付那个固里了。宫中那么多名声很大的侍卫，岂不都败在他胤礽的剑下？殊不知，宫中侍卫即使名声再大、武功再好，也不敢轻易地占他胤礽的上风啊！

半夜时分，一个蒙面黑衣人，纵身跃入索府院内。那么高的院墙，蒙面人落地时竟然无声无息。紧接着，蒙面人便向索额图的卧室处摸去。这个蒙面人，便是明珠派来刺杀索额图的固里。看来，明珠失去了康熙皇帝的信任后，着实变得头脑简单了。他居然真的相信了胤禛的蛊惑。他就没能好好地想一想，即使固里谋刺成功，康熙皇帝就肯定会重新恢复对他明珠的信任吗？而如果行刺失败，他明珠又会落到一个什么样的境地？

只是，现在说什么都已经迟了。固里已经朝着索额图的卧室摸去。所谓“月黑杀人夜，风高放火天”，今夜既无风又无月，似乎正是杀人的好时光。然而，杀人的人真的是固里吗？而被杀的人又真的是索额图吗？

固里像一片落叶般地飘到了索额图的卧室门前。他先是向四周看了看。四周全是暗黑一片，什么也看不见。他接着伸手去推索额图卧室的门。门居然没拴，是虚掩着的。这多少有些奇怪。但固里也顾不了那么多了，身子一侧，便闪进了屋内。屋内空无一人，却点有一盏小灯，小灯的旁边，贴有一张大白纸，大白纸上写有四个大字：自投罗网！

固里情知不妙，赶紧纵身飞出索额图的卧室。可他刚飞到屋外，索府之内，就突然灯火通明起来。紧跟着，至少有数十人迅速地将固里团团包围起来。为首的，便是大清太子胤礽。

固里虽不明白这究竟是怎么一回事，但他却也知道，行刺计划已经失败。固里现在要做的，只能是从速逃离此地。然而问题是，这么多人紧紧地围着他，他能够逃得掉吗？

胤礽手执一柄长剑，先是冲着左右人等喝道：“你们只需将刺客围住，不许动手！”然后，胤礽一抖剑尖，就大踏步地向着固里逼去。

固里并不认识胤礽，但他知道索府的人早有准备了，如果不尽快脱身，恐怕会越来越麻烦。这么想着，固里便伸手在腰中一拽，拽出一把十分柔软的剑来。这种柔软的剑，可以像布带子一样系在腰间，谓之“带剑”。一般的江湖人士都知道，使用带剑的人，大都是武林高手。所以，固里抽出带剑之后，围住他的那几十个人——都是索额图特地找来的武林高手，全都不自觉地倒吸了一口凉气。

只有胤礽，不知带剑有什么厉害。他长剑一晃，欺身就向固里刺去。固里身体微微一偏，胤礽便长剑落空。胤礽刚想回剑再刺，那固里手中带剑一抖，便缠住了胤礽长剑的剑身。胤礽还不知道是怎么一回事呢，固里的带剑就将胤礽的长剑卷上了夜空。

胤礽心中一惊，方才明白自己根本不是固里的对手。但胤礽不想也不会善罢甘休，他一边急急后退，一边从怀中摸出一把短剑来，并迅疾将短剑向固里掷去。

胤礽身上从不离短剑。上一回，明珠在索额图家中，若不是胤礽喝多了酒，明珠恐怕十有八九要丧生在胤礽的这把短剑之下。而今晚，胤礽为了备战固里，只喝了不到两壶酒，所以，胤礽向固里掷出去的那把短剑，不仅速度极快，而且方位极其准确：那短剑，直直地朝着固里的胸膛射去。胤礽身边的一位武林高手不禁拍手称道："殿下真是好剑法！"

固里闻听一声"殿下"不由得心中一惊，但手中的带剑却在心惊的同时本能地绕出了一朵花儿。就听"当"的一声脆响，眼看着就要击中固里的那把短剑，居然掉转了方向，反朝着胤礽射来，那速度、那力道，绝不比胤礽掷出去的时候逊色半分。

胤礽吓得"哇呀"一声怪叫，慌忙躲在了身边的一位武林高手的身后。只听"啊"的一声惨叫，刚才称赞胤礽"好剑法"的那个武林高手，只比胤礽躲得稍稍慢了一步，便被胤礽从不离身的那把短剑击中，哀号着死去。

固里得知先前掷剑的那人便是当朝太子后，更不敢在此恋战。明珠叫他来行刺索额图，他固里不曾有过多少犹豫，但如果明珠叫他去行刺当朝太子或当朝皇上，恐怕固里就不会那么爽快答应了。太子毕竟是太子，皇上毕竟是皇上啊！在当时人们的眼里，"龙威"是神圣不可侵犯的。

故而，固里杀死一人又逼退了太子之后，便冲着围住他的那几十个武林高手沉声言道："我只想离开这里，并不想杀人，如果你们不想死，就赶快闪开一条道！"

众人见固里在举手投足之间便显露出了深不可测的武功，哪里还敢硬行拦阻？胤礽虽不甘心就让固里这么逃掉，可又深知自己的武功与固里相差甚远，所以就始终躲在别人的身后，不敢开口，更不敢露面。

眼看着，固里就要从容地离此而去。然而，就在固里走出众人的包围圈、欲向索府院门方向掠去时，一个人赫然挡在了固里的面前，且阴阳怪气地言道："固里，我这索府是你想来就来想走就走的吗？"

这人正是索额图。固里大愕：自己始终蒙着脸，索额图为何知晓我的名字？又一想：不管三七二十一，先将主动送上来的索额图杀掉再说。

固里的想法似乎没有错。他来索府，就是要杀索额图，现在索额图就在眼前，这个机会岂能错过？而且固里还对自己十分自信，只要手中的带剑一出手，索额图定将人头落地。

固里的自信当然是有理由的。他的武功比明珠何啻高明十倍，而明珠和索额图的武功又在伯仲之间，他欲取索额图的性命，自然是易如反掌。

然而固里终究是错了。他错就错在，如果索额图没有十分的把握制服他固里，索额图岂会这么肆无忌惮地现身？

就在固里心念一动、手中的带剑将要抖动之际，索额图突然高声言道："来啊！把人带过来！"

固里硬生生地收住了就要出手的带剑。索额图此时要把什么人带到这里来？只见，随着索额图的话声，几个男人扭着一个女人慢慢地向这里走来。女人的脸上，满布着恐惧和泪水，只是说不出话，因为她的嘴被一团棉絮严严实实地堵着，只能呜咽地从喉咙里发出一阵闷响。

而固里看见那女人，就顿时放弃了再杀索额图的念头。因为，那女人不是别人，正是固里新婚不久的妻子。索额图探得固里很爱自己的妻子，所以便在固里离开明珠府宅后不久，设法将固里的妻子骗了出来。应该说，索额图这一招是极其狠毒的。他深知，像固里这种天不怕地不怕的人，只有用“亲情”才能使之乖乖地就范。

索额图笑嘻嘻地看着固里言道：“还不快快摘下蒙面，与你心爱的妻子打个招呼？”

果然，固里一下子变得十分听话，他乖乖地摘下蒙面，又乖乖地向着妻子走去。索额图急忙叫道：“不要靠近你妻子，不然她就没命了！”

固里只得站在了索额图和自己妻子的中间。一瞬间，他闪过这么一个念头：先擒住索额图，然后再令索额图放了自己的妻子。然而，固里只是闪过这种念头，并没有将其付诸实践。因为，索额图很警觉，固里没有绝对把握能将其生擒，万一失手，固里的妻子就会遭到不测。更主要的，索额图虽是这里的主人，但恐怕一切都还得听从太子胤礽的，纵使固里能够一击便将索额图生擒，恐索额图也未必有权下令释放固里的妻子。固里虽然过去从未见过胤礽，但因为常伴在明珠左右，所以对胤礽的为人，也大略知晓。

索额图厉声喝道：“固里，还不快快放下剑来，束手就擒？”

固里当然会有些犹豫。他想到了明珠，但更想到了自己的妻子。最后，他终于放下手中的带剑，并低低地言道：“索大大，你怎么对待小人都可以，只请不要伤害小人的妻子……”

索额图邪邪地一笑道：“固里，你放心，你妻子长得如此美貌，本大人怎么忍心伤害于她？只要你乖乖地听话，一切都按本大人的吩咐去做，那么，不仅你妻子会平安无事，就是你，也定会平安无事的。”

索额图说完话，响亮地一拍巴掌，很快地，便有十数人抬着一副手铐脚镣走过来，将固里牢牢缚住。一副手铐脚镣竟然要用十数人抬，该有多么沉重？纵然固里武功高强，可戴上这副手铐脚镣之后，却也只能举步维艰。

见固里已经失去了自由，胤礽便顿时又神气活现起来。他急急地从人群中钻出，急急地奔到固里身边，对着固里就是顿拳打脚踢，一边打一边还骂骂咧咧地道：“你这个混蛋，你这个猪狗不如的蠢货，竟然差点要了本宫的性命，本宫一定要好好地惩罚你！”

固里手脚被缚，只能任由胤礽拳打脚踢。胤礽打人，是从不惜力的。顷刻，固里的脸上，便已是眼青鼻肿、血迹斑斑。

胤礽嫌这样拳打脚踢还不够解气，便从旁边找过一把剑来。看他那凶神恶煞的模样，定是要用剑在固里的身上戳几个窟窿。索额图一见，急忙拦住胤礽道：“殿下且慢！这固里，还不能杀！”

胤礽似乎也不是笨蛋。他强迫自己扔掉剑，然后气呼呼地对索额图道：“我明白，留着这个家伙作证，告明珠那个老混蛋图谋行刺你索大人，这样，皇上就可以治明珠那个老混蛋的罪了！"

索额图诡谲地一笑道："不是刺杀我，而是阴谋刺杀殿下……"

胤礽一怔，继而大笑道："对，明珠那老混蛋阴谋行刺当朝太子，这样一来，他就彻底地完蛋了！"

距天亮似乎不是很遥远了。索额图言道："殿下先回房安息，待明日，再与明珠那老混蛋好好地计较！"

胤礽却道："这固里被抓，明珠老混蛋要是跑了怎么办？"

索额图回道："殿下放心，我早已安排人手去监视明珠。量他也跑不出京城！"

胤礽这才放心地夸奖索额图道："姜终究还是老的辣啊！"

索额图的辈分明明白白地比胤礽高出两辈，可听了胤礽的这句夸奖后，索额图的脸上，竟然泛起了一种孩子般的天真烂漫的笑容来。这，是不是委实有点奇怪？

索额图一挥手，几个人押着固里离去。索额图又一挥手，另几个人又欲押着固里的妻子离去。胤礽忙着高声言道："且慢！把那女人留下！"

固里的妻子被押到了胤礽的面前。胤礽伸手就在她的脸上摸捏了一番，然后冲着索额图咂舌言道："这女人又白又嫩、又柔又软，怎么会嫁给固里那个王八蛋？"

索额图接道："殿下看得真切！这女人确是一个尤物，固里那个王八蛋根本不配和这个女人在一起！"

胤礽先是色迷迷地看了固里妻子一眼，然后又转向索额图道："固里那个王八蛋虽然可恶，但身手却也不赖，这个女人跟他在一起，想必也学会了不少的武功……"

一个柔弱女子，哪里会什么武功？索额图不禁皱了眉头道："殿下语言太过深奥，我听不明白……"

胤礽淫荡地一笑道："我的意思是，既然这个女人从固里那里学会了不少武功，那我就想利用这段时间与她仔细地过上几招……"

索额图顿时就恍然大悟过来："殿下英明！这女人如此花容月貌，如果殿下不与她好好地过上几招，岂不是太可惜了？"

可怜固里的妻子，被胤礽带到一间屋里后，受尽了百般的凌辱和摧残。直到东方微明，方才告一段落。然而，只是"告一段落"。胤礽觉得这个女人确实别有一番风味，便把她强行带入东宫。这样，这种凌辱和摧残便又继续了下去。直到胤礽玩腻了，她遭受的凌辱和摧残才算是真正地结束。至于这个女子的最终结局如何，似乎无人知晓。只有过这么一种谣传，说是太子胤礽曾在家中活活打死了一个整天哭哭啼啼的女人，然后把这个女人的尸体投进了护城河。至于这个女人是不是固里的妻子，便不得而知了。

第三十五章
受怂恿延僧施诅咒 被挑唆见父报怨尤

前脚，大阿哥刚刚按照胤禛的建议请来喇嘛念咒，后脚，胤禛就将大阿哥胤禔在府中对太子实施诅咒的事情一五一十地报告了康熙。眉横目怒的康熙逼视着胤禛问道："所言可有半点虚妄?""一字不真，金瓜击顶!"

再说明珠，自半夜派出固里之后，就一直在家中等候消息。然而，待东方破晓，固里也没有回转。明珠便隐隐地觉得事情有些不妙。又闻听固里的妻子不知何时已然消失，明珠就更觉得事情有异。至天大亮，固里依然不见影踪，明珠就知道，行刺计划定然失败了。最让明珠担心的是，如果那固里被索额图抓住，如果固里向索额图供出了一切，那后果就不堪设想了。

不过，明珠在惴惴不安的同时，也还必存侥幸。那就是，固里一身武功出神入化，即使行刺失败，也不一定就会被索额图抓住，即使固里万一被抓，出于对明珠的忠诚，固里也不一定就会招供。只要固里不被抓获，或者只要固里守口如瓶，索额图纵然去向康熙皇帝告御状，明珠也顶多承担个"管教不严"的责任。明珠始终坚信，尽管康熙皇帝对他已不再像过去那般信任，但他毕竟为大清王朝立下了赫赫的功劳，康熙皇帝无论如何也不会对他明珠做出太过严厉的处罚的。

所以，明珠就没去上朝。他托病在家，似乎想静观事态的发展。时近中午，明珠终于知晓了一切。

一个钦差带着一队禁卫军走进了明珠的府宅。那钦差还带来了康熙皇帝的一道圣旨。康熙在圣旨中宣称，明珠惯于玩弄权术，不思对朝廷做出贡献，只图拉帮结派、结党营私，扩充自己的势力范围，又贪婪成性、聚敛钱财，家中银两甚至比国库还要充盈，更胆大包天、目无王法，竟然派刺客去刺杀当朝太子，实属罪大恶极、十恶不赦之徒，按律当斩、当剐。姑念其过去曾立过不少功劳，所以免去死罪，革去所有官职，永不录用，并抄没家产。家中人等，一律迁出京城，以儆效尤，云云。

从明珠的家中，共抄出银子数百万两，确实比当时的大清国库还要充盈。受明珠连累的朝中大臣共有二十多位，有的充军，有的革职，还有的被打入牢狱。这就是康熙一朝中所谓的"明珠集团案"（历史事实是，明珠集团早在康熙二十七年，亦即公元1688年，就被康熙皇帝一举“粉碎”了。这里为了集中叙述，故把此事延后）。

明珠直到被革去官职的那一刻，也还没有真正弄明白究竟发生了怎么一回事。自己只是派固里去刺杀那个索额图，为何康熙皇帝说成是去刺杀当朝太子？是康熙皇帝说错了还是他明珠做错了？

明珠没能亲眼目睹固里被处死的情景。他只是听说，固里是在午门外被处绞的。当时，看热闹的百姓将固里被处绞的现场围得里三层、外三层、水泄不通。亏得康熙皇帝“宽厚仁慈”，不然，明珠的下场绝不会比固里好到哪里，甚至，明珠还会落得个满门抄斩的结局。

明珠的势力彻底地完了，许许多多人都松了一口气。那太子胤礽也没忘记自己曾经许下的诺言，在明珠被赶出京城的当天晚上，特地摆了一桌极其丰盛的宴席，专门“酬谢”四阿哥胤禛。宴会的场面十分奢华，歌女舞女争妍斗丽。不过，真正来作陪的却只有一个人，那就是索额图。

像这样的宴席，胤禛是不可能一点酒都不喝的，如果不喝，胤礽肯定不高兴。所以，在席间，胤禛频频举杯，作出一副受宠若惊的模样。而实际上，胤禛喝到肚子里的酒是少之又少，且又常常露出不胜酒力的神色，让胤礽和索额图二人以为他真的不能喝酒。

胤礽当然不会有什么顾虑和顾忌。他一边大加夸赞胤禛忠心耿耿，一边大口大口地将酒往肚里灌。索额图虽然也不停地喝着酒，但喝酒的模样似乎比胤礽要斯文许多。毕竟，索额图比胤礽要老成稳重。

就在宴席将要结束的时候，胤禛突然低低地道：“皇兄、索大人，有一件事情，我早就想对你们说了，可又不知……当说不当说……”

这个时候，无论是胤礽还是索额图，都已经喝得头晕目眩。胤禛挑这个时候说出自己早就预备好的话，也算是煞费苦心了。

胤礽冲着胤禛嚷道：“有什么话就快说，别扭扭捏捏像个女人！”

索额图也含混不清地言道：“四阿哥，殿下最喜欢听你说一些他不知道的事情……”

胤禛仿佛吞吞吐吐地言道：“这件事情，我若是说出来，恐怕对大阿哥有些不利……”

一个酒嗝，冲开了胤礽的嘴：“大阿哥？大阿哥会有什么不利？”

看起来，索额图比胤礽要清醒些。他凑近胤禛问道：“是不是大阿哥在背后说殿下什么坏话？”

胤禛未及回答，胤礽就转向索额图问道：“大阿哥怎么敢在背后说我的坏话？他难道不知道我是当朝的太子？”

索额图轻轻言道：“殿下焉能不知？按前朝旧制，太子应是大阿哥……然而皇上看不惯大阿哥的庸庸碌碌，这才决定让殿下为当朝太子……”

胤礽不屑地言道：“什么前朝旧制？父皇也不是皇祖父的长子，不照样登基做了皇上？父皇能如此，我为什么不能？”

胤礽的话虽说得有些蛮横，却也不无道理。康熙并非顺治的长子，而是顺治的第三子。康熙之所以能够当上皇帝，那个死去的皇祖母博尔济吉特氏是起了很大的作用的。这些事情，皇室内讳莫如深，胤礽和胤禛等人未必知晓，但索额图却比较清楚。

当然，索额图是不会对胤礽说那些陈年旧事的。他只是这样回答胤礽道：“殿下所言，句句在理。但大阿哥如何会与太子殿下想得一样？大阿哥没能当上太子，肯定牢骚满腹，肯定会在背后说太子殿下的坏话，乃至做出对太子殿下不利的事情……”

胤礽即刻转向胤禛道：“大阿哥真的在背后说我什么坏话了？”

胤禛的脸上顿时就呈出诚惶诚恐的表情来，而且显得十分地逼真：“大阿哥其实也没说什么坏话。他只是说，他应该为太子。他还说……”

胤禛故意打了一个顿。胤礽马上就逼视着胤禛问道：“他还说什么？”

胤禛“嗯啊”两声，最终言道：“大阿哥还说，他准备向父皇建议，重新立太子……”

“什么？”胤礽勃然大怒，“胤禔竟然想夺我太子之位？”

索额图“哈哈”一笑道：“殿下休得如此慌乱！你太子之位，乃当今皇上钦封，普天之下，无人不知、无人不晓，大阿哥怎么会轻易夺去？”

“不行！”胤礽口中酒气乱喷，“他既有夺我太子之想法，就必有夺我太子之行动！我绝对不会再容忍下去！”

索额图小心翼翼地问道：“殿下准备怎么办？”

胤礽使劲儿地打出两个酒嗝，然后一指索额图，用命令地口吻重重的吩咐道：“你，马上派人去监视胤禔的一举一动，只要他有不轨之举，就立即来通知我。我绝不会轻饶于他！”

胤礽又一指胤禛，同样用命令的语气道：“你，要经常地去和胤禔接触，看看他究竟还会说我什么坏话。他若从此老老实实便罢，否则，我就一定让他吃不了兜着走！”

看胤礽那气使颐指的模样，倒也很像一位指挥着千军万马的大将军。而再看唯唯诺诺的胤禛，却又像是胤礽帐下的一名小喽啰。然而，刚与胤礽和索额图分手没多久，胤禛便窃笑起来，看来挑拨胤礽与胤禔之间的关系这一目的顺利地实现了。换句话说，胤禛在“清除”了明珠之后，又开始着手“清除”他的皇兄胤禔了。

大阿哥胤禔自然不知道四阿哥胤禛的险恶用心。甚至，胤禔都不知道他的一举一动早就在索额图的监视之内。他依然像过去那样，大部分的时间都呆在直郡王府内，过着似乎十分平静的生活。

然而胤禛是不会让胤禔永远那么平静下去的。在一个月明星稀的夜晚，胤禛悠哉游哉地走进了直郡王府。胤礽叫胤禛多“接触”胤禔，恰恰为胤禛进出直郡王府提供了十分便捷的条件。不然，胤禛去见胤禔，就只能以一种偷偷摸摸的方式。

胤禛大模大样地走进直郡王府，却让胤禔大感惊讶："四弟，夜都如此深了，你来有什么事吗？"

胤禛没回答，只认真仔细地盯着胤禔看，看得胤禔很是莫名其妙："四弟，你这种眼光，好像从未见过我似的……"

胤禛说话了。说话之前，他明明白白地叹了口气："皇兄，真没有想到，我在这里还能见到你……"

胤禔闻言，不觉一惊："四弟，你这是什么意思？莫非，你出了什么意外之事？"

胤禛摇头："不是我出了什么意外，而是我以为，皇兄你一定是出了什么意外之事……"

胤禛如此说话，胤禔更觉惊讶："四弟，你为什么会认定我会出什么意外之事？"

胤禛的脸上立时就现出了一种十分奇怪的神色："什么？皇兄你还不知道这事？"

胤禔当然比胤禛还要奇怪："四弟，你今日说话为何如此蹊跷？我还不知道什么事？"

胤禛也不答话，拉着胤禔就朝院门方向走。胤禔言道："哎，四弟，你这是拉我上哪去？"

胤禛没有回答。待走到院门近前，胤禛对胤禔道："皇兄，你朝院外看看，看看院外都有些什么……"

胤禔想打开院门，胤禛拦下了，而示意胤禔从门缝里看。胤禔无奈，只得弓起身子，趴在门缝处向外观瞧。观瞧了好一会儿，胤禔才直起了身。

胤禛问道："皇兄，你都看见了什么？"

胤禔皱着眉头道："没有什么很特别的东西啊……前方有一个男人，左边也有一个男人，右边好像还有一个男人……就这些了！"

胤禛马上低低地问道："皇兄，都如此深夜了，那几个男人站在你的王府院外，不是很有些奇怪吗？"

胤禛这么一提醒，胤禔便很快地"明白"过来："是啊，四弟，那几个男人的确有些古怪……莫非，他们是在监视我？"

胤禛还没开口，胤禔便又紧接着言道："哦，我想起来了，这阵子，无论我到哪里，好像总有人在后面跟着我……四阿哥，他们是些什么人？是谁派来的？为什么要跟踪我？又为什么要监视我？"

胤禛缓缓地摇了摇头，然后就一步步地向着府内走去。胤禔赶紧亦步亦趋地言道："四弟，你不可能不知道的，你若是不知道，你就不会到我这里来了……快告诉我，他们为什么要监视我？他们到底是谁派来的？"

一直走到一间屋内坐下，胤禛也没有开口，他的脸上，真真切切地露出了一种十分为难又好像十分痛苦的表情。

胤禔当然是急得不行："四弟，你怎么不说话？你为什么不告诉我？是不是你不敢告诉我？他们是父皇派来的人？父皇为什么要这么做？"

胤禛咬了咬牙，似是下了很大的决心："皇兄，我来这里，就是想看看你是否还安然无恙……这件事，我早就想对你说了，可始终不敢……若此事泄露出去，我就会惹出大麻烦来……"

胤禛的一句"是否还安然无恙"，让胤禔的全身都变得冰凉："四弟，院外那几个男人，莫非……真的是父皇派来的？"

胤禔以为，敢派人来监视他大阿哥的，似乎只有康熙皇上。而如果真的是康熙派人来监视，那他胤禔的未来就很难预测了。谁知，胤禛却摇了摇头。"不，皇兄，不是父皇，是太子……太子不仅是要监视你，太子还想……谋你的性命……"

"啊？"胤禔一屁股就跌坐在了一张椅子上。胤禔比胤礽大两岁，胤礽的为人，胤禔自然一清二楚，"太子为何要如此待我？他又为何竟要谋我的性命？"

胤禛故意压低嗓门儿，像是在透露着一个不可告人的秘密："皇兄，太子以为，你要篡夺他的太子之位……"

胤禔立即睁大了双目："四弟，我何尝想篡夺太子之位？"

胤禛问道："皇兄可否说过当朝太子不应是现在的太子之语？"

胤禔紧张兮兮地回道："我确曾说过，可那是好多年前的事了，而且，我也只是这么说说而已……"

胤禛异常诡秘地道："皇兄多年前说过的话，太子一直牢记在心，而且，太子更不以为皇兄是这么说说而已，太子以为，皇兄不仅这么说了，更这么做了。他闻听，皇兄已经在父皇的面前建议重立太子……"

胤禔一下子张口结舌起来："这……怎么可能？我即使真有此想法，也不敢在父皇的面前提起啊……"

胤禛言道："皇兄这么以为，但太子不这么以为。太子只以为，皇兄要夺他的太子之位，所以太子就要对皇兄你采取行动！"

一时间，胤禔只是张着大嘴，吐不出一个字来。胤禛却似乎很是关切地言道："太子的为人，皇兄比我更了解。对太子所为，皇兄可不能不提防啊！"

半晌，胤禔喃喃言道："我只有向父皇如实禀告了……"

胤禛忙着言道："皇兄，向父皇禀告又有何用？父皇是会听你的还是会听太子的？想那明珠明大人，在朝中的地位不可谓不高，立下的功劳不可谓不大，可结果呢？太子和索额图在父皇的面前只那么一告，明珠就灰溜溜地离开了京城。若不是父皇以慈悲为怀，明珠的人头恐早就落地。皇兄你想想看，如果太子在父皇的面前再告你一状，你的结局又会如何？"

胤禛如此一说，胤禔就越发惊恐起来："四弟，这……究竟如何是好？你能否替我想一个办法避过这一劫？"

胤禛无言。末了，他重重地叹了一口气道：“皇兄，太子所作所为，谁能干涉得了，谁又能想出什么好办法来？”

胤禔愣住了。既无任何办法可想，那就只能任由胤礽宰割了。而胤礽“宰割”别人的手段，却是“韩信将兵，多多益善”的。想到此，胤禔的身体都禁不住有些颤抖起来。

胤禛站起了身子：“皇兄，我已把一切都告诉了你，现在告辞……望皇兄多多地保重啊！”

胤禔忙道：“四弟多坐会儿……外面有那几个人，我很不安……”

胤禛轻轻地言道：“皇兄，我不能在此久留。若呆得时间长了，太子知道定会起疑心的。”

胤禔无奈，只得手足无措地将胤禛送至院门旁边，并心慌意乱地问道：“四弟从这里出去，太子的人一定会发现，追究下来，如何是好？”

胤禛小声地回道：“不瞒皇兄，我此番前来，正是受太子所差。太子叫我到这里来，看看皇兄晚上在家究竟干了些什么……我心中实在不忍，便把一切都如实告诉皇兄……”

胤禔赶紧道：“如此，不管未来如何，我这里都要谢过四弟！”

胤禛摇头道：“皇兄不必言谢。我总以为，兄弟之间，应该和睦相处，何必互相猜忌、勾心斗角？可是，有些人却并非这么想啊！”

胤禛说得情真意切的，胤禔一时大受感动。感动之余，胤禔便准备亲自为胤禛拉开院门。可就在胤禛将要拉开院门的一霎那，胤禛突然低低地言道：“皇兄，有一件事情，不知当说不当说……”

胤禔急忙缩回了拉院门的手：“四弟有什么事尽管说出！”

胤禛做出一副迟迟疑疑的样子道：“我听说，如果找一些喇嘛在家中做法事、念咒语，可以祛邪镇魔……”

胤禔心中一动：“四弟此话当真？”

胤禛用一种不很肯定的语气道：“我也只是道听途说而已。我以为，将此事告诉皇兄，或许对皇兄有些用途……”

胤禔追问道：“此法果真灵验？”

胤禛回道：“这个我就不敢肯定了……不过，我的意思是，在没有办法的时候，任何办法都不妨一试……”

胤禔沉吟道：“言之有理。所谓病急乱投医，死马当做活马医……”

胤禛心满意足地走了。走到一个无人注意的角落，胤禛忍不住地窃笑起来。他窃笑的原因是，父皇有那么多的儿子，而只有他胤禛是最聪明的。是啊，聪明和阴险狡诈本来就是一对孪生兄弟。

胤禛去胤禔王府的本意是，唆使胤禔请几个喇嘛在家中念咒语，然后再把此事向胤礽报告。这样一来，胤礽和胤禔之间的矛盾就必然加剧，而矛盾加剧的结果，则必然是胤礽战胜胤禔。如此，他胤禛就可以借胤礽的手“清除”掉胤禔了。

然而胤禛没有想到的是事情的发展比他预料的还要顺利、迅速。

就在胤禛去直郡王府唆使胤禔请喇嘛在家中念咒语的第二天，胤禔就把十个喇嘛叫进了直郡王府，又是做法事又是念咒语，忙得不亦乐乎。而第三天，当朝太子胤礽便染病在身、卧床不起。莫非，喇嘛做法事、念咒语就真的这么灵验？

没有人知道这是怎么一回事。反正，太子胤礽是确确实实地病倒了，而且病得还十分蹊跷，只不停地发着低烧，偶尔地还胡言乱语几句。

太子胤礽病倒了，康熙皇帝自然倍加关切。他不仅常去东宫看望，而且还把宫中最好的御医全部派往东宫，昼夜不离地伺候胤礽，听候差遣。可是，尽管太医们使出了浑身的解数，也未能止住胤礽的低烧，甚至，没有一个太医能确切地道出胤礽所患何病。急得康熙整天在东宫转悠，气得康熙对那些太医动辄非打即骂。有几个太医，差点被康熙皇帝处以绞刑。

胤礽这一病倒，可着实乐坏了四阿哥胤禛。胤禛之所以乐，倒不是因为这一场奇怪的病能将胤礽怎么样，他乐的是：太子胤礽这一病倒，那大阿哥胤禔恐怕就要完蛋了。

于是，在一个黑漆漆的、伸手不见五指的夜晚，胤禛以诚惶诚恐的表情走进了坤宁宫。在这之前，胤禛已经打探清楚，康熙皇帝自东宫回到紫禁城后，没有去乾清宫，而是直接到了孝恭仁皇后乌雅氏的坤宁宫。

乌雅氏的坤宁宫，除了康熙皇帝之外，其他的人，包括皇阿哥在内，未经皇上允许，都是不准擅入的。但这一回，胤禛好像忘了这些，也没叫任何人通报，就径自走进了坤宁宫。

胤禛正往坤宁宫里走呢，一个人慌慌忙忙地过来拦住了胤禛的去路："四阿哥贝勒，皇上和皇后娘娘已经安歇，不宜打搅……"

拦住胤禛去路的人，是康熙皇上的贴身女侍阿霖。阿霖的年纪也老大不小了，但看起来，却依然十分地年轻、秀丽。而正是这个阿霖，在未来的日子里，却"帮"了胤禛一个很大的忙，而这个"忙"，又是以阿霖的生命为代价的。只可惜，阿霖没有未卜先知的能力。

当时的胤禛，也并不知晓这个阿霖以后会对他有那么大的作用。他只是意识到这么一点，那就是，父皇身边的人，对他胤禛都是有用的。比如这个阿霖，还比如那个赵昌。不过，就胤禛当时而言，他还没有考虑那么深远。他当时所考虑的，就是尽快地将大阿哥胤禔"清除"掉。所以，见阿霖拦住了去路，胤禛也就没言语，而是绕过她的身子，继续向乌雅氏的寝室走去。阿霖见状，既不敢强拦，又不敢走开，只得慌慌张张地跟在胤禛的后面。

胤禛一直走到乌雅氏的寝室门前方才止住脚步。阿霖就在旁边，他也不以为意，冲着寝室内小声地清晰言道："儿臣恭祝父皇和母后晚安……"

胤禛是乌雅氏所生。胤禛这么一言语，那乌雅氏马上就有了反应："是四阿哥吗？"

“正是孩儿!”胤禛略略提高了声音:“孩儿来此,是向父皇禀告太子因何患病……”

室内立即就传出康熙的声音:“四阿哥速来见朕!”

敢情,康熙和乌雅氏都还没有睡觉。胤禛应了一句“儿臣遵旨”,便毕恭毕敬地走进了乌雅氏的寝室。

室内亮有一盏小灯。康熙和乌雅氏都和衣倚在床上。这也难怪,太子胤礽的病一直没有起色,康熙如何能安心就寝?

胤禛刚要下跪,康熙阻止道:“不需多礼,将太子病因如实道来。”

胤禛躬身低头言道:“回父皇,太子之病非天灾乃人为……”

胤禛的话,简洁而有力。康熙立刻就坐了起来:“你此话何意?”

胤禛回道:“经儿臣多次探查,始知太子之病,乃是大阿哥所为……”

接着,胤禛就绘声绘色地将大阿哥胤禔如何请喇嘛在家中念咒语的事情添油加醋地说了一番,直说得康熙眉横目怒,粗喘不已。胤禛话音刚落,康熙便逼视着胤禛问道:“你适才所言,可有半点虚构?”

胤禛抬起头言道:“儿臣若有半句假话,任由父皇处罚!”

胤禛当然敢这么说。因为他在来坤宁宫之前,曾特地去直郡王府观察了一番,见大阿哥胤禔所请的那十个喇嘛正在卖力地念咒呢。而且胤禛还敢肯定,康熙听了他的报告后,必将亲往直郡王府。这样一来,胤禔便人赃俱在、百口莫辩了。纵然胤禔或许会向康熙陈诉请喇嘛一事是由他胤禛提起的,但盛怒之下的康熙是根本不会听信胤禔的话的。更何况,胤禔向康熙陈诉的可能性非常小,所以,胤禛向康熙报告后,心中便十分坦然。

果然,康熙听胤禛说得煞有介事,“扑通”一声就跳下床来,也没顾得上跟乌雅氏打个招呼,便急匆匆又气呼呼地朝外走去。胤禛明白,康熙这是去直郡王府找大阿哥胤禔算总账了。

因为康熙没有叫胤禛去,所以胤禛就留在坤宁宫。不然,跟着康熙在一起,看康熙严厉训斥、严加惩处胤禔,胤禛的心里恐怕会有些不太好受。毕竟,胤禔也是他胤禛的同父异母的皇兄啊!

那乌雅氏有点惴惴不安地问道:“四阿哥,大阿哥真的那么狠毒、要咒死太子?”

你道胤禛如何回答?胤禛回道:“母后,人心难测啊!”

胤禛见乌雅氏坐在床上像是在发愣,便也贴近床边,轻轻地问道:“母后,父皇一向待你如何?”

胤禛见乌雅氏不发话,就追问了一句:“莫非,父皇待你不好?”

乌雅氏长长地吁出一口气道:“孩子,如果你是当朝的太子,那一切都会不一样了……”

乌雅氏此话何意?但至少胤禛已听出,他的父亲康熙对他的母亲乌雅氏并不是很好。不过,胤禛不是那种喜形于色的性情中人。从他的脸上,很难看出他心中的真实想法。听了乌雅氏的话后，他只是慢慢地坐在了床沿，又慢慢地拿起乌雅氏的一只手细心地摩娑着，然后慢慢悠悠地言道："母后，来日方长，一切都会变……"

胤禛此话又是何意？乌雅氏许是没有听懂。她只是"唉"了一声道："只要我的身体好，只要你和胤祯（胤禛的亲弟弟十四阿哥，乌雅氏在康熙二十七年生）都平安无事，我也就心满意足了……"

胤禛没有言语。他只是在心中这么想道：如果一切都平安无事，我岂能成就一番大的事业？

半夜过后，胤禛在自己的贝勒府等到了他要的消息：康熙带人夜闯胤禔的直郡王府，果见直郡王府内有十个喇嘛正在做法事、念咒语。康熙一怒之下，也没仔细盘问，便下旨革去大阿哥的直郡王爵位，并将胤禔打入监牢，终生监禁。一句话，在胤禛的精心谋划下，大阿哥胤禔和先前的明珠一样，从此退出了康熙一朝的历史舞台，成为某些人心中的一个记忆了。

是啊，明珠倒了，大阿哥胤禔也倒了，接下来，该谁再倒呢？反正，只要是他胤禛潜在的对手或威胁，就一个个地都该倒。胤禛有这样的计划，更有这样的决心和信心。

第二天一大早，胤禛就精神抖擞地踏上了去往东宫的路途。说来也怪，太子胤礽昨天还病恹恹的，可现在，当胤禛再见到胤礽时，胤礽已是百病全无、红光满面了。难道，胤礽之病，真的是那些喇嘛所为？

胤礽兴高采烈地对胤禛道："四弟，父皇昨夜已跟我说了，如果不是你及时禀报，父皇还难以察觉胤禔的险恶用心呐！我得以痊愈，你可是立了大功一件啊！"

胤禛赶忙摇手道："皇兄过于夸奖了！小弟只是略尽绵力而已。像大阿哥那般险恶之人，不尽快地关入监牢，天下就不得太平。小弟没能及时地将胤禔之事报与皇兄知道，还望皇兄原谅……"

胤礽大眼一瞪："原谅什么？如果你不禀报父皇，我恐怕就要被胤禔那个家伙给害死了！"

当天中午，胤礽便在东宫设宴款待胤禛。作陪的依然只有索额图一个人。席间，索额图常常夸奖胤禛对太子胤礽最是忠心、未来必有锦绣前程。而胤礽病了数日未能喝酒，此刻，便顾不得与胤禛和索额图多唠叨，只顾大口大口地吞酒。工夫不大，胤礽就一脸酡颜、满嘴酒气了。

胤禛正和索额图打趣逗乐呢，忽闻胤礽在一旁深深地叹了口气。胤禛赶紧问道："莫非皇兄有什么沉甸甸的心事？"

胤礽确实有心事，而且心事也果真沉甸甸的。他猛然灌下去一杯酒，又将酒杯重重地往桌面上一搁，然后直起嗓子言道："从古至今，有像我这样做了这么多年太子的人吗？"

原来，胤礽是嫌他做太子的时间太长了。想想也是，自公元1674年胤礽生下后被康熙钦封为太子，距今已有二十多个年头了。当了二十多年的太子，似乎也着实令人不耐烦。不过，康熙皇帝当时还不到五十岁，总不能马上就退下来让他胤礽继承帝位吧？换句话说，尽管胤礽做太子做得有些不耐烦了，但也只能一如既往地继续做下去。除非，康熙不再是皇上了，或者，他胤礽不再是太子了。

胤礽的牢骚刚刚发罢，索额图就深有感触地接道："是啊，殿下不知到何年何月才能真正地君临天下啊！"

很显然，胤礽也好、索额图也罢，都在热切地盼望早日改朝换代。而胤禛，却听在了耳里、记在了心上，有一个念头，陡然在他的脑海里滋生蔓延。只不过，胤禛的脸上，却是一副很为胤礽忧虑的表情。胤禛小心翼翼地道："皇兄说的是啊！当了二十多年的太子，也实在过久，可是……"

胤禛适时地住了口。他"可是"的后面会是什么内容，胤禛当然知道。胤礽和索额图也自会明白。只是，他们谁都没有点破。

大概是胤禔遭囚的一个月后，三阿哥胤祉的诚郡王府内，来了一位不速之客。这位不速之客，便是四阿哥胤禛。

在胤禛通往权力最高峰的路途中，三阿哥胤祉自然算不上是他胤禛的最大威胁。但是，胤禛以为，在诸多的皇兄皇弟中，除了胤礽，除了他胤禛，便要算三阿哥胤祉最想当太子了。故而，不管胤祉愿意不愿意，他都成了胤禛心目中的一大障碍。更主要的，胤禛对胤祉的为人相当地了解，胤祉不仅想当太子的欲望非常强烈，而且为了能当上太子，胤祉还会不择手段。这样，胤禛便可以利用胤祉这一特点，来对付他心目中最主要的"敌人"了。胤禛最主要的"敌人"，会是谁？

胤禛走进胤祉的诚郡王府，是一个阳光灿烂的早晨。他刚一踏进诚郡王府，便觉耳边"嗖"的一声，一支利箭突然从他的耳旁掠过。如果这支箭稍稍偏一些，胤禛的一只耳朵便没有了，如果这支箭再稍稍偏一些，胤禛就至少失掉一只眼睛、甚或失掉一条性命。而就在胤禛不自觉地被吓出一身冷汗的时候，却见三阿哥胤祉正提着一张弓笑嘻嘻地站在了胤禛的面前。

胤祉若无其事地问道："四弟，你没事吧？刚才没吓着你吧？"

胤禛强作镇定地笑道："三哥射箭，我还会被吓着？你要射我的左眼，就绝不会射到我的左眉毛……"

胤禛所言，虽有恭维之意，却也并不夸张。在康熙的诸多皇子中，包括胤礽在内，箭法能超过胤祉者，恐怕难觅。康熙就曾当着许多人的面夸赞胤祉道："三阿哥的箭法，尽展大清风范！"

看看，胤祉的箭法都成了大清马上民族的一种象征和标志了，其箭术还不端的高超？当然了，胤禛来见胤祉，不会只想夸赞胤祉的箭术，他要借胤祉的为人，来制造一个新的矛盾。

三阿哥胤祉是康熙的荣妃马佳氏所生，只比胤禛大一岁半左右。因为二人年龄相仿佛，虽然一个是诚郡王，一个是贝勒，但谈起话来，却也十分随便、轻松。至少，表面上看起来的确是如此。

因为谈得随便轻松，所以二人的话题就非常广泛。一会儿谈宫内，一会儿又谈宫外，一会儿谈大臣，一会儿又谈诸皇子。谈着谈着，二人的话题就自觉不自觉地谈到了太子胤礽的身上。

谈到了胤礽，胤祉就显得非常生气。他含蓄地向胤禛表达了这么一个观点：胤礽只知花天酒地、任意胡为，如何能克承大清帝位？

胤禛虽然没有说什么胤礽的坏话，但既然胤祉生气了，他便也显出一种十分生气的模样，言道："就在前些天，我听太子说过，他当了二十多年的太子了，已经当得不耐烦了……"

胤祉马上便兴趣陡增："四弟，他当真这么说过？"

胤禛的脸色十分诚挚："三哥，我干吗要骗你？对了，三哥，太子说这样的话，是何意思？"

胤祉"哈哈"一笑道："他还会是什么意思？他现在就想当皇帝呢！"

胤禛立刻显出一种惊恐的表情："三哥，这如何了得？父皇还在位上，他怎么可以有这种想法？"

胤祉沉声言道："有这种想法，便是大逆不道、犯上作乱！过去，我对此虽早有耳闻，却苦于没有真凭实据。现在，一切都水落石出了，我定要在父皇的面前认真地告他一状，看他这太子之位，究竟还能保多久！"

胤禛慌忙言道："三哥，你向父皇告状的时候，可千万不要说是我所言啊，不然，让太子知道了，我定然要吃大苦头！"

胤祉"嘿嘿"一笑道："四弟不必多虑，我只向父皇说一切都是我亲耳所听，岂不就与你毫无干系了吗？"

"那是，那是，"胤禛点头道，"三哥做事，就像三哥的箭术，实在是高明！"

胤祉乐了，乐得眉开眼笑。胤禛也乐了，却是乐在心里。一明一暗乐了一会儿，胤禛就离开了诚郡王府。胤禛敢肯定，要不了多长时间，胤祉就会去往皇宫找父皇康熙告太子胤礽的状。

果然，胤禛刚一离开，胤祉就迫不及待地装束一番，径往皇宫去了。来到宫内，打听到康熙皇帝现在乾清宫，便又马不停蹄地直奔乾清宫而去。进得乾清宫，迎面撞上赵昌，胤祉就急急地问道："赵公公，父皇安在？"

赵昌见胤祉走得满头大汗，心知定有紧急之事，于是就忙着哈腰言道："诚郡王请随奴才过来……"

胤祉跟着赵昌刚一挪步，却见康熙已经稳步走了出来："三阿哥有何事要见朕？"

胤祉见赵昌站在一边，欲言又止。康熙瞪了赵昌一眼道："还不退去？"

赵昌慌忙回道："奴才这就退去、这就退去……"说着就没了踪影。

胤祉这才用十分气愤的语调言道："父皇，儿臣近日听得一件事情，心中非常不快，所以特来禀告父皇知道！"

康熙"哦"了一声道："何事惹得三阿哥如此不快啊？"

胤祉煞有介事地回道："十多天前，儿臣与二哥在一起玩耍，玩得正高兴呢，二哥忽然言道，当了二十多年的太子，委实不耐烦了……儿臣听到此话，简直就不敢相信自己的耳朵！二哥为何要说这样的话？二哥说这种话又是何意？儿臣思虑再三，觉得此事非同儿戏，终不敢隐瞒……"

胤祉说完，直直地看着康熙。而康熙，也定定地看着胤祉。这父子俩，就这么互相看着，一时谁也没言语。他们好像都在揣摩对方。"胤祉所言都是真的吗？""父皇听到这件事情，心中会有何种感受？"

终于，康熙先开了口。他说话的语调，听起来非常平淡，甚至有一种漫不经心的味道："胤祉，你适才所言，都是你亲耳所闻？"

胤祉赶紧道："儿臣适才所言，句句属实，句句都是儿臣亲耳所闻！"

康熙点了点头，语调依旧是那么淡淡的："好了，胤祉，你可以走了。这件事情，朕自会处理的。"

胤祉颇感意外。康熙听了这么重要的事情，怎么会如此地无动于衷？可既然康熙叫他"可以走了"，他又没有任何理由再在这里逗留。故而，胤祉只是深深地看了康熙一眼，又狠狠吞下去一口唾沫，便快快离了乾清宫。

而实际上，康熙并非像胤祉想像得那样无动于衷。听了胤祉的话后，他一直在十分严肃地思考着这么两个问题：一是胤祉所言，是否属实？二是如果胤礽真的说过这样的话，目的何在？

思考的结果是：如果胤礽真的说过这样的话，那定然别有企图；如果胤礽未曾说过这样的话，胤祉也定然别有企图。究竟是谁别有企图呢？

康熙唤过赵昌："去，把太子叫到朕这儿来，要快！"

赵昌的手脚的确很麻利。工夫不大，他便不知从什么地方就把太子胤礽领到了乾清宫。见了康熙，胤礽跪地请安。康熙言道："你起来吧。朕有话对你说。"

站在康熙面前的胤礽，高大魁梧，看起来委实气度不凡。康熙静静地问道："胤礽，你今年多大岁数了？"

胤礽不觉一怔。他的岁数，康熙如何会不知？但康熙既然问起，他也就只能回答："儿臣今年已经满二十六岁……"

胤礽是1674年生，至1700年，正好满二十六岁。康熙又问道："胤礽，你做大清太子，共有多少个年头了？"

胤礽更觉诧异。他自生下来便被康熙立为太子，他做太子的年头，显然与他的年龄相同。康熙是真的淡忘了还是明知故问？"回父皇的话，儿臣做大清太子，也已经做了二十六年……"

康熙又点了点头："是呀，做了二十六年的太子，也着实不易啊！"

康熙此话何意？胤礽正紧张地思考着呢，康熙又问道："胤礽，你可知朕今年多大岁数?”

胤礽似乎越发摸不着头脑：“父皇今年……应该是四十六岁……”

康熙微微一笑道：“你记得很清楚。你时时刻刻惦记着朕!”

胤礽赶紧言道：“做儿臣的，哪有不惦记着父皇的道理?”

康熙脸上的笑容消失了：“胤礽，你是在惦记着朕的年龄，还是在惦记着朕的帝位?”

康熙如此说，胤礽便有些慌乱：“儿臣不明白父皇话中的意思……”

“你还会不明白?”康熙勃然大怒，“你心里比谁都清楚！你不是说，你当了二十多年的太子，已经当得不耐烦了吗?”

胤礽真的慌了。他确实说过这样的话，而且还不止一次。可是，康熙皇帝怎么会知道？莫非有人向康熙告了状？是谁有这么大的胆子？

胤礽这么一慌，一时间也就不知如何言语。康熙追问道：“胤礽，你为何不敢开口？你是不是要朕马上就退下来让你来做大清的皇上?”

“儿臣不敢、儿臣该死!”胤礽“咕咚”一声跪倒在地。他已决定，先向康熙承认了再说。待混过这一关，再详加调查究竟是谁告的黑状。所以，胤礽就一边冲着康熙不停地叩头，一边几乎痛哭流涕地道：“父皇，儿臣真是该死啊……前些日子，儿臣饮酒过量，便胡言乱语了几句。万没想到，竟然有人跑到父皇的面前告儿臣不忠不孝，儿臣就是跳到黄河也洗不清啊……儿臣该死，儿臣真是罪该万死!”

胤礽在康熙面前的痛苦表现，倒也可圈可点。只不过，康熙好像不吃他那一套。康熙冷冷地言道：“胤礽，你以为你酒后所说，便是胡言乱语了吗？难道你没听说过酒后吐真言这句话吗？看来，你确实有野心啊!”

康熙一语道破天机。胤礽却也没再狡辩。他情知，此刻再作狡辩也无多大用处。所以，他只是不停地叩头，不停地谢罪：“儿臣知罪，儿臣该死！儿臣该死，儿臣知罪……”

胤礽叩头也算是卖力，前额都几乎叩出血来。康熙见此情状，便多少有些不忍心起来。毕竟，胤礽是孝诚仁皇后赫舍里氏所生。毕竟，胤礽是他康熙钦封的太子。毕竟，胤礽也只是说了那么几句话并没有做出什么大逆不道的事情。所以，沉默了一会儿之后，康熙就不冷不热地言道：“胤礽，你要记住朕的话，既不要乱说乱动，更不能得意忘形！你只需小心谨慎地做你的太子便是，否则，你的前途堪忧……”

“前途堪忧”四个字是何意义？反正，康熙一训起胤礽来，便会情不自禁地想起皇后赫舍里氏，而只要一想起皇后赫舍里氏，康熙似乎就能宽恕胤礽的所作所为。这，究竟是康熙用情太专，还是康熙已经一步步地走向了糊涂和昏庸?

康熙可以原谅胤礽的不忠不孝之语，但胤礽却绝不会宽恕向康熙告状的那个人。别了康熙之后，胤礽径直找到了索额图，一边揉着早已红肿的额头一边气咻咻地吩咐索额图道："你要想尽一切办法，给我查出，究竟是哪个王八蛋在背后说我的坏话！"

胤祉告胤礽的状，是当着康熙的面直陈的，而并非是通过什么奏折，所以，索额图折腾了好几天，终也未能查出背后的胤祉来。就在索额图感到万般无奈、一筹莫展之际，他猛然间想起一个人来。他以为，宫中和朝中之事，没有那个人所不知道的。那个人，便是四阿哥胤禛。

然而，胤禛却明明白白地对索额图摇了摇头。索额图急道："连四阿哥都不知道，看来这人做事也太过诡秘了！"

胤禛自然知道是胤祉在康熙面前告胤礽状的。胤禛之所以不当面告诉索额图，是因为他没有充分的理由什么都知道，如果他胤禛真的什么都知道的话，反而会引起别人的怀疑。所以，胤禛装模作样地思考了一番之后，这样对索额图言道："索大人，虽然我不知道究竟是谁在父皇的面前告太子的状，但我却知道，只要找着一人仔细地盘问，便可真相大白……"

索额图忙着问道："四阿哥，快说，该找谁去盘问？"

胤禛不动声色地言道："去找赵昌，或者阿霖……"

经胤禛这么一点拨，索额图立即就豁然开朗起来。是啊，那人既然当着康熙的面告胤礽的状，就必然会去康熙的寝宫，而赵昌和阿霖几乎从不离康熙的左右，是一定会知道其中内情的。索额图不禁叹道："四阿哥，你当真是聪明绝伦啊！"

胤禛忙着谦逊地摆了摆手道："索大人太过夸奖了……只是有人敢告太子的黑状，我心中发急，一时心血来潮，哪有什么聪明绝伦之说？"

索额图重重地道："待此事查个水落石出之后，我定报予太子殿下，让殿下好好地奖赏你！"

胤禛回道："如此多谢索大人！不知索大人去找赵昌还是去找阿霖？"

索额图言道："阿霖那女人软硬不吃，还是找赵昌比较稳妥！"

胤禛笑道："索大人言之有理！只要给赵昌些好处，他什么都会说！"

果然，在得了索额图一些银两之后，赵昌便告诉索额图：那天上午，在康熙皇帝召唤太子胤礽之前，三阿哥胤祉曾入乾清宫面见皇上，行为极其可疑。但当索额图追问是否敢肯定就是胤祉告的胤礽的状，赵昌却吞吞吐吐地道："我没有听见诚郡王和皇上的谈话……"

索额图未免有些失望。但不管怎么说，毕竟有了胤祉这么一个嫌疑人。而当胤礽得知这一切后，却异常肯定地道："就是胤祉这王八蛋！他对我当太子一直心怀不满！他以为只有他胤祉才够当太子的料！真是气煞我也！"

然而胤祉毕竟不同于那个大阿哥胤禔。胤祉是不会在乎别人对他的威胁和恫吓的。索额图有些为难地问道："殿下，该如何对付三阿哥呢？"

胤礽其实也没有什么好办法可想，但他却依然气急败坏地冲着索额图嚷道："找些人手，再找个机会，先好好地教训那个混蛋一顿！"

索额图没辙，只得按胤礽的吩咐，先找人日夜监视胤祉了。胤禛闻知后，也没有闲着，而是找来一人道："三阿哥现在被盯得很紧，我不便接近，你可以利用上朝散朝的机会，告诉三阿哥，就说太子已经知道他告状的事了，正派人监视他，而且还要找机会杀掉他！"

那人点点头，照着胤禛吩咐的话去做了。后来那人回复胤禛道："三阿哥叫我代他好好地谢谢四阿哥。三阿哥说，他已有周密安排，太子不会轻易得手。三阿哥还说，既然太子决计要除掉他，那他就会先下手为强！"

胤禛高兴地拍着那人的肩膀道："隆大人，好戏就要开场了！"

你道那"隆大人"是谁？他就是当时清廷中的理藩院尚书隆科多。胤禛的一切所作所为，他不仅全部知道，而且还充当了得力的帮凶这一角色。这样的角色，最终会有一个什么样的结局呢？

公元1701年，康熙整整四十七岁了。这一年的春天，康熙仿佛一时兴起，决定到京城南苑去狩猎。随行的人员，除赵昌、阿霖等贴身侍从外，还有太子胤礽、三阿哥胤祉、四阿哥胤禛、五阿哥胤祺、七阿哥胤祐和八阿哥胤禩等一干年龄较大的皇子。另外，索额图等大臣也随康熙同行。

临行前，康熙召过诸皇子言道："这次去南苑狩猎，谁打的猎物最多，朕就重重地奖赏谁！"

于是，四阿哥胤禛就找到三阿哥胤祉问道："三哥，依你之见，这次去南苑狩猎，哪位阿哥最终会得到父皇的奖赏？"

胤祉笑着反问道："四弟，若依你之见呢？"

胤禛也笑着回道："依小弟愚见，三哥的箭法最为高明，能得到父皇奖赏的人，理应非三哥莫属！"

胤祉轻轻地摇了摇头道："四弟所言差矣！最终能得到父皇奖赏的人，必是太子无疑！"

胤禛略略惊讶地问道："三哥何以见得？"

胤祉有些神秘地回道："此是天机，不可泄露。不过，我可以向你透露一个秘密，那就是，此次去南苑狩猎，我一定不会让父皇失望的！"

胤禛马上跟着言道："那是自然，三哥的箭法，一定会让父皇和诸位阿哥大吃一惊的！"

胤祉却突然低低问了一句道："我的箭法，也能让四弟大吃一惊吗？"

胤禛也低低地回道："三哥的箭法我虽然知晓，但如果三哥这次射得精彩，那小弟我不仅会大吃一惊，而且还会大饱眼福！"

胤禛口中的"大饱眼福"究竟是何含义？别人自然不会知晓，但胤祉却似乎知道得很清楚。所以，胤禛的话刚一落音，胤祉就咧开嘴笑道："四弟，你就等着去大饱眼福吧！"

胤禛也咧开嘴笑道："三哥，小弟早就等着这一刻的到来了！"

第三十六章 猎御苑众阿哥入狱 回京师一大帝受惊

康熙将五位皇子都打入监牢，独独留下一个胤礽，胤礽自然有些得意。康熙对胤礽狠狠说道："你不要高兴得太早！朕未把你打入监牢，是因为朕还顾及你当朝太子的面子，如若不然，第一个囚入监牢的，就是你胤礽！"

胤禛等待的"这一刻"似乎很快就到来了。一个风和日丽的上午，康熙领着大批的人马朝着京城南郊浩浩荡荡地开去。到了南郊之后，康熙并没有马上就命令诸皇子比武狩猎，而是把诸皇子及索额图等一干人都带进了自己在南郊的行宫。稍事休息，又一块儿吃了午饭，养足了精神之后，康熙便命令诸皇子开赴南苑进行狩猎。

狩猎者主要是康熙的六个皇子。康熙本来自己也想参加狩猎的，可不知为何，上午的天气还是风和日丽，但到了狩猎的时候，却是风沙满天、几乎叫人睁不开眼睛。在索额图等大臣力劝下，康熙终于放弃了亲自狩猎的打算。不过，索额图曾建议诸皇子也不要去狩猎了，康熙却严加否定。康熙对索额图等大臣言道："这样天气，正可锻炼体魄和意志，如何能轻易地放弃？"

南苑是专门为皇室成员修建的一个人工狩猎场。无论春夏秋冬，里面可以狩猎的动物应有尽有。康熙为每位皇子配备了两名侍从。皇子打到猎物了，由侍从将猎物拖到指定的地点存放堆积，最后由康熙和诸大臣根据每位皇子所获猎物多少和大小来评定狩猎的成绩。

诸皇子中，以太子胤礽狩猎的欲望最强、劲头最足。这有两方面的原因，一是，狩猎就像杀人一样，只要是见血的事情，胤礽都兴致盎然；二是，当着康熙和诸皇子的面，胤礽要充分地表现自己，胤礽要让诸皇子、特别是三阿哥胤祉好好地看一看，他胤礽作为太子，就是跟他们不一样。所以，康熙一声令下，胤礽就跃马扬鞭，第一个冲进了狩猎场。

最后一个冲进狩猎场的是四阿哥胤禛。他才不在乎能打着多少猎物呢，他感兴趣的是打猎以外的事情。在诸皇子当中，在康熙的眼里，他胤禛也许是最不求上进的人。而胤禛还安于康熙的这种看法。因为他以为，越是不起眼的人干起某些事来就越是不会被人注意。而胤禛孜孜追求的，恰恰就是这种不会被人注意的效果。

所以，驰进狩猎场之后，别的皇子都加快了速度，而胤禛却反其道而行之，故意放慢了速度。他的两个侍从很着急，但又不便明说。胤禛就笑着对两个侍从道："你们是不是担心前面的猎物会被他们打完了？不用担心，会有猎物主动送上门来的！"

确有猎物会主动地送上门来，但很少，也很小。有猎物来了，胤禛便漫不经心地射上两箭，射着射不着就不去管他了。有时候，看到猎物来了，胤禛还会把弓箭交给侍从射击。这样一来，跟着胤禛的那两个侍从，不仅十分轻松，而且还十分自在，因为，他们第一次享受到了在皇家苑囿内进行骑射的乐趣。

不过，表面上看起来，胤禛是一副漫不经心的样子，但实际上，他自进入狩猎场之后，神经一直处于高度紧张状态。别看他的双目好像漫无目的地四处观望，其实，他的目光是一直在跟踪着一个人。他的坐骑虽然走得很慢，却也是一直在朝着那个人的方向而去的。那个人，便是三阿哥胤祉。

胤禛敢跟任何人打赌，今日狩猎场内一定会发生一件惊天动地的事情，这件惊天动地的事情便是：三阿哥胤祉要射杀太子胤礽。

所以，胤禛便想远远地跟着胤祉，看胤祉是如何射杀胤礽的。凭胤祉那一手高超的箭法，一箭便足以致胤礽于死地。

然而，都临近黄昏了，再过一会，狩猎就要结束了，可狩猎场内，却什么"意外"的事情也没有发生。胤禛不禁暗自嘀咕道："莫非，胤祉不想今日动手？或者，自己本来就预料错了？"

胤禛料得一点都没错，但胤祉没有想到，康熙会给每一个皇子都配了两名侍从。有这两名侍从碍手碍脚，胤祉一时找不到下手的机会。

胤祉一直想把胤礽拉下太子之位取而代之。他早就想给胤礽制造一起"意外"事件了。他的想法是，大阿哥胤禔已经被康熙囚禁了，如果胤礽再遭什么"意外"死去或伤残，那太子之位，就只能是他三阿哥胤祉的了。因为，除去大阿哥胤禔和二阿哥胤礽，他胤祉便是诸皇子中年龄最大的人了，更主要的，胤祉始终以为，在诸皇子中，无论是学问还是武功，他胤祉都是首屈一指的，故而，大清太子之位，理应由他胤祉担当才最为合适。这一次，康熙决定带诸皇子中年龄较大的几个皇子到南苑狩猎，胤祉便以为，千载难逢的机会到了。只要在狩猎过程中，以一种"意外"的方式，将胤礽射死或射残，那他胤祉就可以得偿夙愿了。而胤祉对自己的箭法充满了自信。

胤祉是跟在胤礽的后面，第二个驰进狩猎场的。他始终傍在胤礽的一侧，想找个"意外"的时机射胤礽一箭。一开始，由于风沙太大，胤祉没有把握一箭中的，所以就心不在焉地射杀猎物。后来，大风渐弱、尘埃落定，胤祉想动手了，却又发现身边的那两个侍从太过碍事。总不能连身边的两个侍从也一并解决掉吧？可有这两个侍从，胤祉就不能无所顾忌地去射杀胤礽。还有，胤礽的身边也有两个侍从，如果胤祉处理不当，就很容易被胤礽身边的那两个侍从发觉。只要胤祉的"意外"出现了破绽，那即使胤祉一箭射死了胤礽，也只能是毫无价值，且还会断送自己的性命。所以，都接近黄昏时分了，胤祉也没敢轻易地动手。

过了黄昏，狩猎便要结束。胤祉心中的焦急，确实难以言表。莫非，要等到明日狩猎时再动手？可是，如果康熙决定明日不狩猎了呢？难道这千载难逢的机会就这样白白地错过？

就在胤祉急不可耐，甚至心急如焚的当口，机会终于来了。许是觉得狩猎快要结束了吧，胤礽一时变得异常地疯狂，左开弓右放箭，顷刻间便射倒十数头大小动物，忙得那两个侍从只顾朝狩猎场外搬运动物，无暇再寸步不离地跟着胤礽。胤祉见状，心念一动，也忙着开弓放箭。胤祉是何等箭法？很快，便有几头鹿倒在了胤祉的马前。

胤祉吩咐身边的两个侍从道："速把猎物搬到场外，我去也……"

胤祉要到哪儿去？他当然是直追胤礽而去。现在，胤祉和胤礽的身边都不再有侍从。胤祉岂肯放过这天赐良机？

自然，胤祉是不会一直追到胤礽的身边的。他和胤礽保持着不到一箭之地。四顾望了望，不见别的人影，于是胤祉就迅速地张起了弓箭。

按理说，胤祉一箭射出，胤礽定然命丧黄泉。距离那么近，胤祉的箭法又那么好，岂有一箭不中之理？然而事实却是，胤祉射出去的一箭，没有伤到胤礽一根毫毛，只是射中了胤礽的坐骑。

你道是何道理？原来，胤祉借着一丛林木的遮挡正要向胤礽放箭的当口，胤礽突然转过了马身，正朝着胤祉的方向。这不是说胤礽这么一转身就发现了胤祉。胤礽当时是看不见胤祉的。问题出在胤祉的身上。本来，胤祉是想一箭贯穿胤礽的脊背的，可胤礽这么一转身，他却突然生起了一个阴损的念头。就是这个阴损的念头，让胤祉失了手。

你道胤祉生起了一个什么阴损念头？原来，他不想再把胤礽一箭毙命，而是想用箭去射胤礽的裆部，让胤礽活活地做一个太监。既做了太监，胤礽当然就不能再做太子了。殊不知，胤祉和胤礽，可是同父异母的兄弟啊！

以胤祉的箭术，要射胤礽的裆部也不是什么太难的事。但许是胤礽命还不该绝，或许是胤祉的念头太过阴损了，反正，胤祉在放箭的时候，力道稍稍用大了些，箭矢在离开弓的一刹那，微微向下点了一下头。可别小看了这向下点了一下头，待箭矢飞到胤礽的身边，箭头便向下偏了一段明显的距离。确切说吧，箭头只要向上稍稍地抬那么一点儿，胤礽裆下的那命根子就要玩完了。可是，箭头没有这么做，而是贴着胤礽的命根子，没入了胤礽坐骑的脊背之中。一镞箭头能没入马的脊背，胤祉射那支箭用了多大的力量！

胤礽的坐骑当然痛彻骨髓。它悲鸣一声，扬起前蹄，便把胤礽掀翻在地。胤礽倒也机警，虽被摔得鼻青脸肿，却马上就滚到一个隐蔽处。他知道自己遭了暗算，所以滚到隐蔽处之后，立即就拔出了身上的短剑。他依稀看见，在一丛林木之后，有一人一骑，那骑在马上之人，很像是三阿哥胤祉。

胤礽当然没有看错。隐在林木之后的那人正是胤祉。胤祉一箭不中，再想补射第二箭已经不可能，胤礽已经警觉了。没奈何，胤祉只得懊丧地勒转马头，装着在四处寻找猎物了。就在他掉转马头的那一瞬间，胤祉看见，不远处，有一人也在装模作样地四处寻找猎物，那人便是四阿哥胤禛。

躲在一边的胤礽大喊大叫起来："来人啊！有刺客！抓刺客啊……"

工夫不大，诸皇子和许多侍从都围拢在了胤礽的身边，其中包括胤祉和胤禛。胤祉的那一箭也太过霸道，胤礽的坐骑竟然被它活活射死，倒在了胤礽的身边。众人见此情状，大都目瞪口呆，惊慌失措。倒是有几个侍从还比较冷静，忙着跑去向康熙汇报。

众人虽然都围拢过来了，可胤礽却依然伏在那匹死马的旁边不敢起身，仿佛他只要一起身，别的什么人就会取了他的性命似的。胤祉含笑朝着胤礽迈出一步道："殿下，你大呼小叫地把我们都喊到这儿来，可刺客在哪儿？你是不是在拿我们寻开心哪？"

谁知，胤礽见胤祉向自己走来，就像见了鬼似的，忙着用手中的短剑一指胤祉道："你，站住！你不要过来……"

胤祉故意皱着眉头言道："殿下，你这是何意？莫非，我就是你要抓的那个刺客？"

胤礽微微地躬了躬身，然后冲着胤祉喝问道："我问你，你刚才躲在那丛林木后面，在干什么？"

胤祉一惊。莫非，自己的行踪被胤礽发觉了？但很快，胤祉便又否定了这种看法。因为，如果胤礽真的发现了自己的所作所为，胤礽就绝不会这样问自己了。所以，胤祉就先是瞥了胤禛一眼，然后不动声色地回答胤礽道："我何曾躲在那丛林木后面？殿下是不是看花了眼？"

胤礽恐怕是不再胆怯了，一下子从地上弹起来："胤祉，我分明看见你躲在那丛林木后面，我这匹马，是不是你射死的？"

胤祉的脸色顿时就阴冷下来："殿下，我请你说话客气点！你可以不尊重我，但你必须尊重父皇陛下！我乃父皇陛下钦封的诚郡王，岂容你在这里血口喷人、胡说八道？

胤礽毫不示弱地大喊大叫道："什么？胤祉，你差点射死了当朝太子，还要我对你客气点？"

"胤礽！"胤祉干脆直呼太子其名，"你胆敢再如此胡言乱语，我定在父皇面前告你一状！"

"告我？"胤礽"嘿嘿"一声冷笑，"我正要到父皇面前告你一状呢！"

就这么着，胤礽和胤祉二人，你来我往，互不相让，唇枪舌剑，大吵大闹起来，就差没拳脚相向、兵戈相见了。而包括胤禛在内的其他诸皇子，则大都抱着幸灾乐祸的心情在一旁观瞧。因为，自大阿哥胤禔被囚之后，诸皇子中，就胤礽和胤祉的爵位最高了，一个是当朝太子，一个是诚郡王，而其他皇子，顶多被封个贝勒，故而其他皇子的心中，总是有些不平衡的。再者，胤礽和胤祉间的明争暗斗，也不是一天两天的了，其他皇子既不想趟这汪混水，更乐得一旁看笑话。

就在胤礽和胤祉吵得不可开交、几乎要各动刀剑的关口，忽然，传来赵昌那尖细而略带嘶哑的声音："皇上驾到……"

一下子，四阿哥胤禛、五阿哥胤祺、七阿哥胤祐和八阿哥胤禩及众多侍从，忙着跪地迎接康熙。只有胤礽和胤祉，依然直挺挺地站着，怒目相向，似乎没有听见赵昌的吆喝声。

只见康熙，在赵昌和索额图等人的簇拥下，大步跨了过来。见胤礽执剑、胤祉握刀，剑拔弩张的模样，康熙立即沉声喝道："这是何故？莫非你们兄弟间要互相残杀？"

反应最快的是胤祉。他忙着跑到康熙的身边道："父皇，太子坐骑不知何故被人射杀，他却诬陷儿臣是凶手，还说儿臣要谋他性命，这岂不是欺人太甚？"

胤礽见被胤祉抢了先手，很是不快，更为不满。他一指胤祉，气急败坏地嚷道："你，竟然敢在父皇的面前恶人先告状？若你不是凶手，谁还有这么大的胆子？"

胤祉刚欲反击，康熙大声喝道："够了！都闭上嘴！谁也不许再啰嗦！"

接着，康熙仔细地看了看那匹死马，又向四周望了望，然后对着胤禛、胤祺、胤祐和胤禩等人问道："你们，谁看见这里发生的事了？"

没有人回答康熙。康熙气得大叫一声道："你们都是哑巴吗？"

胤禛抬起了头。他这一抬头，可把胤祉吓了一跳。因为最有可能看见胤祉射箭的人，便是胤禛。不过，胤禛说出来的话，却又让胤祉心安。胤禛是这样回答康熙的："父皇，儿臣等只顾狩猎，哪里会想到发生刺客的事情？既不会想到，自然也就不会看到了……"

胤禛开了头，五阿哥、七阿哥和八阿哥便纷纷向康熙表白自己，都说自己只顾狩猎没有顾及其他。康熙不禁高声言道："你们都说没看见，难道是胤礽自己把马射死的吗？"

胤礽赶紧言道："父皇，儿臣骑在马上，如何能射死自己的马？"

索额图也忙着对康熙言道："皇上，太子面对马首，而这箭却是从马首方向飞来，太子无论如何也做不到这一点啊！"

康熙不满地白了索额图一眼："索额图，朕自有分寸，你何必啰嗦？"

"是，是，"索额图唯唯诺诺地退下，"臣太过多嘴了……"

康熙又冲着跪在地上的那十几个侍从喝问道："你们，可有谁看见太子的马是被何人所杀？"

那十几个侍从，身体就像是在筛糠一般，哪还敢轻易吐出半个字？盛怒之下的康熙，立即大吼一声道："来啊！将这些该死的奴才，统统押回去，仔细地拷问！"

立刻过来二十多个侍卫，将那十几个跟在诸皇子身边搬运猎物的侍从押走了。可怜这十几个侍从，一个个都被打得皮开肉绽。尤其是跟在胤礽身边的那两个侍从，被押到行宫后，一个被打成残废，另一个更是被当场打死。难道过去那个仁慈的康熙不复存在了吗？

十几个侍从被押走了，天也就要黑了。康熙又召过来十几个侍卫，指着四阿哥胤禛、五阿哥胤祺、七阿哥胤祐和八阿哥胤禩，重重地吩咐道："把他们全押回去，严加看管，不许他们乱说乱动！"

那三阿哥胤祉正暗自庆幸呢，忽然，康熙的目光明明白白地扫到了他。只听康熙威严地喝道："三阿哥也难脱干系，一并押走！"

康熙说完，就气呼呼地甩步走了。胤礽尽管还有些心有余悸，但还是忍不住地与索额图相视一笑。是啊，看康熙今番这副模样，定是要好好地惩处那几个皇阿哥了。如此，胤礽和索额图还没有理由大笑一场吗？

胤礽凑到索额图的跟前，低低地言道："看来，那几个家伙，这一回可要倒大霉了！"

索额图却摇头回道："不一定啊……待皇上怒气消去，那几个家伙恐怕就平安无事了！"

胤礽急道："果真如此，我们岂不是空欢喜一场？"

索额图紧锁双眉言道："是呀，如果不在皇上的面前再点上一把火，恐怕我们就只能空欢喜一场了！"

于是，胤礽和索额图二人，两颗脑袋凑在一起，一边往回走一边开始密谋起来。因为康熙等人早已远去，所以胤礽和索额图密谋的声音就放得很大，简直有些肆无忌惮了。

回到行宫，天已经黑透。康熙也不思茶饭，只是觉得腰酸腿疼，唤来赵昌和阿霖，一个为他捶腿，一个为他揉肩。

康熙并没有亲自狩猎，为何会感到腰酸腿疼？原因是，一个人如果心里不舒服，那全身都会感到难受。康熙不仅腰酸腿疼，就是脑袋，也头痛欲裂。

康熙心里不舒服，当然是因为太子胤礽坐骑被射死的事。康熙敢肯定胤礽坐骑被射杀，不是什么偶然，而是一种必然，而且凶手本来并非想射坐骑，而是想射胤礽，只是不知什么原因那箭射偏了；而且射杀胤礽坐骑的人，绝不可能是那些侍从，而只能是那五位皇子中的一个，确切讲，是除了胤禛之外的那四位皇子中的一个。因为，康熙以为，胤禛虽不能用"手无缚鸡之力"来形容，但要用箭射死一匹马，却是万万不能的。

那么，除了胤禛之外，哪位皇子是凶手的可能性最大？论箭法，当然是皇三子胤祉最为高妙。不过康熙认为，胤祉射杀胤礽的可能性不大，因为胤祉若想谋害胤礽的话，一箭便可以达到目的——康熙想得不错，但还是错了。除去胤祉，还剩下五阿哥胤祺、七阿哥胤祐和八阿哥胤禩了。胤祺和胤祐一贯明哲保身，不可能做出这种惊天动地的事情，而胤禩则是朝中上下公认的温雅敦厚之辈，更不可能做出谋害胤礽的勾当。既如此，究竟哪个皇阿哥才是图谋胤礽性命的真正凶手？

康熙的思绪乱了。想来想去，他都不知道自己在想些什么了。就在这当口，有人禀报道："太子和索大人求见……"

康熙心中一惊，胤礽和索额图此时来见我，会有何事？这么想着，康熙一时间竟然恍惚起来，仿佛他已坠入云里雾中。

机灵乖巧的赵昌见状，忙着轻轻地呼唤康熙道："皇上，太子殿下和索大人正在门外求见呢……"

赵昌一连呼了几遍，康熙才恍然从云里雾里醒来，忙着对赵昌和阿霖道："你们出去吧……叫太子和索额图进来！"

赵昌和阿霖缓缓地退出，胤礽和索额图先后走进来。胤礽跪地称道："儿臣给父皇请安……"

索额图接着跪道："臣恭祝皇上万岁万岁万万岁！"

康熙也没起身，就那么依旧伏在床上，模样未免有些可笑。当然，无论是胤礽还是索额图，此时的脸上都不会也不敢露出一丝的笑意。康熙懒洋洋地问道："你二人前来，可是找着了今日的凶手？"

索额图和胤礽不觉对视了一眼，然后索额图言道："回皇上的话，臣与太子虽未找到凶手，但却找到了一个最大的嫌疑人……"

康熙不加思索地问道："你和太子找到的嫌疑人，可是诚郡王胤祉？"

索额图回道："皇上圣明！"

胤礽说的就更干脆："父皇，你也认为凶手就是那个胤祉啊！"

康熙不觉皱了一下眉，又不觉动了一下身子："索大人，你怎么就认定诚郡王是射杀太子的凶手？"

索额图急忙言道："臣与太子详加分析，认为诚郡王是凶手的可能性最大！"

康熙"哦"了一声，然后冷冷地问道："索大人，你何以见得啊？"

索额图回道："皇上，太子坐骑中箭时，附近只有诚郡王一人，而太子中箭之后，第一个跑到太子身边且对太子出言不逊的人，也是诚郡王。还有，在诸位皇阿哥当中，能一箭就射死一匹马的人，也只有诚郡王。所以，臣以为，阴谋取太子性命的人，必是诚郡王无疑！"

康熙冷笑一声问道："索大人，你就敢这么肯定？"

胤礽急道："父皇，儿臣敢肯定！这是明摆着的事儿，胤祉想射杀儿臣，然后他好当大清太子……"

"住口！"康熙怒喝一声，一下子从床上坐起来，两道锐利的目光，直射胤礽的脸庞，射得胤礽不觉打了一个哆嗦，"胤礽，朕且问你，你可曾亲眼看见胤祉向你放箭？"

在康熙如此锐利的目光逼视之下，胤礽只得低下头去，口中喃喃言道："这个……儿臣未曾亲眼看见……”

“胤礽！”康熙大叫一声，“你既未曾亲眼目睹，便在这里信口雌黄，岂不是对胤祉的栽赃诬陷？既是栽赃诬陷，你又该当何罪？”

胤礽有些慌了：“父皇，儿臣哪里是栽赃诬陷？分明是胤祉图谋不轨，望父皇明察……”

康熙哼了一声，语调的温度几乎降到了冰点：“胤礽，你还叫朕明察？朕早就察得一清二楚！你与胤祉一直貌合神离、勾心斗角，你以为朕不知？朕早就劝说过你，叫你不要乱说乱动，老老实实做你的太子，可你，竟然借这次事故，把脏水全泼到胤祉的身上，你这是何种居心？是不是想叫朕把胤祉打入囚牢、或者干脆把胤祉杀了，你才心满意足？”

康熙为何如此相信胤祉又为何如此对胤礽疾言厉色，似乎是一个不大不小的谜。反正，经康熙这么一惊一吓，胤礽就始终不敢再抬起头来。索额图见势不妙，赶紧匆匆言道：“皇上，臣以为，太子也没肯定诚郡王就是凶手，太子只是以为诚郡王确有是凶手的可能……皇上，臣以为，在事情没有水落石出之前，任何人都有是凶手的可能，诚郡王当然也不例外……”

“是吗？”康熙慢腾腾地下了床，然后一步步地走到索额图的近前，“索大人，照你这么说来，朕也有可能是凶手了？”

索额图一愣：“皇上……怎么可能是凶手？”

康熙慢条斯理地道：“索大人，你先前说过，能一箭射死一匹马的人，只有胤祉一个，所以你认定胤祉是凶手。可朕也能一箭射死一匹马，这又如何解释啊？”

索额图赶忙堆上笑脸道：“皇上许是误会了……臣先前是说，在诸位皇阿哥之中，能一箭射死一匹马的人，只有诚郡王一个，臣话中的意思，并不包括皇上……”

康熙直视着索额图：“是这样吗？五阿哥、七阿哥和八阿哥，谁没有一箭射死一匹马的本领？索大人想不想朕现在就把他们都叫来射给你看啊？”

索额图慌忙道：“皇上……是臣不慎说错了话，乞请皇上恕罪……”

“恕罪？”康熙慢悠悠地问道，“索大人，你何罪之有啊？”

索额图诚惶诚恐地道：“臣不该凭主观想像就认定诚郡王是射杀太子坐骑的凶手。更不该惹得皇上如此动怒……臣真是罪该万死……”

“索额图！”康熙突然大叫了一声：“你不要以为你整天鬼鬼祟祟地做的那些事情，朕一概不知。朕现在告诉你，你所做的一切勾当，朕都一清二楚！自太子长大成人之后，你就渐渐疏远了朕，而整天跟在太子身边，煽风点火、惟恐天下不乱！你是不是想叫朕马上就让出帝位、让你索大人做不是太上皇的太上皇啊？”

康熙所言，确有几分道理。因为康熙毕竟还有几分清醒。只可惜，在康熙的晚年，像这种清醒的时候，确实是太少了。

康熙如此一说，索额图便急忙伏地叩头：“皇上恕罪……微臣纵有天大胆子，也不敢……”

康熙似乎是说累了，也不再理会索额图和胤礽，而是背过手去，缓缓地踱到床边，又“嘭”的一声便倒在了床上。这一回，康熙是背朝下脸朝上了。

康熙这一躺不要紧，可让索额图和胤礽进退两难了。康熙不发话，他们就不敢擅自退出，也不敢随便言语。不知过了多长时间，索额图看见康熙在床上动弹了一下，便小心翼翼地低声问道：“皇上，微臣和太子……可以走了吗？”

康熙说话了，声音软绵绵的，像是在做梦：“你们走吧……回去以后，好好地反省……”

“是，是！”索额图一边示意胤礽向外退，一边回答康熙，“微臣回去后，一定和太子一起，认真地彻底地反省，好让皇上放心……”

外面漆黑一片，几乎什么也看不见。裹在这样浓重的夜色里，索额图和胤礽二人就像是两个被遗弃了的幽灵。是啊，索额图和胤礽本是想在康熙的面前再烧一把火，让康熙从快从重地惩处三阿哥胤祉，但万没有想到，这把火不仅没有烧着胤祉，反而烧伤了自己，被康熙劈头盖脸地训斥了一顿。如此境况之下，索额图也好，胤礽也罢，自然就会大失所望且又伤心不已。

胤礽垂头丧气地言道：“真没有想到，今日结局竟然会是这样……”

索额图也不禁“唉”了一声道：“不知太子对此事有何感想啊？”

胤礽有些没好气地道：“我还能有什么感想？这不是明摆着的吗？皇上只相信胤祉，而不相信我们……”

索额图在黑暗中摇了摇头：“我以为，事情恐怕没这么简单啊……”

胤礽不明白：“你这是什么意思？”

索额图回道：“你想想看，如果皇上一直这么下去，只相信胤祉，而不相信我们，特别是不再相信你，会有一个什么样的结果？”

“这个……”胤礽恍然大悟过来，“你的意思是，照此情形下去，皇上最终会废了我而让胤祉继太子之位？”

索额图在黑暗中点了点头：“我的太子，这并非没有可能啊……而且我以为，这种可能性还大得很呐！”

胤礽立即慌了神：“这……如果我失去了太子之位，岂不是一切都完了？我完了，你索大人也就跟着完了……”

索额图言道：“我完不完无关紧要，但若你一旦失去了太子之位，恐怕就真的完了！你想想看，如果胤祉继了太子之位，如果胤祉做了皇上，他会对你怎么样？”

是啊，如果胤祉做了皇上，他会如何对待胤礽？胤礽急道：“那，我们该怎么办？”

索额图轻轻地道：“我虽然现在也不知道该怎么办，但有一点我却知道得清清楚楚，那就是，无论如何你也不能失去太子之位，无论如何你也要成为大清的皇上！”

索额图的语气虽然不乏铿锵有力，但异常浓重的夜色，还是很快地就吞没了他的声音，同时也很快地吞没了他和胤礽的身影。毕竟，在苍茫辽阔的天地之间，人总是显得很渺小。不是吗？

一夜无话。次日凌晨，康熙决定起驾回宫。从康熙那十分阴沉的脸色中不难看出，这次京城南郊之行，令他非常愤怒。故而，在离开行宫之前，康熙又做出了一个十分奇怪的决定：将三阿哥胤祉、四阿哥胤禛、五阿哥胤祺、七阿哥胤祐和八阿哥胤禩押回宫去，统统打入囚牢！

康熙为什么要这么做？似乎没有人能够真正地解释清楚。反正，在晚年的时候，康熙常常会做出一些让时人和后人都感到莫名其妙的事情。

不过，当时的胤禛似乎并不感到突然。他找了一个机会对三阿哥胤祉言道：“三哥的箭法，真的让小弟大饱眼福啊！”

胤祉苦笑着对胤禛言道：“我的箭法，连我自己都大吃一惊呢……”

别看胤禛的表情好像很轻松，实际上，他的心情却颇为沉重。他怎么也没有想到，居然会落得个这样的结局。如果，康熙一直把他胤禛囚在监牢里，他还怎么去完成他处心积虑一直想完成的大业？那大阿哥胤禔，到现在不还是被康熙囚在监牢里吗？如果康熙也对他胤禛这么做，那他胤禛不就彻底完了吗？

和别的皇子相比，胤禛的高明之处是，他已经彻底地看清了，晚年的康熙早变成了一个喜怒无常的人。所以，他虽然被康熙打入了囚牢，但并非完全地灰心。他相信，他一切的努力，不会就这么化为乌有。后来，他设法在牢中和他的亲信“知己”理藩院尚书隆科多取得了联系。他叮嘱隆科多，一要密切注意胤礽和索额图的动向，二要密切注意康熙的动静。而正是这个隆科多，后来改变了胤禛的处境，从某种角度上说，他也改变了清朝的历史。

康熙将五位皇子都打入监牢，独独留下一个胤礽，胤礽自然有些得意。他以为，与其他五位皇子相比，康熙终究对他胤礽还是比较信任的。但没成想，康熙的一席话却又使得胤礽的这种得意云消雾散。康熙是当着索额图的面对胤礽说这番话的，显然也是说给索额图听的。康熙是这样对胤礽说的：“你不要高兴得太早！朕之所以未把你打入监牢，是因为朕还顾及你是当朝太子的面子，如若不然，第一个囚入监牢的，就是你胤礽！”

康熙这么一说，胤礽的身体便凉了大半截。康熙既想把他胤礽“第一个”打入囚牢，就说明康熙最不相信的人也就是他胤礽了。故而，胤礽就很是伤心地对索额图道：“看来，父皇终究还是不相信我啊！”

索额图回道：“你说得一点不错！皇上最终肯定要废了你这个太子！”

胤礽忧心忡忡地言道：“如果父皇果真废了我，我岂不就当不成皇帝了？这可如何是好啊？”

索额图阴冷地一笑道：“依我之见，皇上暂时还不会废你太子之位，所以，我们就还有充足的时间来挽回这一切！”

胤礽将信将疑地问道："父皇都不相信我们了，你还能有什么好办法来挽回一切？"

索额图几乎是咬牙切齿地言道："皇上不相信我们，我们也可以不相信皇上！"

胤礽闻言，愕然问道："你，这是什么意思？"

索额图俯在胤礽的耳边，如此如此地嘀咕了几句。听索额图那十分流畅的话语，他显然早有预谋。然而胤礽却大惊失色："这，我身为儿臣，如何使得？"

索额图冷冷地问道："莫非，你不再想做大清的皇上了？"

胤礽犹犹豫豫地道："皇上我当然是要做的，可是，用这种手段，未免有些过分……"

索额图加重了语气："不用这种手段，皇上就会废了你这个太子，你太子被废，你还怎么做皇上？"

胤礽无言。他以为，索额图说的应该不无道理。"可是，"胤礽吞吞吐吐地道，"万一事情不成，你我岂不是会有灭顶之灾？"

索额图重重地道："万一事情不成，由我索某一人承担罪责，与你太子毫无任何关联！"

索额图这么一说，胤礽倒安心不少。是呀，如果事情不成，与他胤礽没有关系，可如果事情成功了的话，他胤礽就是名正言顺的大清皇帝了。这样的好事，就是傻子也会去干的。

接着，索额图异常深情地对胤礽言道："孩子，你是我侄女孝诚仁皇后的儿子，为了你的前程，我是什么事都可以做的啊，你明白了吗？"

索额图如此，胤礽便大受感动，感动得差点落下泪来："我……待大功告成之后，大清江山，必分与你一半！"

索额图缓缓地摇了摇头："孩子，我哪里图的什么江山社稷啊，我图的只是你能够当上大清的皇帝！不管事情成功与否，只要你能明白我的这番心意，我也就心满意足了……"

索额图说得真真切切的，着实感人。索额图和胤礽在密谋一件什么重大之事而如此情真意切，甚至有一些生离死别之意？这里暂按下不表。

日月如梭、光阴荏苒，转眼便到了公元1703年（康熙四十二年）的春天。胤禛等五位皇子被康熙皇帝打入囚牢已整整两个年头了，可康熙依然没有释放他们的意思。就在这年的春暮，康熙皇上决定南巡。

康熙皇上南巡，和后来他的孙子乾隆皇帝下江南光景大不相同。乾隆自命风流倜傥，又极爱奢侈豪华，所以，他数次下江南，每次都竭尽铺张、渲染之能事，场面搞得宏大、壮观，因而使得民不聊生、怨声载道。大清一朝，由乾隆时期达到极盛，又从乾隆时期转为衰败，恐与乾隆这种追求豪华奢侈的生活风气不无关系。俗话说，上梁不正下梁歪。你乾隆可以如此享受，其他的大小官吏自有充分理由效仿。

而康熙则不然。康熙自幼便崇尚节俭，加之连年战乱，他对民生疾苦也是比较了解的。他一生虽也几次南巡，但与乾隆相比，他南巡时给百姓带来的负担和造成的痛苦，恐怕就微不足道了。尽管康熙晚年性格似乎大异，但他崇尚节俭之风，却也没丢。

比如这次南巡，康熙的随行人员就十分简单。有十多个太监和女侍，包括赵昌和阿霖，有十多个朝中大臣——索额图托病留在京城，还有几个后妃，包括生下十阿哥胤䄉的温僖贵妃钮祜禄氏、生下十三阿哥胤祥的敬敏皇贵妃章佳氏等。护卫禁军，只有数百人。诸皇子中，康熙只将十五岁的十四阿哥胤禵（孝恭仁皇后乌雅氏所生、胤禛的同父同母兄弟）带在了身边。康熙只将胤禵一人带去南巡，莫非别有一番意思？

康熙此次南巡的目的主要有三：一，到江南去散散心，因为康熙总是觉得皇宫里太闹；二，巡视一下漕运问题，漕运是康熙最为关切的问题之一；三，顺便整顿一下沿途的吏治，让十四阿哥胤禵开开眼界。可以说，康熙南巡的目的基本上都达到了。尤其是第一个目的，康熙达实现最完美。待康熙南巡归来，无论是身体还是精神，他都觉得焕然一新。只不过，在回京的途中，确切说，是在南巡归来即将回京时，康熙的身体和精神，却受到了一次极为沉重的打击。

康熙在江南逗留了数月，于这一年（公元 1703 年）的秋反回京城。一路上，康熙的兴致很高，同十四阿哥胤祯、同赵昌和阿霖、同温僖贵妃钮祜禄氏和敬敏皇贵妃章佳氏、同各位朝中大臣等，说说笑笑，好不开心。康熙常挂在嘴边的一句话是："朕此次归来，就像是换了一个人似的！"殊不知，他在京城南郊，真的差点"换"了一个人。

康熙延运河北上，到达京城南郊时，已是秋暮。京城虽繁华，但郊外却是别一样光景。尤其是京城南郊，似乎就更加荒芜，除了沟沟坎坎，便是衰草枯树，看上去，就像冬天。

按理，康熙一行人都要接近京城了，城内的大小官吏及百姓人等应该出城来迎驾。但康熙不想过于张扬，他对胤禵和随行的大臣们言道："朕悄悄地入城，再悄悄地回宫，岂不是很好？"然而，就这"悄悄"二字，却差点要了康熙的性命。

当时正是夕阳下山时候。夕阳，衰草，枯树，便构成了一幅十分荒凉却又引人无限遐想的景象。康熙估计，顶多一个时辰，他就可以重新踏上京城的土地了。如果把京城比作是康熙的家，康熙已经有好几个月没有回家了。这么长时间没有回家，应该会对家产生一种思念的感情，而当来到家门附近，又会产生一种激动的情感。可是，对康熙来说，却既没有什么思念更没有什么激动，相反，康熙对京城、对皇宫，似乎还有一种很厌恶的感觉。换句话说，康熙真想留在山青水秀的江南，再也不回京城了。但康熙同时又深深地知道，无论他去往哪里，无论他在外滞留多长时间，最终，他还是要回到京城，回到高墙林立的皇宫里。这，是不是有些矛盾？康熙作为大清江山的主宰，能否有办法解决这个矛盾呢？

康熙似乎真的在想什么办法来解决这个矛盾了。他骑在马上——康熙不喜欢乘车，他把车辇都让给了后妃及阿霖等女侍——眉头紧锁，苦思冥想着。紧傍在康熙右侧的十四阿哥胤禵，见康熙这副模样，便忍不住地问道："父皇，就要进京城了，在想什么呐？"

康熙十分严肃地回答胤禵道："父皇在想一个很重要的问题，你小孩子是不会懂的！"

胤禵急急地言道："父皇，孩儿都十五岁了，是个大人了……"

康熙笑道："十五岁如果是一个大人的话，那父皇岂不是一个老头子了？"

康熙心中蛮喜爱这个十四阿哥的。实际上，胤禵虽然才十五岁，可个头却很高，直追康熙。更主要的，康熙始终以为，在诸皇子中，若以文学才华论，胤禵绝不逊于三阿哥胤祉。康熙心念一动，十四阿哥都这么大了，也该封个贝勒了。

胤禵自然不会知道康熙的心理活动。他依然很认真地争辩道："父皇，你不是老头子，但孩儿也绝不是小孩子！"

康熙还未及答话，傍在康熙左侧的那个赵昌却抢先说上了。赵昌是这样对胤禵说的："十四阿哥，这种道理你还不懂？在父母的眼里，儿女始终都是长不大的孩子……"

康熙当即喝道："赵昌，你如何敢在一边胡言乱语？"

赵昌本是想凑凑热闹的，可却讨了个没趣，于是赶紧噤声，一勒马缰，就落在了康熙的后面。康熙余怒未息地对胤禵道："这个赵昌，胆子越来越大，什么时候他都敢插上嘴来，真是气煞朕也！"

胤禵忙着劝慰道："父皇息怒，赵昌只不过是个奴才，如果父皇对他不满意，可以……"

可胤禵的话还没有说完，赵昌却又追上了康熙。这一回，赵昌可不是来插嘴的。他脸色苍白，神情极度恐慌，双唇抖动了好一会儿，才抖动出这么一句话来："皇上，大事不好，后面发现蒙面刺客……"

胤禵一听，忙跃马舞剑，冲到了赵昌的近前："刺客何在？"

赵昌未及开口，一个禁军头领便匆匆跑到康熙的面前禀告"皇上，前面有蒙面刺客挡住去路……"

那禁军头领话音未落，又有几个禁军头领跑来报告道："左边发现蒙面刺客"、"右边发现蒙面刺客……"

胤禵一时大为惊诧："怎么会……到处都有蒙面刺客？"

康熙平静地对胤禵道："十四阿哥，我们已经被蒙面刺客包围了！"

胤禵喝问那几个禁军头领道："这些蒙面刺客是些什么人？竟敢如此惊动圣

驾！他们不要命了？”

一个禁军头领回道：“十四阿哥，小的们也不知道何故……小的们对那些蒙面人说，圣驾在此，可那些蒙面人依然挡住去路……”

康熙轻轻言道：“胤禵，不要再问了，那些蒙面人是来取朕性命的！”

胤禵怒道：“父皇，待孩儿冲上前去，将那些蒙面人杀个片甲不留！”

胤禵说着，便要催马离去。康熙迅速制止道：“胤禵休得冲动！现在最重要的是冷静！”

康熙果然十分冷静。这个时候的康熙，颇有他年轻时候的风范。他先详细地问清了四周的情况，然后自言自语地道：“蒙面人虽有数百之众，但朕的身边，也有五六百禁军，尽管善者不来、来者不善，但抵挡一阵，也总是可以的……”

接着，康熙召过两个禁军头领道：“这里距京城近在咫尺，你二人应想办法从这里冲出去，到京城去搬救兵……”

那两个禁军头领回道：“奴才就是粉身碎骨，也要搬来援兵救驾！”

康熙微微笑道：“你们可不能粉身碎骨啊，那样谁来救驾？”

康熙这一笑，给了那两个禁军头领以无限的信心和勇气。后来，那两个禁军头领也不辱使命，在一片混战中，终于冲了出去——实际上只冲出去一个，另一个为掩护冲出去的那一个而捐躯。

康熙又吩咐剩下的那几个禁军头领道：“把禁卫军都朝这里收拢。蒙面人不动，你们也不要动！”

很快，五六百个禁卫军就收拢成了一个圆圈，将康熙及温僖贵妃钮祜禄氏、敬敏皇贵妃章佳氏等女眷紧紧地护在了中间。康熙自然不会完全被动地接受保护。他才五十一岁，还能驰骋疆场。虽然被禁卫军护在了当中，但他的手中，却早就握住了一把长剑。康熙如此，诸大臣及太监们，尽管心中多少有些惊慌，却也不甘示弱，各自找着武器，做出一副随时准备冲锋陷阵的模样。就连赵昌，也不知从什么地方找着了一把女人用的小剪刀，用手横握着，还不时地比划两下。只不过，不知内情的人看到赵昌那模样，还以为他是要用剪刀来自杀。只有那十五岁的胤禵，紧紧傍在康熙的身边，一手提马缰，一手握长剑，显得气宇轩昂、英姿飒爽。

太阳落山之后，空气中显得有些寒冷，那数百个蒙面人开始行动了。他们从东南西北四个方向朝康熙的禁卫军逼进。他们有的骑马，有的步行，有的手握刀剑，有的却赤手空拳。尽管他们的面部都蒙着一层黑布，只露出一双诡异的眼睛，但内行人还是可以看出，那每一双诡异的眼睛里，都充满了冷酷的杀气。显然，这是一批专门以杀人为职业的人，专门以杀人为职业的人，究竟是些什么人？

康熙算不上是个行家，但他还是很快地看出了其中的究竟。他低低地对胤禵言道：“今日之事有些不妙。这些蒙面人大都是江湖上的杀手……”

胤禵一怔："江湖杀手？他们为何要在此地截杀我等？"

康熙回道："这些江湖杀手只认钱不认人，只要给他们足够的钱，他们什么人都敢杀！"

胤禵若有所悟地道："父皇的意思是，是有人收买了这些人，让他们特地到这里来截杀父皇及孩儿？"

康熙沉沉地点了点头："应该是这样……一定是这样！而且，这人的来头还不小。你想想看，一下子买通这么多江湖杀手，该需要多少两银子？而且，要杀的人还不是别人，是朕，是大清的皇上……"

胤禵怒目圆睁道："父皇，这该是何人？"

康熙回道："只要能躲过这一劫，朕定会查个水落石出！"

第三十七章
索额图杀手刺圣驾
隆科多私兵救君王

康熙大怒道："索额图，你犯下大逆之罪，还敢巧言令色，朕决不轻饶！来人！将罪大恶极的索额图立即带到午门，斩首示众！"索额图挣扎了一下，对康熙言道："皇上，臣所有家人刚刚遣散，现在缉拿还来得及……"

康熙正与胤禩嘀咕着呢，不知是哪个蒙面人突然发出一声长啸，跟着，所有的蒙面人都一起向着康熙的禁卫军冲了过来，而且阵形保持得十分整齐。显然，这些蒙面人是经过较长时间的专门训练的。训练这些蒙面人的人，会是谁呢？

康熙的禁卫军自然是清军中的精英。可是，与那些蒙面人相比，康熙的禁卫军就显得不堪一击了。因为康熙估计得一点不差，那些蒙面人几乎都是江湖上的职业杀手。这些人，该是何等的冷酷无情？这些冷酷无情的人聚在一起，又受过较长时间的专门训练（指排兵布阵、互相配合等方面），在这面对面的肉搏战场上，该有何等的威力？

康熙本以为，蒙面人虽然来者不善，但也只不过数百人，而他的禁卫军便也有五六百人，并不比蒙面人少，纵然禁卫军不敌，也至少能抵挡一阵子。只要能抵挡一阵子，待那两个禁军头领搬得救兵来，他康熙就能化险为夷了。但康熙没有想到的是，那些个蒙面人刚刚发起冲锋，他的禁卫军就有些招架不住了。

那些个蒙面人，使刀的刀精，使剑的剑熟，赤手空拳的，不是拳脚利索，就是暗器厉害，直打得康熙的禁卫军，哭爹叫娘、抱头鼠窜。其实这也难怪，在这些只要钱不要命的江湖杀手面前，寻常的官兵，怎能抵挡？

似乎只是一眨眼的工夫，康熙的禁卫军就差不多溃不成军了。好在康熙的禁卫军里，还有一百多名弓箭手，这些弓箭手平日里都是百发百中的，虽然此时此刻，这些弓箭手未必能一箭就射倒一个蒙面人，但一百多支箭一起射出去，那些蒙面人还是颇有忌惮的。所以一时间，康熙等人还比较安全。然而，弓箭手携带的弓箭毕竟有限，待弓箭手无箭可射的时候，康熙等人还会那么安全吗？

蒙面人准备发起第二次攻击了。因为蒙面人很清楚，这里距京城太近，时间拖得越久，就越对他们不利。他们必须速战速决。他们每人都有一身过硬的功夫，禁卫军的弓箭对他们的威胁也并不是特别大。所以，他们准备发起的第二次攻击，也就是最后一次的攻击。

胤禵虽小，却也看出形势危急。他环顾四周之后对康熙言道："父皇，这些江湖杀手果然凶残无比，只攻了一次，禁卫军便死伤过半……"

康熙静静地问道："胤禵，你可害怕？"

胤禵回答："孩儿何怕之有？孩儿只是有些担心……"

康熙深深地望着胤禵道："你莫不是担心父皇会有什么不测？"

胤禵点头："孩儿正是担心这一点……"

康熙"哈哈"一笑道："胤禵，你休得担心！父皇自八岁登基以来，虽也曾南征北战，但还从未真刀实枪地拼杀过！今日得此良机，父皇正好可以一展身手！"

康熙所言，当然主要是为了给胤禵以鼓励，但另一方面，康熙的"身手"也确实不容小觑。想当年，为了制服鳌拜，康熙和索额图、明珠等人一起，研习了许多武功。后来，康熙骑马射箭，几乎从未间断过，尽管现在五十一岁了，但骑在马上、手握长剑，康熙依然威风凛凛。

见康熙如此临危不惧，胤禵也高声言道："孩儿愿与父皇并肩作战！"

"好！"康熙大叫一声，"上阵父子兵，无往而不胜！"

说话间，蒙面人的第二次攻击就已经开始。很显然，蒙面人是想在天黑以前解决问题。尽管禁卫军的弓箭手不停地放箭，但蒙面人还是从四面八方攻了上来。而且，有几个蒙面人，冲破层层拦截，直向康熙父子冲来。

康熙微笑着对胤禵道："皇儿，敌人冲过来了，该是父皇与你并肩作战的时候了！"

胤禵豪气十足地道："父皇放心，孩儿决不会给您丢脸！"

康熙大笑道："皇儿，你不会为父皇丢脸，父皇也绝不会在皇儿的面前贪生怕死！"

说时迟、那时快，一个骑马的蒙面人疯狂地冲到近前，抡起大刀就朝康熙砍来。江湖有云，凡使大刀者，必有过人力气。康熙识得厉害，不敢正面封挡，赶紧一抖缰绳，马蹄便向前跃。只听"呼"的一声，那蒙面人的大刀就贴着康熙的马尾砍在了地上。好险！如果康熙躲得稍稍慢一步，即使康熙能够逃得一命，康熙的坐骑也必将被蒙面人的大刀一分为二。

蒙面人一击不中，提起大刀就想对康熙发动第二次攻击。一边的胤禵看得真切，急忙大叫一声道："何方妖孽，竟敢伤我父皇！"说着话，他便纵起身子，连人带剑一起向那蒙面人扑去。

胤禵这种打法，是一种拼命的打法，那蒙面人纵然可以回刀砍倒胤禵，但胤禵手中的剑也必将刺中蒙面人。这样，蒙面人就有了两种选择，要么与胤禵拼个两败俱伤，要么就赶紧勒马躲避。勒马躲避，蒙面人心有不甘，而两败俱伤，蒙面人又心有余悸。这个蒙面人，究竟该作何选择呢？

面对面的厮杀，最忌讳犹豫不决。实际上，那蒙面人也只是犹豫了一刹那。可就是这一刹那，却决定了那蒙面人的命运。因为一刹那的工夫，胤禵的剑已经迫近了蒙面人的胸膛。同样是一刹那的工夫，康熙的剑也迫近了蒙面人的脊背。蒙面人的大刀，不知是挡前好还是遮后好，就在这一刹那，康熙的剑和胤禵的剑几乎是同时刺进了那蒙面人的身体。一前一后两把剑，又刺得那么有力，蒙面人岂还有命在？尤其是胤禵那把剑，贯穿了那蒙面人的身体，不仅自己差点摔下马来，而且还差点戳到了蒙面人背后的康熙。

康熙一边拔剑一边言道："皇儿，这份功劳，应该记在你的头上！"

胤禵因用力过猛，加上又是第一次这么真真切切地杀人，所以便脸色苍白、气喘吁吁地回道："父皇说错了！这份功劳，应该记在父皇的头上！"

康熙爽朗地一笑道："这样吧，皇儿，这份功劳，就记在父皇与你并肩作战的头上……"

蓦地，胤禵大叫一声："父皇，您身后有刺客……"

康熙还算机敏，闻听胤禵喊叫，并没有回头，而是赶紧将身体伏在了马上。康熙刚一伏身，就听"嗖"的一声，一个什么东西便擦着康熙的头皮掠过。那东西虽没有擦伤康熙，但康熙的头皮还是感觉到一阵冰凉。

原来，康熙的马后，来了一个步行的蒙面人。那蒙面人手持一对链子锤，很是厉害。刚才擦过康熙头皮的，便是那对链子锤中的一只。如果康熙的头颅被链子锤砸中，纵然贵为大清皇上，也难免脑浆迸裂、一命呜呼。

那蒙面人一锤不中，前趋一步，另一只链子锤就又向康熙砸来。恰在此时，一个禁卫军士兵见有机可趁，便端起长枪，狠狠地朝着那蒙面人的脊背扎来。可那蒙面人就像背后长了眼似的，一手收回砸向康熙的那只锤，另一只手却同时将另一只锤向背后甩了过去。那一锤甩得也真准，正甩在那禁卫军士兵的左肋上。只听"扑"的一声闷响，那禁卫军士兵双手一张，喷出一口鲜血，就扑地而死。

康熙看在眼里，后悔不迭：如果及时刺出一剑，即使救不了那禁卫军士兵，也至少可以将那蒙面人刺中。

康熙正后悔呢，胤禵又大叫道："父皇小心……"

原来，那步行蒙面人一锤砸死了一名禁卫军士兵之后，又恶狠狠地舞动着双锤，直向康熙砸来。康熙气愤至极，也顾不得其他了，一抖剑身，就迎着双锤冲去，一边冲一边还高声言道："朕与你拼了！"

胤禵见康熙要拼命，大吃一惊，不敢怠慢，急忙言了一声："父皇，孩儿来也！"说着话，催马舞剑，也迎着双锤冲了过去。

按常理，那蒙面人的双锤已然向前砸来，纵使康熙和胤禵气贯如虹，这么明明白白地冲上去，也只能明明白白地去送死。然而怪事出现了。就在那蒙面人的双锤即将砸到康熙和胤禵的瞬间，那蒙面人突然大声地嚎叫一声，身体直直地蹿了起来。这样一来，蒙面人的双锤就"砰"然落地，而康熙和胤禵的两把剑却无遮无挡地刺进了蒙面人的胸膛。这个蒙面人，到死都不知道究竟发生了什么事。

甭说蒙面人了，就是康熙和胤禵一时间也不明就理。那蒙面人的双锤分明已砸来，可为何在半途中突然撒了手？所以，刺死了蒙面人之后，康熙和胤禵都有些发愣。他们似乎都不敢相信眼前发生的事情。

不过，康熙很快就明白是怎么一回事了。因为，他看见，在地上，有一个人正使劲儿地从那死去的蒙面人的双臂间拔着一把剪刀。那人便是赵昌。原来，那蒙面人使双锤分别砸向康熙和胤禵的当口，赵昌不知为何竟然爬到了那蒙面人的身后。蒙面人正集中注意力去对付康熙和胤禵，自然不会发现伏在地上的赵昌。赵昌见情形不妙，也不知从哪来的那么一股胆量和勇气，弓起身子就将手中的剪刀从那蒙面人的双臂间戳了进去。赵昌用的力气太大了，那把剪刀几乎全戳入了蒙面人的体内。饶是那蒙面人天不怕地不怕，也被赵昌戳得又是嚎又是跳。这就是康熙和胤禵能够一击得手的真正原因。

胤禵当然也看见了赵昌。他恍然大悟地对康熙道："父皇，原来是赵公公立了头功……"

是呀，没有这个看起来胆小如鼠的赵昌，就没有康熙和胤禵的性命。这一番功劳，岂是一个"头功"可以了得？

康熙重重地对赵昌言道："待朕平安回京，一定好好地封赏于你！"

康熙也没有食言。平安回到京城后不久，就赏赐了赵昌四品花翎。当时的太监，最高官衔也不过四品。赵昌的哥哥赵盛，与康熙的"私交"甚笃，破例出宫时，也只是四品顶戴。也就是说，赵昌凭着一把女人用的剪刀，由一个无职无衔的寻常太监，一跃成为皇宫中的"权臣"。

赵昌还未来得及谢恩呢，却听"嘚嘚嘚"一阵马蹄声，几个蒙面人横刀舞剑，将康熙和胤禵及赵昌围在了中间。

赵昌一见，顿时哭丧着脸言道："皇上、十四阿哥，奴才的这把剪刀现在没用了……"

胤禵高声言道："赵公公，你闪过一边，待我上前与这些亡命之徒大战三百回合！"

但康熙知道，纵然胤禵换了三阿哥胤祉在此，恐也不是这几个蒙面人的对手。不过，康熙依然大声叫道："胤禵，待父皇与你并肩作战！"

胤禵精神一振，策马来到康熙身边。这父子俩对望一眼，便要作殊死一搏了。而殊死一搏的最后结果，康熙清楚，胤禵也清楚。

但康熙毕竟不是凡夫俗子。他是大清皇帝，天子。他的生死不是这几个蒙面人所能决定了的。所以，看起来康熙和胤禵身处险境，用"危在旦夕"来形容一点也不过分，但实际上，却只能用"有惊无险"来形容。

就在那几个蒙面人意欲对康熙和胤禵发动最后一击的关键时刻，只听"砰"的一声，从康熙和胤禵的身后，飞来一颗火枪子弹，当即将一个蒙面人打死落马。其他蒙面人正自发愣呢，“呼啦啦”的，涌过来上百名骑兵，将康熙和胤禩等人严严实实地护住。为首的，正是康熙派往京城去搬救兵的两个禁军头领中的一个，康熙高兴得还未来得及发话，又听“呼呼啦啦”一阵响，至少有上千名骑兵从康熙等人的旁边掠过，向着前方的蒙面人掩杀了过去。这上千名骑兵中，不仅有大批的弓箭手，而且还有数目可观的火枪手。如此一来，那些蒙面人武艺再高强，也只得落荒而逃。此时，天刚刚蒙上了一层黑影。

康熙问身边的那个禁军头领道：“你们如何来得如此之快？”

前书中虽然写了那么许多文字，但从夕阳下山到天蒙蒙黑，时间并不长。在这短暂的时间里，要冲出包围圈到京城里去搬救兵再赶到这里来，几乎是不可能的。除非，正好有一支军队在城外候着。

那禁军头领刚要回话，却见一匹马风驰电掣般地跃到康熙的近前。马上之人，迅捷地翻身下马，单腿跪在康熙的马前：“禀皇上，所有蒙面刺客均已被打散……微臣救驾来迟，乞望皇上恕罪！”

虽然天色朦胧昏暗，但康熙还是一眼就认出，跪在马前之人，乃朝廷理藩院尚书隆科多。这隆科多，为何会带兵及时救驾？还有，那些蒙面人，究竟是受何人指使？

康熙不想在这郊外澄清诸多疑点。既然已经平安脱险，那就等回宫之后再行处理。所以，康熙就高声言道：“隆爱卿速起，你救驾有功，何罪之有？”

隆科多爬起身子。康熙忽又问道：“隆爱卿，你可曾生擒蒙面刺客？”

隆科多回道：“那些蒙面刺客，太过狡猾，微臣曾逮住十多个，但大都自尽身亡，只剩三人，被微臣结结实实地捆绑起来……”

康熙马上吩咐道：“那三人要好生看管，万不可再出什么意外！”

隆科多“喳”了一声，不敢怠慢，忙着亲自去看押那三个俘虏了。康熙抖擞了一下精神，冲着站在马后的赵昌言道：“赵昌，起驾回宫！”

赵昌见性命无忧，也不禁精神抖擞起来，急急地扯开尖细的嗓门叫道：“起驾——回宫！”

康熙和胤禩等人虽然保住了性命，但郊外这场变故，却让康熙刻骨铭心。保护康熙的那五六百名禁卫军，战死十之八九。而随行的十几位朝中大臣，更是非死即伤。所幸的是，温僖贵妃钮祜禄氏和敬敏皇贵妃章佳氏及阿霖等女眷，却几乎丝毫无损。也许，刺客不想无端地去猎杀那些女人。但不管怎样，康熙从郊外回到皇宫之后，内心的愤怒的确是难以言表。

刚一回到皇宫，康熙便与隆科多一起，对被俘的那三个蒙面刺客进行了秘密审讯。然而，无论隆科多如何逼问，那三个蒙面人就是一言不发。

隆科多请求道：“皇上，让微臣带他们下去，给他们一点颜色瞧瞧！”

康熙却摇头道：“这些江湖杀手，连死都不惧，又岂怕受皮肉之苦？”

隆科多惶然言道：“既如此，他们就是不开口，又为之奈何？”

康熙微微一笑道：“隆爱卿休得焦急，朕自有办法让他们开口！”

隆科多不觉睁大了眼："皇上，不施以酷刑，他们如何肯开口？"

康熙信心十足地道："朕以为，这些江湖杀手，虽然不惧怕死，但却渴望活。隆爱卿以为如何？"

隆科多不明白，只得摇摇头。

康熙慢慢悠悠地踱到了那三个刺客的面前，又慢慢悠悠地言道："只要你们供出幕后的指使者是谁，朕就恕你们无罪！"

君无戏言。康熙恕谁无罪，谁即使犯下滔天罪行，也将一笔勾销。故而，康熙如此一说，那三个刺客就不禁面面相觑起来。

然而，那三个刺客也只是面面相觑，一时间并没有说话。康熙不由得暗自思忖道："莫非，朕估计错了？"

但康熙不甘心，确切说，他不死心。他几乎就像任何独裁者一样，总是认为自己是始终正确的。所以，他就又大声地言道："朕说恕你们无罪，只是此刻，过了此刻，即使你们全部招供，也难逃活命！"

康熙这一番话还真管用。话音刚落，便有一个刺客慌慌张张地叫道："皇上，只要您能放奴才一条活路，奴才愿如实招供……"

康熙心中一喜，但面上却依然十分沉静。他望着另外两名刺客问道："你们此刻作何感想啊？"

那两个刺客一言不发。显然，这两个刺客至死也要守着道中规矩——杀手这一职业，按道中规矩，无论如何也不能说出雇主是谁——康熙淡淡地笑着对隆科多道："这两个冥顽不化的家伙，就交与你任意处置吧！"

隆科多即刻唤道："来人啊！将这两个刺客打入死牢，听候发落！"

立即就跑过来几个侍卫，把那两个被捆绑得结结实实的刺客拖了下去。等待这两个刺客的，除了死亡之外，别无他路。

康熙对剩下那个刺客道："朕已恕你无罪，你现在就如实招供吧！"

那刺客多少犹豫了一下，然后终于言道："奴才等所作所为，全是受索额图索大人指使……"

康熙闻言，愕然问道："你是说，索额图？"

那刺客点头："索大人给奴才等每人五千两银子，还说待事成之后，每人再赏五千两！"

康熙禁不住地朝后"噔噔噔"地连退了好几步："索额图……竟然要谋取朕的性命……"

信与不信，那刺客就是这么说的。康熙正自发呆呢，那隆科多一旁轻轻地言道："皇上，微臣早就疑心这一切都是索额图所为……"

康熙更是惊诧："隆爱卿，你如何会早就疑心？"

隆科多道："自皇上南巡之后，微臣便发现索额图有不轨之心……"

整个的过程大致是，自四阿哥胤禛等五位皇子因南苑狩猎一事而被康熙打入囚牢之后，隆科多就奉胤禛之命开始密切地注视康熙及索额图和胤礽的动静来。两年之内，索额图也好，胤礽也罢，似乎都很老实，而康熙，似乎也忘了几位皇子被关押在牢内一事。对胤禛忠心不二的隆科多当然无比地心焦。如果情况一直如此持续下去，胤禛想做太子的美梦就彻底地破灭了。胤禛的太子梦一灭，他隆科多的大好前程也就断送了。胤禛曾亲口对隆科多许诺道："待我成了太子、做了皇上之后，除我之外，你便是大清国第一人！"然而胤禛老是被关在牢里，他隆科多的这"第一人"还如何能做得成？没料想，康熙南巡离京之后，隆科多便看出了情况有些不对头。索额图的府内，常有一些不明身份的男人来往。因为康熙未在京城，明珠早已失势，太子胤礽又始终和索额图裹在一起，所以，康熙南巡后的那段时间，整个皇宫和京城，便成了索额图的天下。索额图即使一手遮天，别人也不敢说三道四。不过，这倒给隆科多提供了方便。因为隆科多不需怎么特别留意，就可发觉进出索额图府中的那些身份不明的人形迹可疑。隆科多再一打听，就更觉得情况有异。因为进出索额图府中的那些形迹可疑的男人，几乎全是江湖人士，而且还大多是江湖杀手。索额图与那些江湖杀手密切来往意欲何为？既是杀手，当然就要杀人。索额图找来那么多的杀手，究竟要杀谁？隆科多似乎明白了索额图的用意，只是不敢肯定。不过，隆科多还是暗中准备了一支千余人的骑兵队伍，以防什么"不测"之事发生。这千余人的骑兵队伍大都由他的家兵家将及亲信组成。为迷惑索额图，隆科多命这支骑兵队伍驻扎在京城外。他还利用自己"理藩院尚书"这一职位的便利条件，从蒙古人那里弄来了数十条火枪装备自己的骑兵。一开始，隆科多自己也不知道要组建这支骑兵队伍做什么，若被索额图和胤礽知道了，诬他一个"图谋不轨"之罪，他隆科多就要掉脑袋。但渐渐，隆科多就知道他的这支队伍该派何用场了。因为，索额图的意图越来越明显。聚集在索额图家中的江湖杀手竟然多达六七百名。索额图还常常带着这些杀手到京郊去演习。列队，布阵，向着一个固定的目标发起冲击。隆科多明白了，索额图收买这些杀手是要去劫杀一个人。要用这么多的杀手去劫杀的那个人，当然不会是寻常人物。而康熙皇帝正属于那种不"寻常"的人之列。所以，隆科多就开始更加注意那些江湖杀手的动向。终于，有那么一天——也就是康熙皇帝南巡归来就要回到京城的那一天——住在索额图府中的那些江湖杀手，三五成群地陆陆续续地从索额图家中走出，朝城外走去。隆科多知道，康熙皇帝要回来了。所以，隆科多也赶紧出了京城，集合起那千余人的骑兵队伍，开始在京城外来回地转悠。因为隆科多不知道康熙会从哪个方向入城，更怕被索额图的那些杀手发觉，所以只能依据自己的估计，将骑兵队伍带到京城南面，在城墙附近逗留，一面又派出散兵，到京城的东、西、北三个方向侦察。结果是，隆科多估计对了。傍晚时分，康熙派出的那个禁军头领仓皇经过这里，隆科多正好带兵前去救驾。否则，康熙只能一命休矣。

当然，隆科多在向康熙叙说时，肯定是删去了有关胤禛的内容的。他只是说，他早就发觉了索额图有不轨之举，便匆忙组建了一支亲军以备救驾，而且，他在叙说完了之后还向康熙叩头道："臣无调兵之权，更怕索额图察觉，加之救驾心切，所以便擅自组建了一支军队，乞望皇上恕罪……"

康熙亲手扶起隆科多："爱卿，不是你擅自组建军队，朕岂能在这里与你平安地说话？你没有罪，只有功啊！"

站起身来的隆科多，义愤填膺地道："皇上，索额图犯下如此滔天大罪，纵然将其千刀万剐，也实不为过！"

康熙怔怔地道："朕直到现在，还不敢相信，这一切竟然都是索额图所为……"

隆科多建议道："皇上，将这刺客带到索府，与索额图当面对质，不就真相大白了吗？"

于是，康熙就与隆科多一道，带着数百名宫廷侍卫，连夜赶到了索额图家中。索府的院门竟然洞开着，院内灯光亮如白昼，只是不见一个人影。

隆科多大惊失色道："皇上，莫非索额图已经逃之夭夭？"

康熙也不禁有些疑惑。是啊，阴谋不成、事情败露，索额图是极有可能逃跑的。可就在这当口，索额图却不知从什么地方钻了出来，且冲着康熙一拱手道："皇上，臣在这里已经等你很久了……"

康熙一怔，继而喝道："索额图，你如何敢阴谋行刺于朕？"

索额图先是瞟了一眼站在康熙身边的那个被铐住手脚的刺客，然后对着康熙淡淡地一笑道："皇上，人各有志，你也就不需多问了！"

康熙大怒道："索额图，你犯下如此之罪，还敢巧言令色，朕，决不轻饶！来人！将罪大恶极的索额图立即带到午门，斩首示众！"

索额图也没动弹，更没作任何反抗，规规矩矩地让几个侍卫将他捆了起来。只是，在几个侍卫将他推走之前，他挣扎了一下，然后对康熙言道："皇上，臣家人已然遣散，如果皇上要缉拿他们，现在还来得及……"

一旁的隆科多忙着言道："皇上，索额图所犯之罪，按律该满门抄斩、株连九族，是不是现在就……"

康熙默默地摇了摇头。显然，康熙虽然对索额图愤恨已极，但也毕竟记挂着他与索额图过去的关系。或者说，康熙还记得，索额图终究是孝诚仁皇后赫舍里氏的叔父，与当朝太子胤礽也有割不断的血缘关系。故而，康熙尽管要杀索额图，但对索额图的家人，也算是网开一面了。

索额图深深地言道："罪臣索额图，谢过皇上开恩……"说完，在众侍卫的推推搡搡下，索额图竟然昂首挺胸地走了。

索额图当即被斩首。许多年之后，一想起此事，康熙还深恶痛绝地道："索额图乃本朝第一罪人也！"由此可见，康熙对索额图的痛恨，究竟到了什么程度了。

如果索额图的父亲索尼九泉下有知，当会一释心中久存的疑团。索尼曾找着一个汉人算命先生给赫舍里氏和索额图算命。算命的结果是：赫舍里氏福大命不大，索额图却是福大命也大，但善始不能善终。现在看来，那算命先生的预言确实十分灵验。赫舍里氏做了皇后，但早早地因难产而死。索额图活了五十多岁，享尽了人间的荣华富贵，但最终被康熙处死。也许，只要是人，就总有个宿命吧。

康熙处死了索额图之后，一时又有些后悔起来。他并非后悔处死了索额图，而是后悔索额图死得太快了。因为，康熙仿佛是突然间想到了这么一个问题，索额图为何要在郊外阴谋行刺他？刺杀他康熙对索额图有什么好处？如果他康熙真的遭到不测，那得到最大"好处"的应该只有一个人，那就是……太子胤礽。

难道，是胤礽叫索额图这么做的？康熙不敢再深想下去了。即使索额图还活着，恐怕康熙也不敢再深究下去。因为，如果万一真的审出一个胤礽来，康熙会作何感想？又会对胤礽如何处置？

康熙惶然了，也害怕了。也就是从这个时候开始，康熙变得几乎对任何人都不再相信了，也不敢相信了。而被囚于监牢的胤禛等五位皇子却从中拣了个"便宜"。因为康熙在处决了索额图之后没多久，便下旨宣布释放胤禛等五位皇子。康熙为什么要这么做？又为什么始终囚住皇长子胤禔不放？

确实没有人知道康熙为什么要这么做。那四阿哥胤禛只知道，他被康熙释放出来了，他伟大的计划和理想又可以着手去实现了。所以，胤禛在被释放后的当天晚上，就秘密地找着了隆科多。

胤禛问隆科多道："阴谋行刺皇上之事，真是索额图一人所为吗？"

隆科多自然明白胤禛的意思，所以便顺着胤禛的意思言道："仅索额图一人恐怕还没有这么大的胆量。索额图背后，肯定还有一个人……"

胤禛点头道："那自然就是胤礽了！可皇上，好像并没有对胤礽怎么样……"

隆科多回道："依我之见，不是皇上不想对胤礽怎么样，而是皇上不便对胤礽怎么样。毕竟，胤礽还是当朝太子。如果真的是太子阴谋行刺皇上，那还怎生了得？"

胤禛言道："皇上虽然没有对胤礽怎么样，但皇上的心中，定然对胤礽有所怀疑。只要皇上有所怀疑了，那皇上就不会再信任胤礽了！"

隆科多言道："那是自然。胤礽和索额图整天地勾结在一起，即使胤礽真的与索额图之事毫无牵连，皇上也会对胤礽有所怀疑的。"

胤禛微微笑道："既如此，我们何不让皇上对胤礽彻底怀疑一次呢？"

隆科多眨巴眨巴眼："四阿哥的意思是……"

胤禛低低地道："我有一个想法，我们可以找一个比较可靠的人，去到皇上的面前告状，就说胤礽早就想谋害皇上的性命了。如果皇上相信了，哪怕只是有一点点相信，也会把胤礽与索额图之事联系在一起。这样，胤礽的太子之位，恐怕就保不长久了！"

隆科多言道："四阿哥此计甚妙。只不过，该如何说胤礽早就想谋害皇上的性命？"

胤禛回道："我以为，最好能在御膳房找一个人选，就说胤礽早就想在皇上的膳食里下毒，好谋害皇上的性命……这种无法查证之事，皇上就是不信恐怕也得相信……"

隆科多闻言，眼睛不由一亮："四阿哥，你提起御膳房，我倒想起一个人来……"

胤禛笑吟吟地问道："你想起的那个人，莫不是御膳房总管花喇吧？"

隆科多一愣："四阿哥如何会猜着是花喇？"

胤禛不紧不慢地道："那花喇表面上看起来与胤礽过从甚密，而实际上，却与你隆大人私交甚笃，我如何会不知道？我如果不知道这一点，又为何要提起什么御膳房？"

隆科多大为叹服道："四阿哥真乃神人也！"

胤禛摇头道："你现在别忙着吹捧我，你倒是说说看，若叫花喇到皇上的面前去告胤礽一状，可有几成把握？"

隆科多沉吟道："若是叫花喇去告别的什么大臣，倒也不是太难的事，可叫他去告胤礽，恐怕就要费些周折……最妥当的办法，便是……"

胤禛重重地道："多给他些银子！"

隆科多笑了："那花喇，只要有足够的银子，他就可以上刀山下火海……"

胤禛暗自寻思道："世上许多人为什么总是这么愚昧呢？为了大笔银两，连命都可以不要，可连命都没了，还要那些银两做什么？"

莫非，胤禛已经估计到，那花喇只要答应去康熙的面前告胤礽的状，便一定会丢了性命？反正，胤禛是这样对隆科多说的："你尽管去说服花喇，只要他答应，不管他索要多少两银子，我都给！"

隆科多点头道："有四阿哥这句话，此事便十拿九稳！"

胤禛不由得轻轻地笑了。他这一笑，隆科多也就受到感染，跟着轻轻笑起来。可呆在乾清宫里的康熙却怎么也笑不起来。因为，索额图之事刚刚了结，便有人向他来告太子胤礽的状。告状之人，就是御膳房总管花喇。

第三十八章

屡检举哪管忌器鼠
频废立只为眷屋乌

五阿哥胤祺若有所思地道："这女人……我好像在哪儿见过……"

七阿哥胤祐大着胆子对那具女尸认真地看了几眼："这不是阿霖姑娘吗？她……怎么会死在东宫后花园？"隆科多低低地道："难道是殿下所为？"

一日中午，康熙用膳毕刚欲离去，却见御膳房总管花喇跟在后面像是有话要说。康熙见状，就随口问了一句道："你有什么事要对朕说？"

花喇点点头，先是屏退大小太监——赵昌除外——然后倏地跪在康熙面前道："皇上，奴才有一件要事禀告……"

康熙不觉一惊："你，起来说话！究竟是何要事？"

花喇没有起身，而是冲着康熙一连叩了三个头，尔后言道："自皇上在京郊受惊之后，奴才心中一直惴惴不安，因为，就奴才所知，阴谋对皇上行不轨之举的，并非只有一个索额图，还有其他的人……"

康熙大惊："还有谁？你如何知道？"

花喇脸上现出十分恐慌的表情："皇上，这个人，奴才不敢说……"

康熙信口言道："你只管说，朕恕你无罪！"

于是花喇就有鼻子有眼地说开了："皇上，自两年以前，便有人一直想谋害皇上的性命。他屡次命令奴才在皇上用的膳食里下毒，都被奴才支支吾吾地拒绝，所以，他便对奴才怀恨在心，近来更想置奴才于死地……奴才心中恐惧，这才不得不向皇上如实禀告，请皇上为奴才做主……"

花喇虽说得简略，但听起来非常地逼真。康熙不由得追问道："花喇，你说的这个人，究竟是谁？"

花喇装模作样地四处张望了一下，然后用又低又轻的声音言道："皇上，这个人便是……太子殿下……"

尽管康熙已经约略猜出是谁，但听到"太子殿下"几个字，他的头皮还是一阵发麻。他几乎是颤颤抖抖地问道："花喇，你适才对朕所言，可有什么虚构之处？"

花喇立即叩头道："皇上，若有半点虚构，奴才也不敢在皇上的面前禀告啊！"

康熙“哦”了一声，不再言语。沉默了好一会儿，对花喇道：“此事，除了你之外，御膳房内可还有别人知晓？”

花喇以为康熙是要搜集“证据”，所以就赶紧回道：“有，除奴才之外，还有另外几个人也知道此事……”

康熙淡淡地言道：“花喇，你去把知道此事的人统统叫到这儿来，朕有话问他们。”

“奴才遵旨！”花喇一躬身，爬了起来，然后急急忙忙地走了出去。显然，花喇对此早有准备，已经预先买通了几位小太监。殊不知，他这一“早有准备”，却累及了好几条“无辜”的性命。

花喇刚一离开，康熙就大声吆喝道：“赵昌！”

赵昌几乎是跌跌撞撞地跑到了康熙的面前：“皇上有什么吩咐？”

康熙示意赵昌凑近点，然后俯在赵昌的耳边如此这般地交代了一番。赵昌立刻正色言道：“皇上放心，奴才一定会把此事办得圆满彻底！”

却说那花喇，带着五六个早已买通好的小太监，三步并作两步地走了回来。回来之后，花喇便觉得情况有些不对头。康熙不知去往何处，只剩有赵昌一人，正襟危坐在一张椅子上，显得派头十足。

因为赵昌在京郊“护驾”有功，已被擢为四品大员，身份地位比花喇高，所以花喇就堆起笑脸、陪着小心问道：“赵公公，皇上安在？”

谁知，赵昌双目一瞪，厉声喝道：“花喇，你可知罪？”

花喇一愣，继而言道：“赵大人，现在不是开玩笑的时候……小的正带着几个证人要面奏皇上呢……”

“花喇！”赵昌“腾”地站了起来，且用手一指花喇：“你妖言诽谤，蛊惑圣心，实乃罪该万死！纵然割下你十颗脑袋，也不为过！”

花喇看出赵昌不是在开玩笑了，可刚想分辩，却又听赵昌高声吆喝道：“来人啊！将花喇等一小撮奸佞小人，即刻推出皇宫外斩首，以正视听！”

康熙为何要立即处死花喇等人？是他根本就不相信花喇的陈辞，还是因为相信了花喇的陈辞而怕花喇等人将此“家丑”张扬出去？

就像过去发生的许许多多事情一样，没有人知道康熙为什么要这么做。只不过，胤禛却知道这么一个事实，那就是，自花喇一事发生之后，康熙对胤礽，已经是极不信任了。

隆科多用一张五千两的银票，从赵昌嘴里讨得了一句非常重要的话。这句话是康熙说的。康熙是在乾清宫当着赵昌和阿霖的面说的。康熙是这样说的：“胤礽，何以能胜任太子之位？”

听见这句话之后，胤禛高兴地道：“皇上这是要废胤礽呢！”

隆科多也高兴地道：“至少，胤礽的太子之位是岌岌可危了！”

然而，胤礽似乎也知道了自己的处境很不妙，一下子变得极其老实、极其本分起来，干什么事情都循规蹈矩的，甚至让人无可挑剔。实际上，自索额图被康熙处死之后，胤礽就大大地变了样。索额图阴谋行刺皇上一事，胤礽虽不是什么主谋，但却至少是个知情者。确切讲，如果胤礽不同意，索额图也不敢那么去做。所以，索额图东窗事发之后，胤礽就一直提心吊胆的，生怕康熙会追查到他的头上。尽管康熙后来并没有一查到底，但胤礽也知道，如果自己还一如既往地骄横下去，那太子之位是早晚要被康熙废掉的。故而，自那以后，胤礽确实比过去收敛了许多。甚至，过去与他过从甚密的一些朝中大臣，所谓的"太子党人"，如步军统领托合齐、刑部尚书耿额和兵部尚书齐世武等人，胤礽也与他们疏远了不少。这样一来，胤礽的太子之位，便又稳稳当当地做了五六年。在这五六年里，京城里最心焦的人，自然莫过于胤禛了。不过，胤禛也没有急于求成，而是和隆科多等人一起，耐心地等待着时机，直到1708年（康熙四十七年）夏天的到来。

1708年的夏天，京城里异常酷热。康熙决定到热河行宫去避暑。随康熙一同前往热河的，有朝中十几位大臣，有赵昌等待从，还有孝恭仁皇后等女眷。因自京郊遇险之后，康熙对十四阿哥胤禵颇为钟爱，所以特地将胤禵也带在了身边。本来，阿霖也要随康熙前往热河，但不巧的是，阿霖正患病在身，康熙只好将她留在乾清宫内，嘱咐太医好好地为她诊治。殊不知，这一来，不仅误了阿霖的性命，还引发了一场宫廷风雨。

事情的经过大致是这样的。康熙离京后不久，胤禛就满面笑容地找到隆科多问道："隆大人，你可否觉得，彻底搞掉胤礽太子之位的机会来了？"

隆科多自然不知道："四阿哥，胤礽现在老实得很，皇上对他好像又恢复信任了，这又如何能彻底搞掉他的太子之位？"

胤禛回道："胤礽的老实只是表面的，皇上的信任也只是表面的，不然，皇上为何不带胤礽去热河？"

隆科多点头道："四阿哥言之有理！不过，要彻底搞掉胤礽的太子之位，恐怕也不那么容易。"

胤禛"嘿嘿"一笑道："说不容易是不容易，但说容易也就容易！"

隆科多忙着问道："莫非，四阿哥又有了什么锦囊妙计？"

胤禛伸过头去，在隆科多的耳边嘀嘀咕咕了好一阵儿。隆科多的脸色由愕转惊，又由惊转喜，最后言道："四阿哥此计甚妙！但必须做得小心谨慎，千万不可露出破绽！"

胤禛言道："此事由你我亲自动手！对付一个病恹恹的女人，料也不是什么难事！"

你道胤禛和隆科多要对付哪个"病恹恹的女人？"他们对付那个"病恹恹的女人"又如何能搞掉胤礽的太子之位？暂且按下不表。

却说一日傍晚，大清太子胤礽在自己的东宫内与亲信步军统领托合齐、刑部尚书耿额和兵部尚书齐世武等人一起饮酒。酒至半酣，胤礽不禁喟叹道："索额图一死，我最亲近的人只有你们了！可是，皇上在京时，我却不敢与你们公开来往……这种人不像人鬼不像鬼的日子，我实在受够了！”

托合齐附和着道：“是呀，堂堂大清太子，竟然落到如此凄凉境地，想来也着实令人心酸！”

胤礽接道：“现在，我做什么事情都要瞻前顾后，说什么话都要斟酌再三，这，哪里还是人过的日子啊！”

耿额安慰道：“殿下也不必太过伤心。熬上一段岁月，待殿下做了皇上之后，一切不都改观了吗？”

胤礽哼道：“熬？我都他妈的熬了这么多年了，可不仅没熬成皇上，反而离皇上的宝座越来越远！我现在整天都提心吊胆的，生怕皇上哪一天就把我给废了！你们说，我到底要熬到哪一天才能真正地出头？”

没有人能给胤礽一个明确的答案。好一会儿，兵部尚书齐世武才轻轻地言道：“殿下……也着实熬得太久……”

因为胤礽的心境不好，所以众人的心境也都不好。没有人再说什么多余的话，只是互相碰杯喝着闷酒。这种闷酒是最容易醉人的。故而，至深夜时分，酒量如海的胤礽也喝得烂醉如泥。托合齐等人虽然比胤礽好不到哪里，但在侍从的照料下，还是晕头转向地各自回府了。剩着胤礽，醉倒在床上，直到第二天的早晨，也没有睁开眼。

但胤礽还是在第二天的早晨睁开了眼。因为，有人来给他送请柬，请他去参加四阿哥胤禛的三十岁生日宴会。给胤礽来送请柬的不是别人，正是理藩院尚书隆科多。陪隆科多一同走进东宫的，还有五阿哥胤祺和七阿哥胤祐等几位皇子。

胤禛过三十岁生日是真的。1708 年，胤禛正好满三十岁，而这一天，又似乎正好是胤禛的生日。本来，皇子过大小生辰，宫中自有人专门安排，但因为康熙和皇后都不在宫中，所以胤禛便在几天前就晓示于宫内外，他要为自己过一个盛大的生日。

胤禛过生日虽是真的，但过生日却不是他的目的。他的目的是要为隆科多亲往东宫找一个不会被任何人怀疑的合情合理的借口。就像隆科多，他受四阿哥委托给胤礽送请柬确实是真的，但同样不是目的。他的目的，是要在东宫内“发现”一样东西给随行的五阿哥胤祺和七阿哥胤祐等诸皇子看。“发现”那样东西，既是隆科多的目的，当然更是胤禛的目的。隆科多要“发现”的，究竟是什么的东西呢？

进了东宫，东宫的太监告诉隆科多等人道：太子昨夜醉酒，尚未醒来。隆科多言道：“我们在花园里等太子殿下。四阿哥说了，这封请柬，必须亲自呈到太子殿下手中！”

于是，隆科多和五阿哥、七阿哥等人就来到了东宫的花园里。东宫的花园，自然非比寻常，又值盛夏，园里花团锦簇，煞是迷人。但隆科多不是来欣赏风景的，他是来“发现”的，而且，还是由五阿哥胤祺首先发现了隆科多需要“发现”的东西。

五阿哥胤祺本来也许是真的在欣赏花园里的美妙景致，但没有多久，胤祺便发现在那美妙景致中有一种别样的东西。那是一条很长的淡黄色丝绢，一头飘在一簇花上，另一头却埋在土里。胤祺觉得很奇怪，就招呼隆科多和胤祐等人道：“你们快过来看……这是什么意思？”

隆科多和胤祐等人马上就跑到了胤祺的身边。胤祐看到那条丝绢，也觉得莫名其妙：“若是谁遗落在此，又为何会埋起一头？”

只有隆科多的心里不觉得奇怪，更不会莫名其妙，因为，这条丝绢，还有埋在土里的东西，正是隆科多和胤禛的“杰作”。为完成这件“杰作”，隆科多和胤禛可花费了不少的心机和气力，因为要想不为人知地进出东宫，并不是一件容易的事，但胤禛和隆科多却做到了，而且做得还十分完美。

当然了，和胤祺、胤祐等人在一起，隆科多的脸上也是一副不知就里的表情。他装模作样地盯着那条丝绢道：“这东西……委实有些奇怪……莫不是，这土里埋着什么东西？”

听隆科多这么一说，胤祺就好奇地抓起那条丝绢使劲地朝怀里一带。可不得了了，胤祺这一带，竟然从土里拽出一只手来，那只手被丝绢的另一头紧紧地缠绕着，显然是一只女人的手。

胤祺当即吓得将丝绢扔掉。胤祐也早被唬得连连后退了好几步。隆科多故意哆哆嗦嗦地道：“莫不是……太子殿下……杀了什么人？”

胤祺和胤祐不禁对视了一眼。他们虽然没有说话，但在心里却也同意了隆科多的观点，因为，太子胤礽的暴戾凶残在宫里宫外是出了名的。

说来也巧，东宫内的一只大狼狗不知何故乐颠颠地跑了过来，叼住那只女人手掌，竟然将一具赤裸裸的女人尸体整个儿地拖出了地面。这么大热的天，那具尸体居然没有什么腐烂的迹象，显然是刚被杀死不久。

只是，那具女人尸体确实惨不忍睹：从颈项到大腿，几乎全被刀剑之类的锐器割裂得皮开肉绽、血迹斑斑。尤其令人发指的是，那女人的一只乳房还被剜下塞在了双腿之间。然而，那女人的面部却完好无损，几乎没有受到一点点伤害。

虽然，这女人如此模样，是隆科多和胤禛昨夜里亲手所为，但此刻，隆科多看着那具女尸，想着昨夜里与胤禛在一起的所作所为，也还是有不寒而栗之感。故而，他此刻颤颤抖抖地说出来的话就显得异常地逼真：“五阿哥、七阿哥，这女人，我怎么看着……很是有些眼熟啊……”

五阿哥胤祺也大着胆子对那具女尸认真地看了几眼：“不错，这女人……我好像也在哪儿见过……”

胤祺当然见过。这女人常常伴在康熙皇帝身边，他如何会感到陌生？只是他当时又惊又怕，记忆有点变异罢了。

七阿哥胤祐终于认出了那女人。他瞠目结舌地言道："这，不是乾清宫里的阿霖姑娘吗？她……怎么会死在这里？"

原来，为了篡权的需要，胤禛和隆科多竟然将阿霖姑娘骗出宫来、残忍地杀害了她，又移尸东宫来嫁祸胤礽。这一年，阿霖三十九岁，但看起来，就像二十出头。康熙是因为感激和怀念阿霖的姐姐阿露才始终将阿霖留在乾清宫的，但最终，阿霖却这般不明不白地死去。

五阿哥胤祺也终于看清楚了："是啊，阿霖姑娘……怎么会如此这般地埋在土里？"

隆科多却在胤祺和胤祐的身边低低地道："难道，这是殿下所为？"

胤祺没有说话，胤祐也没有说话，但从他们的眼神里却不难看出，他们已经完全相信了隆科多的话。因为，他们多多少少地听说过，胤礽在年幼的时候，曾在博尔济吉特氏居住的慈宁宫折磨过阿霖的姐姐阿露，后来又在西郊的畅春园折磨过阿霖。现在，阿霖赤身裸体又遍体鳞伤地被埋在东宫的花园里，岂不是顺理成章的事吗？

胤祺感到恐怖了，胤祐也觉得非常害怕。二人正要离开，忽听一个声音高叫道："五阿哥、七阿哥，你们呆头呆脑地站在那儿干什么？"

敢讲胤祺和胤祐"呆头呆脑"的，除了康熙皇帝，恐只有太子胤礽了，胤礽昨夜酒醉得厉害，本不想起床的，可听说是四阿哥胤禛派人送请柬来，也就努力地爬起了床。因为，在胤礽的印象中，胤禛是个诚实可靠的人，与他胤礽的"关系"非常地密切，如果躺在床上不起来，似乎对胤禛是不够礼貌的，胤礽以为，自己今后肯定还会用得着胤禛。

胤礽起了床，走出了屋子，看见胤祺和胤祐及隆科多等人都呆若木鸡地站在花园的一角，就忍不住地大叫了一声，可叫过之后，胤祺、胤祐和隆科多等人就像没听见似的无动于衷，于是胤礽就又大叫了一声道："隆科多，你们他妈的是不是都聋了？"

依然没有人回应胤礽。胤礽气急败坏地大步赶过去，刚要发作，却一眼看见了阿霖的尸体——那只大狼狗，正用舌头在阿霖的尸体上舔来舔去，状态极其亲热——胤礽双目一瞪，用手一指阿霖的尸体，逼视着胤祺、胤祐和隆科多问道："这，他妈的是怎么回事？"

胤祺和胤祐不语，隆科多低低言道："殿下，我们正要问你呢……"

"什么？"胤礽一步就蹿到隆科多面前，"隆科多，你这是何意？"

隆科多装作很害怕的样子连连后退了两步，但嘴中却又言道："殿下，这不是明摆着的吗？阿霖姑娘陈尸在你的花园里，这事儿还用多解释吗？"

胤礽立刻勃然大怒："隆科多，你是不是以为，这女人是我所杀？"

隆科多看了看胤祺和胤祐，然后回答胤礽道："殿下，这一切……五阿哥和七阿哥都亲眼所见，我并没有信口开河啊！"

胤礽马上又蹿到胤祺和胤祐的身边，几乎是咆哮着问道："你们，也以为这女人是我所杀?”

胤祺和胤祐慌忙退了几步。他们虽然没开口，但等于是默认了。气得胤礽暴跳如雷，一边大声嚎叫着一边从身上拔出一把短剑来，隆科多一见，赶紧大喊了一句道：“五阿哥、七阿哥，快快逃命，殿下要杀人灭口了!”

隆科多这么一喊不大要紧，可把胤祺和胤祐给吓坏了。他们再也不敢怠慢，拔脚就朝东宫外奔去。隆科多当然也不会留在这里，紧紧跟着胤祺和胤祐向外奔。隆科多等人在前面跑，胤礽拿着短剑在后面追，那情景，也着实像“杀人灭口”的模样。

也不知胤礽在后面追了多久，反正，隆科多和胤祺、胤祐一直跑得精疲力竭才敢停下来稍事歇息。向后一看，胤礽已不见了踪影，三人这才大口大口喘起气来。

胤祺一边喘气一边气愤地言道：“那太子胤礽也太不讲道理了！杀了阿霖姑娘不说，还要杀我等灭口，这不是欺人太甚了吗?”

胤祐也愤愤不平地道：“像这种残暴成性、任意滥杀之人，如何能做得了大清太子?”

见胤祺和胤祐已经完全相信阿霖就是胤礽所杀，隆科多的心里当然高兴。他和胤禛所要达到的正是这个目的。当然，胤禛所要达到的真正目的还没有实现。所以，隆科多就作出一副愁眉苦脸的样子道：“两位阿哥，光说这些恐怕一点用也没有啊，还是考虑一下我们现在的危险处境吧……”

胤祺忙着问道：“隆大人此话怎讲?”

隆科多回道：“我等虽然暂时脱险，但以后殿下会放过我们吗?”

胤祺愕然言道：“隆大人的意思是说，太子还要杀我们灭口?”

隆科多故意四处张望了一下：“我担心，殿下现在正调集人手，要对我们围追堵截呢……”

胤祺惊诧得一时无话可说。胤祐言道：“我以为，隆大人言之有理。父皇现不在京城，京城内外，全由太子一人说了算，他如果要加害于我们，是不愁找不到理由的……”

胤祺的脸色一下子就变得异常难看：“这，该如何是好?”

隆科多在一旁仿佛是自言自语般地道：“看来，只有皇上才能制止得了太子这般的胡作非为啊……”

胤祐突然言道：“要不这样，我们现在就直接去热河找父皇，让父皇为我们做主!”

隆科多马上言道：“我同意七阿哥的意见。不迅速去找皇上，恐我等顷刻间便会送命!”

胤祺也只得点头道：“既要去热河，那就赶快去吧……走得迟了，恐怕就出不了京城了!”

于是，两位大清皇子和一位朝中大臣，仓仓皇皇地出了京城，径向热河奔去。这么大热的天，又没有一个随从，也真是难为了两位大清皇子了。好在隆科多的身上备了不少银两，京城距热河又不是很遥远，出了京城之后，隆科多买了三匹马，这样，尽管他们看起来异常狼狈，但还是比较顺利地到达了热河。

康熙闻听五阿哥胤祺、七阿哥胤祐和理藩院尚书隆科多星夜兼程从京城赶来，大为惊讶。待他们将事情的来龙去脉详详细细又添油加醋地说了一番之后，康熙的表情和心情就不是“惊讶”二字所能形容的了。

胤祺先禀道：“阿霖姑娘被太子折磨得体无完肤……”

胤祐接着道：“儿臣等发现了太子的罪行，他便要杀人灭口……”

隆科多最后道：“臣等乞请皇上为臣等做主……”

康熙再也遏止不住心中的愤慨，愀然作色言道：“胤礽，自幼便残暴成性！先是在慈宁宫凶残地折磨阿露，后又在畅春园凶残地折磨阿霖。现在，阿霖都偌大年纪了，他还不肯放过，竟至凶残地折磨而死！此等毫无人性之人，朕又如何放心将大清江山交付于他？”

康熙当即下令：起驾回京！从热河回到京城后，康熙没顾得上喘口气，便迅速拟了一道圣旨，宣布废除胤礽的大清太子之位，并将胤礽打入囚牢。

康熙之所以如此迅速地便废了胤礽，除了康熙已不再像过去那般明察秋毫这一原因外，恐怕还有一个很重要的原因也不容忽视，那就是，在胤礽的东宫花园里发现的女尸不是一般寻常的宫女，而是康熙一直牵肠挂肚的那个阿露的妹妹阿霖。如果阿霖换了一般的宫女，即使康熙会废了胤礽的太子之位，恐也不会将胤礽打入囚牢。这是胤礽的悲剧还是康熙的悲剧？抑或是阿霖甚至是阿露的悲剧？

胤礽被废、被囚，最高兴的，莫过于四阿哥胤禛了。胤礽被囚的当天晚上，隆科多兴冲冲地跑到胤禛的贝勒府向胤禛表示祝贺。且言道：“明珠已倒，索额图也死去，朝中大臣里已了无障碍。现在，大阿哥早囚，胤礽被废，四阿哥该集中精力去对付三阿哥胤祉了吧？”

隆科多的意思是，只要胤禛再想办法把三阿哥胤祉搞倒，那大清太子之位恐就非胤禛莫属了。谁知，胤禛却缓缓地摇了摇头道：“不，我不打算去对付胤祉……”

隆科多惊讶地问道：“四阿哥这是何意？”

胤禛反问隆科多道：“你说，就算我很快地搞倒了胤祉，父皇就一定会立我为大清太子吗？”

“这个……”隆科多当然不敢肯定，“皇上似乎对哪个皇阿哥都不太信任……不然，皇上废了胤礽之后，就会另立一个新太子……”

“你说的一点不错！”胤禛重重地道，“在我看来，父皇现在最信任的是十四弟。如果让皇上在诸皇子中选择，皇上一定会选择胤禵！”

隆科多急道：“四阿哥，如果皇上废了胤礽，真的再立胤禵为太子，那四阿哥与我，岂不都是白费心机了吗？”

胤禛点头道："所以我要改变计划，不能再这样按部就班……"

隆科多问道："四阿哥打算怎么做?"

胤禛回道："我要在皇上重立太子之前，就坐上大清皇帝的宝座!"

隆科多道："四阿哥，皇上不立你为太子，你如何做得了大清皇上?"

胤禛"嘿嘿"一阵冷笑："我已作出决定，从现在开始，我就要寻找机会，准备对他下手!"

隆科多渐渐地明白过来："四阿哥，你说的那个他，指谁?"

胤禛直视着隆科多："隆大人，量小非君子，无毒不丈夫！我说的那个他，你真的不知道是谁吗?"

隆科多先是不知道，但现在知道了，胤禛口中的那个"他"，只能是指康熙皇帝。换句话说，康熙的四儿子胤禛要对他的父亲康熙"下手"了。

从1708年秋到1709年春，大清皇宫内外，可以说是热闹非凡。太子胤礽被废被囚，新的太子之位，究竟会花落谁家?

从理论上说，除了皇长子胤禔和皇次子胤礽外，其他任何一位皇子，甚至包括那些尚未成年的皇子，比如年仅二三岁的二十阿哥胤祎，都有可能被康熙立为大清太子。所以，胤礽被废之后，诸皇子不管是有意还是无意，便都把眼睛盯上了大清太子之位。这么多的眼睛一起盯着太子之位，皇宫内外还不热闹非凡?

不过，依诸大臣的眼光来看，大清太子之位最有力的争夺者，只有两位皇子。一个是皇三子胤祉，另一个是皇八子胤禩。

三阿哥胤祉的优势是，大阿哥胤禔和二阿哥胤礽都被康熙囚禁了起来，他胤祉便是诸皇子中的"大哥大"了。若立胤祉为太子，似乎是既合情又合理的事。更主要的，在诸皇子中，无论是文功还是武业，胤祉都是出于其类、拔乎其萃的。而康熙是一贯看重那些文功武业全面发展的人。康熙若欲重立太子，当不会不考虑到胤祉。

胤祉看起来有很大的优势，而八阿哥胤禩的优势似乎就更大。朝中上下始终以为，在诸皇子中，胤禩是最为宽厚仁慈之人。胤礽刚一被废，便有大臣向康熙力荐胤禩为太子人选。康熙曾在一次早朝中对文武百官搞了一次"民意测验"，结果，大约有七成左右大臣认为胤禩是最合适的太子人选。古语云：得民心者得天下。胤禩如此深得众大臣之心，还不能得到一个太子之位？所以，如果康熙立八阿哥胤禩为太子，当不会太出人们的意外。

然而，实际情况却不是这样。在康熙的心目中，三阿哥胤祉虽然文功武业都不错，但平日过于骄横，总以为自己是天下第一，别的任何人好像都不放在他的眼里。康熙以为，胤祉缺少一种谦逊的美德。而八阿哥胤禩在康熙的心目中却正好相反。康熙认为，胤禩虽然十分宽厚十分仁慈，但却过于宽厚和仁慈了，而缺少一种果断和魄力。缺少果断和魄力的人，岂能治理好一个国家，康熙的结论是：胤禩至多只能做一个亲王。

胤祉缺少谦逊，胤禩又太过仁慈，那么，究竟哪位皇子才会被康熙看中？答案是，康熙已经看中了十四阿哥胤禵。

自那次京城南郊遇险，康熙就已经看出，胤禵虽然年纪尚幼，但不乏谦逊宽厚之德，更兼具英勇无畏之风，有一股凛然和浩然之气。这样德才兼备之人，岂不是大清太子的最佳人选？

众人——包括胤禛在内——所不知道的是，康熙在考虑太子人选的时候，也曾仔细地斟酌过胤禛。毕竟，胤禛是孝恭仁皇后乌雅氏所生，又在诸皇子中排行第四，康熙没有理由不考虑到胤禛。只是康熙考虑的最终结果是：胤禛平日虽不显山露水，但实则城府颇深，是个不宜过分相信之人。既"不宜过分相信"，当然就没有资格做大清的太子了。也就是说，在康熙的心目中，胤禛确实不宜做大清太子的。

但让后人百思不得其解的是，康熙既然如此钟爱十四阿哥胤禵，又为何不迅速地宣布他为大清太子？是康熙还有什么顾虑，还是康熙过于疏忽了？若是前者，他究竟还有什么顾虑？若是后者，他为什么会过于疏忽？

只不过，太子之位一直悬而未决，倒让胤禛觉得十分地快慰。如果康熙马上就立一个新太子，那就会给胤禛带来新的麻烦。所以，诸皇子在宫里宫外为太子之位明争暗斗得不可开交的时候，胤禛却在自己的贝勒府中按兵不动。他只是这么阴阳怪气地对隆科多道："他们这么卖力地争来斗去，到头来，可能只是一场空啊！"

胤禛又这么吩咐隆科多道："要实现我最终的计划，赵昌是个很关键的人物。你可以不惜银两地与他套近乎，力争让他为我所用！"

隆科多按胤禛吩咐的去做了，有事没事就到宫中去找赵昌闲聊，只要见着赵昌，就总是找一个对方可以"接受"的理由塞给赵昌一两张银票。一来二往的，隆科多和赵昌的关系迅速地升温，一下子变得异常地热络。二人私下里竟以"兄弟"相称了。赵昌夸隆科多"热情，够义气"，隆科多夸赵昌"真诚，坦率"。如此一来，康熙皇帝在乾清宫内的所作所为，所思所想，已基本被胤禛所掌握。

然而，就在胤禛积极准备着要对康熙"下手"的当口，一件非常意外的事情发生了。说这件事情"非常意外"，是因为在事情发生之前，一点点发生的迹象都没有。赵昌一无所知。胤禛一无所知。朝中文武百官也同样一无所知。

第三十九章
蒙恩宠南牢得拔腿 探机密东宫且厕身

隆科多大惊失色地道："四阿哥，你没有听错吧？太子他们要在一个月之后占领京城、控制整个皇宫？"胤禛回道："我没有听错，绝对没有听错……我惟一担心的是，他们是不是故意在我的面前说这番假话……"

这件"非常意外"的事情是，康熙是1709年（康熙四十八年）三月的一次早朝中突然宣旨：立即释放皇次子胤礽，恢复胤礽的大清太子之位。

康熙这一"突然宣旨"，可以说是举国皆惊。朝中上下就更不用说了。就连胤礽本人，也大感意外和震惊。

康熙为什么要这么做？纵然他对死去的孝诚仁皇后赫舍里氏情深似海，也不能"深"到这种任意废立太子的地步啊！时人不知个中原因，后人更不知其中究竟有何玄机。人们只知道，胤礽数月前被康熙所废，数月后又被康熙复立为太子。

最感到意外、最感到震惊又最感到难受的人，莫过于四阿哥胤禛了。因为，他正积极地准备着要对他的父亲康熙"下手"。可突然间，胤礽又成为大清国的太子了，这样一来，即使他胤禛对康熙"下手"获得成功，那大清皇帝之位，也只能由胤礽继承。所以，胤禛只得暂时放弃对康熙"下手"的念头，而不得不把注意力重新集中在胤礽的身上。

胤礽复立太子之位，自然有人欢欣鼓舞。比如步军统领托合齐、刑部尚书耿额和兵部尚书齐世武等人。不过，也有人对此惶恐不安。比如理藩院尚书隆科多等人。胤礽刚一复立为太子的当天中午，隆科多就神色慌张地溜进了胤禛的贝勒府。

一见着胤禛，隆科多就急急忙忙地道："四阿哥，胤礽复立为太子，恐对我隆某不利啊！"

隆科多的意思是，胤礽数月前被废被囚，是因为他隆科多和五阿哥胤祺、七阿哥胤祐在康熙皇帝面前告的状，现在，胤礽又变得有权有势了，岂不要对他隆科多进行报复？胤祺和胤祐，皆为皇子，胤礽恐一时不会对他们怎么样，但他隆科多只是一个小小的尚书，胤礽要对他进行打击报复，还不是易如反掌？

胤禛自然理解隆科多的心情。隆科多的担心也不无道理。不过，听了隆科多的话后，胤禛却淡淡地一笑道："隆大人不必如此紧张。我以为，胤礽不会对你怎么样的！"

隆科多将信将疑地问道："四阿哥莫不是在安慰隆某？"

胤禛缓缓地摇了摇头道："隆大人，你我可以说是一根绳子上拴着的两只蚂蚱，我又何必安慰于你？"

"可是，"隆科多吞吞吐吐地言道，"胤礽又当了太子，我这心里总是不踏实……"

胤禛平静地言道："隆大人，我劝你还是把心放回肚子里。你想想看，胤礽刚刚被复立为太子，如何敢像过去那般胡作非为？既不敢胡作非为，隆大人还不绝对地安全？"

胤禛这么一说，隆科多便略略放下了心。是啊，胤礽被废被立，是应该从中汲取教训的。至少，在相当长的一段时间内，胤礽不会明目张胆地去打击报复谁。他必须尽其所能地在康熙面前表现自己，让康熙充分地相信自己。不然，康熙既能第一次废他胤礽，就还有可能第二次废他。

隆科多的心一放回肚子里，便就想起胤禛的千秋大业来。他小心翼翼地道："四阿哥，胤礽这一重做太子，可就搅乱了你的全盘计划了……"

胤禛点点头："不错！情况变化，我的计划也要跟着作相应的改变。"

隆科多轻声问道："不知四阿哥可有什么新的打算？"

胤禛回道："我打算加入到胤礽的太子党集团中去！"

隆科多微微地皱了一下眉："四阿哥为何要这么做？"

胤禛若有所思地道："我以为，胤礽绝不会一直老老实实下去……他必然要对皇上有所图谋……"

隆科多惊问道："四阿哥何以敢如此肯定？"

胤禛言道："胤礽并不是笨蛋！他必然已看出，皇上已经变得喜怒无常。今日可以复立他为太子，可明日，说不定又会废了他……换了我，也会在皇上可能再次废我之前，爬上皇帝的宝座！所以，胤礽一定会在暗中进行什么阴谋勾当……"

隆科多醒悟道："四阿哥的意思是，打入太子党集团，把胤礽的阴谋勾当查清楚，然后禀报皇上，让皇上再次废了胤礽……"

胤禛十分含蓄地一笑道："胤礽一直以为我跟他的关系不错，只要我常去东宫走动，胤礽就不会向我隐瞒什么。依我之见，胤礽要么不动，只要一动，就必定是一个大的阴谋。只要我查出了真凭实据，向皇上一告，皇上就断无不废胤礽之理。只要皇上再次废了胤礽，我就绝不会再给皇上重立太子的机会！"

胤禛说得有些咬牙切齿的，一连串的"只要"，既反映了他的勃勃野心，同时又可看出他对未来充满了必胜的信心。且不论胤禛为人如何，单这"必胜的信心"一条，就是他胤禛高出其他皇子一筹的地方。

隆科多不禁感慨唏嘘道："四阿哥，你有如此神机妙算，这大清皇上，当真是非你莫属了！”

胤禛却异常冷静地道：“隆大人，你说这样的话未免太早了……你给我听好了，从现在起，你必须记住两点，一，轻易不要到我这儿来。若被胤礽发觉你我关系如此密切，对你对我都将大为不利。有什么事情需要你去办，我自会通知你。二，拉拢赵昌的事情，你千万不可放松。我以为，到了最后关头，定然非赵昌不行。只是，你现在不要对赵昌透露得太多。你给他银子，他能将皇上的有关事情告诉你，也就行了。如果真要对赵昌说出一切，我会亲自去说。你明白了吗？”

隆科多夸张地冲胤禛一鞠躬道：“四阿哥之命隆某敢不遵从？”

隆科多之所以对胤禛如此死心踏地，就是因为他早已经看出，康熙的诸皇子大都属庸庸碌碌之辈，而终能成大器之人，只有胤禛一个。从历史事实来看，隆科多的这一看法无疑是正确的。从这个角度来说，隆科多也算得上是一个聪明之人了。然而，隆科多只注重了胤禛的这一面，而忽视了胤禛的另一面。那就是，胤禛既是一个极端聪慧之人，同时也是一个极其心狠手辣之人。这就意味着，隆科多未来的结局，终不会好到哪里去。因为道理十分简单，隆科多对胤禛的事情，知道得确实太多了。

隆科多未来的结局，毕竟是后来发生的事情。而太子胤礽，却似乎只能考虑现实的问题。几乎就在胤禛与隆科多密谋的同时，太子胤礽也正在自己的东宫里与亲信们秘密地商谈。

胤礽被康熙复立为太子，自然会有不少人前往东宫向胤礽表示恭贺。而真正能留在东宫内与胤礽一起共进午餐的人，却只有步军统领托合齐、刑部尚书耿额和兵部尚书齐世武等一干亲信。

按理说，胤礽又当上大清太子了，应该高兴才是，可托合齐、耿额和齐世武等人所看到的，却是一张异常愁闷的脸。胤礽就挂着这么一张愁闷的脸，坐在托合齐等人的对面，好长时间不发一言，甚至好长时间也没喝一杯酒。过去的胤礽，可是嗜酒如命的哦。

胤礽如此，托合齐等人就只能干巴巴地陪着。好长时间之后，胤礽才长长地吁了一口气道：“各位大人，请喝酒吃菜吧！”

一个“请”字，似乎看出胤礽变得礼貌了。但胤礽只是这么说，却并没有动手举杯，依然那么闷闷不乐地坐着。托合齐看了看耿额，耿额看了看齐世武，而齐世武却又把目光投在了托合齐的脸上。托合齐咳嗽一声，然后小声地言道：“殿下，今日是你出狱后在家中所吃的第一顿饭，你总该好好地喝上几杯吧……你这样坐着不吃不喝，我等心里实在是难受……”

耿额和齐世武等人赶紧跟在托合齐的后面附合了几声。谁知，胤礽突然问道：“你们说，皇上今日放我出狱，明日会不会又把我重新打回狱中？”

托合齐等人闻言，一时惊愕万分。耿额期期艾艾地道：“殿下，皇上今日才放你出狱，如何明日又会把你打回狱中？”

胤礽立即盯着耿额问道："耿大人，就算皇上明日不会把我打回狱中，但后天呢？你敢肯定后天我还是大清太子吗？"

"这，"耿额有些心慌，"耿某实难断言……"

胤礽"嘿嘿"一阵冷笑："阿霖并非我所杀，可皇上不分青红皂白就将我打入狱中，你们说，我这太子能一直太太平平地当下去吗？"

齐世武言道："殿下，我以为，应立即追究隆科多等人的诬告之罪，不是他们诬告，殿下岂能蒙受被废之辱、又岂能遭受牢狱之苦？"

胤礽哼了一声道："齐大人，若我真去追究，皇上会怎么看？"

齐世武无言。显然，如果胤礽一味地去追究隆科多及五阿哥胤祺、七阿哥胤祐的"诬告"之罪，康熙就只能认定胤礽是在打击报复。如此一来，康熙就真的有可能"明日"便把胤礽重新打回狱中。也就是说，不管胤礽愿意不愿意，承认不承认，杀害阿霖的罪名他是背定了。但问题是，既然康熙认定了阿霖就是胤礽所杀，又为何要释放胤礽出狱，复立胤礽为大清太子？

那托合齐低低地言了一句道："分明是隆科多等人在皇上面前诬告，可殿下却不能认真地去追究……殿下也真是太过委屈了！"

胤礽言道："我不仅不能对任何人进行打击报复，而且我还要在皇上的面前充分地表现自己。只有这样，我这太子之位才能勉强保得住，至少，能保住相当长的一段时间……"

胤禛所料一点不差：胤礽既不会对隆科多等人报复，更要在康熙皇上的面前充分地表现自己。与胤礽相比，胤禛是不是太聪明或太狡猾了？

托合齐眨巴了一下眼："殿下，我有些不明白，你说太子之位能保住相当长的一段时间，可相当长的一段时间之后，又将如何？"

胤礽肯定地回道："那时我就是大清国的皇帝了！"

众皆愕然，一时不知所云。只听胤礽自顾言道："几个月的牢狱生活，我虽然蒙受了不白之冤，但同时，我却颇有所悟……六年前，索额图在京郊袭击皇上，如果计划再周密一些，就定然成功了……索额图是因我而死的啊！当时，我虽然同意了索额图的做法，但私下里却以为，索额图未免有些过急和过激，所以，一切安排都是索额图一人所为，我没有参与，你们也没有参与，这才使得索额图功亏一篑！现在想来，如果当时我们都参与其中，那结果就一定大不相同，说不定，我现在早就是大清国的皇上了……真可谓一失足而千古恨啊！索额图一直对我忠心耿耿，可在他生前，我却对他很不友好，甚至常常误解了他的一片好意……我真是追悔莫及啊！若索额图还在，我一定对他言听计从……"

然而，索额图毕竟不在了，所以胤礽的眼睛就湿润了起来，甚至，当着托合齐等人的面，胤礽还落下了几滴温乎乎的泪水。看来，几个月的牢狱生活，确实对胤礽大有裨益，至少，他终于明白过来，索额图所做的一切，全是为了他胤礽。

耿额小心翼翼地问道："殿下对未来可有什么计划？"

胤礽坚定地道："索额图是因我而死，我一定要对索额图有个明确的交代！不然，索额图就死得太不值得了！"

托合齐马上问道："殿下的意思，是沿着索额图的道路走下去？"

"不错！"胤礽点了点头，"索额图想做而未能做成的事情，我们来把它做成！我以为，这便是对索额图他老人家最好的怀念！如果他老人家九泉下有知，一定会高兴万分的！"

一句"他老人家"，确乎可以看出胤礽已经摆正了他和索额图之间的关系了，只是未免有些太迟了。同时也确实可以看出，胤礽的确想对康熙皇帝有所图谋。这，恰恰又在胤禛的意料之中。

托合齐紧接着问道："殿下，我们什么时候动手？"

"动手"一词，意思就更明确，更直截了当了。托合齐是步军统领，齐世武是兵部尚书，二人均有调兵遣将的权力。从这一点上来看，托合齐和齐世武等人确实是可以随时都"动手"的，只等着胤礽一声令下了。

胤礽却缓缓地摇了摇头："各位大人不必性急。皇上刚刚复立我为太子，纵然他想再次废我，也总得过一段时间。所以，我们要周密部署，仔细安排，力争做到万无一失……如果我们再失手，恐怕就没有下一次机会了！"

托合齐等人纷纷言道："殿下如何吩咐，我们就如何去做！"

胤礽笑了，笑得很明媚、很灿烂。他就这么笑着对托合齐等人道："假以时日，我便是大清的皇上，你们，则都是大清朝廷的栋梁！"

想到未来美好的岁月，胤礽心中自然十分得意，若不是还能克制住自己的话，胤礽的口中，便差点说出那个"朕"来。是啊，哪一个皇子，不想从自己的口中吐出那个象征着至高无上权力的"朕"字来？

接着，托合齐、耿额及齐世武等人的脑袋便和胤礽的脑袋凑在了一起，开始了小声的嘀咕和精心的策划。这一顿午餐，直吃到黄昏去了。

胤礽等人策划的内容，别人自然无法知晓。尽管有人挖空了心思想探知其中究竟，一时间也只能是徒劳。比如胤禛，一门心思想摸清胤礽的"底细"，可摸来摸去，终也没摸出个门道来。

自胤礽被复立为太子后，胤禛就成了东宫的常客。无论是东宫内外，还是在朝中上下，胤礽的旁边，时常会看到胤禛的身影。在别人的眼里，胤禛和胤礽的关系的确是十分地密切。

而胤礽对胤禛，也确乎非常热情、非常友好。他常常当着别人的面夸赞胤禛忠于兄弟情义，没在他胤礽"落难"时对他落井下石。每当胤禛前往东宫，只要胤礽没有什么急事，胤礽必留胤禛与他一起饮酒畅谈。胤礽"畅谈"最多的，是康熙皇帝。胤礽说康熙皇帝"实在圣明"，如此圣明的皇帝，只能"前无古人，后无来者"。胤礽还常常"畅谈"自己。他说自己虽然身为大清太子，但若与康熙皇帝比较，无论是才能还是智慧，他都不及康熙皇帝万分之一，所以他整天都诚惶诚恐、努力学习，不敢稍有懈怠。

胤礽的“畅谈”，看起来确实是实话。自被复立为太子之后，无论是言谈还是举止，同过去相比，胤礽都像是换了一个人似的。言谈不再那么粗鲁，举止也变得彬彬有礼起来。见着文武百官，无论年龄大小、官职高低，胤礽一概笑脸相迎。时不时，胤礽还亲往乾清宫，给康熙皇帝请安，向康熙皇帝讨教一些治国的方略。至于文化功课方面，胤礽似乎就更加努力、专注，常常博得授课的几位大学士的称赞，大有直追并赶超三阿哥胤祉之势，连十四阿哥胤禵也时常感叹道：“殿下的功课突飞猛进，不日定将冠盖群雄、技压群芳！”

面对胤礽如此的所作所为，胤禛就像是被人兜头打了一棒，闷了。胤礽，莫非真的改邪归正了吗？俗话说，江山易改，禀性难移，胤礽本就是那么一种禀性，为何会如此快地就痛改前非？难道，自己原先对胤礽的估计和盘算，都错了？

但不管胤禛愿意不愿意、同意不同意，胤禛眼里的胤礽，也确实是发生了很大的变化。以前，胤礽是嗜酒如命，可现在，胤礽喝酒只是点到为止。以前，胤礽每晚要是没有美女陪伴，是肯定要失眠的，而现在，东宫内，除了一些简朴的女侍外，几乎很少再看到什么妖冶的妙龄女子了。这一切，对胤禛来说，都意味着什么？

胤礽的“弃恶从善”、“痛改前非”，对胤禛而言不是个好兆头。只要胤礽始终坐在太子的位置上，那他胤禛就只能望着大清皇帝的宝座兴叹。而胤禛要想坐在大清皇帝的宝座上，就必须要想方设法地让胤礽当不成太子，或者，干脆将胤礽置于死地。但胤禛知道，要想置胤礽于死地真是谈何容易。胤礽显然已经从阿霖一案中吸取了教训，东宫内外，明显地加强了戒备，且胤礽一身的武功，也不容等闲视之。更主要的，如果当朝太子猝然死去，康熙即使再糊涂，也会一查到底的。既不能置胤礽于死地，那就只能想办法让胤礽做不成太子。可胤禛知道，如果没有足够的证据来证明胤礽确有不轨之心和不轨之举，康熙是不可能轻易地再废掉胤礽的。然而，那足够的证据又在哪儿？再造一次像阿霖一案那样的假证据？已经不可能了，且造这样的假案，胤禛自己也要冒很大的风险。再去鼓动胤礽干一些不轨的勾当？也不可能了。胤礽现在不会再听什么人的唆使了，如果胤禛一味地去唆使胤礽，反而会暴露自己的马脚。左也不是，右也不是，胤禛究竟该如何去做？

胤禛通过隆科多从赵昌的嘴里探听到康熙皇帝对胤礽的印象和评价。赵昌告诉隆科多，康熙皇帝认为胤礽已经是彻底地“脱胎换骨”了。也就是说，胤礽真的重新赢得了康熙皇帝的信任。这“信任”二字，无疑又是对他胤禛的一个沉重打击。

从 1709 年夏天开始，整整三年多的时间，胤禛始终没有找到一个好办法来对付胤礽。人们常用“度日如年”来形容岁月的艰难，而胤禛度过了三年多的“艰难”岁月，又该用什么词语来形容？不过，胤禛虽然心急如焚，但表面上看去，却也镇定自若。尽管胤礽依然给人们一种“谦恭、努力”的印象，尽管康熙皇帝似乎再也没有废掉胤礽的念头，但胤禛却坚持这么对隆科多言道：“不要急，我以为，胤礽终究是会有一个阴谋的！”

是啊，如果胤礽一直那么“谦恭、努力”而没有任何阴谋的话，胤禛的皇帝梦就只能是一个梦了。再如果，即使胤礽真的有一个大阴谋，而一直将那“阴谋”秘密收藏着，不到实施时不让外人知道，那么，胤禛就算是聪明绝顶，也终将无机可趁。既无机可趁，胤禛就永远当不了皇帝。可是，胤礽没能做到这一点，在事情的关键时候，他还是情不自禁地露出了马脚。

三年多的时间，对胤禛来说，确实是难熬的，而对胤礽来讲，似乎就更加难熬。胤礽哪里是一个什么循规蹈矩的人？他追求的是一种恣肆无拘、随心所欲的骄横生活。三年多的时间，他一直压抑着自己的本性。压抑着本性的生活，会是一种什么滋味？但胤礽必须这么做，他必须要用这么长的时间来让他的阴谋在不知不觉中进行着。可惜的是，在他的阴谋已准备就绪，他以为万事俱备，只欠东风的时候，他却得意得忘了形。这一忘了形，便使得他的一切努力都化为乌有。

那是1712年（康熙五十一年）冬暮的一天傍晚，胤禛走进胤礽的东宫。一进东宫，胤禛就觉得气氛跟过去大不相同。东宫内，人来人往，热闹非凡，像是在办一件什么重大的事情。胤禛急忙打听，却并无什么大事，只是胤礽要与几个“大人”在一起饮酒。再一打听，原来那“大人”是步军统领托合齐、刑部尚书耿额和兵部尚书齐世武等人。胤禛心头一震，这几位“大人”都是胤礽的亲信，胤禛进出东宫也不知有多少回了，可还从未见过他们一起留在东宫内与胤礽共进晚餐，因为胤礽为了避嫌，表面上减少了与托合齐等人的来往。而这一回，托合齐等人不仅一起留在了东宫，而且东宫内还那么忙碌和热闹，莫非，今晚真的会有什么“重大的事情”发生？

胤禛不由得一阵激动。但是，他的脸上却十分地平静。他找着一个东宫太监，去向胤礽通报。胤禛不免有点紧张：如果胤礽借故推托不见，自己该怎么办？总不能强行闯入吧？

但胤禛的那种担心很快地就消失了。他得到的回复是，胤礽请他进去共饮几杯。胤禛笑了。他当然是笑在内心的。他敢肯定，他此番前来，必有重大收获。

胤禛走进大厅时，胤礽和托合齐等人已经在开怀畅饮。大厅内，炉火熊熊，温暖如春。数十名妙龄佳丽，正在轻歌曼舞为胤礽等人助酒添兴。而胤礽和托合齐等人的怀中，更有一二美貌女子在浅酌媚笑。胤禛不禁心道：这才是胤礽真正的生活啊！

美酒加美女，便是胤礽生活的本性。一个人如果露出了他的本性，还怕不会吐出他内心的隐私？

胤禛冲着胤礽和托合齐等人一抱双拳道：“参见二哥，各位大人，这里美酒飘香、佳丽如云，真是人间仙境啊！”

胤礽“哈哈”一笑道：“四弟不必卖弄口才，快快坐下共饮几杯！”

胤禛一边坐下一边笑道：“恭敬不如从命，既来之，则安之！”

胤禛刚一坐下，便有一年轻貌美的女人走过来倒入他的怀中。他做出一副来者不拒的模样，顺势将她紧紧地搂住，一边饮酒一边与她调笑取乐。似乎，胤禛与胤礽，也并没有多少分别。

一开始，胤礽与托合齐等人，只是大口地吞酒，大声地说笑，吞酒、说笑之余，再与怀中的女人嬉耍一番。看模样，他们似乎并无什么特别的事情要谈，只是聚在一块饮酒作乐而已。但胤禛却不这么想，他坚信，事情决非这么简单，只是未到时候而已。看胤礽等人一脸兴高采烈的模样，他们好像在庆贺什么似的。不过胤禛也不着急，他有的就是耐性。所以，他便学着胤礽等人的样子，大口地吃菜，大声地说笑，肆无忌惮地在怀中女人身上摸捏，只是，并不大口大口地吞酒。反正胤礽等人都知道，他胤禛既不好饮酒，更无什么酒量。

大约一个时辰过后，胤礽和托合齐等人，一个个都喝得脸红脖子粗，他们怀中的女人，不时被他们肆无忌惮地揉搓得失声尖叫。这尖叫声，更加刺激了胤礽等人的兴致。他们酒喝得更猛，笑声更大，那尖叫声也越发地清脆响亮了。不远处的轻歌曼舞，简直就成了聋子的耳朵——摆设。因为根本就没人去看那“曼舞”，而那“轻歌”又早被接连不断的尖叫声淹没了。

胤禛依然不动声色又逢场作戏地在等待。他估计，要不了多久，真正的“好戏”便要开场。因为“酒后吐真言”虽不适合于任何人，但对胤礽来说，却是亘古不变的真理。

果然，大约又过了一个时辰，胤禛苦苦等待的场面终于出现了。在胤礽、托合齐、耿额和齐世武几人中，数齐世武的酒量最小，所以，当耿额又一次向齐世武敬酒时，齐世武赶紧摆手道：“耿大人，小弟实在不能再喝了……再喝一杯，小弟就要出洋相了……”

耿额还未发话，胤礽就大声叫道：“齐世武，你今天就是喝死了也要喝！我憋了整整三年多，眼看就要大功告成了，如何不痛痛快快地大醉一回？今天，谁要不喝个酩酊大醉，谁就不许离开这里！”

胤禛一惊。胤礽口中的“大功告成”是何含义？但胤禛不敢将惊讶流露在脸上。相反，他做出一副醉态，就像没听见胤礽说话似的，将脸埋在怀中那女人的胸前，双手伸入她的衣内乱摸，仿佛，他已沉醉在怀中的温香艳玉里了。不过，如果你当时盯着胤禛的耳朵看，你便会发觉，胤禛的两只耳朵都直楞楞地竖着，且还不时地颤动几下。

只听齐世武含混不清地言道：“殿下，我齐某……今日可不能喝死啊！如果我齐某今日喝死了，谁……还替你领兵占领太和殿？”

胤禛的耳朵立刻就颤动了一下。齐世武所言是什么意思？为什么要领兵占领太和殿？

胤礽发话了。他虽然还没有大醉，但口齿也不是很灵活了："齐世武，你不要拿太和殿为借口……那还早着呢，有一个多月呢……就算你今天喝死了，一个多月后，你还醒不过来？你要是真的醒不过来，那你就他妈的真的是死了……"

托合齐开口了。听托合齐的话音，他好像还比较清醒："殿下，你别听齐世武瞎扯！离了他，就没人去占领太和殿？我托合齐能占领一个京城，还占领不了一个太和殿？"

胤禛的左右耳朵连着颤动了两下。什么事情还有一个多月？托合齐为何要占领京城？胤禛不敢想得太深入，因为想得太深入，就会遗漏掉该听的话。现在只需把该记的都牢牢地记在心里，待回去后再细细地品味分析。

那耿额好像不甘示弱地也发了言。他是站起来说的，所以声音特别地大："托合齐，还有你齐世武，你们都不要吹大话！你们一个占领京城，一个占领太和殿，那皇宫的其他地方谁来控制？是我，是我耿额耿大人！少了我耿额，殿下的大业能成吗？"

胤礽也摇摇晃晃地站了起来："好了！你们都不要吹大牛了！那些大牛，待一个月以后再好好地吹吧！现在，你们的任务就是喝酒，谁要是不喝，我就翘开他的嘴巴往里灌！"

胤礽说完，"咕咚"一声坐了下去。紧接着，耿额也"咕咚"一声坐了下去。胤禛见胤礽等人"正事"已经谈完，便故意在怀中女人的乳头上使劲儿地捏了一下。乳头是女人身体上最敏感的地方之一，胤禛这使劲儿地一捏，那女人便如杀猪般地大叫起来。她这一叫，胤礽等人似乎恍然大悟般地发觉，还有一个胤禛也坐在这里。

胤礽色迷迷地笑道："好个四阿哥，我等在这里拼命地饮酒，你却坐在一边玩耍女人，是不是太过投机取巧了？"

胤禛忙着做起一副醉眼朦胧的样子道："二哥真是冤枉小弟了……小弟是因为喝得太多、头脑昏胀，才想起和女人玩耍一会儿以醒酒意，何来的投机取巧？"

那托合齐踉踉跄跄地端了一碗酒走到了胤禛的身边，口中言道："四阿哥，不管你如何狡辨，我托合齐现在都要和你干上一杯……"

胤禛也斟了一碗酒，然后晃晃悠悠地站了起来："托大人，我四阿哥酒量再不济，也不会怕你……来，干了这一碗！"

说完，胤禛就一仰脖子，"咕嘟嘟"地将一碗酒倒进了肚子。然后，胤禛把空碗往桌面上一掼，用一种大言不惭的语气喝道："有哪位大人还想与我干上一碗？"

胤禛这种表现，大出胤礽等人的意料。胤礽等人还从未见过胤禛在桌面上有这种"豪气"。故而，胤禛话音刚落，那耿额就端着一碗酒站了起来："四阿哥，耿某陪你干一碗！"

胤禛毫不犹豫地又干了第二碗酒。喝完之后，胤禛一边命令身边的女人给自己斟酒一边笑眯眯地望着齐世武道："齐大人，你可否想与我干上一碗？"

齐世武的酒早就过量，所以迟迟疑疑地不敢应战。胤礽忍不住地打了个酒嗝，很是不悦地言道："齐大人，四阿哥主动找你喝酒，你为何不应？你这岂不是不给四阿哥面子吗？"

齐世武勉勉强强地站起了身子，可还没发话，就又"咕咚"一声坐了下去，而且是一屁股坐在了地上。耿额和两个女人连拖带拽，好不容易地才将齐世武拉扯到了位子上。齐世武迷离着双眼、结巴着舌头言道："殿下……四阿哥，我齐某……实在是心有余而力不足啊……不然，何至于此？"

胤礽很是不屑地乜了齐世武一眼，然后冲着胤禛言道："齐世武装狗熊，不要理睬他，我们兄弟俩干上一碗！"

胤禛一摆手道："二哥且慢！齐大人不能喝了，我这碗酒却一定要喝下去！"

于是胤禛又喝下去了第三碗酒。喝完之后，胤禛还将碗底倒过来给胤礽看："二哥，我这碗酒喝得可否干净利落？"

胤礽却朝着齐世武等人道："你们都睁大眼睛好好看看，四阿哥虽然不善饮酒，但不鸣则已，一鸣则惊人！这才叫真正喝酒的人！"

没成想，胤礽话音刚一落，胤禛就"扑通"一声跌坐在了地上。这下子，齐世武乐开了："太子殿下，四阿哥也不过如此啊！他是在打肿脸充胖子呢……"

胤禛却坐在地上大喊大叫道："谁说我打肿脸充胖子了？来，把酒倒上，我要与他拼个你死我活……"

胤禛说是这么说，可怎么努力也爬不起身来。他身边那女人伸手去拉他，反被他拖在了地上。而且，不偏不斜，那女人刚好跌在了胤禛的怀里。胤禛似乎是本能地一把抱住她。这样，他和她就一起搂抱着滚在了地上，且一连翻滚了好几个圈，惹得胤礽等人一个劲儿地哈哈大笑。胤礽一边笑一边还大声嚷道："若论喝酒，除了我，都他妈是脓包……"

然而，胤礽不知道的是，胤禛和那女人在地上翻滚的时候，心中却这样想道："我这么做，胤礽等人就不会对我起半点疑心……"

胤禛回到自己的贝勒府，已经是后半夜了。虽然他在东宫内的所作所为大半是装出来的，但他之所以会装得那么逼真，乃是因为他的酒也确实有些过量。平日不怎么喝酒，一下子喝得那么猛，纵然有很好的酒量，一时也承受不起，所以，回到自己的贝勒府之后，他就大口大口地呕吐起来。

胤禛是强迫自己呕吐的，因为他要很快地清醒过来。呕吐完毕，再用冷水刺激一下脸部，胤禛便算是清醒了。清醒过来之后，胤禛连着做了两件事，一是派人去通知隆科多速来议事，二是赶紧躺在床上回忆自己在东宫里的所见所闻。

待胤禛将一切都清清楚楚地回忆起来之后，那隆科多也匆匆忙忙地赶到了胤禛的身边。胤禛便把自己在东宫里的所见所闻详详细细地告诉了隆科多。

隆科多大惊失色地道："四阿哥，你没有听错吧？他们要在一个月之后占领京城，控制整个皇宫？"

胤禛回道："我没有听错，绝对没有听错……我惟一担心的是，他们是不是故意在我的面前说这番假话……"

隆科多沉吟道："我看不像……他们既不可能知晓你去的本意，更无考验你的必要……"

胤禛点头道："我也是这么想……既如此，那他们所说的一切，就都是真话。"

隆科多皱起了眉头："他们在一个月之后要占领京城、控制整个皇宫，目的是什么呢？莫非……"隆科多不由得瞪大了眼，"莫非，他们要用武力逼迫皇上退位？"

"很有这种可能！"胤禛明明白白地道，"不仅仅是有这种可能，而应该肯定是这样！不然，他们就没有必要占领整个京城！"

隆科多顿了一下，然后问道："假如他们真的是要用武力逼迫皇上退位的话，为什么非要等到一个月之后？是他们没有准备好？还是由于别的什么原因？"

胤禛摇头道："他们不可能没有准备好。他们都手握兵权，这么长时间了，他们应该准备就绪了……而且，看他们今晚那副得意的模样，仿佛早已经胜券在握了！不然，我如何能侥幸听到他们这番谈论？"

的确，如果胤礽等人不是太过于得意了，胤禛是不可能探知这一重大秘密的。突然，隆科多大叫了一声道："四阿哥，我知道他们为什么要等到一个月之后了……"

胤禛赶紧问道："你知道为什么？"

隆科多挤了挤双眼："四阿哥，你想想看，一个月之后，在太和殿上，会有什么事情发生？"

第四十章
笑太子自蹈是非地
叹大帝终归离恨天

康熙略略皱起了眉："隆爱卿，你说得明白些，朕越听越糊涂了！"隆科多连忙道，"回皇上的话，微臣发现了一个天大的秘密！太子殿下他、他、他要在皇上万寿节那天发动兵变！"康熙只觉一个霹雳在耳旁炸响！

胤禛"哦"了一声，终于想起是怎么一回事来了。原来，再过一个多月，就是公元1713年（康熙五十二年）了。这一年，康熙整整六十岁。

太和殿俗称金銮殿，明初称奉天殿，后称皇极殿，清朝改称太和殿，是明清皇帝举行典礼的大殿，在皇宫诸殿中规格最高，殿高二十六点九二米，殿基高八点一三米，殿座面积两千三百七十多平方米，殿内外装修都十分豪华。每年的万寿节（皇帝的生日），皇帝都要在太和殿内接受文武百官、各族代表和外国来使的朝贺，其典礼仪式极其隆重。

胤禛恍然言道："原来，胤礽是要等到万寿节的那天逼皇帝退位啊！"

隆科多接道："一个多月后，便是皇上的六十大寿，到时候，凡有品级的官员，都要前来朝贺，还有各族的首领，还有不少外国的使者……胤礽选这一天发动兵变，不是最有利的时机吗？"

胤禛点头道："是呀，在这一天发动兵变，可以收到家喻户晓、举世皆知的效果……如此看来，胤礽倒也不笨，而且胆量更大……"

隆科多问道："胤礽的阴谋，我们已知晓，现在该怎么做？"

胤禛言道："我们只是知道他们的意图，还并没有掌握他们要发动兵变的证据，所以，我们现在还不能轻举妄动！"

隆科多急道："四阿哥，难道我们就在这里等着胤礽发动兵变？"

"当然不是！"胤禛马上言道，"在这里干等，只有死路一条！"

隆科多没再问，只是紧紧地盯着胤禛的脸。胤禛沉吟道："既然胤礽已决定要在一个月之后发动兵变，那他们现在就应该做好了一切准备……我估计，京城之外必然驻扎着托合齐的亲兵，而且，人数还不会少！"

隆科多立刻道："四阿哥是不是叫我到京城四周去侦察一番？"

胤禛回道："我正有此意！你是理藩院尚书，你可以利用你的身份到京城四周各地区去巡视……托合齐的亲兵不可能是一下子就开到京城附近的，那样太引人注目了。他一定是以各种理由和借口将他的亲兵一点点地分批分批地集中在了京城的四周。反正齐世武是兵部尚书，这种理由和借口他们很好找。所以，你去侦察的时候，一定不要被一些假象所迷惑，一定要把真实情况弄清楚！”

隆科多信心十足地道：“四阿哥放心，他们绝对蒙骗不了我。我到各地区去巡视，只要发现哪里驻有军队，我就会详细地询问各族百姓，这些军队是从什么地方开来的，开来多久了，都干了些什么……他们也许会从中做些手脚，但决不可能骗得了当地的百姓！”

胤禛赞道：“隆大人言之有理！待隆大人将一切侦察清楚后，我准备亲自去向皇上面奏！”

隆科多问道：“我什么时候出城？”

胤禛言道：“事不宜迟，今日早朝，你便向皇上请奏！”

实际上，待胤禛和隆科多商议完毕，就已经到了早朝的时间了。隆科多也没回家，而是直接从胤禛的贝勒府赶去上朝，向康熙皇帝请求出城到各地区去巡视。康熙也没思考，便宣旨“准奏”。这样，隆科多就以合法的身份和合法的理由到京城外去巡视了。

隆科多出城之后，从表面上看，胤禛依然如故，时不时地跑到东宫里与胤礽等人闲聊，而实际上，胤禛的心里却是非常地焦急。因为，如果隆科多的侦察没有什么结果，那他胤禛就没有把握搞垮胤礽。而如果胤礽在一个月之后真的发动兵变的话，那他胤禛就彻底地完了。

五天过去了，隆科多没有回来。十天过去了，隆科多依然没有回来。胤禛不仅是焦急了，更有些心慌了。是隆科多出了什么意外还是隆科多的侦察一无所获？眼看着，万寿节的日子一天天地临近，那隆科多，难道不知道时间非常紧迫吗？

直到二十天之后，隆科多才风尘仆仆地回到了京城。看隆科多一脸憔悴的模样，便可知隆科多此番出城定然是跑了不少的路、吃了不少的苦。但胤禛不关心这些，胤禛关心的是隆科多侦察的结果。

隆科多是正午赶回京城的，没顾得上吃饭，便偷偷地溜进了胤禛的贝勒府。若不是隆科多主动地向胤禛“要”饭吃，胤禛也许会一直让隆科多饿着肚子。因为，胤禛太迫切需要知道隆科多出城后的情况了。

隆科多一边吃饭一边向胤禛报告道：“那托合齐很是狡猾，我差点就被他蒙骗过去……”

隆科多一边说话一边吃饭。因急着赶回京城，他连早饭都没吃，加上一路奔波，若再不吃点东西，恐他连说话的力气都没有了：“……距京城数十里外，驻有托合齐大量的亲军。但托合齐不让他的亲军固定在某一个地方，而是将它们调来调去，比如把北方的军队调到南方，把东边的军队调到西边，这样，连当地的百姓都不知道这些军队是干什么的，还以为只是打此路过……亏得我没有上当，将那些军队的底细摸个一清二楚……”

胤禛迅速打断了他："闲话少叙，你只需肯定地告诉我，京城四周，确实驻有托合齐的大量亲军……"

"四阿哥，"隆科多急忙道，"我所说的一切，没有半点虚构……还有，京城西郊，二十天前才开过来一支五千多人的军队，不仅有火枪，而且还有大炮……"

胤禛沉默了一会儿，然后问道："托合齐聚集在京城四周的军队，大约有多少人？"

隆科多回道："具体人数不详，但据我估计，至少在八万人左右。"

"这么多人？"胤禛倒吸一口凉气："他果然是要发动兵变……"

当时，卫戍京城的军队，包括皇宫里的侍卫，加在一块儿，也不过三万多人。胤禛便彻底地相信了，胤礽和托合齐等人，真的是要用武力夺取大清皇帝之位。

胤禛对隆科多言道："你先把肚子填饱，然后好好地睡一觉，待天黑以后，我与你一起去面见皇上！"

胤禛既如此说了，隆科多便敞开肚皮，大吃大喝了一顿，然后就在胤禛的府内，一觉睡到黄昏时分。这期间，胤禛一直坐在一间客厅里苦思冥想。待隆科多醒来，二人又密谋了一阵，再胡乱吃点东西，便踏着夜色径向皇宫走去。

不多时，胤禛和隆科多就来到了乾清宫门外。他们并没有急着去见康熙，而是着人先把赵昌唤了出来。赵昌一见隆科多，就像见了什么亲人似的，忙着迎上来热情地招呼道："隆兄，多日不见，听说你出城去了？"

隆科多随即从怀中掏出一件玉器，一边递与赵昌一边言道："赵兄，出城几日，也没什么好带的，这区区薄礼，不成敬意，乞望笑纳！"

赵昌赶紧堆上笑脸道："每次遇见隆兄，隆兄总要破费，赵某实在不好意思……"猛一抬头，发现隆科多的身后还有一个胤禛，于是赵昌慌忙将那件玉器塞入怀中，多少有点讪讪地言道："赵昌眼拙，未能及时看见四阿哥……赵昌如此，真让四阿哥见笑了……"

"见笑"一意，自然指的是那件玉器。胤禛轻轻地一笑道："自古人为财死，鸟为食亡，此乃天经地义、人之常情，赵公公又何必如此自责？"

"那是、那是！四阿哥胸襟宽广，赵昌自叹不如啊！"

隆科多轻轻地问赵昌道："赵兄，我与四阿哥此番前来，是想面见皇上，不知皇上现在可否安寝？"

赵昌忙着回道："皇上未曾安寝，待小弟前去通报……"

隆科多言道："如此，就麻烦赵兄了……"

赵昌赶紧道："隆兄见外了……你与四阿哥这般看得起我赵某，赵某敢不效力？请隆兄与四阿哥稍候，赵某这就去禀告皇上！"

赵昌去后，胤禛不禁喟叹道："隆大人，钱能通神，一点不假啊！"

隆科多应道："对这位赵公公而言，钱确实是一种万能的东西……"

是呀，赵昌从隆科多和胤禛的手中，也不知得了多少两银子。自古吃人嘴短、拿人手短，赵昌既心安理得地从隆科多和胤禛的手里获得银两，那自然就会竭尽所能地为他们行方便。

稍顷，赵昌便转了回来。他笑嘻嘻地对隆科多和胤禛言道："隆兄、四阿哥，皇上今日心情很好，他叫你们马上去见驾……"

康熙今日的心情果然很好。胤禛和隆科多给他请安时，他一直都是笑容满面的。不仅如此，康熙还笑嘻嘻地对隆科多言道："爱卿出城奔波多日，身心一定非常疲惫，好好地休息一晚，明日再来向朕禀告也不迟啊！"

大臣奉旨外出公干，回来是要及时地向皇上禀报公干的经过和结果的。用今天的话来说便叫"述职"。谁知，康熙的话刚一落音，那隆科多就"扑通"一声跪倒在地道："微臣乞请皇上恕罪……"

康熙惊讶道："隆爱卿，你主动要求出城巡视，朕心中很是高兴，你应该劳苦功高，又何罪之有？"

隆科多叩首道："乞请皇上恕微臣欺君之罪……"

康熙更为惊诧："爱卿，你如何欺朕？"

隆科多回道："皇上，微臣主动要求出城，并非是去巡视，而是为了去做一件别样大事……"

康熙略略地皱起了眉："隆爱卿，你可否把话说得明白一些，朕是越听越糊涂！"

隆科多连忙道："回皇上的话，微臣主动要求出城，乃是因为微臣发现了一个天大的秘密……太子殿下，要在皇上万寿节那天发动兵变……"

康熙闻言，不啻是晴天霹雳："隆科多，你说太子……要发动兵变？"

隆科多再叩首道："微臣所言，句句属实。微臣去得京城外，发现京城四周，已至少聚集了十万来历不明的军队……经微臣多方查证，终于探明，那十万军队是步军统领托合齐陆陆续续从全国各地调到这里来的，而托合齐和当朝太子的关系，皇上比微臣更清楚……"

"十万军队"当然有些夸张。康熙脸上的笑容早已消失得无影无踪："隆科多，你……可否清楚你刚才所说的话？"

隆科多应道："微臣刚才说，殿下要在皇上万寿节那天发动兵变！"

康熙默然片刻，又突然问道："你说，太子发动兵变的目的何在？"

隆科多不慌不忙地回道："逼皇上退位，由他取而代之……"

康熙倏地又"嘿嘿"冷笑一声道："隆科多，你真是用心良苦啊！只可惜，朕不会上你的当！"

隆科多，还有胤禛，听了康熙的话后，浑身都不由得一震。难道，康熙发现了他们的意图？于是，胤禛赶紧给隆科多使了个眼色，暗示他不要慌张、沉着行事，一切按既定方针办。

有胤禛那道眼色，隆科多确实镇静了不少。他作出一副很委屈又很迷惑的神态言道："皇上所言，微臣实不明白……微臣出城二十余天，着实用心良苦，但微臣为的是侦探太子殿下的阴谋以保大清江山社稷永固啊……"

"隆科多，"康熙从鼻子里哼了一声，"你说的倒也中听啊！朕问你，太子自复立之后，三年多时间了，一直勤勉有加，何时有过不轨之心或不轨之举？还有，自太子复立以来，朕对他一直信任有加，他为何还要发动兵变逼朕退位？"

隆科多还未及回答，康熙又跟着补充道："隆科多，你若回答不出朕的这两个问题，朕就治你个妖言惑圣、图谋不轨之罪！"

隆科多多少有些心慌。康熙所说的那两个问题，他一时确实很难回答清楚。隆科多正自犹豫和为难呢，胤禛"咚"的一声跪地道："父皇，儿臣可以证明隆大人适才所言句句属实……"

康熙瞥了瞥胤禛："隆科多适才所言，都是你暗中指使的，是不是？"

胤禛回道："儿臣岂敢暗中指使隆大人？只是儿臣与隆大人都发现了太子要发动兵变的阴谋，所以才走到一起来的……"

康熙意味不明地笑了笑："四阿哥，你对父皇倒是忠心耿耿啊！"

胤禛言道："儿臣对父皇，自然是忠心耿耿！如果不然，儿臣就不会同隆大人一道来揭发太子殿下的大阴谋了！"

康熙淡淡地问道："胤禛，你如何敢肯定太子会发动兵变？朕听说，自太子复立以来，与太子关系最密切、往东宫走动最频繁的阿哥，就是你了，是也不是啊？"

胤禛心中不禁一"格登"。看来，康熙对诸皇子包括他胤禛一直是十分留意的。但胤禛的脸上，却依然一副诚挚和从容的模样："父皇圣明！自太子复立之后，儿臣确实经常往东宫走动。只不过，儿臣去往东宫，并非是要与太子密切什么关系，因为儿臣早就看出，太子表面上的勤勉有加，只是在用假象蒙骗父皇，太子在暗地里，一直谋划着一个大阴谋，所以儿臣去东宫走动的目的，只是要尽快地掌握太子搞阴谋的罪证。但由于太子行事太过隐秘，儿臣很长时间一无所获……"

康熙不觉对着胤禛多看了几眼。这个四阿哥，长得清清瘦瘦的，像个文弱书生。但康熙知道，就是这个文弱书生，却非比寻常，若以计谋论，别的皇子，恐都要对他甘拜下风。换句话说，在康熙的心目中，这个胤禛是不能够太过相信的。

于是，康熙就轻轻地问胤禛道："莫非，你现在已经掌握了太子要发动兵变的所谓罪证？"

"所谓"一词，不难看出康熙对胤禛的态度。只是胤禛根本就不会去考虑什么"态度"的问题。胤禛十分认真地回答道："儿臣就是因为掌握了太子的罪证，才请隆大人向父皇请求出城巡视的……"

康熙缓缓地点了点头："胤禛，如此看来，隆科多的所作所为，还是由你在暗中指使啊!"

胤禛言道:"不管父皇如何看待,儿臣也要向父皇禀报太子的阴谋!"

胤禛说得铿锵有力,康熙也就不禁问道:"胤禛,你究竟掌握了太子的什么罪证?"

胤禛回道:"父皇,二十天前,儿臣在东宫,亲耳听到太子与托合齐、耿额和齐世武等人秘密商谈……他们要在父皇万寿节那天发动兵变,由托合齐领兵控制京城、耿额领兵占领皇宫,齐世武带人包围太和殿,然后当着文武大臣百官的面,逼迫父皇退位……"

胤禛说如此有鼻子有眼,康熙就不由得动容问道:"胤禛,你适才所言,真的是你亲耳所闻?"

胤禛加重语气言道:"儿臣愿当着父皇的面,与太子等人当面对质!"

康熙紧紧地盯着胤禛:"你可知道胡说的后果?"

胤禛几乎是虔诚地冲着康熙叩了一个头:"儿臣情愿父皇现在就把儿臣打入死牢!待太子一事调查个水落石出之后,父皇再对儿臣仔细判处……"

胤禛的话,听起来是那么可信,毫无虚假和造作的成分。康熙默然了。似乎康熙也只能默然。是啊,康熙除了默然,还能说什么呢?

沉默了片刻之后,康熙对胤禛和隆科多道:"你们起来吧……太子一事,朕自会认真查处!"

"认真查处"一句,康熙说得有气无力。隆科多似乎还想对康熙说什么,见胤禛甩过来一个眼色,于是就把想说的话咽了回去,然后同着胤禛一道,不声不响地退出了乾清宫。走出去很远,隆科多才低低地问道:"四阿哥,你说皇上会去认真查处胤礽吗?"

胤禛意味深长地回道:"隆大人,我只知道皇上今夜不能入眠……"

的确,胤禛和隆科多离开后,康熙并没有马上就回寝殿休息,而是站在原地,苦思良久。康熙的脸色很难看,且十分沮丧。

许久许久之后,康熙才动弹了一下身子。之后,康熙便大声地叫道:"赵昌何在?"

赵昌就像一个影子般,突然出现在了康熙的身边:"奴才来了,皇上有什么吩咐?"

康熙的目光,直直地逼视着赵昌,一言不发。赵昌不知何故,双腿不自觉地颤抖起来:"皇上,奴才扪心自问,近日并未做过什么不妥之事……皇上这般看着奴才,奴才心中委实不踏实……"

康熙慢慢地收回了那咄咄逼人的目光,取而代之的,是一种绵软无力的问话:"赵昌,你老老实实回答朕,太子可会做出谋害朕的事情?"

这样重大的问题,赵昌岂敢轻易地回答:"皇上,奴才人微言轻,哪敢随便议论皇上及太子之事?自皇上屡屡教训奴才,奴才早就不敢妄加评论不该奴才评论的事了……"

"赵昌!"康熙突然加大了音量,"朕即叫你说,你就必须老老实实地说,只要你老老实实地说,朕便恕你无罪!"

赵昌渐渐地明白过来。胤禛和隆科多前来面见皇上,定然是说了与"胤礽"和"谋害"有关的事情。想想自己曾从胤禛和隆科多那里得到的那么多好处,再想想自己从太子胤礽那里没有得到过一分银两,于是,赵昌就用一种犹犹豫豫、吞吞吐吐地语调言道:"皇上既叫奴才说,奴才就不敢不说……奴才以为,太子殿下自复立之后,虽然看起来与过去有很大不同,但在奴才看来,太子的一切恐怕都是假装的,说不定,是在故意蒙骗皇上……所以,奴才想,太子既然会蒙骗皇上,那就极有可能会做出谋害皇上之类的事情来……"

康熙当即喝问道:"赵昌,适才所言,可都是你的真心话?"

赵昌慌忙跪倒:"皇上,奴才所言,全都发自肺腑……皇上说过恕奴才无罪的……"

康熙"哦"地低吟一声,有些踉踉跄跄地向着寝殿走去。剩下赵昌,一时间还在提心吊胆。不过,几天之后,他的这种提心吊胆就得到了相应的补偿。他把这件事情悄悄地告诉了隆科多,隆科多不仅重重地夸奖了他,还塞给他一张沉甸甸的银票。赵昌在接过那张银票时不禁有些不恰当地这样想道:"塞翁失马,焉知非福?"

当夜,康熙是否"不能入眠",别人自然不得而知,不过,到了第二天的早晨,一眼看上去,康熙确实显得十分疲倦、憔悴。也许,胤禛对隆科多说对了,康熙的确是"今夜不能入眠"。如果真是这样的话,康熙一夜在想些什么呢?

康熙就是带着那种十分疲倦又十分憔悴的神色上朝的。众大臣见康熙一副无精打采的样子,一时窃窃私语起来。

没有什么大臣上奏。胤禛和隆科多只是会意地相视一眼,也不言语。众大臣便准备相继离去。忽然,执事太监又高声宣道:"步军统领托合齐托大人、刑部尚书耿额耿大人、兵部尚书齐世武齐大人……皇上命尔等暂且留下,有要事相商……"

皇上留大臣商谈,本是很正常的事情。所以,众大臣依然陆陆续续地离殿而去。只是在走出殿外之后,胤禛悄没声息地凑近隆科多,低低地说了一句道:"隆大人,好戏已经开场了!"

显然,胤禛的心中是极其高兴的。与此相反,有一个人的心中却极其不安。那个人便是太子胤礽。因为,康熙留下来的三个大臣,不仅都是他胤礽的亲信,还是他要发动兵变的知情者和主要执行者。事情为何会这么巧?难道康熙皇帝已经发觉了他胤礽的阴谋?然而,康熙并未叫他胤礽留下,胤礽也只能随着众大臣离去。只是,待走出殿外,胤礽的身上已经湿了。这么冷的天,汗水将衣衫全部湿透,心中该有多么紧张啊!

如此紧张的当然不止胤礽一个。被康熙留在大殿内的托合齐、耿额和齐世武三人，心中的紧张程度并不亚于胤礽。只不过看起来，托合齐和耿额好像还比较镇静，而齐世武则有些惶惶不可终日的模样了。俗话说“做贼心虚”，齐世武等人虽不是一般意义上的贼，但心底也终究是不踏实的。

令托合齐等人感到奇怪的是，康熙皇帝把他们留下来后，并没有同他们商谈什么要事，而是径自离去。剩下托合齐、耿额和齐世武三人呆立在空洞洞的大殿内，有点不知所措。他们既不便随意谈论，更不敢擅自离开，只能站在原地，大眼瞪小眼。时间一长，三人都感到了一阵恐惧。尤其是那个齐世武，身体仿佛都颤抖起来。

尽管托合齐也觉出了事情有些不妙，但他还是用一种暗示性的话语给齐世武打气道：“齐大人，天气还不是真的很冷，你不必如此哆嗦！”

那耿额也低低地对齐世武言道：“齐大人，纵然天气再冷，也只是这么几天，待几天过去，便是春天了……”

齐世武自然明白托合齐和耿额话中的意思。他强笑了一下回答道：“两位大人说得对，两位大人不必担心，齐某并非真的怕冷……”

可齐世武话虽是这么说，但身体却一直颤抖个不停。托合齐和耿额赶紧用目光罩住齐世武的脸，仿佛要给齐世武送去温暖、送去勇气。

不知过了多长时间，一个执事太监走到了托合齐等人的身边。耿额急忙问道：“公公，皇上安在?”

那执事太监绷着脸，一副公事公办的模样言道：“几位大人请随我来……”

托合齐等人互望了一眼，只得随着执事太监而去。那执事太监也不言语，只是领着托合齐等人在宫中转来转去，似乎漫无目的。托合齐等人尽管越转越迷糊、越转越心寒，但终也不好开口询问。

终于，那执事太监停下了脚步。他指着一间敞开门的小屋对托合齐言道：“托大人屋里请！皇上一会儿就来与你商谈！”

那小屋的门的确是敞开着的，但屋门的旁边，却直立着两个面无表情的侍卫。托合齐无奈，只得硬着头皮走进屋去。耿额和齐世武也想跟着托合齐进屋，那执事太监却拦阻道：“两位大人请继续跟我来……”

耿额“哦”了一声，对着齐世武使了个眼色，然后跟着执事太监向前走去。又来到一间敞开门的小屋前，执事太监言道：“耿大人屋里请，齐大人请随我来!”

耿额一边往屋里退一边对齐世武言道：“齐大人多多保重啊……”

齐世武很想在耿额的面前表现出一种英雄气概，但双唇嗫嚅了好几回，终也未说出话来。当那执事太监将齐世武“请”进又一间敞开门的小屋时，齐世武说话了。齐世武是带着一脸的惶恐问那个执事太监的：“敢问公公，皇上将我等三人分别安排在三间屋里，这是何故?”

那执事太监回道：“齐大人，皇上这样安排自有这样安排的道理。我只是奉旨行事，不便相告!”说完，便转身离去。剩下齐世武一人呆在那间小屋里，禁不住地胡思乱想起来。

那执事太监当然是奉旨行事。他将托合齐等人“安排”好了之后，就赶到乾清宫去向康熙皇帝禀报。康熙对他言道：“你就在这里稍事休息，一个时辰之后，领朕去见他们！”

康熙在散朝前留下托合齐等人，显然是相信了胤禛和隆科多的话：胤礽伙同托合齐等人要发动兵变。但康熙不想对托合齐等人刑讯逼供。也许康熙认为刑讯逼供太过残忍。康熙昨夜想了一宿，想出一种“攻心”之计来。那就是，对托合齐等人，不从肉体上逼供，而是从精神上逼供。所以，在朝中留下托合齐等人后，康熙故意避而不见，之后又将他们分别“请”进一间屋子，等一个时辰以后，康熙再分别去找托合齐等人“谈话”。康熙以为，如此一折腾，托合齐等人的精神防线必将被摧垮，如果他们真有发动兵变的大阴谋，定会不打自招。

一个时辰之后，康熙要去实现他“攻心”战略了。他吩咐那个执事太监道：“领朕去见托合齐他们！”并吩咐赵昌一同前往。不难看出，康熙对赵昌，已经很是信任了。

那执事太监领着康熙和赵昌，率先来到软禁托合齐的那间小屋外。康熙对那执事太监道：“你在屋外候朕！”又对赵昌言道：“你随朕进屋！”

于是，赵昌在前，康熙在后，二人走进了小屋。关在屋里的托合齐见了康熙，忙着伏地叩头：“微臣叩见皇上……”

康熙也不叫托合齐起来，而是用一种很冷的语调问道：“托合齐，这么长时间了，你可否想好要对朕坦白交代？”

托合齐一怔，但旋即言道：“皇上，微臣不明白……微臣一直拘留于此，心中只有迷惑。乞望皇上给微臣指点迷津……”

康熙哼了一声道：“托合齐，事已至此，你还不想彻底坦白？”

托合齐面带委屈之色：“皇上，微臣实不知要坦白什么……”

康熙突然提高了声音：“托合齐，你知罪吗？”

托合齐“啊”的一声：“皇上，微臣罪从何来、何罪之有？”

康熙煞有介事地喝道：“托合齐，那耿额和齐世武已经把罪行全招了，你难道要对朕顽抗到底吗？”

托合齐心中一凉，又一惊。耿额和齐世武真的全都说出来了吗？但他眼珠暗暗地转动了几圈之后，便很快地回道：“皇上，微臣实不知那耿大人和齐大人都向皇上坦白了什么，恳望皇上明示……”

这一回，轮到康熙心凉了。康熙所谓的“攻心”战术，最关键的一环便是一个“诈”字。可在托合齐的身上，这“诈”字并未收到预期的效果。是“诈”字根本不灵，还是托合齐等人根本就没有什么兵变的大阴谋？

康熙很失望，但并没有灰心，更没有绝望。“诈”字在托合齐的身上不灵，但在耿额和齐世武的身上也许就会大显神威。故而，康熙就换了一种淡淡的语调问道："托合齐，你是抱定决心不想向朕坦白了？"

托合齐回道："微臣很想向皇上坦白，可微臣想来想去，却无任何坦白的内容……"

康熙最后道："既如此，那你就好好地在这里呆着吧！"说完，就领着赵昌佛然而去。

实际上，康熙还预备了一种最后的手段，那就是，如果万一"诈"字一点不灵，那就把托合齐等人关在小屋里好好地饿他几天几夜。这"饿"字虽也有肉体折磨之嫌，但比起刑讯逼供来，也确乎文雅许多。

康熙走进刑部尚书耿额被关押的屋子。康熙的身边，照例傍着那个赵昌。进了屋子，还没等耿额跪地请安，康熙就厉声喝道："耿额，你犯下滔天大罪，还不从实招来？"

康熙如此喝问，耿额竟然一点也不慌张。看来，耿额的心理素质不错，早已作好了相应的思想准备。他只是作出一种莫名其妙的表情言道："皇上龙颜大怒，微臣却不知所以……不知微臣究竟犯了何种滔天大罪？"

见耿额如此镇静，康熙心中也颇为惊讶。他压低声音，逼视着耿额问道："耿额，事已至此，你还想在朕的面前演戏吗？"

耿额"扑通"跪地："皇上真是大大冤枉微臣了……微臣对皇上忠心耿耿，请皇上明察……"

康熙冷冷地道："耿额，那托合齐和齐世武都已向朕交代了他们的罪行，你还想继续抵赖下去吗？"

耿额一怔，但很快就又言道："皇上圣明！那托合齐和齐世武既已向皇上交代了他们的罪行，那就证明他们确实是对皇上犯下了不可饶恕的滔天大罪，可是微臣一身清白，委实无从交代啊……"

康熙见那"诈"字在耿额的身上也不灵，便哼都没哼，怒气冲冲地走了出去。而赵昌，却在走出屋子之前，冲着那伏地的耿额阴阳怪气地言道："耿大人啊，你都死到临头了，还这么顽固不化，真是不可救药了……"

赵昌并不了解个中内情，他只是见康熙怒气冲冲的模样，故意奚落耿额一番的。反正康熙都对耿额不满了，他赵昌再落井下石一回，既不会有什么大不了的后果，同时也能小过一把"官瘾"，又何乐而不为？没成想，赵昌的这一番话，恰恰被康熙听见了。康熙眉头一皱，计上心来，急忙唤过赵昌吩咐道："你须如此如此、这般这般……你可明白？"

赵昌赶紧回道："奴才明白……"

康熙一行人来到了关押兵部尚书齐世武的那间小屋外。康熙一摆手，赵昌就急急忙忙地跑进了屋内。而康熙，则贴近门边，偷听屋内的动静。原来，康熙这一回换了手段，让赵昌先进去引诱试探，然后自己再进去收拾局面。

赵昌肩负康熙的重托，当然会尽心尽力。他一跑进屋子，就作出一副大惊失色的模样问齐世武道："齐大人，你如何会犯下十恶不赦之罪？"

赵昌是康熙的近侍，齐世武当然不会陌生。赵昌如此大惊失色，齐世武就更是惊恐不安："赵公公，你……此话何意？"

赵昌故意凑近齐世武："齐大人，皇上已经见过托合齐和耿额……你是不是要在万寿节的那天领兵占领太和殿？"

"啊……"齐世武失声尖叫："赵公公，皇上……都知道了？"

听见齐世武如此说，赵昌心中一阵高兴。看来，他赵昌今日又要为皇上立下一大功了。当然啰，赵昌的脸上依然是一种很紧张的神色："齐大人，皇上什么都知道了……是那个耿大人交代的。我听见皇上对耿大人说，托合齐顽固不化，只有死路一条……我以为，如果齐大人能够主动地坦白交代，皇上也许就会从轻处罚你。我见齐大人尚有一线生机，所以特地赶来告知于你……齐大人可不能错失良机啊！"

与托合齐和耿额相比，齐世武的心理承受能力显然要弱得多。又听说康熙皇帝已经全部知晓，而且如果主动坦白尚有活命的可能，所以，齐世武就结结巴巴地问赵昌道："如果我全部坦白，皇上真的能饶我不死吗？"

赵昌信誓旦旦地回道："我到这里来，就是想救齐大人一命。只要齐大人主动坦白，我赵昌就敢用自家性命担保，你齐大人一定会平安无事的！"

齐世武慌忙对着赵昌言道："如此多谢赵公公……烦请公公转禀皇上，就说罪臣齐世武愿意交代全部罪行……"

赵昌却在心里笑道：齐世武，我只负责诱你招供，你的性命问题，我赵昌概不负责！

齐世武的话音刚落，康熙就大步跨进了小屋。因为在屋外已将赵昌和齐世武的对话听了个大概，所以康熙跨进屋后底气就非常地足，说出的话音几乎能将大地震得颤抖："齐世武，你可知罪？"

齐世武被康熙的这一声怒吼吓得双膝一软，不自觉地就跪在了地上，叩头如捣蒜："微臣知罪、微臣知罪，乞请皇上恕罪……"

康熙又大喝一声道："齐世武，还不快快把罪行从实招来？"

齐世武哆哆嗦嗦地道："罪臣愿意坦白交待……"

接着，齐世武就一五一十地将胤礽等人如何谋划在万寿节那天以武力逼迫康熙退位的阴谋全盘招供。末了，齐世武用一种哀求的语调言道："皇上，这一切都是太子殿下的主意，微臣实在是迫不得已，乞请皇上恕罪……"

但康熙已经不想再理睬齐世武了。证明了胤礽确有一个发动兵变的大阴谋，对康熙来说，这就足够了。康熙走出屋外，重重地吩咐那执事太监道："传朕的旨意，将托合齐、耿额和齐世武这三个十恶不赦的罪犯，统统打入死牢！"说完，康熙就铁青着脸返回乾清宫。赵昌本想从康熙的嘴中讨得几句夸赞的，可见康熙脸色如此沉重，也就知趣地闭了口。

康熙之所以脸色铁青，是因为他万没有想到，太子胤礽竟然想用武力来逼他退位。逼他退位与谋他性命又有何区别？连太子胤礽都想谋他康熙的性命，他康熙究竟还能相信谁？故而，从此以后，康熙就变得疑神疑鬼的了，几乎不再相信任何人，包括揭发胤礽阴谋的胤禛和隆科多。

托合齐、耿额和齐世武被打入死牢之后，康熙并没有就此罢休，而是以此为突破口，穷追猛查，受托合齐等人的牵连，至少有十几位大臣和数十位带兵的将领被康熙投入囚牢。康熙对这桩“太子兵变案”一直追查了好几个月。直到实在无可追无可查了，康熙才气咻咻地罢手。前前后后，究竟有多少人遭到了康熙的查处，已经很难确切统计。

这桩“太子兵变案”的最终结果是，托合齐、耿额和齐世武等“太子党”的主要骨干，被康熙毫不留情地一一处死。而此案的主谋胤礽，许是受到赫舍里氏在天之灵的庇佑吧，侥幸拣得了一条性命。不过，胤礽的结局也不是很乐观。这一年（公元1713年）的九月，康熙宣旨再度废除胤礽的太子之位，并将胤礽打入监牢、永远囚禁。也就是说，胤礽最终落得了和大阿哥胤禔一样的下场。

胤礽落得如此下场，最高兴的，当然是胤禛。而胤禛更为高兴的是，康熙在废除了胤礽之后，同上回一样，并没有马上就另立新的太子。所以，胤礽刚一再度被废，胤禛就急急地找来隆科多道：“我们一定要在皇上另立太子之前，把最后的事情做完！”

胤禛口中“最后的事情”会是什么事情？隆科多心领神会地道：“四阿哥言之有理！如果不把最后的事情做完，待皇上另立了太子，四阿哥与隆某所做的一切，就前功尽弃了……”

然而，就在胤禛和隆科多紧锣密鼓地要把“最后的事情”尽快做完的当口，赵昌却偷偷地告诉了隆科多这样一件事：康熙皇上想立十四阿哥胤禵为大清太子。

隆科多得知此事后很是恐慌。他对胤禛言道：“如果皇上迅速地立胤禵为太子，那我们就没有时间做最后的事情了……”

胤禛却不慌不忙地言道：“皇上想立胤禵为太子，本在我的预料之中，我自有办法对付！”

隆科多虽然不知道胤禛有何办法，但他却相信，胤禛既然说“自有办法”，那就一定会有好办法。隆科多对胤禛，那是绝对心悦诚服的。

于是，有那么一天，胤禛探知胤禵在坤宁宫逗留，便装作若无其事的样子也赶往坤宁宫。住在坤宁宫内的孝恭仁皇后乌雅氏，既是胤禵的母亲，也是胤禛的母亲。所以，胤禵在坤宁宫逗留很正常，而胤禛赶往坤宁宫也毫无异常之处。只不过，胤禛去往坤宁宫的目的，如果要明明白白地说出来的话，恐怕就不那么正常了。

胤禛走进了坤宁宫，先是给乌雅氏请安，然后便同十四阿哥胤禵海阔天空地聊了起来。兄弟俩儿在一块儿攀谈，自然非常正常。而且，胤禛说出来的话，似乎还越听越中听、越听越正常。

那是在胤禵将辞别乌雅氏之前的时候，胤禛仿佛突然想起什么似的对乌雅氏言道："母后，听说父皇要立十四弟为太子……果真如此的话，那母后就成了大清太后了……"

乌雅氏喜滋滋地言道："胤禛，你说得没错，皇上确曾在我的面前提过此事……"

胤禵赶紧言道："母后，父皇只是有这么一种意向，并没有作出最后决定……现在还是少谈这件事为妥。"

胤禛忙着言道："十四弟，你对此可千万不能掉以轻心啊！父皇既然有这个意向，那付诸实施就只是个时间上的问题了。所以，就你而言，应当努力去争取这一天的早日到来！"

胤禵笑着道："四哥，父皇的意志，别人是无法改变的，小弟我又如何去努力争取?"

胤禛也笑着言道："十四弟，话虽是这么说，但事在人为……我认为，如果十四弟主动向父皇请求西去平叛，那父皇肯定会对十四弟大加赞赏。如此一来，大清太子之位，除了十四弟以外，谁还能染指?"

前书中曾有交代，准噶尔部蒙古首领噶尔丹发动叛乱兵败自杀之后，他的侄子策妄阿拉布坦成了准噶尔部蒙古的实际统治者。一开始，由于力量还很弱小，所以策妄阿拉布坦就明确表示臣服，后来，因为准噶尔部蒙古的军事实力一天天地膨胀，故而策妄阿拉布坦就慢慢地也不买清廷的账了，开始肆无忌惮地向四周扩张，并明目张胆地派兵入侵西藏，妄图把西藏纳入自己的统治之下。胤禛口中的"西去平叛"一语，便指的是清军与策妄阿拉布坦的军队在西藏地区交战一事。

胤禵闻胤禛所言，心中不觉一动。是啊，如果我主动要求西去平叛，那父皇岂不是真的要对我另眼相看？既另眼相看，那我做大清太子的可能性不就又大大地增加了？

但胤禵想是这么想，可又不便当着胤禛的面明说。因为胤禛也是皇阿哥。自胤礽二度被废之后，哪个皇阿哥不想成为大清太子？故而，胤禵就用一种征询的目光投向乌雅氏，仿佛在请求母亲为他拿主意。

而乌雅氏也觉得胤禛适才所言颇有道理，所以，瞥见胤禵禵的目光后，她就面带着微笑言道："胤禵，你明日便去向皇上提吧……"

胤禵连忙躬身言道："孩儿谨遵母后旨意……"说完，冲着胤禛感激地一笑，便轻快地走出了坤宁宫。

胤禵是应该"感激"胤禛，因为胤禛出的确实是一个不错的主意。但问题却在于，胤禛的动机和目的，胤禵是一无所知。如果胤禵知道了胤禛的真正用意，恐怕他就不会对胤禛投去那么"感激"的一笑了。

胤禛的真正用意是，把胤禵支出京城，让大清太子之位一直就那么悬空着。这样，他胤禛和隆科多等人就会有充足的时间来完成他们那件"最后的事情”了。

胤禛的意图实现了。胤禵向康熙请求领兵西征，康熙当即大加夸奖，并任命胤禵为“抚远大将军”，全面主持西部军务。据说，康熙还曾这样对胤禵言道：“皇儿且西去，待尔凯旋，必有莫大惊喜!”

康熙口中的“莫大惊喜”自然含义颇深。胤禵就带着对“莫大惊喜”的莫大憧憬领兵西去了。他在青海、甘肃一带驻扎了四年，连连打败策妄阿拉布坦的军队，立下了赫赫的战功。只因为西部战争尚未完全平息，他一时还不能班师回京。可就在这当口，却传来了一个令他丧魂失魄的消息：康熙皇帝在京城西郊的畅春园驾崩。更令胤禵魂飞胆裂的消息则是，康熙皇帝在驾崩前，口谕群臣及诸皇子：大清皇帝之位，由四皇子胤禛继承。胤禵不禁仰天长叹：“这，都是真的吗?”

也许这一切都是真的，也许这一切又都是假的，历史本来就是在这种真真假假的逻辑中向前迈进的。

胤礽再度被废，胤禵又离开了京城，大清太子之位就一直空在那儿，等着一个合适的人去坐。所以胤禛便加快了行动的步伐。他要在胤禵班师回京之前把那件“最后的事情”做完。确切说，胤禛不是想做什么大清太子，他是想一步登天，直接就坐上大清皇帝的宝座。

在胤禛通向权力最高峰的路途中，现在只剩下最后一个障碍了，那便是他的父亲康熙皇帝。而胤禛要做的“最后的事情”，正是要将康熙这最后的障碍清除掉。通俗地讲，胤禛要用一种神不知鬼不觉的手段去谋取康熙的性命，然后再用一种合情、合理又合法的方式登上大清权力的顶峰。

看起来，胤禛这“最后的事情”也并不是太难，找个合适的时间和地点把康熙给解决掉也就完事了。但问题是，“解决”康熙也许真的很容易，可难就难在，康熙死了之后，他胤禛如何能以一种“合情、合理又合法”的方式当上大清国的皇帝。他胤禛总不能自封为皇帝吧？就算他胤禛敢于自封，其他诸皇子也是不会答应的。故而，十四阿哥胤禵虽然被支出了京城，但情急之下的胤禛，在相当长的一段时间内，也始终找不到一个彻底解决问题的好办法。

这并不是说胤禛变得不再那么聪明了，而是因为康熙变得越来越警觉了。自“太子兵变案”之后，康熙便觉得任何人都有谋害他康熙的想法或可能。所以，康熙就一下子变得行踪飘忽起来。他白天去哪儿，晚上睡在何处，别人很难知晓。他一般不再轻易地召见大臣，早朝的时候，他是否露面也很难说。有时候，他还让执事太监或赵昌代他接受大臣们的奏折或者代为传达他的口谕。为安全起见，他还经常把宫内的侍卫调来换去，而御膳房的大小太监，则更是他经查调换的对象。故而，胤禛与隆科多在一起早就拟好的几个“解决”康熙的方案，终因康熙的越来越警觉、越来越小心而搁浅。实际上，即使胤禛和隆科多现在只想把康熙谋害掉而不顾及其他，也变得不太可能了。因为，他们根本就很难见到康熙，甚至，连那个赵昌的面，他们也很难再见到了。只是有时候，赵昌代康熙上朝，他们才有可能与赵昌简短地嘀咕几句，可这几句嘀咕，又解决不了任何问题。

日子一天天地过去，可胤禛与隆科多等人依然是束手无策。隆科多不无忧虑地对胤禛道："再这么拖下去，十四阿哥胤禵回京，我们就全完了！"

胤禛缓缓地摇头道："我不担心胤禵回京，我担心的是找不到一个好办法……"

你道胤禛为何不担心胤禵回京？却原来，胤禛除隆科多之外，还有一个非常知己的亲信，那便是时任陕西、四川总督的年羹尧。后来，胤禛做了皇帝，年羹尧的妹妹成了胤禛的一个妃子。当时，胤禵以"抚远大将军"的身份西去平叛，年羹尧负责胤禵的后勤供应。年羹尧向胤禛保证，在胤禛"最后的事情"办成之前，他决不会让胤禵轻易地回京城。换句话说，年羹尧同隆科多一样，都是胤禛阴谋篡权的知情者和支持者。

一直到公元1722年（康熙六十一年）的秋天，胤禛苦苦等待的机会才终于来临。是年秋，康熙带着赵昌一行人去热河打猎，一月后返回京城，在紫禁城只住了几天，便移驾西郊畅春园。不几日，赵昌突然回到皇宫，向王公大臣们宣读了这么一道"圣旨"：钦封隆科多为步军统领兼顾命大臣，速往畅春园侍候皇上！

原来，康熙连日奔波，太过劳累，加上天气渐寒，年岁又迈，不慎染上风寒。因为年纪大了，又生了病，康熙怕有不测，所以就任命隆科多为顾命大臣，前往畅春园听候差遣。

康熙为何只任命一个顾命大臣且又恰恰是隆科多？具体原因已经很难查证。大致原因可能是，康熙不敢相信太多的人，所以只想任命一个顾命大臣——大凡独裁者到了晚年的时候总是会这么疑神疑鬼的——而隆科多既占有皇亲国戚之便，又没有皇室子弟争权夺利之嫌。故而，康熙也许就认为，如果在文武大臣中还有人值得稍加信任，那这个人就似乎只能是隆科多了。

但不管怎么说吧，康熙既然任命隆科多为他的惟一顾命大臣，那就给胤禛弑父篡位提供了一个千载难逢的好机会。在隆科多去往西郊畅春园之前，胤禛找到赵昌，直接了当地对他言道："只要你帮助隆科多解决了皇上的性命，我就保证你以后有享不尽的荣华富贵！"

尽管在这之前，隆科多已经向赵昌透露了大致的内容，但听到这种话从胤禛的口里赤裸裸地说出来，赵昌还是不由得一阵颤抖。毕竟，康熙是胤禛的生身父亲啊！

"四阿哥，"赵昌哆哆嗦嗦地道，"皇上对我恩重如山，还给了我一个四品的顶戴，你叫我去谋害皇上，我如何下得了手啊……"

胤禛已经听出，赵昌表面上是在拒绝，但实际上却是在讨价还价。所以，胤禛就"哈哈"一笑道："赵公公，四品顶戴算得了什么？如果你按我的吩咐去做，事成之后，整个皇宫都给你管辖，让你做一品大员，如何？"

赵昌的脸上，掠过一缕不易察觉的笑容。做一品大员，这岂不是赵昌梦寐以求的事吗？于是，赵昌就用一种诚惶诚恐的语调对胤禛言道："赵某一切但凭四阿哥吩咐……"

胤禛笑了，赵昌也笑了。虽然两人笑的内容不尽相同，但笑的形式却一模一样：都笑得那么开心，又都笑得那么含蓄。

是啊，无论是胤禛还是赵昌，都有充分的理由笑他个三天三夜。然而，卧在畅春园里的康熙，却无论如何也笑不起来了。

年纪老迈，又染上疾病，加上疑心也重，康熙只能整天愁眉苦脸。虽然看起来，隆科多非常地尽职，来到西郊之后的第二天，隆科多就以"步军统领"的身份，将拱卫畅春园的禁卫军至少增加了一倍以上，并严令，没有他隆科多的批准同意，任何人，包括朝中的王公大臣，都不许擅自踏入畅春园一步。而且，隆科多还与赵昌一起，几乎寸步不离地环伺在康熙的左右，但不管隆科多如何地尽职，赵昌如何地悉心，康熙也总是开心不起来。也许，康熙把开心的日子，都留在过去了。

生了病，又整天闷闷不乐的，所以康熙的病情就不可能在短时间内得到根本性的好转。更主要的，康熙一点也不知道，他的末日正在来临。不过，在临死前的那一刻，康熙却得到了一种莫大的开心和快乐。

那是一个黄昏时分。康熙躺在床上，周围环绕着隆科多、赵昌和一干太医。这几天来，康熙的心情很不好。他早就让隆科多代为传旨，叫十四阿哥火速回京见驾，可据隆科多说，胤禵称西线战事尚未完全结束，暂时还不能回京。事实当然是，隆科多根本就没把康熙的旨意传到胤禵的耳中，而且，根据胤禛的吩咐，隆科多和赵昌决定：尽快地结束康熙的性命，以免夜长梦多。

隆科多对那一干太医言道："你们快去给皇上熬药，药熬好了之后，速速端来！"

一干太医不敢怠慢，相继离去。赵昌冲着隆科多暗暗地点了点头，两人也跟着太医离去。

倏地，一个上了年纪却依然眉目清秀的尼姑飘然而至。畅春园四周，有重兵把守，这尼姑是如何进来的？

那尼姑进屋之后，径直向康熙走去。缓缓地走到康熙的床边，看着面容异常憔悴的康熙，她的双眼不禁发红。康熙很是莫名其妙，一阵咳嗽过后，康熙轻轻问道："敢问这位大师，你何故来此？见了朕，你又何故如此悲凄？"

那尼姑没有说话，只是缓缓地摇了摇头。康熙突然睁大了眼，紧紧地盯着那尼姑："你是谁？朕为何见你这般熟悉？"

那尼姑慢慢地向后退去。康熙记忆的闸门立刻訇然打开。他马上努力地欠起了身子："你是阿露……是朕朝思暮想的阿露……你终于来了……"

康熙的记忆没错，这尼姑正是三十九年前离宫而去的那个阿露。康熙一生真爱的女人只有两个，一个是孝诚仁皇后赫舍里氏，一个便是阿露。

康熙该有多少话要对阿露倾诉啊！近四十年的风风雨雨，阿露是如何度过的？又如何会成为一个武林高手？还有，阿露的妹妹阿霖……然而，阿露已经退到了门边。在即将退出这间屋子之前，她终于开口了，声音还一如过去那般清脆悦耳："皇上，你在宫外，还有一个女儿……"说完，她就飘然不知去向。

康熙多想能够追回阿露啊！可他办不到。他连下床的力气也没有了。他只能躺在床上，回味着阿露的音容笑貌："还有一个女儿……"这么说，阿露当年出宫的时候，已经怀孕？康熙的这个宫外的女儿，差不多快要四十岁了。她长得是像康熙呢还是像阿露？康熙想着想着，脸上不由得浮现出了十分灿烂的笑容。

康熙就是带着这种十分灿烂的笑容离开人世的。阿露刚走不久，隆科多和赵昌就端着一碗药走进了屋子。康熙正是喝了那碗药咽气的。死时，康熙笑容满面，就仿佛在酣睡中做了一个好梦。这一年，康熙六十九岁，从八岁登基到死去，康熙在皇帝位整整六十一年，成为中国古代在位时间最长的皇帝。

康熙刚一死，那隆科多就以顾命大臣的身份向朝中上下宣读了所谓的"康熙遗诏"。"遗诏"是："皇四子胤禛人品贵重，深肖朕躬，必能克承大统，着继朕登基，即皇帝位。"于是，胤禛就堂而皇之地登上了大清皇帝的宝座，是为雍正帝。